SCHÜLER DUDEN

Die Geographie

W0251691

DUDEN für Schüler

Rechtschreibung und Wortkunde
Vom 4. Schuljahr an

Grammatik
Vom Aktiv bis zum zweiten Futur

Wortgeschichte
Sprachgeschichte und Etymologie für den modernen Sprachunterricht

Bedeutungswörterbuch
Weil viele Wörter mehrdeutig sind

Fremdwörterbuch
Von relaxed bis marginal

Die richtige Wortwahl
Auf einen Schlag den inhaltlich und stilistisch treffenden Ausdruck

Lateinisch-Deutsch
Die Neufassung des »Taschen-Heinichen«

Die Kunst
Von der Farbenlehre bis zur Aktionskunst

Die Musik
Bach und Bebop, Farbenhören und farbiges Rauschen

Die Literatur
Absurdes Theater, Naturalismus, Hinkjambus: die Literatur in ihrer Vielseitigkeit

Die Chemie
Von der ersten Chemiestunde bis zum Abiturwissen

Die Ökologie
Klassische Ökologie und moderne Umweltproblematik

Die Pflanzen
Vom Gänseblümchen bis zum Mammutbaum: Antwort auf Fragen, die im Unterricht offen bleiben

Die Biologie
Auf dem neuesten Stand der Forschung

Die Tiere
Rötelfalken und Rötelmäuse. Für kleine und große Biologen

Die Physik
Die wichtigsten Begriffe und Methoden der Physik

Die Astronomie
Von hellen Sternen und schwarzen Löchern. Sternstunden verständlich gemacht

Die Geographie
Von der Geomorphologie bis zur Sozialgeographie

Die Geschichte
Die wichtigsten historischen Begriffe aus der gesamten Geschichte

Die Wirtschaft
Vom Break-even-point bis zur Schattenwirtschaft

Politik und Gesellschaft
Vom Bruttosozialprodukt bis zur Pressefreiheit

Die Religionen
Aberglaube, Christentum, Zwölfgöttersystem: die Welt der Religionen auf einen Blick

Die Philosophie
»Logik des Herzens« und kategorischer Imperativ: die wichtigsten Modelle und Schulen

Die Psychologie
Das Grundwissen der Psychologie unter Berücksichtigung aktueller Themen

Die Pädagogik
Alles zum Thema Schule, Ausbildung und Erziehung

Die Informatik
Algorithmen und Zufallsgenerator: das Informationszentrum für Anfänger und Fortgeschrittene

Die Mathematik I
5.–10. Schuljahr

Die Mathematik II
11.–13. Schuljahr

DUDEN-Schülerlexikon
Ein Lexikon nicht nur für die Schule

SCHÜLER DUDEN

Die Geographie

3., überarbeitete Auflage
Herausgegeben und bearbeitet von
Meyers Lexikonredaktion
In Zusammenarbeit mit
mehreren Fachpädagogen

DUDENVERLAG
Mannheim · Leipzig · Wien · Zürich

Redaktion:
Ellen Astor, Roger Bussian

Typografische Beratung:
Manfred Neussl, München
unter Mitwirkung von Raphaela Mäntele,
Heidelberg

Die Deutsche Bibliothek – CIP-Einheitsaufnahme
Schülerduden, Die Geographie /
hrsg. und bearb. von Meyers Lexikonredaktion.
In Zusammenarbeit mit mehreren Fachpädagogen.
[Red.: Ellen Astor; Roger Bussian]. –
3., überarb. Aufl. –
Mannheim; Leipzig; Wien; Zürich: Dudenverl., 1997
ISBN 3-411-04223-0
NE: Astor, Ellen [Red.]; Die Geographie

Das Wort DUDEN ist für den Verlag
Bibliographisches Institut & F. A. Brockhaus AG
als Marke geschützt.

Alle Rechte vorbehalten
Nachdruck, auch auszugsweise, vorbehaltlich der Rechte,
die sich aus §§ 53, 54 UrhG ergeben, nicht gestattet.
© Bibliographisches Institut &
F. A. Brockhaus AG, Mannheim 1997
Satz: Bibliographisches Institut & F. A. Brockhaus AG,
Mannheim (PageOne Siemens Nixdorf)
Druck: Klambt-Druck GmbH, Speyer
Bindearbeit: Graphische Betriebe Langenscheidt,
Berchtesgaden
Printed in Germany
ISBN 3-411-04223-0

Vorwort

Der Schülerduden »Die Geographie« liegt jetzt in einer dritten Auflage vor. Er wurde gemeinsam von Fachpädagogen und Fachredakteuren von Meyers Lexikonverlag erarbeitet und den Anforderungen des modernen Geographieunterrichts angepasst. Er wendet sich an die Schüler der weiterführenden Schulen, besonders der Sekundarstufe II, aber auch an Lehrer und Studenten sowie an alle anderen, die sich für die Geographie und ihre Nachbardisziplinen interessieren.

Einbezogen in die Stichwortauswahl sind neben den klassischen Bereichen der physischen Geographie, wie Geomorphologie, Klimatologie, Vegetationsgeographie, die stärker in den Mittelpunkt des Interesses gerückte Wirtschafts- und Sozialgeographie, die Raumordnung, die Ökologie und die angewandte Geographie. Aus diesen Gebieten stammen auch die meisten Neueinträge. Hinzu kommen wichtige Begriffe aus den Nachbarwissenschaften Geologie und Mineralogie, Kartographie und Vermessungswesen, Meteorologie, Geophysik, Meeres- und Bodenkunde, Wirtschaftswissenschaften, Landwirtschaft und Technik. Auf Stichwörter aus dem Bereich der regionalen Geographie wurde weitgehend verzichtet.

Im Anhang befindet sich eine nach Kontinenten bzw. Forschungsgebieten gegliederte Zusammenstellung ausgewählter Forschungs- und Entdeckungsreisen. Ein umfangreiches Literaturverzeichnis soll zur Weiterbildung anregen.

Begriffe oder Bezeichnungen, die mit dem Stichwort in enger inhaltlicher Verbindung stehen, sind als Unterstichwörter *kursiv* hervorgehoben. Viele Stichwörter sind durch Verweise (↑) miteinander verbunden. Besitzt ein Stichwort verschiedene Bedeutungen, so wird dies durch das Symbol ◆ angezeigt.

Der Schülerduden »Die Geographie« wurde für die neue Auflage völlig neu gestaltet. Die mehr als 2500 Stichwörter werden von etwa 220 meist vierfarbigen Abbildungen, Grafiken, Karten, Tabellen und grafisch besonders gestalteten Bildtafeln begleitet. Wir hoffen mit dem neuen Konzept das Interesse der Leserinnen und Leser für die Geographie wecken und vertiefen zu können.

Mannheim, im Dezember 1996 — Meyers Lexikonredaktion

Mitarbeiter

Gerold Olbrich, Nußloch
Rüdiger Rößler, Römerberg
Klaus Walter, Neustadt an der Weinstraße
ferner: Dr. Metfried Francke, Zwingenberg
Wolfhard Keimer, Dossenheim
Dieter Koch, Lampertheim
Dr. Kurt Metz, Weinheim
Dr. Gerhard Steinhorst, Offenbach am Main
Dr. Johannes Ulrich, Kiel
Reinhard Wenz, Neustadt an der Weinstraße
Dr. Fritz Wilmers, Hannover

A

Abbruchküste: Durch die Wirkung der Meeresbrandung entstandene Küstenform, ↑Kliff.

Abdachung: Unter A. versteht man die Neigung einer Fläche gegen die Horizontale.

Abendrot: A. nennt man die Rotfärbung des Himmels am Horizont während oder nach dem Sonnenuntergang. Da die Atmosphäre die kurzwellige blaue Lichtstrahlung der Sonne stärker streut als langwellige Rotstrahlung, kommt es bei tieferem Sonnenstand, d.h. bei längerem Weg des Lichtes durch die Atmosphäre, zu den roten Dämmerungsfarben. Verstärkt wird dieser Effekt bei hoher Luftfeuchtigkeit. Nach starker nächtlicher Ausstrahlung und frühmorgendlicher Nebelbildung führen die gleichen Effekte während und vor dem Sonnenaufgang zum *Morgenrot.*

Abfallbeseitigung: Die A. stellt heute eines der wichtigsten Umweltprobleme dar. Hausmüll, Industrieabfälle und Sondermüll, wie z.B. radioaktive Stoffe, sind zu einer kaum noch zu bewältigenden Lawine angewachsen. Hausmüll kann auf verschiedene Arten weiterbehandelt werden:

Deponierung: Hierbei wird der Müll auf geeignetem Untergrund (wasserundurchlässig) abgelagert; der Platzbedarf der Deponierung ist sehr hoch, die Kapazitäten in Deutschland dürften bald erschöpft sein.

Verbrennung: Dies ist die umstrittenste Art der Abfallbeseitigung. Wertvolle wieder verwertbare Materialien werden hierbei verbrannt; außerdem kommt es zur Emission luftverunreinigender staub- und gasförmiger Stoffe. Vorteile sind die Volumenreduzierung der Abfälle und die Wärmegewinnung.

Kompostierung: Der Müll wird zerkleinert und von nicht verrottbarem Material getrennt. Dann wird der Müll einem Verrottungsprozess ausgesetzt und auf diese Weise zu wertvollem Humusdünger verarbeitet. Der Absatz des auf diese Weise gewonnenen Humusdüngers lässt allerdings sehr zu wünschen übrig.

Recycling: Dieser Begriff kommt aus dem englischen Sprachbereich und meint die Wiederverwertung des Abfalls. Voraussetzung ist eine strikte Abfalltrennung. Versucht wird heute das Aussortieren von Papier, Glas, Metall, Textilien und Küchenabfällen. Alle Arten von belastendem Sondermüll (Batterien, Lacke, Verdünner etc.) sollten ohnehin getrennt gesammelt werden. Auf diese Weise kann die Gesamtmenge des Abfalls erheblich verringert werden.

In Deutschland soll eine auf getrenntes Einsammeln spezialisierte Müllabfuhr helfen, die Abfallmenge zu verringern und den Müll einer Wiederverarbeitung zuzuführen.

Abfluss: Der A. ist derjenige Teil des Niederschlags auf die Erde, der oberirdisch in Bächen, Flüssen und Gletschern (als Oberflächenwasser) und unterirdisch in Grundwasserströmen dem Weltmeer zufließt. Der A. ergibt sich aus dem Niederschlag abzüglich der Verdunstung und der in ↑abflusslose Gebiete fließenden Wassermengen. Alle übrigen Flusssysteme gehören einem bestimmten *Abflussgebiet* an, das ist der durch kontinentale Wasserscheiden getrennte Einzugsbereich eines Ozeans.

Als *A.höhe* bezeichnet man den Abfluss eines Einzugsgebietes in einer bestimmten Zeiteinheit (Monat, Jahr), angegeben in mm Wasserhöhe. Die an einem bestimmten Pegel in m^3/s gemessene Wassermenge heißt *A.menge;* der auf 1 km^2 eines Einzugsgebietes bezogene A. wird *A.spende* genannt und in $l/(s\ km^2)$, d.h. Liter pro Sekunde und pro Quadratkilometer, gemessen. Der *A.faktor* kennzeichnet den Prozentanteil des zum A.

A

gelangenden Niederschlagswassers am Gesamtniederschlag.

Abflussgebiete: Einzugsbereich eines Ozeans, ↑Einzugsgebiet.

Abflussjahr (hydrologisches Jahr): Das A. ist ein festgelegter Zeitraum zur besseren zeitlichen Erfassung hydrologischer Vorgänge, das deshalb vom Kalenderjahr abweicht. In Deutschland umfasst das A. die Zeit vom 1. November bis 31. Oktober.

abflusslose Gebiete: Die a.n G., die Gebiete also, die keinen Abfluss zum Weltmeer haben, umfassen in Eurasien 14,3 Mill. km², in Amerika 1,8 Mill. km², in Afrika 8,9 Mill. km² und in Australien 4,1 Mill. km²; auf der Erde insgesamt also 29,1 Mill. km². Man unterscheidet *arheische Gebiete,* die wegen fehlender Niederschläge gänzlich abflusslos sind (z.B. Teile der Sahara) und *endorheische Gebiete,* das sind Gebiete des ariden Klimas mit Binnenentwässerung. Die Flüsse münden hier in abflusslose Seen, die ↑Endseen, oder verdunsten und versickern auf ihrem Lauf, meist am Rand von Trockengebieten.

Abflussregime: Als A. bezeichnet man den Gang der mittleren monatlichen Abflussmengen von Flüssen, d.h. das Auftreten von Niedrig- und Hochwasser während eines Jahres; es wird vom jeweiligen Klima bestimmt. Zur Bestimmung des A.s dient u.a. der *Abflusskoeffizient,* d.h. das Verhältnis zwischen mittlerer monatlicher und mittlerer jährlicher Wasserführung. Flüsse, deren Einzugsgebiet in einem einheitlichen Großklima liegt, besitzen ein *einfaches Abflussregime* (dazu gehören das ↑pluviale, das ↑nivale und das ↑glaziale Abflussregime); solche, die von zwei Klimafaktoren bestimmt werden, haben ein *komplexes Abflussregime* (dazu gehören das ↑nivopluviale und das ↑pluvionivale Abflussregime).

abiotische Umwelt: Die a. U. ist eine Grundkomponente jedes ↑Ökosystems.

Ablagerung: das Absetzen von festen Stoffen, ↑Sedimentation.

ablandig: Mit a. werden Strömungen und Winde gekennzeichnet, die vom Land zum Meer gerichtet sind. Ablandige Winde sind an Tageszeiten gebunden, da sie durch unterschiedlich hohen Luftdruck (bedingt durch unterschiedlich schnelle Abkühlung) über dem Festland und der Wasserfläche ausgelöst werden. – Der Gegensatz zu a. ist auflandig.

Ablation: Unter A. versteht man das Abschmelzen oder Verdunsten von Schnee und Eis, besonders an der Gletscheroberfläche, durch Sonneneinstrahlung, Luftwärme, Wind und Regen. Eine besonders markante dieser dabei entstehenden *Ablationsformen* ist der ↑Büßerschnee.

Abrasion: Die an den Meeresküsten auftretende Form der Abtragung durch die Brandung wird A. genannt. Hierbei wird ein Steilabfall (↑Kliff) an der Küste geschaffen, der im Laufe der Zeit immer weiter landeinwärts rückt. Die dabei entstehende Verebnungsfläche vor dem Kliff ist die *Abrasionsplatte* oder *Schorre,* die schwach gegen das Meer geneigt ist. Man spricht bei dieser Küstenform auch von einer Abrasionsküste.

Abrasion

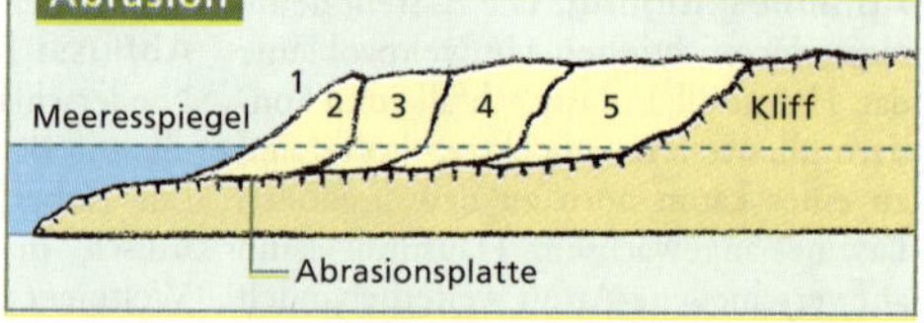

Absatzgesteine: svw. ↑Sedimentgesteine.

Abscherung: Als A. bezeichnet man tektonische Bewegungen an meist wenig geneigten Flächen, den *Abscherungsflächen,* an denen zwei ihrem Bau nach verschiedene Gesteinsverbände gegeneinander verschoben werden. Durch weiträumige Abscherungsbewegungen entstehen *Abscherungsdecken;* diese sind in wesentlich geringerem Maße als die

Überschiebungsdecken (↑Decken) bewegt worden und befinden sich daher noch auf ihrer ursprünglichen Unterlage.

Abschiebung: Die A. ist eine Art der ↑Verwerfung.

Abschuppung: Absprengung schuppenförmiger Gesteinsplatten, ↑Desquamation.

Absonderung: Bei der Austrocknung von Sedimenten, bei der Abkühlung und Erstarrung von magmatischen Gesteinen und späterer tektonischer Beanspruchung entstehen Spannungen im Gestein. Die dadurch hervorgerufene Schrumpfung und Zerteilung des Gesteins an Klüften, Spalten und Schichtflächen nennt man A.; die Absonderungsformen sind u.a. platten-, säulen-, quaderförmig oder kugelig. Durch A. bilden sich z.B. die Basaltsäulen.

Abspülung: Als A. bezeichnet man die Abschwemmung feinen Materials von der Erdoberfläche durch abfließendes Regenwasser; sie ist abhängig von Art und Menge des Niederschlags, der Vegetationsdecke und der Hangneigung. Ist letztere gering, so herrscht ↑Flächenspülung vor, die bei stärkerem Regen und steileren Hängen zur ↑Rillenspülung wird, womit die ↑Bodenerosion beginnt.

Abstandstreue: Eigenschaft bestimmter ↑Kartennetzentwürfe.

Abtragung: A. ist der Sammelbegriff für die zur Erniedrigung und Einebnung der Oberflächenformen des Festlandes führenden geomorphologischen Vorgänge. Hierbei wird das durch physikalische und chemische Verwitterungsprozesse aufbereitete Gesteinsmaterial durch Wasser (↑Erosion, ↑Abspülung, ↑Ausspülung, ↑Abrasion), Wind (↑Deflation) und Eis (↑Glazialerosion) verlagert, aber auch unmittelbar durch die Schwerkraft (↑Bergsturz, ↑Gekriech, ↑Solifluktion, ↑Steinschlag). Neben der hauptsächlich linienhaft wirkenden A., der Erosion, unterscheidet man die überwiegend flächenhaft arbeitende ↑Denudation. Art und Ausmaß der A. sind von klimatischen Faktoren, Vegetationsdecke, Hangneigung und jeweiliger Gesteinsstruktur abhängig. A. und Materialverlagerung erlahmen bei zu geringer Neigung des Geländes. Alle zur Landhebung führenden Vorgänge, also Orogenese, Epirogenese, Isostasie, arbeiten der A. entgegen.

Abtragungsbasis: svw. ↑Erosionsbasis.

Abwasseraufbereitung: Bei der A. wird das durch Wohnsiedlungen und

Abtragung

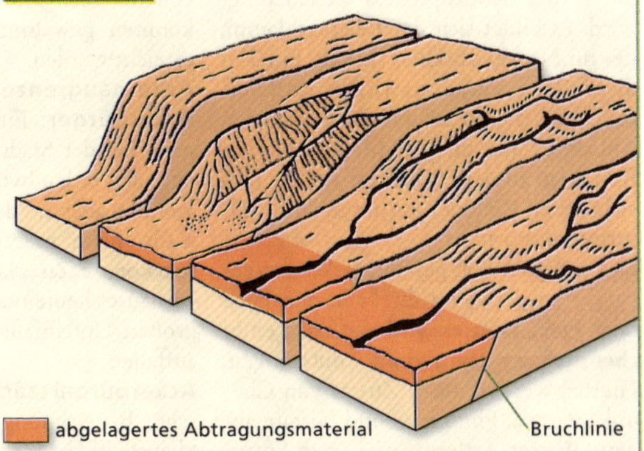

Schema der Abtragung einer Bruchstufe. Das hintere Blockbild zeigt den Anfangs-, das vordere den Endzustand.

Industrie verschmutzte Wasser wieder gereinigt. Dies geschah früher in ↑Rieselfeldern; heute benutzt man hauptsächlich Kläranlagen. Die Reinigung erfolgt dabei in drei Stufen: mechanisch, biologisch und chemisch.

Bei der **mechanischen Reinigung** werden die Abwässer mithilfe von Rechen und Sieben von gröberen Verunreinigungen befreit. In einem Vorklärbecken setzen sich dann die feineren Schwebstoffe am Boden ab. Der Bodensatz wird dann in einem Faulturm einem Gärungsprozess unterzogen (↑Faulschlamm). Dabei entsteht Methangas, das zur Wärmeerzeugung verwendet wird.

Das so vorgeklärte Abwasser fließt nun in ein Belüftungsbecken, wo es entweder über Koks oder einem anderen porösen Material verrieselt wird (Tropfkörperverfahren), oder von unten mit Luft durchblasen wird (Belebtschlammverfahren). In dieser **biologischen Reinigungsstufe** spielen sich die gleichen Reinigungsvorgänge ab wie in natürlichen Gewässern, nur in kürzerer Zeit. Durch Bakterien werden dabei die organischen Stoffe mineralisiert, während Wimpertierchen sich von diesen Bakterien ernähren. Durch den mit der Luft zugeführten Sauerstoff können sich die Bakterien besonders gut vermehren, wodurch der Abbauprozess beschleunigt wird. Es bildet sich der Belebtschlamm, der im Nachklärbecken ausfällt. Ein Teil dieses Belebtschlamms wird in das Belüftungsbecken zurückgefördert, um den Abbauprozess zu beschleunigen, der Rest wird zu dem Schlamm aus der mechanischen Reinigungsstufe in den Faulturm transportiert.

Das auf diese Art gereinigte Wasser gelangt nun entweder direkt in den Bach oder Fluss, oder es wird erst noch einer **chemischen Reinigung** unterzogen. Hierbei werden durch Zusatz von Chemikalien v.a. Phosphate und Nitrate aus dem Wasser entfernt, um einer Eutrophierung der Gewässer vorzubeugen. Der im Faulturm entstandene Faulschlamm wird mit Pressen entwässert und nach der Kompostierung zu Dünger verarbeitet. Die chemische Aufbereitung erfolgt v.a. an Industriestandorten (z.B. in Ludwigshafen am Rhein).

Die Industrieabwässer müssen meist in speziellen Anlagen gereinigt werden, da bei ihnen noch zusätzliche Reinigungsstufen erforderlich sind.

Abwind: Als A. bezeichnet man abwärts gerichtete Luftströmungen. Sie treten im Lee von Gebirgen als Fallwind sowie im Kern von Hochdruckgebieten auf. In beiden Fällen erfahren die abwärts strömenden Luftmassen bei ausreichendem Höhenunterschied eine merkliche Temperaturerhöhung, wodurch häufig auch die Auflösung von Wolken eingeleitet wird. Der bekannteste Abwind dieser Art ist der ↑Föhn. – Der Gegensatz zum A. ist der Aufwind.

Ackerbau: Der A. ist der wichtigste Zweig der Landwirtschaft. Er umfasst den Anbau von Kulturpflanzen auf großen Flächen. In landwirtschaftlichen Betrieben tritt er oft in Verbindung mit der Viehzucht auf. Das wichtigste Ackerbaugerät ist der Pflug. Begründer des modernen Ackerbaus waren Justus von Liebig und seine Schüler. Durch künstliche Düngung, Pflanzenanzüchtung und moderne Bodenbearbeitungsmethoden, einschließlich künstlicher Bewässerung, konnten gewaltige Ertragssteigerungen erreicht werden.

Ackerbaugrenze: ↑Anbaugrenze.

Ackerbürger: Ein A. verfügte in oder nahe bei der Stadtgemarkung über Boden, den er landwirtschaftlich nutzte. Er wohnte aber in der Stadt, wo er auch noch einem anderen Gewerbe nachgehen konnte. Zu erkennen sind Ackerbürgerhäuser heute noch an den meist übergroßen Hofeinfahrten, die im Stadtbild auffallen.

Ackerbürgerstadt: A. ist die historische Bezeichnung für in der Regel kleinstädtische Siedlungen, die meist nur geringe oder keine zentralörtlichen Funktionen haben; ihre Bewohner waren zu einem wesentlichen Teil Ackerbürger. Die A. war in Mitteleuropa bis ins 19. Jh. die am meisten verbreitete Form der Kleinstadt.

Acker-Grünland-Verhältnis: Das A. ist das in Zahlen ausgedrückte Verhältnis von Acker- und Grünlandflächen innerhalb einer statistischen Einheit; eine solche kann z.B. ein landwirtschaftlicher Betrieb oder eine Gemeinde sein. Das A. ist einerseits abhängig von den klimatischen Gegebenheiten und den Bodenverhältnissen, denn in feuchten Gebieten wird das Grünland vorherrschen, während in trockeneren Lagen das Ackerland überwiegen wird, andererseits aber vom Vorhandensein von Maschinen und von deren Einsatzmöglichkeiten. Das A. vermittelt Einsichten über die landwirtschaftliche Struktur eines Betriebes oder einer anderen Einheit. Seine Veränderung ermöglicht Aussagen über Wandlungsprozesse in der Sozialökonomie eines Gebietes.

adiabatisch: Als a. bezeichnet man Temperaturveränderungen von Luftmassen, die durch senkrechte Verlagerung derselben hervorgerufen werden, wobei keine Wärme zu- oder abgeführt wird. So erwärmt sich trockene Luft beim Absinken von je 100m um 1 Celsiusgrad. Bei einer Anhebung um den gleichen Betrag erfolgt eine entsprechende Abkühlung. Der trockenadiabatische Temperaturgradient beträgt also 1 Celsiusgrad. Bei aufsteigender feuchter Luft liegt der Wert unter einem Grad, weil beim Übergang des Wassers von seinem gasförmigen in seinen flüssigen Zustand Kondensationswärme freigesetzt wird, welche den Betrag der Abkühlung im Vergleich zur trockenen Luft verringert. Den gleichen Effekt kann man bei absinkender feuchter Luft beobachten, da beim Übergang vom flüssigen in den gasförmigen Zustand des Wassers Wärme verbraucht wird. Folglich liegt auch hier der Betrag (in diesem Fall hier der Erwärmung) pro 100m unter 1 Celsiusgrad.

Advektion: Die horizontale Verlagerung von Luftmassen wird A. genannt. Das Wettergeschehen wird oft von advektiven Vorgängen gesteuert. So führt z.B. das Aufgleiten warmer und feuchter Luft auf kalte bodennahe Luftschichten im Grenzbereich beider Luftmassen zur Ausbildung von auch als *Advektivwolken* bezeichneten Schichtwolken. Die anderen für das Wettergeschehen bedeutsamen Luftmassenbewegungen sind die ↑Konvektion genannten vertikalen.

AE: Einheitenzeichen für ↑**A**stronomische **E**inheit.

aero..., aer... [ae:...]: Bestimmungswort von Zusammensetzungen mit der Bedeutung »Luft«. Ein Aerometer z.B. ist ein Gerät zur Messung von Dichte und Gewicht der Luft.

Aerosol: Es handelt sich dabei um winzige Schwebstoffteilchen, um feinst verteilte Materie (Feststoffe oder Flüssigkeiten) in Luft oder anderen Gasen durch Verwitterung des Bodens, Bildung aus Gasen (natürliche und anthropogene Quellen), Vulkaneruptionen, Waldbrände, Seesalz, Partikelemission. A.e beteiligen sich wesentlich am luftchemischen Wirkungskomplex und spielen bei Strahlungsprozessen eine wichtige Rolle (z.B. Absorption, Streuung).

Agglomerat: A. nennt man eine oft unverfestigte Ablagerung aus losen, eckigen und groben Gesteinsstücken; von Agglomeraten spricht man v.a. bei vulkanischen Auswurfprodukten.

Agrarlandschaft: Die A. ist ein durch die Landwirtschaft geprägter Raum; sie ist in ihm der bedeutendste Wirtschaftszweig. Charakteristisch ist die enge Verknüpfung von Wohnplatz (Einzelsiedlungen, Weiler, Dörfer) und Wirtschaftsfläche. Als Gegensatz zur A. gilt die Industrielandschaft.

Agrarpolitik: Als A. bezeichnet man die Politik, die die Regierung eines Staates der Landwirtschaft gegenüber betreibt. In aller Regel wird die Landwirtschaft gefördert, da die Versorgung des Landes mit Nahrungsmitteln ein Haupt-

A

ziel jeder Regierung sein muss. Diese Förderung kann z. B. durch geringe Steuern erfolgen, durch Importbeschränkungen von Konkurrenzprodukten aus dem Ausland oder durch direkte finanzielle Zuwendungen. Die A. in Deutschland wird, wie in den anderen Mitgliedsstaaten auch, weitgehend von den Instanzen der EU in Brüssel bestimmt. Hauptprobleme der Agrarpolitik der EU sind: Unterschiedliche Betriebsgrößen, unterschiedliche Einkommensstruktur der Landwirte im Norden und Süden der Gemeinschaft, ungleiche Produktionsbedingungen (z.B. durch Klima, Agrarimporte in die EU etc.).

Agrarprotektionismus: Der A. besteht in der Regel aus einer Art Zoll, der erhoben wird, um die Agrarprodukte eines Landes vor billigen Importen zu schützen.

Agrarreform: Die A. ist ein wesentlicher Teil der Bodenreform. Sie bedeutet eine Reform des Bodenrechts, also eine Neuordnung der Besitz- und Nutzungsrechte. In der ehemaligen DDR wurde z. B. 1945 der gesamte Grundbesitz über 100 ha ohne Entschädigung enteignet und aufgeteilt; später auch noch kleinerer Besitz. Von großer Bedeutung ist eine A. besonders für die Entwicklungsländer, wo Großgrundbesitz häufig einer Entwicklung der Landwirtschaft im Wege steht.

Agrarstaat: Unter einem A. versteht man einen Staat, dessen Wirtschaft zum überwiegenden Teil aus der Landwirtschaft besteht. Kennzeichen eines A.es ist ein hoher Prozentsatz landwirtschaftlicher Erwerbspersonen (mehr als 60%); der Anteil der Land- und Forstwirtschaft am Bruttosozialprodukt beträgt mindestens 20%. Die Mehrzahl der A.en gehört zu den Entwicklungsländern mit niedriger Produktivität und starker Selbstversorgung.

Agrarstruktur: Der Begriff A. umfasst die Gesamtheit der äußeren Bedingungen, unter denen die landwirtschaftliche Produktion und die Vermarktung ihrer Produkte stattfindet; also Betriebsgrößen, Flurverfassung, Bodennutzungs- und Viehwirtschaftsformen, Siedlungsform und Marktstruktur.

Agrarverfassung: Die A. ist die Rechts- und Sozialordnung in der Landwirtschaft. Gemeint sind besonders die Besitzverteilung des Bodens, die Rechtsordnung des Grundbesitzes und die Arbeitsverhältnisse in der Landwirtschaft.

Agrobusiness [...bɪznɪs]: Mit A. bezeichnet man die industrielle Organisations- und Produktionsform der Landwirtschaft, wobei Produktion, Zulieferung und Vermarktung zusammengefasst werden.

Agrostadt:

◆ Die A. war ein seit 1950 geförderter, neuer Stadttyp in der Sowjetunion. Sie sollte den Gegensatz zwischen Stadt und Land durch den Besitz städtischer Versorgungseinrichtungen und Agrarindustrie ausgleichen helfen.

◆ A. bezeichnet auch große, stadtartige ländliche Siedlungen mit einem hohen Anteil landwirtschaftlicher Bevölkerung. Die A. besitzt in der Regel die Einrichtungen der unteren Selbstverwaltung, z. T. auch zentralörtliche Funktionen. Der Typ kommt v. a. in den Großgrundbesitzgebieten der Mittelmeerländer (Süditalien, Spanien), in Südamerika, Westafrika und China, aber auch in Ungarn (im Alföld) vor.

Agulhasstrom [aˈguljas...], warme Meeresströmung im Indischen Ozean, Karte Meeresströmungen S. 234.

A-Horizont: der oberste Horizont eines ↑Bodenprofils.

Akklimatisation: Unter A. versteht man die Anpassung der Lebewesen an veränderte klimatische Bedingungen. Die Anpassung eines einzelnen Lebewesens an ein anderes Klima wird als individuelle A. bezeichnet. Jedes Lebewesen ist unter bestimmten klimatischen Bedingungen am leistungsfähigsten. Nach einer Übergangszeit ist aber in gewissen Grenzen eine Anpassung an andere Klimaverhältnisse möglich. Die Fähigkeit

Albedo

Albedowerte (in %) verschiedener Oberflächen für die kurzwellige Sonnenstrahlung bei diffuser Reflexion

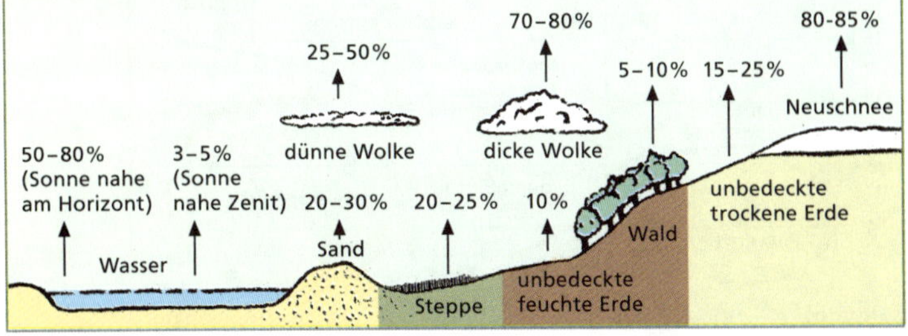

zur A. kann von Art zu Art unterschiedlich groß sein und auch eine unterschiedliche Zeit in Anspruch nehmen. Im weiteren Sinne kann sich die A. auch auf alle Vertreter einer Art innerhalb eines klimatisch veränderten Lebensraumes beziehen. Ein Beispiel dafür ist die Besiedlung der Erde durch den Menschen, die zu unterschiedlichen Menschenrassen führte.

Akkulturation: Die A. entsteht aus einer Kontaktsituation verschiedener Kulturen. In der Regel geschieht eine Annäherung zweier Kulturen nur in einer Richtung, da die angenommene Kultur meist als überlegen angesehen wird.

Akkumulation: svw. Ablagerung, ↑Sedimentation.

AKP-Staaten: Unter der Bezeichnung AKP-Staaten fasst man eine Gruppe von 66 Staaten aus **A**frika, der **K**aribik und dem **P**azifik zusammen, die durch das Abkommen von Lomé mit den EU-Staaten assoziiert sind.

Akropolislage: Von einer A. spricht man, wenn eine Siedlung oder Siedlungsteile (Burg, Tempel) auf dem Gipfel eines Hügels oder Berges angelegt wurden. Diese Form der Schutzlage für Kriegs- und Notzeiten findet sich besonders oft im Mittelmeerraum.

Aktionszentrum: Aktionszentren werden Hoch- und Tiefdruckgebiete genannt, die über einem bestimmten Gebiet der Erdoberfläche häufig auftreten und für das Wettergeschehen eines größeren Raumes kennzeichnend sind. Für Europa typische Aktionszentren sind das ↑Azorenhoch und das ↑Islandtief. Ihre Häufigkeit und damit der Grad der Wetterbeeinflussung unterliegt jahreszeitlichen Schwankungen.

Aktivraum: Ein A. zeichnet sich dadurch aus, dass das erzielte gesamtwirtschaftliche Ergebnis im Verhältnis zu den in diesem Raum lebenden Menschen überdurchschnittlich groß ist.

Alaskastrom: warme Meeresströmung im Pazifik, Karte Meeresströmungen S. 234.

Albedo: Als A. bezeichnet man das Rückstrahlungsvermögen von nicht selbstleuchtenden, diffus reflektierenden (also nicht spiegelnden) Oberflächen. Sie ist stark von der Art und Beschaffenheit der bestrahlten Fläche abhängig.

Algonkium: ältere Bezeichnung für Proterozoikum, ↑Geologie, Zeittafel.

Allerödzeit: Zeitabschnitt des Spätglazials, ↑Quartär.

allgemeine Geographie: Die a. G. ist ein Hauptgebiet der wissenschaftlichen Geographie, neben der regionalen Geographie (Länderkunde, Landeskunde). Sie untersucht die geographisch wichtigen Gegebenheiten der Erdoberfläche analytisch als Elemente der Landschaft und/oder die raumwirksamen Prozesse nach ihrer Verbreitung, ihren räumlichen Strukturen, ihren Entstehungs- und

A

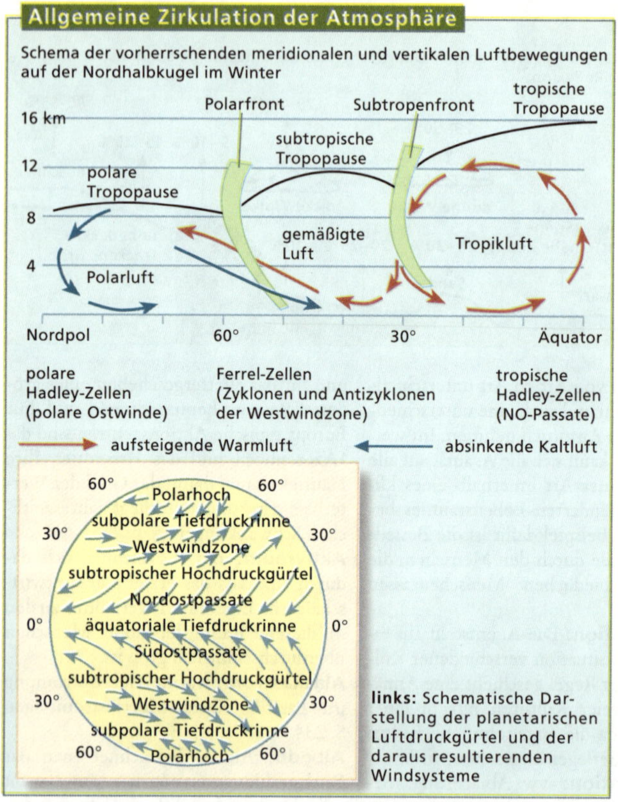

links: Schematische Darstellung der planetarischen Luftdruckgürtel und der daraus resultierenden Windsysteme

Entwicklungsbedingungen sowie ihren Funktionen. Zu ihren Forschungsobjekten gehören alle räumlich bedeutsamen Vorgänge (z.B. Erosion und regionale Mobilität).

Allgemeine Zirkulation der Atmosphäre (planetarische Zirkulation): Unter A. Z. d. A. versteht man die Gesamtheit des erdumfassenden Luftmassenaustauschs, der durch die unterschiedliche Energiezufuhr von der Sonne ausgelöst wird und unter verschiedenen Bedingungen, die sich v. a. aus der Rotation der Erde und der Beschaffenheit der Erdoberfläche ergeben, abläuft. Wichtige Teilelemente innerhalb dieses Systems sind die ↑innertropische Konvergenz, die ↑Passate, die ↑außertropische Westwindzone, die ↑Polarfront und viele andere mehr. Aufgrund der A. Z. d. A. kann die Erde nach klimatisch wirksamen Gesichtspunkten in ↑Klimaregionen eingeteilt werden.

Allmende: Bei der A. handelt es sich um Ländereien, die meist aus Weide und Wald bestehen und von den Mitgliedern einer Gemeinde gemeinschaftlich genutzt werden. Die A. konnte zeitweise oder auf Dauer unter die Nutzungsberechtigten aufgeteilt und von diesen gemeinschaftlich oder einzeln genutzt werden. Dies geschah z. B. durch Ausgliederung von Gartenland aus der A. zum Zwecke der Einführung neuer Kulturpflanzen, u.a. der Kartoffel. Soziale Schichten unter dem Bauernstand hatten in der Regel keinen Anteil an der Allmende. Mit der Agrarreform des 19. Jh. erfolgte die Aufteilung und Überführung der A. in Privateigentum. Bedeutung hat die Allmende noch in der Schweiz und in Süddeutschland. Sie wird hier meist forstwirtschaftlich oder als Gebirgsweide genutzt. Flurnamen deuten oft auf diese Nutzungsform hin.

allochthon: A. werden Gesteine genannt, die sich nicht mehr am Entstehungsort befinden oder unter anderen Bedingungen als den gegenwärtigen gebildet wurden. *Allochthone Kohle* z.B. ist aus angeschwemmtem Pflanzenmaterial entstanden.

Alluvionen: A. sind geologisch junge (holozäne) Anschwemmungen. *Alluvialländer* sind aus den A. großer Ströme aufgebaute Flachländer wie die Poebene, das Amazonasbecken oder das La-Plata-Tiefland. *Alluvialböden* sind aus der Verwitterung von A. hervorgegangen, u.a. die ↑Auenböden, der ↑Glei und die Marschböden (↑Marsch).

Alluvium: veraltete Bezeichnung für Holozän, die jüngste geologische Abteilung.

Alm (Alp): Die Alm ist ein der sommerlichen Weidenutzung dienendes Areal in der Mattenzone von Hochgebirgen; man findet sie aber auch in Mittelgebirgen, hier häufig unterhalb der natürlichen Waldgrenze. Sie dient als Grundlage der ↑Almwirtschaft. Die oberhalb des Heimgutes gelegenen Almen werden von Melkern und Hirten selbstständig bewirtschaftet, und zwar als *Galtalmen,* wenn sie mit Jungvieh, oder als *Sennalmen,* wenn sie mit Melkvieh besetzt sind. Man unterscheidet zum anderen Berechtigungsalmen, die im staatlichen Besitz sind, und Eigentumsalmen, die von einem Besitzer, gemeinsam oder genossenschaftlich (z.B. im Allgäu) genutzt werden.

Zur Alm gehört auch die Almhütte (Sennerei), die als Wohn- und Wirtschaftsgebäude vom Personal während der Weidezeit bewohnt wird.

Almwirtschaft: Die A. ist eine intensive Form der Landwirtschaft, die in den zentraleuropäischen Alpen, in Teilen Südosteuropas, in der Türkei und in einigen Mittelgebirgen betrieben wird; sie besteht in der weidewirtschaftlichen Nutzung der während des Sommers schneefreien Alm durch das tiefer gelegene und ständig besiedelte, oft stärker ackerbaulich ausgerichtete Heimgut. Die Alm bildet zusammen mit dem Heimgut eine betriebswirtschaftliche Einheit.

Der Viehauftrieb im Frühjahr erfolgt manchmal über Zwischenweiden, die *Maiensässe.* Nach mehrwöchigem Aufenthalt wird das Vieh dann von diesen auf die eigentliche Alm (Hochalm) getrieben, es verbleibt dort unter Aufsicht von Sennern bis etwa Ende September. In dieser Zeit dienen die Maiensässe der Heugewinnung. Im Spätherbst werden die Tiere dann wieder auf das Maiensäß getrieben und kommen einige Zeit später im großen *Almabtrieb* in das Heimgut zurück, wo sie den Winter in den Stallungen verbringen.

Alp: regionale Bezeichnung für ↑Alm.

Alphabetisierungsgrad: Um den A. einer Bevölkerung auszudrücken, wird in der Regel der Anteil der Analphabeten in Prozent angegeben (Analphabetenquote).

alpin: die Alpen, heute auch allgemein das Hochgebirge betreffend, dort vorkommend.

alpine Stufe: Die a. St. ist eine ↑Höhenstufe der Vegetation der höheren Gebirge oberhalb der Baumgrenze bis zur klimatischen Schneegrenze. Mit zunehmender Höhe unterscheidet man die Krummholz-, Zwergstrauch-, Matten- und Polsterpflanzenregion. Darüber liegt die nivale Stufe. Man findet hier angepasste Pflanzen, die sich eng an den Boden anschmiegen, um den starken Winden keinen Angriffspunkt zu bieten.

Derbe, oft behaarte Blätter schützen vor dem wachstumshemmenden ultravioletten Licht und den niedrigen Temperaturen. Mit unterirdischen Speicherorganen kann die kurze Vegetationsperiode optimal ausgenutzt werden. Die schlechten Böden und die hohen Niederschläge verlangen von den Pflanzen weitere Anpassungen in ihrem Bau. Typische Vertreter der alpinen Stufe sind die Alpenrose und das Edelweiß.

Altarm: Ein A. ist ein nicht mehr vom Fluss benutzter ehemaliger Teil seines Laufes, ↑Altwässer.

Alternativenergie: Dieser Begriff meint jede zur Energieversorgung einsetzbare sich erneuernde Energie. Eine besondere Rolle spielt hierbei die Sonnenenergie. Neben der schon stark genutzten Wasserenergie werden auch die Windkräfte, die Stärke der Wellen, die Erdwärme und die Gravitationswirkung des Mondes (Gezeitenkraftwerke) zur Energiegewinnung eingesetzt.

Altersgliederung

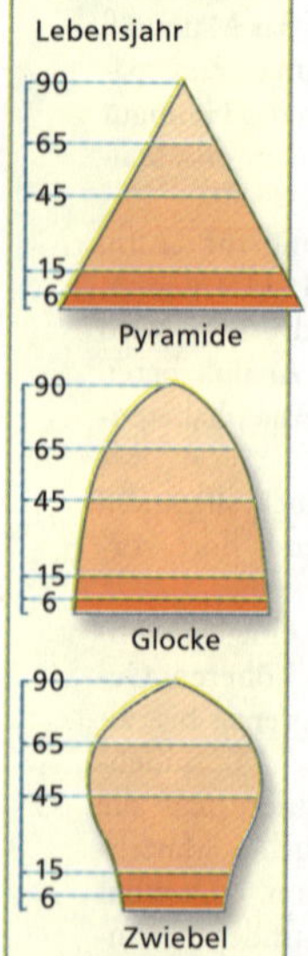

Formen der Altersgliederung

Alterspyramide (Bevölkerungspyramide): Unter einer A. versteht man die grafische Darstellung der Zusammensetzung der Bevölkerung eines Landes (oder einer anderen politischen Einheit) nach Alter und Geschlecht. Es werden hierbei auf der linken Seite der Mittelachse eines Koordinatenkreuzes die absoluten Zahlen der männlichen, auf der rechten Seite die der weiblichen Bevölkerung aufgetragen. Je nach Bevölkerungsentwicklung können dabei auch Zwiebel- oder Glockenformen entstehen.

Alte Welt: Bezeichnung für die uns seit alters her bekannten Teile der Erde, nämlich Europa, Asien und Afrika, mit den dort lebenden Völkern; sie kam auf, als für das neu entdeckte Amerika die Bezeichnung *Neue Welt* geprägt wurde. Australien und die Antarktis bleiben bei dieser Einteilung unberücksichtigt.

Altlasten: Sammelbezeichnung für ehemalige Deponien, Grubenverfüllungen, Aufschüttungen und sonstige Auffüllungen, auch oberflächliche Bodenschichten, die durch die Lagerung umweltgefährdender Abfälle, industrieller Produktionsrückstände u.a. aus Zeiten der ungeordneten ↑Abfallbeseitigung sowie durch Rückstände aus den beiden Weltkriegen (z.B. Giftgase) verseucht sind.

Altmoränenlandschaft: Die A. ist ein Landschaftstyp am Rande von ehemaligen Vereisungsgebieten, der von Moränen und anderen Ablagerungen der vorletzten Eiszeit geprägt wird. Sie ist durch interglaziale und letzteiszeitlich-periglaziale Abtragungsvorgänge stark überformt und z.T. eingeebnet worden.

Altokumulus (Altocumulus): Bilden voneinander isolierte Kumuluswolken (↑Kumulus) in einer Höhe zwischen 2000 und 7000 Metern flache Schichten und Bänke aus, spricht man von A.wolken. Diese Wolkenform, die auch als Schäfchenwolken bekannt ist, besteht fast immer aus unterkühlten Wassertröpfchen; gewöhnlich fällt aus A. kein Niederschlag. A., der bei der Auflösung geschlossener Wolkendecken in großer Höhe entsteht, gilt daher als Anzeichen für gutes Wetter.

Altostratus: Gleichförmig strukturlose, graue Wolkenfelder oder -schichten mit Untergrenzen, zwischen 2000 und 7000 m Höhe, die große Teile des Himmels oder seine gesamte Fläche bedecken, nennt man Altostratus. Durch dünnen A. ist die Sonne ohne scharfen Rand wie durch ein Mattglas zu erkennen. A. ist eine Mischwolke aus unterkühlten Wassertröpfchen und Eiskristallen, neben denen auch Regentropfen und Schneeflocken vorhanden sind. Die Niederschläge aus A. sind meist lang andauernd (Dauerniederschläge) und können als Regen, Schnee, Eiskörner oder Frostgraupel fallen. Bei Annäherung einer Warmfront geht A. in Nimbostratus über.

Altsiedelland: Das A. ist ein Gebiet, das einer mehr oder weniger kontinuierlichen Besiedlung und Landnutzung seit der ersten erkennbaren Besetzung des Raumes durch Siedler unterlag. In Mitteleuropa werden dem A. gewöhnlich die Gebiete zugerechnet, die bereits vor der im 8. Jh. einsetzenden mittelalterlichen Ausbauperiode besiedelt waren. Kennzeichnend sind Naturbedingungen, die eine relativ leichte Erschließung zulassen sowie bestimmte Siedlungs- und Flurformen, besonders Haufendörfer mit Gewannfluren.

Altstadtsanierung: A. meint die Anpassung der Bausubstanz überalterter Stadtkerne an die Erfordernisse von heute. Das betrifft sowohl die Wohnqualität als auch das äußere Erscheinungsbild solcher Gebiete. Man unterscheidet zwischen **Objektsanierung,** d.h. der Instandsetzung einzelner Gebäude oder ganzer Straßenzüge, und **Flächensanierung,** d.h. dem Abriss ganzer Gebäudekomplexe mit völligem Neuaufbau. Meist entstehen bei der A. soziale Probleme, da die Mieten nach vollzogener A. oft wesentlich höher sind als vorher.

Altwässer: A. sind abgeschnittene Flussschlingen, die zwar noch wassererfüllt, jedoch nicht mehr durchströmt sind; sie entstehen künstlich durch Flussregulierung (z.B. Altrheinarme im Oberrheingraben) oder natürlich durch Flussbettverlagerung oder Abschnürung einer Mäanderschlinge.

Altweibersommer: Die in Mitteleuropa fast regelmäßig in der zweiten Septemberhälfte einsetzende Schönwetterperiode nennt man A.; ihre sonnigen Tage sind das Ergebnis einer großräumigen stabilen Hochdruckwetterlage. Diese stellt sich bei der Verbindung des Azorenhochs mit einem Hochdruckgebiet über Osteuropa ein. Der A. ist dem *Indian summer* Nordamerikas vergleichbar.

Amplitude: Die A. gibt den Unterschied zwischen dem höchsten und dem tiefsten Wert von Messergebnissen innerhalb eines bestimmten Beobachtungszeitraumes an; meist handelt es sich um Temperaturamplituden. So ist z.B. die Tagesamplitude der Temperatur die Differenz zwischen der höchsten Mittagstemperatur (z.B. 12 °C) und der niedrigsten Nachttemperatur (z.B. –3 °C) eines Tages. (In unserem Beispiel beträgt die A. also 15 Celsiusgrade).

Amsterdamer Pegel: Bezugsfläche für Höhenangaben, ↑Normalnull.

Anatexis: A. meint das teilweise oder vollkommene Aufschmelzen fester Ge-

Beispiel einer **Altstadtsanierung:** Minnigerode-Haus in Alsfeld vor der Restaurierung (links) und danach (1977 fertig gestellt)

steine innerhalb der Erdkruste. ↑Metamorphose.

Anbaubeschränkungen: Durch A. soll z.B. in der EU verhindert werden, dass auf bestimmten Gebieten große Überproduktionen vorkommen. A. gibt es im Weinbau unter der Bezeichnung Anbauregelung.

Anbaugrenze (Ackerbaugrenze): Die A. ist die natürliche Grenze für den Anbau von Kulturpflanzen. Begrenzende Faktoren sind v.a. Temperatur (Kältegrenze), Niederschläge und Bodenbeschaffenheit. Man unterscheidet die ↑Polargrenze, die ↑Höhengrenze und die ↑Trockengrenze des Anbaus. Die Grenzen können vom Menschen durch Züchtung neuer Sorten, durch künstliche Bewässerung oder durch besondere Bodenbearbeitungsmethoden in gewissem Umfang zugunsten des Anbaus verschoben werden.

Anbauzwang: Der A. ist eine für dirigistische Wirtschaftssyteme typische Maßnahme zur Steigerung der landwirtschaftlichen Produktion. Die Landwirte werden hierbei gezwungen, bestimmte Nutzflächen zu bestellen und die Ernte ganz oder teilweise an staatliche Organisationen abzuliefern. A. wird oft auch in Staaten angeordnet, die sich in einem Krieg befinden. A. besteht (aus anderen Gründen natürlich) bei der ↑Dreifelderwirtschaft.

Ancylussee: Die A. ist ein Stadium in der nacheiszeitlichen Bildung der Ostsee, ↑Quartär.

Andesit: Der A. ist ein mittel- bis dunkelgraues Ergussgestein, das in einer meist sehr feinkörnigen, manchmal auch glasigen Grundmasse verschiedene Minerale, wie Plagioklas, Hornblende, Glimmer und Augit, als Einsprenglinge enthält.

Anemometer: Das A. ist ein Gerät zur Messung der Windgeschwindigkeit, also der Windstärke. Die mittlere Windstärke wird mittels eines *Rotationsanemometers,* meist ein Schalenkreuzanemometer, festgestellt, augenblickliche Werte der Windstärke werden mit einem *aerodynamischen Anemometer,* z.B. einem Druckplattenanemometer, ermittelt.

Anerbenrecht: Das A. ist eine für ländlichen Grundbesitz in bestimmten Gebieten geltende (heute freiwillige) Sonderregelung des Erbrechtes mit dem Ziel, eine Zersplitterung der Höfe, wie sie im Falle einer Realteilung eintreten würde, zu vermeiden. Der Hof fällt einem einzigen Erben, dem *Anerben,* zu.

angepasste Technologie: Der Begriff stammt aus der Entwicklungshilfe. Gemeint ist eine dem Entwicklungsstand eines Landes a. T., die verhindern soll, dass Arbeitsplätze verloren gehen. Auch kann die Produktion und Wartung der a. T. im Entwicklungsland selbst durch Menschen dieses Landes erfolgen. Dadurch verringert sich die Abhängigkeit von Industrienationen, und die Verschuldung kann niedriger gehalten werden. Zum Einsatz kommen sollen kapitalsparende und arbeitsintensive *Kleintechniken.*

Anger: Der A. ist [bzw. war] ein großer Platz innerhalb einer ländlichen Siedlung; er bestimmte in vielen Fällen deren Grundriss (Angerdorf). Der A. diente ursprünglich als Viehweide; auf ihm befand sich auch der Löschteich. Auf dem A. befanden sich später oft die Gemeinschaftseinrichtungen, wie Dorfbrunnen, Schule, oft auch Kirche und Friedhof. Später wurde der A. häufig in Gärten aufgeteilt oder überbaut.

Angerdorf: Ein A. ist meist ein mittelgroßes, planmäßig angelegtes oder reguliertes Platzdorf, dessen Gehöfte in lockerem bis dichtem Abstand einen Anger umrahmen; dieser kann rund, lanzettförmig, recht- oder dreieckig sein und trägt somit zur Formdifferenzierung des A.es bei. Das A. ist einer der Grundtypen der Siedlungsformen der mittelalterlichen deutschen Ostsiedlung. – Abb. Siedlungsformen, S. 332.

Angloamerika: Bezeichnung für das überwiegend englischsprachige Nordamerika, also die USA und Kanada.

angrenzende Zone: Dieser seerechtliche Ausdruck bezeichnet das an die Hoheitsgewässer eines Staates angrenzende Gebiet der ↑hohen See (von höchstens 12 Seemeilen), in dem der betreffende Staat bestimmte Hoheitsrechte ausüben darf, z.B. die Zollaufsicht und den Gesundheitsdienst.

Anis: älteste Stufe der alpinen Mittleren ↑Trias.

Anlandung: A. nennt man jede Anschwemmung und Ablagerung von Lockermaterial an Küsten und Ufern.

Anmoor (Anmoorglei): Das A. ist ein saurer Mineralbodentyp, der zwischen dem Glei und Moorboden steht; er entsteht in Quellmulden am Hang und in Talniederungen und Senken, in denen das Grundwasser bis nahe an die Bodenoberfläche heranreicht. Das A. hat einen Humusanteil von 15–20%, da der Abbau der organischen Rückstände durch die starke Nässe gehemmt wird. Nach Entwässerung und weiteren Bodenverbesserungsmaßnahmen, z.B. besserer Durchlüftung, kann man anmoorigen Boden als Grünland nutzen.

Anökumene: Unter A. versteht man die Gebiete der Erde, die außerhalb des von naturgegebenen Grenzen bestimmten menschlichen Siedlungs- und Wirtschaftsraumes liegen.

Anschwemmungsböden: durch Verwitterung von ↑Alluvionen entstandene Böden.

Anstehendes: Als A. bezeichnet man das durch Verwitterungs- und Abtragungsvorgänge kaum veränderte, noch im ursprünglichen Verband befindliche Gestein, das in natürlichen oder künstlichen Aufschlüssen der Beobachtung zugänglich ist.

Antarktis: Bezeichnung für die um den Südpol gelegenen ↑Polargebiete (Festland und Inseln).

Anthrazit: A. nennt man die Steinkohle mit dem höchsten Inkohlungsgrad, ↑Kohle.

anthropo...: in Zusammensetzungen Bestimmungswort mit der Bedeutung Mensch, zum Menschen gehörend; z.B. Anthropogeographie.

Anthropogeographie: Die A. befasst sich mit den Wechselwirkungen zwischen Erde und Mensch. Sie ist ein Teil der allgemeinen Geographie und hierin der physischen Geographie nebengeordnet. Sie hat viele Gegenstände mit anderen Wissenschaften gemeinsam, ihr eigentliches Untersuchungsobjekt ist aber die komplexe Kulturlandschaft mit all den darin vorkommenden Erscheinungen.

Antiklinale (Antikline): In der Geologie wird das bei einer ↑Faltung entstandene Schichtgewölbe A. genannt. Dieser geologische Sattel kann manchmal auch als morphologischer Sattel in der Oberflächengestaltung erkennbar sein.

Antipoden: Als A. werden diejenigen Menschen bezeichnet, die den dem eigenen Ort genau entgegengesetzten Ort auf der Erdkugel bewohnen. Für das zentrale Europa liegt der Bereich der A. im südlichen Pazifik südöstlich von Neuseeland. Eine hier liegende Inselgruppe heißt daher auch Antipodes Islands.

Antizyklone: Luftmasse mit hohem Druck, svw. ↑Hochdruckgebiet.

Anzapfung: Eine Flussanzapfung erfolgt, wenn ein Fluss infolge größerer Wasserführung, stärkeren Gefälles oder günstigerer Gesteinsverhältnisse durch rückschreitende Erosion eine Wasserscheide durchbricht und einen Fluss des benachbarten Flusssystems anzapft und an sein Flusssystem anschließt. Der angezapfte Fluss lässt einen Teil des alten Tales, nämlich den unterhalb der Anzapfungsstelle, als Trockental zurück. Am bekanntesten ist die Anzapfung der ursprünglich zum Flusssystem der Donau gehörenden Aitrach durch die Wutach, die zum Flusssystem des Rheins gehört, im südöstlichen Schwarzwald. Der Oberlauf der alten Aitrach wurde dadurch zum neuen Oberlauf der Wutach, der sich nun als Folge der bedeutend größeren Reliefenergie im Wutachtal (die Erosionsbasis Rhein liegt in Südwestdeutschland bedeutend tiefer als die Erosionsbasis Donau) sehr tief in die Umgebung eingeschnitten hat, wodurch die Wutachschlucht entstand.

Anziehung: ↑Gravitation.

äolisch: Erscheinungen, die durch den Wind hervorgerufen bzw. beeinflusst wurden, nennt man äolisch.

Apartheid: Unter A. versteht man die früher von der Regierung der Republik Südafrika praktizierte, gegen die Menschenrechte verstoßende Politik der Rassentrennung zwischen Weißen, Bantu, Asiaten und Mischlingen (englisch *Coloureds = Farbige,* afrikaans *Kleurlinge*). Ziel der A. war die durch politische, soziale, wirtschaftliche und räumliche Trennung festgelegte *gesonderte Entwicklung* der verschiedenen ethnischen Bevölkerungsgruppen.

aper: offen, schneefrei; im Gegensatz zu schneebedeckt.

Aphel [p-h]: ↑Apsiden.

Apogäum (Erdferne): ↑Apsiden.

Apsiden: Als A. werden in der Astronomie die beiden Punkte auf der elliptischen Bahn eines Himmelskörpers um einen anderen bezeichnet, für die die Entfernung zwischen den Körpern am größten bzw. am kleinsten ist. Bei Planetenbahnen heißen diese Punkte Aphel (sonnenfernster Punkt) bzw. Perihel (sonnennächster Punkt), bei der Bahn eines Körpers um die Erde Apogäum (erdfernster Punkt) bzw. Perigäum (erdnächster Punkt).

Aquakultur: A. bezeichnet die planmäßige Bewirtschaftung und Nutzung von Wasserflächen unter Anwendung biologischer und technischer Erkenntnisse mit dem Ziel dauerhafter Erträge von Algen, Muscheln, Schnecken, Krebsen, Fischen und anderen Wasserorganismen.

Äquator (Erdäquator): Der Ä. ist der größte Breitenkreis auf der Erde (Länge rd. 40075 km); seine Ebene steht senkrecht auf der Rotationsachse der Erde und geht durch den Erdmittelpunkt. Er teilt die Erde in zwei gleich große Halbkugeln: die Nord- und die Südhalbkugel.

Der **Himmelsäquator** ist die Projektion des Erdäquators vom Mittelpunkt der Erde aus auf die gedachte Himmelskugel.

Der **[erd]magnetische Äquator** (Akline) ist die Linie, die alle Orte mit der Inklination Null des erdmagnetischen Feldes verbindet.

Der **thermische Äquator** stellt die Linie dar, die die Orte der stärksten Erwärmung auf der Erde miteinander verbindet; der thermische Ä. ist wegen des Vorherrschens der Landmassen auf der Nordhalbkugel im Mittel bis zu 10° n. Br. verschoben. Im Nordsommer liegt der wärmste Breitenkreis bei etwa 20° n. Br., im Südsommer fällt er mit dem geographischen Ä. zusammen.

Äquatorialströme: Meeresströmungen beiderseits des Äquators, Karte Meeresströmungen S. 234.

äquatorständige Projektion: Die ä. P. ist ein spezieller ↑Kartennetzentwurf, bei dem die Projektionsachse mit der Äquatorebene zusammenfällt.

Äquinoktialgegenden: Mit Ä. wurden früher die ↑Tropen bezeichnet, also die Gebiete der Erde, in denen das ganze Jahr hindurch Tag und Nacht (so gut wie) gleich lang sind.

Äquinoktialstürme: Ä. nennt man die regelmäßig zur Zeit der Äquinoktien besonders im Bereich der subtropischen

Aquakultur: Fischzucht vor den Amakusa-Inseln, westlich von Kyushū, Japan

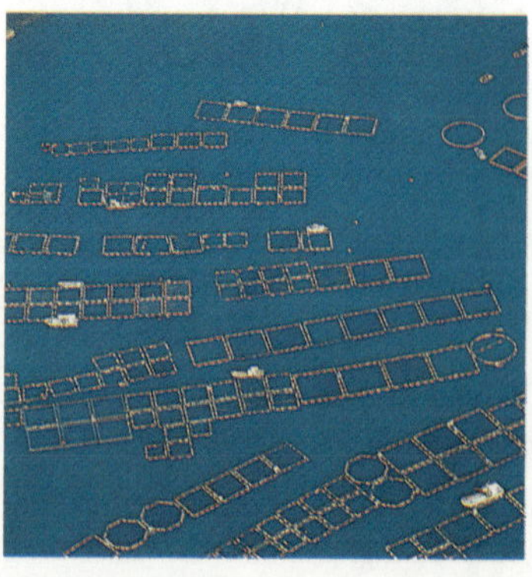

Meere auftretenden Stürme, die häufig von starken, oft gewittrigen Regengüssen begleitet sind.

Äquinoktium (Tagundnachtgleiche): Das Ä. ist der Zeitpunkt, an dem die Sonne auf ihrer jährlichen scheinbaren Bahn, der Ekliptik, den Himmelsäquator schneidet. Im *Frühlings-Ä.* (Frühlingsanfang, um den 21. März; bezogen auf die Nordhalbkugel) und im *Herbst-Ä.* (Herbstanfang, um den 23. September; bezogen auf die Nordhalbkugel) sind für alle Orte auf der Erde Tag und Nacht gleich lang (wahrer Sonnenaufgang um 6^h Ortszeit, wahrer Sonnenuntergang um 18^h Ortszeit).

Arbeiterwohngemeinde: Die A. ist ein sozialökonomischer Gemeindetyp. Sie ist quantitativ gekennzeichnet durch das Überwiegen der gewerblich orientierten Erwerbstätigen gegenüber denjenigen der Land- und Forstwirtschaft. Von den nichtlandwirtschaftlichen Erwerbspersonen, einschließlich der Nebenerwerbslandwirte, pendeln bis zu 50% zu einem anderen Arbeitsort aus.

Arbeitslosigkeit: Unter A. versteht man den Zustand der vorübergehenden Beschäftigungslosigkeit von Personen, die berufsmäßig in der Hauptsache als Arbeitnehmer tätig sind. Das Ausmaß der A. lässt sich in der Arbeitslosenquote (=Anteil der Arbeitslosen an der Gesamtzahl der Arbeitnehmer) ausdrücken.

Arbeitsmarkt: In den Staaten mit freier Berufswahl bezeichnet man das Verhältnis zwischen Angebot und Nachfrage bei den verschiedenen Berufen als Arbeitsmarkt. Er kann durch Arbeitsbeschaffungsmaßnahmen kurzfristig beeinflusst werden. Ein unausgeglichener Arbeitsmarkt führt entweder zur Arbeitslosigkeit oder zum Anwerben von ausländischen Arbeitnehmern.

Archaikum: Zeitabschnitt des Präkambriums, ↑Geologie, Zeittafel.

Archipel: Ursprünglich galt der Name nur den Inseln des Ägäischen Meeres; heute ist A. eine allgemeine Bezeichnung für größere Inselgruppen in den Ozeanen.

Areal: Unter einem A. versteht man das Verbreitungsgebiet von Tieren oder Pflanzen, das z.B. von einer Gattung oder einer Art eingenommen wird. Areale werden kartographisch in *Arealkarten* dargestellt. Für die Gesamtdarstellung der meist ausgedehnten Areale werden oft *Umrissverbreitungskarten* verwendet, bei denen die äußersten Vorkommen einzelner Vertreter der darzustellenden Einheit durch Umrisslinien verbunden sind.

arid: Der in der Klimatologie verwendete Begriff kennzeichnet Klimate von Gebieten, in denen die mögliche jährliche Verdunstung größer ist als der jährliche Niederschlag. *Vollaride (extrem aride)* Gebiete sind dauernd arid; hier beträgt die Jahresmenge des Niederschlags meist weniger als 100 mm. In *semiariden* Gebieten überwiegt im Jahresdurchschnitt zwar die Verdunstung den Niederschlag, in einigen Monaten kann jedoch der Niederschlag größer als die Verdunstung sein. Zu den vollariden Gebieten der Erde rechnen v.a. die Kernwüsten, zu den semiariden die Steppen und Wüstensteppen der Tropen und Subtropen. In ariden Gebieten tritt die Bedeutung des Wassers als oberflächenformende Kraft zurück. Bestimmend für die Verwitterung sind die täglichen Temperaturschwankungen, für die Abtragung v.a. der Wind. – Der Gegensatz zu a. ist humid.

Ariditätsfaktor: Der A. ist eine Zahl, mit der der Grad der Trockenheit (also der Grad der Aridität) eines bestimmten Gebietes angegeben werden kann. Hierbei wird die Größe der möglichen Verdunstung mit der mittleren Niederschlagsmenge in ein Verhältnis gesetzt, mit der Temperatur verknüpft und in einer absoluten Zahl ausgedrückt.

Ariditätsgrenze: in der Klimatologie svw. ↑Trockengrenze.

Arkose: Die A. ist ein Sandstein mit hohem Anteil an Feldspäten und Glim-

A

mern. Sie entstand durch Verwitterung unter ariden Bedingungen.

Arktis: die um den Nordpol gelegenen Land- und Meergebiete, ↑Polargebiete.

arktisch: Der Begriff bezieht sich auf Gegebenheiten der Arktis. Arktisches Klima ist gekennzeichnet durch ganzjährig tiefe Temperaturen und den typischen Wechsel zwischen Polartag und ↑Polarnacht. Die arktische Zone wird mathematisch durch den Polarkreis nach Süden begrenzt. Arktische Einflüsse werden aber auch noch darüber hinaus bis zur nördlichen Waldgrenze wirksam. Der Begriff für dieselben Gegebenheiten am Südpol ist *antarktisch.* Für beide Bereiche, Arktis und Antarktis, zusammen wird der Oberbegriff *polar* benutzt.

Armutsgürtel: die geographische Verteilung der Armut, ↑Hungergürtel.

Arrondierung: Die A. kommt in der Regel auf zwei Arten zustande: Entweder wird ländlicher Grundbesitz auf Privatinitiative hin durch Ankauf oder Tausch erweitert bzw. abgerundet, oder die Flurbereinigung schafft zusammenhängende, abgerundete Besitzverhältnisse.

Artenrückgang: Das Aussterben von Arten (Tieren und Pflanzen) ist ein normaler Bestandteil der Evolution, wie die Geschichte der Fossilien zeigt. Nach dem Auftauchen des Menschen hat sich dieser Prozess allerdings stark beschleunigt. Von der Jagd auf Tiere oder das Sammeln von Pflanzen reichen die Eingriffe bis hin zur Verschmutzung von Luft, Wasser und Boden mit giftigen Stoffen. Eine große Rolle spielt die Veränderung oder Zerstörung verschiedener natürlicher Lebensräume (Habitatveränderungen). Diese können verschiedene Formen annehmen: Ersatz des Lebensraumes durch Siedlungen, Landwirtschaft, Bergbau und andere Nutzungsarten; Auswirkungen von Dammbauten, Entwässerung, Kanalisierung und Hochwasserschutz; Verschmutzung durch chemische Stoffe, Nährstoffe und feste Abfälle; Erosion und Versandung; auch durch die Einführung von ausbreitungsfreudigen Pflanzen und Tieren. Die Verkleinerung der natürlichen Lebensraumfläche ist wohl der wichtigste Grund für die Veränderungen in Zahl und Verteilung der Arten.

artesischer Brunnen: So wird nach der nordfranzösischen Landschaft Artois, wo man 1126 erstmals einen derartigen Brunnen anlegte, ein natürlicher Brunnen genannt, bei dem das Wasser infolge natürlichen Überdruckes des Grundwassers nach dem Prinzip der kommunizierenden Röhren selbsttätig aufsteigt. Der artesische Brunnen erschließt nämlich wasserführende Schichten, die zwischen

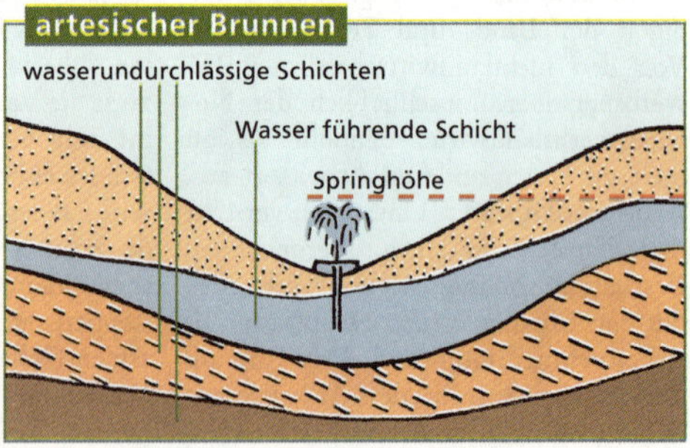

wasserundurchlässigen Schichten liegen, die höher hinaufreichen als der Brunnenauslauf. Bei diesem Brunnen wird daher der Überdruck dann nachlassen, wenn der Grundwasserhorizont in der Wasser führenden Schicht infolge der Wasserförderung des artesischen Brunnens unter das Niveau des Brunnenauslaufs absinkt.

Asche (vulkanische Asche): A. nennt man staubförmiges bis feinsandiges vulkanisches Lockermaterial; es besteht aus zerspratztem (feinst zerrissenem) Magma, zerriebenem Gesteinsmaterial der Schlotwände oder dem Gemisch aus beiden. In der nächsten Umgebung der Ausbruchstelle kann ein *Aschenwall* aufgehäuft werden; der in größerer Entfernung niedergehende *Aschenregen* bildet eine *Aschendecke.* Wird bei einem Ausbruch nur A. gefördert, entstehen *Aschenkegel (Aschenvulkan),* von deren Flanken *Aschenlawinen* und bei Regeneinwirkung Schlammströme (Lahare) niedergehen können. Verfestigte Aschen bilden Tuffe.

Assimilation: Unter A. versteht man in der Sozialgeographie eine Phase der Akkulturation durch Verschmelzung fremder Kulturelemente mit einer traditionellen Kultur.

Assimilationstheorie: Die A. ist ein Begriff aus der Soziologie. Es wurde beobachtet, dass Einzelne oder Gruppen häufig Tracht, Haltung oder Gefühle anderer Gruppen übernehmen. Solche Beobachtungen machte man im Laufe der Geschichte der USA, bei der Eingliederung der Heimatvertriebenen in der Bundesrepublik Deutschland und an anderen Orten. Das Hauptgewicht der A. liegt aber in der Politik. Hier meinen die Vertreter der A., dass sich auch politische Systeme im Laufe der Zeit soweit annähern, bis sie in ihren Strukturen gleich sind. Unterschiede werden dann nur noch propagandistisch herausgestellt; dies kann wiederum der Ausgangspunkt für Konflikte sein.

Assoziierung: Bei internationalen Zusammenschlüssen oder Vereinigungen ist es für viele Länder oft nicht möglich, volle Mitgliedschaft zu erlangen, etwa aus Gründen politischer Neutralität oder wirtschaftlicher Unterentwicklung; diese Länder können dann nur locker, im Rahmen einer Assoziierung, mit den entsprechenden Gemeinschaften zusammenarbeiten.

Asthenosphäre: Die A. ist die Zone des oberen Erdmantels unterhalb der Lithosphäre. ↑auch Plattentektonik.

Astroblem: neuere Bezeichnung für einen Meteoritenkrater.

Astronomie (Sternkunde): A. ist die umfassende Bezeichnung für alle Wissenschaftszweige die sich mit der Erforschung des Universums, d.h. mit der Verteilung und Bewegung, mit den physikalischen Zuständen, mit der Zusammensetzung und der Entwicklung der Materie im Weltall sowie mit der raumzeitlichen Struktur der Welt als Ganzem beschäftigen.

Die A. gehört zu den exakten Naturwissenschaften. Ihre Ergebnisse werden als Messwerte, als Zahlen und Daten gewonnen. Die A. gibt eine Darstellung der Welt, soweit sie mit rein wissenschaftlichen Forschungsmethoden erfassbar ist.

Die eigentliche Forschungsmethode der A. ist die Analyse der aus dem Weltraum kommenden Strahlen. Daneben haben sich durch Raumsonden und bemannten Weltraumflug für die der Erde nächsten Himmelskörper (Mond, Mars, Venus) sowie für den interplanetaren Raum neue Forschungsmöglichkeiten ergeben. Die A. beobachtet und analysiert die auf die Erde einfallenden Teilchenstrahlungen und v.a. die von leuchtenden oder reflektierenden Körpern ausgehende elektromagnetische Strahlung, von den kurzwelligen Gamma- und Röntgenstrahlen über das sichtbare Licht bis hin zu der Radiofrequenzstrahlung und hat hieraus Erkenntnisse über den Baustoff, die räumliche Struktur, die Bauelemente und die zeitliche Entwicklung des Weltalls abzuleiten. Entsprechend dieser Aufgabenstellung spricht man von einem praktischen oder beobachtenden und einem theoretischen oder interpretierenden Zweig der Astronomie.

Bis in die Mitte des vorigen Jahrhunderts galt das Interesse astronomischer Forschung fast ausschließlich der Messung der Richtung bzw. der Richtungsänderung der von den Gestirnen kommenden Strahlung. Dieser Bereich der Forschung wird heute als *klassische* oder *fundamentale A.* bezeichnet. Man rechnet dazu: *Sphärische A., Bahnbestimmung, Himmelsmechanik, astronomische Orts- und Zeitbestimmung.*

A

In der Mitte des vorigen Jahrhunderts begann man sich der Messung der Quantität und der Qualität der Strahlung zuzuwenden. Da hierzu Mess- und Untersuchungsmethoden aus der Physik herangezogen wurden, wie die Photometrie und die Spektroskopie, bezeichnet man diesen Forschungsbereich als *Astrophysik.*

Astronomische Einheit (Kurzzeichen AE, international AU): Die AE ist als Entfernungsmaß im Sonnensystem eine fundamentale Größe der Astronomie; sie ist definiert als die mittlere Entfernung Erde–Sonne. Die genaue Kenntnis der AE ist von größter Bedeutung, weil sie letztlich als Maßstab allen kosmischen Entfernungsangaben zugrunde liegt. Aufgrund der Radarmessungen ist der Wert der AE jetzt mit einer etwa um das 100fache größeren Genauigkeit bekannt als aus den himmelsmechanischen Rechnungen. Als neuester und zuverlässigster Wert gilt 1 AE = 149,5658 Mill. km.

Astrophysik: Die A. ist ein Forschungsbereich der ↑Astronomie.

Ästuar: Mündungsform an Gezeitenküsten, ↑Trichtermündung.

Atlantikum: Zeitabschnitt des Postglazials, ↑Quartär.

atlantisches Klima: im europäischen Bereich verschiedentlich gebrauchte Bezeichnung für ↑maritimes Klima.

Atlas: Unter einem A. versteht man eine systematische Sammlung von Karten, die eine Einheit bilden und meistens gebunden sind. Nach ihrem Umfang werden Taschen- und Handatlanten, nach dem Verwendungszweck Schul-, Haus- und wissenschaftliche Atlanten unterschieden. Nach ihrem Inhalt unterteilt man die Atlanten in Welt-, National-, Regional-, Spezial- (Planungsatlanten) und Fachatlanten (thematische Atlanten, z.B. Weltseuchenatlas).

Den ersten A. stellte der flämische Kartograph Abraham Ortelius 1570 zusammen und benannte diese Kartensammlung »Theatrum orbis terrarum«. Den Namen A. gab erstmals Gerhardus Mercator 1585 seiner 3-bändigen Kartensammlung, die unter dem Titel »Atlas, sive cosmosgraphicae meditationes de fabrica mundi et fabricati figura« erschien.

Atmosphäre (Erdatmosphäre): Die A. ist die aus einem Gemisch von Gasen bestehende Hülle eines Himmelskörpers, speziell die Lufthülle, welche die Erde umgibt. Letztere unterliegt der Anziehungskraft der Erde und ist in deren Drehbewegung um sich selbst mit einbezogen. Die Dichte der A. nimmt mit zunehmender Höhe rasch ab; so wiegt 1 Liter Luft unter normalem Druck (das ist 760 Torr oder 1013 Millibar) bei einer Temperatur von 0°C 1,293 g, in einer Höhe von 5000 m dagegen nur noch 0,73 g.

In ihren unteren Schichten (bis etwa 100 km Höhe) bleibt die chemische Zusammensetzung der A. beinahe gleich; dieser Teil der A. wird mit dem Namen *Homosphäre* bezeichnet. Die wesentlichen Bestandteile (und deren durchschnittlicher prozentualer Anteil am Gesamtvolumen) sind Stickstoff (78,08%), Sauerstoff (20,95%), Argon (0,93%) und Kohlendioxid (0,03%); außerdem sind Spuren von Edelgasen, Wasserdampf (nur bis 20 km Höhe) und Ozon vorhanden. Darüber hinaus finden wir in der A. noch eine Reihe von Beimengungen in fester, gasförmiger und flüssiger Form, die über Großstädten und Industriegebieten besonders zahlreich sind, nämlich Staub, Verbrennungsprodukte, Salzkristalle, Bakterien, Luftkeime (Schimmelpilze u.Ä.). Sie alle treten wegen ihres relativ hohen Gewichtes jedoch nur in Bodennähe auf. Für viele Wettererscheinungen spielen diese Teilchen eine große Rolle, so bei der Bildung von Dunst, Nebel, Wolken, Regen (↑auch Kondensation). Sie beeinflussen weiterhin den Strahlungs- und Wärmehaushalt der A. durch Absorption und sind an atmosphärischen Leuchterscheinungen (z.B. Morgen- und Abendrot) beteiligt. Am wichtigsten für das Wettergeschehen, das sich nur in der untersten Schicht der A., der

Erdatmosphäre

Aufbau und mittlere Temperaturverteilung der Erdatmosphäre

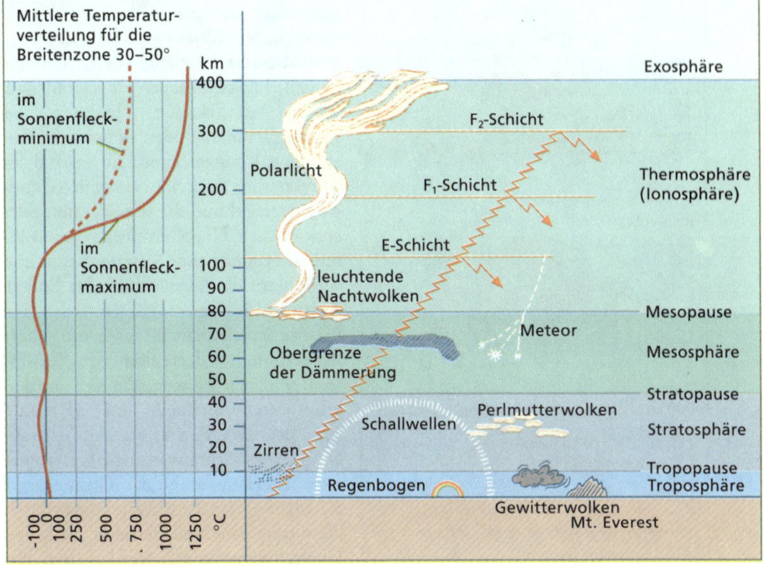

Troposphäre abspielt, ist jedoch der Wasserdampf, der auch als Wasser oder Eis vorhanden sein kann; da er von der Lufttemperatur abhängig ist, schwankt sein Anteil örtlich und zeitlich sehr stark (zwischen 0 und 4 Volumenprozenten), in mittleren Breiten liegt er durchschnittlich bei etwa 1%. Der vertikale Aufbau der A. ist dem beigefügten Diagramm zu entnehmen. Anzumerken ist dabei, dass die Ozonschicht den langwelligen Anteil der Ultraviolettstrahlung der Sonne absorbiert, woraus der Temperaturanstieg an ihrer Obergrenze (in etwa 50 km Höhe) resultiert.

Der unser Wetter bestimmende Luftmassenaustausch in der A. wird als ↑Allgemeine Zirkulation der Atmosphäre beschrieben.

Atmosphärilien: Alle in der Erdatmosphäre vorhandenen chemisch und physikalisch wirksamen Stoffe nennt man A.; diese verursachen die Verwitterung der Erdkruste und die Korrosion von Metallen. Da aber auch die Luftbewegung und die Temperatur diese Vorgänge beeinflussen, zählt man auch die auf diese Weise wirksamen Kräfte zu den Atmosphärilien.

Atoll: Ein A. ist ein ringförmiges Korallenriff, das eine Lagune umschließt. Die Entstehung erklärt sich folgendermaßen: Zunächst bauen Korallen rund um eine (meist vulkanische) Insel ein Saumriff. Die Insel beginnt abzusinken, die Korallen jedoch bauen an ihren Kalkstöcken weiter, sodass diese sich in demselben Umfang erhöhen, in dem der Untergrund absinkt, da die Tiere nur in einer bestimmten Tiefe unter der Meeresoberfläche leben können. Die Inselsenkung geht weiter und es bleibt schließlich nur der A. genannte Korallenkranz übrig, der eine seichte Meeresfläche, die Lagune, umschließt. Allerdings muss nicht unbedingt die Insel sinken, es kann

A

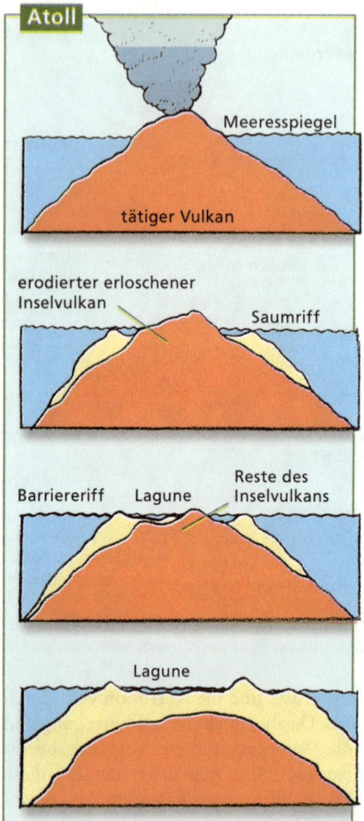

Bildung eines Atolls durch verstärktes Riffwachstum

auch umgekehrt der Meeresspiegel ständig steigen. – ↑Korallenriff.

Atomenergie: nicht exakte Bezeichnung für ↑Kernenergie.

Aue: Die A. ist der bei Hochwasser überflutete und mit Sedimenten (Auelehm) überlagerte Teil des Talbodens.

Auelehm (Auenlehm, Aulehm): Der A. ist die geologisch junge, feinkörnige, humushaltige, hauptsächlich bei Hochwasser abgelagerte Lehmdecke von Talböden in der gemäßigten Zone. In Mitteleuropa lässt sich ihre Bildung seit der Jungsteinzeit nachweisen, als die Lössböden in Kultur genommen wurden. Ihre Bildung verstärkt sich durch die Bodenabspülung, seitdem große Teile des ursprünglichen Waldes gerodet wurden.

Auenböden (Auwaldböden): Die aus jungen Flusssedimenten entstandenen, wenig entwickelten, braunen bis schwarzbraunen Böden nennt man Auenböden. Kennzeichnend für sie sind der jahreszeitlich stark schwankende Grundwasserspiegel und die periodischen oder episodischen Überflutungen; diese führen zu immer neuer Sedimentation und verhindern die Entwicklung der Böden.

Auenwald (Auwald): Der A. ist eine Pflanzengesellschaft in der häufig überschwemmten Uferregion von Gewässern, v.a. von Flüssen, die sich an den Schilfgürtel anschließt. Im Gegensatz zum Bruchwald ist er starken Schwankungen des Grundwasserspiegels ausgesetzt. Meistens steht das Grundwasser niedriger als im Bruchwald, doch durch die wochenlang andauernden jährlichen Überschwemmungen werden dem Boden wertvolle Nährstoffe zugeführt.

In Mitteleuropa unterscheidet man die *Weichholzaue* mit Weiden, Pappeln und Grauerlen und die *Hartholzaue,* die sich aus Eschen, Ulmen und Stieleichen zusammensetzt. Letztere liegt höher und wird deswegen nicht so oft überschwemmt. Außerdem kann man eine reiche Strauch- und Staudenflora mit Weißdorn und Schwarzem Holunder feststellen.

Aufbauachse: raumplanerisches Ordnungselement, ↑Entwicklungsachse.

Aufholstrategie: Die A. ist eine ↑Entwicklungsstrategie. Sie definiert Unterentwicklung als wirtschaftliche Rückständigkeit und sieht Entwicklung als wirtschaftliches Wachstum und Modernisierung nach westlichem Vorbild. Der A. entsprechend wurde Entwicklungshilfe besonders in Form von Kapitalhilfe geleistet. Der erhoffte Ausbreitungseffekt (trickle down effect) zeigte sich jedoch nur in begrenztem Umfang.

A

auflandig: Mit a. werden Strömungen und Winde gekennzeichnet, die vom Meer (oder von größeren Wasserflächen des Binnenlandes) auf das Festland gerichtet sind. Auflandige Winde sind an Tageszeiten gebunden, da sie durch unterschiedlich hohen Luftdruck (bedingt durch unterschiedlich schnelle Erwärmung) über dem Land und der Wasserfläche ausgelöst werden. – Der Gegensatz zu a. ist ablandig.

Aufschiebung: Die A. ist eine Art der ↑Verwerfung.

Auenwald: Weichholzaue am Rußheimer Altrhein

Aufschluss: A. nennt man Stellen an der Erdoberfläche, die Einblick in die Lagerung der anstehenden Gesteine und des verwitterten Materials zulassen; man unterscheidet den *natürlichen A.* (Felswände, Steilufer) und den *künstlichen A.* (Baugruben, Steinbrüche, Bergwerke, Schurfgräben).

Aufschüttung: A. ist die mechanische Anhäufung von Abtragungsmaterial aller Art, d.h. die Aufschüttung von vulkanischen Lockermassen, von Gesteinsmaterial durch Wind (Dünen), Flüsse (Schotter) und Gletscher (Moränen).

Aufstockung: Unter A. versteht man die Vergrößerung landwirtschaftlicher Betriebe durch Zukauf von Land (und Vieh) oder durch langfristige Pacht.

Auftauboden: Als A. bezeichnet man die im tages- oder jahreszeitlichen Rhythmus auftauende obere Schicht von Dauerfrostböden; in seinem Bereich spielen sich alle Vorgänge der Solifluktion ab.

Auftriebwasser: Die aus größeren Meerestiefen aufsteigenden kalten Wassermassen nennt man A.; sie sind um 8 bis 10 Celsiusgrade kälter als ihre Umgebung. A. tritt in der Passatwindregion an den Westküsten der Kontinente (vor Kalifornien, Peru, Chile, Nordwest- und Südwestafrika sowie Westaustralien) und während des Sommermonsuns auch an der Somaliküste auf. Ursache für die Entstehung von A. sind zumeist Landwinde, die ablandige Oberflächenströmungen hervorrufen. Um diese abtriftenden Wasser zu ersetzen, kommt es zu einer aufsteigenden Bewegung innerhalb der Wassermassen. Diese Komponente ist im Vergleich zur horizontalen Bewegung zwar klein (etwa 1:1000), sie besitzt aber infolge ihrer großen Beständigkeit weittragende Bedeutung für den Wärme- und Stoffhaushalt des Meeres. Ihre Auswirkungen reichen bis in den küstennahen Bereich des Festlandes. Gebiete mit A. sind gekennzeichnet durch große Nebelhäufigkeit und durch besonderen Nährstoffreichtum des Wassers, der hohen Planktongehalt und damit Fischreichtum bewirkt. Vor der wüstenhaften Küste von Chile und Peru dienen diese Fische den zahlreichen Seevögeln zur Nahrung, deren Exkremente im Küstenbereich abgelagert werden; diese wiederum stellen einen wertvollen organischen Dünger (Guano) dar.

Aufwind: A.e sind aufwärts gerichtete Luftströmungen. Sie entstehen bei starker Sonneneinstrahlung über erhitztem Gelände (Heide, Sand, Städte), in Gewitterwolken, durch nach oben abgelenkte

A

Luftströmungen (an Berghängen, Hügeln, Dünen) und vor Fronten (insbes. Kaltfronten). A.e werden beim Segelflug (Thermik) genutzt. – Der Gegensatz zum A. ist der Abwind.

Ausbauflur: Unter A. versteht man die jüngeren, erst später erschlossenen Teile der Flur.

Ausbauzeit: Einerseits sind damit erste Erweiterungen von bestehenden Siedlungen und dazugehörigen Fluren im 5.–8. Jh. im Bereich der germanischen Landnahme gemeint. Andererseits meint man damit allgemein die im 8. Jh. einsetzende Periode von Siedlungsgründungen außerhalb des Altsiedellandes. Diese Gründungen geschahen oft auf Initiative von weltlichen Grundherren und kirchlichen Institutionen. Im 11. Jh. folgte als weitere A. die mittelalterliche Rodungszeit.

Ausblasung: Form der Abtragung, ↑Deflation.

Ausfuhr: ↑Export.

Ausgleichsküste: Bei einer A. liegt eine durch ↑Abrasion und ↑Strandversetzung entstandene begradigte Küste vor. Wir finden diese durch Schließen der Buchten (v.a. durch ↑Nehrungen) und Zerstörung der Vorsprünge gebildete A. z.B. an der Ostseeküste östlich der Odermündung.

Auskolkung: Aushöhlung im Gestein, ↑Kolk.

ausländische Arbeitnehmer (Gastarbeiter): Bezeichnung für Arbeitskräfte fremder Staatsangehörigkeit, die auf gegebener Rechtsgrundlage (z.B. ↑Freizügigkeit innerhalb der Staaten der EU oder Aufenthalts- und Arbeitserlaubnis) im Gastland erwerbstätig sind. Sie kommen in der Regel aus wirtschaftlich weniger entwickelten Staaten und leben im Gastland häufig isoliert. Aus der geringen Integration in die fremde Gesellschaft ergeben sich häufig große soziale Probleme.

Auslandsverschuldung: Zur Finanzierung ihrer Investitionen benötigen viele Staaten, besonders Entwicklungsländer, Kapital, das sie selbst nicht mehr aufbringen können. Die Exporterlöse können die Preissteigerungen bei Energie, Fertigprodukten und Nahrungsmitteln nicht auffangen, man wird von Kapitalimporten abhängig. Häufig entsteht ein Teufelskreis von wachsender Verschuldung und wachsendem Kreditbedarf für die Rückzahlung von Entwicklungshilfe und Zinszahlungen.

Auslaugung: Die Herauslösung wasserlöslicher Substanzen wie Salz, Gips oder Kalk aus dem Gestein nennt man Auslaugung. Hat das Grundwasser beispielsweise Zutritt zu unterirdischen Salzlagern und führt das gelöste Salz weg, können infolge der A. Hohlräume entstehen, in die die darüber liegenden Gesteinsschichten absinken. An der Oberfläche entstehen dann *Auslaugungssenken.*

Auslieger: mit der Schichtstufe in Verbindung stehender ↑Zeugenberg.

Ausmärker: Der A. ist Eigentümer oder Besitzer von Parzellen in der Gemarkung einer Gemeinde, in der er selbst nicht wohnt. Das A.tum ist v.a. in Realerbteilungsgebieten weit verbreitet, es ist meist durch Heirat oder Erbschaft entstanden.

außenbürtig: deutsche Bezeichnung für ↑exogen.

Außengroden: Hauptteil des ↑Vorlandes.

Außenhandel: Als A. wird der die Staatsgrenzen überschreitende Warenverkehr bezeichnet.

Außenhandelsstruktur: Der grenzüberschreitende Handelsverkehr drückt sich in jährlichen Handelsbilanzen aus. Rohstoffe, Halbfertigwaren und Fertigprodukte, aber auch Kapital und Informationen fließen über die Ländergrenzen. Neben den wirtschaftenden Menschen und dem Entwicklunsstand eines Landes bestimmen auch die naturräumlichen Voraussetzungen die Außenhandelsstruktur.

außertropisches Ostseitenklima: eine ↑Klimaregion (Klassifikation).

außertropische Westwindzone: Die a. W. resultiert aus dem Druckgefälle zwischen subtropischem Hochdruckgürtel und den subpolaren Tiefs und der hier recht starken Coriolis-Kraft. Sie ist aber mehr eine theoretische Größe, da sie in ihrer tatsächlichen Ausbildung von vielen Querströmungen überlagert wird, die den Temperaturgegensatz zwischen warmer Tropikluft und kalter Polarluft ausgleichen. Die a. W. ist witterungsbestimmend für die Klimate der höheren Mittelbreiten, ↑Klimaregion.

Aussiedler: Der Begriff A. umfasst deutsche Staats- oder Volkszugehörige aus osteuropäischen Ländern, die oft nach Generationen aus politischen oder wirtschaftlichen Gründen nach Deutschland kommen. Nicht selten sind sie der deutschen Sprache kaum oder überhaupt nicht mehr mächtig.

Aussiedlung: Bei der A. wird ein landwirtschaftlicher Betrieb aus einer geschlossenen, beengten Ortslage in die Feldmark verlegt. Dabei wird in der Regel auch im Rahmen der Flurbereinigung die Betriebsfläche zusammengelegt. Der Neubau von solchen *Aussiedlerhöfen* soll zusammen mit der engeren Verbindung von Hof und Betriebsfläche ein rationelleres Wirtschaften ermöglichen. Die A. wird in Deutschland als Maßnahme der Agrarreform durch Bundesmittel gefördert.

Ausspülung: Als A. bezeichnet man die Wegführung von feinen und feinsten Bodenteilchen unter der Oberfläche durch Sickerwässer und Quellwasserströme. Die A. führt zur Bloßlegung nackter Gesteinsflächen und zur Bildung von Blockmeeren.

Ausstrahlung: In der Klimatologie versteht man unter A. die Wärmeabgabe der Erdoberfläche an die darüber liegenden Luftschichten, in der Geophysik die Wärmeabgabe der gesamten Lufthülle der Erde an den Weltraum.

Die A. von der Erdoberfläche kann während der Nacht, da in dieser Zeit die Einstrahlung der Sonne fehlt, bei wolkenlosem Himmel zu starken Temperaturrückgängen bodennaher Luftschichten führen. Bei vorhandener Wolken- oder Dunstschicht wird ein Teil der Wärmestrahlung als atmosphärische Gegenstrahlung wieder zur Erde zurückgelenkt. Diesen Effekt, der auch tagsüber durch die Bewölkung bewirkt wird, nennt man auch ↑Treibhauseffekt.

Auswanderung: Die A. ist ein freiwilliges oder zwangsweises Verlassen der Heimat mit dem Ziel sich in einem anderen Land für längere Zeit oder für immer niederzulassen. Wirtschaftliche, religiöse und politische Unzufriedenheit führen bis in die Gegenwart zu größeren Auswanderungen. Haupteinwanderungsländer sind, bzw. waren die USA, Argentinien, Australien und Neuseeland, Kanada und Brasilien. Seit dem 1. Weltkrieg ist ein starker Rückgang der A. zu verzeichnen, teilweise auch wegen Kontingentierungen in den Einwanderungsländern.

Autarkie: A. ist eine wirtschaftspolitische Zielsetzung. Es wird versucht, die Versorgung eines Staates mit lebenswichtigen Produkten zu sichern, ohne auf Einfuhren aus dem Ausland angewiesen zu sein. A. wird besonders häufig von autoritären Regimen angestrebt, dürfte aber vollständig nicht erreichbar sein.

autochthon: Wesen und Sachen, die an der Stelle angetroffen werden, an der sie entstanden sind, werden als a. bezeichnet; z.B. autochthone Gesteine. Der Gegensatz ist allochthon.

Auch die alteingesessene, seit Generationen hier geborene Bevölkerung eines Gebietes wird als a.e Bevölkerung bezeichnet. So sind die früher mit der Bezeichnung Eingeborene belegten Menschen der neu entdeckten Gebiete die autochthone Bevölkerung dieser Gebiete.

Autonomie: Wenn ein Gebiet innerhalb eines Staates sich weitgehend selbst verwaltet, spricht man von Autonomie.

Azimut: In der Astronomie versteht man unter A. den Winkel, den der Hö-

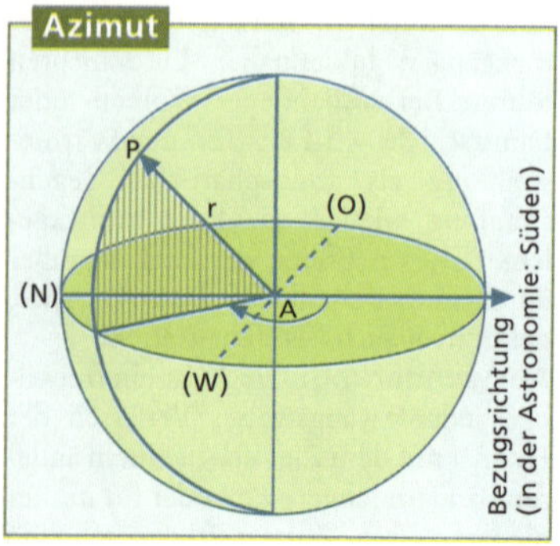

henkreis eines Gestirns mit dem Meridian bildet, wobei die Winkelmessung von der Südrichtung über West erfolgt. In der Navigation oder der Geodäsie werden andere Messrichtungen verwendet.

Azimutalprojektion: Die A. ist eine Möglichkeit, die Erde in einer Ebene abzubilden, ↑Kartennetzentwurf.

Azoikum: Das A. ist der älteste Abschnitt der Erdgeschichte, ↑Geologie, Zeittafel.

Azorenhoch: Das A. ist ein Hochdruckgebiet, das ständig im Nordatlantik, meist über der Inselgruppe der Azoren, ausgebildet ist. Es ist Teil des subtropischen Hochdruckgürtels und ein für Nordafrika und Europa wirksames ↑Aktionszentrum, das das Wettergeschehen durch seine Ausläufer bestimmt.

B

Bad: Eine Gemeinde kann den Titel Bad erhalten, wenn sie bestimmte Erholungs- und Kureinrichtungen nachweisen kann; Voraussetzung ist aber das Vorhandensein einer Heilquelle (Therme, Sole, Moor), außer bei Kneippbädern.

Badlands ['bædlændz]: Nach einer gleichnamigen Landschaft in South Dakota (USA) bezeichnet man mit B. ein durch Schluchten, Furchen und Rinnen zerstörtes und in schmale Riedel, steilwandige Kämme, Kuppen und säulenartige Formen aufgelöstes Gelände. Meist entstehen B. in vegetationsarmen Trockengebieten mit wenig widerständigem Gestein, da hier die zeitweilig auftretenden starken Niederschläge sofort zur Bildung von Erosionsrinnen führen. Aber auch durch menschliche Eingriffe begünstigte Bodenerosion kann zur Entstehung von B. führen.

Balje (Balge): Baljen, auch *Wattströme* genannt, sind breite Wasserläufe im Wattgebiet, die auch bei Niedrigwasser noch große Tiefen haben und daher oft als Fahrwasser benutzt werden.

Ballungsgebiet: Konzentration von Bevölkerung und Arbeitsstätten auf engstem Raum, svw. ↑Verdichtungsraum.

Bananenrepublik: Die zunächst nur ironisch gemeinte Bezeichnung B. wurde erstmals auf Staaten in Zentralamerika angewandt, in denen der Bananenanbau und -export durch ausländische Gesellschaften von Bedeutung ist. Der Ausdruck spielt auf die einseitige Abhängigkeit dieser Länder von einem anderen Land (nämlich den USA) und einem Produkt (der Banane) an, wodurch ihnen eine (von den Fruchtkompanien) unabhängige Politik unmöglich ist, was zu einer gewissen politischen Instabilität führt. Der Ausdruck B. wird heute auch auf Länder außerhalb dieser Region an-

Badlands: Durch Entwaldung und nachfolgende Bodenerosion zerstörtes einstiges Kulturland in Oaxaca, Mexiko

gewandt, wenn sie die erwähnten Unzulänglichkeiten zeigen.

Bänderton: B.e sind pleistozäne Tonablagerungen, die die ↑Warwenchronologie ermöglichen.

Bandstadt: Die B. ist eine Stadtanlage längs eines Transportweges (Schiene, Straße, Wasserweg) mit großer Länge, aber geringer Breite. Die einzelnen Stadtteile liegen als Streifen parallel zur Verkehrsader (z.B. in Magnitogorsk und Wolgograd). Außer den gewachsenen, durch orographische Gegebenheiten bedingten Bandstädten gibt es die geplante B., die aber selten realisiert wurde.

Als B. (strip city) wird auch die planerische Grundkonzeption städtischer Agglomerationen in den USA bezeichnet, mit der man das Zusammenwachsen mehrerer Städte (Städteband) steuern will. Wohnsiedlungen, Arbeitsstätten und Zentren dieser B. sollen so einander zugeordnet sein, dass keine langen Pendlerwege entstehen, genügend freies Land und Erholungsraum vorhanden sind und überall genügend Dienstleistungen angeboten werden.

Bannwald: Als B. werden Waldungen bezeichnet, die aus bestimmten Gründen unter besonderen rechtlichen Schutz gestellt, gegen unrechtmäßige Nutzung also mit einem Bann belegt wurden. Im Mittelalter stand im B., exakt *Bannforst* genannt, das Jagdrecht [auf Hochwild] nur dem König oder einem von ihm Privilegierten zu:

- In den Alpen ist B. die strengere Form des ↑Schutzwaldes.
- In Baden-Württemberg ist B. der amtliche Name für ein ↑Naturwaldreservat.

Bantu: B. ist die zusammenfassende Bezeichnung für alle Menschen, die eine Bantusprache sprechen. Zu den B. gehören alle autochthonen Stämme und Völker, die auf dem afrikanischen Kontinent südlich der Linie Calabar–Kiogasee–Südgrenze von Somalia leben, mit Ausnahme der Massai in Ostafrika, der Buschmänner und Hottentotten in Südafrika und der Pygmäen.

Barchan: svw. Sicheldüne, ↑Dünen.

Barometer: Das B. ist ein Gerät zur Messung des Luftdruckes. Man unterscheidet im Wesentlichen zwischen Flüssigkeitsbarometer und Aneroidbarometer.

Das **Flüssigkeitsbarometer** besteht aus einer mit Quecksilber gefüllten, unten U-förmig umgebogenen Glasröhre mit zwei verschieden langen Schenkeln. Der längere Schenkel ist oben geschlossen, der kürzere ist oben offen und läuft in einer Schale aus. Die Höhe der im geschlossenen Schenkel befindlichen Quecksilbersäule über der freien Quecksilberoberfläche in der offenen Schale ist ein Maß für den Luftdruck. Meist wird dieser unmittelbar in Torr angegeben, wobei 1 Torr der Gewichtsdruck einer 1 mm hohen Quecksilbersäule ist. Zur Vermeidung von Messfehlern, die dadurch auftreten, dass die Höhe der freien Quecksilberoberfläche in der Schale von der Höhe der Quecksilbersäule abhängt (sie steigt, wenn die Säule sinkt und umgekehrt), wird die Ableseskala verschiebbar gebaut. Vor jeder Messung muss man ihren Nullpunkt auf das Niveau der freien Quecksilberoberfläche einstellen.

Das **Aneroidbarometer** arbeitet ohne Quecksilber. Das gebräuchlichste Aneroidbarometer ist das *Dosenbarometer.* Es besteht im Wesentlichen aus einer weitgehend luftleer gepumpten Metalldose, die vom äußeren Luftdruck entsprechend seiner jeweiligen Größe mehr oder weniger stark zusammengedrückt wird. Die Verformung der Dose wird über ein Hebelwerk auf einen Zeiger übertragen, der auf einer Skala den gemessenen Luftdruck anzeigt. Aneroidbarometer müssen mithilfe eines Quecksilberbarometers geeicht werden.

Barographen sind B., die mit einer Schreibvorrichtung versehen sind und zeitliche Schwankungen des Luftdrucks über längere Zeiträume hinweg auf einer sich drehenden Trommel selbstständig aufzeichnen.

B

Barranco: Barrancos werden im spanischen Sprachraum radial angeordnete Erosionsrisse, -rinnen und -schluchten genannt, welche die Steilhänge der Vulkankegel zerschneiden.

Barre (Mündungsbarre): Mit B. bezeichnet man die Sand- oder Schlammbank, die sich im Meer vor Flussmündungen gebildet hat.

Basalte: B. sind dunkle basische Ergussgesteine aus dem Tertiär oder Quartär. Hauptbestandteile in der Grundmasse und als Einsprenglinge sind im allgemeinen die Minerale Plagioklas, Augit und Olivin; dazu können Feldspatvertreter, Hornblende, Biotit, Eisenerze u.a. treten. B. sind meist kompakt, aber auch schlackig, blasig und als Mandelsteine ausgebildet. Sie kommen als Lavadecken und -ströme, Kuppen und Gänge sowie als Aschen, Tuffe u.a. pyroklastische Gesteine vor; häufig weisen sie säulenförmige Absonderung auf. B. sind auf der Erde weit verbreitet, besonders weitflächig in den Trappdecken; in Deutschland sind sie z.B. in der Eifel, im Westerwald, Siebengebirge, Vogelsberg, in der Rhön, im Kaiserstuhl und Hegau vorhanden.

Basar (Suk, französisch Souk): In orientalischen Städten nennt man Geschäfts- und Gewerbestraßen bzw. -viertel Basare. Sie sind Mittelpunkte des städtischen Wirtschaftslebens und meist nahe der Hauptmoschee gelegen. Beim B. handelt es sich um ein komplexes Gebilde mit intensiver räumlicher und funktionaler Verflechtung von Einzel- und Großhandel sowie Produktion; besonders typisch dabei ist, dass Betriebe und Geschäfte der gleichen Branche in einem bestimmten Teil des B.s konzentriert sind. B.e sind regional unterschiedlich gestaltet: im vorderasiatischen Bereich sind sie meist flächenhaft, z.T. überdacht, mit ausgedehnten Einrichtungen für den Großhandel und ohne Wohnbevölkerung. In Pakistan und Nordwest-Indien dagegen sind sie mehr linear, nicht überdacht und mit Wohnbevölkerung. Das Hauptgeschäftsviertel moderner orientalischer Großstädte liegt aber heute meist außerhalb der Altstadt und des B.-bereiches. Die Bedeutung des B.s als wirtschaftlicher Mittelpunkt ist gesunken.

Baudichte: ↑Bebauungsdichte.

Bauleitplan: Der B. hat die Aufgabe, die städtebauliche Entwicklung einer Gemeinde den Zielen der Landes- und Regionalplanung anzupassen. Zuerst wird von den Gemeinden ein Flächennutzungsplan erstellt, zu dem Änderungsvorschläge und gegen den Einsprüche möglich sind; danach wird der Bebauungsplan als verbindlicher B. erstellt.

Baumgrenze: Die B. ist der Grenzraum, jenseits dessen die Bäume keine Lebensmöglichkeit mehr haben. Die B., an der sich nur noch einzelne wenige Meter hohe Bäume befinden, zählt zu den auffälligsten Pflanzengrenzen überhaupt. Sie hängt vor allem von klimatischen Faktoren und im geringeren Umfang von der Bodenbeschaffenheit ab. Man kann sie auch als Wärmemangelgrenze bezeichnen. Wird diese Grenze überschritten, dann reicht die sommerliche Wärme für das Wachstum der Bäume nicht mehr aus. Man unterscheidet verschiedene Baumgrenzen: Die *montane B.* in den Höhenlagen der Gebirge, sie sinkt mit zunehmender geographischer Breite ab und liegt in Tibet und Ostafrika bei 4500 m, in den Zentralalpen bei 2300 m, in den bayerischen Alpen bei 1700 m, im Schwarzwald bei 1400 m, im Harz bei 1050 m und auf den Britischen Inseln bei etwa 600 m ü. d. M. Die kühleren und ausgeglicheren Temperaturen der Südhalbkugel bewirken, dass die B. dort viel tiefer liegt als auf entsprechenden Breiten der Nordhalbkugel.

Die *polare B.* fällt häufig mit der 10 °C-Isotherme des wärmsten Monats zusammen, diese liegt in Sibirien bei 73° n. Br., auf den Britischen Inseln bei 59° n. Br., in Labrador bei 52° n. Br.; auf der Südhalbkugel zwischen 56° und 39° südlicher Breite.

Die *kontinentale B.* liegt am Rande von Trockengebieten und wird durch Wassermangel bedingt; in verschiedenen Gebirgen tritt daher eine obere und eine untere B. auf.

Im feuchteren Klima wird die B. meist von Laubhölzern, in kontinentalen Gebieten von Nadelbäumen gebildet, in Mitteleuropa hauptsächlich von der Fichte.

Von der B. zu unterscheiden ist die ↑Waldgrenze.

Bauxit: B. ist ein erdiges Sedimentgestein von weißer bis rötlicher Färbung aus verunreinigten Aluminiumhydroxiden. B. ist der wichtigste Rohstoff für die Aluminiumgewinnung. B.e entstehen: 1) durch allitische Verwitterung tonerdereicher Gesteine in tropischem Klima; dabei wird Kieselsäure gelöst und abgeführt, die Aluminium- und Eisenoxide werden zugleich angereichert; dieser *Silikat-* oder *Lateritbauxit* ist wegen seines hohen Anteils an Siliciumdioxid und Eisenoxid wirtschaftlich nur schwer zu verwerten; 2) als lockerer Rückstand kohlensäurebedingter Auswaschung von Kalken in Höhlen und Schlotten; dieser *Kalk-* oder *Karstbauxit* hat wegen seines geringen Kieselsäuregehalts große wirtschaftliche Bedeutung. Aus Kalkbauxit bestehen alle wichtigen B.lagerstätten der Erde, z.B. in Jamaika, Guyana, Surinam, Australien, Frankreich (Provence), Kroatien und Ungarn.

Beaufortskala [englisch 'boʊfət...]: Die B., die nach einem englischen Admiral benannt ist, ist eine Skala zur Feststellung von ↑Windstärken.

Bebauungsdichte:

◆ Die B. gibt das Verhältnis der bebauten zur unbebauten Fläche einer Stadt an.

◆ (Baudichte): Sie bezeichnet auch das Verhältnis von Gebäudegrundfläche zu unbebauter Fläche im Grundstück oder Baublock (z.B. bei Mietskasernen bis zu 75%, bei Einfamilienhäusern um 20%).

Bebauungsplan: Der B. ist derjenige Bauleitplan, der in der Regel aus dem Flächennutzungsplan entwickelt wurde. Er ist verbindlich. Festgelegt werden in ihm Art und Ausmaß der baulichen Nutzung, die Bauweise, die Stellung der baulichen Anlagen und die Anlage von Verkehrs- und Grünflächen.

Becken:

◆ *Geomorphologie:* Man versteht unter B. eine Hohlform im Gelände, deren Ausmaß unterschiedlich sein kann. Bei einem annähernd runden Grundriss spricht man von einem *Kessel.* Beispiele sind das Kongobecken und der Hirschberger Kessel.

◆ *Geologie:* Mit B. bezeichnet man einen größeren Sedimentationsraum mit meist schüsselartig gelagerten Gesteinsschichten (z.B. Thüringer Becken, Ith-Hils-Mulde). Da aber B. später meist von jüngeren Sedimenten aufgefüllt worden sind, sind sie heute äußerlich nicht mehr als B. zu erkennen, z.B. das Mainzer Becken und das Pariser Becken.

Bedarfsdeckung: In Staaten mit ↑freier Marktwirtschaft ist die B. weitgehend Angelegenheit des freien Marktes. Der Staat greift nur gelegentlich in bestimmten Bereichen ein, z.B. im Wohnungsbereich.

In sozialistischen Staaten war die B. auf fast allen Gebieten Angelegenheit des Staates, sodass logischerweise fast alle Wirtschaftsbereiche verstaatlicht sein mussten. Die wenigen noch existierenden sozialistische Staaten versuchen durch Förderung der Privatinitiative in bestimmten Bereichen eine Marktwirtschaft einzuführen.

Bedarfsplanung: Die B. durch den Staat erstreckt sich in Staaten mit freier Marktwirtschaft überwiegend auf Einrichtungen der Infrastruktur. In sozialistischen Staaten muss die gesamte B. eines Staates vom Staat selbst durchgeführt werden.

Beduinen: B. sind die in den Steppen und Wüsten Vorderasiens und Nordafrikas lebenden Nomaden, die ethnisch zu den Arabern gehören.

Belebtschlamm: Der B. besteht aus Bakterien, Wimpertierchen und Flocken von organischen Teilen. Er entsteht in

B

der biologischen Reinigungsstufe der ↑Abwasseraufbereitung

Benguelastrom: kalte Meeresströmung im Atlantik, Karte Meeresströmungen S. 234.

Benthal: Als B. wird die ↑Gewässerregion des bodennahen Wassers bezeichnet.

Beregnung: Bei dieser Art der künstlichen Bewässerung werden die Anbauflächen mithilfe von entsprechenden Anlagen mit Wasser besprengt. Sie wird hauptsächlich im Gartenbau angewandt. Aber auch im Hackfruchtfeldbau werden in den frühen Morgenstunden heißer Sommermonate wegen der geringeren Verdunstung diese Sprenganlagen eingesetzt. Im Gegensatz zur ↑Berieselung geht hier wegen der hohen Verdunstungsrate sehr viel Wasser verloren. Das Wasser wird hauptsächlich mithilfe von Motorpumpen aus dem Grundwasser gefördert. Diese Art der Bewässerung wird meist nur in Mitteleuropa und in den USA praktiziert, da sie einen beträchtlichen technischen Aufwand und damit Kapital erfordert.

Berg: Als B. wird allgemein jede deutliche Bodenerhebung angesehen, die sich jedoch von einem Hügel durch ihre Größe unterscheiden muss. Die Entstehung kann auf verschiedene Arten zustande kommen (↑Vulkan, ↑Restberg, ↑Tafelberg, ↑Horst).

Bergbau: B. ist die Gewinnung nutzbarer Minerale in großem Umfang. Die Gewinnung erfolgt mit Werkzeugen, Maschinen, gelegentlich, v.a. beim Salzabbau, auch durch Wasser. Je nach Lage der zu gewinnenden Rohstoffe erfolgt der Abbau oberirdisch (wir sprechen dann von *Tagebau*) oder unterirdisch (*Untertagebau* oder *Tiefbau*). Beim Untertagebau muss beachtet werden: Sicherung gegen Einsturz und Nachrutschen, Durchlüftung der Stollen zum Abzug von Gasen (um Explosionen zu vermeiden), Beseitigung des Grundwassers, Bekämpfung der Wärme in den Gruben. Beim Tagebau ist eines der Hauptprobleme die Rekultivierung der oftmals zerstörten Landschaft. Die Rekultivierung ist heute häufig schon eine Auflage bei der Erteilung von Genehmigungen zum Abbau.

Bergfahrt: In der Flussschifffahrt wird eine Fahrt stromaufwärts (also gegen den Strom) als B. bezeichnet. – Die Fahrt in der Gegenrichtung – also stromabwärts – nennt man Talfahrt.

Bergflucht: Mit diesem Ausdruck bezeichnet man die Abwanderung der Bevölkerung aus Bergregionen. Die B. ist in Zeiten wirtschaftlicher Umstrukturierungen (Einstellung des Bergbaus, Modernisierung in der Landwirtschaft, Industrialisierung) eine Folge der durch die ungünstigeren natürlichen Gegebenheiten bedingten Benachteiligung der Berggebiete.

Bergrutsch: ↑Erdrutsch.

Bergstadt: B. war der Titel mittelalterlicher Bergbaustädte, v.a. im Oberharz, im Erzgebirge und in den Sudeten, da diese besondere Rechte besaßen.

Bergsturz

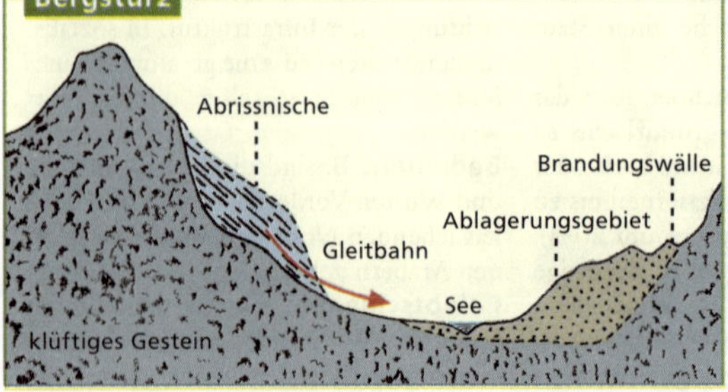

Bergsturz: Ein B. ist eine Massenbewegung, bei der sich an Steilwänden plötzlich Gesteins- und Erdmassen ablösen und zu Tal stürzen. Das abgelöste Gesteinsmaterial hinterlässt am Steilhang eine *Abrissnische* und häuft sich am Ende der Sturzbahn an. Ein solches unregelmäßiges

Ablagerungsgebiet wird als *Tomalandschaft* bezeichnet. Ein B. kann am Gegenhang aufbranden und dadurch einen im Tal verlaufenden Fluss zu einem *Bergsturzsee* aufstauen.

Bergsturz: 1903 lösten sich beim Bergbauort Coleman in Kanada 225 Mio. t Gestein aus einer Kalksteinwand und begruben die Kohlenmine, den Ort und Verkehrswege unter sich. 70 Menschen fanden den Tod.

Ein B. kann verschiedene Ursachen haben: Entweder die Versteilung des Hanges – hervorgerufen etwa durch die Erosion eines am Hangfuß fließenden Flusses oder durch die Anlage einer Straße (oder ähnliche Eingriffe des Menschen) – oder die Übersättigung des anstehenden Gesteins- und Erdmaterials mit Wasser – hervorgerufen durch sehr starke Niederschläge oder den Rückstau des Grundwassers bei der Anlage eines Stausees oder aber Erschütterungen, also Erdbeben oder Sprengungen.

Von B. spricht man aber nur, wenn mehr als 100 000 m³ Gesteins- und Erdmaterial abstürzen; lösen sich geringere Mengen, spricht man von einem *Felssturz* oder *Steinschlag.* Erfolgt die Bewegung insgesamt gleitend, spricht man von einem ↑Erdrutsch.

Bergufer: Das rechte, steile, durch Unterschneidung entstandene Ufer großer Tieflandströme, v. a. in Südrussland (z. B. Wolga), wird B. genannt. Ursache ist die Rechtsablenkung der Flüsse auf der Nordhalbkugel durch die ↑Coriolis-Kraft; entsprechend bewirkt somit auf der Südhalbkugel die Linksablenkung linke Steilufer. – Den Gegensatz bildet das niedrige, flache linke (auf der Südhalbkugel rechte) *Wiesenufer.*

Bergwerk: Mit B. bezeichnet man die Gesamtheit aller Anlagen unter und über Tage, die dem Aufsuchen, Gewinnen, Fördern und Aufbereiten von Erzen, Kohle, Salz und anderen mineralischen Rohstoffen dienen; ↑Bergbau. Abb. S. 36.

Bergwind: Lokale, von den Bergen in tiefere Gebiete gerichtete Luftströmungen bezeichnet man als Bergwinde. Sie entstehen durch Abfließen von Kaltluft, die sich abends an Berghängen und auf Hochflächen infolge der Ausstrahlung bilden. Der B., der bis zur Kammhöhe reicht, erfasst im Allgemeinen eine Schicht von 200 bis 500 m Mächtigkeit. – Der Gegensatz zum B. ist der tagsüber wehende ↑Talwind.

Berieselung: B. ist der Fachausdruck für die am häufigsten angewandte Art der künstlichen Bewässerung in der Landwirtschaft. Das Wasser wird hierbei in Stauseen oder Kanaten gesammelt oder aus Brunnen gefördert und über den Hauptbewässerungskanal zur Kulturfläche geleitet. Hier fließt es entweder in einem System von Gräben, an deren Grund das Wasser teilweise in den Boden eindringt, über das zu bewässernde Land, oder dieses wird vollständig überflutet. Die letztgenannte Methode wird v. a. beim Terrassenfeldbau angewandt, wobei das Wasser, sobald eine Parzelle – also eine Terrasse – lange genug mit Wasser überflutet gewesen ist, in die nächsttiefere Terrasse weitergeleitet wird (v. a. beim Anbau von Reis).

Beschäftigung: Unter B. versteht man am Arbeitsmarkt das Verhältnis zwischen Angebot und Nachfrage von Arbeitskräften. Entsprechen sich Arbeits-

B

Bergwerk

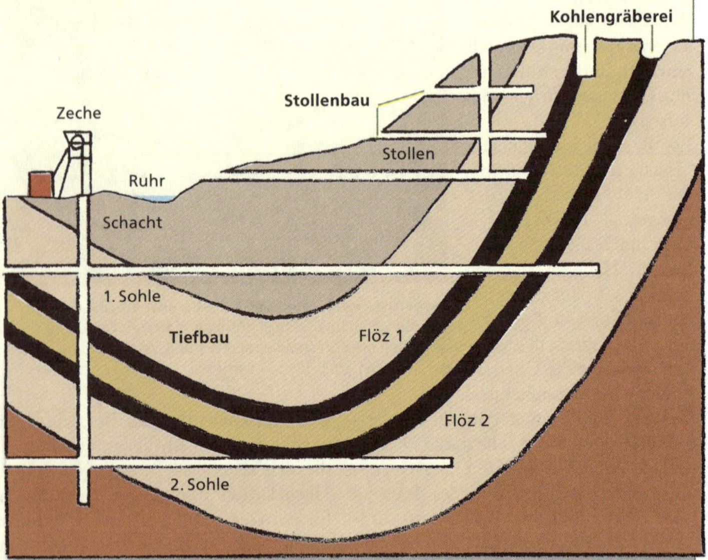

Beispiel eines Steinkohlenbergwerkes:
Zunächst wurde nur an der Oberfläche nach Kohle gegraben. An die tiefer liegende Kohle gelangte man später mit Stollen und schließlich mit Schächten.

kräfteangebot und -nachfrage in Niveau und Struktur, spricht man von *Vollbeschäftigung*.

Betriebsgröße: Der Begriff B. kennzeichnet in der Landwirtschaft das vom Landwirt bewirtschaftete Areal. Dazu gehört auch das gepachtete, nicht aber das verpachtete Land.

Bevölkerungsbewegung: B.en sind auch unter dem Namen *Migrationen* bekannt. Zunächst bedeuten sie nur eine Ortsveränderung, in der Regel eine Verlegung des Wohnsitzes auf längere Zeit oder für immer. Die größten B.en fanden wohl zur Zeit der Völkerwanderung statt, der Bogen spannt sich aber über die Auswanderungen, v.a. in die Neue Welt, bis hin zu den Fremdarbeiterbewegungen von heute. Die Ursachen für B.en können politischer, wirtschaftlicher und religiöser Natur sein; so gehören dazu auch die bewusst ausgelösten Auswanderungen und die Vertreibungen im und nach dem Zweiten Weltkrieg. Häufig zu beobachten ist heute eine B. von Passivräumen in Aktivräume.

Bevölkerungsdichte: Die B. ist die durchschnittliche Zahl der Einwohner auf einer bestimmten Fläche (meist km^2). Die Aussagekraft für größere Räume, Länder oder Kontinente, ist nicht sehr groß, da ja auch fast menschenleere Räume, etwa Wüsten, in die Berechnung einfließen.

Bevölkerungsentwicklung: Unter B. versteht man die Veränderung der Bevölkerungszahl eines bestimmten Gebietes. Sie ist v.a. von den Faktoren Geburtenhäufigkeit, Lebenserwartung, Sterblichkeit und Altersstruktur abhängig. Wichtigste Erfassungsmöglichkeit der B. ist die Wachstumsrate der Bevölkerung.

Bevölkerungsentwicklung

Zunahme der menschlichen Bevölkerung während der letzten 500 000 Jahre

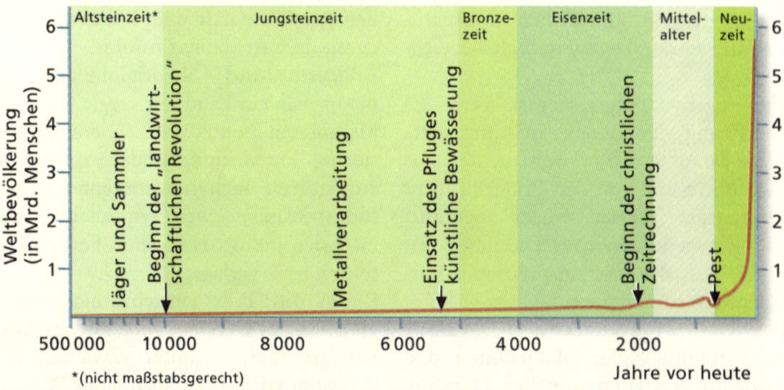

Sie wird in Prozent ausgedrückt und ergibt sich aus der jährlichen Zu- oder Abnahme der Bevölkerungszahl, dividiert durch die gesamte Bevölkerungszahl.

Bevölkerungsexplosion: Das heute auf der Erde, v.a. in den Entwicklungsländern, stattfindende besonders schnelle Bevölkerungswachstum (das exponentiale Wachstum, im Gegensatz zum linearen Wachstum) wird häufig als B. bezeichnet.

Bevölkerungspyramide: ↑Alterspyramide.

Bewässerung (künstliche Bewässerung): Unter B. versteht man alle Maßnahmen zur Bodenanfeuchtung mit dem Zweck, Pflanzen über den natürlichen Niederschlag hinaus mit Wasser zu versorgen, und zwar durch ober- oder unterirdische Zuführung oder durch Grundwasseranreicherung. In Trockengebieten wird durch B. der Pflanzenanbau erst ermöglicht, in feuchteren Klimagebieten dient die B. zur Sicherung und Steigerung des Ertrages. Ziele der B. im weiteren Sinne sind außerdem: Düngung (durch Zugabe von Dünger), Frostschutz, Bodenerwärmung, Entgiftung und Entsalzung des Bodens, Verhütung der Bodenerosion, Luftfeuchteerhöhung, Schädlingsbekämpfung u.a.

Im Hanggelände erfolgt oberirdische B. durch ↑Berieselung mit strömendem Wasser, das in Gräben angestaut wird. Im Gartenbau wird oft die Methode der ↑Beregnung angewandt, in heißen Gebieten und in gewissen Treibhäusern die genau dosierte ↑Tröpfchenbewässerung. Eine Weiterentwicklung ist die v.a. in

Bewässerung: Durch moderne Bewässerungstechnik (hier Tröpfchenbewässerung mit deutlich sichtbaren Schlauchleitungen) lassen sich selbst anscheinend sterile Dünensande (nördliche Liwa-Oasen in den Vereinigten Arabischen Emiraten) landwirtschaftlich nutzen

B

extremariden Gebieten bei Bäumen angewandte ↑Unterflurbewässerung.
Als *Bewässerungsanlagen* werden alle Einrichtungen zur künstlichen Wasserzuführung in der Landwirtschaft bezeichnet.
Um negative Folgen der B., etwa die Versalzung der Böden zu vermeiden, muss darauf geachtet werden, dass das zugeführte und von den Pflanzen nicht verbrauchte Wasser wieder abgeführt wird (etwa in Drainagesystemen); mit der B. muss also eine entsprechende Entwässerung einhergehen.

Bewässerungswirtschaft: Die B. ist die Gesamtheit der Maßnahmen und Einrichtungen zur rationellen Deckung des Wasserbedarfes von Kulturpflanzen. Die wichtigste Aufgabe dabei ist die *Wasserbereitstellung:* 1. durch Wasserbeschaffung oder -erschließung aus den natürlichen Vorkommen, also aus Flüssen, Quellen, Regenwasser, Sickerwasser, Grundwasser, mithilfe von Kunstbauten (z.B. Dämme, Wehre, Brunnen, Zisternen, Kanate) und wenn nötig besonderen Förder- und Hebeeinrichtungen (z.B. Ziehbrunnen, Schöpfräder, durch Windmühlen, Elektromotoren u.a. angetriebene Pumpen). 2. durch Wasserspeicherung (z.B. in Stauseen, Teichen, Zisternen, Wassertürmen) und schließlich die *Wasserverteilung* mithilfe besonderer Be- und Entwässerungskanäle. Das Zusammenspiel der Maßnahmen und Einrichtungen zur Bewässerung wird als *Bewässerungssystem* bezeichnet.

B-Horizont: der mittlere Horizont eines ↑Bodenprofils, der auch Unterboden genannt wird.

Bidonville [französisch bidõ'vil]: Bezeichnung für eine Slumsiedlung in den französischen Sprachgebieten Afrikas, ↑Slum.

Bifurkation: Als B. bezeichnet man eine Flussgabelung, die besonders bei flachen Wasserscheiden auftritt, wobei sich die einzelnen Flussarme verschiedenen Stromgebieten zuwenden. Der Oberlauf (oberhalb der B.) dieses Flusses gehört also zwei Stromgebieten an. Bekanntestes Beispiel ist die Bifurkation des Orinoko, der einen Teil seines Wassers über den Río Casiquiare dem Río Negro und damit dem Amazonas zuführt.

Billiglohnland (Niedriglohnland): B. nennt man ein Land mit vergleichsweise niedrigeren Lohnkosten als ein Industrieland. Entwicklungsländer exportieren zunehmend auch Industriegüter in die Industrieländer, weil vor allem lohnintensive Industriebranchen Fertigungsstätten in B. verlagern.

Bimsstein: B. ist ein schaumig-poröses vulkanisches Glas, ein vulkanisches Auswurfsprodukt, das unter Wassereinfluss verfestigt wird. B. ist leichter als Wasser.

Binnendelta: Wenn Fremdlingsflüsse mit abnehmender Wasserführung kein Flussbett mehr ausbilden können, fließen sie unmittelbar auf der flachen Oberfläche und fächern dabei schon im Binnenland deltaförmig auf. Flüsse mit nur periodischer oder episodischer Wasserführung versiegen im B. dann gänzlich. Bei permanent fließenden Flüssen können die Deltaarme wieder zu einem Fluss zusammenfinden. Beispiel hierfür ist der Niger, der zwischen Ségou und Timbuktu (in Mali) ein weites temporäres Überschwemmungsgebiet bildet, das bei Niedrigwasser als großes B. erscheint.

Binnenfischerei: Den Fischfang in den Gewässern des Festlandes nennt man B. im Gegensatz zur ↑Küstenfischerei und zur ↑Hochseefischerei.

Binnengewässer: Die Gesamtheit der Gewässer auf dem Festland (z.B. Bäche, Flüsse, Kanäle, Teiche, Seen) wird unter dem Begriff B. zusammengefasst. Völkerrechtlich sind B. (in diesem Sinne auch *Eigengewässer* genannt) alle der Gebietshoheit eines Staates unterstehenden Gewässer. Zu diesen gehören außer den oben genannten auch die *maritimen B.,* zu denen Seehäfen, Reeden, Binnenmeere, Mündungsgebiete und Buchten (bei denen allerdings die Einfahrt eine Breite von 10 Seemeilen nicht überschreiten darf). An die maritimen B. schließen sich seewärts die ↑Küstengewässer an.

Binnenhandel: Es handelt sich hierbei um den Handel innerhalb eines Staatsgebiets.

Binnenklima: ↑kontinentales Klima.

Binnenmarkt: Man versteht darunter eine Zusammenfassung aller Angebots- und Nachfragebeziehungen innerhalb eines Staatsgebiets.

Binnenmeer: Ein Meeresteil, der lediglich durch einen schmalen Durchlass, eine Meeresstraße, eine Verbindung mit dem Ozean besitzt, wird als B. bezeichnet. Binnenmeere sind z.B. das Schwarze Meer und das Rote Meer.

Binnenschifffahrt: Die B. umfasst die Beförderung von Personen und Gütern auf den ↑Binnengewässern. Schiffe können größere Gütermengen, besonders Massengüter, billiger – allerdings langsamer – transportieren als Eisenbahn und Lastkraftwagen. In der Personalbeförderung ist die B. im Wesentlichen auf Urlaubs- und Fährverkehr beschränkt.

Binnenstaat: B. ist die Bezeichnung für einen Staat, der keinen eigenen Zugang zum Meer hat.

Binnenwanderung: Unter B. versteht man die Bevölkerungsbewegung innerhalb von Staats- oder Landesgrenzen im Gegensatz zur Ein- und Auswanderung.

biogene Gesteine: ↑Biolithe.

Biogeographie: Die B. ist ein Teilgebiet der physischen Geographie. Sie beschäftigt sich mit den Beziehungen der Lebewesen zu dem Raum, in dem sie leben. Man gliedert sie in Pflanzengeographie (Vegetationsgeographie), Tiergeographie und Teile der Geographie des Menschen, nämlich die physische Anthropogeographie. Letztere befasst sich u.a. mit Fragen der Akklimatisation, der Ernährungsökologie, der Verbreitung von Krankheiten.

Bioklimatologie: Die B. untersucht die Einflüsse des Klimas auf die Lebewesen, besonders auf den Menschen. Sie ist ein Teilgebiet der Klimatologie. Man untersucht die Bedeutung unterschiedlicher Klimate für die Gesundheit des Menschen. Dabei versucht man die Zusammenhänge zwischen Wetter und Krankheiten aufzudecken.

Die bioklimatischen Verhältnisse sind an der See anders als im Gebirge und in der Großstadt. Sogar jeder Wohnraum hat ein besonderes Kleinklima.

Biolithe (biogene Gesteine, organogene Gesteine): B. nennt man alle Sedimentgesteine, die unter wesentlicher Beteiligung tierischer oder pflanzlicher Organismen entstanden sind. Dabei unterscheidet man die *Phytolithe,* die, wie Kieselschiefer, Kohle Bernstein und Torf, pflanzlicher Herkunft sind, und die *Zoolithe,* die tierischen Ursprungs sind, also v.a. die Kalke.

biologischer Landbau: Der b.L. wird auch als alternative Landwirtschaft oder ökologischer Landbau bezeichnet. Gemeint ist in jedem Falle eine Landwirtschaft, die ein Ökosystem mit einem geschlossenen Kreislauf darstellt. Dabei wird der geringstmögliche Verbrauch von nicht erneuerbaren Energie- und Rohstoffvorräten angestrebt. Die Bodenfruchtbarkeit ist im b. L. von höchster Wichtigkeit. Die Bodenbearbeitung erfolgt unter Schonung der Bodenorganismen, Kunstdünger wird nicht verwendet. Auch Herbizide kommen nicht zum Einsatz, Pestizide werden, wenn überhaupt, nur sehr wenig eingesetzt. Angestrebt wird eine Selbstregulation des gesamten Systems.

Biomasse: B. ist die Gesamtheit der lebenden, toten und zersetzten Organismen eines Lebensraums, auch der gesamten Erde, einschließlich der von ihnen produzierten organischen Substanzen. Während in der B. des Meeres der tierische Anteil überwiegt, besteht die B. des Festlandes (jährlich etwa 200 Mrd.t) zu 99% aus pflanzlichem Material. Etwa 2% der jährlich anfallenden B. dienen als Nahrungs- und Futtermittel (wobei B. in Form von Nahrungsmitteln der wichtigste Energielieferant des Menschen ist), 1% wird zu Papier und Faserstoffen verarbeitet. Weiterhin ist B. als Brennstoff in Form von Holz, Stroh, Dung neben den fossilen Brennstoffen (Kohle, Erdöl, Erdgas) sehr wichtig (1974 deckte Holz nach Angaben der FAO immer noch ein Viertel des Energiebedarfs der Entwicklungsländer). Im Zuge des drohenden Versiegens der Rohstoffquellen steigt in neuerer Zeit das Interesse an B. als regenerativer Energiequelle. Zum Ausdruck kommt dies z.B. in der verstärkten Nutzung land- und forstwirtschaftlicher Abfälle (Mist, Stroh, Holzreste) oder im Anbau von »Energiepflanzen«, d.h. Pflanzen, die ausschließlich zum Zweck der Energiegewinnung angepflanzt werden. Ein Beispiel ist der Anbau von Zuckerrohr zur Gewinnung von Äthanol (durch alkoholische Gärung des Zuckers). Bislang ist die energetische Verwendung von B. relativ aufwendig und von geringerer Leistungsdichte als bei Brennstoffen. Aus diesem Grund ist die Energiegewinnung aus B. nur dann wirtschaftlich, wenn B. z.B. als Abfall oder Rückstand sehr billig oder kostenlos zur Verfügung steht.

White Smoker (»Weißer Raucher«) an einem Vulkanrücken im Lau-Becken im SW-Pazifik

Biosphäre: Als B. wird die Gesamtheit des von Lebewesen besiedelten Teiles der Erde bezeichnet. Sie umfasst eine dünne Schicht an der Oberfläche des Festlandes, die Binnengewässer und das Weltmeer.

Biosphärenreservat: Mit B. wird ein von der UNESCO innerhalb ihres Programms »Mensch und Biosphäre« (seit 1968) unter Schutz gestelltes Gebiet bezeichnet. Dieses ist repräsentativ für das jeweilige Biom (Organismengemeinschaft eines größeren, einer bestimmten Klimazone entsprechenden geographischen Lebensraums, wie z.B. Tundra, tropischer Regenwald) oder stellt eine Besonderheit dar, in Deutschland z.B. der Nationalpark Bayerischer Wald. Weltweit wurden bisher etwa 300 B.e ausgewiesen, in Deutschland allein 13.

biotisch: B. nennt man alle chemischen und physikalischen Vorgänge, deren Abläufe an Lebewesen oder Lebensvorgänge gebunden sind. – Der Gegensatz ist abiotisch.

Biotop: Ein B. umfasst einen bestimmten Lebensraum von Pflanzen und Tieren. Jedes B. weist besondere Umweltverhältnisse auf, für die bestimmte pflanzliche und tierische Lebewesen kennzeichnend sind. Die für ein B. charakteristischen Lebewesen bilden eine Lebensgemeinschaft, eine ↑Biozönose. B. und Biozönose ergeben zusammen das ↑Ökosystem. In der Pflanzenkunde gebraucht man statt B. häufig die Bezeichnung *Standort.* Die Landschaft setzt sich aus einer Vielzahl von Biotopen zusammen; in Mitteleuropa sind typische B.e z.B. Ackerland, Wiesen, Flugsandgebiete, Seen und Röhricht; sie liegen zum Teil dicht nebeneinander.

Biozönose: Unter B. versteht man die Lebensgemeinschaft verschiedener Pflanzen- und Tierarten, die aufgrund ähnlicher Ansprüche an Boden und Klima im selben Biotop leben und so ein ↑Ökosystem bilden, wobei sie sowohl in Konkurrenz zueinander stehen als auch sich gegenseitig ergänzen können. In einer ausgewogenen B. sind die Mengen der auf- und der abgebauten Stoffe gleich groß.

Black Smokers [englisch 'blæk 'sməʊkəz] (Schwarze Raucher): Bei den B.s. handelt es sich um untermeerische Quellen, aus denen schwefelwasserstoffhaltiges Wasser mit Temperaturen von mehr als 350°C aufsteigt. Bei der Abkühlung im kalten Meerwasser entsteht ein feiner Niederschlag, der schornsteinartige Schlote und flächenhafte, oft erzhaltige Ablagerungen bildet. Weniger warme Quellen lassen einen weißen Niederschlag entstehen *(White Smokers)*. Die Quellen treten am Mittelozeanischen Rücken besonders häufig auf.

Blattverschiebung: Als B. bezeichnet man die horizontale ↑Verwerfung.

Bleicherden: Bodentyp des kühlgemäßigten humiden Klimabereiches, ↑Podsole.

Blitz: Der B. ist eine zwischen Wolken mit entgegengesetzter elektrischer Aufladung oder zwischen ihnen und der Erdoberfläche stattfindende Funkenentladung großen Ausmaßes, die zu einem Ausgleich von starken elektrischen Potenzialdifferenzen (bis 300 Mill. V) führt und von starken Schallerscheinungen, dem Donner, begleitet ist. Sie erfolgt meist ruckweise entlang einer häufig verzweigten Zickzackspur, der *Blitzbahn,* die einige Zentimeter Durchmesser hat. Diese Erscheinung tritt bei ↑Gewittern auf.

Blizzards [englisch 'blɪzədz]: Als B. werden in Nordamerika plötzlich auftretende, aus Norden kommende Schneestürme bezeichnet. Es handelt sich um Einbrüche kalter Luftmassen, die wegen fehlender quer verlaufender Gebirge sehr rasch und sehr weit von Norden (oder Nordwesten) nach Süden vordringen können. Blizzards können bis ins Mississippidelta wirksam werden, wo sie oft starke Temperaturstürze (bis 30 Celsiusgrade) hervorrufen.

Blockbild (Blockdiagramm): Ein B. ist eine schematische Zeichnung von einem Ausschnitt aus der Erdoberfläche zur besseren Veranschaulichung der Oberflächenformen, ihres inneren Aufbaus und eventueller Entwicklungsprozesse. Beispiele für Blockbilder finden sich in diesem Buch unter ↑Abtragung, ↑Karst und ↑Vulkanismus.

Blockbildung: Von B. spricht man, wenn sich durch Verwitterung, Auswaschung und Abspülung aus dem anstehenden Gestein Gesteinsblöcke bilden. Hierzu bedarf es Gesteinsarten, die grobblockig verwittern, wie z.B. Granit (↑auch Wollsackverwitterung), harte Sandsteine oder auch Basalte. Setzen sich die Blockmassen durch Solifluktion in Bewegung, kommt es an Steilhangfüßen zur Bildung von *Blockhalden,* in Tälern zu *Blockströmen.* Ein *Blockmeer (Felsen-*

Blockmeer am Felsberg bei Reichenbach im Odenwald

B

meer) dagegen hat eine größere seitliche Ausdehnung als der Blockstrom und ist kaum bewegt worden.

Blockflur: Die B. ist eine Flurform, die in Gebieten mit planmäßiger Fluranlage oder Flurbereinigung häufig anzutreffen ist; ↑Flurformen.

Bö (Böe): Mit B. bezeichnet man einen kräftigen Windstoß, eine Verwirbelung der Luft, eine plötzliche starke Zunahme der Windgeschwindigkeit oder eine Änderung der Windrichtung. Sie tritt häufig beim Durchzug von Kaltfronten auf.

Bocage [französisch bɔ'ka:ʒ]: B. ist die Bezeichnung für die ↑Heckenlandschaft in Nordwestfrankreich und in französischen Mittelgebirgen.

Bodden: Durch die Überflutung flacher Grundmoränenlandschaften in der Nacheiszeit entstanden (z.B. an der deutschen Ostseeküste) die B., stark gelappte Küstenformen mit seichten, unregelmäßigen Buchten mit enger Öffnung zum Meer. Die Küstenform heißt daher auch *Boddenküste.*

Boden: B. nennt man die durch physikalische und chemische Verwitterungsvorgänge, biogene Umsetzungen (u.a. Bildung von Humus) und vielfältige Verlagerungsprozesse an der Erdoberfläche entstandene Lockererde über dem Gestein. Die Entwicklung des B.s wird vom Klima, dem Gesteinsuntergrund, der Vegetation u.a. Umwelteinflüssen bestimmt. Die wichtigsten Bodenbestandteile sind Huminstoffe, Tonminerale, freie Oxide von Eisen und Aluminium (Gele), aber auch unverwitterte Teile wie Quarz sowie neu gebildete Substanzen, wie Kalk, Gips und Natriumsalze; ferner gehören zum B. das B.wasser und die B.luft. Der B. ist Lebensraum der B.tiere und Wurzelort der Pflanzen.

Bodenart: Böden bestehen aus Gemischen von Bodenteilchen mit verschiedener Korngröße. Diese Korngrößen teilt man ein in: *Ton* (Korngrößendurchmesser weniger als 0,002 mm), *Schluff* (0,002–0,063 mm), *Sand* (0,063–2 mm) und *Kies und Steine* (über 2 mm). Je nach dem Verhältnis der verschiedenen Korngrößen in einem Boden unterscheidet man folgende B.en: Grobboden (Bodenskelett) und Feinboden.

Bodenbildung: Die B. wird durch das Gestein, Relief, Klima, Wasserhaushalt, Bodentiere und Vegetation bestimmt. Durch Zersetzung und Verwitterung des organischen Materials und des anstehenden Gesteins entsteht eine 0,5 bis 2 m mächtige Lockerdecke.

Bodenerosion (Bodenzerstörung, englisch soil erosion): B. ist jede über das natürliche Maß hinausgehende Abtragung von Böden. Sie wird ausgelöst, zumindest aber beschleunigt, durch bestimmte Tätigkeiten des Menschen, wie Abholzen von Wäldern, Zerstörung der Vegetationsdecke durch Überweidung, Ackerbau auf erosionsgefährdeten Step-

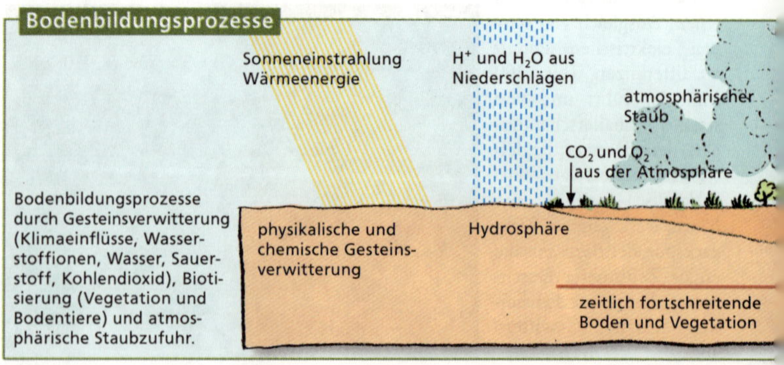

B

penböden, und durch die abtragende Tätigkeit von Wasser und Wind, also durch Erosion und Denudation, bewirkt. Die bekannteste und augenfälligste Form ist die *Runsenerosion* auf stärker geneigten Flächen; sie setzt häufig in böschungsparallelen Pflugfurchen ein und bewirkt tiefe Einrisse oder auch Schluchten in der Geländeoberfläche, was zu ↑Owragi und im Endstadium zu ↑Badlands führt. Die v.a. in ariden Gebieten wirkende Winderosion durch Staub- und Sandstürme führt einerseits durch vollkommene Abtragung des Bodens oder durch selektive Denudation des fruchtbarkeitsbestimmenden Feinanteils zur Bodenzerstörung, andererseits durch Ablagerung von Flugsand zur Verwüstung von Kulturland.

Der durchschnittliche jährliche Bodenverlust durch Wassererosion beträgt in Baumwoll-, Erdnuss- und Maismonokulturen Afrikas und der USA bis über 700 t/km², auf landwirtschaftlich genutzten Flächen Europas etwa 80 t/km². Die im Hochwasserbereich der mitteleuropäischen Täler mitunter mehrere Meter mächtigen Ablagerungen feiner Lehmmassen *(Auelehm)* sind eine Folge der B.; sie bestehen nämlich aus dem solchermaßen abgetragenen und vom Wasser mitgeführten Bodenmaterial.

Die wirksamsten Gegenmaßnahmen sind der Anbau von Bodenschutzpflanzen, der dem Gelände angepasste *Streifenanbau,* bei dem bodenhaltende Fruchtarten mit zeitweilig bodenoffenen Streifen wechseln, isohypsenparalleles (also immer auf gleicher Höhe bleibendes) Pflügen der Ackerfurchen, das Pflanzen von Hecken- und Baumreihen als Windschutz, das Anlegen von erosionssicheren Drainagesystemen und Rückhaltebecken.

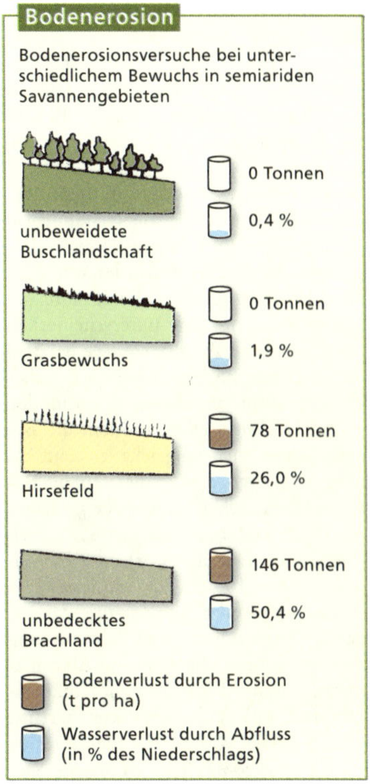

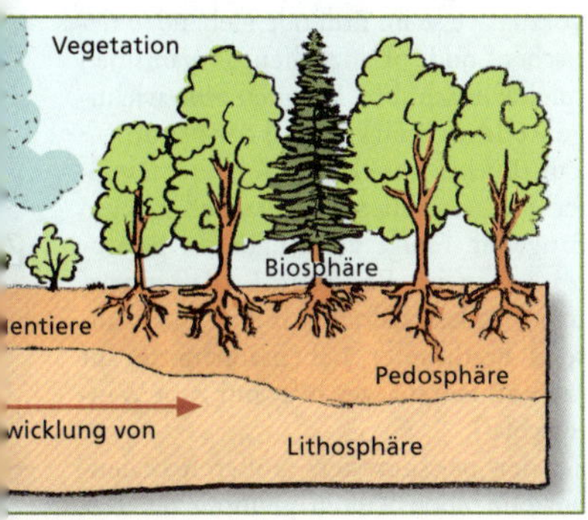

Bodenfließen: Darunter versteht man Bodenbewegungen wie ↑Gekriech oder ↑Solifluktion.

Bodenfrost: Sinkt die Temperatur am Erdboden unter den Gefrierpunkt, werden aber in 2 m Höhe noch Werte über 0° Celsius gemessen, sprechen wir von Bodenfrost. Zu Bodenfrösten kommt es verstärkt in wolkenlosen Nächten, wenn bei einsetzenden ↑Ausstrahlungen die bodennahen Luftschichten abkühlen und dann das im Boden enthaltene Porenwasser gefriert. Da es dabei zur Volumenvergrößerung (des Eises gegenüber dem Wasser) kommt, treten bei B. häufig Aufwölbungen im Boden, Frostaufbrüche auf.

Bodengefüge (Bodenstruktur): In der *Bodenkunde* ist B. die Bezeichnung für die räumliche Anordnung der festen Bodenbestandteile, die durch den mit Wasser oder Luft gefüllten Porenraum getrennt werden. Man unterscheidet: 1. *Einzelkorn-* oder *Elementargefüge,* bei dem die einzelnen Bodenteilchen (z.B. Sandkörner) nicht miteinander verbunden sind; 2. *Kohärentgefüge,* bei dem die Bodenteilchen dicht gepackt zusammenhängen; 3. *Aggregatgefüge,* bei dem die Bodenteilchen locker aneinander gelagerte Aggregate bilden; je nach Größe *Krümel-* (bis 10 mm Durchmesser) oder *Bröckelgefüge* (über 10 mm Durchmesser); 4. *Absonderungs-* oder *Segregatgefüge,* das v.a. durch Austrocknung und Schrumpfung bedingt, durch bestimmte Absonderungsformen (Segregate) in feinkörnigen (tonigen) Böden charakterisiert ist; je nach dessen vorherrschenden Formen spricht man von *Polyeder-, Prismen-, Säulen-* oder *Plattengefüge.*

Bodengüte (Bonität): Die B. resultiert aus der Nährstoffzusammensetzung und dem Humusgehalt des Bodens. Diese beeinflussen die Reaktion des Bodenwassers, welches sauer, neutral oder schwach alkalisch reagieren kann. Die Pflanzen stellen unterschiedliche Ansprüche an die Bodengüte. So gibt es Pflanzen, die ausgesprochen saure Böden bevorzugen, wie die Torfmoose, und Pflanzen, die basisch reagierende Böden beanspruchen, wie das Adonisröschen. Für den Ackerbau sind die sauer reagierenden Böden ungeeignet und können oft nur als Wiese oder Weide genutzt werden, während schwach alkalisch reagierende Böden, wie z.B. der kalkhaltige Lössboden, auch anspruchsvollen Kulturpflanzen, wie der Zuckerrübe und dem Weizen, ein optimales Wachstum ermöglichen. Auch die Wasserleitfähigkeit des Bodens beeinflusst die B.: Leichte, sandige Böden trocknen schnell aus, während schwere, lehmige Böden nass und kalt sind; Abhilfe ermöglicht hier die ↑Bodenverbesserung.

Bodenhorizont: Die B.e sind die einzelnen Teile eines ↑Bodenprofils.

Bodennebel: Von B. sprechen wir bei einer flachen, am Boden aufliegenden Nebelbildung. B. entwickeln sich bei Windstille über abkühlendem Untergrund, wenn die unteren Luftschichten unter ihren Taupunkt abkühlen und ein Teil des in der Luft vorhandenen Wasserdampfes in den flüssigen Zustand des Wassers übergeht, das heißt kondensiert. Es bilden sich kleine Wassertröpfchen, die in großer Konzentration die Sicht behindern, also ↑Nebel.

Bodennutzungssysteme: Die landwirtschaftlichen B. beschreiben die für räumliche und zeitliche Verteilung von Bodennutzung erforderlichen Ordnungsgrundsätze. Diese sind sehr einfach und überschaubar bei sehr ungünstigen Naturbedingungen, einfachen Kulturstufen und großer Marktferne (Wanderfeldbau, Weidenflächenwechselsysteme). Bei besseren Naturbedingungen und größerer Kulturhöhe werden die B. vielseitiger, es entstehen verschiedene Fruchtwechselsysteme, z.B. ↑Dreifelderwirtschaft.

Bodenorganismen (Edaphon): Die vorzugsweise im Erdboden lebenden tierischen und pflanzlichen Organismen spielen durch ihre Tätigkeit eine wichtige Rolle im Stoffkreislauf der Natur.

Zur *Bodenfauna* gehören Vertreter fast aller Tiergruppen, vom Einzeller bis zum Säugetier. Einige verbringen ihr gesamtes Leben im Boden (z.B. Regenwürmer); andere halten sich dort nur während bestimmter Lebensabschnitte auf (z.B. als Eier, Larven oder nur zum Winterschlaf).

Zu den bekanntesten größeren bodenbewohnenden Tieren gehören die Regenwürmer, die auch landwirtschaftlich von Bedeutung sind. Sie leben von Pflanzenresten, die sie in ihrer Röhre einbringen, und sorgen für die Auflockerung, Durchmischung und Durchlüftung des Bodens.

Zur *Bodenflora* gehören vor allem Bakterien, Pilze, Algen und Flechten. Die überaus wichtige Tätigkeit der Bakterien besteht in dem Abbau der organischen Bestandteile des Bodens, die von anderen Organismen vorzerkleinert worden sind, zu anorganischen Stoffen (heterotrophe Bakterien). Die autotrophen Bakterien fördern den Gehalt des Bodens an Mineralstoffen, dadurch dass sie Luftstickstoff, Schwefel oder Eisen oxidieren und so in Salzen binden, die von den höheren Pflanzen aufgenommen werden können. Pilze bauen verholzte Pflanzenteile ab; einige leben mit Baumwurzeln in Symbiose.

Bodenprofil

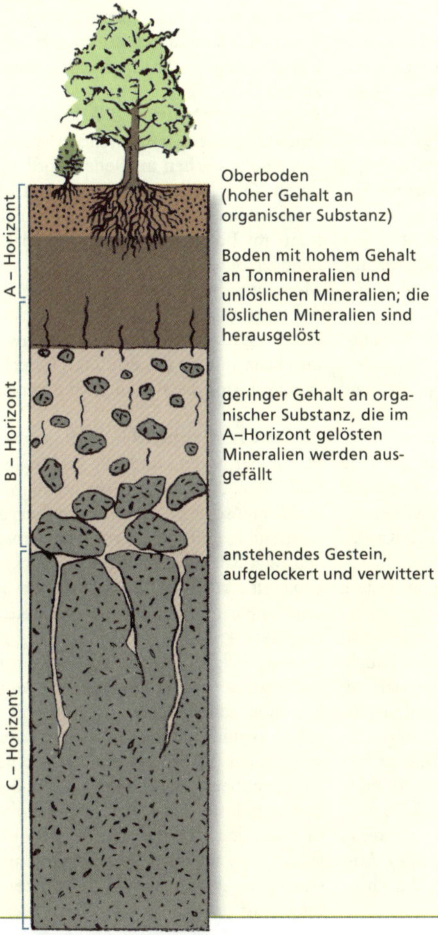

Bodenpolitik: Mithilfe der B. wird die optimale Verwendung des zur Verfügung stehenden Bodens angestrebt. Hierzu stehen die Instrumente der ↑Raumordnung zur Verfügung.

Bodenprofil: Infolge der ab- oder aufwärts gerichteten Verlagerung von Bodenbestandteilen entstehen im Boden Anreicherungs- oder Verarmungszonen bestimmter Art und Mächtigkeit, die *Bodenhorizonte.* Sie verlaufen meist parallel zur Erdoberfläche und unterscheiden sich u.a. im Gefüge, Chemismus, Wasserhaushalt und in der Farbe. Ihre vertikale Abfolge, vom unverwitterten Gestein bis zur Erdoberfläche, wird als B. bezeichnet. Die drei wichtigsten Bodenhorizonte sind:

1. Der **A-Horizont** *(Auslaugungshorizont, Oberboden)* ist der mit Humus u.a. organischer Substanz durchsetzte, daher meist dunkel gefärbte, oberste Horizont.
2. Der darunter folgende **B-Horizont** *(Anreicherungshorizont, Unterboden)* ist durch bestimmte Ver-

B

witterungsvorgänge (daher meist braun gefärbt) sowie durch Anreicherung oder Neubildung von Tonmineralen, Eisen- und Aluminiumoxiden gekennzeichnet. Er ist nicht in allen Böden ausgebildet, z.B. nicht im Ranker, in der Rendzina, Steppenschwarzerde und im Tirs.
3. Der **C-Horizont** ist der unveränderte Untergrund, das Ausgangsgestein.
Zu den übrigen Bodenhorizonten gehören u.a. der *O-Horizont,* eine Humus- oder andere organische Auflage auf dem A-Horizont; der *G-Horizont,* ein durch Grundwasser beeinflusster Horizont; der *P-Horizont,* ein toniger, stark plastischer Horizont, und der *S-Horizont,* ein durch Stauwasser beeinflusster Horizont.
Weitere Besonderheiten der genannten Horizonte werden mit Indizes angegeben, wobei u.a. *h* für Humusanreicherung, *l* für Lessivierung, *c* oder *ca* für Anreicherung mit Calciumcarbonat, *o* für Oxidationsvorgänge, *sa* für Salzanreicherung, *t* für Tonverlagerung und *v* für Tonmineralneubildung steht.
Bodenreform: Eine B. ist im Wesentlichen eine ↑Agrarreform.
Bodenschätze: Als B. bezeichnet man alle ober- und unterirdisch in natürlichen Anreicherungen, den Lagerstätten, vorhandenen nutzbaren Rohstoffe. Zu den B.n gehören Erze, Salze u.a. industriell verwendbare nichtmetallische Minerale, Steine und Erden, Schmucksteine, Kohle, Erdöl und Erdgas.
Bodenstruktur: Anordnung der festen Bodenbestandteile, ↑Bodengefüge.
Bodentypen: Böden mit gleichem Entwicklungszustand und daher auch mit gleichem Bodenprofil fasst man zu B. zusammen. Wichtige B. sind: Rohboden, Rendzina, Ranker, Tirs, Steppenschwarzerde (Tschernosem), Braunerde, Parabraunerde u.a. lessivierte Böden, Podsol, Roterde u.a. Latosole, Rotlehm u.a. Plastosole, Terra fusca, Terra rossa, Salzboden, Pseudogley, Glei (Gley), Auenböden sowie die Böden der Marschen und Moore.
Bodenverarmung: Von B. spricht man, wenn durch Monokultur dem Boden ständig die gleichen Nährstoffe entzogen werden und sich somit die Bodenqualität vermindert.
Bodenverbesserung: Bei der B. sollen landwirtschaftlich genutzte Böden in ihrem Ertrag gesteigert werden. Eine Maßnahme der B. ist die Düngung. Außerdem gibt es verschiedene Maßnahmen zur Verbesserung des ↑Bodengefüges. Die nassen, lehmigen Böden können durch Zusatz von Sand lockerer, trockener und wärmer gemacht werden. Bei Sandböden kann durch Zusatz von Lehm erreicht werden, dass sie nicht so schnell austrocknen.
Bodenverdichtung: Durch Ablagern feiner Bodenteilchen, durch Verlagerung von Bodenteilchen im Bodenprofil oder durch Oberflächenverkrustung erfolgt eine Verringerung des Hohlraumvolumens im Boden oder in einzelnen Bodenhorizonten. B. wird aber auch vom Menschen durch Druckeinwirkung von Ackergeräten verursacht. Die Bodenwasserbewegung wird durch B. erschwert und kann infolge des erhöhten Oberflächenabflusses die Bodenerosion verstärken.
Bodenversalzung: Unter B. versteht man in der Bodenkunde die Bildung von Salzböden, die durch die natürliche oder durch menschliche Maßnahmen hervorgerufene Anreicherung von Natriumsalzen [u.a. Salzen] besonders in Trockengebieten stattfindet. B. geht häufig auf unzulängliche Bewässerungsmaßnahmen zurück und hat deshalb in jüngerer Zeit als Folge der starken Ausweitung der Bewässerung große Ausmaße angenommen. Dabei werden nicht nur die in jedem Grund- und Flusswasser in unterschiedlicher Konzentration enthaltenen Salze, sondern auch zusätzlich aus dem Boden gelöste Salze infolge der hohen Verdunstung an oder nahe der Erdoberfläche ausgeschieden. Auch aufgestautes Grundwasser kann zur B. führen. Ebenso hinterlässt das sich in Senken zeitweilig

B

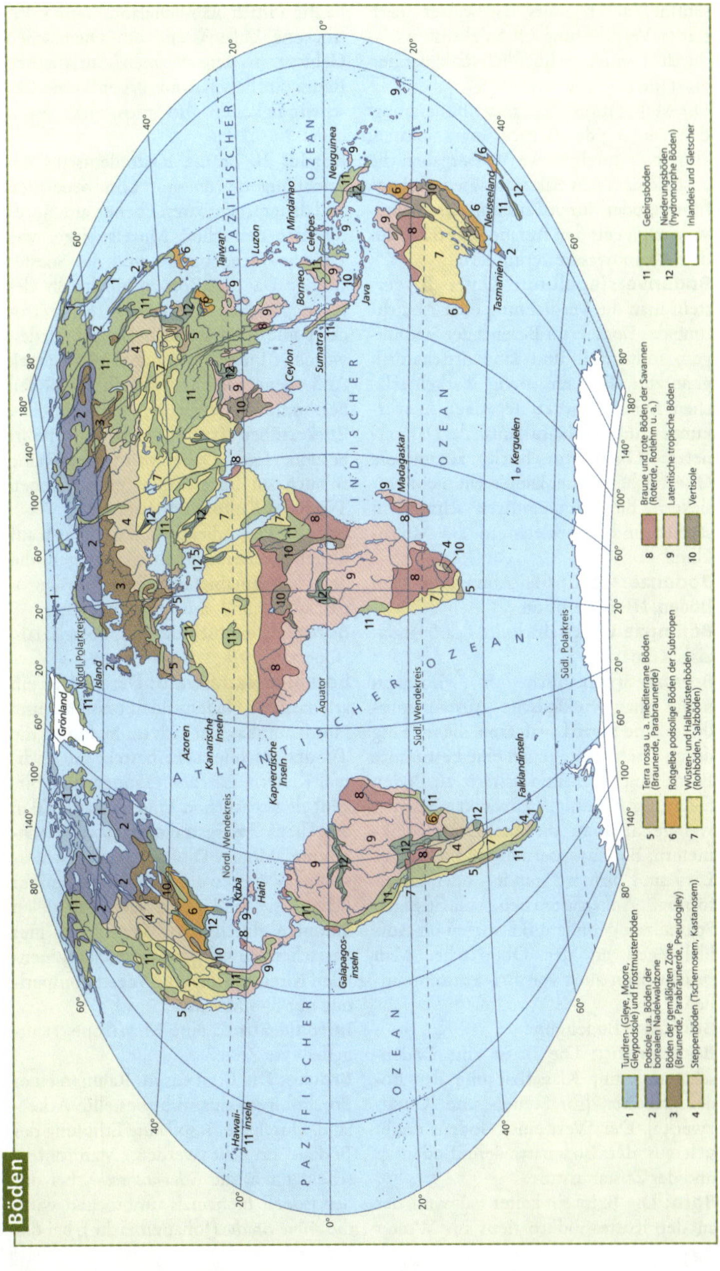
Böden
1 Tundren- (Gleye, Moore, Gleypodsole) und Frostmusterböden
2 Podsole u.a. Böden der borealen Nadelwaldzone
3 Böden der gemäßigten Zone (Braunerde, Parabraunerde, Pseudogley)
4 Steppenböden (Tschernosem, Kastanosem)
5 Terra rossa u. a. mediterrane Böden (Braunerde, Parabraunerde)
6 Rotgelbe podsolige Böden der Subtropen
7 Wüsten- und Halbwüstenböden (Rohböden, Salzböden)
8 Braune und rote Böden der Savannen (Roterde, Rotlehm u. a.)
9 Lateritische tropische Böden
10 Vertisole
11 Gebirgsböden
12 Niederungsböden (hydromorphe Böden)
Inlandeis und Gletscher
PAZIFISCHER OZEAN
ATLANTISCHER OZEAN
INDISCHER OZEAN
Nördl. Polarkreis
Nördl. Wendekreis
Äquator
Südl. Wendekreis
Südl. Polarkreis
Grönland
Island
Azoren
Kanarische Inseln
Kapverdische Inseln
Hawaii-Inseln
Kuba
Haiti
Galapagos-inseln
Falklandinseln
Madagaskar
Kerguelen
Ceylon
Sumatra
Java
Borneo
Celebes
Mindanao
Luzon
Taiwan
Neuguinea
Tasmanien
Neuseeland

sammelnde Niederschlagswasser nach seiner Verdunstung oft Salzkrusten; dadurch können schließlich Salzpfannen entstehen.
Die Melioration versalzener Böden muss den Vorgang der B. rückgängig machen, also etwa durch starke Wassergaben die ausgeschiedenen Salze auflösen und abführen, oder durch Senkung des Grundwasserspiegels den Aufstieg der Salze aus dem Grundwasser verhindern.

Bodenversiegelung: Unter B. versteht man die Verdichtung oder Abdichtung des Bodens im Bereich der Siedlungen, industriell und landwirtschaftlich genutzter Flächen sowie Verkehrsflächen. Die B. führt zu negativen Auswirkungen auf den Naturhaushalt: Das vernetzte Ökosystem bricht zusammen, Oberflächenwasser kann nicht mehr versickern, die Temperaturen schwanken stärker und verschlechtern das Mikroklima.

Bodenzerstörung: Abtragung von Böden, ↑Bodenerosion.

Böllingzeit: Zeitabschnitt des Spätglazials, ↑Quartär.

Bombe (vulkanische B.): Bomben nennt man vulkanische Auswurfsprodukte, und zwar Lavafetzen, die im Flug durch Drehbewegungen eine bestimmte Form annehmen und erstarrt zu Boden fallen. Ihr Volumen schwankt zwischen weniger als 1 cm^3 und mehreren Kubikmetern. B.n aus gasarmer, dünnflüssiger Lava sind birnen-, spindel- oder kugelförmig. Aus gasreichen, zähflüssigen Schmelzen gebildete B.n zeigen oft Aufblähungen an der Oberfläche. Man spricht dann auch von Brotkrustenbomben.

Bonität: ↑Bodengüte.

Bonitierung: Die B. ist eine Bodenschätzung mit Klassifizierung der Bodenqualitäten [für Steuer- und Kreditzwecke]. Der Wert eines Bodens ergibt sich aus der Bodenart, dem Bodentyp und der Zustandsstufe.

Bora: Die B. ist ein kalter Fallwind, der an der Küste Südkroatiens im Winter häufig auftritt, nämlich dann, wenn kalte, trockene Luftmassen vom Dinarischen Gebirge in den warmen, adriatischen Raum abfließen und dabei hohe Geschwindigkeiten, also Sturmstärke, erreichen.

Börde: B. ist die niederdeutsche Bezeichnung für die mit Löss bedeckten und daher fruchtbaren Ebenen am Nordfuß der deutschen Mittelgebirge, wie z.B. die Magdeburger und die Soester Börde. Da die Börden innerhalb des Norddeutschen Tieflandes relativ trocken sind, sind sie schon früh besiedelt worden (d.h. schon vor dem Mittelalter). Außerdem gedeihen auf ihren Böden bestimmte Feldfrüchte, wie Getreide, Zuckerrüben (später auch Kartoffeln) besonders gut. Daher wurde der Name B. auch zur Bezeichnung eines eigenen Types der Kulturlandschaft.

boreal: Das Adjektiv b. bezieht sich auf Gegebenheiten und Erscheinungen, die dem kaltgemäßigten Klima Nordeuropas, -asiens und -amerikas zugehören.

Boreal: Zeitabschnitt des Postglazials, ↑Quartär.

borealer Nadelwald: Der b. N. ist ein artenarmer Nadelwald Eurasiens und Nordamerikas, der sich im Süden an die Tundra anschließt. Er besteht aus Fichten, Kiefern, Lärchen, Tannen und Birken; den spärlichen Unterwuchs bilden vor allem Zwergsträucher sowie Flechten und Moose. Die zum Teil geschlossenen Wälder werden polwärts immer lichter; sie sind außerdem von vielen Sümpfen durchsetzt. Wegen des hier herrschenden kaltgemäßigten, kontinentalen Klimas beträgt die Vegetationsperiode nur 3–4 Monate.

boreale Zone: eine Klimazone, ↑kaltgemäßigte Zone.

Brache: Die B. ist das im Rahmen eines Fruchtfolgezyklus nicht bestellte Ackerland. Durch die B. soll eine Erholung des Bodens erreicht werden. Man unterscheidet u.a. die *Schwarzbrache,* bei der der Boden mehrmals umbrochen wird, die *grüne Brache* (Johannibrache), bei der

B

der Stoppelacker als Weide genutzt und erst im Juni umgepflügt wird, und die *Trockenbrache* im Rahmen des ↑Dry-Farming.

Die ↑Sozialbrache ist keine Brache im eigentlichen Sinn.

Brackwasser: B. ist das schwach salzige, ungenießbare Wasser, das sich in Randgebieten der Meere im Mündungsgebiet von Flüssen und in Strandseen, die zeitweise mit dem Meer in Verbindung stehen, als eine Mischung aus Salz- und Süßwasser bildet. Es besitzt eine charakteristische Lebewelt, die B.-Formation. Auch die Endseen in abflusslosen Gebieten verwandeln sich durch den ständig zunehmenden Salzgehalt zunächst in schwach salzige B.-Seen und schließlich in reine Salzseen. Ebenso kann das Grundwasser im Küstenstreifen brackig werden, wenn Meerwasser eindringt.

Branchenstruktur: Der Begriff Branche stammt aus dem Englischen und bedeutet Zweig. In der Wirtschaft meint B. die Zusammensetzung z.B. einer Industrie eines Ortes, einer Region oder eines Staates. Angestrebt wird in aller Regel eine Mischung verschiedener Industrie- und Gewerbezweige, um Abhängigkeiten von Konjunkturschwankungen zu vermeiden.

Brandrodung: Bei der B. werden Bäume und Sträucher gefällt und anschließend verbrannt, um die freigelegten Flächen ackerbaulich zu nutzen, wobei die Asche als Dünger dient. Die B. erfolgt hauptsächlich im Rahmen des ↑Wanderfeldbaus und der ↑Landwechselwirtschaft; sie wird in tropischen und subtropischen Gebieten betrieben.

Brandung: Unter B. versteht man die auf die Küste auflaufenden und sich überstürzenden (brechenden, brandenden) Meereswellen. Die B. ist meist mit einer am Boden seewärts abfließenden Sogströmung verknüpft; dadurch sowie durch den hohen Brandungsdruck, den sie v.a. auf Steilküsten ausübt, wirkt die B. meist küstenzerstörend (↑Abrasion), an Flachküsten aber durch Sandlagerungen auch küstenaufbauend. Am Fuße von Steilküsten bilden sich durch die Wirkung der B. *Brandungshohlkehlen* und *Brandungshöhlen,* die sich entlang Gesteinsklüften zu *Brandungsgassen* erweitern können. Mit dem entstehenden Brandungsgeröll schleift die B. bzw. ihr Rückstrom den Boden vor der Steilküste zu der schwach geneigten Abrasionsplatte ab.

Brasilstrom: warme Meeresströmung im Atlantik, Karte Meeresströmungen S. 234.

Brauchwasser: B. bezeichnet eine Qualitätsstufe des Wassers. Es kann sich sowohl um nicht aufbereitetes Grund- und Oberflächenwasser als auch um aufbereitetes Abwasser handeln. B. ist nur technisch verwertbar, hat also keine Trinkwasserqualität.

Braunerde: B. nennt man einen im gemäßigt-humiden Klimabereich weit verbreiteten Bodentyp auf silikatisch-quarzitischen Gesteinen unter Laub- und Mischwäldern. Die B. besitzt ein ABC-Profil mit Humusbildung im A- und Bildung von Tonmineralen und braun färbenden Eisenoxidhydraten im B-Horizont. Sie ist gut durchlüftet und weist einen günstigen Wasser- und Nährstoffhaushalt auf. Der ackerbauliche Wert der B. ist sehr unterschiedlich, die flachgründigen B.n werden meist forstlich genutzt.

Brandung

Formen der Brandungsarbeit an der Steilküste

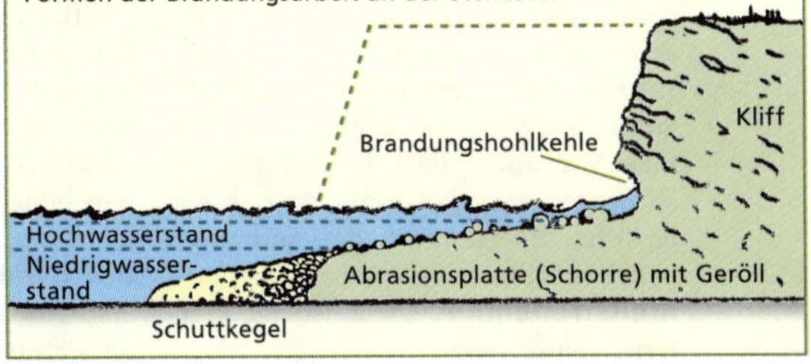

Bruch

Schematische Darstellung von Bruchformen

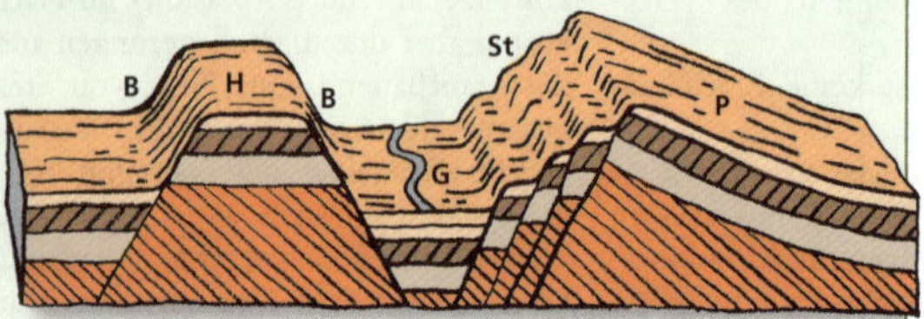

H Horst P Pultscholle G Graben St Staffelbruch B Bruchlinie

Brauner Jura: mittlere Abteilung des Jura, ↑Dogger.

Braunkohle: Als B. bezeichnet man eine braune bis schwärzliche, erdige bis faserige ↑Kohle mit hohem Wasser- und Aschegehalt, die meist im Tagebau gewonnen wird.

Brautpreis: Der B. ist der wesentliche Bestandteil einer ↑Kaufheirat.

Bre̱ccie [italienisch 'brɛtʃə] (Brekzie, Bresche): Die B. ist ein klastisches Sediment, das durch Verkittung kaum verfrachteter, darum eckiger Bruchstücke anderer Gesteine entstanden ist; das Bindemittel kann tonig, kalkig oder kieselig sein. Nach ihrer Entstehung unterscheidet man *sedimentäre B.n,* wie Gehänge- und Schlammbreccien (↑Fanglomerat), *vulkanische B.n,* wie Tuffbreccien, sowie *tektonische Breccien.* Letztere entstehen v.a. durch Reibung an Verwerfungsflächen und werden daher auch *Reibungsbreccien* genannt.

Breitenkreis (Parallelkreis): Ein B. ist ein zum Äquator parallel verlaufender Kleinkreis (seine Schnittebene verläuft also nicht durch den Erdmittelpunkt). Die B.e stehen senkrecht auf den Längenkreisen und bilden mit diesen das geographische Koordinatensystem. Alle auf einem B. liegenden Orte haben die gleiche geographische Breite.

Eine Ausnahme bildet der Äquator, der als Breitenkreis ein Großkreis ist, da seine Schnittebene durch den Erdmittelpunkt verläuft.

Breitstreifenflur: Die B. ist eine Flurform, ↑Flurformen.

Brẹkzie: eindeutschende Schreibweise für ↑Breccie.

Bri̱se: Die Bezeichnung B. wird bei der Einteilung der Winde nach ↑Windstärken verwendet.

Bruch:

◆ Das Bruch ist ein mit Bäumen und Sträuchern bestandenes Sumpfgelände (↑Bruchwald). Reste von Brüchen findet man noch in den ehemaligen Urstromtälern des Norddeutschen Tieflandes (Oderbruch, Warthebruch).

◆ In der *Tektonik* bedeutet B. ↑Verwerfung.

Bruchlinie: Schnittlinie der Verwerfungsfläche mit der Erdoberfläche, ↑Verwerfung.

Bruchstufe: Durch tektonische Störungen in der Erdkruste können Gesteinsschichten zerbrechen und die entstehenden Schollen sowohl horizontal als auch vertikal gegeneinander verschoben werden (↑Verwerfung). Bei einer vertikalen Verwerfung nennt man die so entstandene Geländestufe Bruchstufe. Das Ausmaß der vertikalen Verschiebung wird als *Sprunghöhe* bezeichnet.

Bruchtekto̱nik: Zur B. rechnet man alle Bauformen der Erdkruste, bei denen der ursprüngliche Gesteinsverband an Verwerfungsflächen zerrissen und versetzt worden ist. Zur B. zählen also u. a. Abschiebung, Aufschiebung, Blattverschiebung, Graben, Horst und Überschiebung.

Bruchwald: Der B. ist in Mitteleuropa eine aus Weiden, Erlen u.a. bestehende Pflanzengesellschaft, die Standorte braucht, die genügend Nährstoffe besitzen und sehr feucht sind. Der B. hat sich oft aus ehemaligen Flachmooren entwickelt. Der Grundwasserspiegel ist im Gegensatz zum Auenwald ständig gleich hoch. In den norddeutschen Urstromtälern (z.B. im Spreewald) wurde der B. durch Trockenlegung in Weide- oder Ackerland umgewandelt.

Bruttoinlandsprodukt (Abkürzung BIP): Das B. ist die Summe aller innerhalb der politischen Grenzen eines Landes erbrachten Leistungen (Produktion und Dienstleistungen) während eines bestimmten Zeitraumes (in der Regel ein Jahr).

Bruttonationalprodukt: In Österreich Bezeichnung für das ↑Bruttosozialprodukt.

Bruttoproduktionswert: Der B. eines Betriebes oder einer Volkswirtschaft ist die Summe aus Gütern und Dienstleistungen, die die jeweilige Wirtschaftseinheit in einer bestimmten Periode verkauft hat (ihr Wert wird zu Marktpreisen berechnet), den außerdem produzierten und nicht verkauften Halb- und Fertigerzeugnissen (diese werden zu Herstellungspreisen berechnet) und den selbst erstellten Anlagen (ebenfalls zu Herstellungspreisen berechnet). Zieht man von diesem B. die Vorleistung, also die Aufwendungen für Rohstoffe, Vorfabrikate, Energie, Löhne und dgl. ab, erhält man den *Nettoproduktionswert,* der die *Bruttowertschöpfung* darstellt.

Bruttosozialprodukt (Abkürzung BSP): Das B. ist der umfassende Ausdruck für das Ergebnis des Wirtschaftsprozesses einer Volkswirtschaft innerhalb einer Periode (meist eines Jahres). Das BSP (berechnet zu Marktpreisen) ist von der Entstehung her der Bruttoproduktionswert zuzüglich dem Saldo aus Im- und Exporten aller Art (also auch Dienstleistungen, Vermögen usw.).
Zieht man vom BSP die direkten Steuern und die Abschreibungen ab, aber die Subventionen dazu, erhält man das *Nettosozialprodukt,* das *Volkseinkommen.*
Verwendet wird das BSP für die Gesamtheit des privaten und staatlichen Verbrauchs und für den Ausgleich der – eventuell – defizitären Bilanz aus den Im- und Exporten aller Art: Der Rest, also das, was nicht solchermaßen verbraucht wurde, ergibt die Gesamtzunahme des Realvermögens in diesem Wirtschaftsraum.
In Österreich sagt man statt B. *Bruttonationalprodukt.*

Bruttowertschöpfung: Die B. ist der um die Vorleistungen verminderte ↑Bruttoproduktionswert.

Buhne: Buhnen sind senkrecht zum Flussufer oder zur Küste verlaufende, flache Dammbauten, die zum Schutz der Ufer bzw. der Küste die Strömung beeinflussen.
Eine Reihe von Flussbuhnen reguliert außerdem die Fahrrinne dadurch, dass die Strömung enger zusammengeschnürt und damit die Wassertiefe erhöht, das Fahrwasser somit offengehalten wird.
Zu Strandbuhnen ↑Küstenschutz.

Buntsandstein: älteste Abteilung der germanischen Trias, ↑Geologie, Zeittafel.

Bürgerinitiative: Eine B. ist eine Gruppe von Menschen, die sich außerhalb der Parteien für bestimmte, meist auch politische Ziele einsetzt. Dies geschieht oft auf Gemeindebasis. Viele B.n haben ökologische Ziele, z.B. die Verhinderung des Baues von Kernkraftwerken oder des Ausbaus von Straßen.

Büßerschnee: B. ist eine Erscheinungsform der selektiven ↑Ablation in tropischen und subtropischen Hochgebirgen, in denen die mächtigen Schneedecken in der niederschlagslosen Zeit starker Sonnenbestrahlung bei geringer Luftfeuchtigkeit ausgesetzt sind. Durch Verdunstung (Sublimation) des Eises entstehen dabei spitze, bis zu 6 m hohe Pfeiler, Kegel und Zacken, die an Pilgergestalten in weißen Büßerhemden erinnern. Häufig treten diese Formen in den Anden und in Ostafrika auf.

C

Caatinga (Catinga): Die C. ist eine xeromorphe, offene Gehölzformation des semiariden Nordosten Brasiliens mit überwiegend regengrünen und teilweise dornigen Bäumen, Dornsträuchern und Sukkulenten; besonders charakteristisch sind Flaschen- und Tonnenbäume aus der Familie der Wollbaumgewächse; Nutzpflanzen sind u.a. das Ananasgewächs Neoglaziovia, das die Caroafaser liefert, und die Karnaubapalme.

Calaküste: Die C. ist ein Typ der Steilküste, die v.a. im westlichen Mittelmeerraum zu finden ist. Typisch sind kleine, halbkreisförmige Buchten, *Calas,* die an den Mündungen von Trockentälern entstanden sind; an ihrem inneren Ende ist ein schmaler Sandstrand ausgebildet.

Calanche [italienisch ka'laɲkə] (Einzahl: Calanca): italienische Bezeichnung für ↑Racheln.

Caldera: C. nennt man eine große kesselförmige Hohlform vulkanischer Herkunft. Calderen entstehen durch Wegsprengen des Vulkangipfels, manchmal auch fast des gesamten Vulkankegels, hauptsächlich aber durch nachträglichen Einsturz über dem durch die Ausbrüche teilweise entleerten Innern, dem Magmaherd. Durch Verwitterung und Abtragung kann dieser Kessel stark erweitert werden. Vielfach entsteht später durch erneute Ausbrüche im Inneren der C. ein neuer, kleinerer Vulkankegel (z.B. beim Vesuv).

Campesino: C. ist die Bezeichnung für einen meist besitzlosen Landarbeiter in Spanien oder Südamerika.

Campos: C. werden offene Vegetationsformationen Innerbrasiliens, v.a. des Brasilianischen Berglandes, genannt. Die C. ist meist natürlich entstanden (Trockenzeit bis zu 5 Monaten), seltener durch menschliche Einflüsse, etwa durch Brände.

Canaleküste: Die C. wird durch tief eingesenkte, lange, schmale Buchten, die *Canali,* gekennzeichnet. Sie entstand durch das Eindringen des Meeres in die Längstalungen und Poljen eines Gebirgslandes.

Cannary-Siedlungen [englisch: 'kænərɪ; = Konservenfabrik]: Als C. bezeichnet man Fischereisiedlungen in der Nähe fischreicher Gründe an der Nordwestküste Nordamerikas und an der Küste Kaliforniens, die nur während der Fischereisaison bewohnt und mit Kaianlagen und Verarbeitungsstätten ausgerüstet sind.

Cañon (Canyon):

◆ C.s sind schluchtartige, tief eingeschnittene Täler, die in Gebieten horizontal gelagerter Gesteine, und zwar besonders in Trockengebieten, in denen die Erosion des fließenden Wassers nur in die Tiefe wirksam ist, entstanden sind. Das bekannteste Beispiel ist der bis zu 1800 m tief eingeschnittene Grand Canyon des Colorado in Arizona (USA).

◆ Untermeerische C.s sind die Fortsetzung von Mündungen großer Ströme (z.B. des Kongo, des Sankt-Lorenz-Stromes), die als submarine Rinnen im Schelf ausgebildet sind.

Cash Crop [englisch 'kæʃ 'krɔp]: C. c. ist die Bezeichnung für ein agrarisches Produkt, das für den Verkauf bestimmt ist. Es steht im Gegensatz zu einem Produkt, welches der Selbstversorgung dient.

CBD: Abkürzung für ↑**C**entral **B**usiness **D**istrict.

Central Business District (Abkürzung: CBD): Unter CBD versteht man das zentrale Einzelhandelszentrum einer Großstadt. Kennzeichen dieses Gebietes sind eine hohe Bebauungsdichte, weitgehende Spezialisierung der Geschäfte und höchste Umsätze.

Chamsin [xam...]: ein Wüstenwind, ↑Kamsin.

Chaparral [tʃa...]: Die Bezeichnung Ch. wird für zwei Vegetationsformationen gebraucht.

C

◆ Für die niedrige, immergrüne Strauchformation aus Hartlaubgehölzen im subtropischen Winterregengebiet des südwestlichen Nordamerika, besonders Kaliforniens. Sie entspricht der mediterranen Macchie, weist aber auch Kakteen auf.
◆ Für eine lichte Savannenformation mit krüppelhaften Bäumen und Sträuchern in Venezuela, besonders in den Llanos des östlichen Orinokotieflandes, im Norden des Berglandes von Guayana, auf der Ostabdachung der Anden und im Maracaibobecken.

Charterverkehr ['tʃartər...]: Im Gegensatz zum Linienverkehr ist Ch. die nur aus bestimmten Anlässen betriebene Beförderung von Personen und Gütern. Von Ch. spricht man jedoch meist nur beim Flugverkehr, wobei hier allerdings der größte Teil – der Urlaubsreiseverkehr – wegen der großen Nachfrage bereits auch nach Fahrplänen verkehrt, und bei der Handelsschifffahrt. Allerdings ist in der Hochseeschifffahrt der Ausdruck *Trampschifffahrt* gebräuchlicher. Unternehmen, die Personen oder Güter mit gecharterten Verkehrsmitteln befördern, werden als *Chartergesellschaft* bezeichnet.

Chemisierung: Darunter versteht man den stetig zunehmenden Einsatz von Chemikalien in der Landwirtschaft, der u. a. durch die Abkehr vom Mischbetrieb und die zunehmende Spezialisierung hervorgerufen wurde (↑auch biologischer Landbau). Der Wegfall von Erholungsphasen für den Boden macht stärkere künstliche Düngung notwendig, immer größer werdende Anbauflächen bis hin zur Monokultur erhöhen das Nahrungsangebot für tierische und andere Schädlinge (Pilze, Bakterien etc.). Dies führt dann zum immer höheren Einsatz von Herbiziden und Pestiziden. Durch die sich verstärkende Resistenz vieler Schädlinge musste die Dosierung entsprechend erhöht werden.

Chlorkohlenwasserstoffe: ↑Fluorchlorkohlenwasserstoffe.

Chorẹtik: andere Bezeichnung für ↑Länderkunde.

C-Horizont: der untere Horizont eines ↑Bodenprofils.

Cịrruswolken: ↑Zirruswolken.

City ['sɪtɪ]:
◆ Das Wort stammt aus dem englischen Sprachbereich und war ursprünglich ein historisch-rechtlicher Begriff für eine Stadt mit eigener Verwaltung und beschränkter Gesetzgebungsgewalt. Heute wird im englischen Sprachraum jede größere Stadt als C. bezeichnet.
◆ Im wissenschaftlichen Sprachgebrauch (außerhalb des Englischen) ist C. die Bezeichnung für eine bestimmte Kategorie der Stadtmitte, gekennzeichnet durch folgende Merkmale: Konzentration von privaten und öffentlichen Dienstleistungsbetrieben der höchsten Stufe; hohe Arbeitsplatzdichte im tertiären Sektor; hohe Verkehrsdichte mit tageszeitlich unterschiedlich starken Verkehrsströmen; hohe Bodenpreise und Mieten; überwiegende Nutzung durch Geschäfte und Büros und daher starker Rückgang der Wohnbevölkerung seit der Industrialisierung; also sehr hoher Anteil der Arbeitsbevölkerung (Tagesbevölkerung). Im Erscheinungsbild fallen u. a. die Geschossüberhöhung, das Vorherrschen moderner Sacharchitektur, z. T. Fußgängerzonen und die Massierung von Reklame auf. Die C. umfasst in Deutschland nur einen kleinen Teil einer Großstadt und ist oft ganz oder teilweise mit der Altstadt identisch oder liegt zwischen Altstadt und Hauptbahnhof.
Im englischen Sprachgebrauch wird für C. in diesem Sinne oft der Ausdruck ↑Central Business District verwendet; aber auch Downtown (USA), City Centre oder Central Area sind üblich.

Citybildung: Unter C. versteht man einen Funktionswandel, der die Abwanderung der Wohnbevölkerung aus einem [zentralen] Stadtgebiet und dessen Auffüllung mit Geschäften und Dienstleistungsbetrieben (Büros, Praxen usw.) beinhaltet.

C

Clan: C. ist allgemein die Bezeichnung für Sippe, Stamm, Sippen- oder Stammesverband; im völkerkundlichen Sinn ↑Klan.

Club of Rome [englisch klʌb ɔv 'rəʊm]: Wirtschaftsführer, Politiker und Wissenschaftler aus über 30 Ländern haben sich zu diesem informellen Kreis zusammengeschlossen. Er wurde 1968 vom italienischen Industriellen AURELIO PECCEI (1908–1984) gegründet. Sein Ziel ist, Ursachen und innere Zusammenhänge der Menschheitsprobleme in wirtschaftlichen, politischen und demographischen Bereichen zu erforschen.

C-14-Methode: Die C. ist eine Möglichkeit der ↑physikalischen Altersbestimmung.

colline Stufe: ↑kolline Stufe.

Coloureds [englisch 'kʌlədz]: Als C. werden in Südafrika amtlich die ↑Mischlinge bezeichnet (in Afrikaans als *Kleurlinge*).

COMECON [Abkürzung für englisch **Co**uncil for **M**utual **Econ**omic Assistance, dt. Rat für gegenseitige Wirtschaftshilfe (RGW)]: Ehemalige Organisation zur wirtschaftlichen Integration Ost- und Ostmitteleuropas auf der Basis der Koordination der nationalen Volkswirtschaftspläne. Wurde im Juni 1991 aufgelöst.

Conrad-Diskontinuität: Die von dem österreichischen Geophysiker VICTOR CONRAD 1925 entdeckte C. ist die seismisch ermittelte Grenzregion zwischen Sial und Sima im ↑Erdinneren.

Containerverkehr [kɔn'te:nər...]: Unter C. versteht man den Transport von losen oder wenig verpackten Gütern in genormten Großbehältern. Der Vorteil dieses Transportsystems liegt in der schnelleren Umlademöglichkeit, die außerdem durch die genormten Größen noch erheblich vereinfacht wird. Die Normung erfolgte im englischen Maßsystem, daraus resultieren ungewöhnliche Abmessungen bei metrischen Angaben: Die gebräuchlichsten Container sind stets 2,435 m hoch und 2,435 m breit, bei der Länge sind drei Größen gebräuchlich: 6,055 m (20-Fuß-Container), 9,125 m (30-Fuß-Container) und 12,190 m (40-Fuß-Container). Der Container wird vom Versender direkt beladen und von dort mit Trailern (speziell für den Containertransport gebauten Lastkraftwagen) oder (bei Gleisanschluss) mit Waggons zum *Containerterminal* transportiert, dem großen Umschlagplatz, der sowohl eine Eisenbahnanlage als auch ein Hafenkai sein kann. Der Sammeltransport erfolgt mit Containerzügen oder mit Containerschiffen, oder auch mittels beider nacheinander; auch ein Transport per Flugzeug ist möglich. Von einem anderen Containerterminal aus erfolgt dann die Zustellung an den Empfänger, der den Container so erhält, wie er vom Versender beladen wurde.

Conurbation [englisch kɔnə:beɪʃən]:
◆ Es handelt sich um eine Agglomeration mehrer Städte, die sich durch geschlossene Bebauung und hohe Bevölkerungsdichte auszeichnet, deren einzelne Städte aber Selbstverwaltung ausüben.
◆ Gemeint sein kann auch eine städtebauliche Einheit mit einem großen städtischen Zentrum, was dem deutschen Ausdruck *Stadtregion* sehr nahe kommt.

Coriolis-Kraft: Die nach dem französischen Physiker GASPARD GUSTAVE DE CORIOLIS benannte C. ist eine besondere Kraft, die auf jeden Körper, der sich auf der Erdoberfläche bewegt, wirkt. Ihre Größe ist allerdings wegen der geringen Winkelgeschwindigkeit der Erde und der geringen Relativgeschwindigkeiten auf der Erde klein im Verhältnis zur Schwerkraft. Für den fest mit der Erde verbundenen Beobachter verursacht die C. eine Reihe von Erscheinungen, von denen zwei recht augenfällig sind: Ein frei fallender Körper (in der Abbildung der geworfene Ball) wird etwas nach Osten abgelenkt. Parallel zur Oberfläche sich bewegende Körper (hier die rotierende Scheibe) werden auf der Nordhalbkugel nach rechts, auf der Südhalbkugel nach links gelenkt. Daher ist z.B. die Erosion der Flüsse auf der Nordhalbkugel am rechten Ufer, auf der Südhalbkugel am linken Ufer stärker. Auch auf die Luftbewegungen innerhalb der ↑Allgemeinen Zirkulation der Atmosphäre wirkt die C. ablenkend – auf der Nordhalbkugel nach rechts, auf der Südhalbkugel nach links.

Coriolis-Kraft

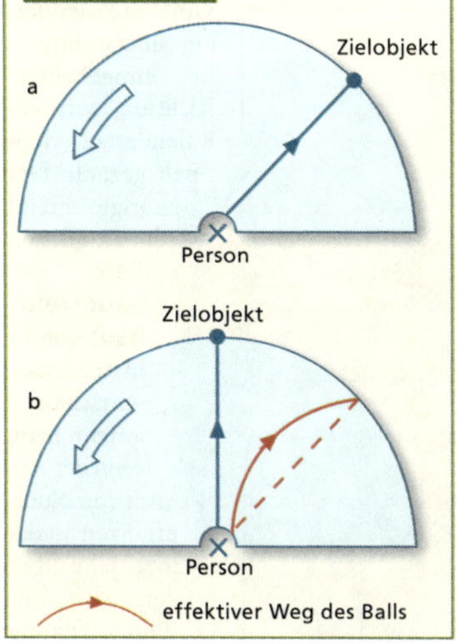

Creek [englisch kri:k]: Unter C. versteht man, besonders in den USA, einen kleinen Flusslauf; in Australien einen nur periodisch, also nur zur winterlichen Regenzeit fließenden, kleinen Wasserlauf; an der ostafrikanischen Küste eine Flussmündung, die infolge der Küstensenkung ertrunken ist, also nur eine kleine Bucht.

Croft [englisch krɔ:ft]: Ein C. ist ein kleinbäuerlicher Pachtbetrieb (Acker- oder Weideland mit kleinem Hof) in Schottland, der von einem *crofter* (meist im Nebenerwerb) bewirtschaftet wird.

Cromer-Interglazial [englisch 'krəʊmə]: pleistozäne Warmzeit in Nordwesteuropa, im Quartär.

Cumulus: ↑Kumulus.

D

Dämmerung: Als D. bezeichnet man die Zeit zwischen Tag und Nacht *(Abenddämmerung)* bzw. Nacht und Tag *(Morgendämmerung)*, in der die Helligkeit mehr oder weniger schnell ab- bzw. zunimmt. Es herrscht also D., wenn die Sonne schon (bzw. morgens: noch) unsichtbar unter dem Horizont steht und die Erdoberfläche nicht mehr (bzw. morgens: noch nicht) direkt von ihr beschienen wird. Die Helligkeit ergibt sich zu dieser Tageszeit durch diffuse Lichtstreuung und Reflexion von Sonnenlicht aus höheren Schichten der Atmosphäre, die ihrerseits noch (bzw. morgens: schon) direkt von der Sonne beschienen werden. Infolge der direkten Abhängigkeit der D. vom Stand der Sonne sind Beginn und Dauer der D. durch die geographische Breite und die Jahreszeit bestimmt. Dort, wo sich der Stand der Sonne zur Erde im Laufe des Jahres nur gering ändert, sind Beginn und Dauer der D. immer gleich. Das ist zwischen den Wendekreisen, also in den Tropen, der Fall. In höheren geographischen Breiten, also näher zu den Polen, ändern sich Beginn und Dauer der D. mit der Jahreszeit. Je mehr die geographische Breite zunimmt, das heißt je tiefer der tägliche Stand der Sonne, umso flacher steigt die Sonne morgens über den Horizont bzw. versinkt sie abends wieder dahinter. Die Sonne steht also dann längere Zeit knapp unter dem Horizont, was eine zeitliche Verlängerung der D. bewirkt. Im Winter, der Zeit mit besonders flacher Sonneneinstrahlung auf die Erdoberfläche, wird dieser Übergang zwischen Tag und Nacht in den polnahen Gebieten zusätzlich verlängert. Entsprechend der sich abflachenden Sonnenbahn kennen wir in den polnahen Gebieten zwei Jahreszeiten mit ganztägiger D.; nämlich in der Zeit vor Beginn und nach Ende der ↑Polarnacht in den Gebieten mit Polarnacht

D

sowie während dieser Zeit in dem unmittelbar äquatorwärts (also unmittelbar südlich auf der Nord-, unmittelbar nördlich auf der Südhalbkugel) anschließenden Gebiet.

Dammfluss: Ein D. hat sein Bett auf der Talsohle so weit erhöht, dass er zwischen Uferdämmen fließt, die er bei periodischem Hochwasser durch Sedimentation von Schwebstoffen selbst aufgeschüttet hat. Sein Wasserspiegel liegt höher als das umgebende Land. Bei Hochwasser besteht die Gefahr des Dammbruchs und weiter, katastrophaler Überschwemmungen. Dammflüsse sind z.B. der Po und der Mississippi oberhalb ihrer Deltamündungen.

Dammufersee: Da sedimentreiche Tieflandflüsse, v.a. Dammflüsse, oft ihren Lauf verändern und dabei neue Uferdämme aufschütten, entstehen so zwischen den nacheinander gebildeten Dammufern Hohlformen, die mit Wasser erfüllt bleiben. Diese meist lang gestreckten Wasserareale nennt man Dammuferseen; sie sind zu unterscheiden von ↑Umlaufseen, die durch Abschnürung von Mäanderschlingen entstehen.

Dampfquelle: postvulkanische Erscheinung, ↑Fumarole.

Daseinsgrundfunktionen (Grunddaseinsfunktionen): Der Begriff D. ging aus der Raumplanung hervor, bei der eben diese Funktionen besondere Berücksichtigung finden müssen. Gemeint sind im Einzelnen die Funktionen *Wohnen, Arbeiten, Sich Erholen, Sich Bilden, Am Verkehr teilnehmen* und *In Gemeinschaft leben.*

Datumsgrenze: Die D. ist eine ungefähr dem 180. Längengrad folgende, durch Übereinkunft festgesetzte Linie, bei deren Überschreitung eine Datumsdifferenz von einem Tag auftritt. Von Ost nach West wird ein Kalendertag übersprungen, in umgekehrter Richtung wird ein Kalendertag doppelt gezählt. Der heutige Verlauf der D. gilt seit 1846.

Dauerfeldbau: Von D. in der Landwirtschaft spricht man, wenn der Anbau von Nutzpflanzen das ganze Jahr über erfolgt, also ohne Einschränkung durch die jahreszeitlich bedingt unterschiedlich hohen Temperaturen oder Niederschläge. Bei D. können somit in einem Jahr mehrere Aussaaten und damit mehrere Ernten erfolgen. D. ist v.a. in den Tropen möglich, aber auch in randtropischen Gebieten, hier allerdings nur mit künstlicher Bewässerung. – Der Gegensatz zu D. ist Jahreszeitenfeldbau.

Dauerfrostboden (Permafrost): Beim D. handelt es sich um in tieferen Schichten ganzjährig gefrorenen Boden. Die sommerliche Wärme bewirkt nur ein Auftauen der oberen Schichten, wobei die Schmelzwasser, da sie nicht versickern können, zu einer starken Durchnässung führen. In den Gebieten mit D. entstehen daher in der kurzen wärmeren Jahreszeit weite Sumpf- und Moorflächen. Die Tiefe des D. ist im subpolaren Bereich sehr hoch, sie beträgt in Alaska und Sibirien über 300 m. Die Grenze des D.s folgt bei schneefreiem Boden der Jahresisotherme von –2 °C. Eine anhaltende Schneedecke lässt diesen Wert wegen der Isolationswirkung des Schnees wesentlich tiefer sinken. D. ist in den Polar- und Tundrengebieten sowie in Teilen der nördlichen Nadelwaldzone zu finden. Fast die Hälfte der Fläche Russlands weist D. auf.

Dauergrünland: D. ist eine landwirtschaftliche Nutzfläche, die ständig als ↑Wiese, ↑Weide oder ↑Mähweide genutzt wird.

Dauerkulturen: D. sind Kulturen von mehrjährigen Nutzpflanzen, hauptsächlich Baum- und Strauchkulturen. Zu ihnen gehören Öl- und Dattelpalme, Ölbaum, Zitrussträucher, Obstbäume, Tee, Kaffee, Kakao, Reben, Hopfen, Zuckerrohr, Sisalagave und andere. D. sind sehr kapital- und arbeitsintensiv und nehmen im landwirtschaftlichen Betrieb eine Sonderstellung ein, da sie erst nach mehreren Jahren Erträge bringen. Die weiteste Verbreitung haben D. in den Tropen, und zwar in der auf den Weltmarkt ausgerichteten Plantagenwirtschaft. In außertropischen Gebieten treten D. vielfach in Kombination mit anderen Nutzpflanzen auf, und zwar in Form der ↑Stockwerkkultur.

Dauersiedlung: Eine D. ist eine ständig und über mehrere Generationen hin bewohnte Siedlung. Im Gegensatz zur temporären, saisonalen oder ephemeren Siedlung setzt die D. eine sesshafte Bevölkerung und damit den Landbau, meist verbunden mit Viehhaltung, voraus. Die D. ist der entscheidende Ansatz zur Entstehung von Hoch-, besonders Stadtkulturen.

Decken:

◆ Als tektonische Decken, Überschiebungs- oder Schubdecken werden Gesteinsmassen in Faltengebirgen bezeichnet, die auf flach geneigter oder horizontaler Gleitbahn infolge sehr starker tektonischer Einengung unter Mitwirkung der Schwerkraft über eine fremde Unterlage geschoben wurden. Sie können

tektonische Decke

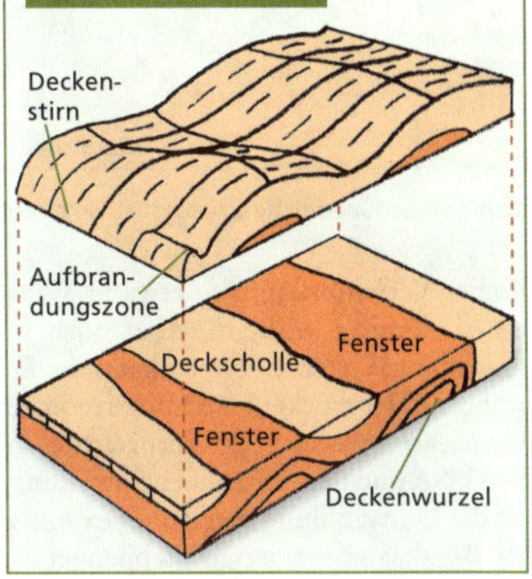

vom Ursprungsgebiet, der *Deckenwurzel,* bis zu ihrem vorderen Rand, der *Deckenstirn,* viele Kilometer bewegt worden sein.

◆ ↑vulkanische Decken.

Deckgebirge:

◆ In der *Lagerstättenkunde* nennt man D. die zwischen der Lagerstätte und der Erdoberfläche befindlichen Gesteinsschichten. Ist das D. nicht zu mächtig, kann die Lagerstätte im Tagebau abgebaut werden.

◆ In der *Geologie* bezeichnet man als D. die nicht oder nur wenig gefalteten Sedimente, die einen tiefgründig abgetragenen, intensiv gefalteten, durch Intrusion oder Metamorphose veränderten älteren Unterbau überlagern; sie sind durch eine ↑Diskordanz von diesem getrennt. Den Gegensatz zu D. nennt man Grundgebirge.

Deflation: Die D. ist eine besondere Form der ↑Abtragung, und zwar die Ausblasung verwitterten Materials durch den Wind. Sie wird in trockenen, vegetationslosen Gebieten mit starker physika-

D

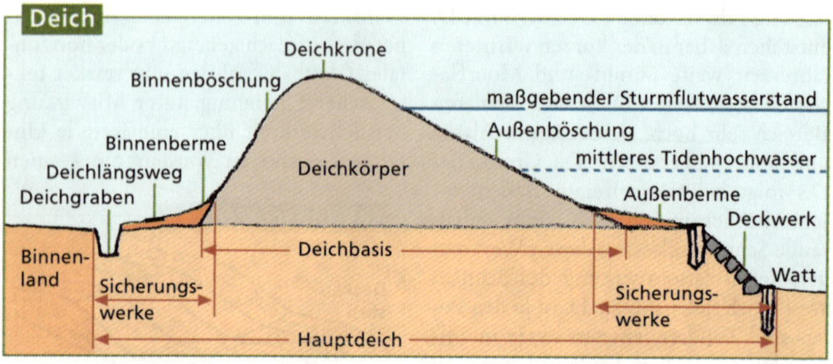

Aufbau eines **Seedeiches,** dargestellt an einem Querschnittsbild

lischer Verwitterung, also etwa in Wüsten, besonders wirksam. Aber auch in feuchtgemäßigten Gebieten kann die D. während der trockenen Sommermonate beobachtet werden. So verursachte in den USA und der ehemaligen Sowjetunion die Umwandlung von früher extensiv als Weideland genutzten Steppengebieten in Ackerland die Auswehung feinster, fruchtbarer Bodenpartikel, weil nach dem Umbruch des Bodens der natürliche Halt durch das dichte Wurzelwerk fehlte.

Degradierung (Degradation, Bodendegradierung): Der Begriff D. umfasst komplexe Vorgänge in Böden, die deren Entwicklung negativ beeinflussen; z.B. Auswaschung von Nährstoffen, Entkalkung, Versauerung, Verschlechterung der Humusform und der Bodenstruktur.

Deich: D.e sind künstlich errichtete Erddämme längs Flüssen *(Flussdeiche)* und Küsten *(Seedeiche),* die das jenseits des Flusses bzw. Meeres gelegene Land vor Überflutungen schützen sollen. Seedeiche werden oft im Rahmen der Neulandgewinnung angelegt. Das durch einen D. geschützte Land wird Binnenland, bei Neulandgewinnung ↑Polder oder Koog genannt; das zwischen Deich und Wasser liegende Land ist das ↑Vorland. Seedeiche, die den Angriffen von Sturmfluten gewachsen sein müssen, haben im Allgemeinen eine erheblich größere Höhe und Breite als Flussdeiche; ihre Höhe ist durch einen *maßgebenden Sturmflutwasserstand* und den örtlichen Wellenauflauf festgelegt. Die als *Deichkrone* bezeichnete, schwach nach außen geneigt oder gewölbt angelegte obere Fläche eines D.es ist meist etwa 2,5 bis 3 m breit und befahrbar. Von den Deichböschungen ist die der Wasserseite zugekehrte *Außenböschung* bei Seedeichen flach geneigt, um die Energie der auflaufenden Wellen weitgehend zu schwächen. Die steilere *Binnenböschung* muss ein Abrutschen bei Wellenüberschlag vermeiden. An den Füßen beider Böschungen befinden sich bei Seedeichen als Deichsicherungswerke die *Bermen* und auf der Binnenseite davor der *Deichgraben,* der zur Fortleitung des von der Böschung abfließenden Niederschlagswassers und eventuell durch den Deich sickernden Drängewassers [bei hohem Außenwasserstand] dient. Bei *Schardeichen,* also Deichen ohne Vorland, wird außerdem die Außenberme durch das aus Steinen bestehende *Deckwerk (Steinbank* oder *Steindeich)* gesichert. Alle D.e sind mit einer sorgfältig zu unterhaltenden Rasendecke versehen. Bei möglichem starkem Wasserangriff (Wellenschlag, Seegang, Strömung oder auch Treibeis) hat die Außenböschung auch eine Pflasterung oder Steinschüttung.

Bau und Erhaltung der Seedeiche sind wohl die wichtigsten Aufgaben des Küstenschutzes; diese obliegen den *Deichverbänden,* die unter staatlicher Aufsicht (technisch der Wasserwirtschaftsämter) und mit staatlicher Unterstützung arbeiten. Sie führen zweimal im Jahr, im Frühjahr und im Herbst, die Prüfung der Standfestigkeit der D.e und der mit ihnen verbundenen Anlagen (z.B. Siele, Deichtore), die sog. *Deichschau,* durch.

Deklination: ein Winkel, ↑Missweisung.

Delta: Deltamündung der Ache an der Hirschauer Bucht in den Chiemsee

Delta (Flussdelta): D. ist die Bezeichnung für eine bestimmte Art von Flussmündungen. Ein D. entsteht, wenn beim niveaugleichen Einmünden in das Meer (oder einen See) infolge plötzlicher Strömungsverminderung und somit nachlassender Transportkraft des Flusses die mitgeführten Schwebstoffe an dieser Stelle abgelagert werden. Dadurch wächst der Mündungsbereich in das Meer (oder den See) hinein. Auf diesem Aufschüttungsgebiet fächert der Fluss nun auf und lagert die Schwebstoffe auch im Bereich der Deltaarme ab. So entsteht ein dreieckiges Mündungsgebiet, das der Form des griechischen Buchstabens Delta (Δ) gleicht und daher D. genannt wird. Ein D. kann sich besonders leicht in Seen und an Flachküsten mit geringen Gezeiten- und Meeresströmungen bilden. Jedoch ist die Deltabildung auch untermeerisch zu beobachten.

Die Mündungen der Flussarme schieben sich rascher in das stehende Gewässer vor als die Bereiche dazwischen, sodass das D. einen sehr unregelmäßigen Umriss erhält. Zwischen den Deltaarmen erhalten sich die weniger aufgeschütteten Teile als offene Wasserflächen oder Sümpfe. Das jährliche Vorrücken eines D.s ist recht unterschiedlich, es beträgt am Po bis etwa 135 m, am Nil (vor Errichtung des Assuan-Hochdammes) bis 33 m, an der Donau bis etwa 12 m.

Demographie (Bevölkerungswissenschaft): Das ist die Lehre, die sich mit dem Zustand und den Veränderungen der Bevölkerungszahl und -zusammensetzung mithilfe von Statistiken beschäftigt.

demographischer Übergang: Die Entwicklung der Geburten- und Sterbeziffer während der Phase des Übergangs eines Landes von der Agrar- zur Industriegesellschaft wird als d. Ü. bezeichnet.

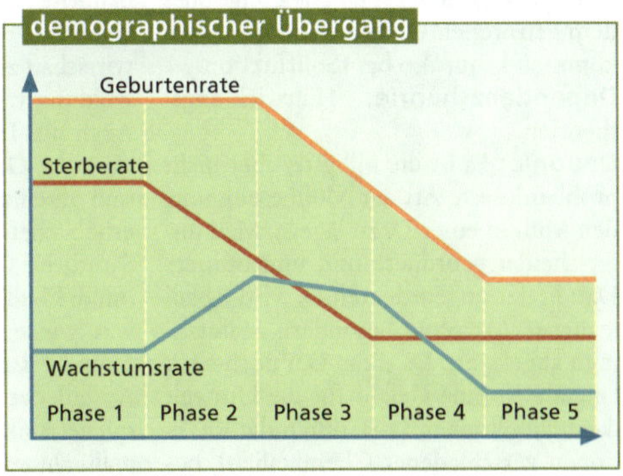

D

Kennzeichen vorindustrieller Gesellschaften sind hohe Sterberaten und hohe Geburtenraten. Beim Eintritt in die industrielle Phase kommt es durch die sinkende Sterbeziffer, aber gleich bleibend hohe Geburtenziffer zu einem starken Bevölkerungswachstum (Bevölkerungsexplosion). Erst in der spät- und nachindustriellen Phase stellt sich ein geringeres Wachstum bei niedrigen Geburten- und Sterberaten ein. Dieses Verlaufsmodell basiert auf der Bevölkerungsentwicklung der westeuropäischen Industrieländer und kann nur bedingt auf heutige Entwicklungsländer übertragen werden.

Dendrochronologie: Die D. ist eine Art der Altersbestimmung, die auf der Zählung der Jahresringe von Bäumen und alten Hölzern beruht. Die Jahresringe wachsen dem klimatischen Ablauf (trockene oder feuchte, wärmere oder kühlere Jahre) entsprechend schneller oder langsamer; so entsteht eine für einen bestimmten Zeitabschnitt typische Abfolge von Jahresringen, die zur Datierung verwendet werden kann.

Denudation: Im Gegensatz zu dem mehr linienhaften Abtragungsvorgang bei der Erosion versteht man unter D. die flächenhafte Abtragung des Bodens auf geneigten Flächen durch Massenbewegung verwitterten Materials. Besonders häufig ist diese Erscheinung in den Tundrengebieten zu finden, wo im Sommer der Boden oberflächlich auftaut und schon bei geringer Hangneigung über dem gefrorenen Untergrund ins Fließen kommen kann, also bei ↑Solifluktion.

Dependenztheorie: ↑Entwicklungstheorien.

Deponie: Es ist die billigste, aber nicht problemloseste Art der Müllbeseitigung, den Müll in einer D. zu lagern. Man unterscheidet geordnete und ungeordnete D.n; in der ungeordneten D. wird Abfall jeglicher Art ohne besondere Maßnahmen abgelagert. Da diese D.n noch nach langer Zeit eine Gefahr für die Umwelt darstellen können (z.B. durch die Reaktionen verschiedener Chemikalien), besonders für das Grundwasser, wird heute weitgehend in *geordneten Deponien* abgelagert, und zwar geordnet nach möglichen Schadstoffen und in für den Untergrund erträglichen Mengen. Hierzu sind allerdings gründliche Bodenanalysen notwendige Voraussetzung. – ↑auch Abfallbeseitigung.

Depression:

◆ In der *Geographie* meint D. eine Senke oder einen Graben, die (bzw. der) bis unter das Niveau des Meeresspiegels reicht. Die tiefste D. der Erde ist das Tote Meer, dessen tiefste Stelle am Grund des Sees bei 794 m u. d. M. liegt. Auch ein Großteil der durch Deiche geschützten Küstengebiete Hollands sind Depressionen, die 1–2 m u. d. M. liegen.

Ist eine D. soweit mit Wasser erfüllt, dass der Seespiegel über dem Meeresspiegel liegt, die D. also äußerlich nicht als solche zu erkennen ist, spricht man von einer *Kryptodepression.*

◆ In der *Meterologie* ist D. die Bezeichnung für ↑Tiefdruckgebiet.

Desertifikation: Man versteht darunter das Vordringen der Wüste in bisher noch von Menschen besiedelte Räume. Grund der D. ist wahrscheinlich eine zu starke Nutzung der Wüstenrandgebiete durch den Menschen, wodurch dieses empfindliche Ökosystem gestört wird, die Wüste sich also weiter ausbreiten kann. Meist handelt es sich bei der genannten zu starken Nutzung um ackerbauliche Erschließung von Gebieten, die eigentlich nur eine nomadische Weidewirtschaft zulassen; z.T. auch um ↑Überweidung v.a. durch Ziegen und Rinder. Auch die Tatsache, dass in den entsprechenden Gebieten Holz der wichtigste und oft einzige Energieträger ist, trägt in erheblichem Maße zur Entwicklung bei. Sämtliche Gehölze in weitem Umkreis um die Siedlungen sind oft abgeschlagen, was wiederum Auswirkungen auf den Grundwasserhaushalt hat, da durch den Ausfall der Osmose der Grundwasserspiegel sinkt. Aber auch Entwicklungsmaßnahmen, z.B. das Bohren von Tief-

D

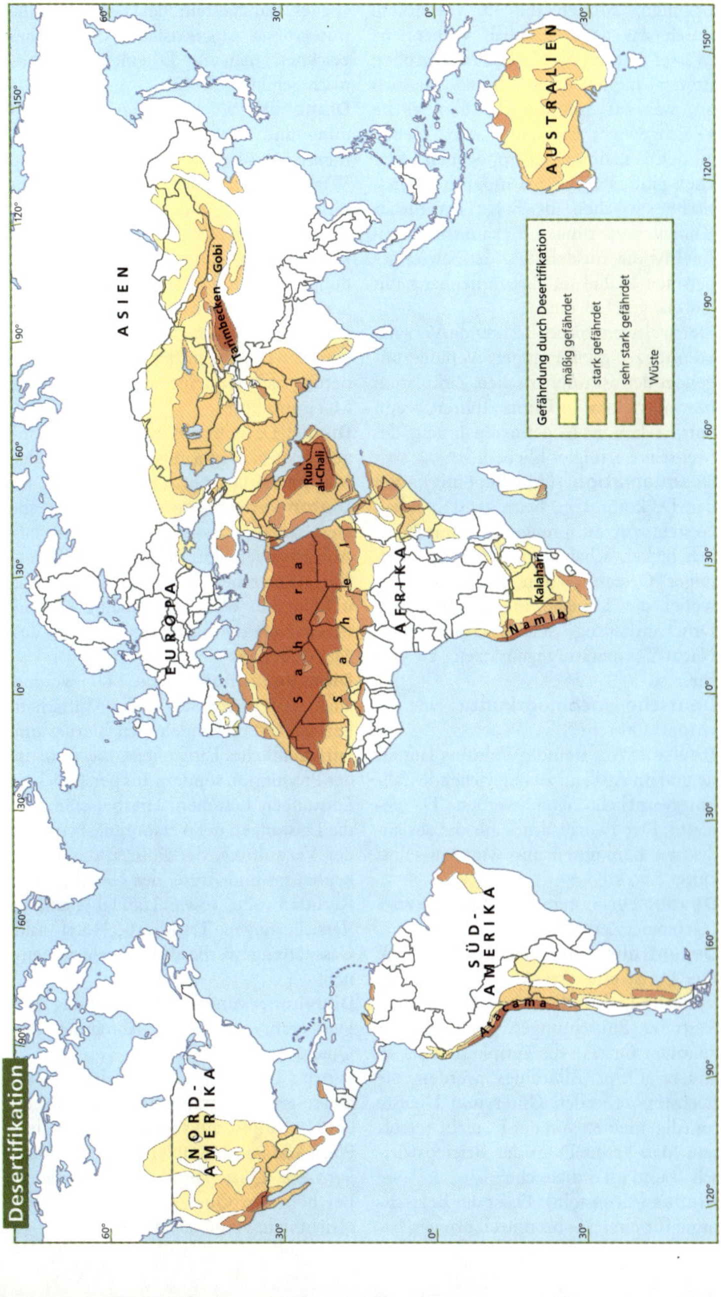
Desertifikation
ASIEN
EUROPA
AFRIKA
NORD-AMERIKA
SÜD-AMERIKA
AUSTRALIEN
Gobi
Tarimbecken
Rub al-Chali
Sahara
Sahel
Kalahari
Namib
Atacama
Gefährdung durch Desertifikation
mäßig gefährdet
stark gefährdet
sehr stark gefährdet
Wüste

D

brunnen, können die D. verstärken; durch das dann reichlich vorhandene Wasser werden die Herden rasch größer, immer mehr Menschen siedeln sich an, was das empfindliche ökologische Gleichgewicht nachhaltig stört. Neben all den genannten anthropogenen Ursachen gibt es aber auch mögliche klimatische Ursachen als Folge natürlicher Klimaveränderungen. Bekanntestes Beispiel ist die Ausdehnung der Sahara gegen den ↑Sahel im Zusammenhang mit jahrelangen Dürren.
Der weltweit zu beobachtende Vorgang könnte zu großräumigen Veränderungen in der atmosphärischen Zirkulation bzw. des globalen Klimas führen, wenn entsprechende Gegenmaßnahmen des Menschen erfolglos blieben.

Desquamation (Abschuppung): Bei der D. kommt es beim [anstehenden] Gestein zur Absprengung unterschiedlich dicker, schalen- oder schuppenförmiger Gesteinsplatten und -plättchen, wobei die Ursache in Salzsprengung, Druckentlastung oder starken Tag-Nacht-Temperaturgegensätzen zu suchen ist.

Deutsche Hochmoorkultur: eine der ↑Moorkulturen.

Devisen: Auf fremde Währung lautende und im Ausland zu begleichende Zahlungsverpflichtungen werden D. genannt. Der Fachausdruck für die ausländischen Banknoten und Münzen selbst lautet *Sorten.*

Devon: ein System des Paläozoikums, ↑Geologie, Zeittafel.

Dezentralisation (Dezentralisierung): Die D. ist eine Art Aufsplitterung der Verwaltungen oder eine Verlagerung zentraler Einrichtungen von der City zentraler Orte an die Peripherie oder an andere Orte. Allerdings werden die höchsten zentralen Güter und Dienste im Allgemeinen von der D. nicht betroffen. Man kennt D. in der Betriebswirtschaft und im Staatsrecht.

Diabas (Grünstein): D. ist die Bezeichnung für ein fein- bis mittelkörniges, basisches Ganggestein der Gabbrofamilie mit großen Augitkristallen. Früher bezeichnete man mit D. einen präkarbonisch gebildeten Basalt.

Diagenese: D. nennt man die Umbildung und Verfestigung lockerer Sedimente zu festen Gesteinen durch die Wirkung von Druck, Temperatur, chemischer Lösung und Ausscheidung. Dies führt u.a. zur Wasserauspressung, Umkristallisation, Sammelkristallisation, Bildung von Bindemitteln und Konkretionen, Fossilisation usw.; auch die Bildung von Kohle, Bitumen und Erdöl kann man zur D. zählen. Bei stärkerer Veränderung der Gesteine spricht man von Metamorphose.

Diapir: D. heißt ein großer, pilz-, kuppel- oder blasenförmiger Gesteins- oder Magmenkörper, ↑auch Salzstock.

Diatomeenschlamm: Der D. ist ein kieselsäurereiches Meeressediment aus Ablagerungen von Schalen der Kieselalgen (Diatomeen); sie finden sich meist in kühlerem Wasser in 1 000 bis 4 000 m Meerestiefe und bedecken etwa 8 % des Meeresbodens.

Dienstleistungen: Die D. werden auch als tertiärer Sektor der Wirtschaft bezeichnet. Es handelt sich hierbei um wirtschaftliche Tätigkeiten, die nicht in der Produktion sondern aus persönlichen Leistungen bestehen. Hierbei sind u.a. die Leistungen der Versorgungsbetriebe, der Verwaltung, der Polizei, der Krankenhäuser und Ärzte, der Gerichte und Rechtsanwälte, sowie Handel, Banken, Versicherungen, Transport-, Hotel- und Gaststättengewerbe als Beispiele zu nennen.

Diluvium: veraltete Bezeichnung für Pleistozän, die ältere Abteilung des Quartärs.

Diorit: Der D. ist ein körniges, meist helles, grünlich graues Tiefengestein; er besteht hauptsächlich aus den Mineralen Plagioklas und Hornblende sowie Biotit, Pyroxen, Quarz und Alkalifeldspäten. Bei höherem Quarzanteil (5 bis 20 %) spricht man von *Quarzdiorit.*

D

Diskordanz

Winkeldiskordanz über verworfenen und tektonisch verstellten (oben) sowie über gefalteten Schichten (unten)

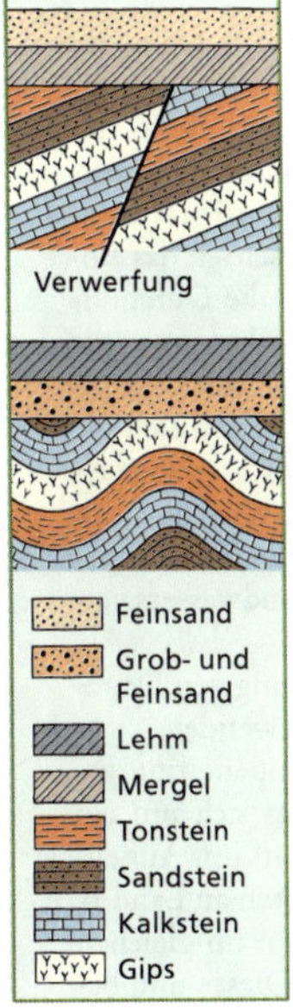

Diskordanz: Von einer D. spricht man bei ungleichsinniger Lagerung von Gesteinsschichten, v.a. von Sedimentgesteinen. Wird ein Gebirge abgetragen, tektonisch verstellt und mit neuen Sedimenten überdeckt, so bilden deren Schichten einen Winkel zu denen des Unterbaues; dies nennt man *tektonische Diskordanz* oder *Winkeldiskordanz.* Füllen die Sedimentschichten ein durch Abtragung vertieftes Relief, entsteht die *Erosionsdiskordanz.* Bei magmatischen Gesteinskörpern, Gängen und Salzstöcken versteht man unter D. die Tatsache, dass sie das Nebengestein winklig oder unregelmäßig durchsetzen. Die durch Schrägschichtung entstandene, kleinräumige diskordante Lagerungsform bezeichnet man dagegen oft als *Scheindiskordanz.*

Disparität: Mit D. bezeichnet man die Ungleichheit der Lebens- und Arbeitsbedingungen innerhalb eines Raumes (regionale D.) oder auch zwischen verschiedenen Räumen (interregionale D.).

Dissipationsspäre: ↑Exosphäre.

Divergenz: Wenn Luftmassen zum Erdboden absinken und am Boden auseinander fließen, sprechen wir von einer Divergenz. Zu ihrem Ausgleich muss Luft aus höheren Schichten nachströmen. Diese erwärmt sich beim Absinken, was mit einer Auflösung der Wolkendecke verbunden ist. Diese Vorgänge können im Kern von Hochdruckgebieten beobachtet werden.

Diversifikation: Der Begriff D. stammt aus der Betriebs- bzw. Volkswirtschaftslehre. Er bedeutet in der Betriebswirtschaft eine Erweiterung des Angebots (oder des Absatzprogramms), in der Volkswirtschaft eine Erweiterung und Spezialisierung der Produktionsstruktur, weg von der Monostruktur, um z.B. eine Abhängigkeit von einem Rohstoff zu vermeiden.

Dockhafen: Ein D. ist ein durch eine Schleuse (Docktor) vom offenen Meer abgeschlossenes Hafenbecken; es ist ein vom äußeren Wasserstand unabhängiger Schiffsliegeplatz für Hochseeschiffe. Dockhäfen werden an Küsten mit sehr hohen Gezeitenunterschieden angelegt. Das Docktor kann nur bei außen und innen gleich hohem Wasserstand geöffnet werden.

Dogger (Brauner Jura): die mittlere Abteilung des Jura, eines Systems des Mesozoikums, ↑Geologie, Zeittafel.

Doline: Trichter- oder schüsselförmige Hohlformen in Karstgebieten werden D.n genannt. Brechen unterirdische Hohlräume ein, sprechen wir von einer *Einsturzdoline;* bildet sich das Trichterloch unmittelbar durch Gesteinsauslaugung an der Oberfläche, haben wir es mit einer *Lösungsdoline* zu tun. Entstehen durch das Zusammenwachsen mehrerer Dolinen größere, unregelmäßig geformte Hohlformen, spricht man von *Schüsseldolinen* oder *Uvalas.*

Dolomit: D. ist ein körniges bis dichtes Sedimentgestein, das hauptsächlich aus dem Mineral D. ($MgCO_3 \cdot CaCO_3$), außerdem v.a. aus Kalkspat besteht. D. entstand seltener durch chemische Ausfällung in warmen Flachmeeren, sondern meist nachträglich durch Verdrängung (Metasomatose) aus Kalkstein, d.h. ein Teil des Calciums wurde gegen Magnesium des Meerwassers ausgetauscht. Verwitterungsprodukte des D.s sind die aschgraue *Dolomitasche* und die durch Auslaugung zellig-porös gewordenen *Rauchwacken (Rauwacken, Zellendolomit).*

D

Domberg: ↑Glockenberg.

Domestikation: Die D. ist die Umwandlung von wild lebenden Tier- und Pflanzenarten in Haustiere und Kulturpflanzen, was durch Zähmung und Zuchtwahl erreicht wird. Ziel der D. ist eine berechenbare wirtschaftliche Nutzung der domestizierten Tiere und Pflanzen durch den Menschen.

Donau-Günz-Warmzeit: altpleistozäne Warmzeit, ↑Eiszeitalter.

Donaukaltzeit: ältestpleistozäne Kaltzeit, ↑Eiszeitalter.

Donner: D. ist die dem Blitz folgende und an diesen gebundene Schallerscheinung während eines ↑Gewitters.

Dorf: Unter einem D. versteht man eine geschlossene ländliche Siedlung mit agrarischer Lebensgrundlage. Auch bei nichtagrarischer, aber doch im primären Wirtschaftssektor liegender Lebensgrundlage kann von D. gesprochen werden; z.B. Fischerdorf.

Dorfentwicklung (Dorferneuerung): Dies sind synonyme Begriffe aus der ↑Raumordnung und der ↑Landesplanung. Im Zusammenhang mit dem Wandel der Agrarstruktur und der Sicherung der Ernährungsgrundlage musste das Leben in Dörfern attraktiver gestaltet werden. Zur D. gehören Strukturmaßnahmen wie u.a. Straßenbau, Dorfsanierung, Anlage von Aussiedlerhöfen, Flurbereinigungsmaßnahmen. Ziel der Maßnahmen ist die Schaffung von Chancengleichheit von Land- und Stadtbewohnern.

Dornstrauchsavanne (Dornsavanne): Die D. ist eine niedrige Vegetationsformation der Tropen als Übergangsvegetation von der Trockensavanne zur Wüste, also in Gebieten mit 7,5 bis 10 Monaten Trockenheit und durchschnittlichen Niederschlägen von 300 bis 500 mm im Jahr. Sie besteht aus oft lückenhaften Grasfluren mit bis zu einem Meter hohen, hartblättrigen Grashorsten und eingestreuten Dornsträuchern. Die mehrjährigen Gräser und Kräuter verdorren in der Trockenzeit und schlagen während der Regenperiode aus den Wurzelknospen wieder aus. Die einjährigen Kräuter und Gräser überdauern die Trockenzeit nur durch ihre Samen. – ↑Savanne (Abb.).

Downtown [englisch 'daʊntaʊn]: D. ist die Bezeichnung für die ↑City der nordamerikanischen Großstadt.

Dränage [...ʒə] (Drainage): D. meint die Entwässerung von Flächen mit unterirdisch verlegten Abzügen, meist mit perforierten oder geschlitzten Kunststoffrohren. Durch die D. wird pflanzenschädliche Bodennässe beseitigt, das Bodengefüge verbessert und die Durchlüftung und Erwärmung des Bodens sowie die Tätigkeit der Bodenmikroorganismen gefördert. Nachteilig kann sich die Absenkung des Grundwasserspiegels auswirken. Deshalb baut man auch D. mit Stauverschlüssen, die in Trockenperioden den Abzug des Grundwassers verhindern.

D. wird auch zur Gewinnung von Deponiegas aus Müllkippen verwendet.

Dreiecksgeschäft (Kompensationsgeschäft): Hierbei handelt es sich um ein besonderes Tauschgeschäft im Außenhandel. Land A liefert Waren an Land B, dieses liefert andere Waren im gleichen Wertumfang an Land C. Dieses nun bezahlt nicht an Land B, sondern liefert wiederum andere Waren im gleichen Wertumfang an Land A. Waren können auch Rohstoffe sein. Sinn eines solchen D.s ist entweder die Umgehung außenwirtschaftlicher, insbesondere außenhandelsrechtlicher Bestimmungen oder die Vermeidung einer Bezahlung mit Bargeld.

Dreifelderwirtschaft: Unter der D. versteht man die Bewirtschaftung einer Ackerfläche im dreijährigen Wechsel. In der *alten D.* handelt es sich gewöhnlich um eine Folge von Wintergetreide, Sommergetreide und Brache. Seit Einführung der Kartoffel und neuer Futterpflanzen werden diese in der ehemaligen Brachperiode angebaut, wir sprechen dann von der *verbesserten Dreifelderwirt-*

schaft. Da die Felder der einzelnen Bauern in der Feldflur häufig in Gemenge lagen und es an Zufahrtswegen fehlte, war ein ↑Flurzwang nötig, der vielfach in ↑Zelgen durchgeführt wurde. Man spricht dann von einer *zelgengebundenen D.* oder einer *Dreizelgenwirtschaft.* Die D. ist in Europa weit verbreitet.

Dreimeilenzone: die früher allgemein übliche Ausdehnung der ↑Küstengewässer. Heute meist von der Zwölfmeilenzone abgelöst.

Drift (Trift): Die D. ist eine durch den Wind verursachte oberflächennahe Meeresströmung. Die Bewegung des Oberflächenwassers wird durch innere Reibung auf die tieferen Schichten übertragen. Nach der Triftstromtheorie von V. W. EKMAN wäre das Endergebnis im Falle eines unbegrenzten, homogenen Meeres und bei beständigem Wind der »reine Triftstrom«. Hiernach erfolgt die Triftstrombewegung an der Oberfläche auf der Nordhalbkugel im Winkel von 45° nach rechts, von der Windrichtung ausgehend. Mit zunehmender Wassertiefe dreht die Strömung immer weiter nach rechts und nimmt an Intensität ab. Wenn die Ablenkung einen Winkel von 180° zum Oberflächenstrom erreicht, beträgt die Strömungsgeschwindigkeit nur noch $^1/_{23}$ der Oberflächenströmung.

Dritte Welt: Das Wort D. W. ist ursprünglich eine Bezeichnung für die Länder, die keinem politischen Block zugeordnet werden können. Die Mehrheit dieser Länder zeichnet sich durch wirtschaftliche Not aus, weshalb das Wort heute meist als Synonym für Entwicklungsländer gebraucht wird.

Drubbel: Der D. ist der zu einem ↑Esch gehörende Weiler aus 2 bis 12 Höfen.

Drumlin [englisch ˈdrʌmlɪn]: Der D. ist ein ovaler, in Richtung der Eisbewegung ausgerichteter Hügel aus Grundmoränenmaterial (Geschiebemergel) mit deutlicher Luv- und Leeseite und elliptischem Grundriss. Sein Kern besteht teilweise aus anderen Materialien, z.B. Kies oder geschichteten Schottern. Die Drumlins sind 200 bis 2000 m lang, bis zu 40 m hoch und 3–30 m breit; ihre Längsachse entspricht der Stoßrichtung des Gletschers. Drumlins finden sich meistens in größerer Zahl beieinander und bilden regelrechte *Drumlinlandschaften.*

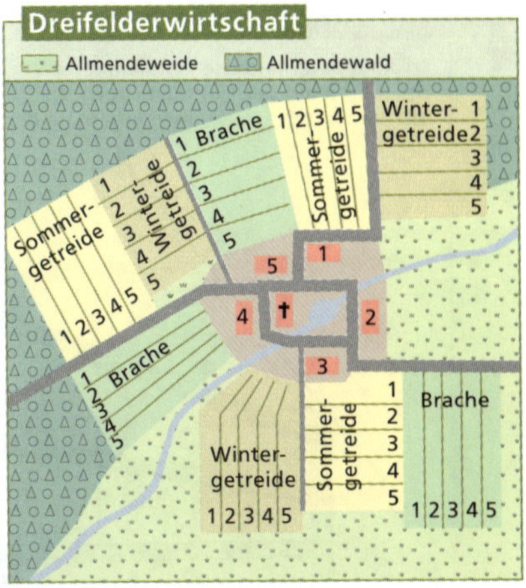

In der schematischen Darstellung der **Dreifelderwirtschaft** entspricht den fünf Höfen jeweils ein Feld in der Fläche für die Winter- und Sommerfrucht sowie in der Brache, die jedes Jahr wechselte

Dryaszeit: Zeitabschnitte des Spätglazials, ↑Quartär.

Dry-Farming [englisch ˈdraɪ ˌfɑːmɪŋ]: D. ist eine besondere Anbaumethode an der Trockengrenze, die noch bei 200–300 mm Niederschlag im Jahr möglich ist, und zwar wechselt hierbei ein Anbaujahr mit einem Jahr der Brache ab. Während der Trockenbrache wird das von Unkraut freigehaltene Land vor der Regenperiode tiefgründig gepflügt, damit der Niederschlag in den Boden eindringen kann, und nach dem Regen geeggt, damit durch die Unterbrechung des Kapillarsystems die Verdunstung vermindert wird. Die so angesammelte Feuchtigkeit ermöglicht im folgenden Jahr den Getreideanbau. Diese Methode

D

Driftstrom

Strömungsverhältnisse in einem reinen Driftstrom auf der Nordhalbkugel. Die driftbedingten Strömungen innerhalb der Wassermasse ordnen sich zur Ekman-Spirale; die Pfeile geben die Strömungsrichtung und durch ihre Länge die Strömungsgeschwindigkeit an.

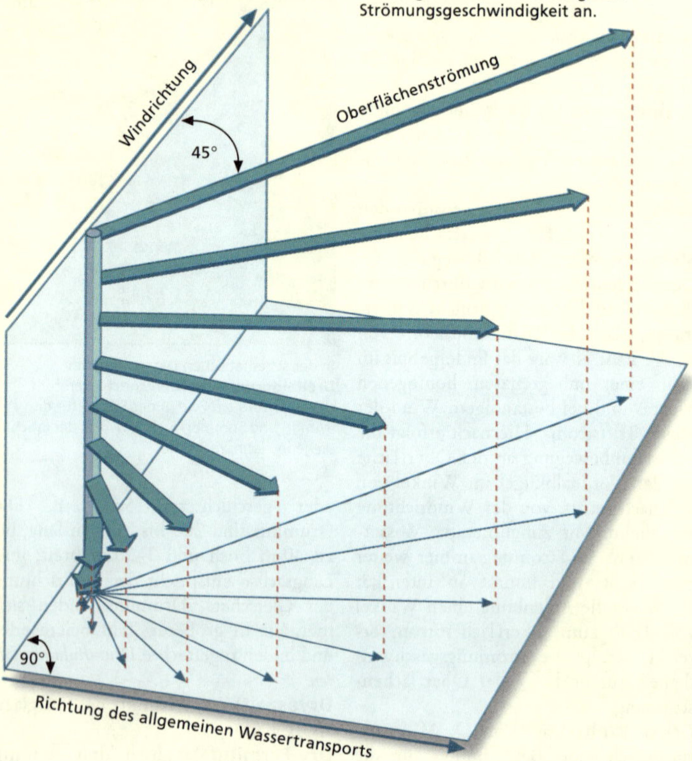

ist umstritten, da sie durch das Ausbrechen der Grasfluren der Winderosion Vorschub leistet.

Dschungel: D. ist eine umgangssprachliche Bezeichnung für den relativ unpassierbaren tropischen Sumpf- und Regenwald. Ursprünglich wurde nur der regengrüne Monsunwald auf der Ostseite Ceylons (jungle) D. genannt.

Dschunke: Als D. wird ein chinesisches Segelfahrzeug für die Fluss- und Seeschifffahrt mit einer Tragfähigkeit bis 500t bezeichnet. Es hat einen flachen Schiffsrumpf, meist Decksaufbauten und bis zu 5 Masten. Jeder Mast trägt ein aus Bast geflochtenes Mattensegel, das mit Bambusleisten verstärkt ist.

Dualismus: Es handelt sich um ein Konzept zur Erklärung der Unterentwicklung, wobei verschiedene Formen unterschieden werden: Beim *wirtschaftlichen* und *technologischen D.* steht einem kapitalintensiven, exportorientierten, modernen Sektor ein arbeitsintensiver, rückständiger, traditioneller Sektor gegenüber. Beim *regionalen D.* zeigen sich starke Gegensätze zwischen entwickelten und weniger entwickelten Regionen (↑Zentrum-Peripherie-Modell). Beim *soziokulturellen D.* geht es um den Gegensatz zwischen überwiegend westlich orientierten Eliten und der unzureichend ausgebildeten und versorgten Bevölkerungsmehrheit.

Dünen: D. sind vom Wind angewehte Sandablagerungen, die meist aus reinem Quarzsand bestehen und eine Höhe von wenigen bis zu einigen hundert Metern erreichen. Man unterscheidet die *Binnendünen* im Innern eines Landes, und zwar in jetzigen oder früheren Trockengebieten, und die aus Meeressand gebildeten *Strand-* oder *Küstendünen.* Bei den Binnendünen unterscheidet man quer zur Windrichtung verlaufende *Querdünen* und längs zu ihr angeordnete *Längsdünen* sowie bogenförmige *Sicheldünen (Barchane),* deren Enden vorauswandern; sie haben wie die Querdünen eine flache Luv- und eine steilere Leeseite. Außerdem gibt es Sterndünen und Gitterdünen.
Küstendünen entstehen ungefähr parallel zur Uferlinie und senkrecht zur Windrichtung. Hier gibt es die Sonderform der *Kupsten,* das sind durch Ausblasung unregelmäßig geformte Dünenhügel, die teilweise bewachsen sind.
Werden die Sandkörner einer Düne durch den Wind ständig von der Luvseite abgetragen und an der Leeseite gleich wieder abgelagert, sodass die Düne als Ganzes langsam ihre Lage verändert, genau gesagt: in Richtung des Windes »wandert«, nennt man diese Düne daher *Wanderdüne.* Solche treten z.B. auf der Kurischen Nehrung und im Großen Östlichen Erg in der Sahara auf.

Düngung: Bei der D. werden dem Boden Nährstoffe zugeführt, die das Wachstum der Pflanzen fördern und damit die Erträge erhöhen. Die Nährstoffe sind v.a. Stickstoff, Phosphorsäure und Kali. In früheren Jahrhunderten wurden die Anbauflächen ausschließlich mit natürlichen Düngemitteln versorgt, wie Stalldünger, Jauche, Kompost oder Gründünger. Meist erfolgte jedoch keine Düngung, was heute noch in vielen Entwicklungsländern die Regel ist. Durch JUSTUS VON LIEBIG wurde im letzten Jahrhundert die Mineraldüngung eingeführt, wodurch eine gewaltige Ertragssteigerung erreicht werden konnte. Neben den Mineraldüngemitteln finden die organischen Handelsdünger zunehmend

Dünen

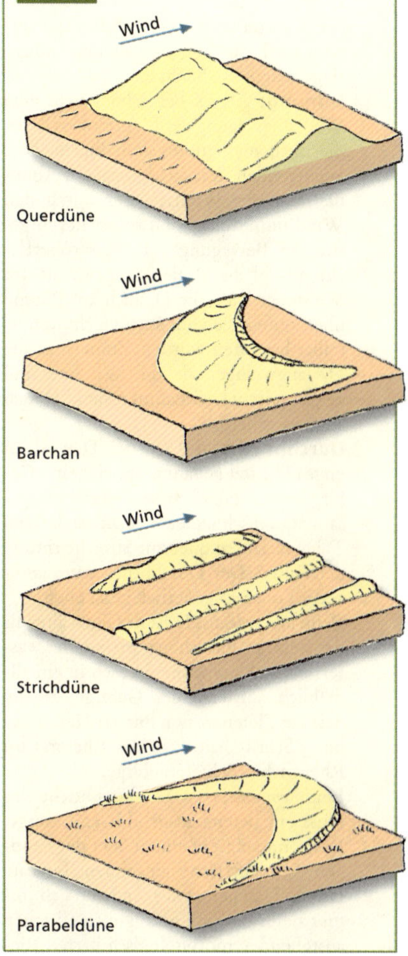

Verwendung, auch im Hinblick auf Probleme der ↑Überdüngung.

Dünkirchener Transgression: postglaziales Stadium der Nordsee, ↑Quartär.

Dunst: Als D. bezeichnen wir die Trübung der Atmosphäre durch feinste Staub- und Schmutzpartikel, Pollen und kleinste Wassertröpfchen. Dabei wird die Sichtweite auf 1 bis 8 km eingeschränkt. Bei Sichtweiten unter 1000 m spricht man von Nebel. Dunstglocken entwickeln sich vorzugsweise bei Hochdruckwetterlagen (↑Hochdruckgebiet) über stark die Luft belastenden Industriegebieten und Städten.

Dünung: Als D. bezeichnet man eine Wellenbewegung der Meeresoberfläche, die nicht mehr unter dem Einfluss des erzeugenden Windfeldes steht. Verbunden mit der Windsee, der durch den Wind unmittelbar und sofort hervorgerufenen Bewegung der Wasseroberfläche, macht die D. den Seegang aus. Im Weltmeer kann die D. auch auf Räume übergreifen, die vom Sturm nicht unmittelbar betroffen wurden. Zumeist ist die D. langwelliger als die Windsee und zeigt seltener Schaumkronen (↑auch Meereswellen).

Durchbruchstal (Quertal): D. wird ein enges Flusstal genannt, das einzelne Gebirgsketten oder ganze Gebirge insgesamt durchschneidet. Die meist kurzen Täler verlaufen quer zur Streichrichtung der Falten. Der Durchbruch kann antezedent oder epigenetisch geschehen:

Beim *antezedenten D.* ist der Fluss älter als das Gebirge. Ein schon vorhandener wasserreicher Fluss schneidet sich in ein allmählich aufsteigendes Gebirge so ein, dass die Tiefenerosion mit der Heraushebung Schritt hält, z.B. das Rheintal im Rheinischen Schiefergebirge.

Beim *epigenetischen D.* durchbricht der Fluss ein bereits ausgebildetes Gebirge. Er strömte einst in einem über der heutigen Erdoberfläche liegenden Niveau. Durch Tiefenerosion schnitt er sich immer tiefer ein und gelangte so an einen anstehenden morphologisch harten Riegel, in den er sich dann auch eintiefte. Epigenetische Täler findet man häufig in ehemals vergletscherten Gebieten, wo durch Moränen oder Schotter ein altes Tal ausgefüllt worden war und der Fluss beim Wiedereintiefen nicht die alte Talrinne traf, sondern sich seitlich in die Abhänge einschnitt, z.B. der Rhein oberhalb des Rheinfalls bei Schaffhausen (durch den Fall stürzt er dann in sein altes Bett) und die Donaudurchbruchstrecken bei Kelheim und in der Wachau.

Dürre: Einen Zeitraum mit relativ hohen Temperaturen bei fehlenden oder nicht ausreichenden Niederschlägen nennt man Dürre. Der Mangel an Niederschlag und die geringe Luftfeuchtigkeit beeinträchtigen das Pflanzenwachstum, da die erhöhte Verdunstungsmenge der Pflanzen nicht mehr durch gesteigerte Zufuhr von Bodenwasser ausgeglichen werden kann. Immer wieder tritt D. im ↑Sahel auf.

dynamisches Gleichgewicht (ökologisches Gleichgewicht): Der Begriff wird im Bereich der Ökologie verwendet. Ein d. G. ist z.B. das landschaftliche Ökosystem. Es wird bestimmt durch eine Vielzahl untereinander vernetzter Regelkreise. Dabei schwanken die Reaktionen und Lebensbezüge im Ökosystem um einen bestimmten Gleichgewichtszustand, der erhalten werden soll. Diesen Zustand bezeichnet man als dynamisches Gleichgewicht. Wenn das System funktionieren soll, müssen die Hauptfaktoren – die abiotischen und die biotischen – sich zueinander in einem ausgewogenen Gleichgewicht befinden. Die abiotischen Faktoren werden gebildet durch die unbelebte Umwelt, die biotischen werden gegliedert in:

Produzenten – das sind die assimilierenden grünen Pflanzen;

Konsumenten – das sind die Verbraucher als Pflanzen- oder Fleischfresser;

Destruenten – das sind Kleinlebewesen und Mikroorganismen, die für den Abbau von toter organischer Substanz zuständig sind.

Zum Fließgleichgewicht gehört die ständige Zufuhr von Sonnenenergie, ohne die die Produzenten nicht aktiv werden könnten, was zum Zusammenbruch des Systems führen würde. Theoretisch sind geschlossene Systeme nur unter Zufuhr von Sonnenenergie denkbar. Tatsächlich sind aber alle Ökosysteme offene Systeme, es existiert eine enge Verflechtung der Ökosysteme untereinander. Alle Systeme bilden zusammen ein großes Ökosystem, die Biosphäre der Erde. Im Allgemeinen erweisen sich größere Ökosysteme Störungen gegenüber als weniger anfällig als kleine, denn mit größerer Artenzahl und mehr Verflechtungen nimmt z.T. die Austauschbarkeit zu, sodass Störungen schneller und besser verkraftet werden.

E

Ebbe: Als E. bezeichnet man das Fallen des Wassers im Rahmen der ↑Gezeiten. Der niedrigste Wasserstand wird Niedrigwasser genannt.

Ebbstrom: ↑Gezeitenstrom.

Ebene: Jedes größere Gebiet der Erdoberfläche, das nur sehr geringe Höhenunterschiede aufweist, nennt man Ebene. Die E. kann schräg gestellt sein und in beliebiger Meereshöhe liegen, wobei man je nach der Höhenlage zwischen *Tiefebene* (bis etwa 200 m ü.d. M.) und *Hochebene* unterscheidet.

Eburọnkaltzeit: ältestpleistozäne Kaltzeit, im Quartär.

Ẹcholot: Das E. ist ein Gerät zur Bestimmung der Meerestiefe (oder Flughöhe), es dient auch generell der Entfernungsmessung bis zu einem Schallreflektor. Vom Gerät werden Schallwellen (zumeist Ultraschall) zugesandt, die von einem Reflektor zurückgeworfen werden. Bei der Messung von Meerestiefen werden die von Bord eines Schiffes ausgesandten Schallwellen am Meeresboden reflektiert und vom Empfänger des Echolotes wieder aufgefangen. Der Zeitunterschied vom ausgesandten bis zum wieder empfangenen Signal, die Laufzeit, gibt die Meerestiefe wieder. Sie wird entweder angezeigt oder im *Echographen* registriert, d.h. der Meeresboden unter dem Schiffskurs wird als Profillinie dargestellt, die man *Echogramm* nennt.

Das E. wird heute nicht nur in der Seefahrt generell zur Tiefenmessung verwendet, sondern auch auf Forschungs- und Vermessungsschiffen als Speziallot eingesetzt. Zur dreidimensionalen Vermessung von Bodenformen dient z.B. das *Fächerlot,* zur Erfassung von Strukturen und Schichten im Meeresboden das *Sedimentlot.* Weitere Abwandlungen des E. sind das *Horizontallot* zur Kollisionsverhütung, Wracksuche usw. sowie die zur Ortung von Fischschwärmen eingesetzte *Fischlupe.*

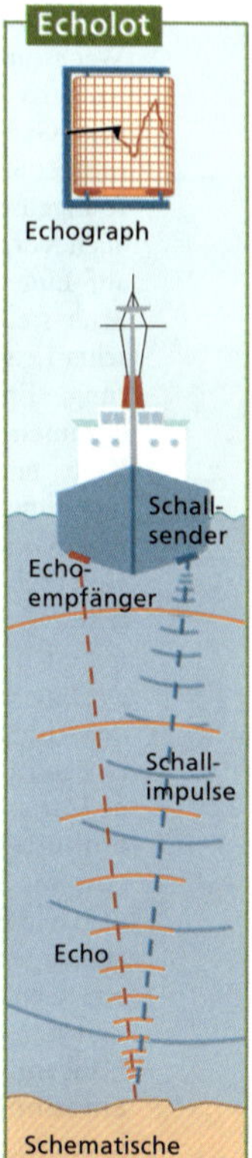

Schematische Darstellung eines Echolots

edạphisch: Vorgänge und Erscheinungen, die entscheidend von der Beschaffenheit des Bodens abhängen, werden als edaphisch bedingt bezeichnet.

Eem-Interglazial: pleistozäne Warmzeit in Norddeutschland, im Quartär.

Effusịvgesteine: ↑Ergussgesteine.

EFTA (Abkürzung für **E**uropean **F**ree **T**rade **A**ssociation): Es handelt sich um eine im Jahr 1960 gegründete Freihandelszone in Europa, deren Gründungsmitglieder Großbritannien, Dänemark, Norwegen, Österreich, Schweiz, Schweden und Portugal waren. Nach Erweiterung der EWG verlor die EFTA an Bedeutung.

EG (Abkürzung für **E**uropäische **G**emeinschaften): Heute in der ↑Europäischen Union aufgegangen.

E

Egartenwirtschaft (Ödgartenwirtschaft): in Süddeutschland Bezeichnung für die ↑Feld-Gras-Wirtschaft.

Einfuhr: ↑Import.

Eingemeindung: Bedingt durch das Wachstum der Städte kommt es immer wieder vor, dass in der Umgebung gelegene Gemeinden auf »natürliche Weise« mit der Stadt zusammenwachsen und ihre Eigenständigkeit verlieren. Es kommt auch vor, dass Gemeinden den Antrag auf Eingemeindung in eine bestimmte Stadt stellen, um in den Genuss städtischer Leistungen (Müllabfuhr, Kanalisierung, Freizeiteinrichtungen usw.) zu kommen, die die Gemeinde aus eigener Kraft nicht erbringen könnte. Eingemeindung kann auch als raumordnerische Maßnahme von einem Landtag als Gesetz beschlossen werden, was nicht selten den Protest der betroffenen Gemeinden hervorruft. Denn im Rahmen der Eingemeindung verliert die Gemeinde weitgehend ihre Selbstverwaltung; sie ist dann Ortsteil einer anderen Gemeinde (meist einer Stadt).

Einheitshaus: Beim E. handelt es sich um eine Sonderform des Gehöftes, bei dem alle Funktionen – also Wohnräume, Stallungen, Scheunen – in einem größeren Gebäude vereinigt sind. Beispiele sind u.a. das Schwarzwaldhaus und der Haubarg.

Einödhof: Einen inmitten einer zusammenhängenden Besitzparzelle gelegenen Einzelhof nennt man Einödhof. Die im Rahmen der Flurbereinigung ausgelagerten Aussiedlerhöfe sind solche Einödhöfe.

Einsprengling: Als E. bezeichnet man einen größeren einzelnen Kristall in der dichten oder feinkörnigen Grundmasse von magmatischen Gesteinen. E.e sind typisch für Porphyre.

Einzelhof: Der E. ist ein landwirtschaftlicher Betrieb, der aufgrund seiner isolierten Lage eine Siedlungseinheit darstellt. Ist der Besitz zusammengelegt, spricht man von einem Einödhof, ist eine Gemengelage vorhanden, von einem Einzelhof. Die flächenhafte Verbreitung von Einzelhöfen wird als Streusiedlung bezeichnet.

Einzugsgebiet:

◆ (Stromgebiet): Das gesamte von einem Fluss mit allen seinen Nebenflüssen ober- und unterirdisch entwässerte Gebiet bildet sein E.; es wird von den E.en anderer Flüsse durch Wasserscheiden getrennt. Die Einzugsgebiete aller Flüsse, die demselben Meer zuströmen, bilden ein *Abflussgebiet.* Das größte E. der Erde besitzt der Amazonas mit 7,18 Mill. km^2.

Einzugsgebiet

	Atlantischer Ozean	Pazifischer Ozean	Indischer Ozean
Eurasien	20,4	8,2	11,7
Amerika	33,4	6,3	–
Afrika	13,5	–	4,4
Australien	–	1,6	4,2
Erde	67,3	16,1	20,3

◆ In der Stadtgeographie spricht man vom E. einer Stadt. Gemeint ist damit die Anziehungskraft einer Stadt, genauer ihrer Einrichtungen (z.B. Betriebe, zu denen Arbeitnehmer einpendeln, Geschäfte, Schulen, Krankenhäuser, Freizeitangebot), auf die in der näheren und weiteren Umgebung lebenden Menschen, wobei jede Einrichtung ihr eigenes E., auch Reichweite genannt, hat.

Eisberg: Ein E. ist eine im Meer schwimmende, mächtige Eismasse von unterschiedlicher Größe und Form, die sich von einem Gletscher oder einer bis an das Meer reichenden Inlandeismasse losgelöst hat und mit der Strömung im Meerwasser treibt. Von der Gesamtmasse des E.s ragt durchschnittlich nur $^1/_7$ aus dem Meerwasser heraus, da das spezifische Gewicht vom Eis mit 0,916 nur wenig unter dem des Wassers liegt. Durch Brandungseinwirkung und Abtauen des Eises kann sich die Lage des Schwerpunktes des E.es erheblich ändern, sodass er umkippt, wobei gefährliche Strudel entstehen. In der Antarktis

E

Eiszeitalter

Zeitliche Abfolge der pleistozänen Kalt- und Warmzeiten
Eis- oder Kaltzeiten in blauer, Interglaziale oder Warmzeiten in roter Schrift

	Beginn vor (in 1000 Jahren)	Alpen	nördliches Mitteleuropa	generalisierte Paläotemperaturkurve
Jungpleistozän	? 70/ ? 115	Würm-Eiszeit: Stephanskirchener Stadium, Olköfener S., Ebersberger S., Kirchseeoner S.	Weichsel-Eiszeit: Pommersches Stadium, Frankfurter S., Brandenburger S.	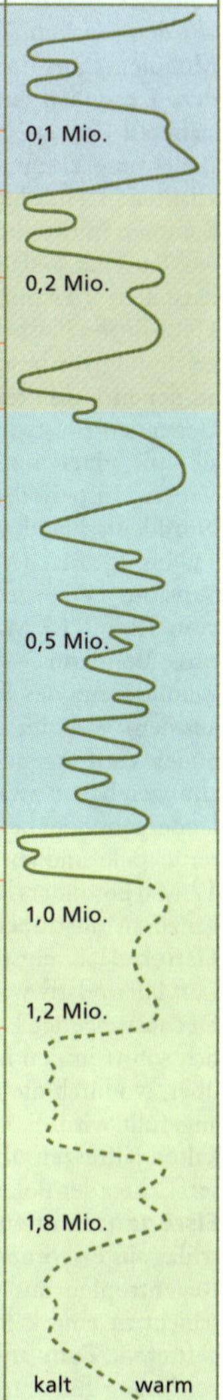
	130	Riß-Würm-Interglazial	Eem-Interglazial	
Mittelpleistozän	195	Riß-Eiszeit: Jung-Riß, Haupt-Riß	Saale-Eiszeit: Warthe-Vereisung	
	230	Mindel-Riß-Interglazial	Saale-Eiszeit: Treene-Warmzeit	
	? 300	Mindel-Eiszeit	Saale-Eiszeit: Drenthe-Vereisung	
Altpleistozän	350	Günz-Mindel-Interglazial	Holstein-Interglazial	
		Günz-Eiszeit	Elster-Eiszeit	
	750	Wechsel von schwächer ausgeprägten Warm- und Kaltphasen	Cromer-Komplex: Cromer-Warmzeit, Elbe-Kaltzeit, weitere Warm- und Kaltphasen	
Ältestpleistozän	900	Jüngere Donau-Eiszeit	Menap-Eiszeit	
		Uhlenberg-Warmzeit	Waal-Warmzeit	
	1300	?		
		Ältere Donau-Kaltzeitengruppe	Eburon-Kaltzeit	
	1700		Tegelen-Warmzeit	
	2500	Biber-Kaltzeitengruppe	Prätegelen-Kaltzeiten (Brüggen-Kaltzeit)	
		Pliozän (Tertiär)		

sind tafelförmige E.e mit 30–40 m hohen, senkrechten Wänden besonders häufig. Man hat hier E.e bis zu einer Größe von 180 km² beobachtet, was etwa der Fläche der Insel Fehmarn entspricht.
Bei ihrer Wanderung in wärmere Zonen schmelzen die E.e allmählich ab, und der aus den Herkunftsgebieten mitgeführte Moränenschutt sinkt auf den Meeresboden. E.e stellen einen wesentlichen Bestandteil des Treibeises dar. Besondere Bedeutung kommt den E.en im Nordatlantik zu. Hier liegt das südlichste Vorkommen im Frühsommer bei 36° n. Br., wo E.e eine Gefahr für die Schifffahrt darstellen (Titanic-Katastrophe 1912).

Eisheilige: E. ist die volkstümliche Bezeichnung für bestimmte Tage im Mai, an denen Kaltlufteinbrüche in manchen Gegenden Frostschäden verursachen, da sie mit einer sehr frostempfindlichen Vegetationsperiode zusammenfallen. In Norddeutschland werden die E.n vom 11. bis 13. Mai (Mamertus, Pankratius, Servatius) erwartet, in Süddeutschland vom 12. bis 15. Mai (Pankratius, Servatius, Bonifatius, »Kalte Sophie«); die Zeitdifferenz des Eintretens erklärt sich aus dem Weg der aus Nordwesten nach Süden vordringenden Kaltluft. Untersuchungen haben zwar keine deutliche Kalendergebundenheit der E.n gezeigt, Kälterückfälle sind aber um den 9. und den 17. Mai besonders häufig, wenn auch den ganzen Monat über Frostgefahr besteht.

Eisnebel: E. entsteht, wenn sehr kalte Luft über relativ warmes Wasser streicht. Der aufsteigende Dampf geht dann nämlich sofort in den festen Zustand – Eis – über, wodurch die Luft mit Eiskristallen angefüllt wird. E. bilden sich v.a. in der kalten Jahreszeit über den offenen Wasserflächen der Polargebiete.

Eisregen: E. ist zum einen ein Niederschlag aus Eiskörnern, der entsteht, wenn Regentropfen aus einer warmen Luftschicht in eine kältere fallen und dabei gefrieren. Zum anderen ist E. die Bezeichnung für unterkühlten Regen, der beim Auftreffen auf Gegenstände sofort zu Eis gefriert und u.a. zur Glatteisbildung führt.

Eistage: In der Meteorologie sind E. Tage, an denen die Temperatur ständig unter 0 °C liegt.

Eiswüste: Die E. ist eine besondere Art der ↑Kältewüste.

Eiszeitalter: E. nennt man einen Zeitraum der Erdgeschichte, der durch mehrfache Abfolge von Kalt-(Eis-) und Warmzeiten geprägt ist. Eine Eiszeit (Glazial) zeichnet sich durch eine so nachhaltige Klimaverschlechterung, d.h. Temperaturverminderung aus, dass in weiten Teilen der Erde, v.a. in den höheren Breiten und in Gebirgen der mittleren und niederen Breiten eine Ausdehnung des von Eis bedeckten Gebietes stattfinden konnte. Teilweise drangen große Inlandeismassen auch bis in mittlere Breiten vor. Auf den Meeren dehnten sich Pack- und Treibeis aus; der Meeresspiegel sank wegen der starken Bindung des Niederschlagswassers in den Eismassen. Während der pleistozänen Eiszeiten waren bis zu 48 Mill. km² der Erdoberfläche von Eismassen bedeckt, mehr als das Dreifache der heutigen Eisbedeckung.
Für die Gebiete, in denen während dieser Zeiträume wegen zu geringer Temperatursenkung oder wegen nicht ausreichender Niederschläge keine Vereisung erfolgte, aber vielfach Periglazialerscheinungen auftraten, sollte man für diese Epoche den Begriff *Kaltzeit* verwenden, der sonst gleichbedeutend mit Eiszeit benutzt wird. In niederen Breiten entsprechen den Eiszeiten teilweise ↑Pluvialzeiten.
Während des Pleistozäns fand ein mehrfacher Wechsel von Eiszeiten und wärmeren Zwischenzeiten, den ↑Interglazialen statt. Innerhalb einer einzelnen Eiszeit lassen sich wiederum kältere und wärmere Phasen unterscheiden (↑Stadium, ↑Interstadial).
Auch aus früheren geologischen Epochen sind Eiszeiten bekannt, aus dem Jungpaläozoikum *(permokarbonische Ver-*

E

Eiszeitalter

Maximalvergletscherung der letzten Eiszeit (vor etwa 18 000 Jahren)

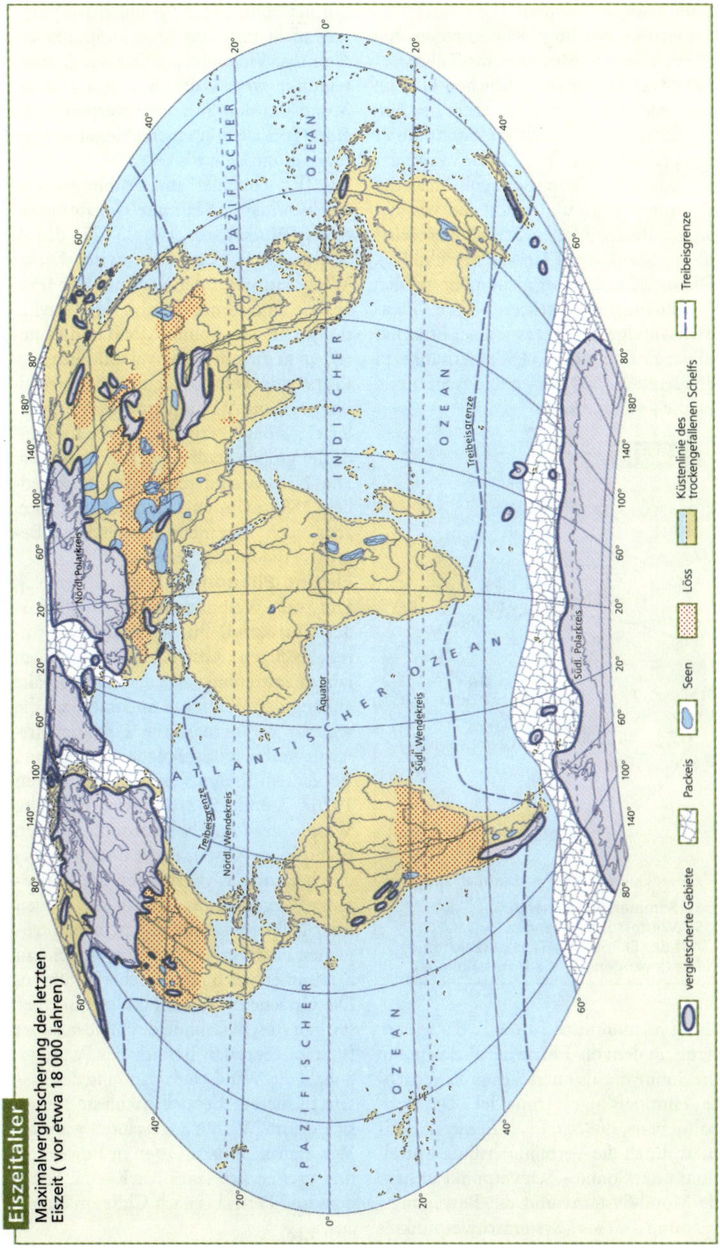

eisung) sowie aus dem Früh- und Präkambrium. Wichtige Klimazeugen sind die verfestigten Moränen, die Tillite.

Ekliptik: Durch den jährlichen Umlauf der Erde um die Sonne entsteht der Eindruck, als bewege sich die Sonne unter den Sternen, deshalb spricht man von der E. als der scheinbaren Sonnenbahn an der Himmelssphäre und nennt die von der Sonne durchlaufenen Sternbilder *ekliptikale Sternbilder* (Tierkreissternbilder). Diese sind heute aber nicht mehr mit den gleichnamigen Tierkreiszeichen identisch: Infolge der Präzession der Erdachse ist der Frühlingspunkt (Widderpunkt) in den letzten 2500 Jahren in des Sternbild Fische gewandert.

Ekliptik

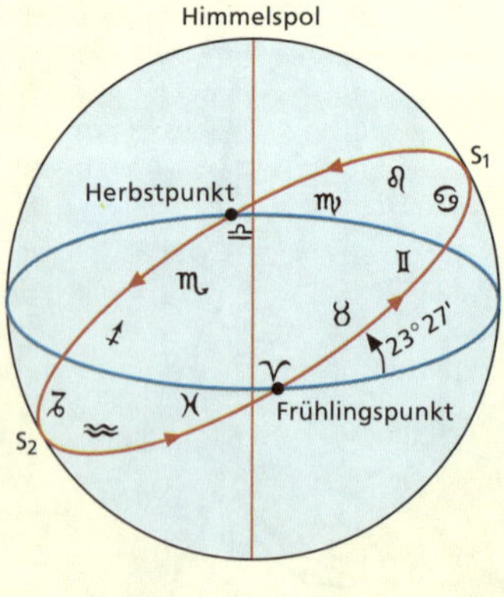

S_1 Sommersonnenwende
S_2 Wintersonnenwende
Auf der Ekliptik die Tierkreiszeichen.
Alles bezogen auf die Nordhalbkugel.

Exakt astronomisch ist die E. der größte Kreis, in dem die Ebene der Erdbahn um die Sonne die als unendlich groß gedachte Himmelskugel schneidet. Die Erdbahnebene, die *ekliptikale Ebene,* ist definiert durch die Verbindungslinie Mittelpunkt der Sonne – Schwerpunkt des Erde-Mond-Systems und die Bewegungsrichtung dieses Systemschwerpunktes um die Sonne. Der Systemschwerpunkt fällt nicht mit dem Erdmittelpunkt zusammen. Vielmehr pendelt der Erdmittelpunkt wegen der Bewegung Erde-Mond um den Systemschwerpunkt mit einer Periode von einem Monat nur gering um die Ekliptik.

Die E. schneidet im Frühlings- und Herbstpunkt den Himmelsäquator unter einem Winkel von etwa 23° 27', der als *Schiefe der E.* bezeichnet wird. Dieser Winkel ist unter der Wirkung der ↑Präzession und Nutation, also der Gravitationskräfte von Sonne, Mond und Planeten, in geringem Maße veränderlich.

Elendsviertel: Gemeint sind hiermit überwiegend Wohnquartiere unterprivilegierter Bevölkerungsgruppen am Rande der großen Städte in der Dritten Welt. Die Namen sind regional unterschiedlich: ↑Slum (im englischen Sprachraum, aber auch allgemein verwendeter Begriff), ↑Bidonville, ↑Favela.

El-Niño-Phänomen [span. ɛl ˈnɪnjo...]: Um die Weihnachtszeit (el Niño = das Christkind) im Südsommer in unregelmäßigen Abständen von einigen Jahren auftretende Zirkulationsanomalie entlang der Westküste Südamerikas, die v.a. für die peruanische Fischereiwirtschaft verheerende Folgen haben kann. Bei diesem Ereignis (z.B. in den Jahren 1976/77 und 1982/83) wird das kalte Wasser des Humboldtstroms vor den fischreichen Küsten Perus und Ecuadors durch warme Wassermassen des äquatorialen Gegenstroms ersetzt, die wegen ihrer Nährstoffarmut zu einem katastrophalen Fischsterben und damit zu einem Zusammenbruch der Fischerei führen. Die Ursache des E.-N.-Ph.s liegt in einer starken Abschwächung des Südostpassats (v.a. im zentralen Bereich des Pazifiks). Sobald die Windschubspannung der Passate in diesem Bereich nachlässt, setzen sich die im Westen angestauten warmen Wassermassen nach Osten in Bewegung und breiten sich längs der Küsten Ecuadors und Perus bis nach Chile im Süden aus.

E

Elstereiszeit: pleistozäne Eiszeit in Norddeutschland, ↑Eiszeitalter.

Embargo: Ein E. bedeutet das Unterbrechen der Handelsbeziehungen mit einem Staat; die Bezeichnung lautet deshalb auch oft Handelsembargo. Das E. kann sich auf bestimmte Warengruppen beschränken, z.B. Militärgüter, es kann aber auch ein totales Handelsembargo sein. Ein E. dient meistens der Durchsetzung politischer Ziele, z.B. der Räumung des durch Irak besetzten Kuwait 1990/91. Beschlossen wird ein E. oft von den Vereinten Nationen.

Emersion: Als E. bezeichnet man das Emportauchen des Festlandes über den Meeresspiegel; sie wird durch Landhebung oder Meeresspiegelsenkung verursacht. – Den Gegensatz bildet die Submersion.

Emission:

◆ In der *Physik* versteht man unter E. die Ausdehnung bzw. Abstrahlung von elektromagnetischen Wellen oder Teilchen in Form von Strahlung (Sonnenstrahlung, terrestrische Strahlung, Radioaktivität).

◆ Im *Umweltschutz* bedeutet E. den Ausstoß von festen, flüssigen oder gasförmigen Schadstoffen aus Anlagen (z.B. Kraftwerke) oder technischen Abläufen (Auto fahren).

endemisch: Tiere und Pflanzen, die nur in einem natürlich abgegrenzten Gebiet (z.B. auf einer Insel) vorkommen, bezeichnet man als endemisch oder als *Endemiten.* Progressive Endemiten nennt man Arten, die in einem bestimmten Gebiet entstanden sind und sich nicht weiter ausbreiten konnten. Diesen stehen die regressiven Endemiten gegenüber, die früher weit verbreitet waren und jetzt nur noch in einem kleineren Siedlungsgebiet vorkommen, wie der Ginkgobaum. Die Beuteltiere z.B. sind in Australien endemisch.

Endlagerung: Gemeint ist die endgültige (letzte) Lagerung gefährlicher Stoffe aus Produktionsprozessen. Oft wird E. reduziert auf die Unterbringung schwach oder stark strahlender radioaktiver Abfälle. Das besondere Problem ist im letztgenannten Fall die enorm lange Zerfallszeit (Halbwertzeit). Man muss also heute eindeutige Warnzeichen finden, die noch von Menschen in einigen tausend Jahren als Warnung vor radioaktiver Strahlung verstanden werden. Neben allen anderen gravierenden technischen Problemen einer sicheren Lagerung erscheint allein dies ein fast unlösbares Problem zu sein.

Die E. in geologischen Formationen des tieferen Untergrundes (Salz, Granit, Ton, Tuff, Erz) gilt heute als bestmögliche Methode für radioaktive Abfälle.

Endmoräne (Stirnmoräne): Die E. besteht aus Gesteinstrümmern, die von Gletschern an ihrer Stirnseite mitgeführt wurden und nach dem Abschmelzen des Eises zu einem meist bogenförmigen Wall aufgetürmt liegen blieben. Diese Art von ↑Moräne kann sowohl bei einem Gletschervorstoß *(Vorstoßmoräne)* als auch bei einem Eisrückzug *(Rückzugsmoräne)* entstehen. Bei den Vorstoßmoränen, die bei Gletscherstillstand abgelagert wurden, erscheint das Gesteinsmaterial durch den Eisschub gestaucht; sie werden deshalb meist *Stauchmoränen* genannt. Die Moränenwälle umschließen oft ein Zungenbecken. Die E.n der pleistozänen Gletscher sind heute meist mit Wald bedeckt, da der blockreiche Boden sehr ungünstig für den Ackerbau ist.

endogen (innenbürtig): E. nennt man Vorgänge im Erdinnern und die hierdurch ausgelösten Erscheinungen an der Erdoberfläche. Zur *e.en Dynamik* gehören z.B. Epirogenese, Erdbeben, Magmatismus, Metamorphose und tektonische Vorgänge. Der Gegenbegriff heißt exogen.

Endsee: Ein E. ist ein abflussloser See in ariden Gebieten, in den die periodischen und episodischen Flüsse dieses Gebietes und mindestens ein ↑Fremdlingsfluss münden. Endseen unterliegen starker Verdunstung und haben daher meist stark salzhaltiges Wasser oder sind –

wenn die Verdunstung den Zufluss wesentlich übersteigt – echte Salzseen. Aufgrund der unterschiedlichen Wasserzufuhr haben Endseen einen schwankenden Wasserstand, flache Endseen fallen in der Trockenzeit in weiten Teilen oder gänzlich trocken, z.T. bilden sich solche Endseen beim nächsten Wasserzufluss an einer anderen Stelle, man spricht dann von einem *wandernden Endsee.*
Bekannte Endseen sind der Tschadsee (ein Süßwassersee), der Aralsee, das Kaspische Meer und das Tote Meer.

Energieträger: Alle Rohstoffe, die in Energie umgewandelt werden können, werden E. genannt. Hauptenergieträger sind Erdöl, Erdgas und Kohle, deren Vorräte aber zusehends geringer werden. Somit kommt dem umstrittenen Uran als Energieträger steigende Bedeutung zu. Als E. im weiteren Sinne werden auch Wasser (bei entsprechender Reliefenergie und großem Gefälle), die Erdwärme, die Windkraft und die Sonnenstrahlung angesprochen. – ↑auch Alternativenergie.

Energieverbrauch: Bei den Strukturdaten zur Wirtschaft eines Landes wird auch der E. pro Einwohner, gemessen in kg ÖE (Öleinheiten), angegeben. 1 kg ÖE = 10 000 kcal = 1,4 SKE (Steinkohleeinheiten). Der E. dient als Einordnungskriterium für den Entwicklungsstand eines Landes.

Enklave: Eine E. ist ein Gebiet eines anderen Staates, das vom eigenen Staatsgebiet völlig umschlossen wird. Man spricht aber auch auf Landes- und Gemeindeebene von Enklaven; so haben

Energieverbrauch nach Energieträgern in Deutschland

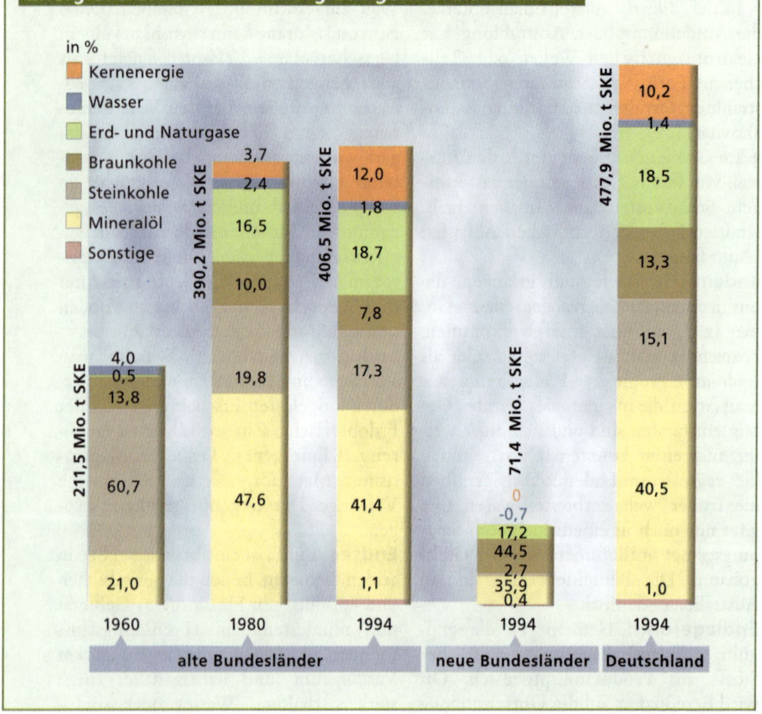

z.B. etliche Schweizer Kantone E.n anderer Kantone.

Entdeckungsreisen: Bereits um 1500 v. Chr. setzen die ersten, noch dunklen Überlieferungen von E. (v.a. der Ägypter) ein. Seit dem 6.Jh. v. Chr. erweiterten die vom Mittelmeer aus Handel treibenden, seefahrenden und kolonisierenden Griechen, Phöniker und Karthager sowie später die Römer das antike Weltbild. Mit dem Niedergang des Römischen Reiches gingen viele der bereits gewonnenen Kenntnisse wieder unter. Im Spätmittelalter setzte dann eine neue Phase von E. ein. Verbesserte Schiffbautechnik, Abenteuerlust und der Wunsch, einen neuen Zugang nach Indien und zu den Waren des Orients zu finden, waren neben Forschungs- und Entdeckungsgeist die Antriebskräfte. Das 15. und besonders das 16.Jh., die beiden eigentlichen Jahrhunderte der großen E., öffneten die Welt für Europa. – Siehe auch im Anhang die ausführliche Tabelle Entdeckungen und Erforschung der Erde.

Enteignung: Dies ist ein Begriff aus der Rechtslehre. Gemeint ist die gerichtlich verfügte, zwangsweise Wegnahme von Eigentum. Dies ist dann möglich, wenn das Wohl der Allgemeinheit höher eingeschätzt wird als das Recht am eigenen Besitz. Besonders bei Planungen (Raumordnung, Landesplanung etc.) von Infrastruktureinrichtungen wie z.B. Straßen kommt dieser Fall nicht selten vor. Auch bei Stadtplanungen oder Altstadtsanierungen kommt es gelegentlich zu Enteignungen.

Entlastungsort: Viele ↑New Towns wurden als E.e gegründet.

Entsorgung: Unter E. versteht man den Abtransport und die Beseitigung von Abfallstoffen aller Art. Die Beseitigung des Hausmülls fällt z.B. ebenso unter die E. wie die Beseitigung privater und industrieller Abwässer. Zum besonderen Problem wird die E. bei den Kernkraftwerken, zum einen wegen der Ableitung der anfallenden Wärme, der Abwärme, zum anderen wegen der erforderlichen gefahrlosen Beseitigung radioaktiver Rückstände.

Entwicklungsachse (Aufbauachse): Es handelt sich hierbei um ein raumplanerisches Ordnungselement. Die E. kennzeichnet dabei den Bereich, in dem eine wirtschaftliche Entwicklung, verbunden mit räumlicher Ausdehnung, vorgesehen ist. Die Ausweisung als E. kann sowohl von topographischen Gegebenheiten als auch von Standortvorteilen abhängen. Seit der Industrialisierung und besonders dem Eisenbahnbau bildeten sich bereits spontane E.n aus, da eine Industrieansiedlung das Vorhandensein von Transportwegen voraussetzt.

Entwicklungshilfe: Damit bezeichnet man die Hilfe, die den ↑Entwicklungsländern gegeben wird, um ihre Rückständigkeit auf vielen Gebieten (Wirtschaft, Infrastruktur u.a.) zu überwinden. Die E. erfolgt teils unmittelbar von Geberland zu Nehmerland, teilweise über zwischenstaatliche Institutionen. Während anfangs die E. sehr pauschal erfolgte, gilt sie heute mehr einzelnen Projekten.

Entwicklungsländer: Nach einer Definition der Vereinten Nationen sind alle Länder E., deren Pro-Kopf-Einkommen unter dem der Industrieländer liegt. Als Maßstäbe gelten weiterhin Sozialprodukt und wirtschaftliche Leistungsfähigkeit. Die meisten E. befinden sich in den Tropen und Subtropen. Gemeinsame Merkmale vieler E. sind u.a.: niedriger Lebensstandard, unzureichende Ausbildung (hoher Prozentsatz an Analphabeten), hohes Bevölkerungswachstum, Rohstoffproduktion, aber fehlende Rohstoffverarbeitung. Hauptgrund für die hohe Zahl der E. ist die Tatsache, dass bei den Bestimmungskriterien europäisch-nordamerikanische Maßstäbe angelegt werden.

Entwicklungsstrategien: Aus den verschiedenen ↑Entwicklungstheorien leitet man jeweils entsprechende E. ab, um die betroffenen Entwicklungsländer einem »höheren« Status zuzuführen.

E

Entdeckungsreisen

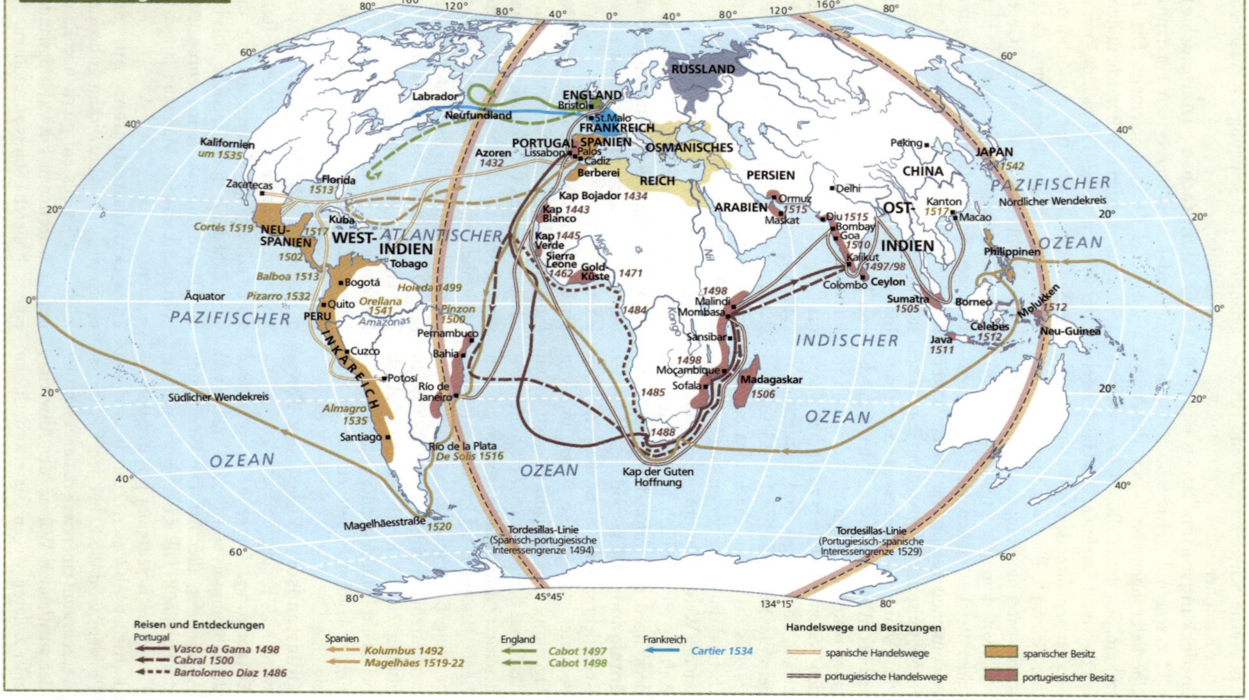

Auf der **Modernisierungstheorie** basiert 1. die *Strategie des ungleichgewichtigen Wachstums:* Investitionsmittel werden punktuell zur Förderung einzelner Schlüsselindustrien eingesetzt. Von diesen sollen Entwicklungsimpulse auf die Nachbarregionen ausgehen. Dieses Verfahren kann jedoch regionale Disparitäten auf Dauer verstärken.
2. die *Strategie des gleichgewichtigen Wachstums:* Mit abgestimmten und zeitgleich eingesetzten Investitionen an vielen Stellen soll wirtschaftliches Wachstum erreicht werden.
Auf der **Dependenztheorie** basiert 1. die *Abkoppelungsstrategie:* Nach dem Vorbild des chinesischen Entwicklungsweges unter Mao wird eine Herauslösung aus dem Weltmarkt gefordert, um eine auf den eigenen Möglichkeiten und Bedürfnissen basierende Gesellschaft aufzubauen.
2. die *Beseitigung des »inneren Kolonialismus«:* Dies soll durch Mobilisierung der verarmten Massen oder auf revolutionärem Weg geschehen.
Nach enttäuschenden Erfahrungen mit diesen Strategien favorisiert man heute die *Grundbedürfnisstrategie.* Sie ist auf die Befriedigung der menschlichen Grundbedürfnisse ausgerichtet. Die Selbsthilfefähigkeit der armen Bevölkerung soll gefördert werden. Hierzu sollen die Grundbedürfnisse weitgehend in Eigenleistung gedeckt und die Projekte mit den betroffenen Bevölkerungskreisen gemeinsam erarbeitet werden, um zu einer selbstbestimmten Entwicklung zu gelangen.

Entwicklungstheorien (Unterentwicklungstheorien): Alle E. wollen erklären, warum Entwicklungsländer in bestimmten Punkten aus der Sicht der Industrieländer unterentwickelt sind.
Geodeterministische Theorie: Diese Theorie erklärt die Unterentwicklung mit geographischen Benachteiligungen, wie z.B. dem ungünstigen Klima. Als Gesamterklärung für die Unterentwicklung spielt diese Theorie heute kaum noch eine Rolle, partielle Benachteiligungen lassen sich damit aber schon erklären.
Modernisierungs- und Wachstumstheorien: Allen diesen Theorien ist gemeinsam, dass sie interne Faktoren für die entscheidenden Ursachen der Unterentwicklung halten. Es müssten nur Entwicklungshemmnisse wie Bildungsdefizite, unzureichende Infrastruktur etc. beseitigt werden, es müsste nur genügend Know-how und Geld in die Wirtschaft dieser Länder gesteckt werden, dann könnte der Entwicklungsrückstand allmählich aufgeholt werden.
Dependenztheorien: Allen Denkansätzen, die auf diesen Theorien beruhen, ist gemeinsam, dass sie externe Faktoren für die entscheidenden Ursachen der Unterentwicklung halten, d.h., die eigentliche Ursache liegt in den Industrieländern. Sie greifen dabei Elemente marxistischer Ansätze auf. Unterentwicklung ist danach kein Vorstadium einer kapitalistisch-industriellen Entwicklung, sondern deren Folge: die Peripherieländer verloren ihre Eigenständigkeit, traditionelle Strukturen wurden zerstört, es entstand eine strukturelle Abhängigkeit von den kapitalistischen Industrieländern.

Eozän: zweitälteste Abteilung des Tertiärs, ↑Geologie, Zeittafel.

ephemere Siedlung: Diese Siedlungsform wird auch Rastsiedlung genannt. Es ist eine Siedlung bzw. Wohnstelle von Sammler-, Jäger- oder Fischerhorden, die nur wenige Tage benutzt wird, da die Art des Nahrungserwerbs zu einem häufigen Ortswechsel zwingt.

Epirogenese: E. nennt man Bewegungsvorgänge in der Erdkruste, bei denen über längere geologische Zeiträume hinweg ausgedehnte Krustenteile aufsteigen oder absinken, ohne dass dabei Gesteinszusammenhang, Struktur und Gefüge beeinflusst werden. Sie äußern sich in der Gegenwart durch *Niveauänderungen* in der Größenordnung von mm bis cm pro Jahr, in historischer Zeit durch Transgression oder Regression sowie in geologischer Zeit durch Einsenkung und

E

sedimentäre Auffüllung weitgespannter Becken bis zu mehreren Kilometern Tiefe (Entstehung von ↑Geosynklinalen) oder langfristige Heraushebung und Abtragung von Schwellen und Tafelländern.

Dauer und Ausmaß einer epirogenen Senkung während der geologischen Vergangenheit lassen sich an der Vollständigkeit und Schichtendicke der gleichzeitig gebildeten, *synepirogenen Ablagerungen* abschätzen (maximal bis zu 50 km Sedimentmächtigkeit in einem Zeitraum von über 100 Mill. Jahren), während sich eine epirogene Hebung durch entsprechende *Schichtlücken* innerhalb der geologischen Schichtfolge des betreffenden Krustenabschnitts zu erkennen gibt. Im Gegensatz zur Orognese vermag die E. Krustenschollen bis zu kontinentalen Abmessungen in Bewegung zu setzen. Ursache der E. sind meist Massenverlagerungen im Erdmantel, aber auch isostatische Ausgleichsbewegungen (↑Glazialisostasie).

episodisch: Vorgänge, die nur in unregelmäßigen Abständen auftreten, werden als e. bezeichnet. Episodische Flüsse etwa fließen nur gelegentlich, nämlich nur nach ebenso episodischen Regenfällen.

Epizentrum: Das E. ist das senkrecht über einem Erdbebenherd liegende Gebiet der Erdoberfläche, in dem die stärkste Bewegung auftritt.

Erdaltertum: deutsche Bezeichnung für das Paläozoikum, ↑Geologie, Zeittafel.

Erdatmosphäre: ↑Atmosphäre.

Erdbeben: E. sind natürliche Erschütterungen der Erdkruste. Sie gehen von einem *Erdbebenherd* oder *Hypozentrum* im Erdinnern aus und pflanzen sich als elastische Wellen, und zwar als *Verdichtungs-* oder *longitudinale Wellen* und als *Scherungs-* oder *transversale Wellen* an der Erdoberfläche (Oberflächenwellen) und durch das Erdinnere fort. Das senkrecht über dem Herd an der Erdoberfläche gelegene, am stärksten erschütterte Gebiet nennt man *Epizentrum.* Von der Entfernung des Erdbebenherdes vom Beobachtungsort hängen die Bezeichnungen *Orts-, Nah-* und *Fernbeben* ab. Nach der Herdtiefe gliedert man die E. in:

Erdbeben

	Herdtiefe	Energie*
Flachbeben	0– 70 km	85 %*
mitteltiefe Beben	70–300 km	12 %*
Tiefherdbeben	300–720 km	3 %*

* Anteil an freigesetzter seismischer Energie

Nach der Ursache unterscheidet man drei Arten von Erdbeben:

Über 90 % aller E. sind **tektonische** oder **Dislokationsbeben.** Sie stellen ruckartige Ausgleiche von Spannungen dar, die durch tektonische Kräfte entstanden sind. Gelegentlich erfolgt der Ausgleich nicht auf einmal, sondern in mehreren Stößen *(Bebenschwarm).*

Einsturzbeben entstehen beim Einbruch unterirdischer Hohlräume, besonders in Kalk- und Salzschichten. Sie sind recht selten und nie sehr energiereich.

Vulkanische Beben als Folge vulkanischer Tätigkeit haben ebenfalls nur begrenzte örtliche Auswirkungen.

Die Registrierung der E. erfolgt mithilfe hochempfindlicher Messinstrumente, den Seismographen, im Seismogramm. Aus den Einsätzen im Seismogramm können Richtung, Entfernung und Energie des E.s abgeleitet werden. Die E.energie wird ausgedrückt durch die Magnitude *M;* diese wird aus der Bodenamplitude, der Periode der Erdbebenwelle und einer Eichfunktion berechnet. Das bisher stärkste gemessene E. hatte die Magnitude 8,6.

Bei der zwölfstufigen *Mercalli-Skala* wird die Stärke eines E.s nach seinen Wirkungen an der Erdoberfläche eingeordnet. International gebräuchlich sind eine *modifizierte Mercalli-Skala (MM-Skala)* und eine modernisierte Form, die *Mercalli-Sieberg-Skala.* Nach ihnen liegt der Inten-

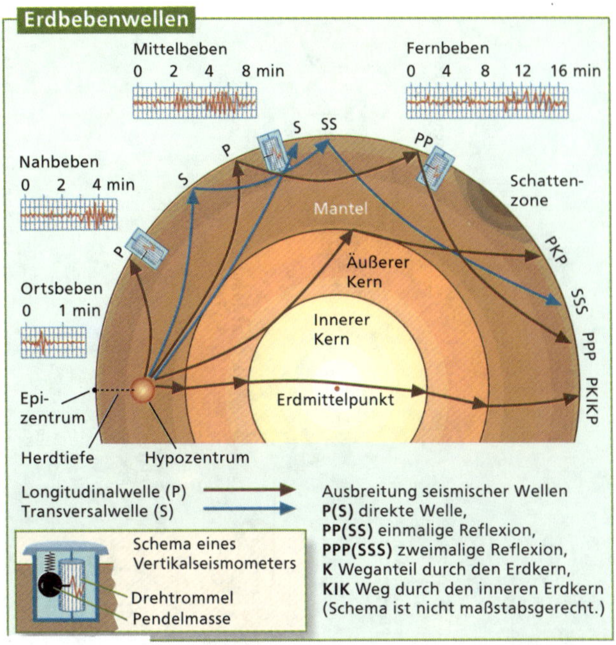

sitätsgrad 1 bei nur instrumentell nachweisbaren Erschütterungen vor, der Grad 2 bei gerade noch spürbaren Erschütterungen, der Grad 4 bei stärkeren Gebäudeerschütterungen, der Grad 8 bei Auftreten schwerer Gebäudeschäden, der Grad 10 bei Zerstörung zahlreicher Häuser, Verformung von Schienensträngen, Rutschen von Berghängen u.a.; der Intensitätsgrad 12 wird zugeordnet, wenn totale Zerstörungen selbst bei soliden Normalbauten sowie vielfältige Verwüstungen der Landschaft eintreten.

Die *Richter-* oder *Magnitudenskala* ist eine moderne E.skala auf instrumenteller Basis, die eine objektive Beurteilung der E.stärke ermöglicht. Als Maß dient die auf dem Seismogramm eines genormten Seismographen gemessene Maximalamplitude der Erdbebenwellen in 100 km Entfernung vom Epizentrum. Die Magnitude M schwankt zwischen den Werten 0 bei sehr schwachen Erdbeben und etwa 7,7 bis 8,6 bei stärksten Erdbeben (Weltbeben), ist aber nach oben hin unbegrenzt.

Im Durchschnitt ereignen sich jährlich auf der Erde etwa zwei Beben mit Magnituden zwischen 8 und 9, 800 Beben zwischen 5 und 6 und 50000 Beben zwischen 3 und 4. Die Verteilung der Epizentren zeigt Häufungen in den sog. *Erdbebengebieten.* Alle starken Beben sind um zwei T-förmig zusammenstoßende Bögen gruppiert. Ein Bogen umrandet den Pazifischen Ozean *(zirkumpazifische Zone).* Der zweite Bogen *(mittelmeerisch-transasiatische Zone)* verläuft im Wesentlichen westöstlich, von den Azoren durch das Mittelmeer, längs der zentralasiatischen Hochgebirgsketten und trifft bei Sumatra auf die zirkumpazifische Zone. Außerdem treten an den untermeerischen Schwellen im Atlantischen Ozean, Indischen Ozean und Nordpolarmeer häufig Beben auf, allerdings keine beson-

E

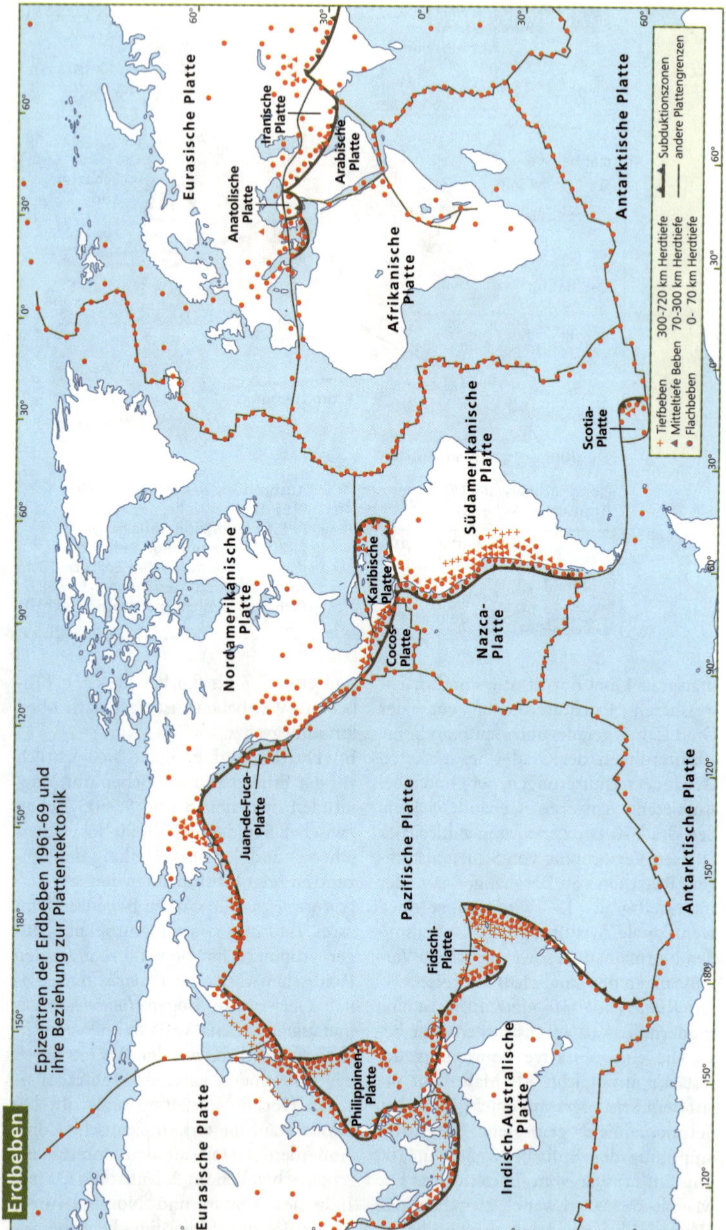

Erdbeben
Epizentren der Erdbeben 1961-69 und ihre Beziehung zur Plattentektonik
Eurasische Platte
Anatolische Platte
Iranische Platte
Arabische Platte
Afrikanische Platte
Nordamerikanische Platte
Karibische Platte
Cocos-Platte
Nazca-Platte
Südamerikanische Platte
Scotia-Platte
Juan-de-Fuca-Platte
Pazifische Platte
Philippinen-Platte
Fidschi-Platte
Indisch-Australische Platte
Antarktische Platte
Tiefbeben 300-720 km Herdtiefe
Mitteltiefe Beben 70-300 km Herdtiefe
Flachbeben 0- 70 km Herdtiefe
Subduktionszonen
andere Plattengrenzen

ders starken. Schließlich gehören auch die großen Grabenzonen in Ostafrika und bei Hawaii zu den Erdbebengebieten.
Eine Besonderheit zeigen die Tiefherdbeben. Sie sind fast nur in der zirkumpazifischen Zone zu finden, jedoch nicht an der Westküste von Nordamerika. Die Bebenherde sind auf einer Ebene angeordnet, die von der Erdoberfläche aus, vor der Küste beginnend, unter etwa 45° gegen das Land hin einfällt.
Wegen ihrer Folgen können Beben unter dem Meeresgrund, *Seebeben,* besondere Bedeutung erlangen. Sie lösen seismische Meereswogen, die Tsunamis aus, die in Küstenorten weitab vom Erdbebenherd noch große Verwüstungen anrichten können.

Erde: Die E. ist der (von der Sonne gesehen) dritte Planet im Sonnensystem; sie wird zu den inneren (terrestrischen) Planeten gezählt.
Bahnbewegung der Erde: Die E. bewegt sich wie alle Planeten auf einer Ellipsenbahn, in deren einem Brennpunkt die Sonne steht. Durch die Masseanziehung, die Gravitation, der Sonne wird die E. auf ihrer Bahn gehalten. Ihr Umlauf um die Sonne erfolgt, vom Nordpol der Erdbahnebene aus betrachtet, entgegen dem Uhrzeigersinn. Die Bahn ist nahezu kreisförmig.
Die mittlere Entfernung der E. von der Sonne beträgt 149,6 Mill. km. Im sonnennächsten Punkt ihrer Bahn, im Perihel, ist die E. 147 Mill. km, im sonnenfernsten Punkt, im Aphel, 152 Mill. km von der Sonne entfernt. Das Perihel wird Anfang Januar, das Aphel Anfang Juli durchlaufen. Der Umfang der Erdbahn beträgt rund 940 Mill. km, diese Strecke wird von der E. mit einer mittleren Geschwindigkeit von 29,8 km/s in einem Jahr zurückgelegt. Die Geschwindigkeit der E. in ihrer Bahn variiert, sie ist in Sonnennähe größer, in Sonnenferne kleiner als die mittlere Geschwindigkeit. Je nach dem Bezugspunkt (Stern, Frühlingspunkt, Perihel) hat das Jahr, das als Maßeinheit dient, eine etwas unterschiedliche Länge: Das tropische Jahr, vom Frühlingspunkt gemessen, ist 365,24220 Tage lang, das anomalistische Jahr (Perihel – Perihel) 365,25964 Tage, das siderische Jahr (Fixstern – Fixstern) 365,25636 Tage.
Die Bahnebene der E., also die durch den Mittelpunkt der Sonne und den Schwerpunkt des E.-Mond-Systems gehende Ebene, wird Ekliptikalebene genannt. Schnittpunkt dieser Ebene mit der Himmelskugel ist die Ekliptik.

Aufbau der Erde

	Erdkruste	Erdmantel	Erdkern
Vol.-%	0,8	83,0	16,2
Masse-%	0,4	67,2	32,4
mittlere Dichte (g/cm³)	2,8	4,5	11,0

Drehbewegung der Erde: Neben der Bewegung in ihrer Bahn führt die E. eine von dieser unabhängige Drehung, eine Rotation um ihre eigene Körperachse, aus. Die Rotation der E. erfolgt von West nach Ost, also im gleichen Drehsinn wie ihre Bewegung in ihrer Bahn. Diese Drehbewegung spiegelt sich in der scheinbaren Drehung des Himmelsgewölbes von Ost nach West wider. Die Rotationsdauer um die Erdachse, gemessen an der Wiederkehr der Kulmination eines Sterns, beträgt 23h 56m 4s, diese Zeit wird ein Sterntag genannt. Wird die Rotationsdauer hingegen an der Wiederkehr der Kulmination der Sonne gemessen, so ist sie um 3m 56s länger und beträgt 24h, das ist ein mittlerer Sonnentag.
Über Jahrzehnte gehende Untersuchungen haben ergeben, dass auch der Erdpol nicht absolut festliegt, sondern ständig wandert. Entsprechend variiert auch die Lage des Erdäquators. Diese Polbewegung kann aufgespalten werden in säkulare Polwanderungen und in periodische Polbewegungen, die Breitenschwankung. Der Erdachse werden ferner noch

Drehbewegungen durch äußere Kräfte aufgezwungen. Wirksam sind die Gravitationskräfte des Mondes, der Sonne und im gewissen Maße die Wirkungen der Planeten. Diese Drehbewegungen der Erdachse werden als ↑Präzession und Nutation bezeichnet.

Dimensionen der Erde: Die E. hat in erster Annäherung die Gestalt einer Kugel. Wird die Annäherung weitergetrieben, so muss der E. die Gestalt eines abgeplatteten Rotationsellipsoids zugeschrieben werden. In aller Strenge ist der Erdkörper nicht durch eine einfache geometrische Figur beschreibbar, denn neben geometrische müssen physikalische Messungen treten, z.B. Schweremessungen. Dies führt nun dazu, von der Erdfigur als dem *Geoid* zu sprechen. Die Internationale Union für Geodäsie und Geophysik hat aber die Maße des »Internationalen Ellipsoids« für die Erdfigur als verbindlich angenommen.

Internationales Erdellipsoid

Äquatorradius	$a = 6\,378\,137$ m
Polradius	$b = 6\,356\,911{,}752$ m
Abplattung	$(a-b)/a = 1:298$
mittlerer Radius	$(a+a+b)/3 = 6\,371\,229{,}315$ m
Äquatorumfang	40 075,017 km
Meridianumfang	40 017,863 km
Äquatorquadrant	10 019 148,441 m
Meridianquadrant	10 002 288,299 m
Äquatorgrad	111 323,872 m
mittlerer Meridiangrad	111 136,537 m
Oberfläche	510 065 600 km^2
Volumen	1 083 207 000 000 km^3
Entweichgeschwindigkeit	11,2 km/s
Rotationsgeschwindigkeit am Äquator	465,1 m/s

Masse und Dichte

Erdmasse	$(5{,}977 \pm 0{,}004) \cdot 10^{27}$ g
Erdmasse × Gravitationskonstante	$3{,}9863 \cdot 10^{20}\, cm^3 s^{-2}$
mittlere Erddichte	$5{,}517 \pm 0{,}004$ g cm^{-3}
Masse der Erdatmosphäre	$5{,}157 \cdot 10^{18}$ g

Erdfall: Bezeichnung für eine schüssel- oder trichterförmige Senke an der Erdoberfläche, die durch Auslaugung des Untergrundgesteins (Salz, Gips, kalkhaltige Gesteine) und durch Nachbrechen der darüber liegenden Deckschichten entstanden ist.

Erdferne (Apogäum): ↑Apsiden.

Erdfließen: ↑Solifluktion.

Erdgas: E. ist ein in der Erdkruste natürlich vorkommendes Gasgemisch; sein Hauptbestandteil ist Methan (80–95%), daneben enthält es gesättigte Kohlenwasserstoffe (z.B. Äthan, Propan, Butan, Pentan), weiterhin Kohlendioxid, Stickstoff, Schwefelwasserstoff sowie Wasser und Helium. Von *trockenen Erdgasen* (Heizwert zwischen 33 600 und 37 800 kJ/m^3) spricht man bei hohen Methangehalten, von *nassen Erdgasen* bei größeren Gehalten an höheren Kohlenwasserstoffen. E. entsteht unter gleichen Bedingungen wie ↑Erdöl und tritt vielfach zusammen mit diesem auf. Im ↑Muttergestein entstanden, wanderte es in das ↑Speichergestein, in die heutige Lagerstätte, ein. E. erlangt zunehmende Bedeutung als Energieträger, ist aber auch ein wichtiger Grundstoff der petrochemischen Industrie. 1993 beliefen sich die bekannten E.reserven der Erde auf 141 832 Mrd. m^3; gefördert wurden auf der Erde 1993 2 103 Mrd. m^3. Der Anteil des E.es am Primärenergieverbrauch der Erde lag 1994 bei 23,8%.

Erdgeschichte: Mit der Entwicklung der Erde beschäftigt sich die ↑Geologie.

Erdinneres: Da die tiefsten Bohrlöcher (die größte bisher erreichte Tiefe beträgt etwa 13 000 m) nicht einmal ein Prozent der Entfernung bis zum Erdmittelpunkt erreichen, ist man bei der Erforschung des überwiegenden Teils des Erdinnern auf indirekte Verfahren angewiesen. Diese liefern nur einige physikalische Materialkonstanten. In der Wahl der zu diesen Konstanten passenden chemischen Elemente oder Verbindungen besteht eine gewisse Freiheit. Erschwert wird die Wahl durch die Tatsache, dass sich die Materie im Erdinneren unter so hohen Drücken und Temperaturen befindet, wie man sie im Laboratorium nur für kleinste Proben oder überhaupt nicht herstellen kann.

Die seismische Auswertung der Erdbebenwellen hat ergeben, dass das Erdinnere aus mehreren Schalen aufgebaut ist. Man nimmt drei Schalen an, Kruste, Mantel und Kern, und unterteilt sie noch vielfach. Über den Inhalt dieser Schalen bestehen z.T. noch ganz unterschiedliche Auffassungen.

Bei der **Erdkruste** unterscheidet man zwei verschiedene Bautypen, die kontinentale Kruste im Bereich der Kontinente und die ozeanische Kruste im Bereich der Tiefsee des Atlantischen, Indischen und Pazifischen Ozeans. Die *kontinentale Kruste* schließt den Schelf mit ein; im Mittel ist sie 30–45 km dick, kann aber unter Gebirgen 50–60 km Mächtigkeit erreichen (hier spricht man von *Gebirgswurzel*). Sieht man von den insgesamt gesehen wenig mächtigen Sedimenten ab, besteht sie aus zwei Schichten. Die obere Schicht weist hauptsächlich Silicium-Aluminium-Verbindungen auf, wird daher als *Sial* bezeichnet. Da Granite u.a. saure Tiefen-, saure Erguss- und saure metamorphe Gesteine (v.a. Gneis) vorherrschen, spricht man auch von einer *Granit-* oder *Gneisschicht.* Durch eine seismische Unstetigkeitsfläche (Sprungfläche), die *Conrad-Diskontinuität,* ist sie von der darunter lagernden Schicht getrennt. Diese setzt sich überwiegend aus Silicium-Magnesium-Verbindungen zusammen, wird daher als *Sima* bezeichnet, nach den vorherrschenden basischen Gesteinen auch *Basalt-* oder *Gabbroschicht* genannt. In der *ozeanischen Kruste* fehlt die obere Schicht, hier bildet also die untere Schicht den von mehr oder weniger geringmächtigen Sedimenten bedeckten Tiefseeboden.

Die Temperatur in der Erdkruste nimmt mit der Tiefe zu, in größerer Tiefe aber sicher in geringerem Maße, als es der ↑geothermischen Tiefenstufe entspricht. Die spezifische Dichte der oberen Kruste beträgt 2,7 g/cm³, die der unteren Kruste 3,0 g/cm³. Da die mittlere Dichte der gesamten Erde 5,5 g/cm³ ausmacht, müssen die Werte für das tiefere Erdinnere wesentlich höher liegen. Das Material der Erdkruste ist fest, es verhält sich spröde gegenüber Erschütterungen (diese Eigenschaft führt zu Erdbeben). In der unteren Erdkruste sind allerdings wahrscheinlich kleinere Areale glutflüssigen Magmas vorhanden.

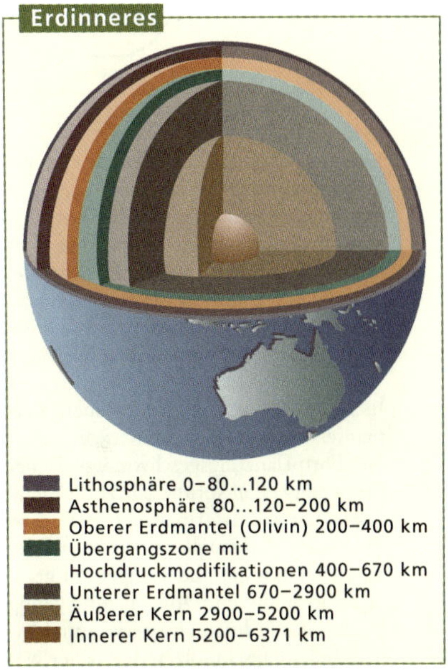

Erdinneres: Tiefengliederung des Erdkörpers

Der **Erdmantel** wird durch eine weitere seismische Unstetigkeitsfläche, die *Mohorovičić-Diskontinuität,* kurz *Moho* genannt, von der Erdkruste getrennt. Der Erdmantel ist 2 800–2 900 km dick. Seine äußere, im Durchschnitt bis in etwa 60 km Tiefe reichende, aber sehr verschiedenmächtige Zone besteht aus einem ultrabasischen Material; das ihm entsprechende, an die Erdoberfläche gelangte Gestein ist Peridotit; man spricht deshalb von der *Peridotitschicht.* Diese ähnelt dem Sima und wird oft auch als *Ultrasima* be-

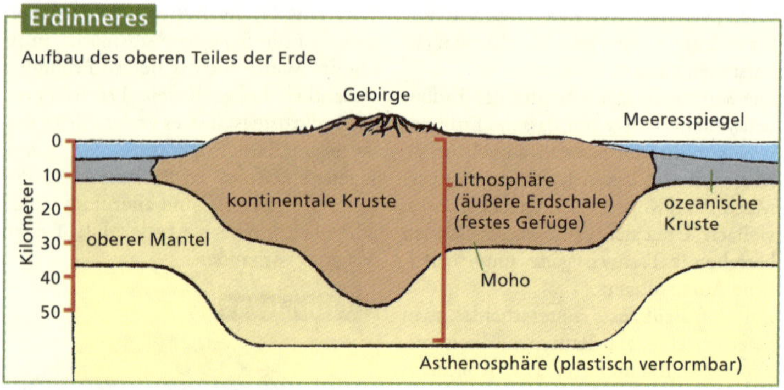

zeichnet. Das Material verhält sich gegenüber Erdbebenwellen wie ein fester elastischer Körper und reagiert auf langsame Bewegungen wie eine viskose Flüssigkeit. Diese Annahmen lassen entsprechend den Vorstellungen von der ↑Isostasie der Erdkruste vermuten, dass die Peridotitschicht am isostatischen Gleichgewicht beteiligt ist.

In 100–300 km Tiefe ist der obere Erdmantel von einer Zone durchsetzt, in der die Fortpflanzungsgeschwindigkeit der Erdbebenwellen sprunghaft zurückgeht. Diese fast schmelzflüssige *Low-velocity-Zone* oder *Asthenosphäre* beruht auf der Tatsache, dass hier die Temperatur gerade so hoch und der Druck niedrig genug ist, dass das Erdmantelmaterial zum kleinen Teil aufgeschmolzen und daher weniger fest ist. Der Bereich oberhalb der Asthenosphäre, d.h. die oberste Erdmantelschicht und die Erdkruste, wird zusammenfassend als *Lithosphäre* bezeichnet. Sie besteht aus einer Reihe mehr oder weniger starrer »Platten«, die von den großen mittelozeanischen Rücken aus auf der Asthenosphäre bewegt werden. Als Antriebsmittel der Bewegung dienen die aus den Zentralspalten der mittelozeanischen Rücken austretenden basaltischen Schmelzen der Asthenosphäre, aber auch die innerhalb der Asthenosphäre zirkulierenden thermischen Ausgleichsströmungen (Konvektionsströmungen). Durch ↑Subduktion wird der Asthenosphäre wieder Lithosphärenmaterial zugeführt (↑Plattentektonik).

Unter dem oberen Mantel folgt in 400–900 km Tiefe eine *Übergangszone* mit deutlich höherer Geschwindigkeit der Erdbebenwellen. Die stoffliche Zusammensetzung ist hier wahrscheinlich die gleiche wie im oberen Mantel, infolge des höheren Drucks ist aber das dort im Peridotit vorherrschende Mineral Olivin wahrscheinlich durch den kompakter gebauten Spinell ersetzt, ab 650–670 km Tiefe durch das ausgesprochene Hochdruckmineral Perowskit.

Für den unteren Bereich des Erdmantels nimmt man eine Zusammensetzung aus Sulfiden und Oxiden oder basischen Silikaten, Eisen und Schwermetallen an.

Die Temperatur nimmt im Erdmantel von 1400 °C an der Obergrenze bis zur Untergrenze in 2900 km Tiefe auf 3000 °C zu, die Dichte von 3,3 auf 5,7 g/cm^3.

Der **Erdkern** hat einen Durchmesser von rund 7000 km. Über seinen Aufbau herrscht am wenigsten Gewissheit. Viele nehmen an, dass er aus Nickel und Eisen *(Nife)* besteht, und unterscheiden einen äußeren Kern von 2200 km Mächtigkeit mit Temperaturen von 3000–5000 °C (vielleicht auch bis über 5000 °C) und einer Dichte von 9,4 g/cm^3 sowie einem inneren Kern mit Temperaturen bis zu

7000 °C und einer Dichte von 11–13,5 g/cm³; trotz dieser hohen Temperaturen ist der innere Kern wegen des hohen Drucks möglicherweise fest. Der äußere Kern verhält sich dagegen sowohl gegenüber den Gezeitenkräften wie den kurzperiodischen Erdbebenwellen wie eine Flüssigkeit; in ihm gibt es eine Konvektionsströmung, die Ursache des erdmagnetischen Feldes ist.
Nach anderer Ansicht soll der Erdkern aus einer an Wasserstoff und Helium stark verarmten Sonnenmaterie bestehen, d.h. einem sehr heißen, unter hohem Druck stehenden, vollständig ionisierten Gas, einem Plasma. Dieses verhält sich Erdbebenwellen gegenüber wie ein fester Körper.

Erdkegel: ↑Erdpyramiden.

Erdkern: ↑Erdinneres.

Erdkruste: ↑Erdinneres.

Erdmagnetismus: E. ist die Bezeichnung für die mit dem Magnetfeld der Erde zusammenhängenden Phänomene. Weder der Mond noch die beiden Nachbarplaneten Mars und Venus besitzen ein Feld vergleichbarer Intensität. Das Magnetfeld der Erde bewirkt die Bildung der Magnetosphäre. Man kann das auf der Erdoberfläche gemessene Magnetfeld zerlegen in einen Anteil, dessen Ursache im Erdinneren liegt, und einen von außen stammenden Anteil. Der innere Anteil enthält v.a. das Permanentfeld und die Magnetfelder der durch äußere Variationen im Erdinneren elektromagnetisch induzierten Ströme. Der äußere Anteil rührt von variablen elektrischen Strömen in der Ionosphäre und der Magnetosphäre her.
Wie man aus jahrhundertelangen Beobachtungen weiß, sind Richtungen und Stärke des erdmagnetischen Feldes nicht unveränderlich; sie unterliegen langsamen Veränderungen, der Säkularvariation. Bekannt ist die Wirkung der Säkularvariation auf die Missweisung am Kompass: die Nord-Süd-Linie, auf der keine Magnetnadelabweichung von der Nordrichtung auftritt (die Agone), rückt jährlich um etwa 20 km nach Westen: 1945 verlief sie durch Königsberg (Pr), 1975 durch Berlin. ↑auch Paläomagnetismus.

Erdmantel: ↑Erdinneres.

Erdmittelalter: deutsche Bezeichnung für das Mesozoikum, ↑Geologie, Zeittafel.

Erdnähe (Perigäum): ↑Apsiden.

Erdnaht: ↑Lineament.

Erdneuzeit: deutsche Bezeichnung für das Känozoikum, ↑Geologie, Zeittafel.

Erdöl: E. ist ein helles bis schwarzgrünes, dünn- bis dickflüssiges öliges Gemenge, das hauptsächlich aus Kohlenwasserstoffen besteht und als Rohstoff, *Rohöl,* in natürlichen Lagerstätten vorkommt. Die Zusammensetzung des E.s kann sehr unterschiedlich sein. Die Analyse verschiedener E.sorten ergab als Hauptbestandteile Kohlenstoff (die Durchschnittswerte schwanken zwischen 80 und 90 %), Wasserstoff (10 bis 15 %), Schwefel (0 bis 7 %), Sauerstoff (0 bis 5 %) und Stickstoff (0 bis 2 %); dazu kommen u.a. Spuren von Metallen, wie Nickel, Kupfer, Vanadium oder Molybdän. Die jeweils vorherrschende Kohlenwasserstoffgruppe (Paraffine, Naphtene, aromatische Verbindungen) bestimmt den Charakter des Erdöls.
Der Ursprung des E.s ist noch nicht restlos geklärt. Wegen der chemischen Zusammensetzung des E.s gilt jedoch seine Herkunft aus organischen Stoffen und seine Bildung im Meer (Salz- oder Brackwasser) als ziemlich sicher. Früher glaubte man, dass nur in Randmeeren mit behinderter Bodenwasserzirkulation, also dort, wo ↑Faulschlamm entsteht, unter anaeroben Verhältnissen, die Voraussetzungen für die Bildung von E. gegeben sind. Hier ist das Wasser am Meeresboden so arm an (oder sogar frei von) Sauerstoff und so reich an Schwefelwasserstoff, dass die abgestorbenen, zum Boden abgesunkenen Lebewesen nicht oder kaum verwesen. Die Kohlehydrate, Eiweißstoffe und Fette der Lebewesen werden dann unter der Einwirkung von Bakterien und Fermenten zersetzt und

Erdöl

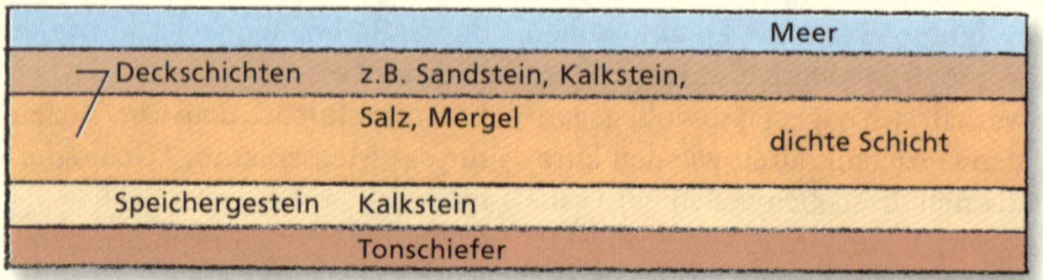

Ein Ölfeld entsteht: Über der wasser- und ölhaltigen Kalksteinschicht haben sich Deckschichten abgelagert

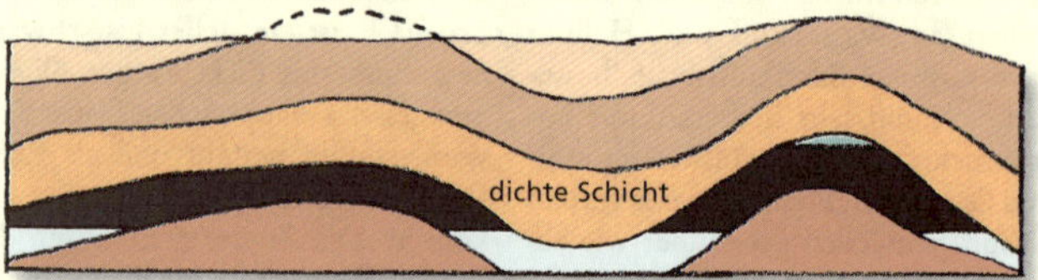

Durch Verschiebungen in der Erdkruste werden die Schichten gefaltet – das leichtere Öl trennt sich vom Wasser, dringt nach oben und sammelt sich in den Antiklinalen

Poröse Schichten werden durch Erosion abgetragen und später wieder durch dichte Schichten bedeckt – so entstehen die stratigraphischen Fallen

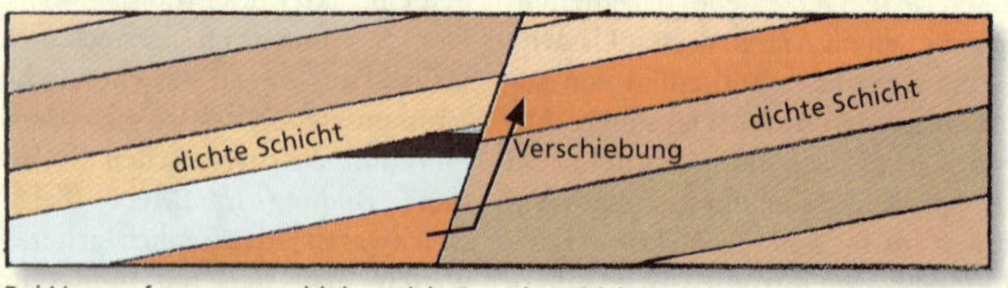

Bei Verwerfungen verschieben sich Gesteinsschichten an einer Bruchfläche – dadurch entstehen tektonische Fallen

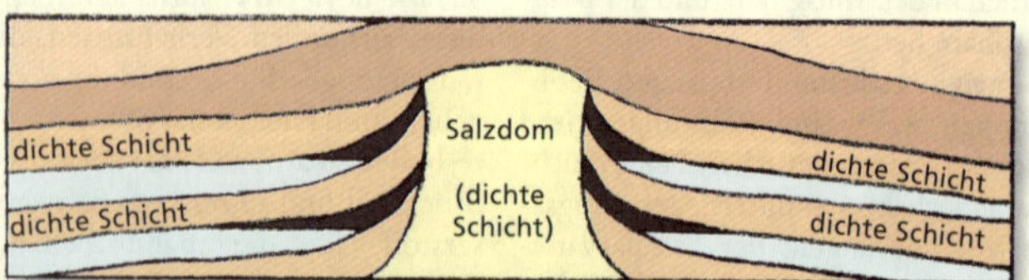

Salzdome bahnen sich einen Weg durch die Gesteinsschichten nach oben. An ihrem Rand entstehen die Ölfallen an Salzdomen

unter besonderen Druck- und Temperaturverhältnissen mithilfe mineralischer Katalysatoren in E. umgewandelt. Diese Vorgänge sind im Einzelnen noch nicht bekannt. Spätere Untersuchungen zeigten, dass auch in gut durchlüftetem Wasser bei starker, rascher Sedimentation am Meeresboden bereits wenige mm bis cm unter der Oberfläche feinklastischer Sedimente solche anaeroben Verhältnisse herrschen können, v.a. im Bereich des Kontinentalschelfs. Aus diesem stammen die weitaus meisten Sedimentgesteine. Hier ist auch die anfallende Menge an Lebewesen am höchsten; dabei handelt es sich überwiegend um tierisches und pflanzliches Plankton, besonders um Einzeller, Hohltiere und Krebse. Das im ursprünglichen Sediment, dem *Muttergestein,* in feinverteilten Tröpfchen vorhandene E. (bzw. seine Vorläufer) wird bei der Diagenese unter dem Überlagerungsdruck nachfolgender Sedimente ausgepresst, weicht durch Wanderung *(Migration)* nach oben und zur Seite in Deckschichten aus; diese müssen permeabel, d.h. porös, sein oder andere Hohlräume, wie Klüfte, enthalten. Werden diese Speichergesteine wiederum von undurchlässigen Schichten abgedeckt, kann sich das E. anreichern. Vielfach erfolgt dabei eine Aufspaltung des unter Druck stehenden Gemisches nach dem spezifischen Gewicht in Wasser, Erdöl und Erdgas; das Erdgas kann auch unter bestimmten Umständen alleine weiterwandern, wodurch reine Erdgasvorkommen entstehen können. Unter den verschiedenen Typen von Erdöllagerstätten unterscheidet man v.a. die Lagerstätten in Antiklinalen und an Salzstöcken sowie stratigraphische und tektonische Fallen. – Die bekannten E.reserven der Erde wurden für 1993 mit 135,71 Mrd. t angegeben; die gesamte E.förderung auf der Erde belief sich 1994 auf 3,2 Mrd.t. Der Anteil des E.s am Primärenergieverbrauch auf der Erde ist von (1974) 48% auf 36% im Jahr 1994 gefallen.

Erdpyramiden (Erdkegel, Erdpfeiler): E. sind bis zu 30m hohe, pyramiden-, kegel-, turm- oder pfeilerartige Abtragungsformen in Moränen und anderem Lockermaterial, das in trockenem Zustand sehr standfest ist. In Gebieten mit jahreszeitlich konzentriert auftretenden Niederschlägen werden aus solchem Material bestehende Hänge (besonders nach ihrer Entwaldung) stark abgespült, wobei wegen der Ungleichkörnigkeit des Materials einzelne Hangpartien von der Abtragung verschont bleiben, sodass diese Teile im Laufe der Zeit herausmodelliert werden. Es entstehen E., von denen einige auch einen zusätzlich schützenden Deckstein tragen. E. sind u.a. auf dem Ritten bei Bozen zu finden.

Erdrutsch (Bergrutsch, Erdschlipf, Bergschlipf, Schlipf): Bei einem E. rutschen stark durchnässte Lockermassen an steileren Böschungen plötzlich ab, wobei die Vegetationsdecke zerreißt. Am häufigsten treten solche Bewegungen in Hochgebirgen sowie in Erdbebengebieten und in sehr feuchten Gebirgslandschaften auf.

Erdschatten: Wenn die Mondbahn durch den E. verläuft, kann eine ↑Mondfinsternis beobachtet werden.

Erdteil: ↑Kontinent.

Erdwärme: ↑geothermische Energie.

Ẹrg (in Libyen: Edeien): E. ist die aus der nördlichen Sahara stammende Bezeichnung für große, dünenbesetzte Sandwüsten. Sie finden sich oft in der Nähe von Kies- (Seriren) und Felswüsten (Hammadas), aus denen der Sand im Erg zu Dünen aufgeweht wurde.

Ergussgesteine (Ausbruch-, Effusiv-, Extrusivgesteine, Vulkanite): E. nennt man ↑magmatische Gesteine, die im Rahmen vulkanischer Tätigkeit durch Erstarren des aus der Tiefe aufgedrungenen Magmas an oder nahe der Erdoberfläche gebildet wurden.

Erholung: In der Geographie ist dieser Begriff den ↑Daseinsgrundfunktionen zuzuordnen. Unter dem Thema »Sich Erholen« werden Ansprüche an den Er-

E

holungsraum und die durch diese Ansprüche eintretenden Veränderungen behandelt. Diese ökologisch oft nicht unbedenklichen Veränderungen werden immer kritischer betrachtet. Vielfach gefährdete Erholungsräume in Europa sind z.B. die Alpen und das Mittelmeer.

Erosion: Im deutschen Sprachgebrauch versteht man unter E. nur die *fluviatile Erosion,* d.h. die v.a. linear wirksame, einschneidende und ausräumende Tätigkeit des fließenden Wassers, im Gegensatz zur flächenhaften Abtragung, der Denudation. Die fluviatile E. schafft zusammen mit der Verwitterung und Denudation die Täler. Die Intensivität der E. ist abhängig von der Wasserführung, dem Gefälle, dem Schutttransport und der Widerständigkeit des Gesteins. Nach der Richtung, in welche die E. wirkt, unterscheidet man zwischen Tiefenerosion und Seitenerosion.

Die *Tiefenerosion* wird hervorgerufen durch die Schwerkraft, angeregt durch Hebung der Landoberfläche und verstärkt an Engstellen, die sich v.a. an harten Gesteinsriegeln bilden. Sie bewirkt den Ausgleich des Flusslängsprofils durch Rückverlegung von Gefällstufen, sie schreitet dabei stromaufwärts gegen die höher gelegenen Teile des Flussbettes vor, man spricht daher von *rückschreitender Erosion.*

Durch die *Seitenerosion* werden die Talhänge und Ufer unterschnitten sowie die Flussbetten verbreitert. Sie wird hervorgerufen durch stoßweise Wasserführung, Hochwasser und Pendeln des Stromstrichs, v.a. beim Mäandrieren.

Über das normale Ausmaß hinausgehende Erosion wirkt als ↑Bodenerosion.

Die verschiedenen erodierenden Tätigkeiten des Eises werden als ↑Glazialerosion bezeichnet.

Erosionsbasis (Abtragungsbasis): Die E. ist das Niveau, bis zu dem die Erosion wirken kann. Die absolute E. ist der Meeresspiegel, die lokale Erosionsbasis kann ein See oder eine größere Ebene sein, für einen Nebenfluss ist sie die Mündung in den Hauptstrom. Alle abtragenden und aufschüttenden Tätigkeiten eines Flusses sind von dieser Erosionsbasis abhängig.

erratische Blöcke (Findlinge): Als e.B. bezeichnet man ortsfremde Felsblöcke in Gebieten ehemaliger Vereisung; sie wurden durch Gletscher oder Inlandeis – oft Hunderte von Kilometern weit – vom Ursprungsort an ihre heutige Fundstätte transportiert; sie sind daher Indizien für die Ausdehnung und Herkunft von Eismassen.

Erstarrungsgesteine: ↑magmatische Gesteine.

Ertragssteigerung: Möglichkeiten zur Steigerung landwirtschaftlicher Erträge sind die Intensivierung des Anbaus durch effektivere Bodenbearbeitung, verstärkten Düngereinsatz, verbessertes Saatgut, Neuzüchtungen, Pflanzenschutzmaßnahmen und Mechanisierung. Daneben spielt die künstliche Bewässerung eine entscheidende Rolle.

Eruption: E. ist eine Sammelbezeichnung für vulkanische Ausbruchstätigkeit, z.B. Lava-E., Aschen- und Schlacken-E. sowie das Austreten von Gas und Dampf.

Eruptivgesteine: ↑magmatische Gesteine.

Erwerbspersonen: Begriff der amtlichen Statistik für alle Personen, die mindestens 15 Jahre alt sind, mit Wohnsitz im betreffenden Land, die eine unmittelbar oder mittelbar auf Erwerb gerichtete Tätigkeit ausüben oder suchen. Den Gegensatz zu den E. bilden die *Nichterwerbspersonen* (z.B. Kinder, Schüler, Studenten, ältere Personen sowie Frauen und Männer, die ausschließlich im Haushalt tätig sind). Die E. setzen sich zusammen aus den *Erwerbstätigen* (Selbstständige und Angestellte, die einen Beruf zu Erwerbszwecken ausüben, sowie mithelfende Familienangehörige) und den *Erwerbslosen* (Arbeitslose und Schulabgänger).

Erz: In der Mineralogie bezeichnet man als E. jedes metallhaltige Mineral oder Mineralgemenge. Im Bergbau wird der

Begriff so verstanden, dass aus dem Mineral oder Mineralgemenge in industriellem Maßstab und mit wirtschaftlichem Nutzen Metalle oder Metallverbindungen gewonnen werden können. Bestandteile des E.es sind nicht nur die Verbindungen der nutzbaren Metalle, sondern auch andere Minerale, wie Kalk, Dolomit, Quarz, mit denen Erzminerale verwachsen sind und die man als *Gangart* oder *taubes Gestein* bezeichnet. Überwiegen die basischen Bestandteile (CaO, MgO), so handelt es sich um ein *basisches Erz,* überwiegt die Kieselsäure (Siliciumdioxid), um ein *saures Erz.*

Erzeugerländer: Dieser Begriff wird fast nur im Zusammenhang mit dem Wort Verbraucherländer verwendet. Er weist auf die Tatsache hin, dass bestimmte Produkte – es handelt sich dabei überwiegend um Rohstoffe – in einem Land erzeugt (gefördert) und in anderen Ländern verbraucht werden. Beispielhaft kann hier das Erdöl angeführt werden, dessen Hauptfördergebiete weit von den Hauptverbrauchergebieten, den Industrieländern, entfernt liegen.

Erzlagerstätten: E. sind natürliche Anhäufungen von Erzen in der Erdkruste, die nach Größe und Inhalt für eine wirtschaftliche Gewinnung der Erze infrage kommen können. Die Abbauwürdigkeit der Erze ist abhängig vom Wert des betreffenden Metalls, vom Metallgehalt der Erze, von der Gewinnungsmethode, von der Verhüttbarkeit und von der Lage des Fundorts. Nach der Entstehung der Erze unterscheidet man drei Gruppen von Lagerstätten: magmatische, sedimentäre und metamorphe Erzlagerstätten.

Die *magmatischen E.* entstanden meist im Zusammenhang mit plutonischen Vorgängen, und zwar innerhalb des Magmas *(intramagmatisch),* am Rande des Magmas *(perimagmatisch)* oder in größerer Entfernung vom Magma *(apo- bis telemagmatisch)* als Niederschlag aus heißen, wässrigen Lösungen *(hydrothermale E.);* seltener entstanden sie durch vulkanische Vorgänge, dann meist am Meeresboden durch Exhalation *(Exhalationslagerstätten).* Eine Besonderheit stellen die *Imprägnationslagerstätten* dar: Hier sind metallhaltige Lösungen in die Poren schwerlöslicher, aber durchlässiger Gesteine eingedrungen und haben sie durchtränkt (»imprägniert«). Bei der Bildung der *metasomatischen E.* oder *Verdrängungslagerstätten* haben die eingedrungenen metallhaltigen Lösungen mit dem Nebengestein chemisch reagiert; sie haben dieses Gestein (z.B. Kalk) in Erz umgewandelt, seine ursprünglichen Minerale dabei »verdrängt«.

Die eigentlichen *sedimentären E.* bilden sich durch mechanisch-sedimentäre (↑Seifen) oder chemisch-sedimentäre Vorgänge; unter Letzteren versteht man Ausscheidungen in Meeren oder Seen, z.B. Eisenoolithe, Kupferschiefer und Raseneisenerz. Im weiteren Sinne zählen zu diesen E. auch die *Verwitterungslagerstätten,* v.a. die *Rückstandslagerstätten:* Als liegen gebliebener, also angereicherter Rest bei Verwitterungsvorgängen entstehen z.B. eluviale Seifen, Laterit und Bauxit.

Die *metamorphen E.* sind auf Vorgänge der Metamorphose zurückzuführen.

Esch: E. ist eine in Nordwestdeutschland und den Niederlanden gebräuchliche Bezeichnung für einen oft in Langstreifen untergliederten Teil der Flur, der sich inselförmig aus der feuchteren Umgebung hervorhebt und infolge seiner relativen Trockenheit für den Getreideanbau (Roggen) günstig ist. Dieser Komplex ist das älteste Ackerland der Siedlung. Die Dörfer liegen immer in unmittelbarer Nähe dieses Altackerlandes; es handelt sich um kleine, lockere Weiler mit bis zu 2 bis 12 Höfen, die als *Drubbel* bezeichnet werden.

Estạncia (Estanzia): Die E. ist ein Viehzuchtgroßbetrieb in Südamerika, v.a. in Argentinien, der bis 6000 ha groß sein kann. Das Vieh der E. ist das ganze Jahr über auf der Weide; es wird zur Gewinnung von Fleisch, das hauptsächlich ex-

E

portiert wird, gehalten. Der Begriff E. wird auch für einen größeren landwirtschaftlichen Betrieb oder das Gutshaus allein gebraucht. Oft wohnen die Besitzer, die Estancieros, nicht im Gutshof, sondern in der Stadt. Sie haben dann einen ansässigen Verwalter eingesetzt, der die Landarbeiter, die Peones, beaufsichtigt und für den Betrieb verantwortlich ist.

Etesien: E. nennt man die mit großer Regelmäßigkeit von Mai bis Oktober über Griechenland, der Ägäis und dem östlichen Mittelmeer wehenden Nord- bis Nordwestwinde. Die E. sind trockene, relativ kühle, über dem Meer oft stürmische Winde; am frühen Nachmittag erreichen sie ihre Hauptstärke, nachts schlafen sie nahezu ein. Da die E. für den Mittelmeerraum charakteristisch sind, nennt man das Mittelmeerklima auch oft *Etesienklima* (die zu bevorzugende Bezeichnung ist jedoch mediterranes Klima).

Ethnologie: ↑Völkerkunde.

EU: Abkürzung für ↑**E**uropäische **U**nion.

Europäische Union (Abkürzung EU): Die früher Europäische Gemeinschaft (EG) genannte EU hat ihre Grundlage in drei europäischen Gemeinschaften und verschiedenen Vertragsergänzungen:
EGKS/Montanunion (Europäische Gemeinschaft für Kohle und Stahl), 1951 gegründet;
EWG (Europäische Wirtschaftsgemeinschaft), 1957 gegründet;
EAG/Euratom (Europäische Atomgemeinschaft), 1957 gegründet.
Eine grundlegende Revision erfuhr die Zusammenarbeit der Gemeinschaften im Vertrag von Maastricht 1992 (EU-Vertrag), der eine Wirtschafts- und Währungsunion bis 1999 vorsieht und eine gemeinsame Außen- und Sicherheitspolitik (GASP) sowie Zusammenarbeit in der Innen- und Rechtspolitik anstrebt.
Die 15 EU-Mitglieder sind in der amtlichen Reihenfolge: Belgien, Dänemark, Deutschland, Griechenland, Spanien, Frankreich, Irland, Italien, Luxemburg, Niederlande, Österreich, Portugal, Finnland, Schweden, Großbritannien.

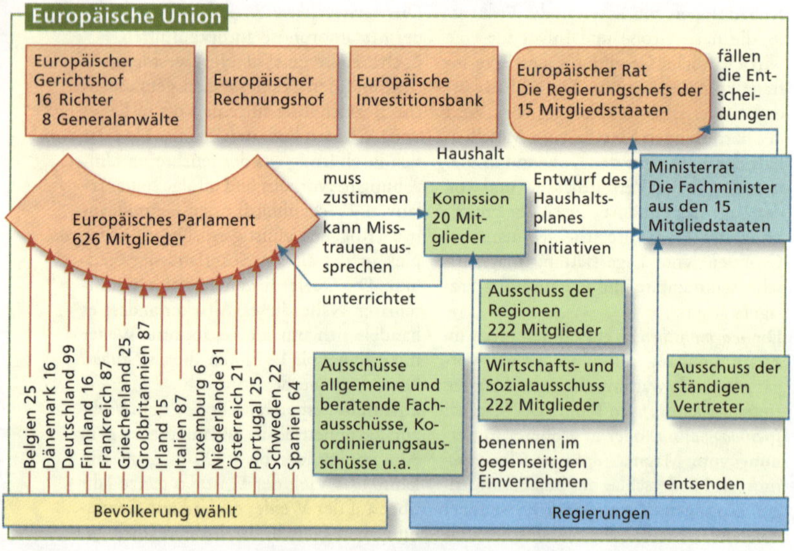

E

Europäisierung: Unter E. versteht man die Verbreitung europäischer Denk- und Wirtschaftsweisen in Afrika, Asien und Amerika (heute auf Süd- und Mittelamerika beschränkt). Die E. ist der Hauptgrund, warum Entwicklungsländer immer Entwicklungsländer bleiben.

Europaschiff: Ein E. ist ein mit eigenem Motor fahrendes Lastschiff der Binnenschifffahrt von 1350 BRT, das nach einheitlichen Konstruktionsnormen gebaut ist: 80m Länge, 9,5m Breite und 2,5m Tiefgang. Das E. wurde eingeführt, um die europäische Binnenschifffahrt zu vereinheitlichen. Neue Kanäle wurden den Maßen des E.es entsprechend gebaut, ältere Kanäle ausgebaut. Das E. wird aber seit einigen Jahren auf dem Rhein immer mehr von Schubschiffeinheiten abgelöst. Diese Schubleichter haben die Abmessungen 70m×9,5m (Europa-I-Leichter) und 76,5m×11,4m (Europa-II-Leichter).

eustatische Meeresspiegelschwankungen: Als e. M. bezeichnet man langfristige Hebungen und Senkungen des Meeresspiegels durch Veränderung des Wasserhaushaltes der Erde. Sie sind im Wesentlichen durch Bindung von Wasser als Eis bedingt: Während einer Eiszeit fällt der Meeresspiegel, beim Abschmelzen der Eismassen während der folgenden Warmzeit steigt er wieder an. Man spricht daher auch von *Glazialeustasie.*

eutroph: Gewässer und Böden, die besonders reich an Nährstoffen, v.a. Stickstoff und Phosphor, sind, nennt man eutroph. E. Seen sind wegen des großen Nährstoffangebots dicht besiedelt. Als e. werden auch die Pflanzen, die e. Böden benötigen, z.B. Wiesen- und Waldpflanzen, bezeichnet.

Eutrophierung: Wenn ein Gewässer mit stickstoff- und phosphorhaltigen Stoffen belastet wird, kommt es zur Eutrophierung. Dies hat eine explosionsartige Vermehrung der Algen zur Folge. Die dadurch am Tage gesteigerte Sauerstoffproduktion kann vom Wasser nicht aufgenommen werden, da es schon bald mit Sauerstoff gesättigt ist. Erhöht sich die Temperatur, so wird der Sättigungspunkt noch früher erreicht. In der Nacht wird jedoch von den Organismen mehr Sauerstoff verbraucht, als am Tage vom Wasser gespeichert worden ist. Dies führt zu einer Sauerstoffarmut: Das Ökosystem kommt aus dem Gleichgewicht, es »kippt um«. Diese Gefahr besteht v.a. in heißen Sommern an stehenden oder nur schwach fließenden Gewässern, in die Abwässer, v.a. aus überdüngten Feldern, einfließen. Dabei kommt es oft zu großen Fischsterben.

Evaporation: Unter E. versteht man die Verdunstung von einer freien Wasseroberfläche und von der vegetationsfreien Erdoberfläche.

Evaporite (Eindampfungssedimente): E. nennt man Ablagerungen, die in Salzpfannen durch Verdunstung des Wassers entstanden sind, v.a. Steinsalz, Kalisalze, Anhydrit, Gips.

Evapotranspiration: Unter E. versteht man die gesamte Verdunstung von einer bewachsenen Bodenoberfläche; sie setzt sich aus Evaporation, der Wasserabgabe der Bodenoberfläche, und Transpiration, der Wasserabgabe der Pflanzen, zusammen.

EWG (Abkürzung für **E**uropäische **W**irtschafts**g**emeinschaft): Ziele dieser 1957 gegründeten (in Kraft seit 1. 1. 1958) Wirtschaftsunion europäischer Staaten sind Zollabbau, freier Verkehr von Personen und Dienstleistungen, gemeinsame Zolltarife gegenüber Dritten und koordinierte Wirtschaftspolitik. Die EWG ist Bestandteil der ↑Europäischen Union; ihr sind seit 1975 (Konvention von Lomé) 46 Entwicklungsländer Afrikas, des karibischen und des pazifischen Raumes, die AKP-Staaten, assoziiert. Ähnliche Präfenzabkommen bestehen mit einer Reihe anderer Staaten, v.a. im Mittelmeerraum.

Exaration: E. ist das Fachwort für einen Teil der Glazialerosion, nämlich das Wegschieben von Lockermaterial durch

E

die Stirn eines Gletschers oder durch fortschreitende Inlandeismassen.

Exhalation: E. nennt man das Ausströmen von Gasen bei der vulkanischen Tätigkeit, z.B. in ↑Fumarolen, ↑Mofetten und ↑Solfataren.

Existenzminimum: Mit E. verbindet man das zur Erhaltung des Lebens unabdingbar erforderliche Versorgungsniveau, meist als Geldeinkommen ausgedrückt, mit dem die erforderlichen Mengen an Gütern und Leistungen erworben werden.

Exklave: Eine E. ist ein Gebiet eines Staates, das vom eigenen Staat aus nicht zugänglich ist; es ist also gänzlich von fremdem Staatsgebiet umgeben. Das Wort E. wird aber auch auf niedriger Verwaltungsebene in entsprechendem Sinne gebraucht.

exogen (außenbürtig): E. nennt man Kräfte, die von außen auf die Erdoberfläche einwirken, wie Wasser, Luft, Wärme, Organismen. Man spricht von exogener Dynamik; die wichtigste e.e Kraftquelle ist die Sonne. E. bedingte Vorgänge sind Verwitterung, Abtragung und Sedimentation. Der Gegenbegriff heißt endogen.

Exosphäre (Dissipationssphäre): Die E. bildet das oberste Stockwerk der Atmosphäre ab etwa 500 bis 1000 km Höhe. Die E. bildet den Übergang zum interplanetaren Raum. Die noch vorhandenen atmosphärischen Gase sind bereits so verdünnt, dass einzelne Moleküle nicht mehr mit anderen zusammenstoßen und bei genügend hohen Geschwindigkeiten aus dem Schwerefeld der Erde in den Weltraum entweichen, sofern sie nicht im ionisierten Zustand vom Magnetfeld der Erde gezwungen werden im Van-Allen-Gürtel umzulaufen.

Expansionstheorie: E. nennt man eine geotektonische Hypothese, die als Ursache für die tektonische Formung der Erde eine Volumenvergrößerung der Erdkruste annimmt. Diese soll bedingt sein durch die innere Erwärmung aufgrund einer durch Radioaktivität entstehenden überschüssigen Wärme (heute widerlegt) bzw. aufgrund einer Abnahme der Gravitationskonstante. Den Gegensatz zur E. stellt die Kontraktionstheorie dar. – Die heute am häufigsten diskutierte diesbezügliche Theorie ist jedoch die der ↑Plattentektonik.

Exploration: Es handelt sich hier um einen Begriff aus der Geophysik. Gemeint ist damit das Suchen und Erforschen von Lagerstätten, z.B. von Erzen oder Erdöl.

Export (Ausfuhr): Dieser Teilbereich der Volkswirtschaft umfasst alle Rohstoffe, Waren und Dienstleistungen, die ins Ausland geliefert bzw. im Ausland erbracht werden. Die Aufrechnung von Export gegen Import wird Handelsbilanz genannt.

Exportabhängigkeit: Von E. spricht man, wenn ein Land in einem für seine wirtschaftliche Stellung entscheidendem Ausmaß von Exporten abhängig ist. Dies gilt v.a. für Länder, deren Binnenmarkt keine ausreichenden Aufnahmekapazitäten aufweist. So kann z.B. Japan, das arm an Bodenschätzen ist und deshalb hier Importe benötigt, nur durch eine expansive Exportpolitik seine Stellung unter den führenden Industrieländern halten.

extensive Wirtschaft: Dieser Begriff aus der Landwirtschaft steht für eine Wirtschaftsweise, bei der im Verhältnis zur Bodenfläche wenig Arbeit aufgewendet werden muss.

Extremwerte: Die während eines Beobachtungszeitraumes auftretenden höchsten und tiefsten Werte eines Klimaelementes bezeichnen wir als Extremwerte. Verrechnet man die Extremwerte (die höchsten und tiefsten jeweils für sich) aller Tage eines Monats zu einem Mittelwert, erhält man die mittleren Minimal- und die mittleren Maximalwerte dieses Monats. Verrechnet man weiterhin alle Minima und Maxima des gleichen Monats (z.B. des Januar) über mehrere Jahre zu einem Mittelwert, erhält man die mittleren Monatsminima bzw. -maxima dieses Monats (z.B. also die

F

mittleren Januarminima und die mittleren Januarmaxima). Verrechnet man nun weiterhin die mittleren Monatsminima und -maxima aller Monate über mehrere Jahre, so erhält man das mittlere jährliche Minimum bzw. Maximum für das berechnete Klimaelement an diesem bestimmten Ort, an dem alle Messungen vorgenommen wurden.

F

Fabrikschiff: ↑Fischfabrikschiff.

Fächerlot: Form des ↑Echolots.

Fahlerde: F. ist eine besondere Art der ↑Parabraunerde.

Fahrwasser (Fahrrinne): Das F. ist der durch ↑Seezeichen kenntlich gemachte Schifffahrtsweg im Küstenbereich und in Flüssen; es wird in Seekarten eingetragen. Das F. muss gegebenenfalls durch Baggerarbeiten offen gehalten werden.

Falklandstrom: kalte Meeresströmung im Atlantischen Ozean, Karte Meeresströmungen S. 234.

Fallout [englisch fɔːlˈaʊt]: Die Ablagerung künstlicher radioaktiver Beimengungen der Luft (v. a. als Folge von Kernwaffenexplosionen oder schweren Betriebsunfällen in Kernkraftwerken) an der Erdoberfläche durch fallenden Niederschlag und Staub nennt man Fallout.

Fallwind: Als F. bezeichnet man von Gebirgen mit großer Geschwindigkeit abwärts strömende Luftmassen. Diese erwärmen sich dabei infolge ↑adiabatischer Erwärmung und werden im Gebirgsvorland als warme Winde empfunden; der bekannteste F. dieser Art ist der Föhn. Wird dagegen sehr kalte Luft von Gebirgsflächen herabgesaugt, kann diese trotz adiabatischer Erwärmung sehr kalt am Gebirgsfuß ankommen. Diese Winde werden als kalte F.e bezeichnet, zu ihnen gehört die ↑Bora.

Falte: Bei geologischen F.en handelt es sich um durch Auf- und Abbiegung von Gesteinsschichten entstandene Verbiegungsformen. Der Vorgang, die Faltung, wird durch seitlichen Druck und Einengung ausgelöst. Die Einbiegungen einer F. nennt man *Mulde, Synkline* oder *Synklinale,* die Aufwölbungen hingegen *Sattel, Gewölbe, Antikline* oder *Antiklinale.* Bei gleichmäßiger Biegung entstehen einfache, aufrechte oder stehende F.n mit einer nahezu senkrechten Achsenebene und symmetrisch zu den Muldenachsen einfallenden Schenkeln. Je nach ihrer Lage werden die einzelnen F.nformen unterschieden: *stehende F.n* (mit senkrechter Achsenebene), *schiefe F.n, überkippte F.n* (wenn beide F.nflanken in die gleiche Richtung einfallen) und *liegende F.n (Deckfalten),* wenn sich der Sattel weit über die vorgelagerte Mulde legt. In besonderen Fällen taucht die Achsenebene unter die Horizontale und bildet dadurch eine *Tauchfalte. Isoklinalfalten* sind durch starke Einengung entstanden und weisen daher weitgehend parallel verlaufende F.nschenkel auf. *Kofferfalten* sind durch flachen Scheitel und fast rechtwinklig abgesetzte steile Schenkel gekennzeichnet. Bei parallel gerichteten, aber schräg hintereinander gestaffelten F.n spricht man von *Kulissenfalten.*

F.n treten meist nicht einzeln, sondern zu mehreren geschart oder gebündelt als *Faltenschar* oder *-bündel* auf. Durch das Abtauchen der Muldenachse entsteht im Schnittbild mit der Horizontalen ein umlaufendes Streichen der Schichten.

Nach dem Faltungsvorgang unterscheidet man drei Grundtypen: 1. *Biege-* oder

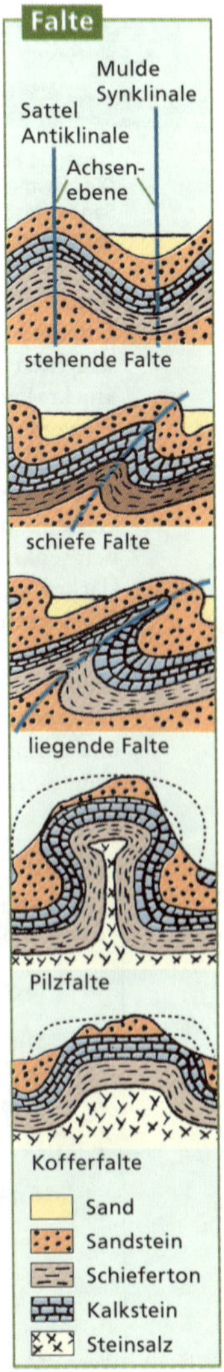

Liegende **Falte** am Ballotastrand in Asturien. Die zusammengepressten mesozoischen Sandsteinschichten unterliegen jetzt der Verwitterung.

Knickfalten entstehen durch tangentiale Einengungskräfte, wobei die Gesteinsschichten wellenartig verbogen (»geknickt«) werden und sich an den Schichtgrenzen gegeneinander verschieben. 2. *Scherfalten* entstehen, wenn die Scherfestigkeit des unter Spannung stehenden Gesteins überschritten wird. Dabei reißen senkrecht zur Druckrichtung Scherflächen auf, und das Gestein wird in Scherbretter zerlegt. Es bildet sich eine treppenartige Staffelung der Scherflächen. Dieser Vorgang ist mit Schieferung verbunden. 3. *Fließfalten* entstehen durch unregelmäßige Faltung. Eine einmal erzeugte Krümmung wird erneut gekrümmt, aufgewickelt oder verwirbelt. Man beobachtet Fließfalten in magmatischen Schmelzen, in hochmetamorphen Gesteinen und auch in Salzgesteinen.

Falte

Schematischer Aufbau einer Gesteinsfalte

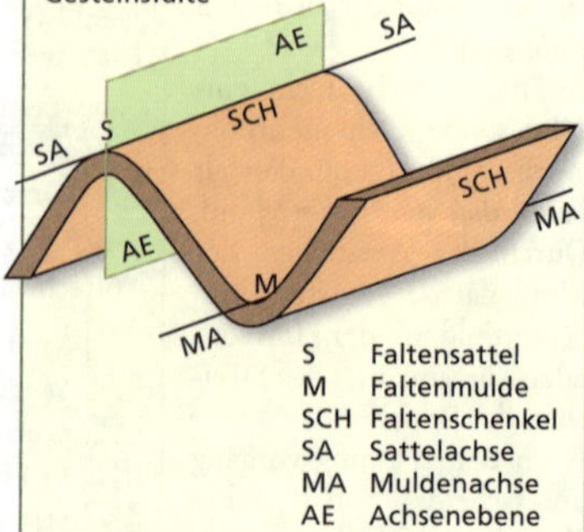

Faltung: Als F. bezeichnet man die Verbiegung von Gesteinsschichten zu Falten. Im übertragenen Sinne versteht man unter F. auch die meist mit F. verbundene Gebirgsbildung, also die Orogenese.

Faltungsphasen: Die gebirgsbildende Aktivität der Erde ist starken zeitlichen und räumlichen Schwankungen ihrer Intensivität unterworfen. Neben unmerklich langsamen, nahezu stetigen Bewegungen lassen sich Zeiten verstärkter Aktivität in der Erdkruste beobachten. Diese Zeitabschnitte, die sich durch diskordante Auflagerung jüngerer Deckschichten über zuvor aufgerichtete und teilweise abgetragene Schichtglieder zeitlich einstufen lassen, werden als F. bezeichnet. Die einzelnen F. hat man in wenige *Perioden (Ären)* zusammengefasst: die **assyntische Faltungsära** des Präkambriums, die **kaledonische Faltungsära** des Altpaläozoikums, die **variskische Faltungsära** des Jungpaläozoikums und die **alpidische Faltungsära** des Tertiärs und Quartärs.

Familienbetrieb: Beim F. handelt es sich um einen Betrieb, der weitgehend ohne fest angestelltes Personal auskommt. Alle wichtigen Tätigkeiten können von Familienangehörigen erledigt werden.

Familienplanung: Mit F. sind alle Maßnahmen gemeint, um Anzahl und Zeitpunkt der Geburten in der Familie im Hinblick auf individuelle und gesellschaftliche Bedingungen zu planen. F. wird in der Bevölkerungspolitik als wirksames Mittel gegen ein als zu hoch angesehenes Bevölkerungswachstum betrachtet.

Fanglomerat (Schlammbreccie): F.e sind Ablagerungen aus mit Sinkstoffen stark überladenen Schichtfluten, die durch kurze, aber heftige Niederschläge im ariden Klimabereich verursacht werden. Diese Gesteinsschuttanschwemmungen bestehen aus kaum gerundetem und unsortiertem Material.

Farm:

◆ Im englischen und amerikanischen Sprachgebrauch ist die F. ein landwirtschaftlicher Betrieb.

◆ Im deutschen Sprachgebrauch wurde der Begriff F. auf Betriebe der Geflügel- und Pelztierzucht übertragen; man spricht von Geflügelfarm und Pelztierfarm.

Farmlandschaft: Als F. bezeichnet man bestimmte Ackerbaugebiete in den USA. Die einzelnen Farmgebäude, die durch Baumpflanzungen vor dem Wind geschützt sind, liegen weit voneinander entfernt. Neben den Farmgebäuden befinden sich oft riesige Silos.

Diese Landschaft ist eine Folge der Kolonisierung des Westens der USA im späten 18. und im 19. Jahrhundert. Im Jahre 1785 wurde eine systematische Landeinteilung, die Congressional-Township-Einteilung beschlossen. Der gesamte Westen, zum Teil bis zum Fuße der Rocky Mountains, wurde dabei in Quadrate mit 6 Meilen (=9,7 km) Seitenlänge eingeteilt, deren Grenzen parallel zu den Längen- und Breitengraden verlaufen.

Fastebene (englisch Peneplain): Bei der F. handelt es sich um eine flachwellige, kaum gegliederte Rumpffläche in geringer Höhe über dem Meeresspiegel. Durch Abtragung während einer langen tektonischen Ruheperiode wurde sie fast eingeebnet.

Fata Morgana: Als F. M. bezeichnet man einen komplizierten Spiegelungseffekt im Grenzbereich verschieden warmer Luftschichten der Atmosphäre. Die F. M. täuscht in Wüstengebieten, wenn die unteren Luftschichten wärmer und deshalb dünner sind als die darüber liegenden, Wasserflächen vor und rückt Gegenstände scheinbar näher an den Beobachter heran.

Faulschlamm (Sapropel):

◆ Der F. ist eine graue bis schwarze feinkörnige Ablagerung, die sich bei Sauerstoffmangel in flachen Meeresbereichen und in stehenden Gewässern bildet. Dabei ist eine Gasentwicklung festzustellen. F. besteht überwiegend aus mikroskopisch kleinen Wassertieren und -pflanzen und ist daher sehr fett- und eiweißreich. Bei Verhärtung entstehen Sapropelkohle, bituminöser Kalkstein, Öl- oder Kupferschiefer. Der F. ist eine Vorstufe der Erdölbildung.

◆ Unter F. versteht man auch die bei der mechanischen und biologischen Klärstufe der Abwasseraufbereitung anfallenden Schlammteilchen, die in Faultürmen ausgegoren werden. Dabei wird der oben erwähnte Prozess unter künstlichen Bedingungen nachvollzogen.

Fauna: F. ist das Fachwort für Tierwelt; es wird meist im Zusammenhang mit einem bestimmten Gebiet oder einer bestimmten geologischen Zeit gebraucht, z.B. die F. Madagaskars oder die F. des Karbon, und meint die systematische Zusammenstellung aller Tierarten dieses Gebietes bzw. dieser Zeit.

Favelas: Bezeichnung für Slumsiedlungen in Brasilien, ↑Slum.

Fazenda [fa'zɛnda]: In Brasilien wird eine ↑Hazienda F. genannt.

Fazies: F. sind die Merkmale, die für die Bildung eines Sedimentgesteins charakteristisch sind. In Bezug auf die Gesteinsbeschaffenheit spricht man von *Petrofazies,* bezüglich des Fossilinhalts von *Biofazies.* Fernerhin unterteilt man nach dem Bildungsraum *(paläogeographische Fazies)* in eine *Land-* oder *terrestrische Fazies,* eine *Süßwasser-* oder *limnische Fazies* und eine *Meeres-* oder *marine Fazies.*

FCKW: Abkürzung für ↑**F**luor**c**hlor**k**ohlen**w**asserstoffe.

Fehnkultur: Die F. ist eine in den Niederlanden entwickelte und angewendete ↑Moorkultur.

Feldfutterbau: Unter dem F. versteht man den Anbau von Futterpflanzen, die im grünen oder getrockneten Zustand oder siliert an das Vieh verfüttert werden. Solche Anbaufrüchte sind z.B. Klee, Futterrüben und Mais. Sie werden im Haupt- und Zwischenfruchtanbau nach

F

den Hauptfrüchten im Spätsommer und Herbst angebaut.

Feld-Gras-Wirtschaft: Die F. ist ein landwirtschaftliches Bodennutzungssystem, bei dem auf demselben Stück Land in mehrjährigem Wechsel Nutzung als Ackerland und als Grünland erfolgt. Während der Grünlandjahre, die in der Regel, v.a. bei zunehmend feucht-kühlem Klima, die Dauer der Ackerbaujahre übertreffen, kommt es zur Weide-, Wiesen-, seltener zur Mähweidenutzung. Früher wurde das Feld der Selbstbegrünung überlassen (wilde F.), heute werden fast ausnahmslos Klee-Gras-Mischungen eingesät (verbesserte F.). In Süddeutschland nennt man die F. Egartenwirtschaft, in Südwest- und Westdeutschland Drieschwirtschaft, in Norddeutschland Koppelwirtschaft und in Großbritannien Ley Farming.

Feld-Wald-Wechselwirtschaft: Die F. ist ein landwirtschaftliches Bodennutzungssystem, bei dem langjährige Waldnutzung (über 12 Jahre) mit kurzzeitiger Ackernutzung (1–3 Jahre) auf derselben Fläche miteinander abwechseln. Bei der geregelten F. mit festem Rhythmus wurde der Wald zur Gewinnung von Lohe, Brennholz, Nutzholz und Holzkohle genutzt. In Europa ist die F., die regional unterschiedliche Namen trug (z.B. Haubergwirtschaft, Schwandtwirtschaft) fast ganz verschwunden, in den Tropen ist ihre ungeregelte Form als Shifting cultivation mit Brandrodung noch erhalten.

Fellachen: Die F. sind die Ackerbau betreibende Landbevölkerung in den arabischen Ländern. Sie bildet eine von den Beduinen und Städtern gesonderte Bevölkerungsgruppe. In den durch die arabische Eroberung arabisierten Gebieten haben die F. als direkte Nachkommenschaft der vor der Eroberung ansässigen Bevölkerung viel von ihrem alten Kulturgut bewahrt; in einigen Ländern gibt es unter ihnen sogar noch starke christliche Minderheiten. Ihr sozialer Status ist vergleichsweise niedrig, da sie oft als Pächter wirtschaftlich von den Großgrundbesitzern abhängig sind.

Felsenmeer: Ein F. ist ein Ergebnis der ↑Blockbildung.

Felssturz: Ein F. ist eine Erdmassenbewegung, bei der weniger Masse abstürzt als beim ↑Bergsturz.

Felswüste (Felsschuttwüste): F. ist die deutsche Bezeichnung für ↑Hammada.

Fenster, geologisches: ↑geologisches Fenster.

Ferner: in Tirol (außer in Osttirol) übliche Bezeichnung für ↑Gletscher.

Fernerkundung: Die F. ist die Gesamtheit von Aufnahme- und Messverfahren ohne direkten Kontakt mit dem Aufnahmeobjekt, z.B. durch Luft- oder Satellitenbilder sowie Sonarverfahren. Hierzu zählen auch Infrarotaufnahmen, Mikrowellen- u.a. Höchstfrequenzverfahren, besonders Radarverfahren. – ↑auch Satellitenfernerkundung.

Ferner Osten:

◆ (Far East) Bezeichnung für die ostasiatischen Randländer des Pazifischen Ozeans; im allgemeinen Sprachgebrauch darüber hinaus oft auch die Länder in westlicher Richtung bis einschließlich Pakistan.

◆ In Russland Bezeichnung für seine östlichen Randgebiete an der nordpazifischen Küste.

Fernweidewirtschaft: Die F. ist eine Form der Viehwirtschaft, bei der die Herden zu Weidegebieten getrieben werden, die in größerer Entfernung vom Heimatort liegen und keine wirtschaftliche Bindung zu diesem aufweisen. Die geläufigste Form der F. ist die ↑Transhumanz; keine Form der F. ist dagegen die alpine Almwirtschaft.

Fertigwaren: Bei F. handelt es sich um Waren, die keiner weiteren Bearbeitung mehr bedürfen, die also verbrauchsfertig verkauft werden.

Fertilität (Fruchtbarkeit): In der Geographie wird F. in zwei Bereichen angewandt: in der Bodenkunde gibt der Begriff die Bodengüte an, im Bereich der Bevölkerungslehre bezieht sich der Ausdruck auf die Fähigkeit der Lebewesen, Nachkommen zu erzeugen.

Festlandsockel: ↑Schelf.

Festungsstadt: Die F. ist ein Stadttyp, der entweder seine Gründung oder seinen Aus- oder Umbau der Anlage einer Festung verdankt; sie liegt daher an einer (ehemals) strategisch wichtigen Stelle.

Feuchtsavanne: Die F. ist ein Vegetationstyp der ↑Savanne in Gebieten mit nahezu einfacher Regenzeit, in der 1 000 bis 1 500 mm Niederschlag in den 7–9 humiden Monaten fallen; der geschlossene Graswuchs erreicht 2–4 m Höhe, die F. ist daher schwer passierbar; die meist brandwiderständigen Bäume werden bis 10 m hoch; es sind meist Laub abwerfende, dickborkige Arten. An den Flüssen treten üppige ↑Galeriewälder auf. Die F. ist v. a. in Afrika südlich und nördlich des tropischen Regenwaldes als breiter Gürtel anzutreffen, an den sich polwärts die Trockensavanne anschließt.

Feuchtwald: Der F. ist ein Wald, der eine Zwischenstellung zwischen dem tropischen Regenwald und dem Trockenwald einnimmt. Man findet ihn u. a. in Brasilien und im Sudan.

Feuerkugel (Bolid): Ein ↑Meteor von besonderer Größe und Helligkeit wird F. genannt.

Feuerstein (Flint): F.e sind dichte, harte muschelige und scharfkantige, schwarze, bräunliche oder blaue Konkretionen von undurchsichtigem Chalzedon; dieser besteht aus Kieselsäure (SiO_2) und stellt eine feinkristalline Form des Quarzes dar. F. kommt u. a. in den Kreidekalken Norddeutschlands, Dänemarks und Englands vor.

Findling: ↑Erratische Blöcke werden umgangssprachlich als Findlinge bezeichnet.

Firn: F. nennt man die während mehrerer Jahre durch wiederholtes Auftauen und Gefrieren im Hochgebirge entstandene besondere Form des Schnees. Die ursprünglichen Schneeflocken verdichten sich bei diesem Vorgang zu *Firnkörnern,* die anfangs eine nur dünne wasserdurchlässige Schicht bilden. Im Laufe der Zeit werden die Firnkörner immer größer, die lufterfüllten Zwischenräume verkleinern sich und verschwinden langsam. Aus dem F. ist das wasserundurchlässige, milchige *Firneis* geworden, das unter zunehmendem Druck in das grünliche Gletschereis übergeht.

Firnlinie: Die F. ist die Schneegrenze auf einem ↑Gletscher, die dessen Nährgebiet vom Zehrgebiet trennt.

Firth [englisch fə:θ]: F. ist die in Schottland übliche Bezeichnung für ↑Fjord.

Fischereigrenze: Dieser völkerrechtliche Ausdruck bezieht sich auf die im Meer verlaufende Grenzlinie, die die ↑hohe See und den Teil der Küstengewässer voneinander trennt, in dem die Ausübung des Fischereirechts den Staatsangehörigen des Küstenstaates vorbehalten ist *(Küstenfischerei).* Sie war bisher in der Regel mit der meeresseitigen Grenze der ↑Küstengewässer identisch. In neuerer Zeit bestehen Tendenzen, die F. in Richtung hohe See hinauszuschieben, wobei sich die betreffenden Staaten v. a. auf den Gedanken des Fischbestandschutzes berufen.

Fischfabrikschiff: Ein F. ist das Mutterschiff einer Hochseefischereifangflotte; es übernimmt die Netze der Fangboote durch die Heckaufschleppe und verarbeitet den Fang zu Filet bzw. Konserven, die Abfälle zu Fischmehl. Außerdem ist immer eine Trankocherei an Bord, die in der Hauptsache die Fischleber verarbeitet. F.e bleiben meist ganzjährig im Fanggebiet und übernehmen für eine Flotte von 8 bis 16 kleineren Fangbooten die Funktion des Fischereischutzbootes. Es gibt neben universal eingerichteten F.en eine Reihe von Spezial-F.en, z. B. für Heringsflotten oder Thunfischfangflotten. – Ein F. (Fabriktrawler) nennt man auch einen Hecktrawler, der ähnlich dem Mutterschiff einer Fangflotte mit Einrichtungen zur Verarbeitung des Fangs ausgerüstet ist.

Fischlupe: Die F. ist eine Spezialform des ↑Echolots.

F

Fixstern: In der Astronomie sind die F.e die Sterne im eigentlichen Sinne; sie sind meist sehr große, aus sich selbst leuchtende Gaskugeln hoher Temperatur. Der uns nächste F., von dem wir sehr viel mehr wissen als von den anderen, ist die Sonne.

Fjärd: F.e werden die Buchten innerhalb der mittelschwedischen und finnischen ↑Schärenküste genannt. Sie bilden somit den heute vom Meer überfluteten Teil der ehemaligen Rundhöckerlandschaft, während die nicht überfluteten Teile die Schären, also die Inseln, bilden. F. ist außerdem die schwedische Bezeichnung für ↑Fjord.

Fjell (schwedisch Fjäll): Das F. ist die Region oberhalb des borealen Nadelwaldgürtels auf der skandinavischen Halbinsel, etwa 300–700 m ü. d. M.; es wird durch eine als *Fjellstufe* bezeichnete Vegetationsformation aus Moosen, Flechten, Stauden und Zwergsträuchern bestimmt. Zwischen Nadelwald und Fjellstufe wächst der *Fjellbirkenwald,* ein rein aus Fjellbirken bestehender lichter Wald.

Fjord: Ein F. ist ein vom Meer überflutetes Trogtal, das weit unter den Meeresspiegel herabreicht. F.e erscheinen also als weit ins Land eingreifende schmale Meeresbuchten mit sehr steilen Hängen. Typisch für einen F. ist, dass er unmittelbar vor der Mündung ins offene Meer seine geringste Wassertiefe erreicht. Die charakteristische Schwelle hängt mit der glazialen Überformung des Tales zusammen. Da F.e weit ins Land reichen, sind sie für die Erschließung dieser Gebiete wichtige Wasserstraßen, behindern aber den querenden Verkehr. F.e sind ein Charakteristikum der norwegischen Westküste (der Sognefjord erstreckt sich 204 km ins Land, er ist maximal 1 308 m, am Eingang 847 m tief), sie finden sich aber auch in Schottland, hier *Firth* genannt, in Westkanada, Südchile, auf Spitzbergen und Grönland.

◆ Im Dänischen wird F. im Sinne von ↑Förde und ↑Haff gebraucht.

Flächennutzungsplan: In Deutschland versteht man unter einem F. den Entwicklungsplan einer Gemeinde. Dieser Plan soll für die gesamte Gemeinde die beste Art der Nutzung sicherstellen. Insbesondere regelt er das Verhältnis von Baufläche zu Wohndichte und damit die Bevölkerungsverteilung. Für einzelne Gebiete der Gemeinde werden Bebauungspläne erstellt; diese Bebauungspläne ergeben zusammen mit dem F. den Bauleitplan der Gemeinde.

Flächenspülung: F. ist eine Form der Abtragung, die durch das auf großer, relativ ebener Fläche abfließende Regenwasser erfolgt.

Flächentreue: Eigenschaft bestimmter ↑Kartennetzentwürfe.

Flachland: Eine ausgedehnte Landoberfläche mit geringen, jedoch größeren Höhenunterschieden als bei der Ebene nennt man F., wobei man nach der Lage über dem Meeresspiegel zwischen *Tiefland* (bis etwa 200 m ü. d. M.) und *Hochland* unterscheidet.

Flachsee: Der Bereich des Meeres bis zu etwa 200 m Tiefe wird F., auch Schelfmeer genannt. Es handelt sich um die im Randbereich der Kontinente und Inseln, also über dem Schelf liegenden Meeresteile. Zu den Schelfmeeren gehören große Teile der Rand- und Nebenmeere, wie z. B. in Europa Ost- und Nordsee. Der Meeresboden der F. wurde teilweise erst in geologisch junger Zeit überflutet und zeigt vielfach festländische Formen. Der Artenreichtum an pflanzlichen und tierischen Organismen ist in der F. weniger groß als in der Tiefsee, da viele Nebenmeere (z. B. Ostsee) infolge ihrer Abgeschlossenheit und mangels guter Durchlüftung vor allem in den bodennahen Wasserschichten Sauerstoffmangel aufweisen.

Infolge der vielfältigen Nutzung der Schelfmeere (Schifffahrt, Fischerei, Suche nach Erdöl und Erdgas usw.) ist die F. heute gut vermessen und in großmaßstäblichen See- und Tiefenkarten nahezu lückenlos erfasst.

Flandrische Transgression: postglaziales Stadium der Nordsee, ↑Quartär.

Flecken: F. ist die historische Bezeichnung für eine ländliche Siedlung mit gewissen städtischen Rechten. Häufig handelte es sich um Marktflecken, die nur das Marktrecht ausüben durften; manchmal auch um F., denen eine gewisse niedere Gerichtsbarkeit zustand.

Fleet: Ein Kanal innerhalb einer Stadt wird im Niederdeutschen F. genannt, im Niederländischen *Gracht.*

Flexur (Kniefalte, Monokline): Eine F. ist die S-förmige Verbiegung von Gesteinsschichten, die durch eine gegenläufige relative Verschiebung zweier Schollen ohne Bildung von größeren Bruchfugen zustande kommt. Nach der Tiefe oder nach der Seite zu können F.en in tektonische Brüche übergehen und stellen somit eine besondere Art der ↑Verwerfungen dar.

Fließgeschwindigkeit: Das Tempo, mit dem sich in einem fließenden Gewässer die Wassermassen fortbewegen, wird F. genannt. Sie ist abhängig von Gefälle, Gesteinsuntergrund, mitgeführter Schuttmenge und Wassermenge. Die F. ist im ↑Stromstrich am größten. Man unterscheidet *laminares Fließen (Gleiten),* wenn sich die Wasserpartikel parallel zueinander bewegen (F. unter 0,1 m/s); *turbulentes Fließen,* wenn die Wasserteilchen durch Fließwirbel ihre Lage zueinander ständig ändern, wobei man von *Strömen* spricht, wenn die F. geringer, und von *Schießen,* wenn sie größer ist als die Ausbreitungsgeschwindigkeit der Wellen; und endlich *Stürzen,* wenn der Zusammenhang der Wassermassen zeitweilig verloren geht, was bei Stromschnellen und Wasserfällen der Fall ist.

Flint: Der F. ist ein dichter Quarz; oft gleichbedeutend mit ↑Feuerstein.

Flora: F. ist das Fachwort für Pflanzenwelt; es wird meist im Zusammenhang mit einem bestimmten Gebiet oder einer bestimmten geologischen Zeit gebraucht, z.B. die F. Madagaskars oder die F. des Karbon, und meint die systematische Zusammenstellung aller Pflanzen dieses Gebietes bzw. dieser Zeit.

Florengebiet: Jedes ↑Florenreich wird in Florengebiete untergliedert.

Florenreich: Das F. ist die höchste pflanzengeographische Einheit bei der räumlichen Gliederung der Pflanzendecke der Erde. Die F.e sind aufgrund unterschiedlicher *Florenelemente,* d.h. verschiedener Gruppen von Pflanzenarten mit bestimmten gemeinsamen Merkmalen, voneinander getrennt. Jedes F. untergliedert man in *Florengebiete* und diese wiederum in *Florenprovinzen.*

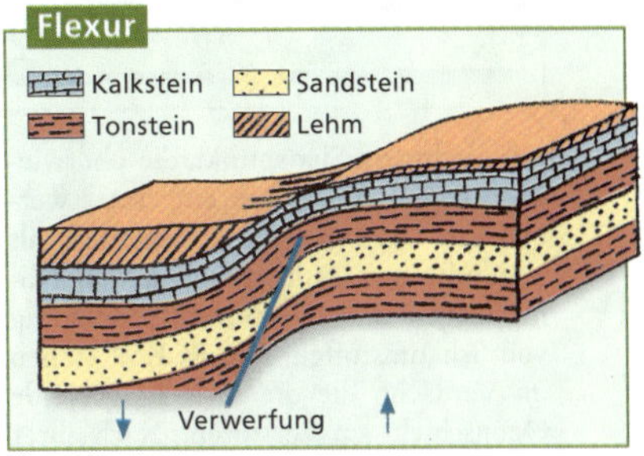

Flexur über einer Verwerfung

Flöz: Als F. bezeichnet man im Bergbau eine Schicht nutzbarer Gesteine. F.e sind meist weitflächig ausgedehnt, aber nur geringmächtig. Flözartige Vorkommen zeigen z.B. Kohle, Salze und Kupferschiefer.

Flüchtlinge: Bei F.n handelt es sich um Menschen, die ihr Heimatland aus meist politischen oder religiösen Gründen oder auch infolge kriegerischer Auseinandersetzungen verlassen oder verlassen müssen. In letzter Zeit entstehen immer mehr Flüchtlingsströme auch aus wirtschaftlichen Gründen (Wirtschaftsflüchtlinge).

Flugsand: Losen, durch Wind transportierten Sand, der häufig in Dünen oder weiten Sandflächen abgelagert wird, nennt man Flugsand.

Fluorchlorkohlenwasserstoffe (Chlorfluorkohlenstoffe), Abkürzung: FCKW: F. sind flüchtige Verbindungen

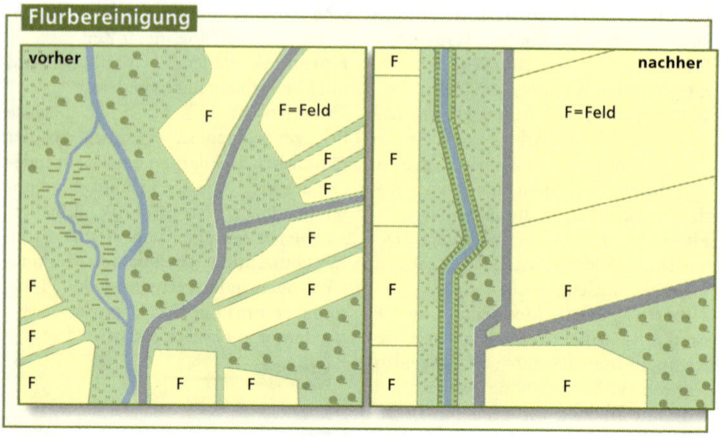

mit niedrigem Siedepunkt, die überwiegend in drei Bereichen eingesetzt werden: als Treibgase in Sprühdosen, als Kühlmittel in Kühlschränken und Klimaanlagen und bei der Aufschäumung von Schaumstoffen. Die FCKW stehen im Verdacht, die die Erde umgebende Ozonschicht zu zerstören. Nach ihrer Freisetzung steigen sie langsam in höhere Luftschichten auf. Vgl. ↑Ozonloch.

Flur: Die F. ist die Gesamtheit der landwirtschaftlich genutzten Fläche einer Gemeinde. Sie umfasst Gärten, Äcker, Wiesen, Weiden und Wälder, soweit diese im Parzellenverband eingeschlossen sind. Aus der Art der Parzellierung der Flur ergeben sich die unterschiedlichen ↑Flurformen.

Flurbereinigung: Bei der F. werden kleine Felder zu großen Blöcken zusammengelegt bzw. umgelegt und verkoppelt. Mit der Neuordnung der Flur geht meist auch der Ausbau des Wege- und Gewässernetzes einher. Durch Verlegung einzelner Höfe aus dem Dorf in die Flur hinein wird die Erweiterung dieser oft beengten Betriebe ermöglicht; außerdem werden auch die Anfahrtswege zu den Feldern verkürzt. Dank der vergrößerten Ackerflächen können dann moderne Maschinen wirtschaftlich eingesetzt werden.

Die F. setzt sich somit aus einer ganzen Reihe von Maßnahmen zusammen; sie ist nicht nur auf eine Neuverteilung der Anbaufläche beschränkt, sondern hat eine Umwandlung der Lebens- und Arbeitsverhältnisse auf dem Lande zur Folge.

Flurformen: Die verschiedenen F. ergeben sich durch die unterschiedliche Art der Aufgliederung der Flur. Sie sind abhängig von der Wirtschaftsform, der Sozialstruktur und den landschaftlichen Gegebenheiten. Die Aufteilung der Flur kann völlig unregelmäßig, mehr oder minder regelmäßig oder rein schematisch erfolgen. Ursache dafür kann etwa die unterschiedliche landwirtschaftliche Technik sein. Beim ↑Wanderfeldbau findet man eine unregelmäßig runde oder elliptische Begrenzung der Kulturfläche,

Flurformen: a Großblockeinödflur (Gutsbetriebe, Plantagen u. a.), b Flur eines amerikanischen township, c unregelmäßige Blockeinödflur, d unregelmäßige Kleinblockgemengeflur, e Kleinblock- und Streifengemengeflur, f Breitstreifengemengeflur, g Breitstreifeneinödflur (Waldhufenflur), h Radialflur (eines Rundlings), i Streifengemengeflur (Gewannflur), j Kleinblock- und Kurzstreifengemengeflur (nach Flurbereinigung), k Zuordnung von Parzellen zu Streifenverbänden (a–o) und Streifenkomplexen (A, B).

Flurformen

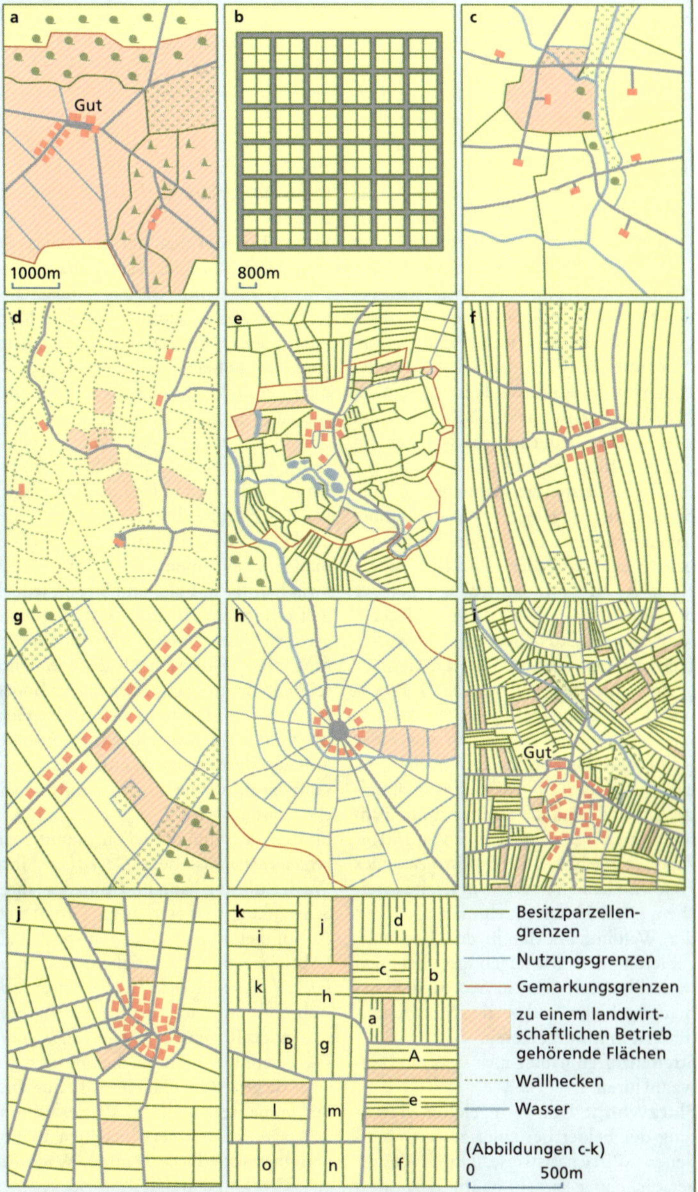
a
Gut
1000m
b
800m
c
d
e
f
g
h
i
Gut
j
k
i
j
d
c
b
k
h
a
B
g
A
e
l
m
o
n
f
Besitzparzellen-grenzen
Nutzungsgrenzen
Gemarkungsgrenzen
zu einem landwirtschaftlichen Betrieb gehörende Flächen
Wallhecken
Wasser
(Abbildungen c-k)
0
500m

F

da das Areal durch Brandrodung zustande kommt und diese Flurform der Arbeit mit dem Pflanzstock und der Hacke nicht entgegensteht. Beim Pflugbau erfolgt im Allgemeinen eine geradlinige Abgrenzung der Parzellen. Im Wesentlichen lassen sich hierbei zwei Grundformen unterscheiden: die Block- und die Streifenflur.

Nach der Größe untergliedert man die Blockflur in Groß- und Kleinblöcke. Die *Großblöcke* findet man überwiegend in Gebieten, in denen eine gemeinschaftliche Bodennutzung vorherrscht, z.B. bei den Kibbuzim in Israel. Auch die Großgrundbesitzungen, viele Farmen in Nordamerika (↑Farmlandschaft) und die Plantagen haben Großblockfluren. Eine *Kleinblockflur* ist die Einödflur, die im Besitz eines Bauern ist und aus einem einzigen Block besteht.

Auch die meisten im Rahmen der Flurbereinigung angelegten Aussiedlerhöfe haben eine solche Einödflur. Eine regionale Ausprägung der Blockflur ist die *Kampflur* in Norddeutschland, bei der die Blockflur durch Zäune, Hecken, Mauern oder Erdwälle eingehegt wurde. Herrscht innerhalb der Blöcke Gemengelage, sprechen wir von einer Block- oder Kampgemengeflur.

Die Streifenfluren bestehen aus einer Reihe von Kurz- oder Langstreifenparzellen. Bei der *Langstreifenflur* (Schmalstreifenflur) sind die Streifen unter 30m breit und können eine Länge von 100 bis 700m erreichen. Die *Breitstreifen-* oder *Hufenflur* kann 50 bis 500m Breite erreichen. Diese Hufen findet man als Fluren der Waldhufendörfer in den Rodungsgebieten der Mittelgebirge, bei den Marschhufendörfern in See- und Flussmarschgebieten und bei den Moorhufendörfern in Moorgebieten.

Streifenfluren haben auch stets die ↑Gewannfluren.

Flurzwang: Der F. regelt die Bestellung der Felder bei einer zelgengebundenen Wirtschaftsweise. Durch Besitzzerstückelung kam es häufig dazu, dass viele Äcker nicht über Feldwege zu erreichen waren, sodass der Bauer über die Ackerfläche des Nachbarn anfahren musste. Deshalb war es notwendig, dass innerhalb der Zelge die gleiche Frucht angebaut wurde und ein genauer Arbeitsplan von den Bauern eingehalten wurde. So konnte verhindert werden, dass über frisch bearbeitete oder noch nicht abgeerntete Flächen gefahren werden musste.

Fluss: F. nennt man ein fließendes Gewässer, das die oberflächig ablaufenden Niederschläge und das aus Quellen austretende Wasser sammelt und dem Meer oder einem Endsee zuführt. Ein F. kann aber auch in heißen Klimaten versickern oder verdunsten, ohne Meer oder Endsee zu erreichen. In Karstgebieten fließen Flüsse z.T. unterirdisch (sie versickern in *Flussschwinden,* auch Ponore genannt, und treten in *Karstquellen* zutage). Nach der Breite des Flussbettes und der Stärke der Wasserführung unterscheidet man im allgemeinen Sprachgebrauch zwischen Bach, Fluss und Strom; jedoch gibt es für diese Begriffe keine Größengrenzen. Die Wasser führende Vertiefung eines Flusses heißt *Flussbett,* ihre seitliche Begrenzung *Flussufer,* ihr Boden *Flusssohle.* Bei Hochwasser tritt der Fluss über die Ufer und füllt das *Hochwasserbett,* den Bereich der Auenwälder, der in kultivierten Gebieten meist durch Deiche begrenzt wird.

Flüsse, die ständig fließen, nennt man *permanente Flüsse* oder *Dauerflüsse.* Ihre Wasserführung kann im Laufe des Jahres Schwankungen unterliegen; Grund und Ablauf dieser Schwankungen werden als ↑Abflussregime beschrieben. *Periodische Flüsse (intermittierende Flüsse)* führen nur während und nach der regelmäßig einsetzenden Regenzeit Wasser. *Episodische Flüsse* nennt man Flüsse, die nur nach gelegentlichen Regenfällen (z.T. nur einmal in mehreren Jahren) Wasser führen; sie tragen in den verschiedenen Regionen unterschiedliche Namen: Wadi, Rivier, Creek und andere.

Unter *Flusssystem* versteht man das gesamte Entwässerungsnetz eines Flusses von den Quellen bis zur Mündung, also mit allen Nebenflüssen und Seen; es ist sein durch Wasserscheiden begrenztes Einzugsgebiet. Das Verhältnis der Gesamtlänge aller Flüsse eines Einzugsgebietes zu dessen Gesamtfläche heißt *Flussdichte.*

Der Weg des Flusses von seiner Quelle bis zur Mündung weist eine Gefällskurve auf, die als Längsprofil des Flusses bezeichnet wird. Sie zeigt oft (besonders in Quellnähe) große Unregelmäßigkeiten wie Wasserfälle, Stromschnellen usw.; im Unterlauf verläuft sie gleichmäßiger, denn Flüsse zeigen das Bestreben, Gefällsbrüche durch rückschreitende Erosion auszugleichen.

Das aus dem F.bett gerissene Gesteinsmaterial wird flussabwärts transportiert und an der Mündung des Flusses oder an anderen sehr gefällsarmen Strecken im Flusslauf abgelagert, so entstehen Deltas und Mündungsbarren, aber auch Versandungen an Gleithängen und in Seen. Bei geringem Gefälle vermögen kleinere Unterschiede in der Widerstandsfähigkeit des Bettes den F. aus der Richtung des allgemein bildenden Oberflächengefälles abzulenken, sodass er nicht in geradem Lauf, sondern in Schlangenwindungen, in Mäandern fließt. Im Wasser transportieren Flüsse in erheblichen Mengen Material in gelöster und fester Form, wie Salze, Schwebstoffe, Geröll, in zunehmendem Maße auch industrielle Verunreinigungen, von dem die Farbe und Qualität des F.wassers entscheidend abhängen.

Flusskorrektur: svw. ↑Flussregulierung.

Flussregulierung

natürliches Flussbett

angemessene Beschattung, Versteckmöglichkeiten für Fische, geringe Temperaturschwankungen, starker Laubeintrag

künstliches Flussbett

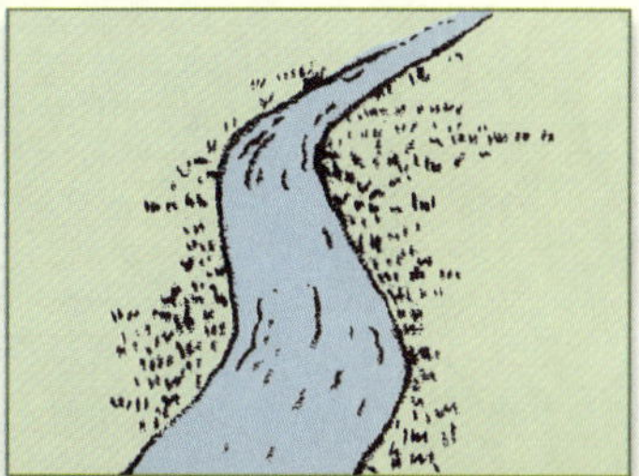

kein Schatten, keine Verstecke für Fische, starke tägliche und jahreszeitliche Temperaturschwankungen, geringer Laubeintrag

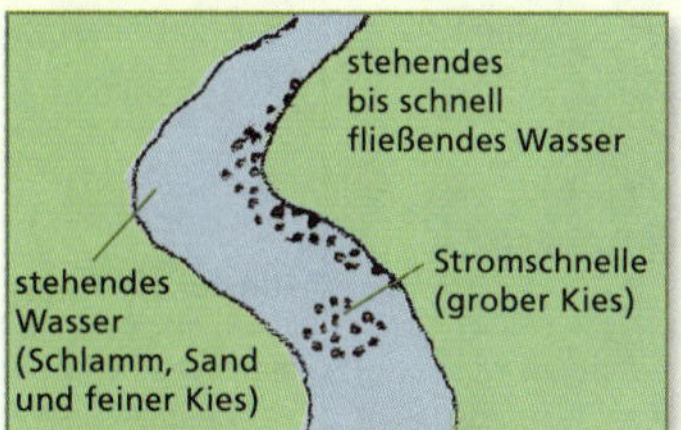

sortierte Kiese bieten unterschied-liche Lebensräume für viele Organismen des Fließwassers

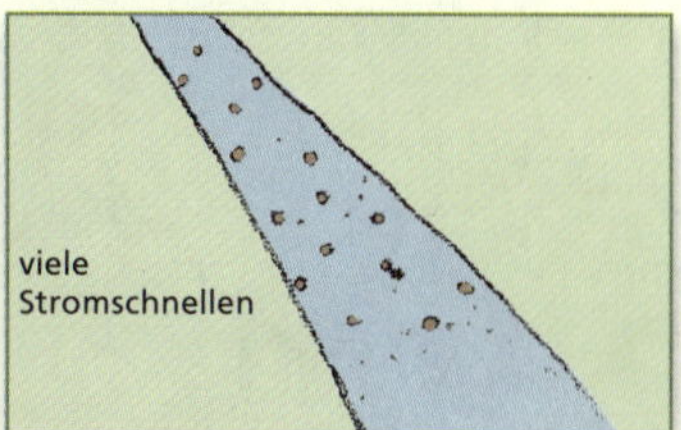

Kiese unsortiert, dadurch weniger Lebensräume für nur wenige Lebewesen

F

Flussoase: Als F. wird die intensiv genutzte Ackerbaulandschaft zu beiden Seiten eines ↑Fremdlingsflusses bezeichnet. Durch natürliche Überschwemmung oder künstliche Bewässerung mit dem Wasser dieses Flusses entsteht eine Agrarinsel innerhalb eines Wüstengebietes oder einer kahlen Gebirgslandschaft. Die bekannteste F. ist die des Nils.

Flussregionen: ↑Gewässerregionen.

Flussregulierung (Flusskorrektur): Durch bauliche Maßnahmen, v.a. Begradigung und Kanalisierung, wird bei der F. der Lauf eines Flusses verändert. Die Gründe hierfür können allerdings sehr verschieden sein, wobei der bei der einen F. erwünschte Vorteil bei einer anderen als nachteiliger Nebeneffekt auftreten kann.

Einmal wird durch eine Verkürzung des Flusslaufes den Bedürfnissen der Schifffahrt entsprochen, wobei aber die erhöhte Fließgeschwindigkeit nur bei der Talfahrt (und das auch nicht unbedingt) von Vorteil ist.

Zum anderen kann bei Tieflandflüssen durch die Bannung der Hochwassergefahr in der ehemaligen Flussaue Kulturland gewonnen werden. Da aber die Erhöhung der Fließgeschwindigkeit eine Erniedrigung des Grundwasserspiegels zur Folge hat, können dabei bereits vorhandene Kulturflächen wegen nun eintretenden Wassermangels versteppen. Bekanntes Beispiel hierfür ist der südliche Oberrheingraben nach der F. von TULLA.

Andererseits kann aber die Senkung des Grundwasserspiegels eigentliches Ziel einer F. sein, um dadurch die Böden zu entwässern und einen Anbau überhaupt erst zu ermöglichen.

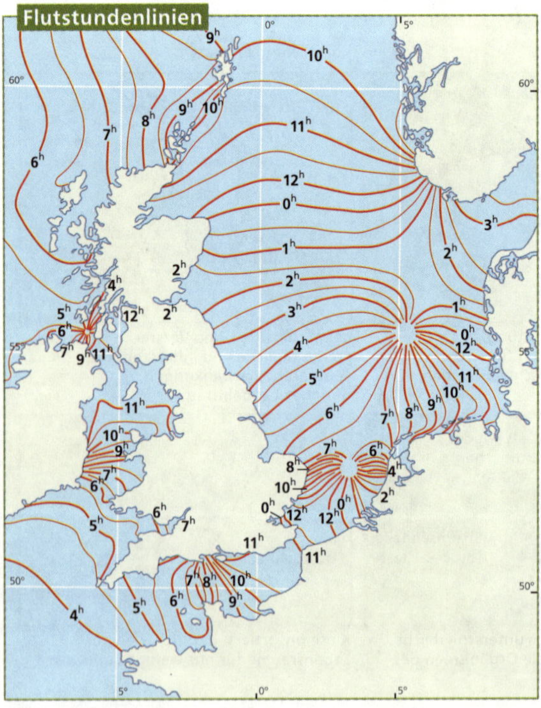

Flutstundenlinien: Linien gleichen mittleren Hochwasserzeitunterschiedes (gegen den Durchgang des Mondes durch den Meridian von Greenwich)

Weitere Gründe sind Maßnahmen gegen Verlandung des Flussbettes (oder Teile von ihm) oder zum Schutz der Uferböschungen gegen Unterspülung; hierfür genügt jedoch meist eine Reihe von Flussbuhnen.
Die berühmteste Flussregulierung ist die Rheinkorrektion durch TULLA in den Jahren 1817–1876, wodurch dem Oberrhein ein um 82 km verkürzter Lauf in einem 200m breiten, fast geradlinigen Flussbett geschaffen wurde.

Flussschwinde: wenig gebräuchliche Bezeichnung für ↑Ponor.

Flusstrübe: Als F. bezeichnet man das feinste, vom fließenden Wasser mitgeführte Gesteinsmaterial und ebensolche organischen ↑Schwebstoffe.

Flusswilderung: Bei sehr großer Schuttbelastung und geringem Gefälle neigt ein Fluss dazu, sein Bett aufzuschottern und sich in diesen Aufschotterungen in mehrere seichte Arme aufzuspalten, wobei diese über die ganze Talbreite hinweg unregelmäßig pendeln und ihren Lauf (durch Aufschüttung bedingt) verschiedentlich ändern; der Flusslauf »verwildert«.

Flut: F. nennt man das Ansteigen des Wassers im Rahmen der ↑Gezeiten. Der höchste Wasserstand wird Hochwasser genannt.

Fluthafen: Ein F. ist nur über die ↑Priele des Wattenmeeres bei Hochwasser zu erreichen. Bei einsetzender Ebbe wird das Hafentor geschlossen, sodass der Hochwasserspiegel im Hafenbecken gehalten wird. Fluthäfen dienen der Küstenschifffahrt, eine ähnliche Hafenanlage der Seeschifffahrt ist der ↑Dockhafen.

Flutstundenlinien: Die F. verbinden Punkte, an denen zu gleicher Zeit das Hochwasser der ↑Gezeiten eintritt. Durch sie wird die topographische Lage des Kammes der Gezeitenwelle im Meer für ausgewählte volle Stunden bestimmt.

fluvial (fluviatil): F. bedeutet soviel wie vom fließenden Wasser, von Flüssen bewirkt, transportiert, abgelagert.

fluviatil: ↑fluvial.

fluvioglazial (glazifluviatil, glazifluvial): Ablagerungen, die durch das Zusammenwirken von Gletschereis und fließendem Wasser entstanden sind, werden mit dem Fachwort f. charakterisiert; z.B. die Ablagerungen der Schmelzwässer der Gletscher und des Inlandeises.

Flysch [flɪʃ]: F. heißen miteinander wechsellagernde, überwiegend marine, oft glimmer- und glaukonitreiche Sandsteine, Mergel, Schiefertone und Kalksteine. Sie entstanden in den Vortiefen der aufsteigenden Faltengebirge Europas und Asiens, im Bereich der Alpen von der Unterkreide bis Ende des Eozäns. Das Gestein ist fossilarm, aber reich an Lebensspuren. Es neigt zum Abrutschen (»Fließen«).

Foggara: in Nordafrika übliche Bezeichnung für ↑Kanat.

Föhn: Von der Leeseite eines Gebirgskammes als Föhnmauer oder Föhnwalze zu beobachtende Staubewölkung

Föhn: Der F. ist ein warmer, trockener Fallwind auf der Leeseite hoher Gebirge, besonders der Alpen. Er entsteht beim Überströmen des Gebirges, wobei sich die im Luv aufsteigende Luft zunächst bis zum Erreichen des Kondensationspunktes trockenadiabatisch (um rund 1 Celsiusgrad pro 100 m), bald jedoch, wenn der Steigungsregen einsetzt, feucht-

Föhn

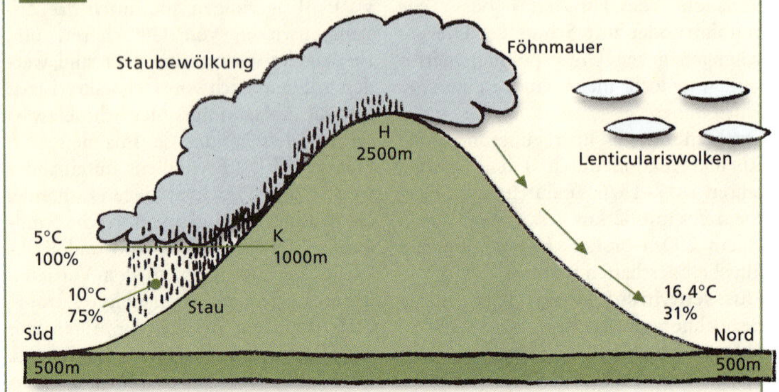

K Kondensationsniveau, **H** Scheitelhöhe des Gebirges, Luftfeuchte in %

adiabatisch (um rund 0,5 bis 0,7 Celsiusgrad pro 100 m) abkühlt. Nach Überqueren des Gebirgskammes erwärmt sich die absteigende Luft unter Wolkenauflösung trockenadiabatisch um rund 1 Celsiusgrad pro 100 m und kommt so im gleichen Niveau im Lee erheblich wärmer an, als sie am Ausgangspunkt im Luv war. Je höher die überströmten Gebirgszüge, um so ausgeprägter sind die Föhnerscheinungen. Der F. an der Nordseite der Alpen, der *Südföhn,* bringt gewöhnlich größere Temperaturanstiege (infolge höherer Ausgangstemperatur), der F. an der Südseite der Alpen, der *Nordföhn,* ist dagegen mehr durch seine Trockenheit charakterisiert. Das Auftreten von F. ist an eine bestimmte Luftdruckverteilung und die daraus resultierenden Winde gebunden. Föhnige Winde treten auch an niedrigeren Gebirgen, z.B. den deutschen Mittelgebirgen, auf. – Der F. führt bei vielen Menschen zur ↑Föhnkrankheit.

Föhnkrankheit: Als F. werden bestimmte Gesundheitsstörungen oder allgemeine Beeinträchtigungen des körperlichen Wohlbefindens wetterfühliger Menschen bei Föhn bezeichnet. Sie tritt also v.a. in den Alpen und im Alpenvorland auf. Außer allgemeinen Symptomen wie Schwindelgefühl, Schlaflosigkeit, Kopfschmerzen, Ohrensausen, Erbrechen, Einschränkung der körperlichen und geistigen Leistungsfähigkeit, Reizbarkeit, Angst, Unlust und Depressionen kann es auch zu einem gehäuften Auftreten von Herz- und Kreislaufattacken u.a. kommen. Dass auch Selbstmorde, Gewaltverbrechen und Verkehrsunfälle unter Föhneinfluss zunehmen, ist statistisch gesichert.

Förde: Eine F. ist eine vom Meer überflutete Schmelzwasserrinne oder ein überflutetes Zungenbecken. F.n erscheinen also als weit ins Land greifende schmale Meeresbuchten innerhalb von Grundmoränenlandschaften. F.n sind typisch für die Ostküste Schleswig-Holsteins (z.B. die Schlei, eine ertrunkene Schmelzwasserrinne) und Jütlands (im Dänischen wird eine F. allerdings Fjord genannt).

Formation: In der Geologie bezeichnet F. einen genetisch zusammengehörenden Gesteinsverband (z.B. Erz-F.). Als früher übliche Bezeichnung für einen stratigraphischen Zeitabschnitt wurde F. durch den Begriff ↑System ersetzt.

Forst: Der F. ist ein vom Menschen geschaffener und fest abgegrenzter Wald, der forstwirtschaftlich genutzt wird.

Forstwirtschaft: Die F. beschäftigt sich mit der Anlage, der Pflege und der

Nutzbarmachung von Wäldern; sie ist im Wesentlichen der öffentlichen Hand und Großgrundbesitzern vorbehalten. Dabei steht, wenn der Wald nicht andere Aufgaben erfüllen soll, wie Windschutz, Grundwasseranhebung oder als Erholungsgebiet für den Menschen, die wirtschaftliche Verwertung des Waldes, v.a. die Holznutzung, im Vordergrund. Mancherorts werden auch noch Früchte, Harz und Sämereien gesammelt. Auch die zu landwirtschaftlichen Betrieben gehörenden Wälder werden heute in ähnlicher Weise forstwirtschaftlich genutzt.

Fortschreibung: Von F. spricht man im Bereich amtlicher Statistiken. Gemeint ist dabei die Weiterführung eines statistischen Verzeichnisses, insbesondere von Bestandsmassen, auch aufgrund von Hochrechnungen. In der Politik bedeutet F. die Weiterführung eines Programms, z.B. im Bereich Umweltschutz, Gesundheit oder Arbeitsbeschaffung.

fossil: F. nennt man Vorgänge und Erscheinungen, die einer früheren geologischen Epoche angehören; von f. spricht man z.B. bei Versteinerungen (↑Fossilien). Der Gegenbegriff lautet ↑rezent.

Fossilien (Einzahl: Fossil): F. sind die Überreste von Tieren oder Pflanzen (auch deren Lebensspuren) aus erdgeschichtlicher Vergangenheit. Die meisten abgestorbenen Lebewesen werden völlig zerstört; wichtigste Voraussetzung für ihre Erhaltung nach dem Tod ist ihre möglichst rasche Einbettung in Sedimente. Erhaltungsfähig sind v.a. harte Bestandteile, wie Knochen und Schalen. Die vollständige Erhaltung von Tieren oder Pflanzen, wie die im Dauerfrostboden Sibiriens gefundenen Mammutleichen und die als Einschlüsse im Bernstein vorkommenden Insekten, ist sehr selten und auf geologisch jüngere Epochen beschränkt. Wenn die Hartteile eines Lebewesens vollständig erhalten sind, spricht man von einem *Körperfossil.* Meist wird der Körper nach der Einbettung nachträglich aufgelöst; im Gestein ist er nur noch als *Abdruck* seiner Außenseite, als Negativ also, vorhanden. Wird der Hohlraum eines Körpers von Sedimentmaterial ausgefüllt, die Wandung (Schale) des Körpers jedoch nachträglich durch zirkulierendes Wasser aufgelöst, entsteht ein *Steinkern;* seine Außenseite stellt also einen Abdruck der Schaleninnenseite dar. Wenn beim Auflösungsvorgang das Sedimentmaterial vor der völligen Verfestigung noch verformbar ist, kann die Schale des Körpers auf den Steinkern gepresst werden. Dadurch wird die dem umgebenden Sediment eingeprägte Skulptur der Schalenaußenseite auf den Steinkern aufgedrückt: Es entsteht ein *Skulptursteinkern* oder *Prägekern,* d.h. ein Steinkern mit der Skulptur der ehemaligen Gehäuseaußenseite. *Echte Versteinerungen* sind die F., bei denen die Hartteile der eingebetteten Organismen mit mineralischen Stoffen, wie Kieselsäure, Calcit, Pyrit u.a., durchsetzt oder durch diese ersetzt worden sind, also in der ursprünglichen Form vorliegen. Eine Besonderheit der Erhaltung stellt die ↑Inkohlung dar.

Fossilien: Versteinerte Baumstämme im Nationalpark »Petrified Forest« in Arizona. Unter mächtigen Sedimenten wurde das Holz der aus der Trias stammenden Baumstämme durch Quarz ersetzt und somit versteinert.

freie Atmosphäre: Als f. A. wird der Teil der Atmosphäre bezeichnet, der nicht mehr dem unmittelbaren Einfluss der Erdoberfläche unterliegt. Ihre Erforschung ist Aufgabe der *Aerologie.*

F

freie Marktwirtschaft: Es handelt sich hier um eine Wirtschaftsform, die auf dem ungehinderten Güteraustausch und der freien Konkurrenz der Preisbildung beruht. Diese Wirtschaftsform hat seit dem 1. Weltkrieg durch staatliche Eingriffe, Errichtung von Zollschranken und Begünstigung der inländischen Produktion eine weltweite Einschränkung erfahren, gilt für die westlichen Länder aber immer noch grundsätzlich als Basis ihrer Wirtschaft. Das Gegenteil ist die Planwirtschaft. Eine besondere Form der f.n. M. ist die ↑soziale Marktwirtschaft.

Freihafen: Völkerrechtliche Bezeichnung für ein Hafengebiet, in dem für zollpflichtige Güter die zollrechtlichen Vorschriften nicht erfüllt werden müssen; der F. ist also vom Standpunkt des in diesem Staat herrschenden Rechts aus betrachtet Zollausland. Erst mit Verlassen des F.s auf dem Landwege müssen für die Waren Zölle entrichtet werden. Freihäfen werden zur Belebung des Handels errichtet, in neuester Zeit auch zur Schaffung von Arbeitsplätzen in der verarbeitenden Industrie, nämlich dadurch, dass Rohstoffe und Halbfabrikate in den F. zollfrei eingeführt, hier verarbeitet und die erzeugten Produkte über See auch zollfrei ausgeführt werden dürfen. Der Vorteil für das den F. stellende Land liegt also allein in der Möglichkeit, Arbeitsplätze zur Verfügung zu haben.

Freihandel: Unter F. versteht man in der klassischen Außenhandelstheorie die vollkommene Handelsfreiheit; sie ist gekennzeichnet durch den Verzicht auf Schutzzölle und jegliche Import- und Exportsteuern. Nach der Freihandelslehre würde bei Durchsetzung dieses völlig freien Wettbewerbs eine internationale Arbeitsteilung entstehen, durch die jedes Land nur die Erzeugnisse produzieren würde, die es am besten und günstigsten produzieren kann. Doch dies ist eine Theorie; in der Praxis ergreifen die Staaten stets protektionistische Maßnahmen zum Schutz der eigenen Wirtschaft. Nach 1945 entstanden neue Ansätze auf dem Weg zum F.; zu nennen sind die Zusammenschlüsse der OECD, der EWG und EFTA. Gegenüber Drittländern, also Nichtmitgliedsländern, bestehen aber weiterhin protektionistische Einschränkungen.

Freihandelszone: Die F. ist ein durch den Zusammenschluss mehrerer Länder entstandener Wirtschaftsraum, in dem Freihandel herrscht, d.h. der Handel der beteiligten Länder untereinander unterliegt keinerlei Zöllen oder sonstigen Beschränkungen. Der Versuch, eine europäische Freihandelszone zu bilden, misslang bisher, es entstanden dagegen zwei Wirtschaftsgruppierungen mit ähnlichen Zielsetzungen: die Europäische Wirtschaftsgemeinschaft (↑EWG) und die Europäische Freihandelszassoziation (↑EFTA).

Freiheit der Meere (Meeresfreiheit): Dies ist die Freiheit jedes Einzelnen, ohne irgendeine Erlaubnis die ↑hohe See in einer solchen Art und bis zu einem solchen Umfang zu (be)nutzen, dass kein anderer hierdurch in einer gleichartigen (Be)nutzung beeinträchtigt wird. Dieses Recht beinhaltet nicht nur den freien Verkehr und den Fischfang, sondern u.a. auch die Gewinnung von Rohstoffen, die Durchführung von technischen Experimenten, Flottenmanövern und Kriegshandlungen. Die F.d.M. besteht tatsächlich nur im Frieden; im Krieg ist sie in der Staatenpraxis beschränkt bis nahezu aufgehoben. Sie wird in zunehmendem Umfang heute durch Ansprüche einzelner Staaten, wie Erweiterung der Hoheitsgewässer, Atombombenversuche mit Sperr- bzw. Gefahrenzonen und Versuche, einzelne Meeresabschnitte als staatlicher Hoheitsgewalt unterliegende Binnenmeere zu deklarieren, gefährdet und beschränkt.

Freizeit: Der Begriff zählt in der Geographie zum Bereich der ↑Daseinsgrundfunktionen und hat etwa die gleiche Bedeutung wie Erholung. Das Freizeitverhalten unterliegt starken (oft modischen) Wandlungen. In den letzten Jahren stehen Medienkonsum und Reisen an der Spitze der Freizeitaktivitäten.

Freizügigkeit: Es handelt sich hierbei um einen Begriff aus der Welt des Rechts. Gemeint ist im Allgemeinen die freie Wahl des Aufenthaltsortes, des freien Wegzugs und der freien Niederlassung. Der Begriff spielt ab 1992 eine besondere Rolle in der ↑Europäischen Union, denn von diesem Zeitpunkt an gilt die F. für fast alle Berufe im Geltungsbereich der EU; somit kann jeder Bürger der EU seinen Beruf überall in der EU ausüben.

Fremdenverkehr (Tourismus): Unter dem Begriff F. werden sehr unterschiedliche Sachverhalte verstanden, so einfach die Definition auch klingen mag: F. umfasst alle Erscheinungen, die mit dem Aufenthalt von Menschen an einem Ort, der nicht ihr Wohnsitz ist, zusammenhängen, einschließlich der Reisen zu bzw. von diesem Ort. So werden Pendler, also Erwerbstätige, die nicht in ihrem Wohnort arbeiten und daher werktäglich in einen anderen Ort fahren müssen, nicht als Fremdenverkehrsteilnehmer betrachtet. Bei Wochenpendlern, also Arbeitnehmern, die mit einem zweiten Wohnsitz am Arbeitsort wohnen, ist die Zuordnung schon fraglich, denn Handlungsreisende, die ihrem Beruf ständig außerhalb ihres Wohnsitzes nachgehen, werden von der amtlichen Statistik als Fremde behandelt, sobald sie gegen Entgelt übernachten. Damit sind noch andere Definitionsprobleme angesprochen, denn wer nicht übernachtet, wird nicht als Fremder gezählt, d.h. der gesamte Tagesausflugsverkehr wird nicht berücksichtigt. Obwohl viele Orte wesentlich, manche auch nur von dieser Art F. leben, sind sie statistisch für den F. von untergeordneter Bedeutung. – Wegen der Überschneidung der Bestimmungskriterien bemüht man sich heute, eine auf einer geographisch irrelevanten Statistik beruhende *Fremdenverkehrsgeographie* durch die *Geographie des Freizeitverhaltens* abzulösen.

Fremdlingsfluss: Ein F. ist ein Fluss, der aus niederschlagsreichen Gebieten kommt und durch ein Trockengebiet fließt. Sein Wasser entstammt also einer fremden, und zwar einer humiden Region am Oberlauf. Nur sehr wasserreichen Fremdlingsflüssen gelingt es, trotz des großen Wasserverlustes durch Verdunstung die Trockengebiete zu durchqueren, z.B. dem Nil, dem Oranje und dem Colorado. Die Wasser des Fremdlingsflusses können bei günstigen Bodenverhältnissen am Ufer eine agrarische Nutzung ermöglichen; dadurch entsteht dann eine *Flussoase;* bekanntestes Beispiel ist der Nil.

frische Brise: Name für die ↑Windstärke 5 auf der Beaufort-Skala.

Front: Die F. ist die schmale Grenzfläche zwischen verschieden temperierten Luftmassen in der Atmosphäre. Da wärmere Luft leichter ist als kalte, überlagern mit zunehmender Höhe in diesem Grenzbereich die wärmeren die kälteren Luftmassen. So kommt es zu einer Schrägstellung der Fronten. Gleitet nun wärmere Luft über kältere Luftmassen auf, spricht man von einer *Warmfront,* während bei der *Kaltfront* sich die kältere Luft keilförmig unter die vorgelagerte warme Luft schiebt. Die Fronten als die Bereiche unterschiedlicher Temperatur und Luftfeuchte sind für das Wettergeschehen der gemäßigten Breiten von großer Bedeutung.

Frontalzone: Die planetarische F. ist der Bereich starker Luftdruckgegensätze zwischen 35 und 60 Grad geographischer Breite auf beiden Halbkugeln. Sie trennt zwei Bereiche einheitlicher Luftmassen mit jeweils nur geringen Temperaturunterschieden, nämlich die warme Tropikluft von der kalten Polarluft. Entsprechend groß sind im Bereich der F. die Temperatur- und gleichzeitig die Druckgegensätze.

Die Druckgegensätze werden mit zunehmender Höhe immer größer, weil die Flächen gleichen Drucks, die Isobaren, in der warmen Luftmasse vergleichsweise zu den kalten Bereichen der Atmosphäre immer weiter auseinander liegen. Diese starken Druckgegensätze in großen Höhen führen zu weiträumigen Luftmassenverlagerungen, die für die atmosphärische Zirkulation wegen der hier auftretenden hohen Windgeschwindigkeiten (↑Jetstream) einen wesentlichen Antrieb darstellen.

Frontier [englisch frʌntɪə]: Unter F. versteht man die äußerste noch von der europäisch bestimmten Zivilisation erfasste Zone am Rande der Wildnis während der Besiedlung der USA und Kanadas. Aus der Vielzahl der F.s (F. der Entdecker, Missionare, Trapper, Goldsucher, Bergleute, Viehzüchter und Farmer) hat sich die zwischen den F.s der Viehzüchter und Farmer anzusetzende agrarische F. als allgemein gültiger Bewertungsmaßstab durchgesetzt: Ihr statistisches Merkmal ist die Linie, jenseits der eine Bevölkerungsdichte von 2 Einwohnern pro Quadratmeile unterschritten wurde.

Das Vorrücken dieser Linie von Ost nach West, in Kanada auch von Süden nach Norden bis zum Ende des 19. Jh. charakterisiert das Fortschreiten der Besiedlung. Kennzeichnend für das Leben der Pioniere in der F. war die Grenzsituation, die die Trennung des Einzelnen vom Leben der Nation und seine Bewährung in schwierigen Situationen und Gefahren aller Art erforderte. Diese Ausnahmesituation im privaten und öffentlichen Bereich (Selbsthilfe, Faustrecht, Verachtung und Verdrängung der Indianer, Abenteuer und Spekulation, aber auch Hilfsbereitschaft, Ausdauer und Entschlussfreudigkeit) schuf einen Pioniergeist, der den Charakter v. a. der amerikanischen Nation mitprägte.

Frost: Als F. bezeichnet man den Zustand der atmosphärischen Luft bei Temperaturen unter dem Gefrierpunkt des Wassers, also unter 0 °C. In den Wintermonaten verursachen kalte kontinentale oder polare Luftmassen lange Frostperioden, diese bewirken auch das Auftreten von Spätfrösten im Frühling und von Frühfrösten im Herbst. Während wolkenloser Nächte kommt es in diesen Jahreszeiten oft zu verstärkter Wärmeausstrahlung von der Erdoberfläche und dadurch zu einer Abkühlung der bodennahen Luftschichten, was zuerst zu Bodenfrost, danach zum F. führen kann.

Frostmusterböden (Strukturböden): F. sind Erscheinungsformen der Bodenoberfläche mit ungleichkörnigem Bodenmaterial. Sie entstehen durch ↑Solifluktion und ↑Kryoturbation, finden sich daher v. a. in den Polar- und Subpolarregionen sowie in Gebirgszonen oberhalb der Waldgrenze.

Frosttage: In der Meteorologie werden Tage, an denen der niedrigste Wert der Lufttemperatur unter 0 °C liegt, als F. bezeichnet.

Fruchtbarkeit: ↑Fertilität.

Fruchtwechselwirtschaft: Unter F. versteht man in der Landwirtschaft ein Anbausystem, bei dem in regelmäßigem Wechsel Halm- und Blattfrüchte angebaut werden, um eine Ermüdung des Bodens und eine Ausbreitung von Schädlingen und Krankheiten zu vermeiden.

Frühling: Der F. ist eine der vier ↑Jahreszeiten, in die das Jahr in den mittleren und hohen Breiten eingeteilt wird. Der F. beginnt mit der Frühlings-Tagundnachtgleiche, wenn die Sonne bei ihrem scheinbaren Weg am Himmel von der anderen Erdhalbkugel kommend den Äquator überschreitet, und endet mit der Sommersonnenwende, wenn die Sonne über dem Wendekreis steht. Dieser astronomische F. dauert auf der Nordhalbkugel vom 21. März bis zum 21. Juni, auf der Südhalbkugel vom 23. September bis zum 22. Dezember.

Der astronomische Frühling fällt aber nur teilweise mit den Erscheinungen zusammen, die wir als frühlingshaft empfinden. Wichtigste Elemente sind der Wiederbeginn des Pflanzenwuchses und der Beginn der Blütezeit. Phänologisch beginnt der Vorfrühling mit der Blüte der Schneeglöckchen, der Vollfrühling mit der Apfelblüte.

Frostmusterböden

Steinringböden – Girlandenböden – Steinnetzböden – Steinstreifenböden

Fumarole (Dampfquelle): F.n sind natürliche Austrittsstellen (Exhalationen) von heißem Wasserdampf (200 bis 1 000 °C), der hauptsächlich dem Grundwasser entstammt. F.n enthalten auch Wasserstoff, Fluor, Chlor, Fluor- und Chlorwasserstoff, Siliciumfluorid, Kohlensäure, Kohlenmonoxid, Schwefeldioxid, Schwefelwasserstoff und Borsäure. F.n gehören zu den postvulkanischen Erscheinungen.

Fungizide: F. sind ↑Pestizide, die zur Bekämpfung von Schadpilzen u. a. verwendet werden.

Funktionswandel: Man spricht von einem F. im Rahmen der Siedlungsgeographie, wenn z. B. im städtischen Bereich Wohnbevölkerung abwandert und

F

es zu einer ersatzweisen Auffüllung mit gewerblicher Nutzung kommt. Ebenso kann sich im dörflichen Bereich ein F. vollziehen, wenn ehemalige landwirtschaftliche Gebäude zu Wohnzwecken dienen.

Furchenbewässerung: Die F. ist ein Bewässerungssystem, bei dem mithilfe von kleinen Verteilgräben das Wasser in parallelen Rinnen zur langsamen Versickerung geleitet wird. Die F. setzt reichlich Wasser voraus.

Furt: Eine F. ist eine seichte Stelle am Fluss, die meist durch einen harten Querriegel im Untergrund des Flussbettes bedingt ist. Eine F. wird (bzw. wurde früher) dazu benutzt, um einen Fluss relativ gefahrlos zu durchqueren. An einer Furt kann es infolgedessen zu einer Ansiedlung kommen; auf diese Weise entstandene Städte sind oft an ihren Namen zu erkennen, z. B. Klagenfurt, Frankfurt.

Fußfläche: Am Fuß höherer Geländeaufragungen ist in ariden bis semiariden Gebieten oftmals ein leicht konkaver Verebnungsgürtel ausgebildet, der einen episodischen bis periodischen Abfluss aufweist. Das Gefälle von 8–15° unmittelbar am Gebirgsrand verflacht sich auf 3–4° und läuft an einem Fluss aus oder geht in eine abflusslose Salztonebene über. Die höheren, im anstehenden Fels ausgebildeten, meist nur eine dünne Sedimentdecke tragenden Teile werden als *Pediment,* die unteren, aus mächtigen Sedimentschichten aufgebauten Teile als *Glacis* bezeichnet.

Fußgängerzone: Unter F. versteht man den Bereich einer Innenstadt, der ganztägig oder zeitlich begrenzt für den Autoverkehr gesperrt ist und in dem die volle Breite der Straßen von Fußgängern genutzt werden kann. Nahe der F. müssen jedoch ausreichende Parkmöglichkeiten vorhanden sein, da sonst der Vorteil der F., nämlich verbesserte Einkaufsmöglichkeiten, wegen des Anmarschweges durch die nun verkehrsmäßig stärker belasteten Randgebiete der F. wieder verloren geht.

G

Gabbro: G. ist ein körniges schwarzgrünes Tiefengestein. Seine wichtigsten mineralischen Bestandteile sind Plagioklas (etwa 50%), Augit (35 bis 40%) und Olivin (etwa 10%).

Gagat (Jet): G. ist eine polierfähige Bitumenkohlenart, die u. a. auch für Schmuck verwendet wird; ↑Kohle.

Galaxis: G. ist die fachsprachliche Bezeichnung für unser Milchstraßensystem. Seltener wird mit G. allgemein ein Sternsystem bezeichnet, man spricht dann meistens von *Galaxie.*

Galeriewald: Der G. ist ein Waldstreifen entlang von Wasserläufen in den Savannen. Sein Wasserbedarf wird überwiegend aus dem Grundwasser, das auch am Fuß der Talhänge austritt, gedeckt. In der Feuchtsavanne ist der G. immergrün und ähnelt in Wuchsform und Artenzahl dem tropischen Regenwald. In der Trockensavanne setzt er sich teils aus immergrünen, teils aus regengrünen Bäumen zusammen. In der Dornstrauchsavanne wächst er in den periodisch trockenliegenden Tälern und ist ein Grundwasseranzeiger.

Gang: Als G. bezeichnet man die Ausfüllung von Spalten in Gesteinen mit Erzen u. a. Mineralen oder mit magmatischen Gesteinen. Nach Art der Lagerung der Gänge unterscheidet man schichtparallele Lagergänge, diskordante Gänge quer zur Schichtung, senkrechte Gänge (Saigergänge) und Ringgänge von zylindrischer oder konischer Form. Gänge treten oft als parallel verlaufende G.systeme auf.

Ganggesteine: G. nennt man die als Spaltenfüllungen oder in gangförmiger Lagerung auftretenden ↑magmatischen Gesteine.

Garrigue (Garigue) [französisch ga'rig]: Die G. ist eine offene, bis zu 2 m hohe Gebüschformation des Mittelmeerraumes, die v. a. in Südfrankreich auftritt. Sie besteht v.a. aus Kermeseichen, Zistrosen, Hartlaubzwergsträuchern und aromatisch duftenden Zwergsträuchern wie Rosmarin, Thymian, Lavendel, Salbei u.a. Die G. ist eine Degradationsstufe des Hartlaubwaldes. Ähnliche Gebüschformationen mit örtlich etwas abweichender Zusammensetzung sind u.a. die *Tomillares* in Spanien und die *Phrygana* in Griechenland. Man fasst diese Gebüschformationen unter dem Begriff der *Gariden* zusammen.

Gartenbau: Der G. ist eine kapital- und arbeitsintensive Form der landwirtschaftlichen Bodennutzung. Der Anbau erfolgt auf verhältnismäßig kleinen, meist hausnahen Flächen. Man unterscheidet den häuslichen Gartenbau zur Eigenversorgung und den marktorientierten *Erwerbsgartenbau,* der besonders in der Nähe größerer Städte betrieben wird. Bei Letzterem werden hochwertige Pflanzen, wie z.B. Gemüse, Beerenobst, Gewürzpflanzen und Ziergewächse, angebaut. Er erfordert intensive Pflege und Düngung, dabei wird oft künstlich bewässert, meist in Form von ↑Beregnung. Besonders intensiv ist der Anbau in Glashäusern oder in Glasbeeten. Zum G. gehören auch Baumschulen, Obstbau und Landschaftsgärtnerei. Der G. ist weltweit verbreitet. In Ostasien kann man von einer Gartenbaukultur sprechen; sie ist eine besonders intensive Form kleinbäuerlicher Landwirtschaft. Auch die Oasenwirtschaft ist eine Art des Gartenbaus. In Deutschland wird G. in größerem Umfang auf der Bodenseeinsel Reichenau betrieben.

Gartenstadt: Bei der G. handelt es sich um einen 1898 in Großbritannien konzipierten Stadttyp mit sozialreformerischen Zielsetzungen. Die G. sollte eine eigenständige, von Grünanlagen durchsetzte Siedlung in der Nähe übervölkerter Großstädte sein, durch die das übermäßige Großstadtwachstum und die Landflucht gehemmt werden sollten. Die G. sollte etwa 30000 Einwohner haben und mit eigenen Arbeitsplätzen für ihre Bewohner ausgestattet sein. Ein beträchtlicher Teil ihrer Gemarkung sollte garten- und ackerbaulich genutzt werden. Diese städtebauliche Konzeption wurde mit bestimmten Abwandlungen auch in den frühen ↑New Towns angestrebt. Besonders außerhalb von Großbritannien werden mit Grünanlagen dieser Art ausgestattete Vorstädte, die als reine Wohnbezirke angelegt wurden, ebenfalls als Gartenstädte bezeichnet.

Garụa (Garúanebel): G. wird der sich im Bereich des kalten Humboldtstromes vor der nordchilenischen und peruanischen Küste bildende Nebel genannt. Die G. führt, wie die Nebel vor der südafrikanischen Atlantikküste über dem kalten Benguelastrom, im Küstenbereich zur Bildung einer ↑Nebelwüste.

Gastarbeiter: Früher häufiger verwendete Bezeichnung für ↑ausländische Arbeitnehmer.

GATT: Abkürzung für **G**eneral **A**greement on **T**ariffs and **T**rade. Es handelt sich beim GATT um das Allgemeine Zoll- und Handelsabkommen, das 1947 von 23 Staaten gegründet wurde und dem heute 117 Staaten als Vollmitglieder angehören. Grundlage des Abkommens ist die Meistbegünstigungsklausel; sie garantiert die Anwendung handelspolitischer Zugeständnisse, die sich zwei Mitgliedsländer gegenseitig gewährt haben, auch für die anderen Vertragspartner. Bei dem Problem der mengenmäßigen Beschränkungen des Handels sind nur Zölle, Abgaben und sonstige Belastungen als handelspolitische Maßnahmen zugelassen (Ausnahmen sind möglich). Für den Fall, dass ein Land offene Exportprämien gewährt, können Antidumping-Zölle von den betroffenen Ländern erhoben werden. Die Bestimmungen des GATT verbieten die Ausweitung bestehender bzw. Einführung neuer Präferenzräume bei der Handelspolitik. Ausnahmen sind dabei nur für Entwicklungsländer und bei der Bildung von Zollunionen und Freihandelszonen möglich. Heute liegt ein Schwerpunkt der Arbeit des GATT

G

auf dem Gebiet der besonderen Probleme der Entwicklungsländer. Im Rahmen des Abkommens sollen dabei die Industrienationen durch ihre Zoll- und sonstige Handelspolitik den Schwierigkeiten der wirtschaftlich noch schwachen Nationen Rechnung tragen durch Beseitigung von Zöllen, Einfuhrbeschränkungen u.a. Handelshemmnissen. Zum 1. 1. 1996 wurde das GATT von der WTO, einer neuen Sonderorganisation der UNO, abgelöst. – ↑Welthandelsorganisation.

Gäulandschaften: Mit dieser Bezeichnung fasst man die unter einer Vielzahl lokaler Gäunamen bekannten Landschaften zusammen, die sich in Südwestdeutschland zwischen den Buntsandsteinlandschaften und den Keuperwaldbergen vom Hochrhein (Klettgau) bis zum Main (Schweinfurter Becken) erstrecken. Es handelt sich um den Landschaftstyp der meist von Löss oder Lösslehm überzogenen Muschelkalk- und Lettenkeupergebiete mit geringer Reliefenergie und für den Pflanzenwuchs günstigem Klima. Die G. wurden schon früh besiedelt (Altsiedelland) und sind heute mit ihren fruchtbaren Ackerböden durch eine hohe ländliche Siedlungsdichte, eine intensive agrarische Nutzung (hauptsächlich Getreide- und Hackfruchtbau) und das Fehlen größerer Waldareale gekennzeichnet.

GE: Abkürzung für ↑**G**etreide**e**inheit.

Gebietsreform: Der Begriff stammt aus den Bereichen Verwaltungswissenschaft und Raumordnung. Gemeint sind die in der Bundesrepublik nach dem 2. Weltkrieg und nach der Wiederherstellung der deutschen Einheit in Deutschland durchgeführten Neuordnungen im Bereich der Gemeinden und Kreise. Es wurden z.B. Gemeinden zusammengelegt (was oft heftige Auseinandersetzungen und gerichtliche Klagen zur Folge hatte), um lebensfähigere Einheiten (z.B. im Bereich Steueraufkommen) zu schaffen. Auch sollte die Verwaltung gestrafft und effektiver gestaltet werden. Dem möglichen Gewinn an Effektivität stand nicht selten eine weniger große Bürgernähe gegenüber. Eine nicht ganz unwichtige Rolle spielte dabei oft die Umbenennung von Ortschaften.

Gebirge: G. nennt man die hoch gelegenen Gebiete der Erde von größerer Ausdehnung, die durch Berge, Hochflächen, Täler und Senken gegliedert und meist durch einen *Gebirgsfuß* von tieferer, ebenerer Umgebung abgesetzt sind oder in einem Hügelland auslaufen; vom Berg- oder Hügelland ist keine scharfe Trennung möglich. Nach der Reliefenergie unterscheidet man: **Mittelgebirge** (500 bis 1 000 m Höhenunterschied zwischen Gebirgsfuß und Gipfel), mit gerundeten Gipfeln und gewölbten Rücken, und **Hochgebirge** (über 1 000 m Höhenunterschied), mit steilen Hängen, spitzen Gipfeln und schmalen Graten (Hochgebirge ragen vielfach über die Schneegrenze, sodass auch glaziale Kräfte formgebend sind). Nach der äußeren Form unterscheidet man **Kamm-, Ketten-, Kuppen-** und **Tafelgebirge.**

G. entstehen durch das Zusammenspiel endogener und exogener Kräfte, und zwar erst nach der oft bis in große Tiefen reichenden geologisch-tektonischen Gebirgsbildung (↑Orogenese) durch die nachfolgende Hebung; ihre geomorphologische Ausgestaltung erfahren die G. durch die Abtragung. Eine Besonderheit stellen die durch Eruption magmatischen Materials aufgebauten **vulkanischen Gebirge** dar.

Nach dem tektonischen Bau unterteilt man die G. in: **1.** die geologisch jungen **Faltengebirge** (einschließlich der durch Bildung von Decken entstandenen **Deckengebirge**), die durch seitlichen Druck zusammengepresste und in Falten gelegte Teile der Erdkruste darstellen und deren Faltenbau z.T. mit dem geomorphologischen Erscheinungsbild übereinstimmt (z.B. Alpen); **2.** die **Bruchfalten-** oder **Faltenschollengebirge,** an deren Ausgestaltung Bruchbildung und Faltung gleichermaßen beteiligt sind; **3.** die **Bruch-** und **Schollengebirge,** bei denen die altgefalteten Massen, die zu Rumpfflächen abgetragen und eingeebnet worden sind, in einer jüngeren Faltungsära wegen zu großer Starrheit nicht nochmals gefaltet, sondern in einzelne, gegeneinander horizontal und vertikal verschobene Schollen zerlegt und gehoben wurden (Rumpfschollen-, Pultschollen-, Horstgebirge u.a.); zu Letzteren gehören die meisten deutschen Mittelgebirge.

Gebirgsbildung: ↑Orogenese.

Gebirgsflora: Als G. bezeichnet man die in Gebirgen vorkommenden Pflanzengesellschaften, wie z.B. Matten, Zwergstrauchheiden, Bergwälder, deren Zusammensetzung durch die in den verschiedenen Höhenstufen der Gebirge für die Pflanzen herrschenden Bedingungen, wie z.B. Intensität der Sonneneinstrahlung, Windstärke, Niederschlagsmenge und Dauer der Schneebedeckung, bestimmt werden. Daher unterscheidet man verschiedene ↑Höhenstufen der Vegetation.

Gebirgsklima: Das G. ist ein unter dem Einfluss des Gebirgsreliefs geprägtes Klima. Die typischen Merkmale sind Abnahme des Luftdruckes mit der Höhe, Absinken der Lufttemperatur mit größerer Tagesschwankung, verstärkte Ein- und Ausstrahlung, geringere absolute Feuchtigkeit der Luft, Zunahme der Niederschläge (in den Alpen bis auf über 2 000 mm/Jahr) mit starker Beregnung der Luvseiten der Gebirge, lang anhaltende Schneedecke, im Winter geringere, im Sommer stärkere Bewölkung als in der Ebene und größere Häufigkeit von Nebeltagen, besonders Nebeldecken in den Tälern.

Gebirgsknoten: Ein G. ist ein Gebiet, in dem mehrere Gebirgszüge zusammenlaufen; ein typisches Beispiel ist der Pamir.

Geburtenrate: Die Zahl der Lebendgeburten pro 1 000 Einwohner innerhalb eines bestimmten Zeitraumes nennt man Geburtenrate; es handelt sich also um eine Promillezahl.

Geest: Die G. ist ein in Norddeutschland und Süddänemark vorkommender Landschaftstyp, der die höher gelegenen sandigen und weniger fruchtbaren Altmoränengebiete umfasst. Ihre größte Ausdehnung hat die G. zwischen Ems und Weser, wo sie sich deutlich durch einen Anstieg aus dem Marschenland heraushebt; die Mächtigkeit der pleistozänen Ablagerungen der G. schwankt dort zwischen 2 und 123 m. Ihr Südrand senkt sich allmählich zu den Talsanden der Urstromtäler ab. Lokal sind die glazialen Ablagerungen von lößähnlichen Bildungen (Flottlehmen) überdeckt, die fruchtbarer sind als die G. im Allgemeinen. Infolge Bodenverarmung durch einseitige Nutzung durch den Menschen ist die G. heute vielerorts mit Zwergstrauch- und Kiefernheide bewachsen.

Gefüge: Mit G. bezeichnet man den inneren Aufbau eines Gesteins, der durch Angabe von *Struktur* (Größe, Gestalt und Kristallausbildung der mineralischen Bestandteile) und *Textur* (räumliche Anordnung und Verbindungsart der Minerale) beschrieben wird.

Gehöft: Unter G. versteht man die zu einem landwirtschaftlichen Betrieb (Hof) gehörenden Wohn- und Wirtschaftsgebäude. Aufgrund der unterschiedlichen Anordnung der einzelnen Gebäude zueinander unterscheidet man verschiedene Gehöftformen: Zweiseit-, Dreiseit- und Vierseithöfe. Offene G.e werden als Haufen- oder Streuhöfe bezeichnet. Eine Sonderform stellt das ↑Einheitshaus dar.

Geisterstadt: verlassene Bergbaustadt, ↑Ghost Town.

Gekriech (Bodenfließen): An stark geneigten Hängen, die einen bestimmten Anteil toniger Gesteine enthalten und stark durchfeuchtet sind, kommt es zu einer langsamen Abwärtsbewegung von oberflächlichen Bodenpartien. Dieses Abgleiten wird als G. bezeichnet. Ausstreichende Schichten werden hierbei talwärts abgebogen; es entsteht das sog. *Hakenschlagen* der Schichten. Die gleichzeitig abgleitenden Pflanzen sind stets gezwungen, wieder die Senkrechte zu erreichen, wodurch die Bäume zu einer Wuchsanpassung, dem *Säbelwuchs,* gezwungen werden.

Gemarkung: Die G. ist die Gesamtfläche einer Gemeinde einschließlich der Parzellen, die im Besitz von Einwohnern anderer Gemeinden, also von Ausmärkern, sind. Somit gehört andererseits der Besitz der Gemeindeangehörigen in anderen Gemeinden nicht zur Dorfgemarkung.

gemäßigte Zone: Die g. Z. ist bei der klimatologischen Großeinteilung die Zone der mittleren Breiten zwischen den Wendekreisen und den Polarkreisen. In dieser Klimazone herrscht eine rege Tätigkeit von Tiefdruckgebieten, die sich an der Grenze zwischen tropischen und polaren Luftmassen entwickeln. Die g. Z. deckt sich größtenteils mit der Westwindzone, die allerdings ihre Lage dem Sonnenstand entsprechend verändert. Die g. Z. wird in ↑warmgemäßigte Zone und ↑kaltgemäßigte Zone untergliedert.

Gemeinde: Unter G. versteht man die unterste Gebietskörperschaft innerhalb eines Staates. Für sie gelten die Prinzipien der kommunalen Selbstverwaltung. Ein anderer Name für G. ist *Kommune.* In Deutschland (alte Bundesländer) gab es vor den 1968 einsetzenden Gebietsreformen rund 24 000 Gemeinden, heute sind es noch etwa 8 500.

Gemeinsamer Markt: Der Begriff wurde überwiegend als Synonym für die ↑EG verwendet. Allgemein bedeutet g. M. einen wirtschaftlichen Zusammenschluss mehrerer Staaten.

Gemengelage: Von G. spricht man, wenn die Felder der einzelnen Landwirtschaftsbetriebe in der gesamten Gemarkung verstreut liegen. G. ist wegen zeitraubender Anfahrtswege und der beschränkten Möglichkeit von Maschineneinsatz wirtschaftlich nachteilig, deshalb wird ihre Beseitigung im Zuge der Flurbereinigung angestrebt. Eine Sonderform mit streifenförmigen Besitzparzellen ist das Gewann. – Das Gegenteil von G. ist die Einödflur.

Generalisierung

Generalisierung einer Küstenlinie am Beispiel Madagaskars. (Ausgangsmaßstab 1:25 Millionen, Endmaßstab 1:190 Millionen)

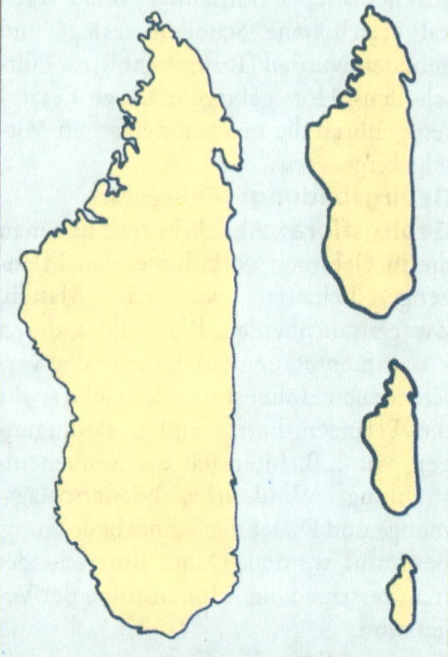

Generalisierung: In der Kartographie bezeichnet man damit die vereinfachte Wiedergabe der Wirklichkeit in Karten. Beim Generalisieren muss der Karteninhalt einer großmaßstäblichen Karte hinsichtlich der Stoffauswahl und der Vereinfachung der Kartenelemente (Grundrisse, Linien, Flächen, Signaturen) sinnvoll für eine Karte kleineren Maßstabs erarbeitet werden.

generatives Verhalten: Der Begriff stammt aus der Bevölkerungslehre und meint das Fortpflanzungsverhalten einer Bevölkerungsgruppe. Häufig wird das g. V. in Entwicklungsländern mit dem in Industrieländern verglichen und nach Ursachen geforscht. Das g. V. wird von verschiedenen Faktoren beeinflusst, so z. B. Einkommen, Traditionen und Religion, Gesundheit, Ernährung usw. – ↑auch Demographie.

G

Genossenschaften: G. dienen der Förderung der wirtschaftlichen Tätigkeit der Mitglieder und der Optimierung des daraus zu erzielenden Gewinns. Die einzelnen Mitglieder der G. bleiben selbstständig, die genossenschaftliche Tätigkeit erstreckt sich nur auf Teilbereiche der Wirtschaft, z.B. auf Einkauf, Verkauf oder Werbung. G. sind besonders in der Landwirtschaft und auf dem Bausektor anzutreffen.

Gentechnik: In der Fortentwicklung der Agrartechnologie versucht man durch Manipulation der Gene von Nutzpflanzen und Tieren Ertragssteigerungen, bessere Qualitäten und größere Widerstandsfähigkeit gegen Schädlinge und Krankheiten zu erreichen. Des Weiteren geht es darum, Nutzpflanzen über ihr natürliches Verbreitungsgebiet hinaus anbauen zu können. Die G. ist umstritten, da das Gefahrenpotential letztlich nicht kontrollierbar erscheint. Außerdem befürchten Gegner der G. eine verstärkte Abhängigkeit der Landwirtschaft von Großkonzernen, die diese Technologie bei sich konzentrieren.

Geobotanik: Die G. beschäftigt sich mit der Verbreitung der Pflanzen auf der Erde. Sie ist ein Teilgebiet der Botanik. Man unterscheidet vier Teilgebiete: 1. die *floristische G.,* die sich mit den Verbreitungsgebieten von Pflanzenarten und -sippen beschäftigt; 2. die *soziologische G.,* die die Pflanzen aufgrund gemeinsamer Standorte zu Pflanzengesellschaften zusammenfasst; 3. die *ökologische* G., die die Wechselwirkungen zwischen Pflanze und Umweltbedingungen untersucht; sie ist jedoch heute der ↑Ökologie zugeordnet; 4. die *historische* oder *genetische G.,* die die Verbreitung der Pflanzen früherer erdgeschichtlicher Perioden und ihre Ausbreitungswege in die Gebiete ihres heutigen Vorkommens untersucht.

Geodäsie (Vermessungskunde): Unter G. versteht man die Wissenschaft und Technik von der Ausmessung und Abbildung der Erdoberfläche.

Geode: ↑Konkretion.

Geodeterminismus: Mit G. bezeichnet man einen wirtschaftsgeographischen Erklärungsversuch, wonach die wirtschaftlichen Aktivitäten der Menschen durch die Naturgegebenheiten bestimmt sind. So würde beispielsweise die Entstehung der Schwerindustrie als »naturgesetzliche« Folge von Kohle- und Eisenerzvorkommen gesehen. Heute geht man jedoch davon aus, dass der Mensch mit seinen wirtschaftlichen Zielen die räumliche Ordnung und Organisation der Wirtschaft bestimmt.

Geofaktoren: G. sind die naturgeographischen Gegebenheiten, die das Aussehen einer Landschaft bestimmen, also u.a. geologische, klimatische, hydrographische Verhältnisse, Böden, Vegetation, aber auch vom Menschen verursachte Tatbestände.

Geofraktur: ↑Lineament.

Geographie (Erdkunde): Die Wissenschaft G. ging hervor aus dem Bestreben um die Erforschung und Beschreibung der Erde und ihrer Ressourcen. Forschungsgegenstand sind v.a. die Landschaften und die Länder. Die moderne Konzeption der G. ist etwa folgendermaßen zu kennzeichnen: G. ist die Wissenschaft von der Umwelt des Menschen und vom wechselseitigen Beziehungsgefüge Mensch – Umwelt in räumlicher Sicht. Umwelt kann dabei naturbelassen, durch den Menschen überformt oder durch ihn geschaffen sein. Im Mittelpunkt ihres Interesses stehen die Elemente, Strukturen, Beziehungsgefüge und Prozesse des weltweiten Geosystems Mensch – Erde.

Die G. gliedert sich in ↑Länderkunde (regionale G.) und ↑allgemeine Geographie. Die aktuelle *theoretische* G. arbeitet oft mit quantitativen oder mathematischen Ansätzen. Die *angewandte* G. stellt die Beziehungen zwischen Wissenschaft und Praxis her. Besondere Bedeutung hat heute infolge vielfältiger weltweiter Umweltgefährdung die ↑Landschaftsökologie.

G

geographische Breite: Unter der g.n B. versteht man den Abstand eines Punktes der Erdoberfläche vom Äquator. Der jeweilige Abstand des Punktes vom Äquator ergibt sich aus dem Winkel zwischen der von einem Punkt der Erdoberfläche gefällten Lotlinie und dem Äquatorradius.

Geographische Informationssysteme: ↑Geoinformationssysteme.

geographische Länge: Unter der g.n L. versteht man den Abstand eines Punktes der Erdoberfläche vom vereinbarten Nullmeridian von Greenwich. Alle Orte gleicher g.r L. haben die gleiche Zeit.

Geographische Ortsbestimmung: ↑GPS (Global Positioning System).

Geoid: Als G. wird die wahre Form der Erde, die kein reines Rotationsellipsoid und erst recht keine reine Kugel ist, bezeichnet. Die genaue Bestimmung des G.s ist Ziel der Geodäsie. – ↑auch Erde.

Geoinformationssysteme (Abkürzung GIS) (Geographische Informationssysteme): G. dienen zur EDV-gestützten Gewinnung, Eingabe, Verarbeitung, Analyse und Wiedergabe raumbezogener Daten. Die Informationen zur physischen und kulturellen Umwelt einer bestimmten Raumeinheit können damit verwaltet, analysiert und zur Erzeugung statistischer und kartographischer Produkte genutzt werden.

Geologie: Die G. ist die Lehre von der Entstehung, Entwicklung und Veränderung der Erde und der sie bewohnenden Lebewesen in erdgeschichtlicher Zeit. Enge Beziehungen bestehen zur Mineralogie, Petrologie, Petrographie, Paläontologie, Geophysik, Geochemie, Bodenkunde, Geographie, Meereskunde, Meteorologie, Klimatologie und Astronomie. Mit der Landung des Menschen auf dem Mond bahnt sich die Ausdehnung der Anwendung geologischer Methoden auf extraterrestrische Himmelskörper *(Selenologie, Astrogeologie)* an. Die Erforschung der gegenwärtigen Veränderungen der Erdrinde ist Aufgabe der *Aktuogeologie.* Die Anwendung geologischer Arbeitsmethoden für praktische Belange des Menschen ist der *angewandten Geologie* vorbehalten.

Die **allgemeine** oder **dynamische Geologie** befasst sich mit den auf die Erdkruste einwirkenden geologischen Kräften, die sich in *exogene* (oder außenbürtige), durch das Geschehen in der Luft-

Geologie

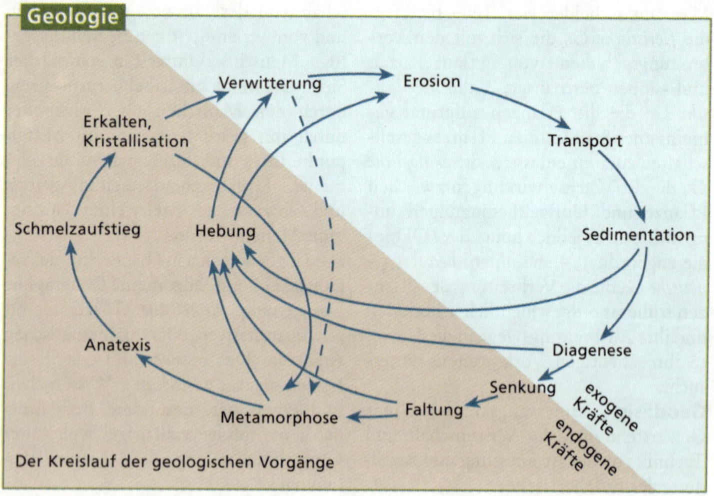

Der Kreislauf der geologischen Vorgänge

und Wasserhülle der Erde bedingte, also letztlich auf die Sonnenenergie zurückführende, und *endogene* (oder innenbürtige), aus dem Erdinnern selbst stammende Kräfte einteilen lassen. Besonderer Forschungsschwerpunkt auf dem Sektor der exogenen Dynamik ist gegenwärtig die *Sedimentologie,* die die Bildungsvorgänge und Strukturen der Sedimentgesteine erforscht. Ein aktuelles Anwendungsgebiet ist die *Meeresgeologie,* deren moderne Ergebnisse erst in jüngster Zeit genauere Kenntnis von den zwei Dritteln der Erdoberfläche vermitteln, die von Wasser bedeckt sind. Forschungsschwerpunkt ist seit Mitte des 20. Jh. die Untersuchung der Mittelozeanischen Rücken, deren Ergebnisse zur Aufstellung der Theorie der ↑Plattentektonik führten. Mit den Oberflächenformen der Erde befasst sich die in Deutschland meist im Rahmen der Geographie behandelte ↑Geomorphologie. Auf dem Sektor der endogenen Dynamik liegen die Forschungsschwerpunkte bei der *Tektonik,* die sich mit den Lagerungsformen der Gesteine, den Veränderungen im Bau der Erdkruste sowie den Ursachen dieser Strukturveränderungen befasst, u. a. auch bezüglich des Zusammenwirkens von Tektonik und Gesteinsmetamorphose, und bei der *Vulkanologie,* die die verschiedenartigen Erscheinungsformen vulkanischer Aktivität erforscht, sowie beim Studium plutonischer Intrusionsmassen (↑Plutonismus).

Die Arbeitsweise des Geologen setzt zunächst die Aufnahme und Auswertung von Oberflächenaufschlüssen, von Tiefbohrungen, Geländeformen, Aufsammlungen von Proben (sog. Lesesteinen), die Fossilsuche, Auswertung von Luftbildern und geophysikalischen Untersuchungsergebnissen usw. sowie die Befahrung von Grubenbauen unter Tage voraus. Das unmittelbare Ergebnis der Geländearbeit findet meist seinen Niederschlag in den geologischen Karten. Die Kartierung der Oberflächenverbreitung von Schichtgesteinen, im Zusammenwirken mit dem Einmessen der Lagerungsverhältnisse der Gesteine mit dem Geologenkompass, ermöglicht den Entwurf geologischer Schichtenschnitte (Profile) und damit eine Extrapolation auf nicht unmittelbar der Beobachtung zugängliche Tiefenbereiche.

Die Bergung und Ausdeutung von Versteinerungsfunden vorzeitlicher Pflanzen und Tiere, die Aufbereitung und Untersuchung von Gesteinsproben unter dem Mikroskop mit Methoden der Petrologie und Gefügekunde, die Anwendung sedimentologischer und statistischer Verfahren sowie in geeigneten Fällen Experimente und die vergleichende Beobachtung rezenter geologischer Vorgänge gestatten Aussagen über den Ablauf der Erdgeschichte, über Veränderungen der Oberflächengestalt der Erde in Zeit und Raum sowie über die Entwicklung des tierischen und pflanzlichen Lebens auf der Erde. Diese Untersuchungsergebnisse sind Gegenstand der historischen Geologie, die eng mit der Paläontologie verbunden ist.

Die Aufgabe der **historischen Geologie** oder **Erdgeschichte** ist es, ein möglichst genaues und vollständiges Bild von der Entwicklung der Erde und ihrer Bewohner zu erarbeiten. Gestützt wird die erdgeschichtliche Forschung durch die *Stratigraphie,* die sich mit der zeitlichen Abfolge und dem relativen Alter der Gesteine befasst. Hinweise für die zeitliche Einstufung ergeben die Lagerungsverhältnisse (das Hangende ist in der Regel jünger als das Liegende, Intrusionsmassen sind jünger als das durchsetzte Nebengestein, ältere Strukturen werden von jüngeren geschnitten usw.), der Fossilinhalt *(Biostratigraphie)* sowie neuerdings in zunehmendem Maße die ↑physikalische Altersbestimmung. Im Rahmen der historischen G. versucht die *Paläogeographie* die vorzeitliche Verteilung von Land und Meer, die Anordnung aktiver Gebirgsbildungsgürtel und Vulkanzonen sowie die Art der festländischen und marinen Sedimentation zu rekonstruieren; die *Paläo-*

Geologische Systeme

Zeitalter	System	Abteilung	Beginn vor Mill. Jahren	Entwicklung des Lebens
Erdneuzeit (Neozoikum, Känozoikum)	Quartär	Holozän		Veränderung der Umwelt durch den Menschen; Pflanzen und Tierwelt der Gegenwart
		Pleistozän		Den Eiszeiten und Zwischeneiszeiten angepasste Tier- und Pflanzenwelt
			2,5	Menschwerdung
	Tertiär	Pliozän Miozän Oligozän Eozän Paläozän		Entwicklung der Vögel und Säugetiere, insbesondere der Herrentiere; Höhepunkt in der Entwicklung der Schnecken
			65	
Erdmittelalter (Mesozoikum)	Kreide	Oberkreide Unterkreide		Aussterben der Dinosaurier und Flugsaurier. Zahlreiche Foraminiferen und Muscheln (z.T. Leitfossilien); Entwicklung der Bedecktsamer
			144	
	Jura	Malm Dogger Lias		Reiche marine Fauna mit Ichthyosauriern, Plesiosauriern, Ammoniten (Leitfossilien), Belemniten, riffbildenden Schwämmen. Auftreten des Urvogels Archäopteryx
			213	
	Trias (german. Trias)	Keuper Muschelkalk Buntsandstein		Im Keuper Auftreten der ersten Säugetiere, im Muschelkalk reiche marine Fauna (u.a. Seelilien, Muscheln, Brachiopoden, Kopffüßer), im Buntsandstein Fährten von Chirotherium (ein Saurier)
			248	
Erdaltertum (Paläozoikum)	Perm	Zechstein Rotliegendes		Entwicklung und Differenzierung der Reptilien. Daneben Großforaminiferen, Bryozoen. Glossopteris-Flora in Gondwanaland

Erdaltertum (Paläozoikum)	Karbon	Oberkarbon Unterkarbon	286	Zahlreiche Amphibien; erste Reptilien. Baumförmige Farne, Schachtelhalme, Bärlappgewächse (erhalten in Steinkohlenlagern)
	Devon	Oberdevon Mitteldevon Unterdevon	360	Leitfossilien sind Brachiopoden, Kopffüßer und Fische. Im Mitteldevon erste Farne, Schachtelhalme und Bärlappgewächse
	Silur		408	Erstes Auftreten der Fische, im obersten Silur der ersten Gefäßpflanzen (Landbewohner). Reiche marine Fauna, u.a. riffbildende Korallen, Graptolithen (Leitfossilien)
	Ordovizium		438	Erstes Auftreten der Graptolithen und Korallen. Daneben Brachiopoden, Echinodermen, Kopffüßer, Trilobiten
	Kambrium		505	Erstes Auftreten der Trilobiten (Leitfossilien), Brachiopoden, Echinodermen, Kopffüßer
Erdfrühzeit (Präkambrium)	Algonkium (Proterozoikum)		590	Abdrücke von Spiculä, Quallen, Seefedern, Arthropoden; Stromatolithen (Kalkausscheidungen von Blaualgen), Algenreste
	Archaikum		etwa 2 500 etwa 4 000	Entstehung des Lebens

G

G

klimatologie zeichnet ein Bild vom klimatischen Werdegang der Erde.
Die *Rangordnung* der biostratigraphischen Zeiteinheiten lautet: Zeitalter (Ära), System (Periode; früher: Formation), Abteilung, Stufe, Unterstufe (Gruppe), Zone und Horizont. Letztgenannter ist die kleinste mittels Leitfossilien unterscheidbare geologische Zeiteinheit, auch *geologisches Moment* genannt, die jedoch noch immer Zeiträume der Größenordnung 100000 bis 1 Mill. Jahre umfassen kann.
Die **Regionale Geologie** hat die geologische Erforschung räumlich mehr oder weniger begrenzter Gebiete zur Aufgabe.

geologisches Fenster (tektonisches Fenster): Als g. F. bezeichnet man eine durch Abtragung entstandene Lücke in einer Überschiebungsdecke (↑Decke), wodurch die autochthone Unterlage freigelegt wurde.

Geomedizin: Zweig der Medizin, der sich mit dem Einfluss geographischer Faktoren auf Krankheiten befasst, auch mit deren Vorkommen und Ausbreitung.

Geomorphologie: Die G. ist ein Teilgebiet der allgemeinen Geographie; sie beschäftigt sich im Gegensatz zur Geologie mit den Oberflächenformen der Erde, deren Entstehen sie zu erklären sucht. Hierbei untersucht die *analytische Geomorphologie* Verwitterungsvorgänge und Bodenbildung, Massenbewegungen und die Formen bildende Tätigkeit der Flüsse, der Gletscher, des Windes und der Meere. Die *synthetische Geomorphologie* dagegen befasst sich mit morphologischen Landschaftstypen, wie z.B. Schichtstufenlandschaft oder Inselberglandschaft, die als Ergebnis des Zusammenwirkens der vielfältigen Formen bildenden Kräfte untersucht werden. Die *klimatische Geomorphologie* oder *Klimageomorphologie* schließlich setzt sich mit den verschiedenen klimatischen Bedingungen der Formenbildung auseinander, da man erkannt hat, dass bei den einzelnen Oberflächenformen den jeweiligen klimatischen Verhältnissen ein erheblicher Einfluss beizumessen ist.

Geophysik: Die G. ist ein Teilbereich der Physik; sie befasst sich mit den natürlichen physikalischen Erscheinungen auf der Erde, in ihrem Inneren wie auch in der Erdatmosphäre. Zum Forschungsbereich der G. gehören auch die Einflüsse anderer Himmelskörper auf die Erde und die sie umgebende Materie, insbesondere Wirkungen von Sonne und Mond.
Die meisten geophysikalischen Messungen werden auf der Erdoberfläche angestellt, v.a. auf dem Land, da die Messungen auf dem Meer sehr erschwert sind. Besonders wichtig sind dabei die Polargebiete, weil nur dort die magnetische Abschirmung der Erde gegen den Einfall geladener Teilchen aus dem Weltraum unterbrochen ist. Als augenfälligste Wirkung des Teilcheneinfalls beobachtet man die Polarlichter; weitere Untersuchungsobjekte sind in den Polargebieten z.B. die Eisbedeckungen und der Wärmehaushalt. Zur Zeit bemüht man sich v.a. darum, alle geophysikalischen Messungen auch auf die Meeresgebiete auszudehnen. Magnetfeld und Schwerebeschleunigung werden von Schiffen und Flugzeugen aus bestimmt; am Meeresboden misst man den Wärmefluss, der Untergrund des Meeresbodens wird seismologisch erforscht. Die Erforschung der Erdatmosphäre wurde nach dem 2. Weltkrieg durch den Einsatz von Forschungsraketen, künstlichen Satelliten und Raumsonden gefördert.
Neben Auskünften über die erdgeschichtliche Vergangenheit erwartet man von der G. auch solche über die Zukunft. Vorhersagen sind gut zu geben, wenn es sich um periodische Vorgänge wie z.B. die Gezeitenwasserstände handelt. Diese lassen sich auf mehrere Jahre vorausberechnen. Auch die Voraussage von Funkstörungen, die mit der Sonnenaktivität gekoppelt sind, gelingt noch leidlich (die Sonnenrotation bringt eine 27-tägige Pe-

Geomorphologie

Südwestdeutschland vom Oberrheingraben bis zum Alpenrand

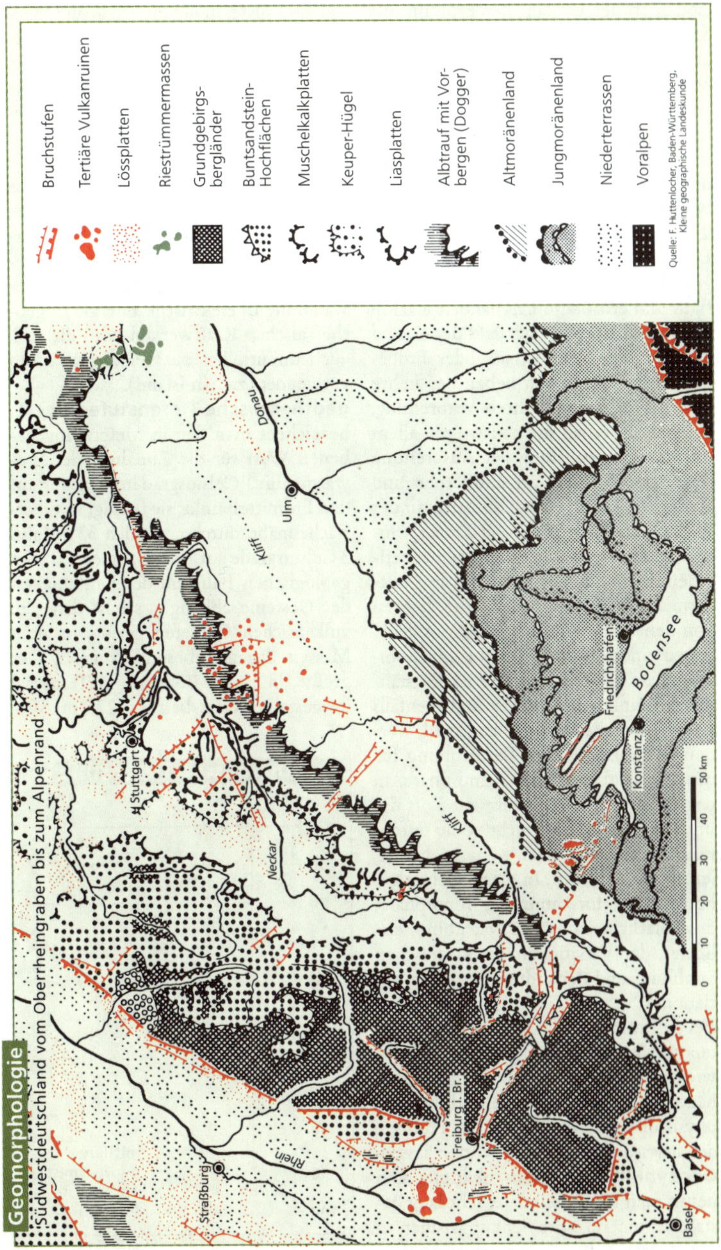

Quelle: F. Huttenlocher, Baden-Württemberg, Kleine geographische Landeskunde riodizität, der Umlauf der Erde um die Sonne bewirkt jahreszeitliche Schwankungen usw.). Viel komplizierter ist die Wettervorhersage. Sie stützt sich auf weltweite Beobachtungen und Einsichten in die dynamischen Vorgänge der Atmosphäre. Sehr schlecht ist es immer noch um die Vorhersage von Erdbeben bestellt.

Teilgebiete der G.: Die *Gravimetrie,* die Lehre von der Schwerkraft, umschließt gewöhnlich auch die Lehre von der Erdfigur und Erdrotation. Es handelt sich um ein gemeinsames Arbeitsfeld der G. und der Geodäsie. Die *Seismik* oder Erdbebenkunde befasst sich neben der Lehre von den Erdbeben, ihrer Verbreitung, den Herdmechanismen usw. vor allem mit der Untersuchung der Ausbreitung elastischer Wellen im Erdkörper und zieht daraus Schlüsse auf die Struktur des Erdkörpers. Die *Lehre vom Erdmagnetismus* untersucht die natürlichen magnetischen Erscheinungen auf der Erde. *Ozeanographie* und *Meteorologie,* die Lehren von den Ozeanen und der Atmosphäre, haben einen solchen Umfang angenommen, dass sie gewöhnlich wie selbstständige Disziplinen behandelt und allenfalls der G. im weiteren Sinne zugezählt werden. *Aeronomie* ist die Bezeichnung für die Physik der oberen Atmosphäre, in der die Luft im Gegensatz zur Luft der unteren Atmosphäre nicht völlig durchmischt und mehr oder weniger dissoziiert und ionisiert ist. In dieses Gebiet gehören die Erforschung der Ionosphäre, des Polarlichtes und des Nachthimmelslichtes, der Variationen der kosmischen Strahlung und der erdmagnetischen Variationen.

Bei der Suche nach nutzbaren Lagerstätten und Wasser führenden Schichten sowie bei Baugrunduntersuchungen treten häufig Fragen auf, die sich mithilfe geophysikalischer Methoden im Rahmen der *angewandten G.* beantworten lassen.

Geosynklinale (Geosynkline): G.n nennt man relativ schmale, sehr lang gestreckte meererfüllte Senkungszonen in der Erdkruste, in denen sich große Mengen von Sedimentgesteinen und bestimmte Ergussgesteine, die Ophiolithe, ansammeln, die nach der Faltung als Gebirge herausgehoben werden (↑Orogenese).

geothermische Energie (Erdwärme): Darunter versteht man die an Gebiete mit jungem Vulkanismus gebundenen, in Form von Wasserdampf oder Thermalwasser nutzbaren Wärmeenergievorräte in der Erdkruste. Neben der Umwandlung in elektrische Energie in geothermischen Kraftwerken wird die g. E. auch unmittelbar zu Heizungszwecken verwendet (z. B. in Island).

geothermische Tiefenstufe: Als g. T. bezeichnet man den in Metern angegebenen Wert für die Zunahme der Erdwärme um 1 Celsiusgrad in Richtung auf den Erdmittelpunkt; sie beträgt in Oberflächennähe durchschnittlich 33 m (also 3 Celsiusgrade auf 100 m), ist jedoch vom geologischen Bau und der Leitfähigkeit der Gesteine abhängig, sie ist daher in vulkanischen Gebieten gering, in alten Massen dagegen besonders groß. Der größte, in einem Bohrloch in Transvaal festgestellte Wert betrug 127,7 m. We-

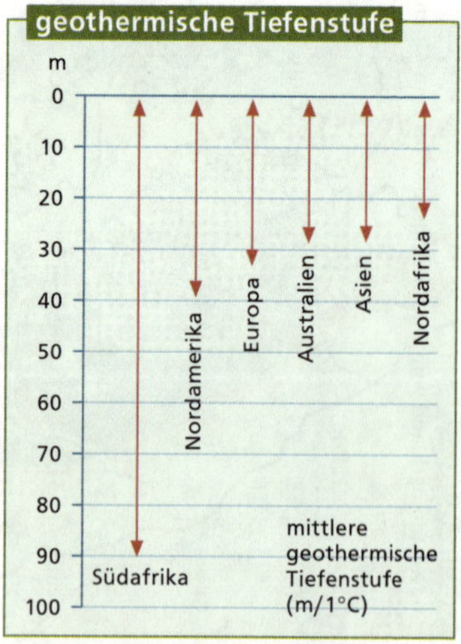

sentliche Störungen der geothermischen Tiefenstufe treten unter den Ozeanen auf.

Geowissenschaften (Erdwissenschaften): G. sind alle sich mit der Erforschung der Erde befassenden Disziplinen, wie Geophysik, Mineralogie und Petrographie, Geologie und Paläontologie, Hydrologie, Klimatologie und Meteorologie, Ozeanographie, Geodäsie und Geographie. Es bestehen nicht nur enge Beziehungen untereinander, sondern auch zu Nachbarwissenschaften, wie Physik, Chemie, Biologie, Geschichte.

geozentrisch: G. sind Denkweisen und Weltsysteme, in deren Mittelpunkt die Erde steht. Das *geozentrische Weltbild* des Mittelalters, das auf Ptolemäus zurückgeht (daher auch ptolemäisches System genannt), besagte, dass sich die Sonne und die anderen Sterne um die Erde drehen; es wurde vom ↑heliozentrischen Weltbild abgelöst.

Geozonen: Mit G. werden bestimmte Landschaftszonen der Erde bezeichnet, deren Klima, Böden und Vegetation die jeweiligen Lebensbedingungen der Menschen entscheidend beeinflussen. Die gebräuchlichste Unterteilung der G. unterscheidet zwischen Tropenzone, subtropischer Zone, gemäßigter Zone und polarer (einschließlich subpolarer und borealer) Zone.

Geozoologie: ↑Tiergeographie.

Geröll: G.e sind durch Transport in fließendem Wasser oder in der Meeresbrandung gerundete Gesteinsbruchstücke; die Ersteren werden nach Ablagerung als *Schotter* bezeichnet.

Geschiebe:

◆ G. nennt man vom Gletscher- oder Inlandeis transportierte und in den Moränen abgelagerte, beim Transport mehr oder weniger aufgearbeitete Gesteinsbrocken; sie sind meist kantengerundet und oft gekritzt (durch Gletscherschliff geschrammt). Besonders große G.blöcke heißen Findlinge oder ↑erratische Blöcke.

◆ Im technischen Sprachgebrauch bezeichnet man als G. (Flussgeschiebe) das ↑Geröll, besonders bei hohem Anteil an großen Blöcken, die durch das Wasser im Flussbett übereinander geschoben werden.

Geschiebemergel: Als G. bezeichnet man kalkige, aus Ton, Schluff, Sand und Kies, also sehr inhomogen, zusammengesetzte Ablagerungen, die vom Inlandeis oder von Gletschern als Grundmoräne abgelagert wurden; verwitterter und dadurch entkalkter G. wird *Geschiebelehm* genannt; enthält dieser besonders viele Gesteinsblöcke, wird er als *Blocklehm* bezeichnet.

Gesteine: G. nennt man natürliche feste Bildungen innerhalb der Erdkruste und des oberen Erdmantels, die aus einem Mineralgemenge, aus einer einzigen Mineralart oder aus organischen Resten bestehen; nach der Entstehung unterscheidet man ↑magmatische Gesteine, Sedimentgesteine (↑Sedimentation) und ↑metamorphe Gesteine. – Abb. S. 128.

Getreideeinheit (Abkürzung GE): Die G. ist ein Maß für die ernährungswirtschaftliche Produktion landwirtschaftlicher Betriebe. Dabei wird der Energiewert der Erzeugnisse in Stärkeeinheiten ausgedrückt, als Umrechnungswert wurde 1 Dezitonne (dt) Getreide gleich 1 GE gesetzt. Daraus ergeben sich für andere Nahrungsmittel folgende Werte:

1 GE = 100 kg Getreide oder Mais
= 400 kg Kartoffeln
= 125 l Vollmilch (mit 3,3 % Fett)
= 20 kg Schweine- oder Rindfleisch
= 400 Eier

Getto: ↑Ghetto.

Gewann: Das G. ist ein Verband gleichlaufender streifenförmiger Besitzparzellen in ↑Gemengelage. Es lassen sich Klein- und Großgewanne, Lang-, Kurz-, Schmal- und Breitstreifengewanne unterscheiden.

Gewannflur: Eine ganz oder überwiegend aus Gewannen bestehende Flur wird G. genannt.

G

Kreislauf der Gesteine

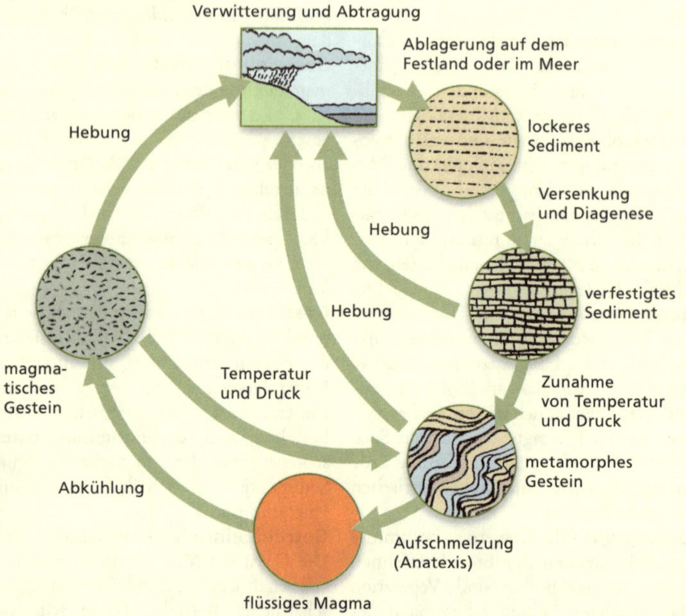

Gewässerkunde: deutsche Bezeichnung für Hydrographie, den wesentlichen Teilbereich der ↑Hydrologie.

Gewässerregionen: In der Biogeographie und Ökologie unterscheidet man verschiedene G. im Meer und in stehenden und fließenden Süßgewässern, die in vertikaler und (bei Fließgewässern) in Fließrichtung unterschiedliche physikalisch-chemische Gegebenheiten aufweisen und daher unterschiedliche Lebensräume (Biotope) darstellen. Bei den stehenden Gewässern (einschließlich der Meere) lässt sich generell eine Bodenregion bzw. Region des bodennahen Wassers *(Benthal)* von einer Freiwasserzone *(Pelagial)* unterscheiden; Letztere lässt sich weiter in eine lichtdurchlässige, photosyntheseaktive und daher organische Substanzen aufbauende obere Zone *(trophogene Zone)* und in eine lichtlose (daher ohne autotrophe Pflanzen) Tiefenzone *(tropholytische Zone)* untergliedern, in der organische Substanzen (v.a. abgestorbene Organismen) weitgehend wieder abgebaut werden. Bei den Flussregionen unterscheidet man die Quellzone *(Krenal),* die Gebirgsbachregion *(Rhithral)* und die Tieflandflussregion *(Potamal).*

Gewerbe: Unter diesem Ausdruck werden alle Tätigkeiten zusammengefasst, die selbstständig durchgeführt werden, auf Gewinn abzielen und für längere Zeit ausgeübt werden. Nicht dazu gehören jedoch die Landwirtschaft und die Tätigkeit von Rechtsanwälten, Ärzten, Architekten usw.

Gewerbegebiet: Unter G. versteht man den Teil einer Gemeinde, der im Flächennutzungsplan als Standort für mittelständische Unternehmen, hauptsächlich also Handwerksbetriebe und andere Kleinunternehmen, ausgewiesen ist. Luftverschmutzung und Lärmbelästigung dürfen nicht sehr groß sein, da diese Gebiete nicht weit vom Zentrum der betreffenden Gemeinde entfernt liegen. Einen größeren Abstand weisen die Industriegebiete auf, da hier die Umweltbelastung aufgrund der Größe und Art der Unternehmen größer ist.

Gewitter: Das G. ist eine Wettererscheinung, die durch besonders mächtige Quellwolken *(Gewitterwolken)* und durch fortwährende, zeitlich ganz unregelmäßige, mit starken Schallerscheinungen (Donner) verbundene elektrische Entladungen in Form von ↑Blitzen sowie durch kräftige Niederschläge und böige Winde gekennzeichnet ist. Man unterscheidet Wärmegewitter und Frontgewitter.

Wärmegewitter sind eine Folge starker Überhitzung der bodennahen Luftschichten bei gleichzeitig hohem Feuchtigkeitsgehalt. Sie entstehen an Konvergenzen innerhalb einer einheitlichen Luftmasse, an denen die feuchtwarme Luft zum Aufsteigen gezwungen wird. Wärmegewitter treten bei sommerlichen Wetterlagen und sehr flacher Luftdruckverteilung am häufigsten in den Nachmittagsstunden, über warmen Wasserflächen jedoch in den Abend- und Nachtstunden auf und führen zu keiner nachfolgenden Wetterverschlechterung. Reine Wärmegewitter, bei denen die vertikale Labilisierung ausschließlich eine Folge der vom Erdboden ausgehenden Überhitzung der Troposphäre ist, sind allerdings in tropischen Gebieten, wo sie zum täglichen Wettergeschehen gehören, und subtropischen Gebieten der Erde weit häufiger als in unseren gemäßigten Breiten.

Frontgewitter entstehen durch Abkühlung der oberen Luftschichten infolge einbrechender Kaltluftmassen an einer Front, also im Grenzbereich zweier verschiedener Luftmassen. Sie sind die häufigste Art von G.n in gemäßigten Breiten und kommen zu allen Tages- und Jahreszeiten vor. Bevorzugt treten Frontgewitter in Verbindung mit [aktiven] Kaltfronten auf; Warmfrontgewitter sind dagegen seltener. Von den Wärmegewittern unterscheiden sie sich durch ihre größere Ausdehnung und die Verbindung mit einer Front, mit der sie sich verlagern. Gewitterfronten können gelegentlich über Hunderte von Kilometern verfolgt werden.

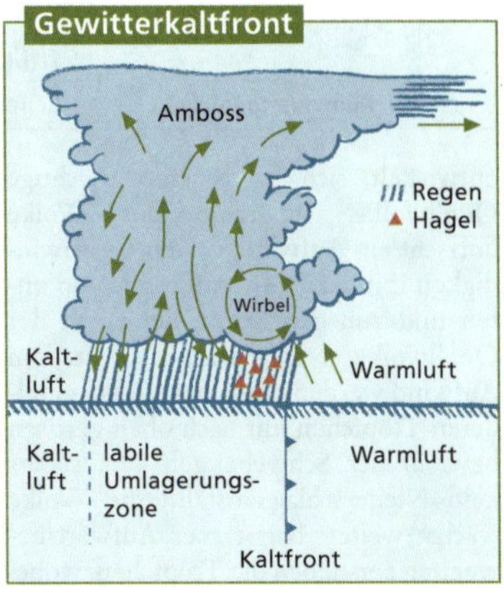

Die Entstehung eines G.s lässt sich im Einzelnen wie folgt darstellen: Jedes G. besteht aus mehreren etwa gleich großen Zellen; jede *Gewitterzelle* durchläuft ihre eigene, typische Entwicklung. Jeweils mehrere Zellen sind in einem G. gleichzeitig wirksam; alte, absterbende Zellen werden durch neue ersetzt; erst wenn keine Zellen mehr neu gebildet werden, endet das Gewitter. Die Entwicklung einer G.zelle, wie sie besonders für ein Wärme-G. typisch ist, kann in drei Stadien unterteilt werden:

1. *Kumulusstadium* (Jugendstadium): Intensive Sonnenstrahlung verursacht eine starke Überhitzung der bodennahen Luftschichten; feuchtwarme Luft steigt auf und kühlt sich dabei ab. In einer bestimmten Höhe erfolgt Kondensation des Wasserdampfes, es entstehen Wolken. Aus einer kleinen Kumuluswolke

Gewitterzelle

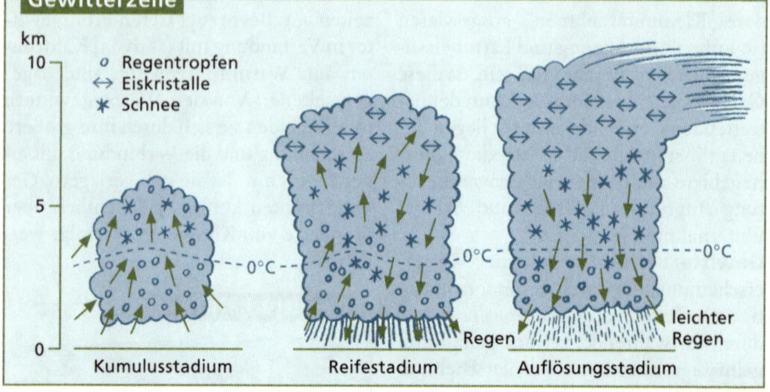

entwickelt sich rasch eine mächtige Quellwolke. Innerhalb der Wolke herrscht ein Aufwind, dessen Geschwindigkeit mit der Höhe zunimmt. Von unten und von den Seiten her fließt der Quellwolke ständig Luft zu. Mit dem Aufwind werden die in der Wolke gebildeten Tröpfchen mit nach oben gerissen bzw. in der Schwebe gehalten, sodass kein Niederschlag ausfällt; die Wolke wächst weiter; bei starker Aufwärtsbewegung zerstieben die Tröpfchen, wobei gleichzeitig eine Ladungstrennung erfolgt: Positiv geladene Tröpfchen gelangen in den oberen Teil der Wolke, negativ geladene Tröpfchen sammeln sich unten an.

Gewitterwolke

Schema des Ladungsaufbaus in einer Gewitterwolke bzw. -zelle

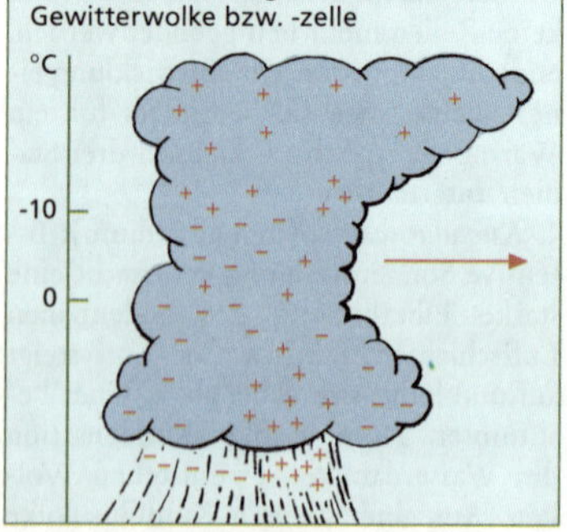

2. *Reifestadium:* Einige Zeit später hat sich mit beginnender Eisbildung im obersten Teil der Quellwolke aus der entladungsfreien Kumuluswolke eine Kumulonimbuswolke entwickelt, in der nun verstärkte Niederschlagsbildung und verstärkte elektrische Aufladung einsetzen. Zunächst können die Niederschlagsteilchen noch vom Aufwind getragen werden, aber ständig wächst ihre Menge, ihre Größe nimmt zu; schließlich beginnen sie gegen den Aufwind zu fallen, bremsen diesen dabei durch Reibung ab und wandeln ihn in einzelnen Gebieten der Wolke sogar in Abwind um. Im Reifestadium können die Aufwinde bis zu 30 m/s erreichen, die Abwinde sind schwächer. Der obere Teil der G.wolke, die bis zur Untergrenze der Stratosphäre reichen kann (mittlere Höhe in unseren Breiten: 6 bis 8 km), nimmt die Form eines Ambosses an: Über dem G.gipfel fließt Kaltluft auseinander und bildet den G.schirm aus unscharfen schleierartigen Eiswolken mit meist unsymmetrischer Anordnung. Jetzt tritt das eigentliche G. mit Blitz und Donner und kräftigen Niederschlägen auf. Gleichzeitig mit dem Starkniederschlag strömt gewittereigene Kaltluft aus dem Kumulonimbus aus, breitet sich in Erdbodennähe seitlich aus und erzeugt die typischen *Gewitterböen.*
3. *Auflösungsstadium* (Altersstadium): Die G.wolke regnet allmählich ab. Wenn

G

keine neue Energie zugeführt wird, z.B. wenn die Überhitzung des Bodens gegen Abend nachlässt, sterben die Aufwinde ab; in der ganzen Wolke setzt sich der Abwind durch. Der Starkregen geht in leichten Regen über und hört langsam auf; die Wolke bildet sich zurück. – Frontgewitter weichen allerdings in ihrer Entwicklung von dem geschilderten Prozess ab.

Die charakteristischen Erscheinungen eines G.s, Blitz und Donner, sind eine Folge der elektrischen Ladungsverteilung in der Gewitterwolke. Eine G.wolke im Reifestadium ist wegen der bereits im Kumulusstadium einsetzenden Ladungstrennung in den oberen Teilen positiv, in den unteren negativ geladen; meist ist aber in den unteren, negativ geladenen Wolkenteilen in der Nähe der Wolkenuntergrenze noch ein kleines Gebiet mit positiver Ladung eingelagert, das mit der Hauptniederschlagszone zusammenfällt. Erfahrungsgemäß beginnt die Elektrisierung in den Quellwolken mit der Bildung und Bewegung von Niederschlag. Da sich der Prozess bei Temperaturen unter 0°C vollzieht, muss sowohl flüssiger als auch fester Niederschlag beteiligt sein. Zahlreiche Theorien, von denen die *Ionenfangtheorie* und die *Zersprühungstheorie* die bekanntesten sind, wurden zur Erklärung dieser Vorgänge entwickelt. Eindeutigkeit konnte jedoch noch nicht erzielt werden. Grundsätzlich können alle *Theorien* zu zwei Gruppen zusammengefasst werden: Die eine geht von Influenzerscheinungen, die andere von Grenzflächeneffekten aus.

Die Folge dieser elektrischen Aufladung, die Entladung durch den *Blitz,* ist dagegen geklärt: Blitze treten als Erdblitze zwischen Wolke und Erde oder als Wolkenblitze innerhalb einer Wolke, zwischen verschiedenen Wolken oder zwischen einer Wolke und dem Luftraum auf. Der *Erdblitz* nimmt mit der Ausbildung eines elektrisch leitenden Kanals zwischen Wolke und Erde seinen Anfang. Diese Kanalbildung erfolgt in einzelnen Blitzvorstößen von der Wolke her, zwischen denen Pausen von 30 bis 60 Millionstelsekunden Dauer liegen. Jeder folgende Impuls wirkt lichtstärker als der vorhergehende und verlängert den Kanal um 10 bis 50m und mehr gegen die Erde hin. Mit Verzweigungen erreicht der Kanal nach insgesamt einigen Tausendstelsekunden den Erdboden, jetzt beginnt der Hauptstromfluss in Richtung von unten nach oben. Nach dem Ende des Blitzes wird der leitende Kanal häufig noch von weiteren Entladungen von unten nach oben benutzt, im Mittel von vier bis fünf Teilentladungen pro Blitz (sie erklären das Flackern des Blitzes). Die beobachteten Stromstärken zeigen Höchstwerte von im Mittel 20000 A, doch sind auch einige hunderttausend Ampere möglich. Die Temperaturen in der Hauptentladung eines Erdblitzes wurden im Mittel zu 25000 bis 30000°C bestimmt. Der Blitzkanal ist in dieser Phase wenige Zentimeter weit. Die *Blitzenergie,* also die während der Hauptentladung in Wärme umgesetzte elektrische Energie, wird auf einige hundert Kilowattstunden geschätzt. Der Blitz leuchtet durch die glühend erhitzte Luft im Blitzkanal. Die äußerst starke Erhitzung der Luft bewirkt ihre explosi-

Gewitterstromkreis

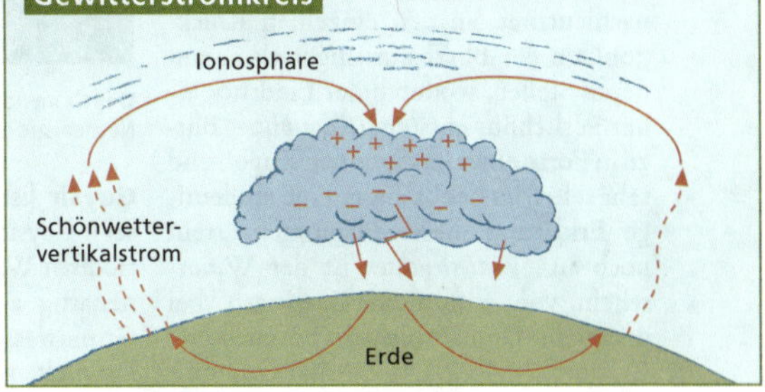

G

onsartige Ausdehnung; die Druckwelle pflanzt sich als Schall in den Raum fort – der *Donner* ist also eine Folge des Blitzes. Mittels der Zeit, die zwischen Blitz und dazugehörendem Donner vergeht, kann man die Entfernung des Gewitters vom Beobachter ungefähr errechnen. Da der Schall in der Sekunde etwa 333 m zurücklegt, teilt man die Anzahl der vergangenen Sekunden durch drei und erhält so die Entfernung in Kilometern. Blitze mit mehr oder weniger verzweigten Bahnen werden als *Linienblitze* bezeichnet. *Flächenblitze* sind wahrscheinlich meist als durch Wolken verdeckte Linienblitze anzusehen; echte Flächenentladungen werden noch angezweifelt. Der *Perlschnurblitz* ist möglicherweise daraus zu erklären, dass der Blitzkanal nach der Hauptentladung noch kurze Zeit nachleuchtet, an den einzelnen Knickpunkten der Blitzbahn länger als an anderen Stellen, wodurch der Eindruck einer Perlschnur entsteht. *Kugelblitze,* Blitze in Form einer leuchtenden Kugel, sind sehr selten zu beobachten. Eine eindeutige Erklärung dieses Phänomens steht noch aus. *Wetterleuchten* ist der Widerschein von entfernten Gewittern, bei denen der Donner nicht zu hören ist.

Gewitterhäufigkeit: Die Zahl der G. nimmt im Allgemeinen von den Tropen nach den höheren Breiten ab. Andererseits sind G. auch in bestimmten Zonen der Passatgürtel über den Ozeanen selten. In der Äquatorialzone ist im Mittel mit 100 bis 160 Gewittertagen pro Jahr zu rechnen, in mittleren Breiten mit 15 bis 50, in der Nähe der Polarkreise mit 1 bis 2. Über dem Festland sind G. viel häufiger als über den Ozeanen. Die G.häufigkeit nimmt zum Landesinnern zu; sie erreicht gewöhnlich mit Annäherung an die Gebirge ihren Höchstwert. In Deutschland sind das Vorland der Alpen, das Oberrheinische Tiefland, das Vorland des Rheinischen Schiefergebirges, des Thüringer Waldes und der sächsischen Gebirge bevorzugte Entstehungsgebiete für Gewitter.

Geysir im Rotorua-Gebiet der Nordinsel von Neuseeland

Geysir [isländisch 'gaizir] (Geisir, Geiser): Geysire sind heiße Quellen, die periodisch Wasser und Dampf springbrunnenartig ausstoßen. Sie werden durch Grundwasser, das sich in einem Becken sammelt, gespeist. Dieses Wasser wird durch vulkanische Wärme erhitzt. Wegen der Form der Quellröhre und der in ihr stehenden Wassersäule wird das gespeicherte Wasser überhitzt. Steigen endlich Dampfblasen auf, tritt Druckentlastung ein; durch die damit verbundene Siedepunkterniedrigung verdampft das gespeicherte Wasser und schleudert die über ihm stehende Wassersäule und anderes Wasser ruckartig heraus. Ein dauernder Zufluss von neuem Wasser bewirkt die ständige Wiederholung dieses Vorgangs – meist in regelmäßigen Abständen. Geysire, die z. T. bis zu 40 m hohe Fontänen ausstoßen, treten in jungvulkanischen Gebieten auf, so auf Island, auf der Nordinsel von Neuseeland, in Japan, auf der Halbinsel Kamtschatka und im Yellowstone National Park, USA. Die im Wasser gelösten Mineralstoffe lagern sich oft als Sinter um die Quelle ab.

Gezeiten (Tiden): Als G. bezeichnet man die periodischen Schwankungen des Meeresspiegels und des Luftdruckes. Sie entstehen durch die ständige Einwirkung der Gezeiten erzeugenden Kräfte, d.h. durch periodische Störungen der Schwerkraft der Erde als Folge der Massenanziehungen zwischen Erde und Gestirnen. Hierbei sind vor allem die Gezeiten erzeugenden Kräfte von Mond und Sonne bedeutungsvoll, während die der Planeten völlig zurücktreten.

Die G. der festen Erde und der Atmosphäre haben untergeordnete Bedeutung. Besonders wichtig sind die G. des Meeres, da sie die Schifffahrt, den Wasserbau und das Leben der Küstenbewohner z.T. stark beeinflussen. Durch eine regelmäßige Gezeitenvorausberechnung und -vorhersage werden Häfen und Seeschiffen die zukünftigen Gezeitenstände übermittelt. Die G. des Meeres treten als senkrechte Wasserstandsschwankungen auf, die zu periodischen horizontalen Wasserverschiebungen (Gezeitenströmen) führen. Zur Messung der G. des Meeres dienen Gravimeter und Horizontalpendel.

Das Steigen des Wassers heißt *Flut,* das Fallen *Ebbe.* Der höchste Wasserstand tritt zumeist kurz vor oder nach den Kulminationen des Mondes auf und wird *Hochwasser* genannt, der tiefste heißt *Niedrigwasser.* Das Mittel von Hoch- und Niedrigwasser nennt man *Mittelwasser,* den Höhenunterschied zwischen Hoch- und Niedrigwasser bezeichnet man als *Tidenhub.* Steigen und Fallen von einem Niedrigwasser zum folgenden wird als *Tide* bezeichnet. Wirken die Anziehungskräfte von Mond und Sonne in derselben Richtung, resultiert daraus eine *Springtide* mit besonders hohem Hochwasserstand, wirken sie dagegen genau entgegengesetzt, ergibt sich eine *Nipptide* mit besonders niedrigem Hochwasserstand.

An den Küsten des Weltmeeres herrscht zumeist die halbtägige Gezeitenform vor, wobei die Tide durchschnittlich 12 Stunden 25 Minuten dauert. Die G. verschieben sich von Tag zu Tag – entsprechend der Kulmination des Mondes – um etwa 50 Minuten.

Die Stärke der G. ist örtlich sehr unterschiedlich. Die maximalen mittleren Springtidenhübe der halbtägigen G. betragen 11 cm in der Ostsee, 4 m an der

Gezeiten

Entstehung der Springtiden durch den Einfluss von Sonne und Mond.

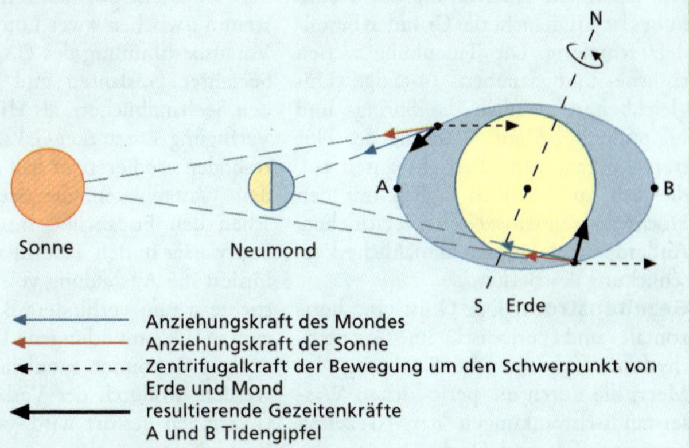

G

deutschen Nordseeküste, 11 m an der englischen Südwestküste (Severnmündung) und erreichen mit 14–15 m in der Fundybai an der Atlantikküste Nordamerikas die höchsten Werte.

Gezeitenkraftwerk: Das G. ist ein Wasserkraftwerk, das den Tidenhub der ↑Gezeiten zur Energieerzeugung ausnutzt. An Küsten mit besonders hohem Tidenhub wird bei Flut ein Becken gefüllt, bei Ebbe treibt das rückströmende Wasser die Turbinen an. Beim doppelt wirkenden G. wird auch das bei Flut einströmende Wasser zum Turbinenantrieb benutzt.

Im Mittelalter gab es bereits Flutmühlen nach Entwürfen des Italieners MARIANO (1438). Das erste G. der Erde wurde 1966 an der Mündung der Rance bei Saint-Malo an der Nordküste Frankreichs in Betrieb genommen (der Golf von Saint-Malo hat einen Tidenhub von 11,5 m). Der 750 m lange Damm dieses G.s enthält 24 Rohrturbinen zu je 10 MW, was etwa dem Vierfachen des Walchenseekraftwerkes entspricht. Weitere G.e sind in Russland (bei Murmansk), in Großbritannien (am Severn), in Kanada (an der Fundybai) und in Argentinien (am San-Matías-Golf) im Bau bzw. projektiert. Die jährliche Energieproduktion des G.es an der Rance beträgt etwa 800 Mill. kWh.

Die technische Auswertung des Tidenhubes ist aus mancherlei Gründen besonders schwierig. Die Tidenhübe weisen tägliche und daneben 14-tägige Ungleichheiten, nämlich die Spring- und Nipptidenhübe, auf. Während der Flut treten erzwungene Betriebspausen auf, die sich zudem noch täglich mit den Hochwassereintrittszeiten verschieben. Außerdem erfolgt eine allmähliche Verschlickung des Beckens.

Gezeitenstrom: Der G. ist eine horizontale und periodisch im Gezeitenrhythmus auftretende Strömung im Meer, die durch die periodischen Wasserstandsschwankungen der ↑Gezeiten hervorgerufen wird. Da die Gezeiten des Meeres lange Wellen sind, wird vom G. die gesamte Wassersäule von der Meeresoberfläche bis zum -boden, auch im offenen Ozean, erfasst. Der bei der Flut laufende G. heißt Flutstrom, der bei Ebbe ablaufende Ebbstrom. Flut- und Ebbstrom bewegen sich in Landnähe küstenparallel, d. h., die Strömungsrichtung wechselt im Rhythmus der Gezeiten. Zwischen den beiden Strömen tritt kurze Zeit Stromlosigkeit ein; man spricht vom *Stillwasser* und vom Kentern der Stromrichtung. Anders ist die Situation in offener See. Hier ist der G. nur selten alternierend, er ist vielmehr als ›Drehstrom‹ ausgebildet, d. h., er dreht entweder links oder rechts herum. Die Geschwindigkeit des G.s ist regional sehr unterschiedlich. Im offenen Ozean ist sie klein, etwa 10 cm/s, bei Querschnittsverengungen und in Küstennähe, d. h. auf dem Schelf und in Meeresstraßen, Ästuaren usw., treten erhebliche Steigerungen auf. So werden in der südlichen Nordsee und in der Deutschen Bucht häufig mehr als 1 m/s erreicht, in besonders engen Buchten, wie im Pentland Firth und bei den Lofotinseln, sogar 4,5 m/s Geschwindigkeit.

Der G. kann für Schiffe gefährlich werden, wenn bei Sturm die Oberflächenwellen gegen den G. anlaufen. Dann entstehen kurze brechende Seen, wie z. B. der als Malstrom bekannte Moskenstraum zwischen zwei Lofotinseln. Zur Vorausbestimmung des G.s stehen dem Seefahrer G.atlanten und Angaben in den Seehandbüchern als Hilfsmittel zur Verfügung. Ein starker G. kann den Meeresboden erodieren, er hält die Priele in den Wattgebieten, die Seegatten zwischen den Friesischen Inseln und das Fahrwasser in den Tideflüssen offen. Er fördert die Ausbildung von Mündungstrichtern und verhindert Barrenbildungen in Flussmündungen. Durch einen starken G. können Sandbänke verlagert werden, wodurch der Verlauf von Abflussrinnen gestört wird, oder sich die Küstenlinie verändert.

Der G. kann auch zur Ausbildung und Wanderung von Sandrippeln am Meeresboden führen, die bis zu 16 m Höhe erreichen können. Die Sicherheit der Schifffahrt erfordert daher eine regelmäßige Kontrolle, d.h. Vermessung, der Tiefenlage des Meeresbodens, besonders in den Fahrwasserbereichen. Die im G. auftretenden gewaltigen Energien werden mancherorts durch Gezeitenkraftwerke wirtschaftlich genutzt.

Ghetto (Getto): Unter einem G. versteht man im übertragenen Sinn ein Stadtviertel, das durch erzwungene oder freiwillige Absonderung [nur] von Angehörigen bestimmter Bevölkerungsgruppen bewohnt ist. Entstanden sind diese Viertel häufig im Zuge ethnischer oder sozialökonomischer Absonderung oder als Folge sozialen Auf- oder Abstiegs. Ursprünglich bezeichnet G. die behördlich erzwungenen und räumlich beschränkten jüdischen Wohnviertel, die von außen abgeriegelt und mit nächtlichen Ausgehverboten belegt wurden.

Ghost Town [englisch ˈgəʊstˈtaʊn] (Geisterstadt): Als Ghost Towns werden ehemalige Bergbaustädte und Goldsuchercamps bezeichnet, die, da häufig am Rande der Ökumene angelegt, nach Erschöpfung der Bodenschätze oder bei wirtschaftlichen Krisen verlassen worden sind und heute verfallen und unbewohnt Reste einer vergangenen Epoche darstellen.

Gipshut: Ein G. ist der oberste Teil eines ausgelaugten ↑Salzstocks.

GIS: Abkürzung für ↑**G**eo**i**nformations**s**ysteme.

glazial: Alle diejenigen Bildungen, Formen und Ablagerungen nennt man g., die während einer Eiszeit (Glazialzeit) entstanden sind. Das Wort g. ist also als Zeit- und Klimabegriff aufzufassen im Gegensatz zu glaziär und glazigen.

Glazial: Fachwort für Eiszeit; ↑Eiszeitalter.

Glazialerosion: Unter G. versteht man die ausschürfende Tätigkeit der Gletscher und des Eises. Bei G. wird das anstehende Gestein durch mitgeführte Geschiebe abgeschliffen, es kommt zu Gletscherschliff, Gletscherschrammen und Kritzen; die vom Eis überwanderten Berge werden abgerundet, es entstehen Rundhöcker; Becken, Mulden und Täler werden erweitert bzw. übertieft (glaziale Übertiefung), es entstehen Trogtäler und Zungenbecken; Schwellen werden stärker herausmodelliert. Typische Ergebnisse von G. sind u.a. ↑Trogtal und ↑Kar.

glaziales Abflussregime: Hierbei handelt es sich um ein ↑Abflussregime eines Flusses, das ausschließlich von den Schmelzwässern der Gletscher bestimmt wird. Das Hochwasser dieser Flüsse liegt also im Sommer, auf der Nordhalbkugel im Juli und August, auf der Südhalbkugel im Januar und Februar.

glaziale Serie: Als g. S. fasst man die vom Inlandeis oder von Gletschern nach ihrem Abschmelzen hinterlassenen, stets in gleicher Abfolge aufeinander folgenden Landschaftsformen zusammen. Diese sind vom ehemaligen Eiszentrum her betrachtet im Norden Mitteleuropas flachwellige oder kuppige Grundmoränen, hügelige Endmoränen, Sanderebenen und Urstromtal; im Alpenrandgebiet sind es Zungenbecken, Endmoränen und Schotterfelder. – Abb. S. 136.

Glazialeustasie: Als G. bezeichnet man die durch Veränderung des Wasser-Eis-Haushalts der Erde eingetretenen Schwankungen des Meeresspiegels (↑eustatische Meeresspiegelschwankungen).

Glazialisostasie: Die G. stellt einen Sonderfall der Isostasie dar; man versteht darunter durch Eisbelastung verursachte, lokal begrenzte Senkungen der Erdkruste sowie deren Heraushebung nach dem Abschmelzen der Eislast; wegen der Überlagerung mit glazialeustatischen Vorgängen (↑eustatische Meeresspiegelschwankungen) ist die Bestimmung der einzelnen Komponenten bei Küstenverschiebungen oft schwierig.

Glazialseen: G. sind infolge der Vergletscherung entstandene Seen, und

G

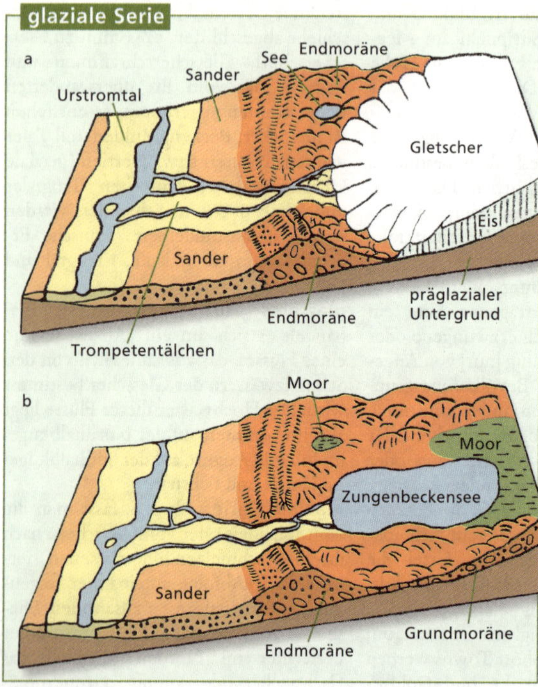

glaziale Serie: a) von Schmelzwasserbach durchbrochener Endmoränenwall vor der im Rückzug begriffenen Gletscherzunge; b) Grundmoräne, Zungenbeckensee, Endmoräne, Sander und Urstromtal nach Eisrückzug (= glaziale Serie)

zwar wurden sie entweder durch das Eis oder die Moränen aufgestaut *(Gletscherseen)*, oder sie erfüllen von Gletschern ausgeschürfte Hohlformen im Gebirge *(Karseen)* oder im Vorland (v.a. die *Zungenbeckenseen*), oder sie entstanden im Zuge der Grundmoräne (*Sölle*, das sind Seen in subglazialen Schmelzwasserrinnen u.a.).

glaziär: G. nennt man alle in Gletschernähe oder im Umkreis eines Gletschers bzw. des Inlandeises entstandenen Bildungen, z.B. Schmelzwasserablagerungen und der während der Kaltzeit ausgewehte Löss Mitteleuropas. Es handelt sich also um einen raumbezogenen Begriff, der den Entstehungsraum meint; g. ist damit von den Begriffen glazigen und glazial zu unterscheiden.

glazifluvial (glazifluviatil): svw. ↑fluvioglazial.

glazigen: G. sind alle unmittelbar durch die Wirkung des Eises entstandenen Ablagerungen und Abtragungen, wie z.B. Moränen, Drumlins, Oser, Trogtäler. G. ist also ein auf die Entstehungsursache bezogener Begriff; er ist daher von den Begriffen glazial und glaziär zu unterscheiden.

Glei (Gley): Der G. ist ein infolge Grundwassereinfluss vernässter, überwiegend mineralischer Bodentyp in Senken und Talungen mit einem mittleren Grundwasserhorizont in etwa 80–100 cm Tiefe; der A-Horizont des Bodenprofils geht aufgrund der Oxidation in einen rostfleckig-grauen, zeitweise trocken fallenden G_o-Horizont über, darunter liegt der ständig vernässte, graue G_r-Horizont (hier Reduktion); G.böden tragen meist Wiesen, bei Dränage ist auch Ackerbau möglich.

gleiten: in der Gewässerkunde Bezeichnung für eine ↑Fließgeschwindigkeit.

Gleithang: G. nennt man das sanft geneigte, an der Innenseite einer Flusskrümmung liegende Ufer. Wegen geringer Fließgeschwindigkeit (der Stromstrich befindet sich am Gegenufer, dem Prallhang) ist er das Ablagerungsgebiet für das vom Fluss mitgeführte Sand- und Geröllmaterial. Der G. wird im flachen Gelände als *Gleitufer* bezeichnet.

Gletscher (in Salzburg, Kärnten und Osttirol Kees, im übrigen Tirol Ferner): G. sind Eismassen der Landoberfläche, die sich als Ströme, der Schwerkraft folgend, bewegen und bei größerer Ausdehnung und Mächtigkeit weite Teile des Festlandes unabhängig vom darunter liegenden Relief begraben können. G. entstehen oberhalb der Schneegrenze, wo in ausgedehnten Flächen Firneis zu Gletschereis wird. Fließt das G.eis aus diesem *Nährgebiet* über die Schneegrenze, die auf dem G. Firnlinie genannt wird, abwärts, bildet es eine *Gletscherzunge*, auf der die ↑Ablation größer ist als der Niederschlag (meist Schneefall), weshalb dieser Teil als *Zehrgebiet* bezeichnet wird. Während das G.eis in seinen unteren Bereichen mit Geschwindigkeiten von wenigen Metern bis zu 6 km pro Jahr (an der W-Küste Grönlands) plastisch fließt, entstehen auf der Oberfläche *Gletscherspalten* in Form von Querspalten, die über Stufen im Untergrund aufreißen und zu ganzen *Gletscherbrüchen* werden können; in ihnen erscheint die G.oberfläche in Eisblöcke und Eistürme aufgelöst. Außerdem entstehen Randspalten entlang der durch Wärmerückstrahlung vom Fels gebildeten Randkluft und Radialspalten am Zungenende. Die Abschmelzvorgänge, die hauptsächlich durch die Sonneneinstrahlung und den Regen bewirkt werden, sind die Ursache der teils auf der G.oberfläche, teils in *Eistunneln* am G.grund fließenden *Gletscherbäche,* die am Zungenende aus dem *Gletschertor* austreten. Da die G. auch an der Unterfläche abtauen, nämlich infolge durch Druck und Reibung erzeugter Wärme sowie der Erdtemperatur, fließen G.bäche auch im Winter. Fließt aus dem Nährgebiet mehr Eis nach, als durch Ablation verloren geht, erfolgt ein Vorstoß des G.s, ist dagegen die Ablation stärker, erfolgt ein Rückzug des G.s; der Wechsel zwischen beiden wird *Gletscherschwankung* genannt.

Austritt des schon unter dem Eis fließenden Schmelzwassers aus dem **Gletschertor** am Steingletscher in der Schweiz

Die G. werden unterteilt in *Talgletscher,* bei denen das Zehrgebiet und auch ein Großteil des Nährgebietes in einem Tal liegen, *firnfeldlose Talgletscher,* die ihren Schnee- und Eisnachschub aus Lawinen und Eisauflagerungen an einem Hang erhalten, *Kargletscher,* die fast kein Zehrgebiet haben, und *Eisstromnetze,* die ein ganzes Talsystem durchfließen und niedrige Wasserscheiden überwinden. Neben diesen G.n, die alle nur in einer Richtung abfließen und als *Gebirgsgletscher* zusammengefasst werden, gibt es große G.flächen, die nach vielen Seiten abfließen; sie werden untergliedert in die hoch gelegenen *Plateaugletscher,* relativ kleine *Eiskappen* und das sehr große Flächen bedeckende *Inlandeis. Vorlandgletscher* bilden sich durch Zusammenfluss mehrerer Gebirgsgletscher. Die abtragende Tätigkeit der G. wird als ↑Glazialerosion bezeichnet. Das von den G.n transportierte und später abgelagerte Material sind im We-

G

sentlichen die ↑Moränen; die Ablagerungen der Schmelzwässer sind u.a. Sander und Schotterfelder.
Das gesamte von G.n. eingenommene Gebiet der Erde wird auf knapp 15 Mill. km² geschätzt, davon entfallen 84,5% auf die Antarktis und die subantarktischen Inseln und 14% auf den arktischen und subarktischen Bereich, besonders auf Grönland.

Gletschereis: Das grünblaue Eis der Gletscher ist durch teilweises Schmelzen und anschließendes Wiedergefrieren des ↑Firns und des Firneises sowie durch den Druck der Schnee- (und Eis-)massen entstanden. Die Entwicklung des G.es erfolgt also vom Schnee über Firn und Firneis zu G., dessen Eiskörner einheitliche Kristalle sind, deren unregelmäßige Oberflächen gelenkartig ineinander greifen. Im G. wechseln meist deutlich erkennbare weiche weiße und harte blaue Schichten miteinander ab; diese sind durch meteorologische Einflüsse und durch Ablagerung von Staub im Nährgebiet bedingt. Außerdem bewirkt die Eisdynamik eine diese Schichten kreuzende Blätterung.

Gletschermilch: G. ist der volkstümliche Ausdruck für das milchig trübe Wasser eines Gletscherbaches; die Färbung rührt von dem mitgeführten sehr feinen Schuttmaterial, der *Gletschertrübe,* her.

Gletschermühle: Unter dem Gletscher herabstürzendes Wasser schafft im festen Gestein eine spiralwandige Röhre, die G., auf deren Grund oft durch in Drehbewegung versetzte Gesteinsblöcke Strudellöcher entstehen. Diese z.T. tiefen Löcher nennt man auch *Gletschertöpfe.* Häufig befindet sich in ihnen noch der runde Stein, der Mahlstein, der den Gletschertopf geschaffen hat. G.n gibt es bei Inzell und im Gletschergarten von Luzern.

Gletscherschliff: Als G. bezeichnet man eine vom Gletscher glatt geschliffene Fläche. Auf ihr können durch mitgeführte Geschiebe eingeritzte Schrammen, die *Gletscherschrammen,* die Bewegungsrichtung des Eises anzeigen.

Gletscherschrammen: ↑Gletscherschliff.

Gletschersee: Ein G. ist ein durch Moränen oder den Gletscher selbst, also durch das Gletschereis, aufgestauter See.

Gletschertisch: G. nennt man eine von einem breiten Gesteinsblock gekrönte Eispyramide an der Oberfläche eines Gletschers. Der Steinblock schützt das unter ihm liegende Eis vor der Ablation, sodass nach geraumer Zeit diese geschützte Eissäule die ungeschützte Umgebung überragt.

Gletschertopf: ↑Gletschermühle.

Gletschertor: G. wird die Austrittsstelle eines subglazialen Gletscherbaches aus dem ↑Gletscher genannt. – Abb. S. 137.

Gley: ein Bodentyp, ↑Glei.

Global Positioning System: Verfahren zur geographischen Ortsbestimmung, ↑GPS.

Globalstrahlung: G. nennt man die Summe des Strahlungsflusses aus direkter Sonnenstrahlung und diffuser Himmelsstrahlung, bezogen auf eine horizontale Einheitsfläche.

Globigerinenschlamm: Der G. ist ein Meeressediment; er besteht aus den abgesunkenen Kalkschalen absterbender Globigerinen, einer Foraminiferengattung (einzellige Wurzelfüßer). Der G. bedeckt mit über 100 Mill. km² etwa 35% des Meeresbodens und rund die Hälfte des Tiefseebodens.

Globus: Ein G. ist das maßstabsgerecht verkleinerte Kugelmodell der Erde, auch anderer Himmelskörper (z.B. des Mondes) oder der die Sterne zeigenden Himmelskugel. Der G. ist die einzige Darstellung der Erde, bei der sowohl Winkeltreue (wichtig für die Navigation), Flächentreue (wirkliche Größenverhältnisse der Staaten werden vergleichbar) und auch Längentreue (Strecken haben maßstabsgetreue Länge) gegeben ist. Bei den Erdgloben unterscheidet man physische und politische Globen, bei Ersteren ist ein Gelände- und/oder Höhenschichtenkolorit, bei letzteren ein farbiges Staatenkolorit aufgetragen, kombinierte physisch-politische Globen (meist in Form von Leuchtgloben, d.h. im erleuchteten G. erscheint das Relief, im unerleuchteten Zustand ist das Staatenkolorit erkennbar), geologische, meteorologische und tektonische Globen.

Sonderformen sind Reliefgloben (mit dreidimensionaler Oberfläche) sowie Blinden- oder Tastgloben. Für mathematisch-physikalische Lehrzwecke gibt es ferner Induktionsgloben, die lediglich das Gradnetz zeigen.

Die G.kugel selbst wird heute überwiegend aus bedruckbarem Kunststoff hergestellt. Sie ist meist in einem halbkreisförmigen, mit einer Gradeinteilung versehenen Gestell um die Achse drehbar montiert, wobei die Achse bei Erd- und Himmelsgloben gegenüber der horizontalen Standebene um den gleichen Winkel geneigt ist wie die Erdachse gegenüber der Erdbahnebene. Seit 1935 werden auch in einem ringförmigen Erdmessergestell allseitig bewegliche Rollgloben hergestellt, v.a. für Unterrichtszwecke. Der älteste erhaltene Erdglobus stammt von M. Behaim (1492; heute im Germanischen Nationalmuseum in Nürnberg).

Glockenberg (Domberg, Helmberg, Zuckerhutberg): Der G. ist eine steilwandig-konvexe Bergform mit annähernd runder Grundfläche, die in den wechselfeuchten und immerfeuchten Tropen sowie einigen Monsungebieten häufig auftritt. G.e entstehen in Massengesteinen durch allseitige Abschuppung von Gesteinsplatten (↑Desquamation). Der bekannteste G. ist der Zuckerhut von Rio de Janeiro.

Glutwolke (frz. Nuée ardente [ny'e ar'dãt]): G.n sind aus heißen vulkanischen Gasen und Feststoffen (Asche) bestehende wolkenartige Gemenge (Suspension), die aus Vulkanschloten austreten. Sie wälzen sich an den Hängen aufgrund der hohen Dichte mit großer Geschwindigkeit (bis 200 km/h) bergab und können katastrophale Zerstörungen verursachen (z.B. Montagne Pelée, Martinique, 1902). Die eigentliche G. wird von einer besonders schweren basalen *Glutlawine* hauptsächlich aus heißen Lavatröpfchen und Ascheteilchen begleitet. Aus den abgesetzten Feststoffen entsteht ↑Ignimbrit.

GMT: Abkürzung für Greenwich Mean Time, ↑Zeitzonen.

Gneis: G. nennt man eine Gruppe metamorpher Gesteine von hohem Umwandlungsgrad mit plattiger Absonderung; Hauptgemengteile sind Quarz, Feldspat und Glimmer; *Orthogneis* ist aus magmatischen Gesteinen, *Paragneis* aus Sedimentgesteinen hervorgegangen; *Mischgneis* wurde durch teilweise Aufschmelzung von Paragneis gebildet, ist also ein Migmatit.

Golfstrom: Der G. ist eine der wichtigsten ↑Meeresströmungen; er bildet einen Teil des Strömungssystems im Nordatlantik, das die mittleren nördlichen Breiten einnimmt und eine antizyklonal verlaufende Oberflächenzirkulation aufweist. Der G. ist der Abfluss des Nordäquatorialstromes, der im Golf von Mexiko seine Richtung ändert, zwischen Floridastraße und Neufundlandbank den Namen G. trägt und im Norden in den Nordatlantischen Strom übergeht; dessen südöstlicher Zweig bildet den Portugal- und den Kanarenstrom, während der nordöstliche Strom bis nach Spitzbergen reicht.

Der G. ist gekennzeichnet durch besonders hohe Oberflächengeschwindigkeiten von 2 bis 2,5 m/s, große Mächtigkeiten von mehr als 100 m, was zu einem riesigen Wassertransport führt, der nach neuesten Untersuchungen bis zu 150 Mill. m^3/s beträgt. Im Vergleich zu seiner gewaltigen Länge besitzt er nur eine geringe Breite von etwa 150 km. Seine Wassertemperaturen und sein Salzgehalt sind hoch im Vergleich zur Umgebung, was auf seiner linken Flanke durch einen sprunghaften Übergang besonders deutlich zum Ausdruck kommt. Von besonderer Bedeutung sind die günstigen kli-

Golfstrom

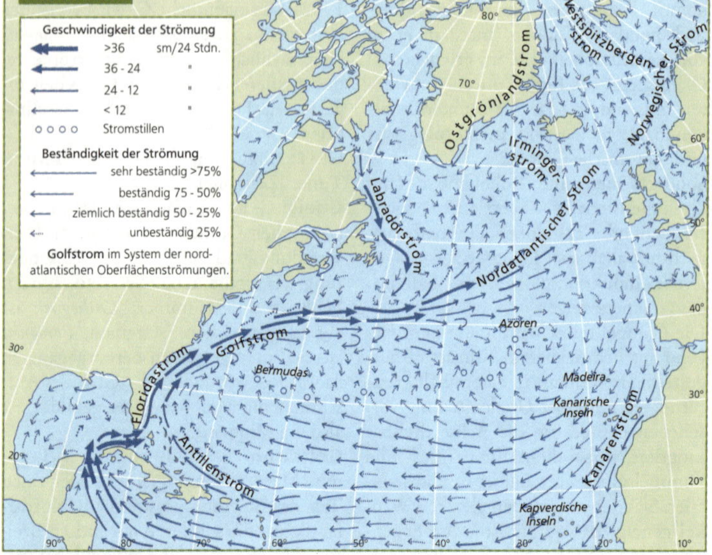

Golfstrom im System der nordatlantischen Oberflächenströmungen.

matischen Auswirkungen des G.s auf West- und Nordeuropa. So übersteigt in Nordnorwegen, im Gebiet der Lofotinseln, die Januartemperatur den auf diesem Breitenkreis zu erwartenden Mittelwert um 28 Celsiusgrade. Infolge der vorherrschenden Westwinde reicht der günstige Einfluss des G.s im Winter bis über den Ural hinaus. Aus diesem Grunde bezeichnet man ihn auch als die ›Warmwasserheizung Europas‹.

Gondwana: G. ist die Bezeichnung für den ehemaligen Großkontinent der Südhalbkugel, der vom Ende des Präkambriums bis ins Mesozoikum bestand und die alten Festlandkerne Südamerikas, Afrikas, Vorderindiens, Australiens (Australia) und der Antarktis verband; durch einen wechselnd breiten Meeresarm (Tethys) war er vom Großkontinent der Nordhalbkugel (Laurasia) getrennt. G. zerfiel gegen Ende des Mesozoikums vollständig in die heutigen Kontinente, die durch Vorgänge der Plattentektonik zu ihrer heutigen Lage auseinander drifteten. Ihre Zusammengehörigkeit erwies sich v.a. durch Zeugen der permokarbonischen Vereisung, die hauptsächlich vom südlichen Afrika ausging, sowie durch die zugehörigen Sedimente mit den fossilen Resten der dem damaligen kühlgemäßigten Klima angepassten Flora und eine gemeinsame Reptilfauna.

GPS (Abkürzung für englisch **G**lobal **P**ositioning **S**ystem): Hiermit ist die moderne Satellitengeodäsie gemeint, d.h. eine geographische Ortsbestimmung mithilfe von derzeit 24 Satelliten, die in einer Höhe von etwa 20000 km die Erde in 12 Stunden umkreisen. Zur genauen Bestimmung müssen sich jeweils mindestens vier Satelliten über dem lokalen Horizont befinden. Die Daten dieser im hochfrequenten Mikrowellenbereich sendenden Satelliten können Zentimetergenauigkeit erreichen.

Graben (Grabenbruch): G. nennt man die relative Einsenkung eines Erdkrustenstreifens zwischen stehen gebliebenen oder gehobenen Schollen; die Einsenkung erfolgte längs mehr oder weniger parallelen Verwerfungen. Die davon betroffene Stelle der Erdoberfläche ist auch morphologisch oft als Senke ausgebildet. Durch entgegengesetzte Bewegungen entsteht ein Horst.

Grabendorf: G. ist die österreichische Bezeichnung für ↑Zeilendorf.

Grabstock: Der G. ist ein einseitig zugespitzter Stock aus Holz oder Bambus, der beim Anbau von Kulturpflanzen zum Auflockern oder Umbrechen des Bodens dient. Vorform des G.s ist der Wühlstock der Sammler; Sonderformen sind u. a. der ↑Pflanzstock. Weiterentwicklungen des G.s sind der Spaten und der Furchenstock. In den meisten Gebieten, in denen die Hacke auftritt, hat diese den G. verdrängt.

Grabstockbau (Pflanzstockbau): Der G. ist eine alte, auch heute noch angewandte Anbautechnik, bei der der Boden mit einem ↑Grabstock aufgelockert und das Saatgut mit einem ↑Pflanzstock in den Boden eingebracht wird. G. wird heute v. a. von Naturvölkern in den Tropen ausgeübt und ist meist mit Brandrodung verbunden. Angebaut werden hauptsächlich Knollenfrüchte (Jams, Bataten, Maniok, Taro, Pfeilwurz u. a.) und Getreide (Mais, Reis).

Gracht: Ein Kanal innerhalb einer Stadt wird in den Niederlanden G. genannt; das entsprechende niederdeutsche Wort ist *Fleet.*

Gradient: Unter einem Gradienten versteht man in der Meteorologie das Druckgefälle auf einer bestimmten Strecke innerhalb unterschiedlich temperierter Luftmassen. Je näher die Isobaren, die Linien gleichen Druckes, zusammenrücken, umso größer wird auch der G. und damit die G.kraft. Auf die daraus resultierenden Luftbewegungen in der freien Atmosphäre, die *Gradientwinde,* wirken die ablenkenden Kräfte der Erdrotation (↑Corioliskraft) und die Zentrifugalkraft innerhalb der gekrümmt verlaufenden Isobaren. In Erdbodennähe erfahren dagegen Richtung und Stärke der Winde unter dem Einfluss der Bodenreibung beträchtliche Abweichungen.

Gradnetz: Das G. ist das aus den Meridianen (halben Längenkreisen) und den Breitenkreisen gebildete Netz, das zur genauen Lagebestimmung aller Punkte auf der Erde rechnerisch um diese gelegt wurde (geographisches G.) und auf Globen und Karten eingezeichnet wird. G.e können auch um andere Himmelskörper (Mond, Mars) gelegt werden, um diese zu unterteilen.

Die sich von Pol zu Pol erstreckenden Meridiane des geographischen G.es sind Hälften von ↑Großkreisen, die sich in beiden Polen schneiden. Als Nullmeridian wurde der Meridian von Greenwich festgelegt. Von ihm aus werden die geographischen Längen bis 180° nach Osten (ö. L.) bzw. nach Westen (w. L.) gezählt. Von den Breitenkreisen ist nur der Äquator ein Großkreis, während alle anderen Breitenkreise polwärts immer kleiner werden. Die geographischen Breiten zählt man vom Äquator aus bis 90° nach Norden (n. Br.) bzw. nach Süden (s. Br.). Von Meridianen und Breitenkreisen begrenzte Gebiete der Erdoberfläche bezeichnet man als *Gradabteilungen.*

Granit: G. ist das mengenmäßig häufigste Tiefengestein; es besteht aus Quarz, Kalifeldspat und Plagioklas sowie Glimmer und dunklen Gemengteilen (Augit, Hornblende u. a.). Seine Farbe bestimmt meist der Feldspat, sie ist rötlich, bräunlich, grünlich bis weißlich grau. G. kommt in Form von mächtigen Massiven, von Stöcken u. a. Intrusionskörpern sowie in Gängen vor. Absonderungen erfolgen oft in Form oberflächenparalleler Bankungen. Die Verwitterung führt häufig zur Vergrusung (↑Grus).

Graupeln: Die G. sind eine feste Form des atmosphärischen Niederschlags. Sie entstehen dadurch, dass in einer Wolke unterkühlte Wassertröpfchen an Schneekristallen anfrieren; das Schneekristall vergraupelt. Geschieht dies bei tiefer Temperatur und geringem Aufwind innerhalb der Wolke, so entstehen *Reifgraupeln:* weiße poröse und leicht zusammendrückbare Kügelchen. Geschieht die Vergraupelung dagegen bei geringer Unterkühlung und/oder heftigem Aufwind in der Wolke, so verteilt sich das Wasser zunächst über das Schneekristall (und später über den wachsenden Graupel) und gefriert zu einer Schicht um den Kern herum. Es entstehen *Frostgraupeln,* die große Durchmesser erreichen können und dann ↑Hagel genannt werden.

Gravitation (Massenanziehung): G. ist die Kraft, die zwei oder mehrere Körper allein aufgrund ihrer (schweren) Masse aufeinander ausüben. Die G. der Erde bezeichnet man auch als *Schwerkraft.* Sie ist die Ursache für die Gewichtskraft eines Körpers.

Für den Betrag der Kraft *F,* mit der sich zwei Körper gegenseitig anziehen, gilt das *Newtonsche Gravitationsgesetz:*

$$F = G \cdot \frac{m_1 \cdot m_2}{r^2}$$

Hierbei sind m_1 und m_2 die Massen der beiden Körper, *r* der Abstand der Massenmittelpunkte beider Körper und *G* die Gravitationskonstante.

Der Wert der *Gravitationskonstante* ist:

$$G = 6{,}672 \cdot 10^{-11}\ N\,m^2\,kg^{-2}$$

Als *Gravitationsfeld* bezeichnet man den Raum in der Umgebung eines Körpers, in dem er auf andere Körper eine Anziehungskraft ausübt.

Greenwich Mean Time [englisch ˈgrɪnɪdʒ ˈmi:n ˈtaɪm] (Abkürzung GMT): eine Zonenzeit, ↑Zeitzonen.

Grenzausgleich (auch Grenzausgleichsabgabe): Beim Abbau der Zölle in der EG traten insofern Probleme auf, als die Gestehungskosten für viele Produkte in verschiedenen Ländern unterschiedlich hoch waren. Als Ausgleich dafür wurde nun, besonders bei landwirtschaftlichen Produkten, auf das billiger hergestellte Produkt ein G. erhoben. Mit dem Wegfall der Grenzkontrollen in der EU 1993 konnte der G. nicht mehr erhoben werden. Die weiterhin bestehenden Unterschiede bei den Produktionskosten werden nun durch währungspolitische Maßnahmen ausgeglichen.

Grenzen des Wachstums: Dies ist eigentlich der Titel eines Buches (Die Grenzen des Wachstums), erschienen 1973, herausgegeben von DENNIS MEADOWS im Auftrag des ↑Club of Rome. Es befasst sich umfassend mit der Lage der Menschheit in den Bereichen Umwelt, Landwirtschaft, Rohstoffe, Bevölkerung, Sozialpolitik, Kapital und Verwaltung. Es war die erste Gesamtdarstellung dieser Art und ist in einigen Vorhersagen überholt. Später wurde es zum Synonym für die weltweite Diskussion der genannten Themen.

Griesel: G. sind weiße, schneeähnliche Körnchen von weniger als 1 mm Durchmesser; sie werden als Vorstufe der Reifgraupeln (↑Graupeln) angesehen.

Großgrundbesitz: Dieser Begriff der Landwirtschaft besagt, dass der landwirtschaftlich nutzbare Boden unter wenigen Eigentümern aufgeteilt ist. Weit verbreitet ist bzw. war diese Besitzform z. B. im Mittelmeerraum, wo das Land häufig nur extensiv genutzt wurde. Diese Besitzform wurde auch in die Kolonien übertragen, daher ist sie heute noch in Lateinamerika stark verbreitet. – ↑auch Latifundien.

Großhandel: Der G. bildet in der ↑freien Marktwirtschaft die wichtige Zwischenstation auf dem Weg eines Produktes vom Hersteller zum Endverbraucher. Produkte werden vom Hersteller an verschiedene, auf ein bestimmtes Gebiet verteilte Großhändler geliefert, diese ihrerseits beliefern die Einzelhändler. Da der G. regional orientiert ist, kann er in einem bestimmten Gebiet schneller reagieren als der möglicherweise weit entfernte Hersteller.

Großkreis (Hauptkreis, Orthodrome): Der G. ist die Schnittlinie der Oberfläche einer Kugel mit einer durch den Kugelmittelpunkt gelegten Ebene. Vom Gradnetz der Erde stellen der Äquator und die Längenkreise G.e dar, nicht aber die Breitenkreise. Im Weitstreckenverkehr der Luftfahrt und Schifffahrt werden die Routen nach Möglichkeit auf G.en (kürzeste Verbindung zwischen zwei Punkten der Kugeloberfläche) geführt.

Großmacht: Als G. bezeichnet man einen Staat, der aufgrund seines politischen, militärischen oder wirtschaftlichen Potentials (oder auch seines Prestiges) einen erheblichen Einfluss auf andere Staaten oder auf das Gesamtverhalten der Staatengesellschaft ausüben kann.

Großstadt: Nach Festlegung des Internationalen Instituts für Statistik ist eine G. eine Stadt mit über 100000 Einwohnern. Merkmale der G. im Rahmen der Stadttypisierung sind ein deutlich abgegrenztes Geschäfts- und Verwaltungszentrum (City) und Nebenzentren in den Außenbezirken, die oft durch Eingemeindung entstanden sind. Auch muss ein überregionaler Einzugsbereich vorhanden sein. Die G. ist ein Oberzentrum im System der Zentralen Orte.

Großvieheinheit (Abkürzung GV): Die G. ist eine Wertzahl, die es ermöglicht, landwirtschaftliche Betriebe mit unterschiedlicher Viehhaltung in Bezug auf Arbeitsaufwand und Ertrag miteinander zu vergleichen. Die Einheit 1 GV entspricht 500 kg Lebendgewicht zuzüglich dem gesamten Futterverbrauch innerhalb eines Jahres. Grob lassen sich daraus folgende Vergleichswerte ermitteln:

1 GV = 1 Kuh (von 500 kg)
= 5 Schweine (von 75 kg)
= 10 Schafe
= 250 Stück Geflügel

Großwetterlage: Unter G. versteht man bestimmte atmosphärische Zustände über einem Großraum (etwa Europa und angrenzender Nordatlantik), die sich während eines mehrtägigen Zeitraumes nicht wesentlich verändern. Ein wesentliches Kriterium hierbei ist die mittlere Luftdruckverteilung, gemessen am Boden. Das Wetter selbst kann während einer G. wechseln, der Charakter der Witterung bleibt erhalten. Die regionale Ausbildung und typische Aufeinanderfolge der G.n gestalten wesentlich das Klima eines Gebietes. Die Einteilung der G.n erfolgt nach der Strömungssituation (zyklonal oder antizyklonal) sowie nach der Lage der Aktionszentren (für Mitteleuropa ↑Azorenhoch und ↑Islandtief) in der Atmosphäre und der Frontalzonen. Für Europa lassen sich 29 verschiedene G.n unterscheiden; für Mitteleuropa können diese in acht Großwettertypen zusammengefasst werden. Die G. ist für die Voraussage der Entwicklung des Wetters und der Witterung für einen längeren Zeitraum von großer Bedeutung.

Grundbedürfnisse: Dieser Begriff kommt aus dem Bereich der Entwicklungshilfe. Es wurde beobachtet, dass bei hohem Wirtschaftswachstum in Ländern der Dritten Welt die wirtschaftlichen Disparitäten zunehmen. Dabei bleiben große Teile der Bevölkerung von der Entwicklung ausgeschlossen. Dies führte zur Strategie der Sicherung der Grundbedürfnisse, der Grundbedürfnisstrategie (↑Entwicklungsstrategien). Diese soll sicherstellen, dass der Grundbedarf an Nahrung, Kleidung und Behausung für alle auf menschenwürdigem Niveau gesichert ist. Auch öffentliche Dienstleistungen wie insbesondere Trinkwasserversorgung, Verkehrsmittel, Einrichtungen für Gesundheit und Bildung gehören dazu.

Grunddaseinsfunktionen: ↑Daseinsgrundfunktionen.

Grundgebirge: Als G. bezeichnet man die älteren, meist aus metamorphen oder Tiefengesteinen bestehenden Gesteinskomplexe, denen die jungen Gesteinsschichten als Deckgebirge meist diskordant auflagern.

Grundnahrungsmittel: Das sind Nahrungsmittel, die in großem Umfang zur Ernährung der Weltbevölkerung beitragen. Hierzu zählen neben den Getreidearten der verschiedenen Kulturkreise (Weizen, Reis, Mais, Hirse) v.a. Fleisch, Milch, Kartoffeln und Zucker. Sie sollen den Bedarf der Menschen an

G

zum Leben notwendigen Nährstoffen decken.

Grundriss: Bei einem G. handelt es sich um das Bild eines Gegenstandes (bzw. einer Örtlichkeit) bei seiner senkrechten Parallelprojektion auf eine horizontale Ebene.

Grundversorgung: Deckung der ↑Grundbedürfnisse.

Grundwasser: G. ist durch Versickerung der Niederschläge oder aus Seen und Flüssen in den Erdboden eingedrungenes Wasser (ein sehr kleiner Anteil kommt aus ↑juvenilem Wasser); es füllt die Hohlräume der lockeren Erde und des porösen und klüftigen Gesteins, also Klüfte, Spalten, Haarrisse, Poren, Zwischenräume in Lockergesteinen (z.B. Sand und Kies) oberhalb einer wasserundurchlässigen Schicht, dem *Grundwasserstauer,* zusammenhängend aus. Unterirdische Teilstücke von sonst oberirdisch fließenden Flüssen, also v.a. Karstflüsse, werden nicht zum G. gerechnet. Lagern mehrfach durchlässige und undurchlässige Schichten übereinander, können sich mehrere *Grundwasserstockwerke* ausbilden, die von oben nach unten gezählt werden.

Als *Grundwasserspiegel* wird die obere Grenzfläche des G.s bezeichnet; es ist also die Grenze zwischen lufthaltigem und wassergesättigtem Erdboden. Der G.spiegel liegt bei stehendem G. waagerecht, bei fließendem G. ist er in Fließrichtung geneigt. Je nach Beschaffenheit des *Grundwasserträgers* (auch *Grundwasserleiter*) fließt das G. mit unterschiedlicher Geschwindigkeit; diese beträgt im feinen Dünensand nur 4–5 m pro Jahr, in groben Sanden aber 1–3 m pro Tag, in Kiesen 3–10 m und in Schottern bis zu 15 m pro Tag. Bei größeren Mengen von fließendem G. spricht man sogar vom *Grundwasserstrom.* Das G. tritt am oberen Rand der stauenden Schichten in Quellen wieder zutage, und zwar dort, wo diese Schichten die Erdoberfläche erreichen (mit dem Fachwort: ausstreichen). Eine besondere Art ist das unter Druck stehende, *gespannte Grundwasser,* das in ↑artesischen Brunnen zutage tritt.

Das G. ist für den Wasserbedarf der Pflanzen wichtig, heute aber auch in zunehmendem Maße für die Trinkwasserversorgung. In diesem Zusammenhang ist noch das *fossile Grundwasser* zu erwähnen. Hierbei handelt es sich um G., das sich in früheren erdgeschichtlichen Perioden im Erdboden angesammelt hat und seitdem dort unverändert lagert. Würde man einen solchen fossilen G.see nutzen, etwa zur Bewässerung, wäre er – wie eine andere Rohstoffquelle auch – nach einer gewissen Zeit erschöpft. Denn da fossiles G. am heutigen allgemeinen Wasserkreislauf nicht teilhat, erneuert es sich auch nicht.

Zu Grundwasserabsenkungen kommt es durch Bergbau, Fluss- oder Bachregulierungen und Grundwasserförderung.

Grundriss

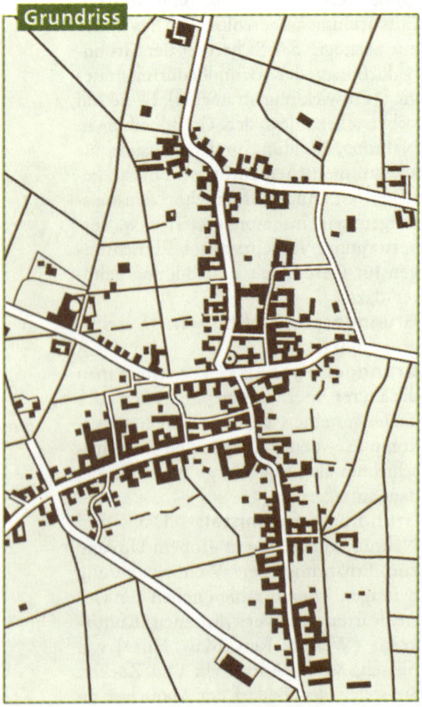

grüne Revolution: Das ist die Bezeichnung für eine große Steigerung der landwirtschaftlichen Produktion in den Entwicklungsländern mithilfe von Züchtung und Anwendung von Hochertragssorten (Hybridzüchtungen bei Mais, ›Wunderweizen‹). Allerdings muss Saatgut von Hybridpflanzen jedes Jahr neu gekauft werden, da sie ja nicht vermehrungsfähig sind. Auch muss die Düngung für diese Sorten genau abgestimmt werden, chemische Bekämpfung von Insekten und Pilzbefall müssen gewissenhaft durchgeführt werden. Die Nachteile der g. R. (Abhängigkeit von Auslandskapital, Benachteiligung von armen Kleinbauern zugunsten der Großgrundbesitzer, Risiken der Verbreitung von Pflanzenkrankheiten und -schädlingen, Umweltbelastungen durch Einsatz von Düngemitteln, Insektiziden und Herbiziden) stellen sie als Mittel der Entwicklungshilfe zusehends infrage.

Grünland: Unter G. versteht man alle Arten von ↑Wiesen und ↑Weiden. Auf Standorten, die keine Ackernutzung erlauben, spricht man von absolutem Grünland.

Grünstein: ↑Diabas.

Gruppenstadt: Mehrere benachbarte Kleinstädte, die gemeinsam die Funktion eines übergeordneten Zentrums ausüben, werden als G. bezeichnet.

Grus: G. nennt man den bei der physikalischen Verwitterung entstehenden körnig-eckigen Gesteinsschutt von Sand- bis Feinkiesgröße. Der Vorgang heißt *Abgrusung*.

Guano: G. ist eine hauptsächlich aus Exkrementen, aber auch Kadavern von Seevögeln zusammengesetzte organische Ablagerung, die sich, oft in meterhohen Schichten, an Küsten und auf Inseln regenarmer warmer Gebiete, z.B. in Peru und Chile, angesammelt hat. G. enthält bis zu 30% Calciumphosphat und bis zu 15% Stickstoff, der v.a. in Form von Harnsäure gebunden ist, und wird als Dünger verwendet. In steigendem Maße wird G. heute künstlich aus Seefischen und Fischabfällen *(Fischguano)* hergestellt.

Günzeiszeit: pleistozäne Eiszeit, ↑Eiszeitalter.

Günz-Mindel-Interglazial: pleistozäne Warmzeit, ↑Eiszeitalter.

Güterverkehr: Dieser wird in den Industrieländern zunehmend zu einem Problem, da er sich immer mehr von der Schiene auf die Straße verlagert und somit die Verkehrsprobleme verschärft und die Umwelt weiter durch Abgase belastet.

Guyot [französisch gɥiˈjo]: Eine untermeerische Kuppe vulkanischer Entstehung mit im Gegensatz zum ↑Seamount tafelbergartigem Gipfelplateau wird als G. bezeichnet.

GV: Abkürzung für die Wertzahl ↑Großvieheinheit.

Grundwasser

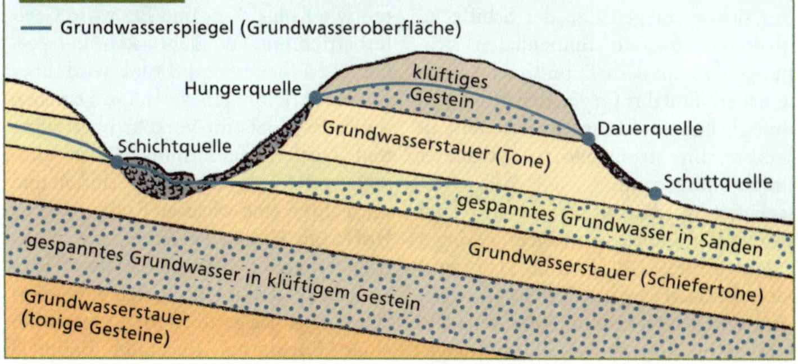

H

Habitat: In der Ökologie wird der charakteristische Lebensraum einer Art als H. bezeichnet. Besonders in der englischsprachigen Literatur wird er auch als Synonym zu ↑Biotop benutzt.

Hacienda: ↑Hazienda.

Hackbau: Unter H. versteht man eine der einfachsten und wohl auch ältesten Formen des Ackerbaus, bei der die Hacke als Hilfsgerät verwendet wird. Im Allgemeinen ist H. mit Brandrodung verbunden; heute wird er v.a. noch im tropischen Westafrika sowie in Teilen Südafrikas und Asiens betrieben.

Hackfrüchte: H. sind Nutzpflanzen, bei denen während ihrer Entwicklung der Boden öfter gehackt werden muss; sie werden deshalb in größeren Abständen gepflanzt. Zu den H.n gehören alle Wurzel- und Knollenfrüchte (z.B. Kartoffeln) sowie Tabak, Sonnenblumen und viele Gemüsearten.

Hafen: Ein H. ist ein natürlicher oder künstlicher, gegen Sturm und Seebrandung, auch gegen Eisgang schützender Anker- und Anlegeplatz für Schiffe, der außerdem mit den für Verkehr und Güterumschlag, Schiffsreparatur und -ausrüstung erforderlichen Anlagen und Einrichtungen ausgerüstet ist. **Binnenhäfen** liegen in den Industrieballungsgebieten (z.B. Duisburg-Ruhrort) oder an Knotenpunkten der Binnenwasserstraßen. Um sichere Liegeplätze der Schiffe zu erhalten, muss ein Binnenhafen strömungsfrei sein; deshalb und auch um eine sichere Einfahrt (gegen den Strom) zu ermöglichen, sind Binnenhäfen meist als Becken mit stromabwärts gerichteter Einfahrt ausgebaut.

Seehäfen werden als *Tidehäfen* gebaut (offene Verbindung zum Meer, geringer Tidenwechsel, z.B. 2m in Hamburg) oder als *Dockhäfen* mit Schleusen gegen extrem hohen Gezeitenunterschied (z.B. 8 bis 10m an der Kanalküste) abgeschlossen. Für die Küstenschifffahrt und Küstenfischerei sind oft *Fluthäfen* eingerichtet, die über die Priele des Wattenmeeres nur während des Hochwassers zu erreichen sind. Bei Einsetzen des Ebbstroms wird ein H.tor geschlossen, sodass der Hochwasserspiegel im H.becken gehalten wird. Für Massengutschiffe und Tanker mit mehr als 12m Tiefgang werden besondere *Tiefwasserhäfen* angelegt. An den Küsten vieler Erdöl exportierender Staaten wurden Ladetonnen (mit Unterwasser-Pipelines vom Land) vor der Küste verankert, an denen die Großtanker festmachen können, um mit Erdöl beladen zu werden.

Die *Umschlagseinrichtungen* sind in einem modernen H. für die jeweiligen Ladungsarten spezialisiert. Stückgüter werden als Paletten mit Kaikränen auf Lkws, Waggons oder in Schuppen verladen, wodurch die typischen konventionellen Kaianlagen entstanden sind, mit Schiffsliegeplatz, Portalkran, Gleisanschluss, Ladestraße für Lkws, Schuppen und Speicher. Zum Beladen von Containerschiffen sind in allen modernen Häfen *Containerterminals* entstanden mit weiten Freiflächen als Zwischenlager, mit Packhallen und großen Containerverladebrücken. *Fruchtschiffe* werden mit Förderbändern entladen, wobei das Fruchtgut weder Temperaturunterschieden noch dem Tageslicht ausgesetzt ist. Lose gelagerte Güter, wie Getreide und Zucker, werden mit Getreidehebern aus dem Laderaum in Silos gesaugt. Für Massengüter, wie Kohle, Kies und Erz, wird Greiferbetrieb mit Verladebrücken und Portalkränen bevorzugt; Erdöl wird über Druckrohrleitungen verladen. Daneben spielt besonders im Verkehr über kurze und mittlere Entfernungen der Umschlag mit ↑Roll-on-roll-off-Schiffen und mit Fähren eine wichtige Rolle.

Haff: Ein H. ist eine durch eine ↑Nehrung fast völlig vom offenen Meer abgeschlossene, durch einmündende Küstenflüsse stark ausgesüßte Meeresbucht an einer Flachküste. Bekannte Beispiele sind das Frische Haff und das Kurische Haff an der ostpreußischen Küste. – Ein vollkommen vom Meer abgeriegeltes H. wird als *Strandsee* bezeichnet.

Hagel: Als H. bezeichnen wir feste Niederschläge in Form von Eiskugeln mit einem Durchmesser von über 5 mm. H. entsteht in hoch aufgetürmten Quellwolken, in denen starker Aufwind herrscht. Um schon vorhandene Schneekristalle und ↑Graupeln lagern sich schalenartig Schichten von gefrierenden unterkühlten Wassertröpfchen an. Da zum Anwachsen eines Graupelkorns über 5 mm hinaus eine lange Vergraupelungszeit nötig ist, entsteht H. auch nur in Wolken mit einer großen Höhenerstreckung (Kumulonimbus); oft werden die Hagelkörner durch sehr heftigen Aufwind auch wieder in der Wolke emporgetragen, sodass sich beim erneuten Fall weitere Eisschichten ansetzen können. Hierbei entstehen extrem große Hagelkörner, die v.a. in den Tropen beobachtet wurden.

In unseren Breiten kennen wir den H.schlag, der v.a. im Spätsommer verheerende Vernichtungen in der Getreideernte anrichten kann, dadurch, dass die Getreidehalme umgeschlagen oder die reifen Getreidekörner von den Hagelkörnern ausgeschlagen werden.

Hagelabwehr: ↑künstlicher Regen.

Halberzeugnis: Ein H. ist ein im Produktionsprozess eines Betriebes teilweise erstelltes bzw. bearbeitetes Erzeugnis, das diesen noch nicht völlig durchlaufen hat.

Halbnomadismus: H. ist eine neueren Gegebenheiten angepasste Form des ↑Nomadismus.

Halbpacht (Teilpacht): Die H. ist eine Form der Pacht, bei der der Pachtzins in einem Teil des Ertrages besteht. Diese Art der Pacht kann heute noch in Südfrankreich, hier *métayage* genannt, und in Italien, hier *mezzadria* genannt, angetroffen werden.

Halbwüste: Die H. ist der Übergangsraum von der eigentlichen Wüste zur Dornstrauchsavanne bzw. zur Steppe; bei Niederschlägen von etwa 100–125 mm jährlich herrscht eine Trockenzeit von 10 bis 11 Monaten. In Senken und an Wadis kommt es oft zu Salz- und Kalkausscheidungen. Der Pflanzenwuchs besteht hauptsächlich aus harten Büschelgräsern, die Sträucher haben in den Blättern oder im Stamm Einrichtungen zur Wasserspeicherung. Nackter Boden nimmt über die Hälfte der Fläche ein.

Halde: Im Bergbaubereich versteht man unter H. eine künstliche Aufschüttung, meist von Abraum oder Rückständen der Aufbereitung, aber auch von den gewonnenen Produkten selbst, solange sie noch nicht verkauft sind, etwa Kohlenhalden.

Halligen: H. werden die im Wattenmeer vor der Westküste Schleswig-Holsteins gelegenen Marschinseln genannt, die die Reste der durch große Sturmfluten (u.a. 1362 und 1634) zerstörten Küste darstellen. Einige H. sind auch heute noch unbedeicht, andere inzwischen durch einen Sommerdeich geschützt, einige sind durch einen Damm mit dem Festland verbunden. Die H. werden auch heute noch bei Sturmfluten, deren Hochwasser mehr als 1 m über das mittlere Hochwasser aufläuft, vom Meer überspült; die H. melden dann ›Land unter‹. Zum Schutz vor diesen Sturmfluten wurden die Häuser auf künstlichen Erdhügeln, den ↑Wurten, errichtet.

Halo: H. ist eine Lichterscheinung, die durch Brechung oder Spiegelung, selten durch Beugung an den Eiskristallen in der Atmosphäre entsteht. Am häufigsten treten H.s in Form von Ringen um Sonne und Mond auf, jedoch werden auch die auf gleiche Art entstehenden Lichterscheinungen in Form von Flecken oder Streifen zu den H.erscheinungen gerechnet. *Spiegelungshalos* sind weiß; es sind dies Lichtsäule, Lichtkreuz, Untersonne und Horizontalkreis. *Brechungshalos* erscheinen durch die Zerlegung des Lichtes in die Spektralfarben meist farbig; zu ihnen zählen der 22°-Ring (kleiner oder

H

Halo

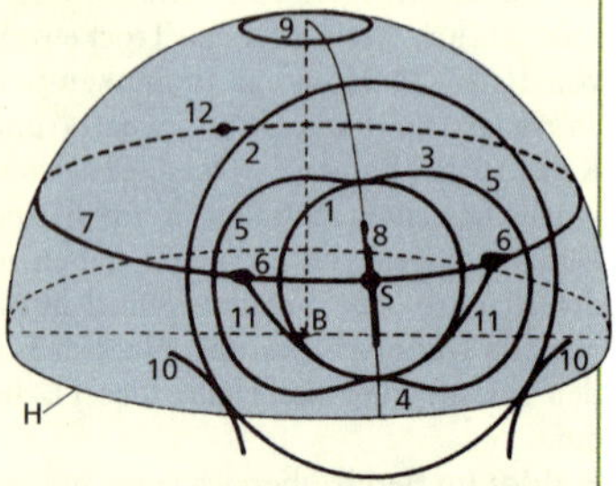

Lage einiger Halos der Sonne an der Himmelssphäre.

B Beobachter, **S** Sonne, **H** Horizont, **1** 22°-Ring (kleiner, gewöhnlicher Ring), **2** 46°-Ring (großer Ring), **3** oberer Berührungsbogen zum 22°-Ring, **4** unterer Berührungsbogen zum 22°-Ring, **5** umschriebener Halo (3 und 4 Teile von 5), **6** Nebensonnen, **7** Horizontalkreis, **8** Lichtsäule (mit sonnennahem Teil von 7: Lichtkreuz), **9** Zirkumzenitalbogen, **10** seitliche untere Berührungsbögen (selten) zum 46°-Ring und **11** zum 22°-Ring, **12** Gegensonne

gewöhnlicher Ring), der 46°-Ring (großer Ring), Nebensonnen, Zirkumzenitalbogen, Zirkumhorizontalbogen und die verschiedenen Berührungsbögen. Einige H.s entstehen durch Spiegelungs- und durch Brechungsvorgänge. H.s treten in Zirruswolken auf; sie sind bei gleichmäßigem, dünnem Zirrostratus am häufigsten und am besten ausgeprägt.

Halokinese: Salzschichten, die von Gesteinen höherer Dichte überlagert werden, geraten leicht in einen Zustand des plastischen Fließens und suchen dann in Richtung des größten Druckgefälles auszuweichen. Diesen Vorgang nennt man Halokinese. Dabei kommt es zur Bildung von ↑Salzstöcken.

halophil: Organismen, die salzhaltige Orte bevorzugen, nennt man halophil.

Halophyten (Salzpflanzen): H. sind Pflanzen, die an Standorten mit über 0,5 % Salzgehalt gedeihen. Solche Standorte sind die Küste, der Brackwasserbereich sowie die Ränder von Salzquellen und Salztonebenen. Man unterscheidet *obligate H.,* die nur auf Salzböden vorkommen, wie z.B. der Queller, und *fakultative H.,* die sowohl auf salzhaltigen als auch auf salzfreien Böden gedeihen, wie die Meerstrandsimse. Der Queller wird z.B. in Norddeutschland bei der Landgewinnung zur Entsalzung des Bodens eingesetzt.

Hammada (Felswüste, Felsschuttwüste): Besonders in der Sahara findet man diese Art der Wüste, die nicht aus Sand, sondern überwiegend aus nacktem Gestein, groben Gesteinsscherben und -trümmern auf felsigem Untergrund besteht. Eine H. entsteht durch die Ausblasung des feinkörnigen Verwitterungsmaterials, das oft in der Nähe einer H. zu einem ↑Erg angehäuft wird. – ↑Sonderartikel Wüste (Abb.).

Han [x...]: orientalische Herberge, ↑Karawanserei.

Handelsbilanz: Die H. ist die Aufrechnung von Export gegen Import eines Landes. Von aktiver H. spricht man, wenn der Wert des Exports den des Imports übersteigt. Im umgekehrten Falle ist die H. passiv. Sind beide Werte gleich, so ist die H. ausgeglichen.

Handelsembargo: ↑Embargo.

Handelskette: Eine H. entsteht entweder dadurch, dass sich Händler der gleichen Branche in den Bereichen Einkauf und Vertrieb oder Verkauf zusammenschließen; dabei können sie unter gleichem, aber auch unter eigenem Namen auftreten; oder aber dadurch, dass ein Großunternehmen an verschiedenen Orten Filialen errichtet, die dann in der Regel den Namen des Großunternehmens tragen.

Handwerk: Das wichtigste Merkmal eines Handwerksbetriebes ist, dass Kapitalgeber und erster Arbeiter der Betriebsinhaber selbst ist. In der Regel erfolgt keine Massenproduktion, sondern nur Herstellung oder Leistung auf Bestellung und für ein kleineres Vorratslager. Der Kapitalbedarf ist gering. Maschinen spielen eine geringere Rolle als in der Industrie. Es handelt sich in der Regel um Kleinbetriebe, daher ist der Kundenkreis oft auf einen kleinen Raum beschränkt. Das H. gilt als die älteste gewerbliche Tätigkeit.

Hangendes: Als H. bezeichnet man die über einer bestimmten Gesteinsschicht oder Lagerstätte liegende, bei ungestörter Lagerung jüngere Schicht im Gegensatz zu der jene unterlagernden, meist älteren Schicht, dem *Liegenden.*

Hängetal: H. nennt man ein Nebental, das nicht gleichsohlig, sondern hoch über dem Haupttal ausläuft. H. finden sich besonders in ehemals vergletscherten Gebieten (Alpen u.a.), wo die Haupttäler stärker vom Eis ausgeschürft (›übertieft‹) wurden, oder aber im Umkreis großer Durchbruchstäler. Die Mündungsstufen der H. werden von den Flüssen durch Wasserfälle, Klammen und Schluchtstrecken überwunden.

Harmattan: Der H. ist ein trockener, heißer Nordostwind in Westafrika, der im Winter auch die Küste und z.T. auch die Kapverden erreicht. Er bringt staubreiche Luft aus der Sahara und da er zur Passatströmung (↑Passate) gehört, hat seine Luft absteigende Tendenz, das heißt, er erwärmt sich adiabatisch (föhnartig) und hat daher eine austrocknende Wirkung, besonders auf die Böden.

Harsch: *Sonnenharsch* entsteht beim Wechsel von täglichem Auftauen und nächtlichem Gefrieren der Schneeoberfläche; diese wird dabei von Eiskristallen durchsetzt und verhärtet. *Windharsch* entsteht durch Oberflächenverdichtung infolge von Winddruck.

Hartlaubgewächse: Die H. sind an trockene und heiße Sommer angepasste Pflanzen mit meist kleinen, festen, immergrünen und saftarmen, manchmal auch nadelförmigen Blättern, die mit Wachs überzogen oder behaart sind. H. sind typisch für den Mittelmeerraum; zu ihnen zählen Lorbeer, Myrte, Zistrose und viele andere.

Hartlaubwald: Der H. ist ein immergrüner, lederblättriger Laubwald der Winterregengebiete. Der dichte Unterwuchs besteht aus Sträuchern. Die wichtigsten Bäume des H.es sind Stein- und Korkeiche, Ölbaum und Johannisbrotbaum. Durch Abholzung und Brand ist der H. im Mittelmeergebiet fast vollständig von der ↑Macchie und der ↑Garrigue verdrängt worden.

Härtling: Von einem H. spricht man bei einer Erhebung, die infolge ihres widerständigen Gesteins, z.B. vulkanisches Gestein oder Quarzit, der Verwitterung und Abtragung weniger unterlag als ihre Umgebung und nun über diese hinausragt.

Haufendorf: H. ist ein Oberbegriff für alle größeren geschlossenen Siedlungen mit unregelmäßigem Grundriss und unterschiedlich großen Höfen. – Abb. Siedlungsformen, S. 332.

Haufenwolken: svw. ↑Kumulus.

Hauptkreis: ↑Großkreis.

Hauptstadtverlegung: Berühmte Beispiele für eine H. sind Brasília (vorher Rio de Janeiro), Ankara (vorher Istanbul) oder aus der jüngeren Zeit Yamoussoukro (vorher Abidjan, Elfenbeinküste). Motive sind oft eine symbolische Verdeutlichung des Erschließungswillens. Auch sollen Verflechtungen in den alten Metropolen beendet werden. Im Falle Elfenbeinküste sollte sicherlich auch ein Denkmal für einen Politiker (Yamoussoukro ist der Geburtsort des 1993 verstorbenen Staatspräsidenten Houphouët-Boigny) errichtet werden. Ein Sonderfall ist die neue (alte) Hauptstadt Berlin für Deutschland. Aber oft haben die alten Metropolen ihre Bedeutung behalten, die neue Hauptstadt ist bei vielen Politikern immer noch sehr unbeliebt und wird bei jeder sich bietenden Gelegenheit verlassen.

Haushalt: Unter H. versteht man öffentliche Haushalte (Gemeinden, Kreise, Städte, Länder) und vor allen Dingen den Staatshaushalt. Gemeint ist damit die gesamte Finanzwirtschaft mit ihren Einnahmen (überwiegend Steuern) und Ausgaben (Personalkosten, soziale Aufgaben, Infrastrukturaufgaben etc.). Stehen den Ausgaben etwa Einnahmen in gleicher Höhe gegenüber, so gilt der Haushalt als ausgeglichen. Sind die Ausgaben höher, so müssen zum Ausgleich Gelder (Kredite) aufgenommen werden.

Hazienda (spanisch: Hacienda [a'si̯enda]): In Lateinamerika bezeichnet man einen landwirtschaftlichen Mittel- oder Großbetrieb als Hacienda. Sie erreicht Größen von über 2000 ha und ist meist auf Viehwirtschaft spezialisiert. Es gibt aber auch Betriebe mit Ackerbau und mit Dauerkulturen wie Kaffee. – In Brasilien heißt eine H. *Fazenda.*

Heckenlandschaft: In der H. sind die Parzellen (meist Blockfluren) des Kulturlandes durch Hecken, Wälle oder Wallhecken (Knicks) eingehegt. Neben der Abgrenzung dienen die Hecken dem Frost- und Windschutz sowie als Feuchtigkeitsregler. Diese H.en finden sich von Südskandinavien über Norddeutschland, hier besonders ausgeprägt in Schleswig-Holstein, wo sie *Knicklandschaft* genannt werden (es gibt dort fast 100000 km solcher Knicks), die Britischen Inseln, Nordwestfrankreich, wo man sie als *Bocage* bezeichnet, bis auf die Iberische Halbinsel. Die H.en sind teils frühgeschichtlich, teils gehen sie auf jüngere Maßnahmen zurück, so in Schleswig-Holstein auf die Verkoppelung im 18. Jahrhundert.

Heckenlandschaft: Die Blockparzellen des Bauernhofs im Dartmoor, Devon, sind von Wallhecken eingehegt (enclosed fields)

Heide: Die H. ist eine baumlose Zwergstrauchformation auf nährstoffarmen Böden. Typisch ist das kümmerliche Wachstum und das Fehlen des frischen Grüns. Die meisten Heiden sind dadurch entstanden, dass der ursprüngliche Wald vernichtet wurde. Durch Beweidung oder Brand wurde das Heranwachsen neuen Waldes verhindert.

Man unterscheidet: *Ozeanische Heiden,* deren bekanntester Vertreter die atlantische Heide Nordwestdeutschlands ist. Vorherrschend sind hier Zwergsträucher wie das Heidekraut sowie der Ginster und der gegen Verbiss unempfindliche Wacholder; sie besiedeln meist feuchtkühle und sandige Böden. Noch vor Jahrzehnten waren solche Heiden recht ausgedehnt. Da aber aus ihnen das Heidekraut samt dem Rohhumus abgehoben, dann als Streu und später zur Düngung verwandt wurde und auch die Schafzucht (Heidschnucken) zurückging, eroberte der Wald das verlorene Gebiet zurück. Echte Heideformationen findet man in der Lüneburger Heide daher nur noch im Gebiet um Wilsede, wo durch bewusste intensive Schafhaltung diese Pflanzengesellschaft erhalten wird. *Alpine Gebirgsheiden,* ebenfalls Zwergstrauchformationen auf armen Böden, treten in der Mattenregion der Hochgebirge auf. Die Sträucher schmiegen sich hier teppichartig dem Boden an, vorherrschend ist die Alpenazalee. In den tropischen Gebirgen Mittel- und Südamerikas gehört zu ihnen in anderer Zusammensetzung die Pflanzengesellschaft des Páramo. Bei den *subpolaren Heiden,* zu denen auch die Zwergstrauchtundra zu zählen ist, handelt es sich um Zwerg- und Halbstrauchformationen mit polsterartigen Zwergsträuchern und Flechten.

Heilbad: Ein H. ist ein Kurort, der wegen seiner ↑Heilquellen aufgesucht wird.

heilklimatischer Kurort (Klimakurort): Hierbei handelt es sich um einen Ort mit einem Klima, dessen Eigenschaften, in einer Klimaanalyse festgelegt, als therapeutisch wirksam anerkannt sind. Außerdem muss ein h. K. über entsprechende Kureinrichtungen und kurgemäße Unterkünfte verfügen. Nach der geographischen Lage unterscheidet man *Höhenkurorte* in etwa 900–1200 m Höhe, für die eine erhöhte Strahlung und niedriger Luftdruck kennzeichnend sind, *Mittelgebirgskurorte* mit einem ausgesprochenen Schonklima und *Seekurorte,* die durch Wind und salzhaltige Luft ein spezielles Reizklima haben.

Heilquellen: H. nennt man diejenigen Quellen, deren Wasser infolge der Temperatur oder des Mineralgehaltes heilkräftig ist. Nach ihrer Temperatur unterscheidet man zwischen *Akratopegen,* H. mit normaler Wassertemperatur und einem geringen Gehalt an gelösten Stoffen aus geringer Tiefe, *warmen Quellen (Thermen, Thermalquellen)* mit einer Wassertemperatur von mehr als 20 °C und *heißen Quellen* mit einer Wassertemperatur von mehr als 50 °C. Warme Quellen, die außerdem einen geringen Anteil an gelösten Mineralstoffen haben, nennt man *Akratothermen.* Nach der Art der in heilkräftigeren Mengen gelösten Stoffe, Spurenelemente oder Kohlensäure unterscheidet man die verschiedenen ↑Mineralquellen.

Heimat: Im allgemeinen Sprachgebrauch sind damit Ort und Landschaft gemeint, in denen man geboren wird und aufwächst.

In anthropologischer Hinsicht kommt in dem Wort H. das Bedürfnis nach Raumorientierung zum Ausdruck. Auch Begriffe wie Existenz, Sicherheit und Identität werden häufig mit H. in Verbindung gebracht.

Lüneburger **Heide:** Der Tote Grund bei Wilsede

Im engeren erdkundlichen Sinne ist H. mit dem Nahraum identisch.

Heimindustrie: Es handelt sich hierbei um eine meist handwerkliche Tätigkeit, bei der Arbeiterinnen oder Arbeiter in ihren eigenen Wohnungen im Auftrag einer Firma bestimmte Produkte oder Teile von Produkten in Lohnarbeit herstellen.

heiße Quellen: H. Qu. treten mit einer Temperatur von mindestens 50 °C zutage.

heiter: Die meteorologische Bezeichnung h. steht für Tage, an denen der Himmel nur zu höchstens einem Viertel mit Wolken bedeckt ist. Solche Bewölkungsverhältnisse sind mit Hochdruckwetterlagen verbunden, die in Mitteleuropa in den Monaten April, Mai und September häufig auftreten. Die Gesamtzahl der heiteren Tage liegt bei uns in Mitteleuropa zwischen 20 und 60 pro Jahr.

Hektarertrag: Der H. ist ein Maß für die Produktivität einer landwirtschaftlich genutzten Fläche. Er wird in Dezitonnen je Hektar Landnutzungsfläche, unter rein betriebswirtschaftlichem Gesichtspunkt auch in Geldwert (etwa DM) pro Hektar angegeben. Durch Düngung, Pflanzenschutz und Züchtung ergiebigerer Pflanzensorten kann der H. bis zu einem gewissen Grad gesteigert werden.

heliozentrisch: H. sind Denkweisen und Weltsysteme, in deren Mittelpunkt die Sonne steht. Das *heliozentrische System* des KOPERNIKUS (daher auch kopernikanisches System genannt) löste 1543 das geozentrische System des PTOLEMÄUS (daher auch ptolemäisches System) ab. Seit der kopernikanischen Wende ist nicht mehr die Erde, sondern die Sonne als Zentrum unseres Planetensystems anerkannt.

Helmberg: ↑Glockenberg.

hemipelagisch: Als hemipelagischer Bereich wird der Übergangsbereich von der Flachsee (bis 200 m Tiefe) zur Tiefsee (ab 1 000 m Tiefe) bezeichnet.

Hemisphäre: H. bedeutet so viel wie Halbkugel, meist ist die Erdhalbkugel gemeint. So ist die nördliche H. die Erdhalbkugel nördlich des Äquators, also die Nordhalbkugel, und die südliche H. die Südhalbkugel. Außerdem spricht man von östlicher und westlicher H. und meint damit den Raum der Alten bzw. der Neuen Welt. Als Wasserhemisphäre wird gelegentlich auch die ↑Wasserhalbkugel der Erde bezeichnet.

Herbizide: H. sind ↑Pestizide, die zur Bekämpfung von Unkräutern eingesetzt werden.

Herbst: Der H. ist eine der vier ↑Jahreszeiten, in die das Jahr in den gemäßigten und den polaren Gebieten eingeteilt wird. Der H. beginnt mit der Herbst-Tagundnachtgleiche, wenn die Sonne auf ihrem scheinbaren Weg am Himmel den Äquator überschreitet, und endet mit der Wintersonnenwende, wenn die Sonne über dem Wendekreis der entgegengesetzten Erdhalbkugel steht. Der H. beginnt auf der Nordhalbkugel um den 23. September und endet am 22. Dezember, auf der Südhalbkugel dauert er vom 21. März bis 21. Juni.

Dieser astronomische Herbst fällt jedoch nur teilweise mit den Erscheinungen zusammen, die wir als herbstlich empfinden, zumal die Ernte, phänologisch ein Kriterium für Herbst, bei vielen Früchten bereits im Spätsommer oder noch früher erfolgt. Typische Herbsterscheinungen im H. selbst sind u. a.: die Abnahme der Temperaturen; die Reife der Weintrauben, deren Ernte (Weinlese) in der Winzersprache herbsten genannt wird; die Herbstfärbung des Laubes, bei der nach dem Abbau des Blattgrüns die zurückbleibenden Produkte (rote Anthozyane, gelbe Karotinoide, braune Zersetzungsprodukte) die Farbe der Blätter bestimmen; der folgende Laubfall, womit die Winterruhe der Pflanzen eingeleitet wird; die Herbststürme.

Heterosphäre: Wird bei der vertikalen Gliederung der Atmosphäre die Zusammensetzung der Luft zugrunde gelegt, ergibt sich eine Zweiteilung in die Homosphäre und die ab etwa 120 km Höhe darüber liegende Heterosphäre.

In der H. werden die atmosphärischen Gase unter der Einwirkung der Sonnenstrahlung dissoziiert und ionisiert; damit unterliegen die Bewegungen der Luft in zunehmendem Maße anderen Einflüssen als in der Homosphäre, z. B. dem erdmagnetischen Feld und den Gezeiten der Atmosphäre. Außerdem setzen sich in der H. die Gase ihrem Atomgewicht entsprechend ab: die schweren Gase in unteren Schichten, die leichteren in oberen. Den Übergang zwischen Homosphäre und Heterosphäre bildet eine zwischen etwa 80 und 130 km Höhe liegende Turbulenzschicht, in der sich völlig regellos und noch unerklärlich stärkste Luftströmungen aus entgegengesetzten Richtungen auf geringen Höhenunterschieden mit nur wenige hundert Meter dicken Schichten fast völliger Windstille ablösen.

Hilfe zur Selbsthilfe (Strategie der self reliance): Es geht bei diesem Ausdruck um einen Begriff aus der Entwicklungshilfe. Er geht von der Vorstellung aus, mit möglichst ↑angepasster Technologie die Menschen in Ländern der Dritten Welt so weit zu bringen, dass sie ihre ↑Grundbedürfnisse weitgehend selbst befriedigen können. Beispiel: Statt Nahrungsmittel (z.B. Fisch) liefert man Netze und vermittelt die Technik des Fangens.

Hinterland: Als H. wird der Einzugsbereich eines Hafens, aber auch eines Zentralen Ortes bezeichnet.

historische Buchten: Unter diesem seerechtlichen Ausdruck versteht man nach dem Völkerrecht solche Buchten, deren Gewässer ungeachtet der Zugangsweite seit jeher der vollen Gebietshoheit des Küstenstaates unterliegen. H. B. sind u.a. die Delaware Bay, die Chesapeake Bay, die Fonseca Bay, die Hudson Bay und das Weiße Meer.

Hochdruckgebiet (Hoch, Antizyklone): Als H. bezeichnen wir eine Luftmasse mit hohem Druck im Vergleich mit benachbarten, anders beschaffenen Luftmassen. Die Luftströmung innerhalb eines H.s ist nach unten gerichtet, in den unteren Schichten fließt die Luft dann nach außen ab und erhält auf der Nordhalbkugel infolge der ablenkenden Kraft der Erdrotation eine Ablenkung im Uhrzeigersinn (auf der Südhalbkugel in entgegengesetzter Richtung). Als Folge dieser *Divergenz,* also dieses Auseinanderströmens der Luft aus dem Kern des H.s, sinken Luftmassen aus der Höhe ab, wobei sich Wolken auflösen, was zu heiterem und trockenem Wetter führt. Gewöhnlich setzen sich diese Absinkbewegungen aber nicht bis zum Boden durch; sie enden in einiger Höhe, wo sich eine ↑Inversion ausbildet. An dieser Grenzfläche zwischen tiefer liegender kälterer und darüber liegender wärmerer Luft können sich Staub und Verunreinigungen sammeln, sodass eine Dunstschicht entsteht. An ihr kommt es besonders im Winter zu Hochnebelbildung. Über der Inversion herrscht dagegen wolkenloser Himmel. Im Sommer ist es tagsüber in einem H. meist wolkenlos, es bilden sich allenfalls Kumuluswolken, die sich gegen Abend wieder auflösen.

Man unterscheidet kalte und warme H.e: Das *kalte (thermische) Hoch (Kältehoch)* besteht in allen Höhen aus Kaltluftmassen, ist jedoch nur von relativ geringer vertikaler Mächtigkeit; in der oberen Troposphäre wird es von einem Tiefdruckgebiet oder einer Höhenströmung überlagert. Dieses kalte Hoch, das verhältnismäßig schnell wandert, sich aber immer bald wieder herstellt, wird häufig über der Antarktis, Kanada und dem winterlichen Sibirien, in Mitteleuropa je-

Hochdruckgebiet

Luftströmungen in einem Hochdruckgebiet

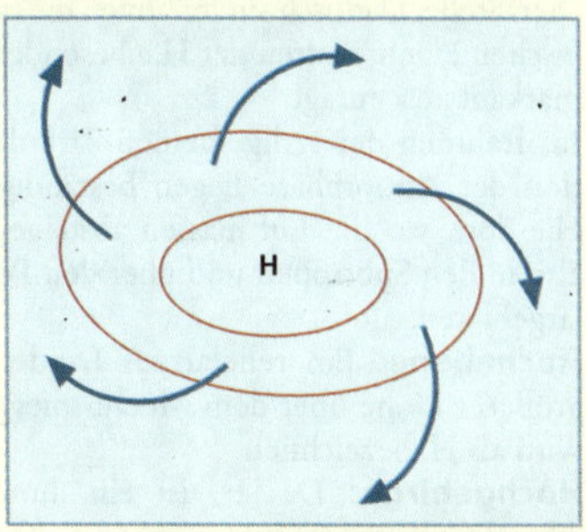

antizyklonale Bodenströmung

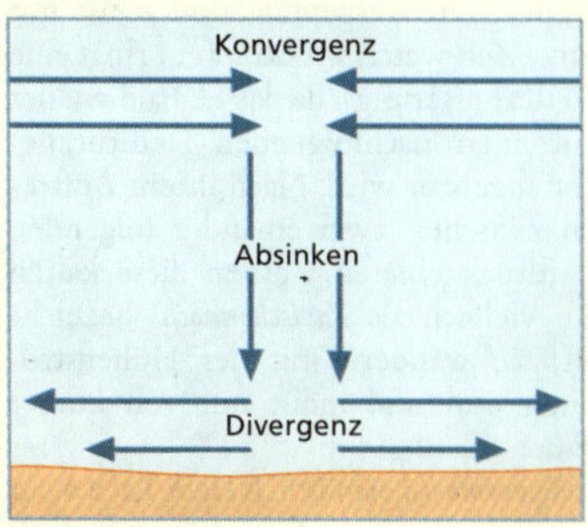

vertikale Zirkulation

H

Hochdruckgebiet

Kaltes und warmes Hochdruckgebiet

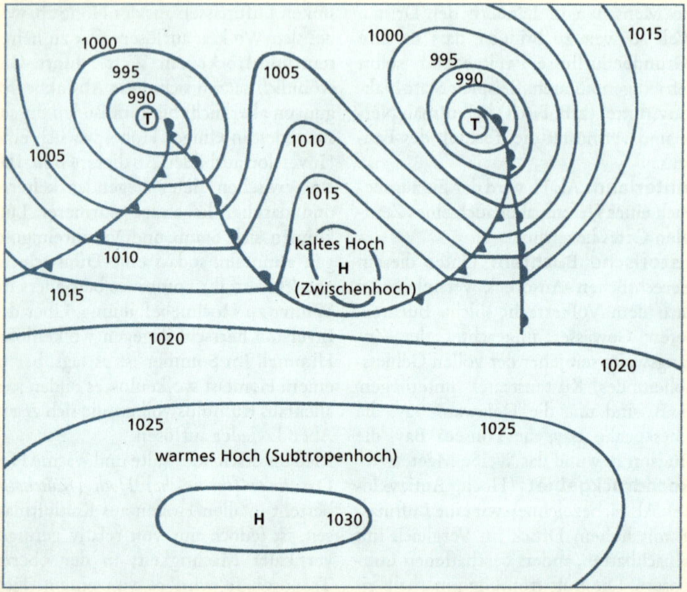

doch selten angetroffen. In mittleren Breiten ist ein anderer Typ von kalten H.en zu beobachten, der durch einen Kaltlufteinbruch hinter einer Kaltfront aufgebaut wird und durch starke vertikale Temperaturabnahme gekennzeichnet ist; er ist ebenfalls nur in der unteren Troposphäre ausgeprägt und meist nur kurze Zeit wetterwirksam (er bringt eine Wetterbesserung), da das H. bald wieder von einem nachfolgenden Tiefdruckgebiet abgebaut wird. Nach ihrem Auftreten zwischen zwei einander folgenden Tiefdruckgebieten werden diese kalten H.e vielfach als *Zwischenhochs* bezeichnet; sie wandern mit der Höhenströmung und sind meist nur von kurzer Dauer.

Das *warme (dynamische) Hoch* ist v.a. in den Subtropen zu finden, tritt jedoch auch durch Vorstöße des subtropischen Hochdruckgürtels in nördlicheren Breiten auf. Über einer relativ kalten Grundschicht sind diese Hochs bis in große Höhen warm, und zwar durch Zufuhr von Warmluft aus südlicheren Breiten und Erwärmung durch Absinken, und bleiben oft längere Zeit nahezu an der gleichen Stelle. Dadurch sind in ihnen die typischen Eigenschaften der H.e besonders markant ausgeprägt.

Im Rahmen der ↑Allgemeinen Zirkulation der Atmosphäre liegen beständige H.e dort, wo die Luftmassen absteigen, also in den Subtropen und über den Polargebieten.

Hochebene: Ein reliefarmes Land in größerer Höhe über dem Meeresspiegel wird als H. bezeichnet.

Hochgebirge: Das H. ist ein durch schroffere Formen ausgezeichnetes Gebirge mit bedeutenden Höhenunterschieden, die oft 1000m erreichen und auch überschreiten, und scharfen Gipfeln und Graten. H. ragen meist über die Waldgrenze hinaus und sind in ihren höchsten Bereichen häufig vergletschert. Bekannte Beispiele für H. sind die Alpen, die Anden und der Himalaya.

Hochgestade: svw. ↑Hochufer.

Hochkultur: Unter H. versteht man eine Entwicklungsphase einer Gesellschaft mit besonders hohem Stand von Verwaltung, Recht, Kunst und Wissenschaft. Als Voraussetzung für eine H. muss v.a. die Schrift genannt werden; erst diese ermöglicht eine Selbstdarstellung einer Gesellschaft.

Hochland: Eine ausgedehnte Landfläche in größerer Höhe wird H. genannt. Oft wird es von randlichen Gebirgen umrahmt, wie z.B. das Hochland von Iran und das Hochland von Mexiko.

Hochsee: das offene küstenferne Meer.

Hochseefischerei: Die Fischerei auf ↑hoher See, also außerhalb der Küstengewässer, wird von der *großen H.* mit Loggern, Trawlern und Fischfabrikschiffen durchgeführt. In der Nord- und Ostsee wird die *kleine H.* mit Kuttern betrieben.

Hochtal: Als H. bezeichnet man ein Tal, das in größerer Höhe über dem Meeresspiegel liegt. Dabei handelt es sich meistens um ein Seitental im Gebirge, das deshalb verkehrsfern und siedlungsarm ist. Daher haben sich hier oft bis in die Gegenwart Reliktformen menschlichen Wirtschaftens und Wohnens sowie des Brauchtums erhalten. Heutzutage stellt es zuweilen ein gesuchtes Fremdenverkehrsgebiet dar.

Hochterrasse: Eine H. markiert ein ehemaliges Flussbett, sie liegt über der heutigen Flussaue und der jüngeren Niederterrasse. Ihre Schotter wurden (in Mitteleuropa) während der pleistozänen Eiszeiten, im Alpenvorland v.a. während der Rißeiszeit aufgeschüttet.

Hochufer (Hochgestade): Unter H. versteht man den Rand der Talaue, der auch vom stärksten Hochwasser eines Flusses nicht mehr überflutet wird. Das H. entspricht in Mitteleuropa meistens dem Rand der letzteiszeitlichen ↑Niederterrasse. Es war bis in die Neuzeit der bevorzugte Ansatzpunkt menschlicher Ansiedlungen.

Hochwald: Der H. ist eine forstwirtschaftlich erstrebte Zustandsform der Forsten. Die Bestände werden ausschließlich von Oberholz gebildet. Die Bäume sind 60–120 Jahre alt, bevor man sie fällt. Die meisten Kulturwälder in Europa gehören heute dazu.

Hochwasser:

◆ H. herrscht im Rahmen der ↑Gezeiten am Ende der Flut, also auch zu Beginn der Ebbe.

◆ Als H. eines Flusses bezeichnet man einen Wasserstand, der erheblich über dem mittleren Wasserstand liegt, wobei der Fluss über seine Ufer treten und dadurch Überschwemmungen hervorrufen kann.

Hof: Unter H. versteht man die Gesamtheit eines landwirtschaftlichen Betriebes. Oft wird H. auch nur für die Gebäude allein verwendet, in diesem Sinne sollte man jedoch besser von Gehöft sprechen.

hohe Breiten: Unter dem allgemein sprachlichen Ausdruck »in den hohen Breiten« versteht man die Erdgegenden, deren Koordinaten bei der Breitenangabe eine hohe Zahl aufweisen; etwa ab 60° oder auch erst 65° nördlicher bzw. südlicher Breite.

Hoheitsgewässer: Der seerechtliche Begriff H. umfasst jene Gewässer, an denen staatliche Hoheitsrechte bestehen, also die Binnengewässer, die ↑Küstengewässer und historischen Buchten, nicht jedoch die ↑angrenzende Zone.

Höhengrenze: Die H. ist ein durch klimatische Faktoren wie Temperatur, Niederschläge und Wind bedingter Grenzsaum, oberhalb dessen eine Pflanzengruppe oder eine Pflanze nicht mehr gedeihen kann, weil für ihr Wachstum hier entweder die Temperatur zu niedrig oder der Niederschlag zu hoch oder der Wind zu stark ist; es können auch mehrere Gründe gleichzeitig vorliegen. Die

H

Höhenlinien

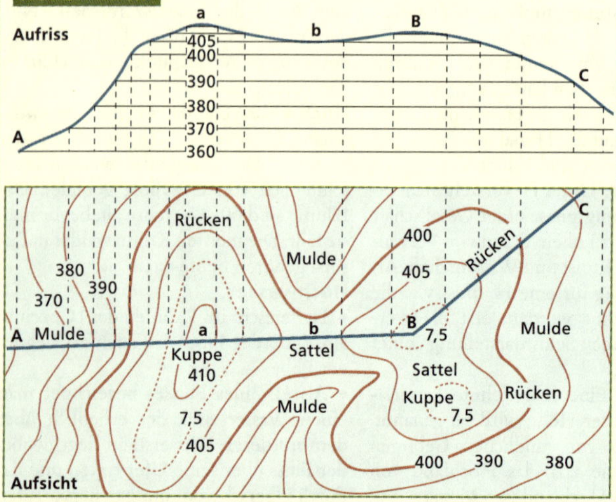

Darstellung eines Berggeländes im Querschnitt (Aufriss, oben) und mit Höhenlinien (Aufsicht, unten); bei sehr flachem Gelände werden Hilfshöhenlinien (hier 7,5, punktiert) eingeschaltet

H. für Baumwuchs wird ↑Baumgrenze genannt. Die H. des Anbaus, eine der ↑Anbaugrenzen, ist im Wesentlichen eine Kältegrenze, also eine durch die Temperatur bestimmte Grenze. Die H. liegt in den einzelnen Erdteilen und Klimaten in recht unterschiedlicher absoluter Höhe; sie ist außerdem sehr von der Exposition der Hänge zu Sonne und Wind abhängig. Die H. geht in hohen Breiten in die ↑Polargrenze über.

Höhenklima: Als H. bezeichnen wir das Klima der Hochländer und Hochplateaus über 2000 m Höhe. Kennzeichnend sind geringere Temperaturen, niedriger Luftdruck, geringe absolute Luftfeuchtigkeit, stärkere Winde und infolge der dünnen und reinen Luft höhere Sonneneinstrahlung (↑Höhensonne). In gemäßigten Breiten treten dabei allerdings etwas häufiger Niederschläge auf. Oberhalb von 3000 m ü. d. M. besteht jedoch die Gefahr der Höhenkrankheit.

Höhenkrankheit: Die H. tritt in Höhen über 3000 m auf und beruht zum größten Teil auf der Minderung der Sauerstoffsättigung des Blutes und der Gewebe in größeren Höhen. Die Symptome der H. sind Verminderung der körperlichen und geistigen Leistungsfähigkeit, verbunden mit einem dem Alkoholrausch ähnlichen Zustand *(Höhenrausch).* Im fortgeschrittenen Stadium finden sich mangelnde Bewegungskoordination, Atemnot, Bewusstseinsstörungen, Übelkeit und Erbrechen. Der im Mittelohr und in der Ohrtrompete behinderte Druckausgleich führt zu Ohrenschmerzen und Schwindel *(Höhenschwindel).* Bei länger anhaltendem Sauerstoffmangel treten Krämpfe, Herzrasen, Ohnmacht *(Höhenkollaps)* und schließlich der Tod *(Höhentod)* ein. Der Sauerstoffmangel kann in Höhen unter 4500 m durch Zunahme der Herz- und Atemfrequenz kompensiert werden, im Bereich von 4500 bis 7000 m kann nach einer langfristigen Anpassung des Organismus die volle Leistungsfähigkeit erhalten werden; sie kann kurzfristig und eingeschränkt auf 8000–8800 m ausgedehnt werden (sonst sind Sauerstoffgeräte erforderlich).

Höhenlinien (Isohypsen): H. verbinden benachbarte Geländepunkte gleicher Höhe über oder unter einer Bezugsfläche (z.B. Normalnull). Werden H. in bestimmten Abständen verstärkt dargestellt, so bezeichnet man diese als *Zählhöhenlinien.* Bei der kartographischen Darstellung des Geländes ergibt die senkrechte Projektion der H. auf die Kartenebene das H.bild. Bei weitem Abstand der H. haben wir ein flaches, bei engerem H.abstand ein steileres Gelände vor uns.

Höhenschicht: Unter einer H. versteht man in der Kartographie eine Fläche zwischen zwei Höhenlinien, die nicht unbedingt benachbart sein müssen. Durch eine farbliche Abstufung der einzelnen H.flächen erhalten wir eine Höhenschichtenkarte, die einen reliefartigen Eindruck vermittelt.

Höhensonne: In der Meteorologie ist H. die Bezeichnung für die Sonnenstrahlung in größerer Höhe (besonders im Hochgebirge), die wegen geringerer Absorption infolge kleinerer durchstrahlter Luftmasse, geringerem Wasserdampfgehalt und geringerer Trübung der Atmosphäre wesentlich intensiver ist als im Tiefland und einen größeren Anteil an UV-Strahlung besitzt.

Höhenstrahlung (kosmische Strahlung, Ultrastrahlung): Die H. ist die von außen in die Erdatmosphäre eindringende Strahlung mit höherem Durchdringungsvermögen als dem der Gammastrahlen. Bei Messungen mit unbemannten Ballons und mit Raketen zeigte sich, dass die Strahlung die größte Intensität bei etwa 20 km Höhe hat und dass sie im oberen Teil der Atmosphäre einen konstanten Wert besitzt; dieser entspricht der Intensität der primären H., die von außen in die Atmosphäre fällt. Diese *Primärstrahlung* besteht aus sehr energiereichen, aus dem Weltall stammenden nuklearen Teilchen (Energie 10^9 bis 10^{18} eV). Beim Auftreffen auf die Atomkerne der atmosphärischen Gaspartikeln finden Kernzertrümmerungen statt. Primärteilchen und Kerntrümmer fliegen weiter und zertrümmern weitere Atomkerne, erzeugen Myonen und übertragen ihre Energie teilweise durch Stöße auf Atomelektronen, diese wiederum erzeugen durch Bremsstrahlungseffekte Photonen, die ihrerseits Elektron-Positron-Paare erzeugen usw., bis die ursprüngliche Energie aufgebraucht ist. Es entsteht eine immer teilchenreicher werdende *Sekundärstrahlung,* wodurch es zunächst zu einer Erhöhung der Intensität kommt. Beim weiteren Eindringen der Sekundärstrahlung in die Atmosphäre nimmt die Intensität dann jedoch infolge von Absorptionsprozessen ab. Am Erdboden wird nur noch Sekundärstrahlung beobachtet. Man unterscheidet hier 1. die Nukleonenkomponente; sie besteht aus Protonen und Neutronen; 2. die harte Komponente; sie besteht aus Myonen und geht beim Durchqueren einer 1 m dicken Bleiplatte erst auf die Hälfte zurück (sie kann deshalb auch noch auf dem Grund von tiefen Seen gemessen werden); 3. die weiche Komponente; sie besteht aus Elektronen und Photonen und wird von 15 cm Blei völlig absorbiert; 4. den Neutrinostrom, der allerdings nur äußerst schwach und sehr schwer zu messen ist.

Höhenstufen der Vegetation: Dies sind durch Temperatur und Niederschlag bedingte Vegetationsstufen, die an einem Gebirgshang aufeinander folgen. Sie unterscheiden sich in Bezug auf Klima, Vegetation und Wirtschaft. In unseren Breiten unterscheiden wir die ↑kolline Stufe, die ↑montane Stufe, die ↑alpine Stufe und die ↑nivale Stufe; in den Tropen Süd- und Mittelamerikas ↑Tierra caliente, ↑Tierra templada, ↑Tierra fría und ↑Tierra helada. – Abb. S. 158

höhere Breiten: Unter dem allgemein sprachlichen Ausdruck »in höheren Breiten« versteht man die Erdgegenden, deren Koordinaten bei der Breitenangabe

H

Höhenstufen der Vegetation in den Anden und in den Alpen

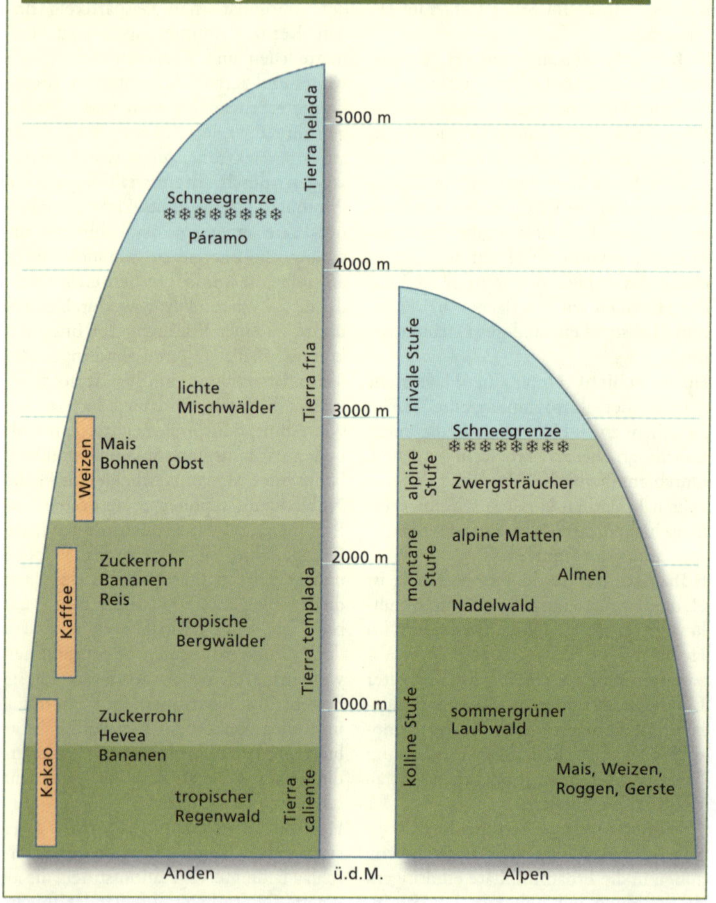

eine merklich höhere Zahl als die der niederen Breiten aufweisen.

hohe See: Der seerechtliche Begriff h. S. umfasst alle Meeresteile jenseits der ↑Küstengewässer und historischen Buchten; zur h.n S. gehören auch der Meeresgrund (außerhalb des Schelfes) und der Luftraum über der hohen See, nicht jedoch die Bodenschichten unterhalb des Meeresgrundes. Auf h. S. bestehen keinerlei Hoheitsrechte, allerdings dürfen einige in der ↑angrenzenden Zone ausgeübt werden.

Höhlen: H. sind natürliche oder künstliche Hohlräume im Gestein. Bei den natürlichen H. unterscheidet man zunächst die **primären Höhlen,** die bei der Gesteinsbildung selbst entstehen: *Lavahöhlen* bilden sich in magmatischem Gestein durch Abfließen von Lava, und *Riffhöhlen* entstehen beim Aufbau von Korallenstöcken.

Die meisten H. sind jedoch **sekundäre Höhlen,** sie entstehen durch Einwirkung äußerer Kräfte: *Brandungshöhlen* werden durch die Brandung an Steilküsten geschaffen, *Karsthöhlen* als die größten H. sind das Ergebnis von Lösungsvorgängen im Gestein. Durch Karstgewässer können dabei weit verzweigte *Höhlensysteme* entstehen. Die Ausscheidung von Kalksinter aus den Sickerwässern führt zur Tropfsteinbildung, die betroffenen Karsthöhlen werden zu *Tropfsteinhöhlen.*

Höhlenflüsse: Erscheinungsform des ↑Karst.

Hohlkehle: Bildet sich durch die Tätigkeit der ↑Brandung am Fuß von Steilküsten.

Holozän: jüngere Abteilung des Quartärs, des jüngsten geologischen Systems, ↑Geologie, Zeittafel.

Holstein-Interglazial: Warmzeit des Pleistozän in Norddeutschland, im Quartär.

Homelands [englisch 'həʊmlændz] (Bantuheimatländer): H. waren im Rahmen des früheren Apartheidsystems der Republik Südafrika nach ethnischen Kategorien eingerichtete Territorien. Alle Schwarzen mussten entsprechend den südafrikanischen Passgesetzen einem H. angehören, v. a. auch solche Personen, die sich aus Erwerbsgründen außerhalb dieser Territorien aufhalten oder sich aus ethnischen Bindungen gelöst haben. Mit dem Ende der Apartheidpolitik wurden 1994 alle H., z. T. gegen den Widerstand der lokalen Machthaber, nach Südafrika zurückgegliedert, aufgelöst und ihre Gebiete in neu errichtete Provinzen integriert.

Homosphäre: Wird bei der vertikalen Gliederung der Atmosphäre die Zusammensetzung der Luft zugrunde gelegt, so ergibt sich eine Zweiteilung in die H. und die darüber befindliche ↑Heterosphäre. Die H. umfasst die untersten rund 100 km der Erdatmosphäre, die sich trotz großer Verschiedenartigkeit in ihren einzelnen Stockwerken durch Gemeinsamkeiten auszeichnen, die sie deutlich von den darüber liegenden Luftschichten abgrenzen. Es ist dies v. a. die in der H. überall nahezu gleiche Zusammensetzung der Luft (↑Atmosphäre).

Horizont: Als H. bezeichnet man die sichtbare Grenzlinie, an der Himmelsgewölbe und Erde sich zu berühren scheinen. Dieser natürliche Horizont wird auf See *Kimm* genannt.

horizontale Mobilität: Darunter versteht man die Fähigkeit und Bereitschaft von Menschen, ihren Wohnsitz vorübergehend oder auf Dauer zu verändern. Besonders ausgeprägt ist diese Art der Mobilität in den USA, wo oft schon Gerüchte über gute Verdienstmöglichkeiten Leute veranlassen, in eine bestimmte Gegend zu ziehen.

Horizontallot: Das H. ist eine Spezialform des ↑Echolots.

Horizontalverschiebung: ↑Verwerfung.

Höhlen: Wyandotte Cave (links) in Indiana, USA, eine horizontale Höhle, die sich im oberen Bereich des Karstgrundwasserstroms gebildet hat. – Tropfsteinbildung in der Minamidaito-Höhle (rechts) auf der gleichnamigen japanischen Koralleninsel.

H

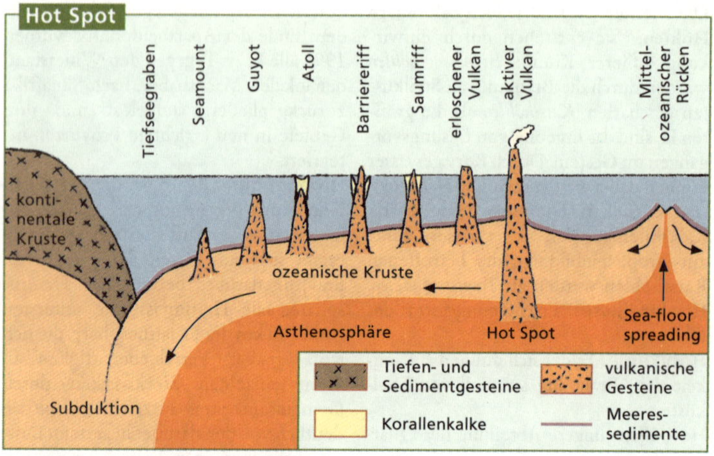

Schematische Darstellung des Übergleitens einer Lithosphärenplatte über einen **Hot Spot** und der über dem Hot Spot entstehenden vulkanischen Erhebungen (Seamounts, Vulkaninseln) sowie der späteren Entwicklung eines solchen Vulkans zur Basis eines Atolls

Horst: H. nennt man einen gehobenen oder infolge Absinkens der Umgebung stehengebliebenen, meist von parallelen Verwerfungen begrenzten Teil der Erdkruste; oft ist er auch morphologisch als Erhebung ausgebildet. Durch entgegengesetzte Bewegungen entsteht ein Graben; ↑auch Bruchtektonik.

Hot Spot [englisch ˈhɔt ˈspɔt] (Heißer Fleck): Mit H. S. bezeichnet man einen über lange Zeit (rd. 100 Mill. Jahre) ortsfesten Aufschmelzungsbereich im Erdmantel unterhalb der Lithosphäre, von dem heißes, geschmolzenes und daher spezifisch leichteres Gestein schlotartig zur Erdoberfläche aufdringt. Es bewirkt die erhöhte Temperatur des obersten Erdmantels (Asthenosphäre; ↑auch Plattentektonik), fördert die Plattenbewegung, verstärkt die Erdkruste, beult sie vielfach auf und bewirkt an der Erdoberfläche vulkanische Tätigkeit, meist innerhalb von Platten, aber auch an Plattengrenzen (v.a. Mittelozeanische Rücken). Durch die Bewegung der über den stationären H. S.s befindlichen Lithosphärenplatten entstehen im Laufe der Zeit lang gezogene Strukturen: festländische oder untermeerische Höhenrücken, Inselketten oder Reihen von untermeerischen Einzelbergen (u.a. Guyot); sie zeigen also die Bewegungsrichtung der Platten an. Bekanntestes Beispiel sind die Hawaii-Inseln, deren vulkanische Aktivität eine von NW nach SO fortschreitende zeitliche Aufeinanderfolge aufweist.

Huẹrta: Als H. bezeichnet man das durch Kanäle und Gräben bewässerte, intensiv genutzte Gemüse- und Obstland in den feuchten oder bewässerbaren Gebieten im Umkreis größerer Siedlungen in Spanien. Die H. umfasst heute aber fast die gesamte ↑Vega. Im Zentrum dieser Baumgärten herrscht Kleinbesitz vor, während im äußeren Bereich, in den erst in jüngerer Zeit in die künstliche Bewässerung einbezogenen ehemaligen Trockenfeldern, größere Parzellen vorherrschen. Besonders bekannt sind die Huertas von Valencia, aus denen die meisten Orangen Europas kommen. Neben Gemüse wachsen hier u.a. Zitronen, Feigen, Mandeln und Maulbeeren.

Hu̲fe: Die H. ist ein historisches Ackermaß. Die Größe der streifenförmigen

Fläche musste das Auskommen einer bäuerlichen Familie sichern. Da die Böden in den verschiedenen Gebieten aber nicht die gleichen Erträge brachten, entwickelten sich unterschiedliche Größenordnungen. Die Durchschnittsgröße lag bei 7–10 ha. Die Königshufe, v.a. im Bereich der deutschen Ostsiedlung, hatte doppelte Größe. Liegen mehrere solcher Besitzeinheiten nebeneinander, spricht man von gereihten Hufen. Dadurch entstanden in den verschiedenen Siedelgebieten Marschhufendörfer, Waldhufendörfer, Moorhufendörfer und Hagenhufendörfer.

Hufenflur: eine der ↑Flurformen.

Humanfaktoren: Der Begriff wird als Gegenstück zu »Naturfaktoren« gebraucht. Bei der Analyse eines Raumes z.B. wirken neben Naturfaktoren wie Klima und Boden die Humanfaktoren, d.h. Auswirkungen menschlicher Aktivitäten wie die Anlage von Wohnsiedlungen, von Infrastruktur, Aufbau von Industrie (mit Auswirkungen auf die Umwelt) etc.

Humboldtstrom: kalte Meeresströmung im Pazifischen Ozean, Karte Meeresströmungen S. 234.

humid: Der in der Klimatologie verwendete Begriff h. kennzeichnet Klimate von Gebieten, in denen die Niederschläge während eines Jahres die mögliche Verdunstung übersteigen. Der nicht verdunstende Teil der Niederschläge fließt oberflächlich ab oder versickert in den Grundwasserbereich. *Vollhumid* sind Gebiete mit ausreichenden Niederschlägen in allen Monaten (das sind die Zone des immerfeuchten tropischen Regenwaldes und große Teile der gemäßigten Zonen). *Semihumid* sind Gebiete, in denen in einigen Monaten die mögliche Verdunstung größer als der Niederschlag ist. In humiden Gebieten finden wir dauernd fließende Wasserläufe, welche die Oberflächenformen in diesen Bereichen im Wesentlichen gestalten. – Der Gegensatz zu h. ist arid.

Humidität: Die H. kennzeichnet den Feuchtigkeitsgrad von Gebieten mit humidem Klima. Die H. nimmt mit wach-

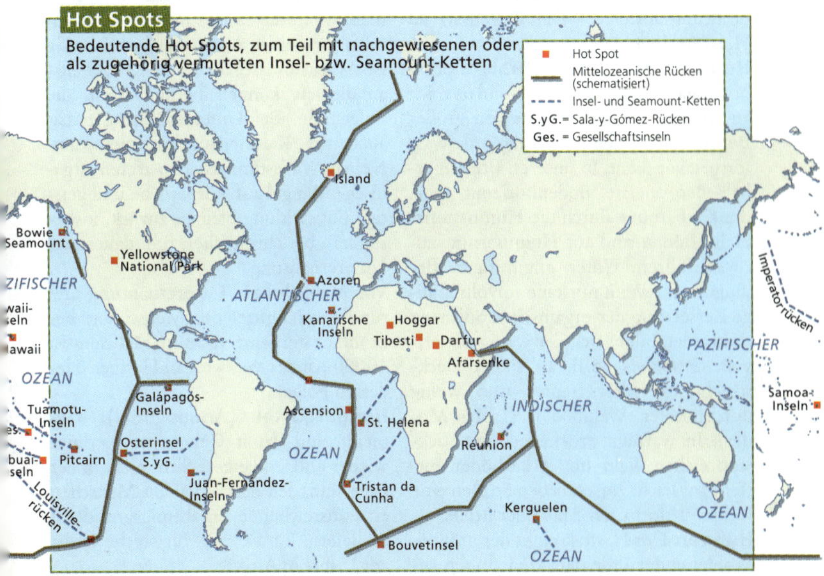

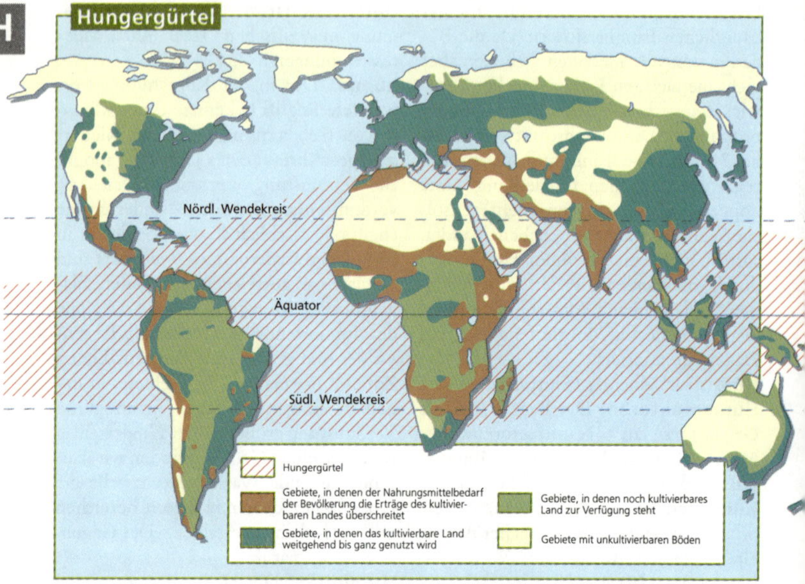

sendem Niederschlag zu, jedoch mit steigender Temperatur ab, da dann die Verdunstung ansteigt. – Der Gegensatz zu H. ist Aridität.

Humus: Der H. besteht aus abgestorbenen organischen Substanzen und ist reich an Kleinstlebewesen. Er ist von großer Bedeutung für den Boden, da er als Wasserspeicher dient. In unseren Breiten erhält der oberste Bodenhorizont seine dunkle Färbung durch die Humusstoffe. Helle Böden sind auf Humusarmut zurückzuführen. Unter ungünstigen Bedingungen, wenn nur eine unvollständige Zersetzung der organischen Substanz stattfindet, bildet sich der weniger wertvolle *Rohhumus,* z.B. als starke Deckschicht nasskalter, saurer und wenig durchlüfteter Waldböden (↑auch Moder). In warmen, trockenen und stickstoffreichen Wald- und Ackerböden entsteht aus leicht zersetzlichen Stoffen eine lockere H.form, der *Mull* oder *Mulm.*

Hunger: Der H. stellt eines der größten Probleme der Erde dar. Medizinisch gesehen ist H. eine Mangel- bzw. Unterernährung. Von Mangelernährung spricht man, wenn die Ernährung nur kalorienmäßig ausreicht, ansonsten aber einseitig ist. Wachstumsschäden und Krankheitsanfälligkeit können beispielsweise die Folge sein. Bei Unterernährung reicht auch das Kalorienangebot nicht aus. Neben Wachstumsschäden treten organische Mängel auf, körperliche und geistige Entwicklung bleiben zurück, insbesondere bei chronischer, d.h. dauernder Unterernährung.

Von Mangel- bzw. Unterernährung sind rund zwei Drittel der Menschheit bedroht; es sterben vermutlich täglich etwa 40 000 Kinder weltweit an Hunger oder dessen Folgen.

Hungergürtel (Armutsgürtel): Gemeint sind damit Gebiete, die immer wieder und auf längere Sicht nicht in der Lage sind, den dort lebenden Menschen eine ausreichende Ernährungsgrundlage zu liefern. Ein Beispiel für solche H. ist der ↑Sahel in Afrika.

Hungerquelle (Hungerbrunnen): Die H. ist eine episodisch fließende Quelle, die nur in besonders feuchten Jahren Wasser spendet. H.n treten v.a. in Karstgebieten auf, weil dort Schüttungen oft ausschließlich nach reichlichen Niederschlägen zu beobachten sind.

Hungersteine: Bei den H.n handelt es sich um große Felsklippen oder Steine am Rande von Seen oder in Flussbetten. Die H. werden nur bei geringer Wasserführung, also bei fehlenden Niederschlägen, sichtbar. In solchen extrem trockenen Jahren musste dann früher bei anhaltender Dürre mit Missernten und daraus folgenden Hungersnöten gerechnet werden.

Hurrikan: Der H. ist ein tropischer Wirbelsturm im Bereich des Karibischen Meeres und des Golfs von Mexiko. H.s entstehen meist aus Wellenstörungen innerhalb der Passatströmung und immer über warmen Meeresgebieten mit einer Wassertemperatur von 26–27°C, also am häufigsten im Sommer und Spätherbst. Der Durchmesser eines H.s beträgt einige hundert Kilometer; das Druck- und Windfeld, die Wolken und die Niederschlagszonen ordnen sich symmetrisch um das Zentrum des Wirbels an, in dem Windgeschwindigkeiten von mehr als 200 km pro Stunde auftreten. Ein typisches Merkmal des H.s ist das Auge des Sturmes, eine windschwache, niederschlagsfreie und wolkenarme Zone von etwa 20 km Durchmesser im Wirbelzentrum; am Rande des Auges erhebt sich dagegen eine mächtige Wolkenwand.

H.s können nur über dem Meer längere Zeit bestehen; beim Übertritt auf das Festland schwächen sie sich rasch ab, richten jedoch durch den von Wolkenbrüchen begleiteten Orkan und durch Sturmfluten verheerende Zerstörungen an. Zur Unterscheidung werden die einzelnen H.s eines Jahres mit englischen Vornamen in alphabetischer Reihenfolge benannt. Zur rechtzeitigen Erkennung und laufenden Verfolgung eines H.s werden Aufnahmen von Wettersatelliten herangezogen, Wettererkundungsflüge durchgeführt und weit reichende Radargeräte eingesetzt.

Hüttenindustrie: Teil der ↑Schwerindustrie.

Hutung (Magerweide, Trift): Die H. ist ein nicht eingezäuntes, wenig ertragfähiges und unregelmäßig bestocktes Weideland auf schlechten Böden. Man findet sie meist in Gebirgslagen. Sie wird überwiegend als Gemeinschaftsbesitz benutzt.

Hydratation: Unter H. versteht man die Anlagerung von Wassermolekülen an Ionen, neutrale Moleküle oder Kolloidteilchen innerhalb von Mineralien, bei der es meist nicht zu einer erkennbaren chemischen Umwandlung kommt. Durch die Volumenvergrößerung erfolgt oft eine Gefügelockerung, die sich in Haarrissen oder noch stärker in Gesteinssprengungen äußert.

Hydrogeographie: Der Teil der physischen Geographie, der sich mit dem Wasser als Glied des geographischen Komplexes beschäftigt, wird H. genannt.

Hydrologie: Unter H. versteht man die Lehre vom Wasser, seinen Erscheinungsformen, natürlichen Zusammenhängen und Wechselwirkungen mit den umgebenden Medien unter, über und auf der Erdoberfläche. H. ist weitgehend *Hydrographie* (Gewässerkunde), die sich mit den fließenden und stehenden unter- und oberirdischen Gewässern des Festlandes befasst. Sie gliedert sich in *Hydrogeologie* (Grundwasser- und Quellenkunde), *Limnologie* (Seenkunde), *Potamologie* (Flusskunde) und *Glaziologie* (Gletscherkunde). Die H. untersucht auch Fragen des Wasserhaushaltes und -kreislaufs und ist damit für die Wasserwirtschaft von Bedeutung. Weitere Teilgebiete sind Hydrobiologie und Hydrochemie. Im weiteren Sinne ist auch die ↑Ozeanographie ein Teilgebiet der H., sie wird in Nordeuropa und Nordamerika oft sogar H. genannt.

hydrologisches Jahr: ↑Abflussjahr.

H

Hydrosphäre: Die Wasserhülle der Erde wird als H. bezeichnet; sie umfasst neben den Meeren auch das Grundwasser, alle Binnengewässer, das in Gletschereis gebundene sowie das in der Atmosphäre vorhandene Wasser. Die H. bildet also keinen geschlossenen Bereich, hängt aber durch den allgemeinen Wasserkreislauf zusammen.

Hygrometer: Das H. ist ein Gerät zum Messen der Luftfeuchte. Man macht sich beim H. die Eigenschaft des menschlichen Haares zunutze, das mit zunehmendem Wasserdampfgehalt der Luft seine Länge verändert. Eine Zunahme der Feuchte bewirkt eine Verlängerung des Haares, bei abnehmender Feuchte verkürzt es sich. Viele gängige H. sind daher *Haarhygrometer;* bei ihnen sind in einem Metallrahmen ein oder mehrere Haare aufgespannt, deren unterer Teil um eine als Zeigerachse gelagerte Welle läuft oder über einen Hebelmechanismus den Zeiger bewegt; hinter dem Zeiger liegt die Ableseskala. Anstelle des menschlichen Haares werden bei neueren Geräten Kunststofffasern benutzt, die nicht so schnell ihre Dehnbarkeit verlieren. Außerdem werden auch *Absorptionshygrometer* und *Elektrolythygrometer* verwandt. Diese beruhen auf hygroskopischen Eigenschaften bestimmter chemischer Stoffe bzw. auf der Änderung der elektrischen Leitfähigkeit eines Elektrolyten infolge Absorption von Wasserdampf.

Hyläa: H. nennt man tropische Regenwaldgebiete des Amazonastieflandes. Der Begriff dient gelegentlich auch als Bezeichnung für den tropischen Regenwald gleicher Art in den übrigen Tropengebieten.

Hypozentrum: Das H. ist die Stelle im Erdinnern, von der ein ↑Erdbeben ausgeht, also der *Erdbebenherd.*

hypsographische Kurve (hypsometrische Kurve): Die h. K. ist eine grafische Darstellung, die den Anteil der eizelnen Höhenstufen am Relief der Erde (einschließlich der Meeresböden) veranschaulicht. Sie zeigt zwei Hauptniveaus: den Kontinentalblock mit dem Schelf (35% der Erdkruste) um den Mittelwert +875m und die Tiefseetafel (56%) um den Mittelwert −3800m; sie sind verbunden durch die Kontinentalböschung (9%).

hypsographische Kurve

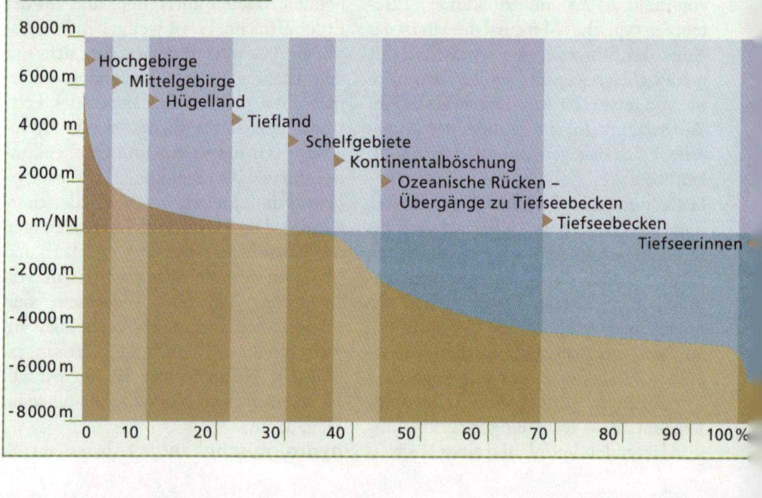

I

Iberoamerika: andere Bezeichnung für ↑Lateinamerika.

Iglu: Unter I. versteht man die überwiegend als Winterwohnung benutzte, aus rechteckigen, spiralförmig aufeinander geschichteten Schneeblöcken errichtete, kuppelförmige Hütte der Eskimo. Heute nur noch selten gebaut.

Ignimbrit (Schmelztuff): I. ist ein vulkanisches Förderprodukt, das aus dem Auswurfmaterial von Glutwolken entstand. Nach Ablagerung an der Erdoberfläche sinterte es infolge seiner hohen Temperatur zu festen Gesteinsdecken zusammen. Bekannte Vorkommen sind Martinique, Pompeji, Herculaneum, das Laacher-See-Gebiet sowie der Mount Saint Helens. I. enthält in der Grundmasse als Einsprenglinge große Kristalle sowie Lapilli und Blöcke in völlig regelloser Verteilung.

immerfeuchte innere Tropen: eine ↑Klimaregion nach der Klimaklassifikation von Weischet.

Immission: Der Begriff I. wird meist eingeengt auf das Einleiten luftfremder und verunreinigender Stoffe in die Luft, was v. a. durch die chemische und die Hüttenindustrie, Kraftwerke sowie den Straßenverkehr geschieht. Durch gesetzliche Maßnahmen sind in vielen Fällen Höchstwerte für Immissionskonzentrationen aller Art festgesetzt. Gemessen wird diese in Milligramm verunreinigenden Stoffs pro Kubikmeter Luft.

Imperialismustheorie: Die I. ist eine marxistisch geprägte ↑Entwicklungstheorie, die Unterentwicklung als koloniales Erbe, als Folge des Imperialismus und Verbreitung des Kapitalismus ansieht. Die Verelendung der Entwicklungsländer resultiert danach aus direkter und indirekter Ausbeutung. Entwicklungsstrategische Konsequenz der I. sind folglich Revolution und Aufbau des Sozialismus, Entwicklungshilfe besteht in der Bereitstellung von Mitteln für den Klassenkampf.

Import (Einfuhr): Unter diesem Begriff werden alle Rohstoffe, Waren und Dienstleistungen zusammengefasst, die vom Ausland geliefert bzw. vom Ausland erbracht werden. Die Aufrechnung von Export gegen Import wird Handelsbilanz genannt.

Imprägnation: Als I. bezeichnet man die feine Verteilung von Erdöl oder Erzen in Klüften, Poren u. a. Hohlräumen eines Gesteins durch Dämpfe oder Lösungen.

Individualverkehr: Unter diesem Begriff wird der Verkehr zusammengefasst, der nicht über öffentliche Verkehrsmittel abgewickelt wird. Allein der einzelne Verkehrsteilnehmer bestimmt Art, Richtung, Zeitpunkt der Fortbewegung. In der Regel versteht man unter I. die Fortbewegung im eigenen Kraftwagen, aber auch mit Motorrad, Moped, Fahrrad.

Industrial Farming [englisch ɪnˈdʌstrɪəl fɑːmɪŋ]: I. F. bedeutet so viel wie industrialisierte Landwirtschaft. Die Bewirtschaftung des Bodens erfolgt in großen Farmen mit Betriebsgrößen von über 400 ha nach industriellen Gesichtspunkten. Der Betrieb ist vollständig mechanisiert. Der Farmer oder Verwalter lebt häufig in einer Stadt. In diesen Wirtschaftsbetrieben werden auch Missernten als Geschäftsrisiko mit einkalkuliert.

Industrialisierung: I. bedeutet das Ingangsetzen und die Ausbreitung der industriellen Wirtschaftsweise mit all ihren Folgeerscheinungen, also die industrielle Entwicklung seit dem 18. und 19. Jh. in Europa (industrielle Revolution) ebenso wie die in unseren Tagen erfolgende Errichtung von Industriebetrieben in den Entwicklungsländern.

Industrie: Unter diesem Begriff versteht man die gewerbliche Herstellung von Waren in zumeist größeren Betrieben mithilfe von Maschinen. Der Arbeitsvorgang ist dabei weitgehend in einzelne Fertigungsvorgänge aufgeteilt. Kennzeichnend ist weiter ein rationelles

I

Herstellungsverfahren (etwa mithilfe des Fließbandes) und die Massenproduktion für Massenbedarf. Grundsätzlich wird die I. in zwei Bereiche eingeteilt: die *Grundstoffindustrie,* die industriell verwendbare Grundstoffe, etwa Metalle und Metalllegierungen, Chemikalien, Zement erzeugt, und die *verarbeitende Industrie,* die Halbfertig- und Fertigwaren, sowohl Investitionsgüter als auch Konsumgüter, herstellt.

Industriegasse: Unter I. versteht man einen Raum, in dem Industrieanlagen bandartig verdichtet auftreten. In der Regel sind die I.n an das Relief gebunden, d.h. an Täler oder talähnliche Einschnitte. Solche I.n findet man z.B. in Schwarzwaldtälern, aber auch in den Alpen, wo z.B. die Mur-Mürz-Furche eine wichtige I. Österreichs darstellt.

Industriegesellschaft: Als I. bezeichnet man die Gesellschaftsform moderner Industriestaaten. Das Wirtschaftsleben und das gesellschaftliche Leben sind in der I. weitgehend von der Industrie abhängig und werden von ihr bestimmt. Die Agrarwirtschaft spielt dagegen nur noch eine untergeordnete Rolle.

Industrielandschaft: Eine I. ist eine von der Industrie geprägte Landschaft. Diese Ausprägung ist so stark, dass andere Landschaftsfaktoren in den Hintergrund treten. Beispiele sind das Ruhrgebiet und der Raum um Pittsburgh in den USA.

Industriepflanzen: Der Begriff I. meint Pflanzen, die für den Verkauf als Industrierohstoffe angebaut werden. Es handelt sich dabei besonders um Faserpflanzen, wie Flachs, Hanf und Jute, sowie Ölfrüchte, wie Erdnüsse, Raps und Lein, aber auch um Gewürzpflanzen; auch der Hopfen ist eine solche Industriepflanze.

Industriestaat: Ein I. ist ein Staat, dessen Bevölkerung überwiegend in der Industrie, im Gewerbe und im Handel beschäftigt ist. Gegensatz ist Agrarstaat bzw. Entwicklungsstaat.

Infiltration: Mit I. bezeichnet man das Eindringen von Gasen oder Lösungen in Spalten, Klüfte oder Poren von Gesteinen. Dies kann zur Bildung von ↑Erzlagerstätten führen.

Inflation: I. nennt man den anhaltenden Prozess der Geldentwertung. Dabei steigt das Preisniveau ständig. Je nach Ausmaß des Anstiegs unterscheidet man zwischen schleichender, trabender und galoppierender Inflation. Gemessen wird die I. am prozentualen Anstieg des Preisniveaus in einem bestimmten Zeitraum (meist ein Jahr).

informeller Sektor: Der i. S. umfasst die traditionellen, ungeschützten Wirtschaftsbereiche in Ländern der Dritten Welt. Kennzeichnend für den i. S. sind einfache Techniken, geringe berufliche Qualifikation der Beschäftigten und kleine Betriebsgrößen. Es erfolgt ganz überwiegend die Verarbeitung einheimischer Rohstoffe. Kennzeichnend sind weiterhin das Fehlen sozialen Schutzes, schlechte Bezahlung und schlechte Arbeitsbedingungen.

Infrarotstrahlen (IR-Strahlen): I. sind allgemein nicht sichtbare elektromagnetische Strahlen, die sich an das im Spektrum rote Ende des Lichtes anschließen. Ihre Wellenlänge liegt zwischen 1 mm und 760 µm (= 0,00076 mm). Die Infrarotstrahlung der Sonne (auch Wärmestrahlung genannt) wird in der Erdatmosphäre von Wasserdampf, Kohlendioxid und Ozon zum Teil absorbiert (d.h. verschluckt). Für den Wärmehaushalt der Erde ist daher die Infrarotabsorption durch die Wolken und andererseits die Reflexion durch Schnee und Eis von entscheidender Bedeutung.

Infrastruktur: Unter I. versteht man den notwendigen Unterbau, der zur wirtschaftlichen Entwicklung eines Raumes unabdingbar ist, und zwar die Gesamtheit aller durch den Staat oder andere Gebietskörperschaften des öffentlichen Rechts getragenen Einrichtungen der *Vorsorgeverwaltung;* z.B. die der Allgemeinheit dienenden Einrichtungen wie Verkehr und Beförderung, Fernsprech- und Fernmeldewesen, Gas-, Wasser- und

Elektrizitätsversorgung, Müllabfuhr, Abwasserbeseitigung, Bildung und Kultur, Krankheitsvorsorge und Krankenbehandlung, Totenbestattung. Die Abgrenzung von entsprechenden privaten Einrichtungen z.B. im Sport- und Freizeitbereich ist dabei strittig.

Ingression: I. nennt man das langsame Eindringen des Meeres in festländische Senkungsgebiete als Teilvorgang einer großräumigen Transgression; dabei erfolgt ein allmählicher Übergang von terrestrischen bzw. limnischen zu marinen Ablagerungen; zu den dabei entstehenden I.sküsten mit ertrunkenen Tälern gehören die Fjord-, Schären- und Riaküsten. Die I. ist ein Sonderfall der ↑Transgression.

Inkohlung: Der Prozess der I. umfasst die Umbildung pflanzlicher Substanz, besonders von Zellulose und Lignin, über die Stadien Torf, Braunkohle, Steinkohle zu Anthrazit, unter Umständen auch Graphit, im Verlauf lang dauernder geologischer Prozesse (Diagenese bzw. Metamorphose). Voraussetzung für I. ist die Entwicklung großer Pflanzenmassen auf feuchten Standorten und anschließende rasche Überlagerung mit dicken Schichten mineralischer Sedimente; dies tritt v.a. bei Landsenkungen ein. Die I. erfolgt unter Luftabschluss bei Hitze und hohem Druck, wobei der Gehalt des Materials an Wasserstoff und Sauerstoff abnimmt, der relative Kohlenstoffgehalt dagegen ansteigt. Die Stufen der *Inkohlungsreihe* sind der Tabelle zu entnehmen: Die I. lässt sich in eine biochemische, eine diagenetische (geochemische) und eine metamorphe Phase gliedern: In der ersten entstand unterhalb der Vegetationszone, die das pflanzliche Ausgangsmaterial liefert, eine geringmächtige Oxidationszone mit teilweisem Abbau der organischen Substanz unter Einwirkung von Bakterien, Pilzen und niederen Tieren; dabei entstehen Humusstoffe als Stoffwechselprodukte von Mikroben. Unter dieser Zone folgt die mächtigere Reduktionszone als Lebensbereich anaerober Mikroben mit weiterem Abbau der ursprünglichen Pflanzensubstanz. In der diagenetischen Phase schließt sich die mit Entwässerung von 90% Wasseranteil auf etwa 40% Wasseranteil verbundene Kondensation infolge des Belastungsdrucks an. Damit ist etwa das Stadium der Weichbraunkohlen erreicht. Die weitere Umwandlung zu Hartbraunkohlen und Steinkohlen erfolgt zunächst unter vorwiegender Kohlendioxidabspaltung, im Stadium der geringflüchtigen Steinkohlen unter weitgehender Methanabspaltung. Die Umwandlung zu Graphit ist den Gebieten mit fortgeschrittener Gesteinsmetamorphose vorbehalten. Für die I. ist außer der Überlagerungsmächtigkeit v.a. erhöhte Temperatur infolge geothermischer oder magmatischer Erwärmung maßgebend. – ↑auch Kohle.

Inlandeis: Sehr große Gletschermassen, die nach vielen Seiten abfließen, werden I. genannt, ↑Gletscher.

Inkohlungsreihe

Anteil von	Kohlenstoff	Wasserstoff	Sauerstoff	Stickstoff	Wasser
Zellulose	50%	6%	43%	1%	35–70%
Torf	55–64%	7–5%	37–33%	2%	75–95%
Braunkohle	65–75%	9–5%	30–12%	1%	15–65%
Steinkohle	75–92%	6–4%	16– 3%	1%	3–15%
Anthrazit	92–98%	4–1%	3– 1%		1– 2%
Graphit	98–99%	0,5–0%	0,5– 0%		0,5– 2%

I

innenbürtig: deutsche Bezeichnung für ↑endogen.

innertropische Konvergenz (Abkürzung ITC): Als innertropische Konvergenz bezeichnet man die nur 100–200 km breite Zone in der Nähe des Äquators, in der die Passate der Nord- und der Südhalbkugel zusammentreffen; hier muss sich daher notwendigerweise eine nach oben gerichtete Ausgleichsströmung entwickeln. In der aufsteigenden Luft kommt es zu starker Wolkenbildung und zur Entstehung heftiger Niederschläge, dem Zenitalregen. Die ITC fällt nicht mit dem geographischen Äquator zusammen; sie wandert, dem Sonnenhöchststand folgend, auf den Festländern weit nach N und S, über Indien bis zu 30° n. Br., über Afrika bis etwa 20° n. Br. oder s. Br., über Südamerika und Australien bis zu 20° südl. Breite. Häufig spaltet sie sich dann in einen nördlichen und einen südlichen Zweig auf.

innertropische Konvergenz

Mittlere Lage der innertropischen Konvergenz (ITC)

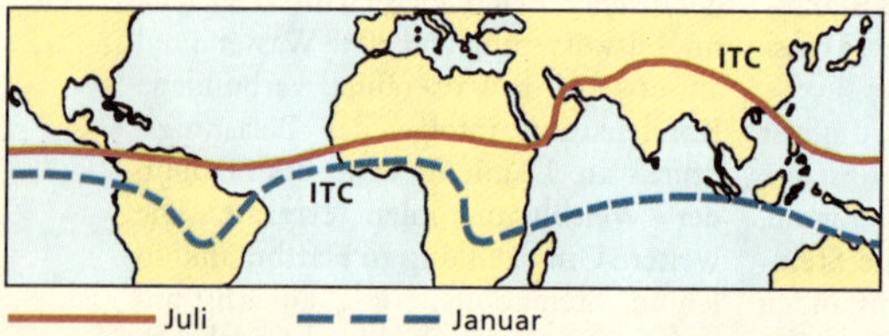

Innovation: Dieser Ausdruck, der besonders in Landwirtschaft und Industrie Anwendung findet, meint den Vorgang der Ausbreitung von Neuerungen, z.B. neuer Kulturpflanzen und Produktionstechniken. Dabei wird die betreffende Neuerung ständig nachgeahmt. Ausgehend von einem *Innovationszentrum* läuft der Innovationsprozess, von der Entfernung zu diesem Zentrum bestimmt, in mehreren Phasen ab. Oft bilden sich auch sekundäre Innovationszentren.

Input-Output [englisch 'ɪnpʊt 'aʊtpʊt]: Die I.-O.-Analyse ist eine Methode zur Untersuchung der industriellen Verflechtung in einer Volkswirtschaft. Dabei werden Produktion und Verbrauch in einzelnen Sektoren einer Volkswirtschaft verglichen.

Im allgemeinen Sprachgebrauch steht I. für alles, was an Rohstoffen, Kapital u.a. in einem Produktionsprozess eingesetzt wird, O. für alles, was an Produkten und sonstigen verwertbaren Ergebnissen bei diesem Prozess herauskommt. Das Verhältnis von Input und Output gilt dann als Messinstrument für die Rentabilität einer Produktion.

Insektizide: I. sind ↑Pestizide, die zur Bekämpfung der Pflanzen schädigenden Insekten eingesetzt werden.

Insel: Eine I. ist ein allseitig von Wasser umgebener Teil des Festlandes, wobei allerdings die Kontinente ausgenommen sind (ein Kontinent ist durch Definition keine Insel). Nach ihrer Lage werden die Meeresinseln in *kontinentale Inseln* oder *Schelfinseln* (z.B. die Halligen und die Britischen Inseln), die im Bereich des Schelfes liegen, und in *ozeanische Inseln* oder *Tiefseeinseln* unterschieden. Zu Gruppen angeordnete I.n werden als *Archipel* bezeichnet.

Inselberg: Der I. ist eine Abtragungsform, die überwiegend in den semihumiden Savannen auftritt. Es handelt sich um steilwandige isolierte Berge oder Berggruppen, die aus dem gleichen Gestein bestehen wie ihre (niedrigere) Umgebung. I.e entstehen also meist im Rahmen von Rumpfflächen, sie sind von der allgemeinen Abtragung (noch) nicht erfasste Restberge. Die charakteristischen steilen Hänge, die sich mit einem deutlichen Bergfuß von der Ebene absetzen, entstehen und erhalten sich durch die schnelle Vergrusung und chemische Zersetzung des am Bergfuß anfallenden Gesteinsmaterials, das dann in der Regenzeit leicht abgespült werden kann.

Insolation: Unter der I. versteht man die Einstrahlung der Sonne auf die Erde. Der Grad der Erwärmung der Erdoberfläche ist vom Stand der Sonne und der jeweiligen geographischen Breite abhängig, da in höheren Breiten die gleiche Fläche der Erde infolge der hier schrägeren Einstrahlung weniger Strahlung erhält als in Gebieten mit senkrechter Einstrahlung. Die polaren Gebiete erhalten demzufolge die geringste Insolation.

Integration: Der Begriff I. meint das Eingewöhnen von Menschen in eine für sie fremde Umgebung. Dies kommt sowohl bei freiwilliger Zuwanderung als auch bei Flüchtlingsströmen als Problem zum Vorschein. Nicht selten wird von den Zuwanderern eine totale Anpassung erwartet, die jedoch in den seltensten Fällen zu leisten ist. Außerdem geht dabei die kulturelle Identität der Zuwanderer verloren. Die I. verlangt vom Zuwanderer keine Aufgabe seiner Eigenständigkeit; vielmehr hat er lediglich gewisse Normen und Spielregeln seiner neuen Umgebung zu beachten, darf auch keine Gesetze des Einwanderungslandes verletzen. Asiaten in den USA ist diese Art Integration oft gelungen (Chinesen, Koreaner, Vietnamesen). Sie nehmen am Wirtschaftsleben regen Anteil, leben aber als kulturelle Gruppe weiterhin für sich. Durch Eheschließung mit Einheimischen erfolgt dann oft ein ganz langsames Auflösen der Eigenständigkeit.

integriertes Rohstoffprogramm: Das i. R. ist die Konzeption einer umfassenden Rohstoffpolitik zwischen Industrie- und Entwicklungsländern. Sie wurde 1976 entworfen und soll gelten für die 10 Kernrohstoffe Baumwolle, Jute, Kaffee, Kakao, Kautschuk, Kupfer, Sisal, Tee, Zinn, Zucker und 8 weitere Rohstoffe: Bananen, Eisenerz, Fleisch, Hölzer, Mangan, Ölsaaten, Pflanzenöle, Phosphate. Hauptziel ist die Stabilisierung der Rohstoffpreise.

Intensivwirtschaft: In der Landwirtschaft bedeutet der Begriff I. eine Wirtschaftsweise mit hohem Kapitaleinsatz und hohem Arbeitseinsatz pro Flächeneinheit, wodurch ein hoher Ertrag erzielt wird. I. gibt es in kapital- oder arbeitsintensiverer Form. Der angestrebte höhere Ertrag kann entweder durch den Anbau von Intensivkulturen (Hackfrüchte, Sonderkulturen) oder durch die Erhöhung des Aufwandes für andere Kulturen erreicht werden. Mit höherer wirtschaftlicher Entwicklung nimmt die Kapitalintensität zu, während die Arbeitsintensität bei hohem Lohnniveau sinkt.

Interglazial (Warmzeit, Zwischeneiszeit): I. nennt man die zwischen zwei ↑Eiszeiten (Glazialen) liegende Zeit mit wesentlicher Erwärmung. I.e wurden für das Eiszeitalter des Quartärs nachgewiesen; sie sind gekennzeichnet durch den Rückgang der Gletscher und den damit verbundenen eustatischen Meeresspiegelanstieg (↑eustatische Meeresspiegelschwankungen) und ↑Glazialisostasie, das Auftreten Wärme liebender Pflanzen (daher Wiederbewaldung) und Tiere und das Einsetzen einer ausgeprägten Bodenbildung.

intermittierend: Von i.en Quellen spricht man, wenn kurze, heftige Wasserschüttungen (meist durch komprimiertes Gas bedingt) mit mehr oder weniger langen Ruhepausen, während denen kein Wasser fließt, abwechseln. Bekanntestes Beispiel für i.e Quellen sind die ↑Geysire.

Internationaler Währungsfonds (Abkürzung IWF): Der IWF wurde 1945 als eine autonome Sonderorganisation der UN eingerichtet. Seine Ziele sind die Förderung der internationalen Zusammenarbeit auf dem Gebiet der Währungspolitik, die Erleichterung des Welthandels, die Sicherung geordneter Währungsbeziehungen, die Schaffung eines multilateralen Zahlungssystems und die Kreditgewährung an Mitglieder. Der IWF hat derzeit 179 Mitglieder.

Interstadial: I. nennt man die Zeit der kurzzeitigen Erwärmung zwischen zwei kühleren Phasen (↑Stadium) einer ↑Eiszeit.

I

intramontanes Becken: Darunter versteht man eine innerhalb einer Gebirgslandschaft auftretende, oft an einen Flusslauf gebundene, beckenartige Verebnung.

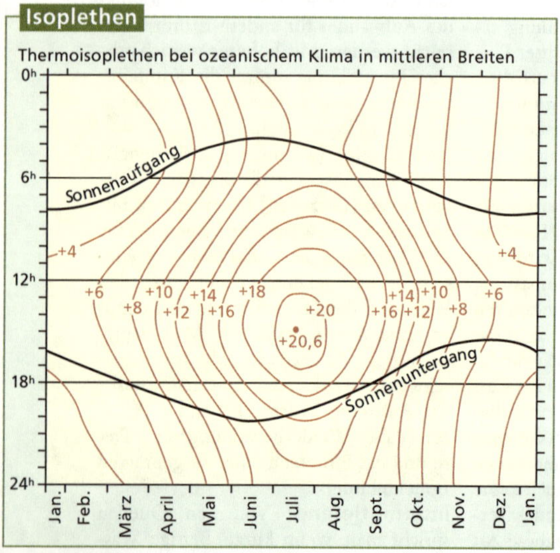

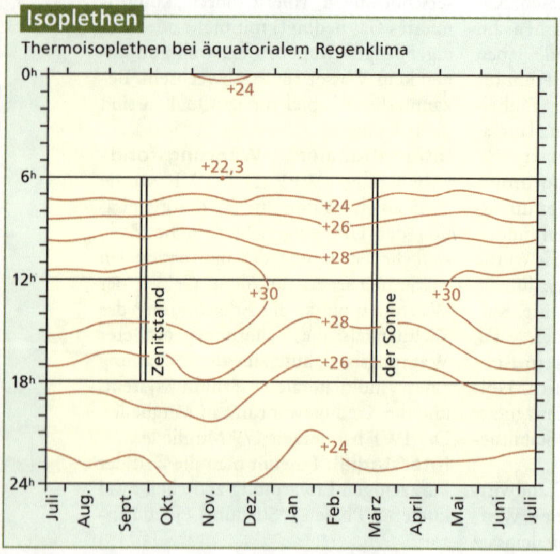

Intrusion: Als I. bezeichnet man den Vorgang des Eindringens und Erstarrens von Magma in Gesteine der festen Erdkruste; von den dabei gebildeten *I.skörpern,* den Plutonen, gehen meist zahlreiche Gänge aus; die entstehenden Gesteine werden *Intrusivgesteine* genannt, sie gehören zu den Tiefengesteinen.

Inversion: Nimmt mit zunehmender Höhe die Temperatur in einer mehr oder weniger mächtigen Schicht der Atmosphäre zu, liegt eine I. vor, denn normalerweise nimmt die Temperatur mit der Höhe ab. Diese Schicht verhindert die vertikale Bewegung der Luft, weshalb sie auch als Sperrschicht bezeichnet wird; oft reichert sich hier auch Staub an, es entsteht eine Dunstschicht. Dies führt an heißen Sommertagen zu einer ungewöhnlichen Aufheizung der darunter liegenden Luftschichten; man spricht auch von austauscharmem Wetter.

Bei starker nächtlicher Wärmeausstrahlung der Erdoberfläche kommt es bei wolkenlosem Himmel und im Winter zu einer nur die bodennahe Luft erfassenden *Bodeninversion,* die häufig von Nebel begleitet ist.

Absinkvorgänge in Hochdruckgebieten setzen sich meist nicht bis zum Erdboden, sondern nur bis zur Obergrenze einer kalten Luftschicht durch: Es bildet sich eine *Absinkinversion,* die im Winter oft so kräftig ist, dass sie durch die Sonnenstrahlung nicht aufgelöst werden kann; es kommt zu lang anhaltendem Nebel oder Hochnebel unter der Inversion.

Investitionsgüter: I. werden die Waren genannt, die selbst in irgendeiner Weise am Produktionsprozess teilnehmen, um neue Waren zu produzieren. Meistens handelt es sich um Maschinen und Werkzeuge. Das Gegenteil sind Konsumgüter, die nur zum Ge- und Verbrauch bestimmt sind. Ob es sich um I. oder um Konsumgüter handelt, wird allein von der Verwendung, nicht von der Ware an und für sich bestimmt.

Investitionslenkung: Bei der I. versucht der Staat, Art und Umfang der Investitionen der Firmen in irgendeiner Form zu beeinflussen. Die Ursache hierfür kann der Wunsch sein, einen bestimmten Wirtschaftsraum oder -zweig besonders zu fördern, Neuerungen zu beschleunigen oder zu bremsen u.a. Die I. geschieht in der Regel über die Steuer, d.h. es werden Steuererleichterungen gewährt oder Sondersteuern erhoben. Bei der I. handelt es sich also um ein Instrument der Wirtschaftspolitik.

Inwertsetzung: Bei der I. handelt es sich v.a. um die I. von Räumen, d.h. es wird ein wirtschaftlich nicht oder wenig genutzter Raum durch bestimmte Maßnahmen so gefördert, dass er wirtschaftlich genutzt werden kann. Diese Förderung kann sich sowohl auf die Landwirtschaft als auch auf die Industrie beziehen. Beispiele für I. von Räumen sind das kalifornische Längstal, der Negev im Süden Israels u.a. Eine I. ist auch durch die Förderung des Tourismus möglich.

Ionosphäre: Die I. ist der durch mehr oder weniger starke Ionisation der atmosphärischen Gase charakterisierte Teilbereich der oberen Erdatmosphäre. Die kurzwellige Sonnenstrahlung (UV- und Röntgenstrahlung) zerlegt in den höheren Schichten der Atmosphäre, von 100 km Höhe aufwärts, den molekularen Sauerstoff und in geringerem Maße auch den molekularen Stickstoff. Von dieser Höhe an beginnen die einzelnen Gase auch, sich zu entmischen, sodass der Anteil an leichteren Gasen, etwa Helium und Wasserstoff, immer größer wird.

Irmingerstrom: warme Meeresströmung um Island, Karte Meeresströmungen S. 234.

Islandtief: Das I. ist ein über dem Nordatlantik im Bereich von Island nahezu immer ausgebildetes Tiefdruckgebiet innerhalb der planetarischen ↑Frontalzone. Das I. ist ein für Europa wetterwirksames ↑Aktionszentrum, durch das v.a. der west- und nordwesteuropäische Raum den überwiegenden Teil seiner Niederschläge erhält. In den Wintermonaten führt seine besonders starke Ausprägung zu orkanartigen Luftbewegungen im Bereich der Nordsee.

Isolinien (Isarithmen): I. sind die auf Karten erscheinenden Linien, die benachbarte Punkte mit gleichen Werten miteinander verbinden. Die Zeichnung von I. ist abhängig von einem möglichst dichten Netz von Beobachtungsdaten. I. werden hauptsächlich in der Geographie, der Geologie, der Geophysik und der Meteorologie verwendet.

Oft verwendete I. sind:

Isakusten – Linien gleicher Schallstärke (Seismologie)

Isallothermen – Linien gleicher Temperaturänderung in einem bestimmten Zeitraum

Isanomalen – Linien gleich großer Abweichung von einem Normalwert

Isoamplituden – Linien gleicher mittlerer (jährlicher oder täglicher) Temperaturunterschiede zwischen Minimum und Maximum

Isobaren – 1) Linien gleichen Luftdrucks
2) Isopiesten; siehe weiter unten

Isobasen – Linien gleicher Hebung (Tektonik)

Isobathen – Linien gleicher Wassertiefe

Isochionen – 1) Linien gleicher Tageszahl mit Schneefall
2) Linien gleicher Schneedeckendauer
3) Linien gleicher Schneegrenzenhöhe

Isochronen (Isohemeren) – 1) Linien gleichzeitigen Auftretens bestimmter Erscheinungen (z.B. Meteorologie)

I

2) Linien gleicher mittlerer Reisedauer von einem Ort

Isodensen – Linien gleicher Dichte

Isodynamen – Linien gleicher erdmagnetischer Intensität

Isofloren – Linien gleichzeitigen Blütebeginns einer bestimmten Pflanze

Isogammen – Linien gleicher Abweichung vom Normalfeld der Schwerkraft (Gravitation)

Isogeothermen – Linien gleicher Tiefentemperaturen unter der Erdoberfläche

Isograden – Linien gleicher Temperaturverteilung in der Erdkruste

Isohelien (Isohelen) – Linien gleicher mittlerer Sonnenscheindauer

Isohumiden – Linien gleicher relativer Luftfeuchtigkeit (Meteorologie)

Isohyeten – Linien gleicher Niederschlagsmenge

Isohypsen (Höhenlinien) – Linien gleicher Höhenlage

Isokatabasen – Linien gleicher Senkung (Tektonik)

Isoklinen – Linien gleicher erdmagnetischer Inklination

Isokonien – Linien gleichen Staubniederschlags je Flächen- und Zeiteinheit (Meteorologie, Umweltschutz)

Isomenen – Linien gleicher mittlerer Monatstemperatur

Isostasie

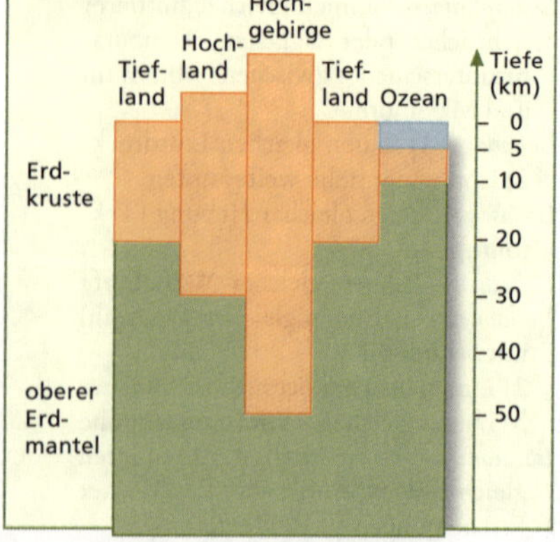

Isomeren – Linien gleichen Anteils eines Monats an der jährlichen Niederschlagsmenge

Isonephen – Linien gleichen Bewölkungsgrades

Isonotiden – Linien gleichen Regenfaktors

Isoombren – Linien gleich großer Wasserverdunstung

Isopachen (Isopachyten) – Linien gleicher Schichtmächtigkeit (Geologie, Meteorologie)

Isophanen (Isophänen) – Linien gleichen Beginns oder gleicher Dauer phänologischer Phasen

Isophoten – Linien gleicher Helligkeit am Tageshimmel

Isophytochronen – Linien gleich langer Vegetationsperiode

Isopiesten – Linien konstanten Drucks (Thermodynamik)

Isoplethen – Siehe Stichwort

Isopreten – Linien gleicher Frachtsätze

Isopyknen (Isodensen) – Linien gleicher Luftdichte

Isoseisten – Linien gleicher Erdbebenstärke

Isosteren – Linien gleicher Luftdichte, spezifischen Volumens

Isosynechenen – Linien gleicher Verkehrsdichte

Isotachen – Linien gleicher Geschwindigkeit (Fließ- oder Windgeschwindigkeit u.a.)

Isothermen – Linien gleicher Lufttemperatur

Isothymen – Linien gleicher Verdunstungsintensität

Isoplethen: I. sind Linien gleicher Zahlenwerte bei der flächenhaften Darstellung eines von zwei verschiedenen Faktoren gleichzeitig abhängigen Phänomens in einem Koordinatensystem. Durch Thermoisoplethen z.B. lassen sich gleichzeitige Tages- und Jahresschwankungen der Temperatur an einem bestimmten Ort darstellen. – Abb. S. 170

Isostasie: I. nennt man Vorgänge, die zur Herstellung des Gleichgewichts zwischen den einzelnen Teilstücken des oberen Bereichs der Erdkruste (Sial) und der darunter befindlichen Unterkruste (Sima), auf der diese gleichsam schwimmen und in die sie je nach ihrer Masse und Dichte verschieden tief eintauchen, führen. Nach dieser Theorie hat die Abtragung eines Gebirges als Ausgleich eine Hebung zur Folge. – ↑auch Glazialisostasie.

Isthmus: Die Bezeichnung wurde von dem Isthmus von Korinth übernommen und meint eine natürliche, schmale Landbrücke, die die Verbindung zwischen bedeutend größeren Landgebieten herstellt; die deutsche Bezeichnung lautet daher *Landenge.*

ITC: englische Abkürzung für ↑innertropische Konvergenz.

IWF: Abkürzung für ↑**I**nternationaler **W**ährungs**f**onds.

J

Jäger und Sammler: Dieser völkerkundliche Begriff bedeutet das Gleiche wie ↑Wildbeuter.

Jahreszeiten: Die Einteilung des Jahres in vier durch die scheinbare Sonnenbahn an der Sphäre gegebene Zeitabschnitte (Frühling, Sommer, Herbst, Winter), die durch die Tagundnachtgleichen und die Sonnenwenden festgelegt werden, ergibt die astronomischen Jahreszeiten. Man unterscheidet je nach Lage vom Äquator einen Nord- bzw. Südsommer und einen Nord- bzw. Südwinter. Die unterschiedliche Länge der J. ist bedingt durch die unterschiedlich schnelle Bewegung der Erde in ihrer Bahn um die Sonne. Frühling und Sommer haben auf der Nordhalbkugel eine Länge von zusammen 186 Tagen und 10 Stunden, Herbst und Winter hingegen eine Länge von zusammen 178 Tagen und 20 Stunden. Auf der Südhalbkugel ist es umgekehrt. Die unterschiedliche Dauer ergibt sich aus der Apsidendrehung und der Präzession. Im Nordsommer umläuft die Erde die Sonne langsamer, während sie im Nordwinter eine höhere Bahngeschwindigkeit hat.

Die klimatischen Unterschiede der J. beruhen auf der Neigung der Erdbahnebene gegen den Äquator (Schiefe der Ekliptik); die Sonne erreicht deshalb über den Wendekreisen eine Neigung zum Äquator von +23° 27′ (zur Sommersonnenwende) bzw. von –23° 27′ (zur Wintersonnenwende). In den verschiedenen

Jahreszeiten

Stellung der Erde zur Sonne auf der Nordhalbkugel

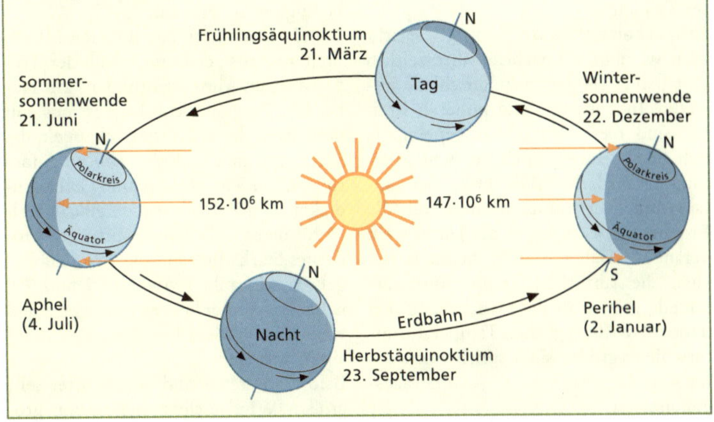

J

geographischen Breiten erreicht die Sonne also zu verschiedenen J. unterschiedliche Höhen über dem Horizont. Dieser Unterschied der Höhe, der zwischen den beiden Extremwerten, der Sommer- und Wintersonnenwende, an den Wendekreisen rund 47° ausmacht, bedingt einen unterschiedlich schrägen Einfall der Sonnenstrahlen auf der Erde. Dazu kommt ein weiterer Effekt: Die Tages- bzw. Nachtlänge eines Tages ist auch von der Höhe der Sonne über dem Horizont abhängig. Nur wenn die Sonne über dem Äquator steht, sind Tag und Nacht gleich lang. (Allerdings erscheinen an allen Orten zwischen den Wendekreisen wegen zu geringer Unterschiede alle Tage des Jahres gleich lang.) Im Sommerhalbjahr ist, abhängig von der geographischen Breite, der Tag länger als die Nacht und die Dauer der Sonneneinstrahlung deshalb größer. Die längere Sonneneinstrahlung und der steilere Einfall der Sonnenstrahlen bedingen also die klimatischen Unterschiede der Jahreszeiten.

Jahreszeitenfeldbau: Der J. ist im Gegensatz zum Dauerfeldbau an eine bestimmte Jahreszeit gebunden. Man unterscheidet den *Sommerfeldbau* der gemäßigten Breiten, den *Winterfeldbau* der Winterregengebiete und den *Regenzeitenfeldbau* der tropischen wechselfeuchten Gebiete.

Jahreszeitenklima: Von J. spricht man, wenn im Klimaablauf jahreszeitlich auffallende Temperaturunterschiede auftreten. In mittleren und höheren Breiten sind diese deutlich ausgeprägt, da sich hier, bedingt durch die Schrägstellung der Erdachse (↑Ekliptik), der Einfallswinkel des Sonnenlichtes auf die Erdoberfläche im Laufe des Jahres stark verändert. Daher sind in diesen Bereichen die jährlichen Temperaturunterschiede größer als die täglichen. In den Tropen, wo die täglichen Temperaturunterschiede größer sind, spricht man daher – im Gegensatz zum J. – vom Tageszeitenklima.

Jetstream [englisch 'dʒɛt'stri:m] (Strahlstrom): Der J. ist ein äußerst intensiver, bandförmiger Luftstrom mit außerordentlich hohen Windgeschwindigkeiten, der entlang einer horizontalen Achse, der *J.-Achse,* in der oberen Troposphäre oder unteren Stratosphäre konzentriert ist und durch große horizontale Temperaturunterschiede verursacht wird.

Der J. zeichnet sich durch große vertikale und seitliche Windscherungen und ein oder mehrere Maxima der Windgeschwindigkeit aus. Er erstreckt sich im Normalfall auf eine Länge von einigen 1 000 km, eine Breite in einer Horizontalebene von einigen 100 km und eine vertikale Ausdehnung von einigen Kilometern. Als untere Grenzgeschwindigkeit gilt ein Wert von 30 m/s, nicht selten werden Geschwindigkeiten von 70 bis 100 m/s (etwa 250 bis 360 km/h) erreicht; die Höchstwerte liegen um 170 m/s (über 600 km/h).

Zwei markante *J.-Systeme* treten auf jeder Halbkugel der Erde auf:

1. Subtropen-J.: über dem subtropischen Hochdruckgürtel, auf der Nordhalbkugel etwa längs einer Linie Bermudainseln–Kanarische Inseln–Nordafrika–Persischer Golf–Indien–Südchina und über den Pazifik nach Kalifornien; mittlere Höhe etwa 12 km; außerordentlich persistent, mit nur langsamen, jahreszeitlich bedingten Änderungen.

2. Polarfront-J.: in den höheren Mittelbreiten; Achse dicht unterhalb der Tropopause, im Mittel bei rund 10 km Höhe. Die geographische Lage ist eng mit derjenigen der Polarfront gekoppelt, daher rasche und kräftige zeitliche Änderungen hinsichtlich Lage und Geschwindigkeit. Der Polarfront-J. umgibt als wellenförmiges, stellenweise auch unterbrochenes Starkwindband die Nordhalbkugel; er schwankt zwischen 40 und 70° n. Br., im Winter liegt er weiter im S und weist eine größere Geschwindigkeit auf als im Sommer.

Beide J.-Systeme sind wegen ihrer sehr großen Windgeschwindigkeit von großer Bedeutung für die Luftfahrt in Höhen von etwa 9000 bis 12000 m.

Neben diesen J.-Systemen entsteht im jeweiligen Winterhalbjahr beider Halbkugeln in der Stratosphäre in 20 bis 30 km Höhe und in 65° Breite ein westliches Starkwindband, verursacht durch den Temperaturgegensatz an der Grenze zwischen den sonnenbeschienenen Gebieten der Erde und dem Bereich der Polarnacht. Dieser J. wird daher als *arktischer* bzw. *antarktischer stratosphärischer J.* oder *Polarnacht-J.* bezeichnet. In den Sommermonaten zeigt die Stratosphäre in der tropischen Zone, etwa in 15 km, mitunter auch in 20 bis 50 km Höhe, ein östliches Starkwindband, den *tropischen* oder *äquatorialen Jetstream.*

Joch: lokale alpenländische Bezeichnung für ↑Pass.

Jointventure [englisch 'dʒɔɪnt'ventʃə]: Der Begriff bedeutet so viel wie Unternehmensverbindung. Es ist eine grenzüberschreitende, vorübergehende Kooperation von selbstständigen Unternehmen. Diese Kooperation kann für die Bereiche Produktion, Vertrieb, Forschung und Entwicklung gelten. Die Dauer des J. ist streng projektbezogen. Viele J.s werden mit Staaten der Dritten Welt und ehemaligen Ostblockstaaten durchgeführt.

Der Hauptvorteil ist für alle Beteiligten das Verteilen des unternehmerischen Risikos. Nachteile sind z.B. Streit bei der Gewinnverteilung oder ideologische Schwierigkeiten beim Umgang miteinander.

Jungmoränenlandschaft: Die J. wurde während der letzten Eiszeit (Weichsel bzw. Würm) geschaffen und ist daher in ihrer ursprünglichen Form und Zusammensetzung noch deutlich erkennbar; die sie aufbauenden Ablagerungen wurden nur wenig verfestigt und verwittert. Typisch für die J. sind zahlreiche Seen; hierbei handelt es sich um durch das Eis gebildete Wannen und Rinnen, die sich nach dem Abtauen des Eises mit Wasser füllten. Die Schmelzwässer transportierten Sand und Geröll in das Gebiet vor der Endmoräne; so entstanden die für die J. charakteristischen ↑Sander und ↑Urstromtäler.

Jungsiedelland: Beim J. handelt es sich um ein Gebiet, das erst einige Zeit nach der ersten Besiedlung, der Landnahme, in den heutigen Siedlungsraum Mitteleuropas einbezogen wurde. Gewöhnlich rechnet man die seit dem 8. Jh. kolonisierten Gebiete zum Jungsiedelland (Gegensatz: Altsiedelland).

Jura: mittleres System des Mesozoikums, ↑Geologie, Zeittafel.

Jurte: Die J. ist das zerlegbare, runde Wohnzelt der Nomaden in Innerasien und Südsibirien. Die J. besteht aus einem hölzernen Scherengattergerüst, das mit Filzdecken belegt ist; es ist mit gebogenen Holzstangen, die in einem Firstring zusammengehalten werden und ebenfalls mit Filzdecken belegt sind, eingewölbt. Die J. ist 2–3 m hoch und hat einen Durchmesser von 6–8 m.

juveniles Wasser: Als j. W. bezeichnet man Tiefenwasser, das aus dem Magma des Erdinneren stammt und noch nicht am allgemeinen Wasserkreislauf teilgenommen hat. Es wird bei vulkanischen Vorgängen frei (z.B. bei Schüttungen von Thermalquellen) und gelangt so neu in den irdischen Wasserkreislauf. Mengenmäßig ist j. W. jedoch fast ohne Bedeutung. – Der Gegensatz ist vadoses Wasser.

K

Kabbelung: Kleine Wellen, die an der Berührungslinie verschieden gerichteter, konvergierender Strömungen oder bei starken Gezeitenströmen über unebenem Grund auftreten, nennt man Kabbelung. Stellenweise werden diese kurzperiodischen Wellen von glatter See unterbrochen. K. ist im Meer oft an der lang gestreckten Ansammlung von Treibgut (Tang, Eis usw.) oder an Schaumstreifen zu erkennen.

K

Kabotage (Cabotage) [...ˈtaːʒə]: Der rechtliche Begriff K. beinhaltet die meist den inländischen Unternehmen vorbehaltene Erbringung von Beförderungsleistungen (Personen und/oder Güter) zwischen zwei Punkten des Inlandes.

kalben: Brechen unter großem Getöse die vordersten Teile von einer Gletscherzunge oder von Inlandeismassen ab und stürzen in den vor dem Gletscher liegenden See, spricht man von k.; bei Hängegletschern kann der Absturz ebenfalls in einen See, aber auch auf einen anderen Gletscher erfolgen. Ebenso spricht man von k., wenn die randlichen Teile von Schelfeismassen abbrechen, die dann als Eisberge im Meer treiben.

Kalifornischer Strom: kalte Meeresströmung im nördlichen Pazifik, Karte Meeresströmungen S. 234.

Kalium-Argon-Methode: Die K. ist eine Möglichkeit der ↑physikalischen Altersbestimmung.

Kalk liebende Pflanzen (Kalkpflanzen): K.l. Pf. sind Pflanzen, die kalkreiche, warme, trockene und nichtsaure Böden bevorzugen. Das Calcium der Böden dient als Nährstoff und als Stoffwechselregulator. Durch K.l. Pf. wird der Wärme- und Wasserhaushalt des Bodens gefördert und der Boden aufgelockert. Die biologischen Vorgänge im Boden werden günstig beeinflusst. Bei den K.l.n Pf. treten jedoch alle Übergänge zwischen echten Kalkzeigern, die nur auf Kalkböden wachsen können (Kalkstete), und bodenvagen Pflanzen auf, die keine klare Bindung an Kalkböden haben und auch auf trockenen und warmen Sandsteinböden anzutreffen sind (Kalkholde). Echte Kalkpflanzen sind z.B. Rittersporn, Aronstab, Akelei und viele Orchideen.

Kalksinter (Kalktuff, Süßwasserkalk): K. nennt man einen aus fließendem Wasser durch rasches Entweichen von Kohlensäure ausgefällten Kalkstein. Infolge Verunreinigungen und durch Überkrustung von Pflanzen weist er eine lockere, poröse Struktur auf; er bildet krustenartige Überzüge, niedrige Wälle und Terrassen (Sinterterrassen), in Höhlen auch Tropfsteine. – ↑auch Travertin.

Kalkstein: K. ist ein Sedimentgestein, das überwiegend aus Calciumcarbonat ($CaCO_3$) besteht, und zwar hauptsächlich aus dem Mineral Calcit, daneben auch aus Aragonit oder Dolomit; es entsteht überwiegend im Meer (besonders in warmen Flachmeeren), aber auch auf dem Festland, d.h. in Quellen, Flüssen und Seen. K. bildet sich sowohl durch unmittelbare chemische Ausfällung als auch biogen aus Kalkschalen oder -skeletten von Muscheln, Schnecken, Korallen, Foraminiferen u.a. Tieren oder unter wesentlicher Beteiligung pflanzlicher Organismen. Man unterscheidet 1. dichten, feinkörnigen, gut geschichteten oder als *Massenkalk* in unregelmäßigen Korallenriffstöcken vorkommenden, durch Verunreinigungen unterschiedlich gefärbten K., 2. porösen K. (↑Kalksinter), 3. oolithischen K. (↑Oolith), 4. erdigen K. (↑Kreide), 5. kristallinen K. (↑Marmor).

Kalktuff: svw. ↑Kalksinter.

Kalmen: Als K. bezeichnet man Gebiete innerhalb der Äquatorzone, die durch Windstille oder nur leichte, veränderliche Luftbewegungen gekennzeichnet sind. Sie sind über den Meeren besonders ausgeprägt und werden seemännisch auch *Mallungen* genannt. Da die K. im Bereich der ↑innertropischen Konvergenz liegen, verschieben sie sich mit dem Sonnenhöchststand und liegen im Südsommer bei etwa 5° südlicher Breite, im Nordsommer zwischen 10° und 15° nördlicher Breite. Die K. sind außerdem reich an Bewölkung und Niederschlägen.

Kältegrenze: ↑Anbaugrenze.

Kältepol: Als K. wird die Stelle auf der Erde bezeichnet, an der die niedrigste Temperatur gemessen wurde. Diese liegt für die Südhalbkugel in der Ostantarktis, wo in der Station Wostock am 21. Juli 1983 eine Temperatur von –89,2 °C und später in der Nähe des Südpols eine von –94,5 °C gemessen wurde, auf der Nordhalbkugel in Oimjakon an der Indigirka,

Ostsibirien, wo –77,8 °C als tiefster Wert gemessen wurde.

Kältewüste: Als K. bezeichnen wir polare und subpolare Gebiete sowie Teile der Hochgebirge, die wegen Wärmemangels durch eine Pflanzenarmut oder -leere geprägt sind.

Wo durch die völlige Bedeckung mit Eis oder Schnee jeder Pflanzenwuchs unmöglich ist, sprechen wir von einer *Eiswüste;* dies ist in der Antarktis und in den vergletscherten Hochgebirgsregionen der Fall.

Kaltfront: Als K. bezeichnet man in der Meteorologie eine ↑Front, bei der sich kältere Luftmassen unter vorgelagerte warme Luft schieben.

kaltgemäßigte Zone (boreale Z.): In dieser Klimazone, die nur auf der Nordhalbkugel auftritt, liegen die mittleren Julitemperaturen bei einem nur kurzen Sommer bei mindestens 10 °C, die Winter sind durch tiefe Temperaturen und eine geschlossene Schneedecke geprägt; ihre Nordgrenze bildet die polare Waldgrenze. In Nordamerika erstreckt sich die k. Z. in einem weiten, um die kalten Wasser der Hudsonbai nach Süden schwingenden Bogen von Alaska bis Labrador, in Europa von Skandinavien ostwärts über Nordsibirien, in den Mündungsgebieten der sibirischen Flüsse weit nach Norden bis zum Nordpolarmeer ausgreifend, bis zum Ochotskischen Meer.

Je nach Lage zu den benachbarten Meeresgebieten kann die k. Z. in einen ozeanischen, kontinentalen und hochkontinentalen Klimatyp untergliedert werden, Kriterien hierfür sind eine Vergrößerung der Jahresamplitude der Temperatur und ein Rückgang der Niederschläge.

Kaltluftsee: Kaltluftseen sind kalte Luftmassen, die sich aufgrund ihrer Schwere in Geländevertiefungen und abgeschlossenen Tälern absetzen oder dorthin abfließen. Frostgefahr und Nebelbildung sind im Vergleich zur Umgebung erhöht.

Kaltzeit: ↑Eiszeit.

Kạmbrium: ältestes System des Paläozoikums, ↑Geologie, Zeittafel.

Ka̲mes: K. sind durch fließendes Wasser zwischen Gletscher- und Inlandeisresten aufgeschüttete Hügel und Rücken aus geschichteten Sanden und Kiesen. Im Unterschied zum wallförmigen Os sind sie kuppen- oder kegelförmig mit ebener Oberfläche; K. sind im Allgemeinen 10–20 m hoch.

Kamp: Die Kampflur ist eine regionale Ausprägung der Blockflur; ↑Flurformen.

Kamsịn (Chamsin): Der K. ist ein starker, trockener und heißer Wüstenwind in Nordafrika. Er weht überwiegend im Frühling und Frühsommer aus südlicher bis westlicher Richtung und führt große Mengen von Sand und Staub mit sich.

Kana̲l: Einen künstlich angelegten Binnenschifffahrtsweg nennt man Kanal. Die Höhenunterschiede des Reliefs werden durch ↑Schleusen oder ↑Schiffshebewerke überwunden. Kanäle verbinden die Binnengewässer miteinander (z. B. Rhein-Rhône-Kanal oder Sankt-Lorenz-Strom); nicht schiffbare Flüsse erhalten oft einen *Seitenkanal* (z. B. Lippe-Seitenkanal). *Stichkanäle* stellen den Binnenwasserstraßenanschluss zu einer Stadt her. *Seekanäle* (z. B. Panama-, Suez-, Nord-Ostsee-Kanal) sind Durchstiche von Landengen, die von Hochseeschiffen benutzt werden können.

Kana̲renstrom: kalte Meeresströmung im nördlichen Atlantik, Karte Meeresströmungen S. 234.

Kaltluftnebel am Grunde eines Fjords bei Haines in Alaska

K

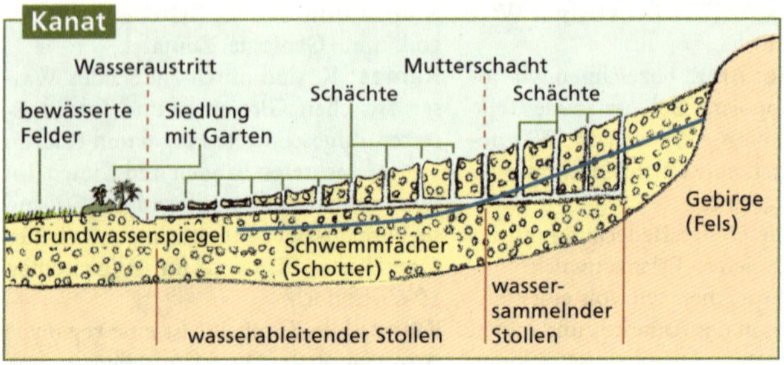

Kanat (Qanat, persisch Kares, in Nordafrika Foggara, auf der Arabischen Halbinsel Faladsch): Ein K. ist ein System unterirdischer Stollen mit leichtem Gefälle, die das Grund- und Sickerwasser, besonders innerhalb von Schuttfächern der Gebirge, aber auch von Wadis, sammeln und ohne Hebevorrichtung zutage leiten, damit es zur Bewässerung der Felder und zur Wasserversorgung der Siedlungen genutzt werden kann. Die Wasser führenden Stollen (Galerien) sind mit Schächten zur Belüftung und zur Bearbeitung (durchschnittlich 30–40 m tief) versehen. K.e waren in Vorderasien schon vor etwa 2 500 Jahren bekannt und wurden seit dem 7. Jh. durch die Araber in Nordafrika verbreitet, von den Mauren nach Spanien, Sizilien, Teneriffa und Gran Canaria gebracht; möglicherweise gab es sie auch in Altamerika. Große Städte wie Persepolis, Teheran, Marrakesch und Madrid wurden durch K.e versorgt. Heute werden i. A. keine neuen K.e mehr angelegt; viele bestehende werden jedoch mühevoll gepflegt, besonders im iranischen Hochland, wo sie bis 70 km lang sein können.

Känozoikum (Neozoikum): erdgeschichtliche Ära, ↑Geologie , Zeittafel.

Kaolin (Porzellanerde): K. ist ein dichtes, feinerdiges Gestein, ein Gemisch v. a. der wasserhaltigen Tonerdesilikate Kaolinit, Dickit und Nakrit der *K.reihe,* die alle die chemische Zusammensetzung $Al_2O_3 \cdot 2SiO_2 \cdot 2H_2O$ besitzen, sowie von anderen Tonmineralen. Aus dem Rohkaolin der Lagerstätte gewinnt man durch Schlämmen u. a. Trennverfahren den *technischen K.* (Feinkaolin); dieser ist ein hochwertiger keramischer Werkstoff, der zur Herstellung von Porzellan verwendet wird. K.e werden auch als Füllstoffe in der Papierindustrie, in der Kunststoff- und Seifenindustrie verwendet.

Kap: Mit K. bezeichnet man den vorspringenden Teil eines Ufers oder einer Küste, manchmal eine Landspitze.

Kapital: In der Wirtschaft ist K. die Bezeichnung für Gütervorräte aller Art. Weiterhin gehören dazu Geldmittel, die für Investitionen zur Verfügung stehen. In der Betriebswirtschaft bedeutet K. den Wert aller zur Verfügung stehenden Sach- und Finanzmittel.

Kar: Ein K. ist eine nischenartige Hohlform an einem ehemals vergletscherten Hang; es wird im Rücken und auf den beiden Seiten durch steile, häufig zu Graten emporführende Wände, die *Karwände,* begrenzt. Der wannenförmig vom Eis ausgeschliffene *Karboden* besitzt rückläufiges Gefälle und wird talwärts durch die z. T. mit Moränen überdeckte *Karschwelle* abgeschlossen. In den K.en lagen früher Gletscher, sie können auch heute noch kleine *Kargletscher* enthalten; z. T. sind sie heute von *Karseen* erfüllt. Durch Vereinigung nebeneinander liegender kleiner K.e entstehen *Großkare,* mehrere übereinander auftretende K.e bilden eine *Kartreppe.* Die K.e sind meist aus fluviatilen Vorformen durch die Frostverwitterung und die besondere Wirkung des Eises (Glazialerosion) hervorgegangen; heute werden sie vielfach durch Hangschutt stark aufgefüllt.

Karawanserei (in Kleinasien Han, Chan): K.en sind Rast- und Übernachtungsstationen für Karawanen. Sie wurden auch als Umschlagplätze genutzt. K.en sind überall im Orient anzutreffen, ihre Bedeutung sank jedoch seit Einführung des Lastwagens ständig. Heute sind sie weitgehend bedeutungslos und oft nur noch als Ruinen vorhanden. K.en sind in der Regel rechteckige Anlagen, bei denen die Räumlichkeiten für Menschen und Waren einen Innenhof umgeben, in dem die Tiere nachts Schutz finden.

Karbon: System des Paläozoikums, ↑Geologie, Zeittafel.

Kares: in Iran übliche Bezeichnung für ↑Kanat.

Karn: älteste Stufe der alpinen Oberen ↑Trias.

Karren (Schratten): K. nennt man eine morphologische Kleinform der Lösungsverwitterung im Karst, also in Kalk-, Dolomit-, Gips- und Salzgestein. Bei den furchenartigen, durch schmale, oft scharfe Rippen getrennten, fast parallelen *Rinnen-* oder *Rillenkarren* ist neben der Lösung auch die Abspülung durch das abrinnende Regen- und Schneeschmelzwasser von Bedeutung; sie treten nur an Hängen auf, unabhängig von der Gesteinsschichtung. Die bis über 20m tiefen *Kluft-* und *Schichtfugenkarren* bilden sich, auch auf flachem Gelände, durch Erweiterung von Klüften bzw. Schichtfugen. Auf größeren bloßliegenden Kalkoberflächen können ausgedehnte *Karrenfelder* ausgebildet sein, z.B. das Gottesackerplateau im Bregenzerwald.

Karst: Der Name ist von einer slowenisch-italienischen Landschaft im Triester Hinterland übernommen und steht allgemein für den durch ↑Korrosion in leicht wasserlöslichen Gesteinen (Kalk-, Gips- und Salzgesteine) entstehenden Formenschatz. Die Lösung beruht in erster Linie auf der Einwirkung kohlensäurehaltigen Wassers. An der Oberfläche herrscht Wasserarmut, da das Wasser in Klüften und Schichten rasch versickert. Oft bilden sich regelrechte Steinwüsten; man spricht von einer *Verkarstung* des entsprechenden Gebietes. Das versickernde Wasser folgt den durch Lösung erweiterten Klüften und Schichtfugen in die Tiefe und bildet dabei *Karstschlote* und *Schachthöhlen.* Das im Untergrund zirkulierende Wasser bildet oft ein weit verzweigtes System von Gerinnen. Das seitlich abfließende Wasser erzeugt baumförmige oder netzartige Höhlensysteme. Die Stellen, an denen das Wasser wieder austritt, nennt man *Karstquellen.* Es handelt sich hierbei jedoch nicht um natürlich gereinigtes Quellwasser, da z.T. große Mengen Schwebstoff mitgeführt werden, oder das Wasser anderweitig verunreingt ist. Die einzelnen Erscheinungsformen des K.es, wie ↑Höhlen, ↑Dolinen, ↑Uvalas, ↑Poljen, ↑Ponore, ↑Karren u.a., sind in ihrer Ausbildung von der Gesteinsbeschaffenheit, dem Klima, der Vegetation und besonders den Wasserverhältnissen abhängig. An der Grenze von Kalk und undurchlässigem Nebengestein können sich *Karstrandebenen* bilden; solche Verebnungen sind besonders typisch für die Verkarstung in den Tropen und in den sommerfeuchten Subtropen wegen der hier verstärkten Lösung des Gesteins im Niveau

Karren: Rundkarren haben sich unter der jetzt erodierten Bodendecke gebildet; nahe Mount Gambier, South Australia.

Das Blockbild des slowenischen Karsts (unten) bei Škocjan zeigt gleich mehrere Karsterscheinungen, die hier dicht nebeneinander liegen. In einer großartigen unterirdischen Schlucht hat sich die Reka einen Weg durch den wasserlöslichen Kalkstein gesucht. Zu den weniger spektakulären Erscheinungen des Karstformenschatzes gehört der **Karsttisch** bei Ingleborough in Yorkshire (links). Erratische Blöcke aus kristallinem Gestein liegen heute auf Kalkuntergrund und schützen diesen vor Lösungsverwitterung. Seit der Eiszeit wurde die Kalkfläche um einen halben Meter tiefer gelegt. Oben ein **Hungerbrunnen** (Karstquelle) auf der Schwäbischen Alb. Bei starker Schüttung kam es zu Überflutungen, das Versiegen der Quelle führte zu Hungerzeiten. Die große Abbildung zeigt eine schön ausgebildete **Geologische Orgel** in den Karbonkalken des Mammoth Cave National Park in Kentucky.

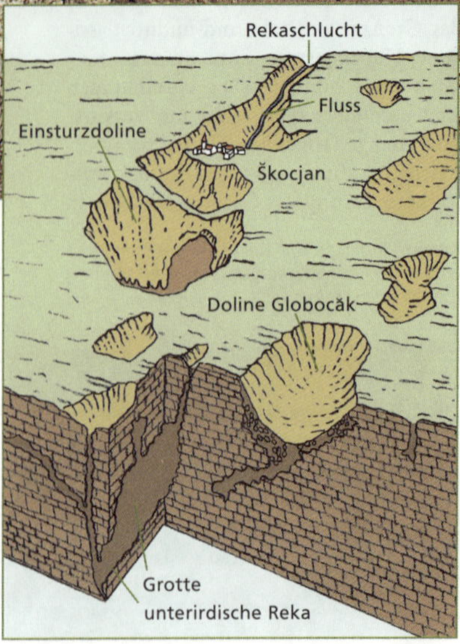

des Grundwasserspiegels. Dabei bleiben vielfach steilwandige Kalkkuppen oder -türme als Reste einer ehemals höher gelegenen Landoberfläche erhalten, wir sprechen hier von *Kegel-* oder *Turmkarst.* – Vgl. Sonderseite.

Karstquelle: ↑Karst.

Karte: Als K. bezeichnet man eine verebnete, in einem bestimmten Maßstab verkleinerte und generalisierte Abbildung der Erdoberfläche (Erdkugel) oder eines Teiles von ihr, anderer Weltkörper oder des Weltraums. Bei der Abbildung der Erdkugel in eine Ebene treten stets Verzerrungen auf, die je nach dem Bestimmungszweck der Karte oder des Ausschnitts durch die Wahl des Kartennetzentwurfes stärker oder schwächer in Erscheinung treten.

Kartennetzentwurf (Kartenprojektion): Beim K. handelt es sich um die Darstellung der Erde (Kugelgestalt) oder von Teilen von ihr in einer Ebene (Fläche). Da man alle Punkte der Erde mithilfe des Gradnetzes bestimmen kann, wird also bei einem K. das Gradnetz in eine Ebene projiziert. Eine Kugeloberfläche kann man aber nur in eine Ebene bringen, wenn man die Kugel aufschneidet, sie aufrollt und in eine Ebene zu pressen versucht. Dabei muss die Kugeloberfläche entweder an ihrem Rand aufgerissen oder in ihrem Wölbungsbereich zusammengedrückt werden. Sowohl beim Aufreißen als auch beim Zusammendrücken wird die Erdoberfläche (Kugeloberfläche) deformiert, d.h. verzerrt. Es gibt also keine verzerrungsfreie Darstellung der Erde in einer Ebene.
Man hat die Möglichkeit, mithilfe mathematischer Berechnungen die Erde entweder längentreu (abstandstreu), flächentreu (äquivalent) oder winkeltreu (konform) abzubilden. Eine Ausnahme bildet der vermittelnde K., bei dem versucht wird, die flächenhafte Darstellung der Erde annähernd so wie auf dem Globus wiederzugeben. Eine solche Darstellung ist weder längen- noch flächen- noch winkeltreu. Es gibt drei grundsätzliche Möglichkeiten, die Erde auf eine Fläche zu projizieren. Hierfür kommen die Projektionsflächen des Zylinders, des Kegels und der Ebene in Frage.

1. Die **Zylinderprojektion:** Hierbei wird um die Erde ein Zylinder gelegt, der eine unterschiedliche Achsenlage haben kann. Der Zylinder kann zum Beispiel die Erde am Äquator, also an einem ↑Großkreis, berühren, er kann aber auch durch die Erde hindurchstoßen, wie es z.B. bei der ↑Mercatorprojektion (winkeltreu) der Fall ist.

2. Die **Kegelprojektion:** Bei einer K. wird ein Kegel über die Erde gestülpt, wobei die Achsenlage unterschiedlich sein kann. Im Normalfall wird die Kegelachse entweder mit einer Erdachse oder mit der Äquatorebene zusammenfallen.

3. Die **Azimutalprojektion:** Bei der A. ist die Projektionsfläche eine Ebene, die die Erde in einem Punkt berührt. Sie wird überwiegend als polständiger Kartennetzentwurf angewandt; ein Pol bil-

Kartennetzentwürfe

Links: Prinzip der Zylinderprojektion;
Mitte: Prinzip der Kegelprojektion;
Rechts: Prinzip der Azimutalprojektion, dargestellt als stereographische Polarprojektion: P-A-A'= Projektion des Punktes A von der Erdkugel auf eine Fläche durch eine Lichtquelle im gegenüberliegenden Pol.

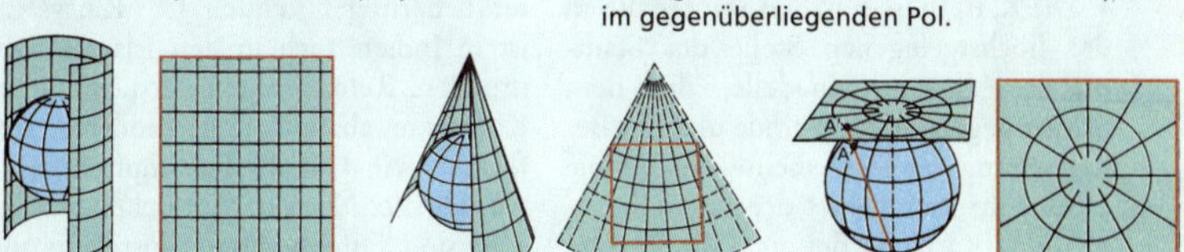

K

det dann den Mittelpunkt der Projektion. Eine solche Projektion kann daher nur eine Halbkugel der Erde abbilden. Je nach der Lage der Projektionsachse zur Erdachse bezeichnet man Kartennetzentwürfe als *polständig, äquatorständig* oder *schiefachsig*.

Kartogramm:

◆ (Flächenkartogramm): Ein K. ist eine thematische Karte auf der Grundlage einer Karte mit Gebietsgrenzen, die die mittlere statistische Intensität einer Erscheinung innerhalb der jeweiligen Gebiete darstellt, z. B. Bevölkerungsdichtekarten. Die Hervorhebung der einzelnen Gebiete erfolgt entweder durch farbliche Abstufung oder unterschiedliche Schraffierung.

◆ Als K. bezeichnet man auch die kartographische Darstellung von topographischen Gegebenheiten in stark schematisierter, also nicht lagetreuer Form, z. B. die auf gerade Verbindungslinien reduzierte Streckendarstellung von Verkehrslinien oder Mengendarstellungen mithilfe von segmentierten Kreisen, Quadraten, Säulen oder Würfeln. Man spricht dann auch von einem *Kartodiagramm* oder *Diakartogramm*.

Kartographie: K. ist die Wissenschaft und Technik vom Entwurf, der Herstellung und Vervielfältigung von Karten und kartenähnlichen Darstellungen. Die älteste kartographische Aufzeichnung kennt man aus dem Zweistromland auf einer Tontafel um 3 800 v. Chr. Die Entwicklung der wissenschaftlichen K. geht auf die griechischen Geographen zurück. Heute spielt die Computerkartographie eine wichtige Rolle bei der Erstellung neuer Karten.

Kasba:

◆ Die K. ist in islamischen Städten die an der höchstgelegenen Stelle der Stadtmauer gelegene Zitadelle, die dem Schutz gegen äußere Feinde und der Beherrschung der Stadt diente. Auch viele Dörfer im Randgebiet der Sahara besitzen eine Kasba, in der auch die Vorräte aufbewahrt werden.

◆ In Algier und anderen Städten Nordafrikas ist K. auch die Bezeichnung für die Altstadt, die Medina.

Kaste: Im weitesten Sinne bezeichnet der Begriff K. jede durch eigene Entscheidung oder gesellschaftliche Diskriminierung relativ streng abgeschlossen lebende Gesellschaftsschicht. Im engeren Sinne ist K. eine soziale Kategorie der Hindugesellschaft. Im Hinduismus versteht man unter K. eine Gruppe, die sich nach außen durch Endogamie, d. h. Heiraten sind nur innerhalb einer K. möglich, und Kommensalität, d. h. durch das Gebot, nur mit Mitgliedern der eigenen K. zusammen zu essen, abgrenzt. Die Zugehörigkeit zu einer K. wird durch die Geburt bestimmt. Traditionell sind den K.n bestimmte berufliche Tätigkeiten zugeordnet, dies wird jedoch in der Praxis nicht streng durchgehalten; die K.n behindern also merklich die ↑vertikale Mobilität. Ursprünglich bestanden nur vier »warna« (der indische Ausdruck für K.), und zwar Brahmanen (Priester), Kschatrija (Krieger), Waischja (Bauern und Handwerker), Schudra (Knechte). Im Laufe der Zeit bildeten sich z. B. durch Mischehen von Angehörigen verschiedener »warna« und durch Aufnahme fremder Gruppen immer neue K.n heraus, sodass die Viereinteilung mehr und mehr zu einer wirklichkeitsfremden Theorie wurde. Die sich so ergebende große Anzahl von K.n, die »jati« (Geburt) genannt werden, lässt sich für das heutige Indien auf etwa 3 000 schätzen, wobei Name und K. von Gebiet zu Gebiet wechseln und die Neubildung von K.n jederzeit möglich ist. Außerhalb des K.nsystems stehen die K.nlosen oder Parias, die auch ihrerseits verschiedene Untergliederungen kennen. Das K.nsystem ist in Indien auch in den Islam eingedrungen. Reformsekten versuchten, das K.nsystem abzuschaffen; moderne Reformer wie Gandhi bekämpften seine Auswüchse. Nach der indischen Verfassung sind kastenbedingte Vorrechte und Benachteiligungen beseitigt, das K.nsystem ist jedoch auch heute noch in Indien einflussreich.

Katalysator: Allgemein ist ein K. ein chemischer Stoff, der die Geschwindigkeit einer chemischen Reaktion erhöht, ohne dabei selbst verbraucht zu werden. Beim Kraftfahrzeug spricht man vom geregelten Dreiwegekatalysator. Hierbei wird der Motor mit einem exakten Luftverhältnis von $\lambda = 1$ betrieben. Im Abgas ist dabei sowohl Kohlenmonoxid (CO) zur Reduktion von Stickoxid (NO) als auch Sauerstoff (O_2) zur Oxidation von Kohlenwasserstoff (HC) und dem restlichen CO enthalten. Ein geregelter K. kann damit alle drei Komponenten um bis zu 90% vermindern. Der K. selbst besteht aus einem Keramikkörper als Träger für die katalytische Schicht aus Platin und Rhodium. Motoren mit K. müssen unbedingt mit bleifreiem Kraftstoff betrieben werden, da die bei der Verbrennung entstehenden Bleiverbindungen die katalytische Schicht zerstören und damit unwirksam machen würden.

Katarakt: Ein K. ist eine durch einen Querriegel aus härterem Gestein verursachte Stromschnelle größerer Ausdehnung. Von K. spricht man i. A. beim Nil, dessen sechs Katarakte von der Mündung aus gezählt werden (wobei allerdings der zweite inzwischen vom Nassersee überflutet wurde).

Katasterkarte (Flurkarte): Als K. bezeichnet man großmaßstäbige Pläne (Darstellung ohne Höhenlinien) oder Karten (mit Höhenlinien) des Maßstabs 1:1000 bis 1:5000. Die K. weist Besitzverhältnisse aus und ist daher nicht im Handel zu erhalten. Interessenten können jederzeit bei den Katasterämtern Einsicht in die K. nehmen und sie auch erwerben.

Kaufheirat (Kaufehe, Brautkauf): Die K. ist eine Heiratsform bei Naturvölkern, bei der der Ehemann seinem Schwiegervater als Ausgleich für den Verlust des Mädchens den Brautpreis (Geld oder andere materielle Güter) übergibt. Dieser stellt zugleich eine Garantie für eine dauerhafte Ehe dar und verfällt, wenn der Mann seine Frau schlecht behandelt und diese ihn verlässt. Der Brautpreis muss aber vom Brautvater zurückgezahlt werden, wenn die Ehe kinderlos bleibt.

Kavernenspeicher: Bei einem K. handelt es sich um einen künstlich angelegten, ausgebauten oder erweiterten unterirdischen Hohlraum, der zur Lagerung von Erdöl oder Erdgas, aber auch von Sondermüll und radioaktiven Abfällen verwendet wird.

Kawir: K. ist die Bezeichnung für eine ↑Salztonebene in Iran.

Kegelkarst (Turmkarst): K. ist ein für die Tropen und feuchten Subtropen typisches Ergebnis der Karstverwitterung, ↑Karst.

Kegelprojektion: Die K. ist ein ↑Kartennetzentwurf zur Darstellung der Erde in einer Ebene.

Kernenergie (Atomenergie): K. ist allgemein die Bindungsenergie eines Atomkerns, im engeren Sinn die bei Kernreaktionen frei werdende bzw. nutzbar gemachte Energie. Im Vergleich zu den Energien, die in der Elektronenhülle der Atome umgesetzt werden (z.B. bei chemischen Vorgängen, Ionisation, Anregung), sind die bei Kernreaktionen (Kernspaltung und Kernfusion) freigesetzten Energien millionenfach höher. Großtechnisch wird bis heute nur die bei Kernspaltungsprozessen frei werdende Energie in Kernkraftwerken genutzt.

Die technischen Risiken der K.nutzung ergeben sich im Normalbetrieb einerseits aus der Wärmeabgabe an Wasser und Luft, andererseits aus radioaktiven Emissionen. Das Strahlenrisiko von Kernkraftwerken im Normalbetrieb liegt hinsichtlich der abgegebenen Dosis erheblich unter der durchschnittlichen Strahlenbelastung jedes Menschen, die durch natürliche Strahlung und medizinische Behandlung gegeben ist (ca. 160 mrem pro Jahr). Anders steht es mit (schweren) Unfällen (GAU), deren Möglichkeit trotz erheblicher Sicherheitsvorkehrungen nie vollständig beseitigt werden kann, auch wenn die Wahrscheinlichkeit auf ein geringes »Restrisiko« verringert werden kann. Nach dem schweren Reaktorunfall im Kernkraftwerk von Tschernobyl am 26. April 1986, der zu einer erhöhten Strahlenbelastung weiter Teile Ost- und Mitteleuropas führte, hat sich die Anzahl der kritischen Stimmen gegen eine weitere Nutzung der K. erheblich erhöht. Die genannte Problematik trifft in verstärktem Maß auch auf die Wiederaufbereitung und die Zwischen- bzw. Endlagerung von Kernbrennstoffen zu.

Kernreaktor (Atomreaktor): Ein K. ist eine Anlage, in der eine Kernkettenreaktion zur Gewinnung von Kernenergie genutzt wird. Dazu muss die Anlage eine genügende Menge Kernbrennstoff (Uran 235, Plutonium) enthalten, sodass eine (kontrollierte) Kernkettenreaktion aufrechterhalten werden kann. Die dabei in Form von Wärme anfallende Kernenergie wird (in *Leistungsreaktoren*) überwiegend in elektrische Energie umgewandelt oder dient zur Erzeugung von mechanischer Antriebsenergie (Kernenergieantrieb). In den als *Forschungs-* bzw. *Prüfreaktoren* bezeichneten K. wird der hohe Neutronenfluss zu Forschungs- und Prüfzwecken verwendet. Kernspaltungen können durch thermische (langsame), epithermische (mittelschnelle) oder schnelle Neutronen bewirkt werden. Bei thermischen Reaktoren müssen die durch die Kernspaltung entstehenden Neutronen auf thermische Energien abgebremst werden, damit sie im Brennstoff zu weiteren Spaltungen führen können. Dies geschieht durch einen zusätzlichen, als *Moderator* bezeichneten Stoff (z.B. Graphit), der den Brennstoff umgibt: Die schnellen Neutronen verlassen den Brennstoff, geraten in den Moderatorbereich und werden dort durch mehrfaches Zusammenstoßen mit Moderatorkernen abgebremst, bis sie im Mittel deren mittlere kinetische Energie, d.h. thermische Energie (etwa 0,025 eV) besitzen. Brennstoff und Moderator zusammen bilden den *Reaktorkern,* das sog. *Core.*

Der *Druckwasserreaktor* ist ein thermischer K., in dem leichtes oder schweres Wasser bei Drücken von 120 bis 160 bar als Kühlmittel und zugleich als Moderator dient. Der *Siedewasserreaktor* ist in seinem Aufbau dem Druckwasserreaktor ähnlich. Als Brennstoff wird leicht angereichertes Natururan verwendet, als Kühlmittel und Moderator zugleich dient leichtes Wasser. Der *Hochtemperaturreaktor* ist ein graphitmoderierter, gasgekühlter, thermischer Reaktor. Als Brennstoff dient ein Gemisch aus Uran- und Thoriumcarbid. Wegen der hohen Temperaturen besteht die Umhüllung der Brennelemente nicht aus Metall, sondern aus keramischen Materialien. Der *Schwerwasserreaktor* ist ein mit schwerem Wasser (D_2O) moderierter K., der wegen der guten Moderationseigenschaften des schweren Wassers mit Natururan als Brennstoff arbeiten kann. Bei *Brutreaktoren (Brütern)* wird mehr spaltbares Material erzeugt als gleichzeitig zur Energieerzeugung verbraucht wird. Alle schnellen Brutreaktoren verwenden Natrium als Kühlmittel. Die bei der Nutzung der Kernenergie unvermeidliche Strahlengefährdung macht umfängliche Maßnahmen des Strahlenschutzes notwendig. Deshalb sind K. mit mehreren Schutzhüllen versehen. Jede K.anlage ist außerdem zum Schutz vor Betriebsunfällen mit umfangreichen technischen Sicherheitseinrichtungen versehen, die bei schwerwiegenden Störungen für die Schnellabschaltung des Reaktors sorgen.

Keuper: jüngste Abteilung der germanischen Trias, ↑Geologie, Zeittafel.

Kibbuz (Mehrzahl Kibbuzim): Ein K. ist eine ländliche Siedlung in Israel, in der kollektive Wirtschafts- und Lebensweisen herrschen. Jedes Mitglied des Kollektivs (zwischen 400 und 1500) ist Arbeiter in einem Wirtschaftszweig des Kibbuz. Die erwirtschafteten Überschüsse werden gemäß den Bedürfnissen des Be-

triebes (Investitionen) und der Mitglieder (Lebensunterhalt, Erziehung, Kultur) ausgegeben. Ursprünglich war ein K. ein rein landwirtschaftlicher Betrieb (300 bis 600 ha) mit hoher Mechanisierung. Viele K.im unterhalten heute aber bereits Industriebetriebe, etwa zur Verarbeitung landwirtschaftlicher Produkte, einige auch Erholungsheime für Touristen.
Eine Sonderform des K. ist der *Nachal* (Grenzkibbuz); seine Mitglieder sind Angehörige der Armee, die bei Angriffen sofort voll einsatzfähig sind, um die Grenze zu verteidigen.

Kies: K. ist ein klastisches fluviatiles, glazifluviales oder marines Sediment aus gerundeten Gesteinsbrocken von 2 mm bis 60 mm Durchmesser; er wird unterteilt in *Feinkies* (2–6,3 mm), *Mittelkies* (6,3–20 mm) und *Grobkies* (20–63 mm).

Kieselsinter: K. nennt man Ausscheidungen von Kieselsäure (Siliciumdioxid) aus fließendem Wasser; sie treten v.a. an heißen Quellen, besonders an Geysiren, auf.

Kieswüste: K. ist die deutsche Bezeichnung für ↑Serir.

Kimberlit: K. ist ein zu den Peridotiten gehörendes Tiefengestein, das im Wesentlichen aus den Mineralien Olivin und Augit besteht und in engen, ovalen oder runden Eruptionsschloten, den Pipes, als Explosionsbreccie aus sehr großer Tiefe bis an die Oberfläche gefördert wurde. K. kommt v.a. in Südafrika vor und enthält hier die unter hohem Druck auskristallisierten Diamanten.

Klamm: Als K. bezeichnet man eine schmale, tief eingeschnittene Schlucht mit fast senkrechten, z.T. sogar überhängenden Felswänden. Eine K. entsteht, wenn ein Bach oder Fluss bei tief liegender Erosionsbasis zu Tiefenerosion in morphologisch sehr widerständigem Gestein gezwungen wird, z.B. die Bäche der Hohen Tauern beim Durchqueren der randlichen Kalkphyllite (Liechtensteinklamm, Gasteiner Klamm, Kitzlochklamm).

Klan (Clan): Das Wort K. ist eine völkerkundliche Bezeichnung für eine Gruppe, die ihre Abstammung von einem gemeinsamen, nicht realen bzw. genealogisch nicht nachweisbaren Vorfahren, oft einem mythischen Totemwesen, ableitet.

Klarwasserflüsse: K. nennt man Flüsse mit relativ klarem, durchsichtigem, gelb- bis olivgrünem Wasser im Amazonastiefland, mit geringem Gehalt an Schwebstoffen; z.B. Rio Tapajós, Rio Xingu. Die K. kommen von den alten, stark abgetragenen Massiven Zentralbrasiliens und Guayanas, die verhältnismäßig wenig Verwitterungsmaterial liefern und außerdem im wechselfeuchten Klima liegen, wo sich die Flusswässer in der Trockenzeit klären können. Gegensätze zu den K.n sind Schwarzwasserflüsse und Weißwasserflüsse.

klastische Gesteine (Trümmergesteine): K. G. sind Sedimentgesteine, die aus den Bruchstücken älterer Gesteine gebildet worden sind. Sie stehen also im Gegensatz zu den chemischen Sedimentgesteinen, die durch Ausfällung entstanden sind, und den organogenen Gesteinen.

Klause: Mit diesem Namen werden v.a. im Alpenraum ganz allgemein Engtalstrecken bezeichnet, z.B. die Salurner Klause, die die Grenze zwischen deutschem und italienischem Sprachgebiet in Trentino-Südtirol markiert. Eine besondere Form ist die ↑Kluse im Schweizer Jura.

Kleiböden: Als K. bezeichnet man die Böden der ↑Marschen.

Kleinstadt: In der Gemeindestatistik ist eine K. eine Stadt mit 5000 bis 20000 Einwohnern. Im zentralörtlichen Schema entspricht eine K. einem Klein- bzw. einem Unterzentrum. Sie kann als solche entweder nur eine aber auch mehrere Funktionen ausüben; sie besitzt keine Differenzierung in einzelne Stadtviertel.

Kleinzentrum (Unterzentrum): Im System der ↑Zentralen Orte ist ein K. ein Ort mit geringer Zentralität.

Kliff: Durch die ständige Arbeit der Meeresbrandung, die ↑Abrasion, entsteht an der Küste ein Steilabfall, der K. genannt wird. Die auf der Abrasionsplatte anlaufenden Wellen untergraben das

Abrasionsplattform in Südtasmanien. Die Brandung hat das anstehende Gestein vor dem **Kliff** (im Hintergrund) völlig gekappt.

Steilufer durch Brandungshohlkehlen, das überhängende Gestein bricht nach, und die *Kliffküste (Abbruchküste, Steilküste)* rückt somit im Laufe der Zeit immer weiter landeinwärts.

Klima: Unter K. versteht man die Gesamtheit der meteorologischen Erscheinungen, die den mittleren Zustand der Atmosphäre an irgendeiner Stelle der Erdoberfläche kennzeichnen, zum anderen aber auch die Gesamtheit der Witterungen eines längeren oder kürzeren Zeitabschnittes (innerhalb eines Jahres), wie sie durchschnittlich in diesem Zeitraum einzutreten pflegt. Das K. ist eine Folge physikalischer Vorgänge, die in der Atmosphäre durch die Bestrahlung der Erde durch die Sonne in Gang gesetzt werden. Der Verlauf dieser Prozesse wird wesentlich durch geographische Breite, Verteilung von Festland und Meer, Meeresströmungen, aber auch durch Relief, Vegetation, Bebauung u.a. mitgestaltet. Man bezeichnet diese geographischen Voraussetzungen als *Klimafaktoren.* Ihr Einfluss auf den Gang und die Größe der *Klimaelemente,* das sind Sonnen- und Himmelsstrahlung, Temperatur, Luftfeuchtigkeit, Wind, Bewölkung, Niederschlag usw. ist deutlich nachweisbar. So unterscheidet man ein ↑Höhenklima, ↑Stadtklima, ↑maritimes Klima und ein ↑kontinentales Klima sowie andere Klimate. – Nach der Größenordnung der klimatologisch untersuchten Gebiete wird eine Dreiteilung vorgenommen in *Großklima* (Makroklima), das K. im eigentlichen Sinn, das für die Klimaklassifikation, die Gliederung der Erdoberfläche in ↑Klimaregionen, entscheidend ist, in *Lokalklima* (Mesoklima), das K. abgeschlossener Räume wie Talkessel, Stadt usw., und in *Mikroklima,* das K. der bodennahen Luftschicht mit nur geringer räumlicher Ausdehnung. Diese drei Bereiche sind nicht scharf voneinander zu trennen. Mit der wissenschaftlichen Erforschung des K.s befasst sich die Klimatologie.

Klimaänderung: Von einer K. spricht man bei einer nachhaltigen Änderung der klimatischen Gegebenheiten. Die ständig nur in einer Richtung verlaufenden Abweichungen vom bisherigen mittleren Zustand bleiben dann über einen längeren Zeitraum wirksam. Kurzzeitige Veränderungen, die auch einmal in der Gegenrichtung verlaufen können, werden dagegen Klimaschwankungen genannt; beide sind aber nicht immer klar voneinander zu trennen. K.en, die mit kosmischen Vorgängen zu erklären sind, bestehen meist für ganze geologische Zeiträume. Neben den *natürlichen Klimaänderungen,* bedingt u.a. durch unterschiedliche Sonneneinflüsse (Veränderungen der Strahlungsbilanz) und Vulkaneruptionen (Verstärkung der Aerosolschicht) gibt es zunehmend vom Menschen beeinflusste, *anthropogene Klimaänderungen,* v.a. durch Energiezufuhr,

Klimasystem

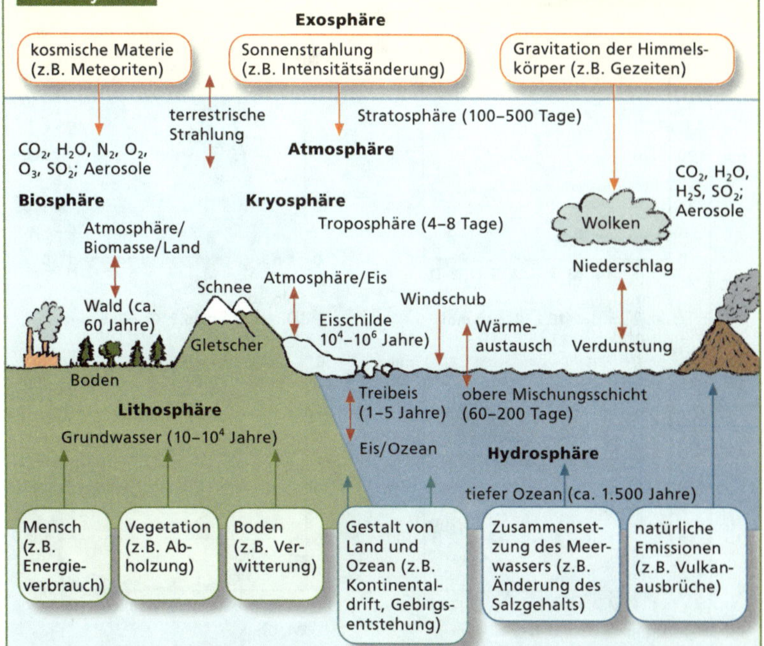

Schematische Darstellung des Klimasystems mit den Teilsystemen Atmosphäre, Hydrosphäre, Kryosphäre, Lithosphäre und Biosphäre; die Doppelpfeile sind Beispiele interner Wechselwirkungen innerhalb des Klimasystems; die äußeren Kästchen mit den einfachen Pfeilen sind Beispiele externer Einflüsse auf das Klimasystem; die Zeitangaben beziehen sich auf die durchschnittliche Verweildauer der Teilchen

Abgase, Zunahme von Kohlendioxid, Zerstörung der Vegetation. – ↑auch Treibhauseffekt.

Klimadiagramm: Das K. ist eine grafische Darstellung der Klimaelemente Temperatur und Niederschlag für einen bestimmten Ort. Dabei werden alle gemessenen Einzelwerte berücksichtigt und zu Monatsmittelwerten verrechnet. Der Beobachtungszeitraum erstreckt sich über wenigstens 30 Jahre, um tatsächlich eine typische Aussage über die jährlich auftretenden Abläufe dieser Erscheinungen zu gewährleisten. Ein wesentlicher Nachteil des K.s besteht darin, dass bestimmte Vorgänge des Wettergeschehens in ihrer jährlichen Häufigkeitsverteilung zugunsten der Mittelwertdarstellung nicht mehr zu erkennen sind.

Klimaelemente: Als K. bezeichnet man die messbaren meteorologischen Erscheinungen der Atmosphäre, wie Strahlung, Luftdruck und die dadurch ausgelösten Windverhältnisse, Temperatur, Bewölkung, Luftfeuchtigkeit, Niederschläge, Verdunstung. Die K. bewirken in Abhängigkeit von den örtlich gegebenen ↑Klimafaktoren das Klima eines bestimmten Gebietes.

Klimafaktoren: Unter den K. versteht man die jeweiligen geographischen Gegebenheiten eines Gebietes, welche ent-

K

Klimadiagramm

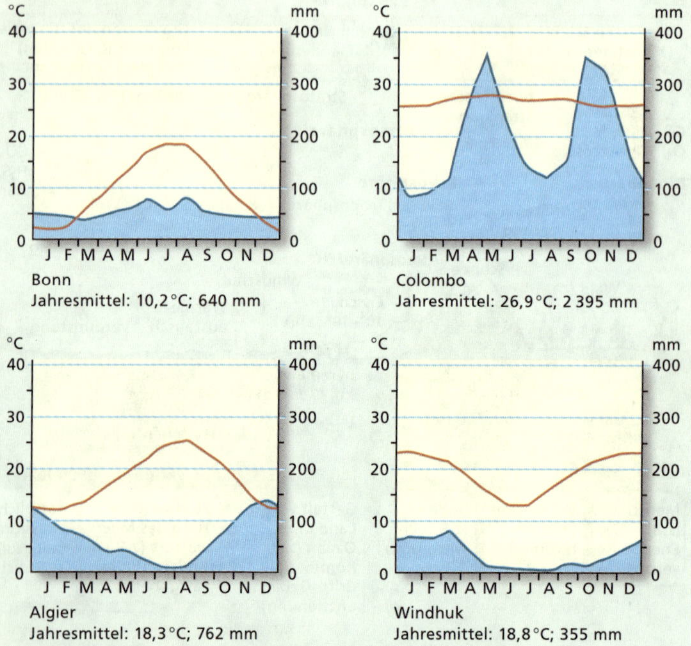

Jahresgang der Lufttemperatur (in °C) und des Niederschlags (in mm)

scheidenden Einfluss auf das Klima ausüben. Dazu gehören die Höhenlage, die geographische Breitenlage, die Lage zum Meer und zu größeren Gebirgen. Daneben spielen noch die Vegetationsdecke und die Bodenbeschaffenheit eine Rolle.

Klimakurort: ↑heilklimatischer Kurort.

Klimaregion: Bei einer Klimaklassifikation, die die ↑Allgemeine Zirkulation der Atmosphäre mit berücksichtigt, ergeben sich nach W. Weischet folgende zehn Klimaregionen:

1. Die immerfeuchten inneren Tropen:

Hier treten ganzjährig Niederschläge im Bereich der innertropischen Konvergenz auf; an den Ostseiten der Kontinente jedoch unter dem Einfluss kontinentaler Passatluft merklich weniger. Die stets hohen Tagesmitteltemperaturen zeigen im Laufe des Jahres nur geringe Schwankungen; die Unterschiede zwischen Tag- und Nachttemperatur dagegen sind bedeutender.

2. Die sommerfeuchten äußeren Tropen:

Als Folge der durch die Passate bedingten Trockenheit im Winter sind die Niederschläge hier auf die Zeit des Sonnenhöchststandes beschränkt. Die Tagesmitteltemperaturen, die jahreszeitlich bereits Unterschiede aufweisen, sind kurz vor der Regenzeit am höchsten.

3. Die subtropisch-randtropischen Trockengebiete:

Da die sommerliche Regenzeit mit größerer Entfernung vom Äquator immer kürzer wird, die Niederschläge immer unergiebiger werden und schließlich ausbleiben, ist die Trockenheit – bei hohen Temperaturen – für diese K. das kennzeichnende Klimaelement. Sie ist auf der Westseite der Kontinente ausgeprägter als auf der Ostseite, da sich hier Ausläufer des Monsuntiefs bemerkbar machen.

4. Die subtropischen Winterregengebiete (auf den Westseiten der Kontinente):

Diese K. wird im Winter, wenn die subtropisch-randtropische Antizyklone relativ nahe dem Äquator liegt, vom zyklonalen Wettergeschehen höherer Breiten beeinflusst, das heißt Kaltlufteinbrüche mit Niederschlägen, die im Gebirge als Schnee fallen, wechseln rasch mit Hochdruckwetter mit intensiver Sonnenstrahlung ab. Im Sommer dagegen wird diese K. ganz von der subtropischen Antizyklone selbst bestimmt, das bedeutet Trockenheit und hohe Lufttemperaturen.

5. Die subtropischen Sommerregengebiete (auf den Ostseiten der Kontinente):

Im Winter herrschen hier ähnliche Bedingungen wie auf den Westseiten. Im Sommer jedoch bringt der Monsun große Mengen ozeanischer, d.h. wasserdampfhaltiger, Luftmassen ins Land, die zu starken Regenfällen führen. Diese übertreffen die gelegentlichen Winterniederschläge, welche oft als Schnee fallen, bei weitem. Die Wintertemperaturen liegen merklich unter denen an den Westseiten.

6. Subtropisches Kontinentalklima:

Diese K. wird vom Winterregengebiet im Westen und vom Sommerregengebiet im Osten beeinflusst, von beiden aber nur in relativ geringem Maße, für sie ist daher insgesamt wenig und zudem unergiebiger Niederschlag charakteristisch, der außerdem noch ganz unregelmäßig über das Jahr verteilt fällt, je nachdem, welcher Einfluss sich wann und wo durchsetzen kann. Typisch sind weiterhin niedrige Winter- und hohe Sommertemperaturen. Diese K. kann deshalb als Ausläufer der subtropisch-randtropischen Trockengebiete angesehen werden.

7. Zyklonales Westwindklima (an den Westseiten der Kontinente):

Diese K. wird ganzjährig von maritimen Luftmassen bestimmt, sodass auch ganzjährig Niederschläge fallen, die im Winter am stärksten sind, und auch die Temperaturen das ganze Jahr über gemäßigt erscheinen.

8. Kontinentalklima der hohen Mittelbreiten:

Typisch für diese K. ist die große Jahresamplitude der Temperatur, d.h. der sehr hohe Unterschied zwischen tiefen Winter- und recht hohen Sommertemperaturen. Die Niederschläge fallen auch hier das ganze Jahr über, jedoch am häufigsten im Sommer, da sie durch Konvektion entstehen.

9. Außertropisches Ostseitenklima:

Das Kennzeichen dieser K. sind heftige Kaltlufteinbrüche sowohl im Winter (aus dem Kontinent) als auch im Sommer (aus den Polargebieten). Die meisten Niederschläge fallen ebenfalls im Sommer.

Die K.en 7 bis 9 werden als Klimate der hohen Mittelbreiten zusammengefasst, also die Klimate innerhalb der planetarischen Frontalzone, in der die außertropische Westwindzone witterungsbestimmend und die kurzfristig auftretenden zyklonalen Wirbel aus der Polarfront wetterbestimmend sind. Charakteristisch ist die unterschiedliche Tageslänge und damit der sehr komplizierte Wärmehaushalt im Laufe des Jahres, woraus sich die für diese Breiten typischen thermischen Jahreszeiten ergeben.

10. Die Polarregionen:

Diese K. wird durch ganzjährige Kälte bestimmt, daher sind die Niederschläge gering; sie fallen im Sommer.

Klimascheide: Von einer K. spricht man bei einem Gebirge, welches auf-

K

grund seiner Erstreckung und seiner Höhe zwei Räume mit unterschiedlichen klimatischen Gegebenheiten trennt. Als K. wirken meist küstenparallel verlaufende Gebirge, welche die maritimen Einflüsse auf die Küstenbereiche begrenzen. Dies wirkt sich in erster Linie auf die absolute Menge der Niederschläge aus (sie sind im Luv des Gebirges hoch, im Lee dagegen gering) oder führt zu Unterschieden in der jährlichen Verteilung der Niederschläge. Herrscht auf der dem Meer zugewandten Seite nur ein gemäßigter jährlicher Temperaturgang, so entwickelt sich zum Innern des Kontinentes hin ein merklich kontinentaler ausgebildeter jährlicher Temperaturverlauf, d.h. die Unterschiede zwischen wärmstem und kältestem Monat sind bedeutend größer. Ein typisches Beispiel für eine Klimascheide bildet das Dinarische Gebirge auf der Balkanhalbinsel, das die klimatisch unterschiedlich geprägten Räume der Dalmatinischen Küste (mediterran) und des Donautieflandes (kontinental) trennt.

Klimaschwankungen: K. sind kurzzeitige Veränderungen der klimatischen Gegebenheiten um einen mittleren Wert, der sich über einen sehr langen Zeitraum hin ergibt. K. stehen im Gegensatz zu nachhaltigen, langen Veränderungen des Klimas, die nur in einer Richtung verlaufen, den *Klimaänderungen,* sind aber von diesen nicht immer deutlich zu unterscheiden. Deshalb werden beide zusammenfassend als *Klimaveränderungen* bezeichnet. Auffällige Erscheinungen der K. sind Temperaturerhöhung oder -rückgang, Anstieg, Abschwächung oder andere jahreszeitliche Verteilung der Niederschläge und – damit im Zusammenhang stehend – auch des Luftdrucks.

Klimatologie (Klimakunde): K. ist die Lehre vom Klima der Erde. Sie beschäftigt sich mit dem gesetzmäßigen Witterungsverlauf im Jahresablauf, um daraus eine Aussage über den mittleren Zustand der Atmosphäre abzuleiten. Ihre Grundlage ist die Beobachtung der verschiedenen ↑Klimaelemente. Diese werden an den Klimastationen zu festgelegten Tageszeiten (7, 14, 21 Uhr Ortszeit) nach vereinbarten Richtlinien und mit vergleichbaren Instrumenten und Methoden durchgeführt; sie werden zu Monatstabellen zusammengefasst und von den Zentralen der Wetterdienste in Form von Jahrbüchern veröffentlicht. Das Netz der K.stationen auf der Erde ist noch ungleichmäßig und lückenhaft.

Klimatypen: Untergliederung der ↑Klimazonen.

Klimazonen: Als K. werden großräumig Gebiete zusammengefasst, in denen die wesentlichen Züge des Klimas gleichartig sind. Legt man den Einfallswinkel der Sonnenstrahlen auf die Erde zugrunde, erhält man durch diese rein mathematische Einteilung die zum Äquator parallel verlaufenden *solaren Klimazonen.* Diese Zonierung erweist sich aber als wenig sinnvoll, da bei gleicher geographischer Breitenlage unterschiedliche ↑Klimafaktoren zu abweichenden klimatischen Erscheinungen führen können. So führen größere zusammenhängende Landmassen zu einem kontinentalen Charakter des Klimas und andererseits weite Meeresflächen zu Klimaten mit maritimem Charakter. Es kommt also in der Wirklichkeit zu einer Auflösung der rein zonalen Anordnung, weshalb man heute auch mehr eine Einteilung nach Klimaregionen vornimmt. Die weiteste Verbreitung hat die Klimaklassifikation von W. Köppen gefunden, die auf der Grundlage von Schwellenwerten der Temperatur und Niederschläge basiert, jedoch auch die jahreszeitliche Verteilung dieser Elemente berücksichtigt; außerdem gehen Andauerwerte von Temperatur und Niederschlag in die Klassifikation ein, und es werden die Auswirkungen des Klimas auf die Vegetation berücksichtigt. Zur Kennzeichnung der Klimagebiete dient Köppen die Klimaformel, eine Aneinanderreihung von Buchstaben, von denen der erste die Kli-

Klimaschwankungen

Wirkungsgefüge möglicher Faktoren für Klimaschwankungen und -veränderungen (nach A. Goudie, 1992)

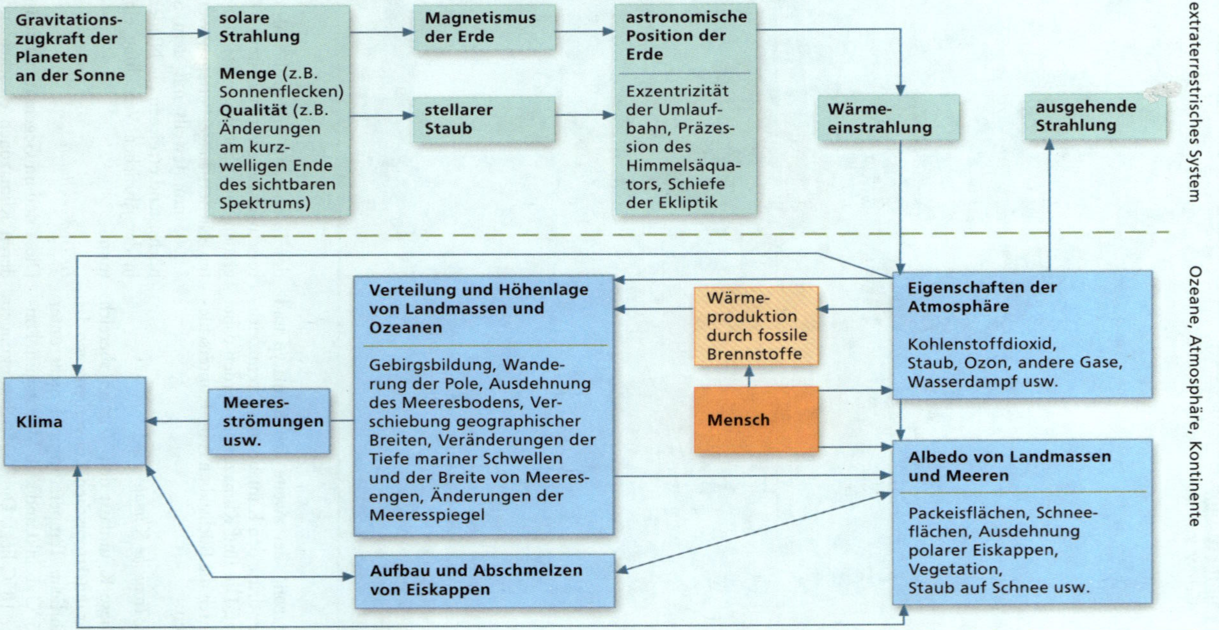

K

K

Klimazonen
(nach W. Köppen)

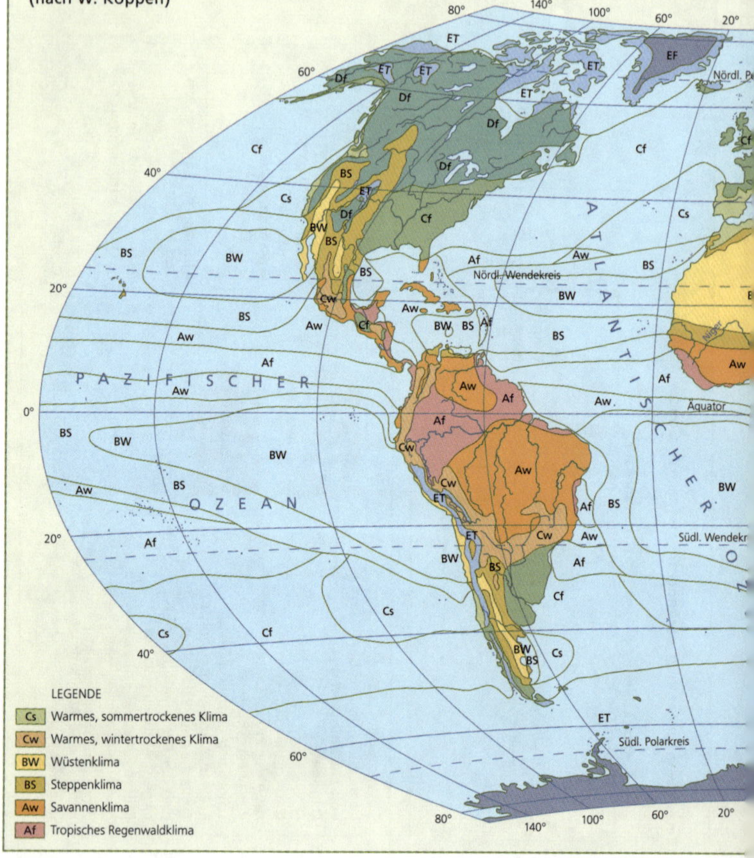

mazone, der zweite den Klimatyp und der dritte den Klimauntertyp kennzeichnet. Die fünf Klimazonen werden dabei durch die Buchstaben A bis E unterschieden:

A. Tropische Klimate

Diese K. umfasst den Wirkungsbereich der innertropischen Konvergenz, wo das jährliche Temperaturmittel nicht unter 25 °C absinkt und kein Monatsmittel unter 18 °C liegt. Die Tagesschwankungen der Temperatur sind größer als die Jahresschwankung von höchstens 6 Celsiusgraden. Die über das ganze Jahr verteilten Niederschläge betragen wenigstens 1500 mm. Jeweils mit dem Sonnenhöchststand erreichen die Niederschläge in der jährlichen Verteilung ein Maximum.

B. Trockenklimate

Diese sind im Gegensatz zu den vier anderen Klimazonen entscheidend durch

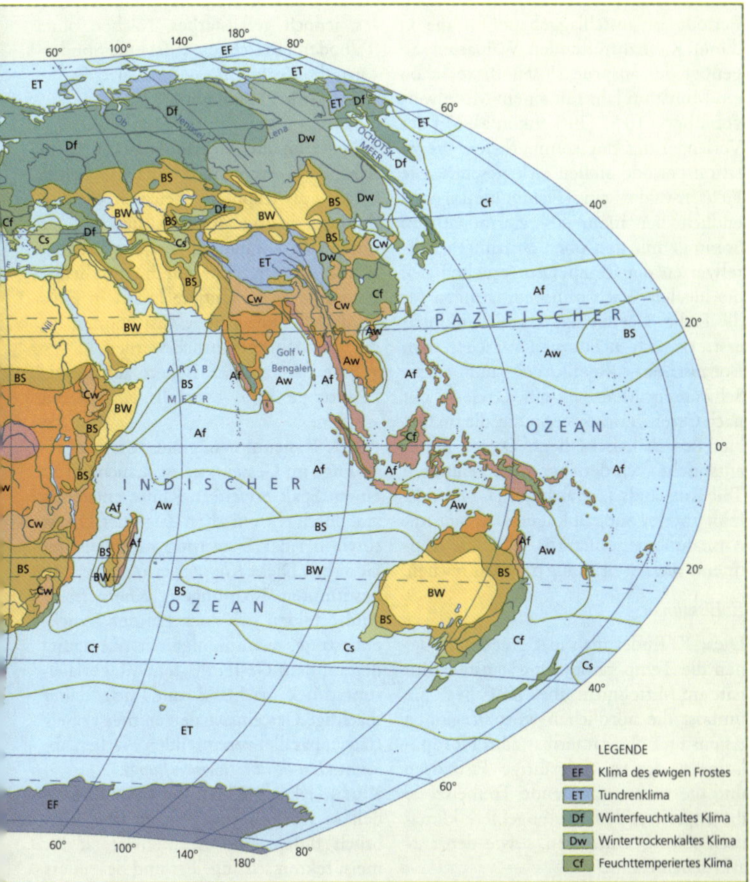

die Niederschlagsmengen gekennzeichnet, wenngleich auch die Temperatur und deren Einfluss auf die Verdunstung die Grenze der Trockengebiete mit beeinflusst. Eine jährliche Niederschlagsmenge von 700 mm und ein jährliches Temperaturmittel von 25°C beschreibt die Trockengrenze.

C. Warmgemäßigte Klimate

In dieser K. liegen die Temperaturen des kältesten Monats zwischen +18°C und –3°C. Die jährlichen Niederschläge sind ungleich verteilt. Deshalb wird u.a. zwischen wintertrockenen und sommertrockenen C-Klimaten unterschieden.

D. Schneeklimate

(kaltgemäßigte boreale Klimate)

Bei geschlossener Schneedecke während des Winters herrschen in dieser K. Januartemperaturen im Mittel von unter –3°C. In der kurzen Sommerzeit steigen aber die Monatsmittelwerte über

K

+10 °C. Die Länge der sommerlichen Periode ist ausschlaggebend für die in dieser K. anzutreffenden Waldarten. So genügt der anspruchslosen Birke schon ein Monat im Jahr mit einem Mittelwert von über +10 °C (Birkenklima). Mit der Verlängerung der sommerlichen Vegetationsperiode stellen sich geschlossene Fichtenwälder ein (Fichtenklima) und endlich bei mehr als viermonatigem Sommer mit den oben genannten Mittelwerten der Temperatur ergeben sich die idealen Wachstumsbedingungen für die Eiche. Das Gebiet des Eichenklimas erstreckt sich in Eurasien zwischen dem Bottnischen Meerbusen und dem Schwarzen Meer als ein Dreieck mit nach Osten gerichteter Spitze, die im Gebiet des Baikalsees liegt. Dieser Raum entspricht auch dem agrarisch genutzten Teil Russlands (Agrardreieck). Diese K. fehlt auf der Südhalbkugel, weil hier mit Ausnahme der Antarktis selbst die Kontinente nicht weit genug polwärts reichen.

E. Eisklimate

Diese K. findet man in Gebieten, in denen die Temperatur der wärmsten Monate im Mittel nicht über 10 °C liegt. Sie umfasst die nördlichen Küstenregionen Asiens und Nordamerikas zum Nordpolarmeer, dessen ganzjährige Eismassen und die weit ausgreifende Treibeiszone die angrenzenden Küstengebiete klimatisch stark beeinflussen, sowie den antarktischen Raum.

Aus diesen fünf Klimazonen ergeben sich die elf, durch Hinzufügen eines zweiten Buchstabens gekennzeichneten *Hauptklimatypen*, die den meisten Klimakarten zugrunde liegen.

Unter Berücksichtigung der ↑Allgemeinen Zirkulation der Atmosphäre ergibt sich eine weit differenziertere Klimaklassifikation, wie sie Weischet in seinen ↑Klimaregionen erarbeitet hat.

Klimazyklen: Unter K. versteht man periodische Klimarhythmen innerhalb einer langen Beobachtungsreihe von Klimaelementen.

Klinge: Als K. wird ein kurzes, schmales, jedoch gefällstarkes Tälchen ohne Talboden bezeichnet; es ist eine Sonderform des Kerbtals.

Klingstein: ↑Phonolith.

Klippe:

◆ Nahe an die Meeresoberfläche oder darüber hinausragende einzelne Felsen werden als Klippen bezeichnet. Sie finden sich häufig an Steilküsten, wo sie durch die Brandung herausgearbeitet wurden. Auch eine durch anstehende Felsen bedingte Untiefe in einem Fluss wird als K. bezeichnet. K.n können für die Schifffahrt gefährlich werden.

◆ Eine in Gebirgen isoliert aufragende Felsgruppe kann ebenfalls K. genannt werden.

Kluft: K. nennt man einen Riss oder eine Fuge im Gestein; sie ist manchmal zu einem Spalt erweitert. Klüfte entstehen v. a. durch tektonischen Zug oder Druck sowie bei der Erstarrung magmatischer Gesteine. Diese *Klüftung* erfolgt meist in bestimmten Richtungen *(Kluftsysteme)*. Klüfte bilden sich auch bei der Druckentlastung, wenn infolge der Abtragung der auf dem Gestein lastende Überlagerungsdruck nachlässt und sich daher mächtige Gesteinsschalen an meist oberflächenparallel verlaufenden Flächen ablösen *(Druckentlastungsklüftung)*.

Kluse (Klause, Klus): Bei einer K. handelt es sich um einen engen Taldurchbruch durch eine Antiklinale; sie ist meist tektonisch angelegt und besonders gut ausgeprägt und häufig im Schweizer Jura. Es sind dort kurze Quertäler, in denen größere Flüsse die Ketten durchbrechen. Alle größeren Klusen wurden durch Flüsse geschaffen, die schon vor der Entstehung des Jura vorhanden waren. Die Gebirgsbildung verlief so langsam, dass sich die Gewässer der Hebung entgegenwirkend einschneiden und damit behaupten konnten, es entstanden antezedente Durchbruchstäler.

Knick: Ein K. ist eine dichte Hecke, die Felder und Wiesen umgibt. Gedacht war der K. als Windschutz. Typische K.land-

Knick

schaften finden wir in Schleswig-Holstein, in England und der Normandie (Bocage); ↑auch Heckenlandschaft. Die K.landschaft als typische Kulturlandschaft ist auf dem Rückzug, da die Hecken einer modernen, maschinengerechten Bearbeitung oftmals im Wege sind.

Kniefalte: ↑Flexur.

Knoten (Einheitszeichen kn): In der Seefahrt wird die Geschwindigkeit von Schiffen (gegenüber dem Wasser) in Knoten angegeben. 1 kn = 1 sm/h (also eine Seemeile pro Stunde) = 1,852 km/h.

Kohle: K. nennt man alle kohlenstoffreichen festen Brennstoffe, im engeren Sinne die brennbaren Überreste von Pflanzen u.a. organischen Substanzen, die in langen geologischen Zeiträumen durch den Vorgang der ↑Inkohlung in braune bis schwarze Sedimentgesteine verwandelt wurden. Die brennbare Substanz muss mehr als 50% ausmachen. Bei geringerem Gehalt spricht man von *Brandschiefer;* dies sind mit Kohlensubstanz durchsetzte Schiefertone. Nach der Art der organischen Ausgangssstoffe unterscheidet man *Humus-* und *Bitumenkohlen,* zwischen denen aber Übergänge bestehen. Humuskohlen sind aus dem Lignin und der Zellulose von Pflanzen hervorgegangen, Bitumenkohlen aus den Eiweiß- und Fettstoffen.

Die Humuskohlen machen über 80% aller K.n aus. Nach dem Inkohlungsgrad u.a. damit in Zusammenhang stehenden Merkmalen teilt man sie in zwei Gruppen ein, Braunkohle und Steinkohle, diese wiederum in verschiedene Arten. Bei der *Weichbraunkohle* unterscheidet man erdige (weiche) und stückige Sorten, bei der *Hartbraunkohle* Mattbraunkohle und Glanzbraunkohle; Letztere wird in Bayern *Pechkohle* genannt. Die einzelnen Arten der *Steinkohle* (mit zunehmendem Inkohlungsgrad) sind: Flammkohle, Gasflammkohle, Gaskohle, Fettkohle, Esskohle, Magerkohle und Anthrazit.

Die Bitumenkohlen entwickelten sich aus ↑Faulschlamm (Sapropel) und faulschlammähnlichen Schlammablagerungen (*Halbfaulschlamm* oder *Gyttja*) nährstoffreicher Seen. Sie entstanden unter ständigem bzw. zeitweisem Sauerstoffabschluss und bilden meist nur flözförmige Einlagerungen in der Braun- oder Steinkohle. Zu diesen Bitumenkohlen gehören die blättrig-schiefrig ausgebildete *Blätter-* oder *Papierkohle (Dysodil),* die derbe, matt glänzende *Kännel-* oder *Kerzenkohle,* die aus reinen Algenablagerungen entstandene *Bogheadkohle* und der tiefschwarze, dichte, polierfähige *Gagat* oder *Jet,* der zu Schmuck verarbeitet wird. Aus Wachs, Harz, Blatthäuten und Pollen, also schwer verweslichen Pflanzenbestandteilen, gingen die *Liptolithe* hervor. Ihr wichtigster Vertreter ist die *Schwelkohle;* sie tritt in der Form von Bänken oder Streifen in der Braunkohle auf. Die reinste Form der Liptolithe stellt die *Wachskohle (Pyropissit)* dar; sie bildet knollen- und nesterförmige Einlagerungen in Schwelkohlenflözen. Auch der *Bernstein* als fossiles Harz kann hierzu gerechnet werden.

Kohle tritt in Form von mehr oder weniger dicken Schichten, den *Flözen,* auf, die in Sedimentgesteinsschichten eingelagert sind; Flöze, die für einen Abbau zu geringmächtig sind, nennt man *Schmitze.*

Die Struktur der Kohle, eingelagerte Baumstümpfe und Wurzeln u.a. lassen erkennen, dass die meisten K.vorkommen aus waldreichen Flachmooren über

K

das Stadium des ↑Torfs hervorgegangen sind. Die Mächtigkeit der K.lager lässt auf eine üppige Vegetation, d.h. auch auf ein warm-feuchtes Klima (tropisch, subtropisch oder sogar gemäßigt) schließen. Da unter der Einwirkung der Luft (Sauerstoff) Pflanzen verwesen, können so mächtige Torfschichten, wie sie den großen K.vorkommen zugrunde liegen, nur entstanden sein, wenn die Moore über lange Zeit hinweg bei gleichem Grundwasserstand höher gewachsen sind; also muss sich der Untergrund der Moore ständig gesenkt haben. Solche Senkungen sind typisch für ↑Geosynklinalen. Viele K.vorkommen, z.B. die des Ruhrgebiets, zeigen einen Wechsel von einzelnen Kohlenflözen und marinen Sedimenten (Sanden und Tonen). Diese *paralischen Kohlen* sind in Küstennähe entstanden; zeitweise war die Senkung des Landes so stark, dass das Meer die Moore überflutete. *Limnisch* nennt man dagegen die K.n, die in Becken innerhalb eines Festlandes, ohne Einfluss des Meeres gebildet wurden, z.B. die Steinkohlen des Saarlandes.

Alle Humuskohlen sind solche unter Luftabschluss durch Vertorfung entstandenen Kohlen; man nennt sie auch *autochthon,* da die Moorpflanzen am Bildungsort der Kohle gewachsen sind. Die Bitumenkohlen dagegen sind *allochthone* Bildungen; sie sind aus zusammengeschwemmtem Pflanzenmaterial entstanden. Da dieses lange Zeit der Luft ausgesetzt war, besteht es nur aus den widerstandsfähigeren Bestandteilen wie Sporen, Blatthäuten, Harzen und Wachs.

Die chemische Zusammensetzung der K.n ist äußerst kompliziert. Bei der Steinkohle liegen nur 10% des Kohlenstoffs frei vor, der Rest ist in einem Verbindungsgemisch enthalten, das v.a. aus aliphatischen und aromatischen Kohlenwasserstoffen besteht, in denen außer Sauerstoff z.T. auch Schwefel und Stickstoff chemisch gebunden sind. Bei Braunkohle bestehen die organischen Bestandteile aus dem Bitumenanteil (v.a. Harze und Wachse) sowie aus Huminstoffen, wobei auf die Huminsäuren die Farbe der Braunkohlen zurückzuführen ist. Daneben enthält jede K. anorganische Ballaststoffe (Aschebestandteile).

Kohlevorkommen sind über die ganze Erde verbreitet; sie entstanden v.a. im Jungpaläozoikum (Karbon, Perm) und im Tertiär, aber auch im Mesozoikum (z.B. Kreide). Da die jungpaläozoischen

Zusammensetzung von Kohle*

	Wassergehalt (frisch gefördert) %	flüchtige Bestandteile %	Kohlenstoff %	Wasserstoff %	Sauerstoff %	Heizwert in J/kg
		in wasser- und aschefreier Substanz				
Weichbraunkohle	45–60	70–50	65–70	5–9	18–30	25 100–26 800
Hartbraunkohle	10–30	64–45	70–75	5–6	12–18	26 800–28 500
Flammkohle	4–7	45–40	75–82	5,8–6,0	>9,8	<32 850
Gasflammkohle	3–6	35–40	82–85	5,6–5,8	9,8–7,3	bis 33 900
Gaskohle	3–5	28–35	85–87	5,0–5,6	7,3–4,5	bis 35 000
Fettkohle	2–4	19–28	87–89	4,5–5,0	4,5–3,2	bis 35 400
Esskohle	2–4	14–19	89–90	4,0–4,5	3,2–2,8	35 400
Magerkohle	1–3	10–14	90–91,5	3,75–4,0	2,8–2,5	bis 35 600
Anthrazit	<2	6–10	>91,5	<3,75	<2,5	bis 36 000

*deutsche Einteilung

K.n eine längere Bildungsperiode durchlaufen haben und meist von mächtigeren Deckschichten überlagert wurden, handelt es sich bei ihnen meist um Steinkohle, bei den tertiären K.n dagegen meist um Braunkohle; es gibt aber auch karbonische Braunkohlen (z.B. im Moskauer Becken) und tertiäre Steinkohlen (z.B. in Japan). Die geringe Mächtigkeit der Deckschichten bei Braunkohlen lässt meist den Tagebau zu, die große Mächtigkeit bei Steinkohlen erfordert in der Regel den Tiefbau.

Die Steinkohlenvorräte der Erde werden auf etwa 7800 Mrd.t, die Braunkohlenvorräte auf über 6600 Mrd.t geschätzt. Davon sind aber nur 50–60% abbauwürdig. 1993 wurden auf der Erde rund 3,49 Mrd.t Steinkohle und 944 Mio.t Braunkohle (ohne China) gefördert.

Die größten Mengen an K. werden zur Energiegewinnung verwendet. Die K. deckt etwa 30% des Stromverbrauchs auf der Erde, 1950 waren es noch 58%. V.a. die Steinkohle ist aber auch ein wichtiger Grundstoff der Schwer- und chemischen Industrie.

Kohlenstoffkreislauf: Der auf etwa $26 \cdot 10^{15}$ t geschätzte Gesamtvorrat an Kohlenstoff auf der Erde liegt fast vollständig in Form anorganischer Verbindungen vor, davon über 99% im Sedimentreservoir (Carbonatgesteine mit etwa 18% biogenem Anteil); der Rest findet sich als gelöstes Kohlendioxid (CO_2) sowie in Form von Hydrogencarbonat- bzw. Carbonationen in Gewässern und als gasförmiges CO_2 in der Atmosphäre. Der organisch gebundene Anteil (0,05%) ist zu 64% in fossilen Lagerstätten (Torf, Kohle, Erdöl, Erdgas), zu 32% in organischen Abfällen (Tier- und Pflanzenreste, Humus) und nur etwa zu 4% in der Biomasse zu finden.

Der K. in der Biosphäre wird im Wesentlichen durch die Organismen in Gang gehalten. Etwa 6–7% des in der Atmosphäre und im Oberflächenwasser vorhandenen CO_2 werden jährlich von autotrophen Pflanzen photosynthetisch in organischen Verbindungen festgelegt; davon kehrt ein Drittel über die pflanzliche Atmung sofort wieder in die Luft bzw. das Wasser zurück, während zwei Drittel in die Nahrungsketten der heterotrophen Land- und Wasserorganismen mit ihren speziellen Ernährungsweisen (Trophiestufen) – Pflanzenfresser, Räuber und Zersetzer (Pilze, Mikroorganismen) – eintreten, in deren Ablauf alle Kohlenstoffverbindungen über Atmung, Gärung und Verwesung wieder in CO_2 umgewandelt und freigesetzt werden; nur ein kleiner Teil wird dem K. durch Humus- und Torfbildung, Verschüttung u.a. vorübergehend entzogen.

Auch die tierischen Organismen und der Mensch, die die Fähigkeit zur Kohlenstoffassimilation nicht besitzen, tragen durch ihre Atmung zur Rückführung des Kohlenstoffs in die Atmosphäre bei. Ein erwachsener Mensch z.B. atmet in 24 Stunden rund 330 Liter bzw. 1kg CO_2 aus.

Terrestrischer und mariner Kreislauf sind über den CO_2-Austausch zwischen Atmosphäre und Hydrosphäre verknüpft, wobei Letztere aufgrund der guten Löslichkeit von CO_2 in Wasser einen Puffer hoher Kapazität auch für den geochemischen Anteil des K.s darstellt, der durch Rauchgase u.a. Abgase industrieller Prozesse, vulkanische Exhalationen sowie CO_2-Freisetzung bei Carbonatverwitterung gespeist wird. Im Gegenzug findet, besonders am Grund der Ozeane, eine fortlaufende Bindung von Kohlenstoff durch die Sedimentation pflanzlicher und tierischer Reste (Schalen, Knochen) statt.

Seit Beginn der Industrialisierung sind durch Verbrennung fossiler Kohlenstoffverbindungen lange Zeit dem Zyklus entzogene Vorräte wieder in den Umlauf eingeschleust worden (jährlich etwa 10–15% der photosynthetisch umgesetzten Menge), woraus ein geringer Anstieg des atmosphärischen CO_2-Gehaltes resultiert (von 0,030 Vol.-% auf 0,032 Vol.-%, lokal auch auf 0,050 Vol.-%). Die

K

Auswirkungen einer weiteren Erhöhung sind schwer abschätzbar; sie könnte z.T. durch Bindung in der Biomasse mittels gesteigerter Photosynthese kompensiert werden (»CO_2-Düngung«), da der gegenwärtige CO_2-Gehalt der Atmosphäre ein begrenzender Faktor für die Photosynthese ist.
Andererseits stehen mögliche Temperaturerhöhungen in der Atmosphäre bzw. an der Erdoberfläche infolge erhöhter Absorption langwelliger Strahlung durch das CO_2 mit unabsehbaren Folgen für die Stabilität des Klimas und der polaren Eiskappen zur Diskussion.

Kolchose: Bei der K. handelt es sich um einen landwirtschaftlichen Großbetrieb im sozialistischen Wirtschaftssystem, der durch Zusammenlegung und stufenweise Kollektivierung bäuerlicher Privatbetriebe entstand. Die Großblockflur ist vorherrschend. In der ehemaligen DDR wurden die K.n Landwirtschaftliche Produktionsgenossenschaften (LPG) genannt.

Kolk:

◆ (Strudelloch, Strudelkessel, Strudeltopf): Ein K. ist eine senkrechte, oft mehrere Meter tiefe, kesselförmige Aushöhlung (Auskolkung) im Gestein einer Flusssohle. Ein K. entsteht durch die strudelnde Bewegung von Wasser, das Sand und Geröll mit sich führt, und zwar besonders in Flussengen und Klammen. K.e am Steilhang eines Wasserfalles entwickeln sich dadurch, dass ein Teil des niederstürzenden Wassers an der Aufprallstelle zurückgesaugt wird. Es entsteht eine Wasserwalze, die eine Nische in das Gestein des Steilhangs arbeitet, ihn somit unterhöhlt. Das Nachbrechen des Gesteins über der Unterhöhlung trägt zur allmählichen Zurückverlegung des Wasserfalls bei.
Auskolkungen werden aber auch durch die Brandungswellen an Felsküsten bewirkt, hierbei entstehen *Meermühlen,* sowie unter Gletschern, wobei unter Gletschermühlen *Gletschertöpfe* entstehen.

◆ Kleine offene Wasserstellen in Hochmooren werden auch als K.e bzw. Mooraugen oder Blindseen bezeichnet.

Kollektiv: Bei einem K. handelt es sich in der Regel um eine Arbeits- und Produktionsgemeinschaft. Beispiele sind die ↑Kolchosen und die Kibbuzim in Israel.

Kollektivbesitz: K. sind alle Dinge innerhalb eines Kollektivs, die nicht Einzelpersonen gehören, also besonders der Boden und die Produktionsmittel.

Kollektivwirtschaft: Ein Wirtschaftssystem, das in großem Maßstab Gemeineigentum und -wirtschaft betreibt, bezeichnet man auch als Kollektivwirtschaft. Die zugrunde liegende Ideologie sieht als entscheidende Kraft der Geschichte die Masse, nicht das Individuum.

kolline Stufe (colline Stufe, Hügellandstufe): Die k. St. ist die unterste Höhenstufe der Vegetation in den gemäßigten Breiten; sie umfasst das Hügelland und die Hanglagen der Mittelgebirge bis 500 (maximal 800) m ü.d. M.; kennzeichnend sind Wärme liebender Eichenmischwald und Kiefernwald; in sehr trockenen Lagen tritt Steppenheidevegetation auf. Die k. St. ist aber heute an den meisten Standorten durch Kulturland verdrängt.

Kolonialismus: Unter K. versteht man die wirtschaftliche Expansion, die in Form politischer Beherrschung einer unterlegenen Zivilisation abgesichert wird. Der neuzeitliche K. begann im Zeitalter der Entdeckungen im 15. Jh. in einer Verbindung von Rohstoffausbeutung und Missionsgedanken und bestimmte seitdem das Verhältnis der europäischen Staaten zu den überseeischen Gebieten, den Kolonien. Diese Politik lief wesentlich auf die Ausbeutung der Kolonien hinaus; die wirtschaftlichen Aktivitäten wurden auf das Mutterland beschränkt. Die Kolonien hatten Rohstoffe zu liefern und mussten Fertigwaren vom Mutterland abnehmen.
Der Ausdruck K. wird heute auch häufig verwendet, um die Abhängigkeiten eines Staates von einem anderen zu kenn-

zeichnen, wiederum auf wirtschaftlicher, häufig aber auch auf politisch-ideologischer Ebene; man spricht von Neokolonialismus.

Kombinat: Unter einem K. versteht man die räumliche und organisatorische Zusammenfassung von Industriebetrieben unterschiedlicher Produktionsstufen sowie ihrer Nebenbetriebe. K.e waren besonders in sozialistischen Volkswirtschaften anzutreffen.

Kometen: K. sind nicht scharf konturierte Himmelskörper, die sich auf lang gestreckten Bahnen großer Exzentrizität um die Sonne bewegen und ihr Aussehen mit dem Abstand von der Sonne in unterschiedlicher Weise ändern. Der nahezu die gesamte Kometenmasse in sich vereinigende *Kometenkern* (Durchmesser zwischen 1 und 1000 km) besteht aus Stein und Nickeleisen (ähnlich der Meteoritenmaterie). Dieses Material ist verbunden und vermischt mit einer Art »Eis«, das bei Annäherung des K. an die Sonne verdampft; dabei werden u.a. Wasser, Ammoniak und Methan frei, deren Moleküle durch photochemische Prozesse weiter zerkleinert und durch die Sonnenstrahlung zum Fluoreszenz- und Resonanzleuchten angeregt werden. Die so entstandene Gaswolke legt sich um den festen Kometenkern. Durch den Strahlungsdruck der Sonnenstrahlung wird die Kometenmaterie nach »hinten« weggedrückt. Die als *Koma* bezeichnete neblige Gashülle um den Kern misst etwa 20000 bis 1 Mill. km im Durchmesser. Die durch den Strahlungsdruck bzw. den solaren Wind »fortgeblasene«, den *Kometenschweif* bildende Materie ist auf einer Länge von 1 Mill. bis 100 Mill. km und bis zu einer Breite von 1 Mill. km beobachtbar; sie erreicht Geschwindigkeiten von 100 bis 1000 km/s. Die *langperiodischen K.* haben Ellipsenbahnen mit Umlaufszeiten in der Größenordnung von 100 bis 1 Mill. Jahren; beide Umlaufsrichtungen, rechtläufige wie retrograde Bewegung, kommen in etwa gleicher Häufigkeit vor. Verschiedene Beobachtungsergebnisse legen nahe, dass die K. Bestandteil unseres Sonnensystems sind; sie kommen aus einer das ganze System umgebenden Wolke, die die Sonne auf ihrem Weg im Milchstraßensystem begleitet. Die *kurzperiodischen K.* bewegen sich auf Ellipsenbahnen, deren Aphele in der Nähe der Bahn eines der großen Planeten liegen. Dies deutet darauf hin, dass es sich um von den großen Planeten eingefangene, ehemals langperiodische K. handelt (der Jupiter-Kometenfamilie z.B. werden 68 Mitglieder zugerechnet).

Komet

Aufbau eines voll entwickelten Kometen

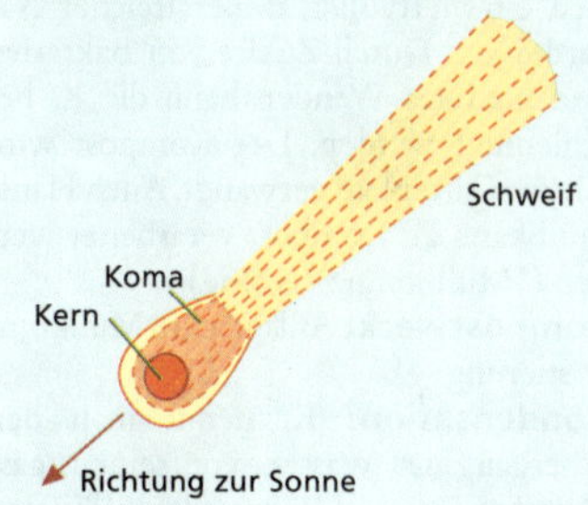

Nur wenige K. sind mit bloßem Auge zu sehen, Riesen-K. sind nur einmal, höchstens zweimal im Jahrhundert beobachtbar; etwa ein Dutzend mittlerer K. haben im Jahrhundert für einige Tage Helligkeiten, die es eventuell möglich machen, sie mit bloßem Auge zu beobachten. Weitaus die meisten entdeckten K. (derzeit etwa 5 bis 6 pro Jahr) bleiben teleskopische Objekte, und nur ein verschwindend kleiner Teil der tatsächlich vorhandenen K. wird überhaupt aufgefunden.

Kompass: Der K. ist ein v.a. für Schifffahrt, Luftfahrt und Geodäsie wichtiges Instrument zur Bestimmung der Himmelsrichtung bzw. einer horizontalen Bezugsrichtung. Beim Magnetkompass wird die Richtkraftwirkung ausgenutzt, die das erdmagnetische Feld auf einen

(Permanent)magneten ausübt. Im einfachsten Fall, beim Marschkompass, ruht ein kleiner Magnetstab mit zugespitzten Enden *(Magnetnadel),* leicht in einer Horizontalebene drehbar, mit seinem Schwerpunkt auf einer feinen Spitze *(Pinne)* über einer Scheibe, auf der die Himmelsrichtungen angegeben sind, der sog. ↑Windrose. Diese Magnetnadel stellt sich bei ungestörtem erdmagnetischem Feld in die jeweilige erdmagnetische Nord-Süd-Richtung ein, die von der geographischen Nord-Süd-Richtung um die lokale ↑Missweisung abweicht. Anstelle einer Magnetnadel kann ein Magnetkompass auch eine drehbare, gleichstromdurchflossene Magnetspule mit einem Weicheisenkern enthalten, wie es beim *(Erd)induktionskompass* der Fall ist. Alle Magnetkompasse werden infolge Störungen des erdmagnetischen Feldes z.B. durch in der Nähe befindliche Eisenmassen oder stromdurchflossene elektrische Leiter in ihrer Anzeige beeinflusst; diese Störungen können z.T. durch eiserne Kugeln oder Hohlzylinder kompensiert werden. Auf dem Zusammenspiel von Erddrehung, Drehimpulserhaltung und Schwere beruht der *Kreiselkompass,* der wegen seiner Größe und Schwere aber nur auf Schiffen verwendet wird. Er nutzt die Tatsache, dass ein schnell rotierender Kreisel mit nur zwei Freiheitsgraden, dessen Drehachse gezwungen wird, in der Horizontalebene zu bleiben, diese Achse parallel zur Erdachse zu stellen sucht: Während die Horizontalebene infolge der Erddrehung ihre Lage im Raum verändert, sucht der Kreisel die Lage seiner Drehachse beizubehalten; da aber die Drehachse z.B. durch ein Pendelgewicht in der Horizontalebene gehalten wird, kann sie sich nur in Richtung des geographischen Meridians einstellen. Die Umdrehungszahlen der Kreisel liegen bei 15000–20000 U/min. Der durch die Coriolis-Kraft bedingte Fahrtfehler, der auf Nord-Süd-Kurs am größten, auf Ost-West-Kurs null ist und mit der Geschwindigkeit und in höheren Breiten zunimmt, wird auf unterschiedliche Weise berücksichtigt und korrigiert. In der Nähe der Pole ermittelt man die Himmelsrichtungen mithilfe der Sonne oder anderer Gestirne (Astrokompass).

Kompassrose: exakter Ausdruck für ↑Windrose.

Kompensationsgeschäft: ↑Dreiecksgeschäft.

Kompostierung: Bei der K. werden tierische und pflanzliche Abfälle mit Boden und Kalk durchmischt und an einem schattigen Platz zu Haufen von 1,50 m Breite und Höhe aufgeschichtet. Bei ausreichender Feuchtigkeit und guter Durchlüftung entsteht durch die Abbauarbeit der im Boden vorhandenen Bakterien ein wertvoller, mineralreicher Naturdünger. Durch Zusatz von Bakterien und häufiges Wenden kann die K. beschleunigt werden. Der Kompost wird v.a. im Gartenbau verwandt. Auch Hausmüll kann zu Kompost verarbeitet werden (↑Müllkompostierung).

Kompostwerk: Anlage zur ↑Müllkompostierung.

Kondensation: K. nennt man den Übergang des Wassers von seinem gasförmigen Zustand (Wasserdampf) in den flüssigen (Wasser); bei dieser Zustandsänderung wird Kondensationswärme frei. K. tritt dann ein, wenn die Luft sich unter den Taupunkt abkühlt. Hierbei dienen die in der Luft vorhandenen Schmutzpartikel, Salzkristalle und Ionen als *Kondensationskerne,* um die sich die Wassertröpfchen anlagern. Die Höhe, ab welcher die K. beginnt, nennt man das *Kondensationsniveau.*

Konglomerat: Ein K. ist ein grobkörniges Sedimentgestein aus gerundeten Gesteinsbruchstücken (Geröll) verschiedener Größe, die durch tonige, kalkige, kieselige oder eisenhaltige Bindemittel verkittet sind.

Konkordanz: Von K. spricht man bei gleichsinniger Übereinanderlagerung von Schichten einer Gesteinsserie mit jeweils gleichem Streichen und Fallen. Bei entgegengesetzten Verhältnissen spricht man von ↑Diskordanz.

Konkretion (Geode): Eine K. ist eine Mineralausscheidung aus Lösungen in Sedimentgesteinen. K.en sind trauben-, kugel-, nieren- oder linsenförmig; sie sind im Gegensatz zur Sekretion von innen nach außen gewachsen und entstehen bei der Sedimentation oder der anschließenden Diagenese. Beispiele für K.en sind Lösskindel und Feuersteinknollen.

Konsumgüter: K. sind die Güter, die unmittelbar dem Verbrauch zugeführt werden, also selbst nicht weiter im Produktionsprozess Verwendung finden. Das Gegenteil sind ↑Investitionsgüter.

Kontaktgestein: Als K. bezeichnet man ein durch ↑Kontaktmetamorphose entstandenes Gestein.

Kontaktmetamorphose: K. nennt man die Gesteinsumwandlung (↑Metamorphose), die durch Berührung mit aufsteigendem Magma und den vom Magma ausgehenden Gasen und heißen Wässern hervorgerufen worden ist. Bei reiner Hitzewirkung – dies ist der häufigste Fall – spricht man von *thermischer K.;* werden auch mineralische Stoffe zugeführt, bezeichnet man diese K. als *pneumatolytisch;* wenn heiße Wässer einwirken, liegt die *hydrothermale K.* vor. Die von der K. betroffenen Gesteine werden auch als *Kontaktgesteine* bezeichnet und sind im Gefüge und Mineralbestand verändert.

Kontinent (Erdteil): Als Kontinente bezeichnet man die großen Landmassen (Festland) der Erde einschließlich des zugehörigen Kontinentalsockels (↑Schelf) und Kontinentalabhangs sowie der dem Schelf aufsitzenden Inseln. Als Kontinente gelten Europa, Asien (beide zusammen werden auch als einheitlicher K. aufgefasst und so Eurasien genannt), Afrika, Nord- und Südamerika (zusammenfassend auch als Doppelkontinent Amerika bezeichnet), Australien und Antarktika.

kontinental: Das Adjektiv k. beschreibt in der Klimatologie Erscheinungen und Vorgänge, die für Gebiete innerhalb großer Landmassen und Kontinente typisch sind; z.B. das kontinentale Klima.

Kontinentalabhang: Den Steilabfall vom Schelf zur Tiefsee nennt man K. oder *Kontinentalböschung.* Der K. beginnt in etwa 200 m Tiefe und reicht bis etwa 2400 m Tiefe.

kontinentales Klima (Kontinentalklima, Landklima, Binnenklima): Ein Klima, wie es sich über großen Landmassen in allen Klimazonen ausbilden kann, ist ein kontinentales Klima. Es zeigt (im Gegensatz zum maritimen Klima) stärkere jährliche und tägliche Schwankungen der Temperatur. Der Grund hierfür liegt in der schnelleren Erwärmung und Abkühlung der Festländer (gemeint ist schneller als Wassermassen). Der Temperaturunterschied zwischen wärmstem Monat und kältestem Monat ist also besonders groß. Die durchschnittliche Luftfeuchtigkeit ist hier wegen der Meeresferne recht niedrig. In der Niederschlagsverteilung liegt meist im Sommer ein Höhepunkt, da die Niederschläge infolge der verstärkten Sonneneinstrahlung und der Erwärmung des Festlandes als konvektive Niederschläge (↑Konvektion) fallen. Während der Wintermonate liegt in höheren Breiten eine anhaltende Schneedecke, wodurch die Jahreszeiten Frühling und Herbst sehr verkürzt werden.

Kontinentales Tiefbohrprogramm (KTB): Bezeichnung für ein wissenschaftliches Bohrprojekt bei Windischeschenbach in der Oberpfalz. Durch die auf der »Erbendorfer Linie«, einer Art geologischer »Schweißnaht« des Variskischen Gebirges – hier stoßen zwei Kontinentalplatten zusammen – angesetzte Bohrung, sollen v.a. der Aufbau und die physikalischen und chemischen Zustandsbedingungen der Erdkruste, die gesteins- und gebirgsbildenden Prozesse, die Mechanismen von Erdbeben, die Erdwärme und die Bildung von Lagerstätten erforscht werden. Die am 6. 10. 1990 begonnene Bohrung wurde am 12. 10. 1994 in einer Tiefe von 9101 m beendet. Sie erreichte schon hier den Temperaturbereich (etwa 275°C), in dem die Gesteine sich plastisch zu verformen beginnen. Ähnliche, der Grundlagenforschung dienende Bohrungen werden von Russland bei Murmansk auf der Halbinsel Kola (seit 1970; Endtiefe 15000m) und von Aserbaidschan bei Saatly in der Kura-Araks-Niederung betrieben.

Kontinentalverschiebung (Kontinentaldrift): Als K. bezeichnet man die erstmals 1912 gleichzeitig von A. WEGENER und dem Amerikaner F. B. TAYLOR unabhängig voneinander angenommene, sehr langsame Horizontaldrift (Epeirophorese) der aus relativ leichtem Material (Sial) aufgebauten Erdkrustenteile, der Kontinentaltafeln, auf dem schweren plastischen Untergrund (Sima), insbesondere das Auseinanderdriften des amerikanischen Doppelkontinents und der Alten Welt, die zur Entstehung des Atlantischen Ozeans geführt hat, und das Auseinanderstreben von Afrika, Antarktika, Australien und Indien. Die *Drift-* oder *K.stheorie* geht von einem großen Ur-Ozean (Urpazifik) und einem großen zusammenhängenden Urkontinent *(Pangäa)* aus, der bis ins Jungpaläozoikum oder bis zum Mesozoikum bestanden haben soll und zunächst in zwei Teile zerbrach, aus denen einerseits Nordamerika und Eurasien und andererseits Südamerika, Afrika, Antarktika, Australien und Indien entstanden, die seitdem in verschiedene Richtungen auseinander (bzw. aufeinander zu) driften; dabei sollen sich z.B. die Faltengebirge an der Westküste Amerikas durch Stau gebildet

Kontinentalverschiebung

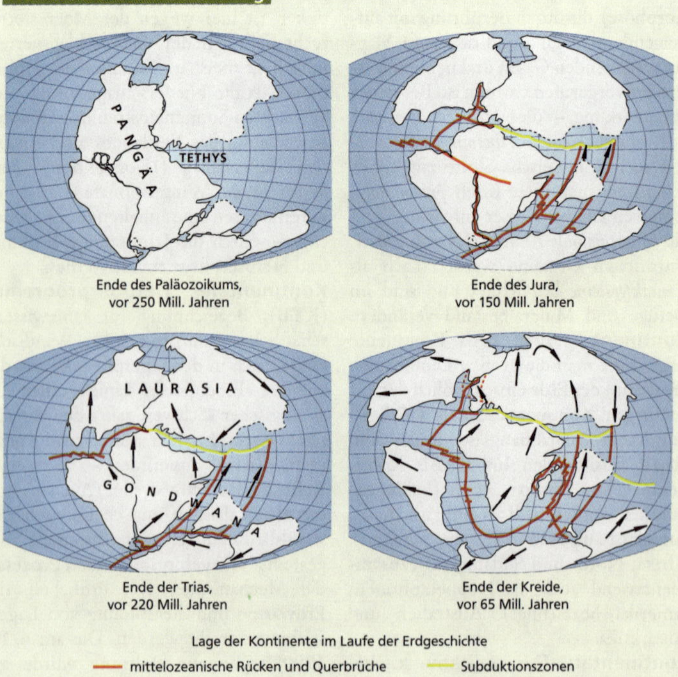

Lage der Kontinente im Laufe der Erdgeschichte

und Indien sich auf die eurasische Scholle aufgeschoben haben. Argumente für eine K. sind die Übereinstimmung der gegenüberliegenden Kontinentalränder von Afrika und Südamerika und dieser Linien mit dem Südatlantischen Rücken, die geologischen, paläontologischen und biogeographischen Entsprechungen sowie auch paläoklimatologische Hinweise (v.a. die permokarbonische Vereisung der südlichen Kontinentteile). Nach zuerst weitgehender Ablehnung durch die Fachwelt hat die K.stheorie, die die Annahme von Landbrücken oder versunkener Zwischenkontinente überflüssig macht, durch paläomagnetische Messungen an vortertiären Gesteinen beiderseits des Atlantiks (↑Paläomagnetismus) sowie durch die Theorien der ↑Plattentektonik (z.B. magnetische Profilaufnahmen im Bereich der untermeerischen Rücken), eine erhebliche Stütze erhalten.

Nach den modernen Auffassungen geht die K. v.a. von den als Mittelozeanischen Rücken ausgebildeten Plattengrenzen aus. Die hier aus den Zentralgräben austretenden Magmen (Material des Erdmantels) breiten sich seitwärts aus (↑Seafloor spreading), drängen dadurch die mitgeschleppten Kontinente auseinander (bewirken also die K.) und werden schließlich im Bereich der großen Tiefseegräben vor Kontinenten oder Inselbögen wieder in den Untergrund gesogen (Subduktion). Die Driftgeschwindigkeit beträgt heute im Südatlantik jährlich mindestens 2 cm, im Nordatlantik 1 cm, im Indischen Ozean bis 6 cm, im zentralen Pazifik 5–6 cm, z.T. 8–10 cm. Diese Annahmen werden durch das Alter der von geringmächtigen Sedimenten bedeckten (vulkanischen) Gesteine bestätigt: Die ältesten ozeanischen Böden (im nordwestlichen Pazifik) entstanden im Jura, vor 180–200 Mill. Jahren. Jährlich werden insgesamt 2,5–3 km^3 neue ozeanische Kruste gebildet; über die Hälfte des heutigen Meeresbodens, d.h. rund ein Drittel der Erdoberfläche, entstand erst seit Beginn des Känozoikums, seit 60 Mill. Jahren.

Als treibende Kraft der K. werden statt der von WEGENER herangezogenen Polfluchtkraft, die eine massensymmetrische Lage der Erdachse anstrebt, heute Konvektionsströmungen im Erdmantel angenommen, die auf dem Zerfall radioaktiver Elemente beruhen: Die dadurch entstehende Wärme staut sich unter den Kontinenten, fließt seitlich zu den Ozeanen hin ab und bewirkt hier, vielleicht an ↑Hot spots ansetzend, den Austritt heißer Laven.

Kontraktionstheorie (Schrumpfungstheorie): Als K. bezeichnet man eine geotektonische Hypothese, nach der die tektonischen Bewegungen der Erdkruste auf Volumenverminderung der Erdkugel infolge Wärmeabgabe oder gravitativer Verdichtung des Erdinnern zurückzuführen sind. Die K. steht damit im Gegensatz zur Expansionstheorie. – Die heute am häufigsten diskutierte diesbezügliche Theorie ist jedoch die der ↑Plattentektonik.

Konturpflügen: Dies ist eine besondere Art des Pflügens, bei der stets um Geländeunebenheiten herum gepflügt wird. Somit entstehen ungewöhnlich kurvige Muster in der Agrarlandschaft. Das besonders in den USA anzutreffende K. soll Bodenerosion verhindern.

Konvektion: K. nennt man in der Klimatologie die von der Erdoberfläche nach oben gerichtete Luftbewegung, die durch die Erwärmung des Untergrundes infolge der Sonneneinstrahlung ausgelöst wird. Die erwärmte Luft steigt infolge ihrer geringeren Dichte auf und kühlt sich dabei ab; wird das Kondensationsniveau erreicht, bilden sich Kumuluswolken. Die auf diesem Wege hervorgerufenen Niederschläge werden *Konvektivniederschläge* genannt. – Der Gegensatz zu Konvektion ist Advektion.

Konvektionsströme: K. sind Strömungen in Flüssigkeiten und Gasen, die aus Temperatur- und Dichteunterschieden resultieren und zu deren Ausgleich

K

führen. K. treten u.a. in der Atmosphäre auf, wo sie deren allgemeine Zirkulation auslösen, und im ↑Erdinnern, hier allerdings nur mit Geschwindigkeiten von einigen Zentimetern pro Jahr, wodurch die Kontinentaldrift verursacht wird (↑Plattentektonik).

Konvergenz:

◆ In der *Meteorologie* meint K. den Zustand im Strömungsfeld der Atmosphäre, bei dem in einem Gebiet in der Zeiteinheit mehr Luft zu- als abfließt. Am Boden sind Tiefdruckgebiete gewöhnlich K.gebiete; da eine K. mit aufsteigender Luftbewegung verbunden ist, kommt es hier zur Wolken- und Niederschlagsbildung. Im Bereich der ↑innertropischen Konvergenz treffen die Passatströmungen der beiden Erdhalbkugeln aufeinander. – Den Gegensatz zu K. nennt man Divergenz.

◆ In der *Ozeanographie* bedeutet K. das Aufeinandertreffen und Zusammenlaufen von Strömungen des Meerwassers. Zwischen den kalten (polaren und subpolaren) und warmen (subtropischen) Wassermassen entstehen deutlich ausgeprägte K.zonen: die beiden subtropischen K.en beiderseits des Äquators sowie die antarktische und arktische K. (beide auch Polarfront genannt).

Konzerne: Bei K.n handelt es sich um einen Zusammenschluss von mehreren selbstständigen Unternehmungen unter einer einheitlichen wirtschaftlichen Führung zum Zweck der Produktionskostenersparnis, der Rohstoff- und Absatzsicherung sowie der Marktbeherrschung.

Koog: K. ist die in Nordfriesland übliche Bezeichnung für einen ↑Polder.

Koordinaten (ko-or...): Als K. gelten alle Längen- und Breitenkreise des geographischen Gitternetzes, deren Schnittpunkte jeden Punkt auf der Erde zahlenmäßig genau festlegen. Die Zählung zur Lagebestimmung erfolgt vom Nullmeridian von Greenwich und vom Äquator aus. So hat Mannheim die geographischen K. 8°24'35" ö. L. und 49°29'06" n. Br. (Wasserturm). Neben den geographischen K. gibt es auch noch geodätische Koordinaten. Ausgehend vom Mittelmeridian eines Kartennetzentwurfes unterteilen sie als rechtwinkliges Gitternetz (Gauß-Krüger-Netz) topographische und geographische Karten zum Zwecke der Orientierung.

kopernikanisches System: svw. ↑heliozentrisches System.

Koppel: Die K. ist eine v.a. in Norddeutschland gebräuchliche Bezeichnung für eine von Zäunen, Hecken, hier Knicks genannt, oder Gräben umgebene Weide- oder Ackerfläche.

Koppelwirtschaft: in Norddeutschland Bezeichnung für die ↑Feld-Gras-Wirtschaft, die hier in der Form der Feld-Weide-Wirtschaft betrieben wird.

Korallenriff: In den Korallenkalken über einem abgesunkenen Vulkan sind marine Terrassen ausgebildet. Die heutigen Korallen des japanischen Atolls Minamidaito liegen in der Brandungszone.

Korallenriff: Das K. besteht aus den Skeletten von koloniebildenden Steinkorallen. Die Korallen leben im lichtdurchfluteten, sauerstoff- und nährstoffreichen Wasser der warmen Meere. Sie vertragen keine Wassertemperaturen unter 20°C und sind deshalb nur in Breiten zwischen 30° nördlicher und 30° südlicher Breite zu finden. In höheren Brei-

ten treten sie nur als versteinerter Rest auf und geben dadurch einen Hinweis auf die veränderten klimatischen Bedingungen dieses Raumes.
Das K. reicht bis dicht unter und etwas über die Wasseroberfläche, da die Korallen nur bis etwa 40m Tiefe lebensfähig sind. Die Korallen bilden an vielen Küsten und Inseln mächtige *Saumriffe,* die aus oben genannten Gründen nahe an der Küste liegen. Bei Senkung des Untergrunds oder Anstieg des Meeresspiegels bauen die Korallen das Riff in die Höhe, während die unteren Regionen absterben. Dabei wird der Abstand zur Küste naturgemäß größer, es entsteht ein *Wallriff,* auch *Barriereriff* genannt. Versinkt eine von einem Wallriff umwachsene Insel vollständig im Meer, so entsteht ein ↑Atoll, eine *Koralleninsel.* Außerdem gibt es *Krustenriffe,* das sind unregelmäßig gewachsene Korallenbänke auf dem Meeresgrund der Flachsee. Fossile Atolle können Höhen bis zu 6000m erreichen, was auf eine starke Meeresspiegelschwankung schließen lässt.

Korngröße: K.n geben Auskunft über die ↑Bodenart.

Korona: Die K. ist der äußerste, strahlenförmige Bereich der ↑Sonne (bei Sonnenfinsternis gut zu erkennen).

Korrasion: Als K. wird die abschleifende Wirkung bewegter fester Stoffe auf anstehendes Gestein bezeichnet; sie erfolgt einerseits in Flussbetten durch das Transportmaterial (besonders in Periglazialgebieten), andererseits in Trockengebieten durch den Sand führenden Wind, daher *Windschliff* genannt. Bei großer Kälte können auch vom Wind mitgeführter Schnee und Eiskristalle eine ähnliche Wirkung haben, man spricht dann von *Schneeschliff.*

Korrosion: Bei der K. erfolgt eine Zersetzung von Gesteinen durch die chemische Wirkung des Wassers und der in ihm gelösten Säuren, Basen und Salze. Besonders die Karsterscheinungen (Bildung von Erdfällen und Höhlen) sind Ergebnisse von Korrosionsvorgängen.

Korruption: K. bedeutet Bestechung oder Bestechlichkeit. Sie spielt im Wirtschaftsleben und bei Entscheidungsträgern aller Ebenen in vielen Ländern, v. a. in Entwicklungsländern, eine nicht zu unterschätzende, häufig sogar dominierende Rolle und wird bei Geschäftsabschlüssen mit einkalkuliert.

kosmische Strahlung: ↑Höhenstrahlung.

Kosten-Nutzen-Analyse: Bezeichnung für ein Verfahren der Bewertung von Vorhaben (v.a. investiver Art) im öffentlichen Sektor unter gesamtwirtschaftlichen Aspekten. Die K.-N.-A. stellt den Versuch dar, Grundprinzipien der privatwirtschaftlichen Investitionsrechnung auf öffentliche Ausgabenentscheidungen zu übertragen, um eine optimale Verwendung der knappen Haushaltsmittel zu ermöglichen. Der Idee nach soll sie durch eine Gegenüberstellung der gesamtwirtschaftlichen Vorteile und der Kosten die Vergleichbarkeit auch völlig verschiedener Projekte und Maßnahmen möglich machen. Praktisch lassen die Probleme der K.-N.-A. jedoch allenfalls den Vergleich alternativer Projekte zu, die demselben Ziel dienen. Hauptschwierigkeiten sind zum einen die Ermittlung der Nutzen und Kosten für die Betroffenen bei »öffentlichen Gütern«, für die es keinen Marktpreis als Indikator der Zahlungsbereitschaft gibt. Zum anderen sind Kosten und Nutzen eines Projektes oft kaum in Geld bewertbar (z.B. weniger Unfalltote) oder nicht messbar (z.B. Eingriffe in das Landschaftsbild durch ein Bauwerk). Zudem müssen die Kosten und Nutzen, die in den verschiedenen Jahren anfallen, wie bei jeder Investitionsrechnung vergleichbar gemacht, d.h. auf die Gegenwart abgezinst werden. Die K.-N.-A. kann zwar nicht eindeutige Aussagen über die Vorteilhaftigkeit einer bestimmten Maßnahme liefern, zwingt aber den Planer zu Überlegungen über mögliche Auswirkungen eines Vorhabens und macht die Entscheidung und die ihr zugrunde lie-

K

Kral: Ein von einem doppelten Dorn- und Holzverhau umschlossener Kral der halbnomadischen Himba in Namibia (links). Der innere Ring dient als Rinderpferch (dunkle Färbung durch Viehdung). – Der enorme Holzverbrauch zur Errichtung der nur zeitweise bewohnten Hütten und der Zäune hat zusammen mit der starken Überweidung zu weitflächiger Desertifikation geführt (rechts).

genden Wertungen für die Öffentlichkeit nachvollziehbar.

Kral: Ein K. ist eine von einem Dornverhau umschlossene Rundplatzsiedlung afrikanischer Bauern, bei der die Hütten kreisförmig um ein (oft ebenso benanntes) Viehgehege angeordnet sind.

Krater: K. nennt man die Öffnung des Schlotes von Vulkanen, durch den die Lava an die Erdoberfläche tritt; er ist trichter- oder kesselförmig ausgebildet. Der zentrale Schlot, durch den die Hauptmasse der Lava strömt, endet im *Zentralkrater,* am Hang auftretende kleine K. heißen *Adventiv-, Parasitär-* oder *Nebenkrater.*

Kraton (Kratogen): Ein K. ist ein durch Faltung und Aufdringen von Magmamassen verfestigter Bereich der Erdkruste, der bei späteren tektonischen Beanspruchungen nicht mehr stark gefaltet (alpinotyp), sondern nur noch durch Bruchtektonik und Bruchfaltentektonik (germanotyp) verformt werden kann. Zu den im Präkambrium entstandenen und seither stabilen *Urkratonen (Urkontinenten)* gehören der nordeuropäische Urkontinent Fennosarmatia, die Sibirische Tafel, der Kanadische Schild sowie große Teile Afrikas u.a. Reste des ehemaligen Großkontinents Gondwana.

Kreide (erdiger Kalkstein): K. ist ein weißer feinkörniger, weicher und lockerer Kalkstein; er enthält oft Feuersteinknollen.

Kreide (Kreidezeit): jüngstes System des Mesozoikums, ↑Geologie, Zeittafel.

Kreolen:

◆ Als K. werden in Lateinamerika allgemein die Nachkommen von kolonialzeitlichen Einwanderern aus romanischsprachigen Ländern Europas bezeichnet (weiße Kreolen).

◆ In Brasilien werden auch die Nachkommen von Sklaven K. genannt (schwarze Kreolen).

◆ In Surinam und den anderen Guayanaländern werden Mischlinge aus Schwarzen und Europäern K. genannt.

kretazisch: Vorgänge und Erscheinungen, die sich auf die Kreidezeit beziehen, werden k. genannt.

Kristall: Ein K. ist ein einheitlich zusammengesetzter Festkörper, dessen Bausteine (Atome, Moleküle, Ionen) zu einem räumlichen K.gitter angeordnet sind. Die Bausteine, ihre Anordnung und die Art der Bindung bestimmen das äußere Erscheinungsbild und die Eigenschaften der Kristalle. Dazu gehören die für jeden spezifischen K. kennzeichnenden Winkel, die seine, ebenfalls kennzeichnenden Flächen miteinander bilden. Die Bindungsarten der Bausteine im K.gitter sind je nach Stoff verschieden. Ihre räumliche Anordnung ist regelmäßig; das unterscheidet K. von amorphen (gestaltlosen) Substanzen wie Gläsern, Flüssigkeiten und Gasen. In *Flüssig-K.* erfolgt eine gewisse periodische Vorordnung von Molekülen. Amorphe Substanzen können im Verlauf längerer Zeit in kristalline übergehen (»Altern« von Gläsern z.B.). K. weisen immer eine bestimmte Gestalt auf *(Kristallgestalt)*. Sie ist die durch die Gesetzmäßigkeiten des Kristallwachstums bedingte und von den jeweiligen Milieubedingungen beeinflusste Form eines K., sie hängt u.a. von der Bildungstemperatur und Kristallisationsgeschwindigkeit, von der Konzentration und Menge der kristallisierenden Substanz sowie vom Anteil an Fremdsubstanzbeimengungen ab. K. bilden sich aus Lösungen durch Übersättigung, aus Schmelzen durch Abkühlung oder durch Umwandlung aus amorphen Substanzen. In allen Fällen tritt ein durch das K.gitter dokumentierter, geordneter Zustand ein.

Kristallin: Als K. bezeichnet man das aus magmatischen und metamorphen Gesteinen aufgebaute Grundgebirge.

kristalline Gesteine: Kristallin nennt man Gesteine, deren sämtliche Gemengteile aus vollkommen oder teilweise ausgebildeten Kristallen bestehen.

kristalline Schiefer: Dies ist eine Sammelbezeichnung für ↑metamorphe Gesteine mit deutlicher flächenhafter Einregelung von Mineralen, v.a. Glimmer, bedingt durch starken gerichteten Druck (z.B. Gneis, Phyllit).

Kryoturbation (Mikrosolifluktion): Auf ebenen und kaum geneigten Hängen (unter 2°) erfolgt im polaren, subpolaren und subnivalen Bereich eine Umlagerung der Bodenteilchen am Ort infolge des jahreszeitlich oder tageszeitlich wechselnden Gefrierens und Auftauens des Bodens. Durch diesen K. genannten Vorgang entstehen in gleichartigem Bodenmaterial *Texturböden,* die auch als *Brodel-, Würge-* und nach dem Aussehen der Bodenschlieren (im Anschnitt) als *Taschenböden* bezeichnet werden. In aus unterschiedlichem Material bestehenden Böden findet eine Sortierung der Bodenteile statt, die auch oberflächlich sichtbar wird, es entstehen ↑Frostmusterböden.

Kryptozoikum: Bezeichnung für das Präkambrium, die älteste erdgeschichtliche Ära mit nur wenigen oder keinen Spuren menschlichen Lebens, ↑Geologie, Zeittafel.

KTB: Abkürzung für ↑**K**ontinentales **T**iefbohr**p**rogramm.

kühl gemäßigte Zone: Die k. Z. ist ein Klimatyp in den mittleren Breiten mit kühlen, wolkenreichen Sommern und überwiegend kalten Wintern. Sie schließt sich auf der Nordhalbkugel im Süden an den Bereich der kaltgemäßigten borealen Zone an. Entscheidend für die k. Z. ist allein der Einfluss maritimer Luftmassen, die starke jahreszeitliche Extreme im Witterungsablauf verhindern.

Kultivierung: Man spricht von K., wenn Brachland urbar gemacht wird. Auch das planmäßige Züchten und Pflegen von Wildpflanzen, um Kulturpflanzen zu gewinnen, wird als K. bezeichnet.

Kulturgeographie: im weiteren Sinne Bezeichnung für die ↑Anthropogeographie. Die Hauptzweige sind Siedlungs-, Wirtschafts- und Verkehrsgeographie.

Kulturlandschaft: Als K. wird eine Landschaft angesprochen, die wesentlich vom Menschen umgestaltet wurde.

Kulturpflanzen: K. sind Pflanzen, die vom Menschen planmäßig in Kultur genommen und weiter gezüchtet wurden. Alle K. stammen von Wildpflanzen ab. Sie wurden entweder direkt vom Menschen in Kultur genommen (*primäre K.,* wie Weizen, Hirse, Erbse, Linse, Flachs) oder sind auf dem Umweg über Unkraut, als das sie lange Zeit galten, zu *se-*

K

kundären K. geworden wie etwa Roggen, Hanf, Mohn und Möhre. K. sind hauptsächlich durch zufällige Veränderungen der Erbanlagen entstanden. Der Mensch hat dann durch gezielte Züchtung und Auslese diese Merkmale stabilisiert. Die K. haben meist einen größeren und derberen Wuchs als die Wildformen. Sie zeigen oft einen Riesenwuchs, der zu einer Ertragsteigerung führt und nicht selten auch mit einer Qualitätsverbesserung verbunden ist. Vielfach ist die Fähigkeit zur geschlechtlichen Vermehrung verloren gegangen, was zu einer Abnahme der Blüten-, Frucht- und Samenzahl, ja bis zur Samenlosigkeit, wie bei der Weinrebe und einigen Zitrusfrüchten, führte. Der erstrebte Effekt dabei ist, dass die Blüten und damit die Früchte größer werden. Die Verringerung der Vegetationsperiode und gleichmäßige Reifezeiten waren außerdem Voraussetzungen für die Ausdehnung des Anbaues bestimmter K. über die natürliche Anbaugrenze hinaus. Durch gezielte Züchtung konnte man weiterhin Gift- und Bitterstoffe entfernen, etwa bei Obst, Rüben, Lupinen oder eine größere Formenmannigfaltigkeit, z.B. die Kopfbildung bei Kohl und Salat, oder Farbvarianten, z.B. bei Zierpflanzen, erzielen.

Kultursteppe: Der Begriff K. charakterisiert offene, durch die Vernichtung der ursprünglichen Vegetation und den Anbau nur weniger Pflanzenarten oder starke Beweidung entstandene Kulturlandschaften (besonders in den USA, im Süden Russlands, der Ukraine und Kasachstan). Häufig treten starke Störungen des ökologischen Gleichgewichtes als Folgeerscheinungen auf, z.B. eine verstärkte Bodenerosion durch zeitweilige oder dauernde Freilegung der Bodenoberfläche.

Kulturstufe: Als K. wird der Entwicklungsgrad der Kultur eines Volkes bezeichnet. Als niedrigste K. wird die der Wildbeuter angesehen. Die höchsten Kulturstufen werden als Hochkulturen bezeichnet.

Kumulonimbus (Cumulonimbus): Eine dicke, dichte, hoch reichende Haufenwolke in Form eines gewaltigen Berges (etwa 5000–7000 m Mächtigkeit) nennt man K.; ihr Wolkengipfel ist meist abgeflacht und breitet sich häufig ambossförmig nach den Seiten hin aus. K.wolken bilden sich durch ↑Konvektion in sehr hoch reichend labil geschichteten Luftmassen, die sich oft durch die gesamte Troposphäre erstrecken, sie bestehen aus Wassertröpfchen und im oberen Teil aus Eiskristallen. Außerdem enthalten sie große Regentropfen und oft auch Schneeflocken, Reifgraupeln, Eiskörner, Frostgraupeln oder Hagelkörner, die als Schauerniederschläge ausfallen. K. bildet sich häufig an heißen Sommertagen in den späten Nachmittagsstunden. Dabei werden durch die lokale Aufheizung der bodennahen Luftschichten Turbulenzen ausgelöst, kräftige vertikale Luftbewegungen. Die hohen Geschwindigkeiten der aufsteigenden Luftmassen lassen sich deutlich am schnellen Anwachsen der Wolkentürme ablesen. K. ist die typische Gewitterwolke; ↑auch Gewitter.

Kumulus (Cumulus, Haufenwolke): Eine einzelne, scharf begrenzte Wolke in Form von Haufen und Türmen, deren oberer, quellender Teil häufig einem Blumenkohl ähnelt, nennt man K.; über einer nahezu horizontalen und dunkleren Wolkenbasis leuchten die von der Sonne beschienenen Wolkenteile weiß. K.wolken bilden sich meist durch ↑Konvektion in einer hoch reichend labil geschichteten Atmosphäre, sie bestehen gewöhnlich nur aus Wassertröpfchen. Normalerweise fällt aus ihnen in unseren Breiten kein Niederschlag; sie werden daher auch Schönwetterwolken genannt.

künstliche Bewässerung: Unter k.B. versteht man die Zufuhr von Wasser an den Boden, um Kulturpflanzen über die natürlichen Niederschläge hinaus mit Wasser zu versorgen. In den trockenen Gebieten der Subtropen ist Pflanzenbau häufig nur mit k.B. möglich. – ↑Bewässerung.

künstlicher Regen: Regen fällt aus den Wolken nur aus, wenn genügend Kondensationskerne vorhanden sind. Will man – etwa um einen Hagelschlag zu vermeiden – dennoch die Wolke aus unterkühlten Wassertröpfchen zum Abregnen bringen, müssen in die Wolke Kondensationskerne eingebracht werden. Man tut dies bei der Hagelabwehr mittels Flugzeugen oder Raketen in Form von fein verteiltem Silberjodid- oder Kohlesäurekristallen. Weil diese die gleiche Kristallstruktur haben wie Eis, wirken diese Kristalle, sobald sie mit den unterkühlten Wassertröpfchen der Wolke in Berührung kommen, als Gefrierkerne: Es bilden sich Eisteilchen und diese leiten nun als Kondensationskerne in der unterkühlten Wolke die Bildung von Niederschlägen ein; es regnet. Da diese Methode nur bei unterkühlten Wassertröpfchen möglich ist, wird sie v.a. zur Verhinderung von Hagelbildung angewandt. Die Wassertröpfchen würden sich nämlich bei natürlichem Ablauf des Geschehens in der Wolke als Schalen um (sich dann in großen Massen bildende) Eiskügelchen ablagern.

Kụpsten: K. sind durch Ausblasung unregelmäßig geformte, teilweise bewachsene Dünenhügel an der Küste.

Kurort: Der Begriff K. ist eine Sammelbezeichnung für Siedlungen, in denen basierend auf örtlichen Kurmitteln (Thermalquellen, Mineralbrunnen, Moore, Schlamme etc.) oder eines nachweisbaren Heilklimas Einrichtungen zur Erholung oder Genesung existieren. In Deutschland muss ein wissenschaftliches Gutachten Nachweis der angestrebten Heilwirkung erbringen, bevor der Titel Bad, Heilbad oder Heilklimatischer K. im Ortsnamen geführt werden darf.

Luftkurorte haben ein erholungsförderndes Klima in landschaftlich reizvoller Lage. Industrie- und Verkehrsanlagen dürfen weder physiognomisch noch akustisch auffallen.

Das gesellschaftliche Leben in Kurorten hat oft eine eigene Ausprägung (Spielbank, Pferderennen, Modeschauen etc.). Auch das Berufs- und Sozialgefüge hat typischen Charakter; Kurverwaltung, Ärzte, Hoteliers, Pensionsinhaber und Zimmervermieter mit ihren Angestellten.

Kurọshio: warme Meeresströmung im nördlichen Pazifik, Karte Meeresströmungen S. 234.

Küste: Der Bereich der K. umfasst den Grenzsaum zwischen Festland und Meer, wobei sowohl die Randgewässer als auch ein Festlandstreifen einbezogen sind und der Strand die eigentliche Berührungszone darstellt. Durch Brandung, Gezeiten, Meeresströmungen, Hebungs- und Senkungserscheinungen, Meeresspiegelschwankungen und durch die Ablagerungen der Flüsse wird die K. ständig verändert. Das Zusammenwirken aller dieser Kräfte führt zu verschiedenen Küstentypen.

Nach ihrer Gestalt unterscheidet man Steil- und Flachküste. Die *Steilküste* ist das Ergebnis der marinen ↑Abrasion, bei der *Flachküste* läuft die Brandung am flachen Ufer aus und bildet durch Materialanschwemmung einen Strand. Eine *Ausgleichsküste* entsteht durch ↑Strandversetzung.

Nach dem Einfluss von Krustenbewegungen auf die Küstenformung lassen sich Hebungs- und Senkungsküsten unterscheiden. Bei der Hebungsküste sind Bereiche des ehemaligen Strandes sowie vormals submarine Gebiete zu Land geworden, wovon oftmals gehobene Abrasionsplatten, landeinwärts gelegene Kliffe und alte Strandwälle zeugen. Senkungsküsten entstehen durch das Eindringen des Meeres in den Festlandbereich, wobei je nach dem überfluteten Relief verschiedene Küstenformen entstehen können, z.B. Riaküsten, Fjordküsten, Schärenküsten, Boddenküsten.

Küstenfischerei: Fischerei innerhalb der ↑Küstengewässer.

Küstengewässer (Küstenmeer): Die K. sind die der Hoheit des angrenzenden Küstenstaates unterstehenden Meeres-

Küstenformen

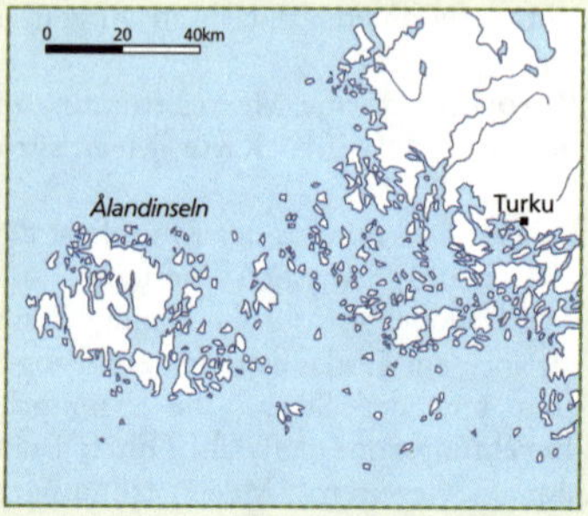

Schärenküste

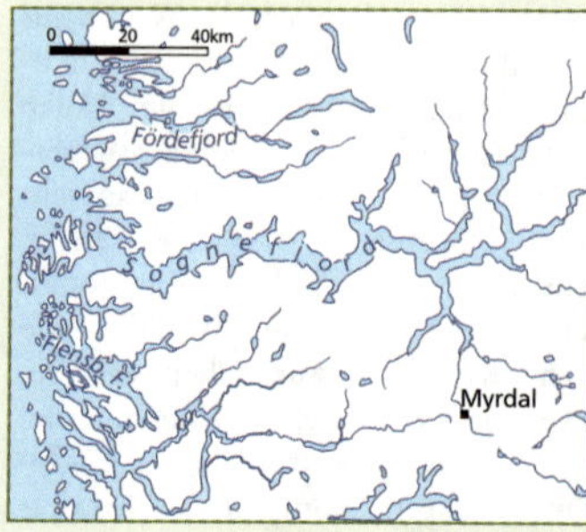

Fjordküste

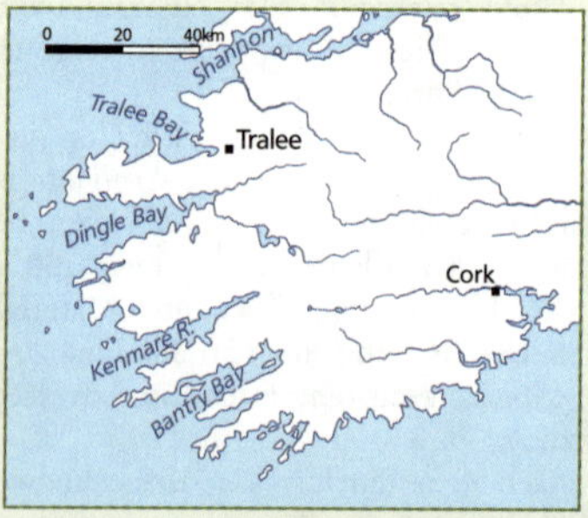

Riaküste

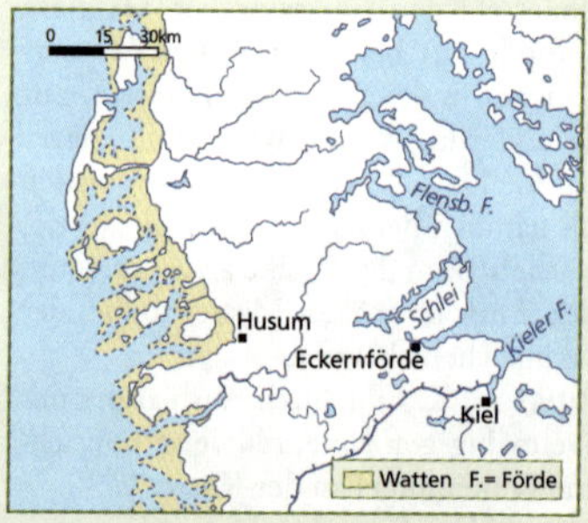

Wattenküste (im W) und Fördenküste

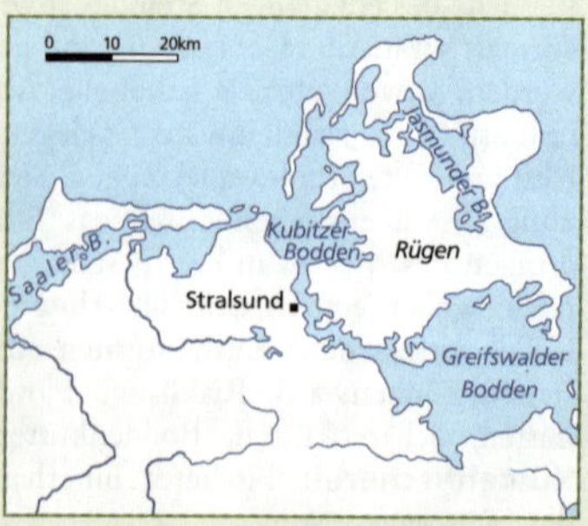

Boddenküste

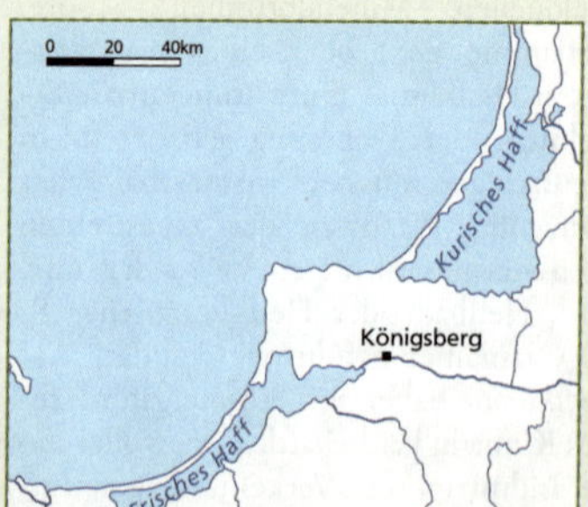

Haffküste

gebiete (Territorialgewässer). Sie beginnen an der Niedrigwasserlinie der Küste, der Basislinie, die als Staatslandgrenze gilt und reichten früher 3 sm (= 5 556 m) ins Meer hinaus *(Dreimeilenzone).* Die meisten Staaten haben die Größe aber inzwischen auf 12 sm (= 22 224 m) ausgedehnt. Auch viele Staaten der Dritten Welt erstreben eine solche *Zwölfmeilenzone,* um über Fischgründe und Bodenschätze im Schelf sicher verfügen zu können. In den K.n muss allen Schiffen die friedliche Durchfahrt gestattet werden. Jenseits der K. beginnt die hohe See.

Küstenhof: Als K. wird eine kleine, abgeschlossene Küstenebene bezeichnet, die einer ausgedehnten Steilküste eingeschaltet ist. Küstenhöfe treten häufig in Karstgebieten auf.

Küstenschifffahrt: Unter K. versteht man die Beförderung von Personen und Gütern mit kleineren Schiffen entlang der Küste zwischen Seehäfen desselben Staates. Die K. ist aufgrund der ↑Kabotage meist Schiffen des Küstenstaates vorbehalten. Die *große K.* umfasst den gesamten Verkehr auf Binnenmeeren.

Küstenschutz: Die Maßnahmen des K.es umfassen alle baulichen Vorkehrungen, um Deiche, Vorländer, Strände und Dünen an der Küste gegen Zerstörung durch das Meer, also durch Brandung, Strömung, Eis usw., zu sichern. Man unterscheidet zwischen Maßnahmen des Hochwasserschutzes (Deiche, Sperrwerke) und des Erosionsschutzes, bei Letzterem zwischen aktiven und passiven Maßnahmen. Zum *aktiven K.* gehören Maßnahmen, die die Angriffslinie der See möglichst weit seewärts verlagern, also Anlagen zur Landgewinnung, Unterwasserbuhnen, die die Gezeitenströmungen abweisen, künstliche Strandaufspülungen, Errichtung von Strauchstreifen oder Drahtgitterzäunen, die Sand festhalten und so neue Dünen aufbauen. *Passiven K.* bewirken unmittelbar an den zu schützenden Küstenabschnitten errichtete Anlagen, die die Angriffskräfte des Wassers auffangen und unwirksam machen. Das sind v.a. Steinbänke am Deichfuß (an der Deichberme) und an abbrechenden Vorländern, Strandbuhnen, die den ständig auf den Strand gespülten Sand (durch die Brandung) vor dem Rücktransport ins Meer (durch die Strömungen) bewahren und ebenfalls Sand sammelnde Zäune.

Küstenversetzung: ↑Strandversetzung.

Küstenwüste: Die K. ist ein extremer Wüstentyp im Küstenbereich, der sich unter dem Einfluss eines kalten Meeres-

Küstenschutz

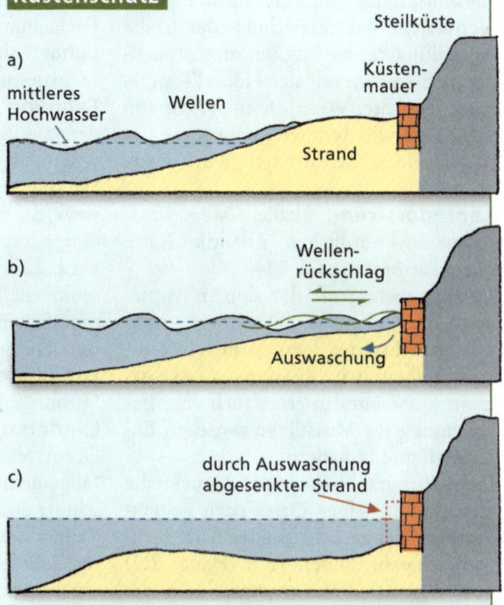

Ein breiter Strand (a) vor der Küstenmauer schützt vor Auswaschung (b) und Absenkung (c)

K

stromes, verstärkt durch Auftriebwasser (hervorgerufen durch ablandige Passatwinde) in den Tropen und Subtropen entwickelt. Durch die Überlagerung warmer Passatluftmassen auf kalte Meeresluft entsteht eine Inversion, die Konvektion und damit Niederschlagsbildung verhindert. Dagegen kommt es an der entstehenden Dunstschicht an der Unterseite der Inversion zu Nebelbildung, da die Meeresluft sehr feucht ist. Im entsprechenden Küstenstreifen ist eine K. dann als ↑Nebelwüste ausgebildet. Die bekanntesten K.n sind die Namib in Südwestafrika und die Atacama in Nordchile.

Kutter: Fischkutter sind meist motorgetriebene Fischereifahrzeuge der Küsten- und der kleinen Hochseefischerei, die mit dem Schleppnetz arbeiten.

L

labile Schichtung: Eine Schichtung ist die Anordnung von Luftschichten in der Vertikalen, gekennzeichnet durch die Verteilung der wichtigsten meteorologischen Elemente mit der Höhe (Temperatur, Feuchte, Wind). Man spricht von l. S., wenn die Temperaturabnahme pro 100 m einen bestimmten Wert überschreitet.

Labradorstrom: kalte Meeresströmung im nördlichen Atlantik, Karte Meeresströmungen S. 234.

Ladin: obere Stufe der alpinen Mittleren ↑Trias.

Ladino: Ladinos werden nichtindianische Einheimische in Lateinamerika genannt; in Zentralamerika auch eine Bezeichnung für Mischlinge zwischen Europäern und Indianern.

Lage (geographische Lage): L. meint die Bestimmung eines Ortes nach geographischer Länge und Breite, nach örtlichen Gegebenheiten (z.B. Hang, Tal) oder regionalen Beziehungen, etwa der Verkehrslage.

Lagerstätten: L. sind alle nutzbaren Anreicherungen natürlicher Mineral-, Kohlen-, Erdöl- und Erdgasvorkommen in der Erdkruste. Die wichtigsten Anreicherungsvorgänge sind Trennung von Mineralgemischen im Zuge der Abtragung (↑Seifen), chemische Abtrennung beim Auskristallisieren aus Schmelzen, heißen Lösungen oder Dämpfen, Absinken von spezifisch schweren Frühabscheidungen in Gesteinsschmelzen, örtlich günstige Wachstums- und Einbettungsbedingungen der später in Kohle umgewandelten Pflanzen, Wanderung von Erdöl und -gas in geeignete Speichergesteine. L. können gleichzeitig (syngenetisch) mit dem umgebenden Gestein oder nachträglich (epigenetisch) entstanden sein. – ↑auch Erzlagerstätten.

Lagune:

◆ Als L. wird einerseits eine durch eine Nehrung oder Sandinseln vom offenen Meer abgetrennte, seichte Brackwasserfläche bezeichnet; L. steht sowohl für ↑Haff, als auch für ↑Strandsee.

◆ Andererseits meint L. auch die von den Koralleninseln umgebene Wasserfläche innerhalb eines ↑Atolls.

Lahar: eine vulkanische Erscheinung, ↑Schlammstrom.

Lahnung (Schlenge): Lahnungen werden zur Schlickablagerung in Landgewinnungsgebieten an der Küste angelegt. Sie sind niedrige Dämme aus Strauchwerk, das zwischen zwei Pfahlreihen fest eingepackt und mit Draht verschnürt wird. Lahnungen werden wie Buhnen senkrecht zum Küstenverlauf angelegt und dienen ebenfalls der Strömungsverminderung.

Landenge: deutsche Bezeichnung für ↑Isthmus.

Länderkunde (Choretik): Teil der Geographie, der sich im Gegensatz zur ↑allgemeinen Geographie mit der Erforschung und Darstellung von bestimmten Teilräumen der Erdoberfläche, von Staaten, Ländern, Länderteilen oder größeren zusammenhängenden Räumen, Kulturerdteilen, auch Meeresgebieten, befasst. Die L. soll, über eine bloße Stoffsammlung hinausgehend, den Zusam-

menhang aller wesentlichen geographischen Erscheinungen aufzeigen und den individuellen Charakter des betreffenden Raumes herausarbeiten.
Die moderne L. oder *regionale Geographie* stellt im Sinne der sich im Raum vollziehenden Prozesse und Interaktionen die sozial- und wirtschaftsräumliche Dynamik in den Mittelpunkt, wobei auch Fragen der Raumordnung, der Landespflege und der Entwicklungsprognose berücksichtigt werden. Angesichts der Fülle des aufzuarbeitenden Materials wird L. oft als Gemeinschaftsarbeit betrieben.

Landeskunde: L. ist die Erforschung und Kenntnis eines bestimmten Raumes in der Gesamtheit seiner gestaltenden Faktoren, v.a. der natürlichen Gegebenheiten und der historischen Entwicklungen, der Geo- und Soziofaktoren. In dieser Problemstellung ist die L. (auch methodisch) eng verknüpft mit der Landesgeschichte (historische L.) und der historischen Geographie, auch wenn sie sich in jüngster Zeit verstärkt sozialgeographischen Fragestellungen zuwendet.

Landesplanung: Die L. als Teilgebiet der Raumordnung ist die Grundlage aller raumordnungspolitischen Entscheidungen in Planungsräumen. Die L. umfasst die Summe aller Maßnahmen zur Beseitigung vorhandener (meist historisch entstandener) Schäden und Nachteile und soll durch eine sinnvolle Raumnutzung und Raumentwicklung zu möglichst optimalen Lebensverhältnissen beitragen. Sie ist übergeordnete Raumplanung mit dem Grundsatz der funktionsgerechten Einordnung der Planung kleinerer Räume (Gemeinden, Regionen) in die L. des größeren Raums unter Berücksichtigung der natürlichen, sozialen, kulturellen und wirtschaftlichen Bedingungen. Die L. ist ursprünglich aus Anregungen der Stadtplanung erwachsen.
Arbeitsweisen sind die Raumanalyse als Bestandsaufnahme, die Ermittlung von positiven und negativen Erscheinungen und Entwicklungen in den Planungsräumen, die Errechnung von Entwicklungstrends (Prognosen) sowie die fortlaufende Beobachtung und Überprüfung des Planungsraumes und die Feststellung der notwendigen Planungsmaßnahmen nach Prioritäten. Das Ergebnis sind Entwicklungsprogramme (textliche Darstellung), Entwicklungs- oder Raumordnungspläne (Kartendarstellung, Planungsatlanten).
Landesentwicklungspläne sind Zielpläne für den Ausbau der Infrastruktur für das Land oder seine Teile, z.B. Entwicklungsschwerpunkte wie Ballungskerne, zentrale Orte, Mittelpunktsgemeinden, Ausbauorte, Entwicklungsachsen, Ballungsrandzonen und ländliche Zonen, Verkehrsplanung, Versorgungseinrichtungen und Erholungsgebiete. Landesentwicklungspläne stellen dabei im Gegensatz zu den allgemein gehaltenen Landesentwicklungsprogrammen (Landesentwicklungsgrundsätzen) die konkreten, spezifizierten Maßnahmen und Perspektiven der L. dar, die u.a. als Grundlage für die Haushaltsplanungen der Bundesländer dienen.

Landflucht: Unter L. versteht man die Abwanderung vom Land, also vom bäuerlichen Bereich, weg in die Städte, meistens in die Industriestädte. Die Ursachen sind in der Regel Mangel an Arbeits- und Aufstiegsmöglichkeiten auf dem Land, was v.a. in den Ländern der Dritten Welt eine wichtige Rolle spielt; es verlocken aber neben den besseren Verdienstmöglichkeiten in der Stadt auch deren vielfältigere Bildungs- und Freizeitmöglichkeiten.

Landgewinnung: Bei der L. an der Küste handelt es sich um die Gewinnung von Bodenflächen zum Schutze des Hauptdeiches, zur landwirtschaftlichen Nutzung, zur Besiedlung oder als Standort von Industrieanlagen. Das übliche konventionelle Verfahren im Gezeitenbereich der Küsten ist die Begünstigung und Förderung der natürlichen Auflandung durch Schlickablagerung.
Dazu dient unter Beachtung der örtlichen Meeresströmungen (v.a. Gezeiten-

ströme) ein System von Dämmen und Gräben *(Landgewinnungswerk);* ↑Buhnen verhindern Querströmungen, ↑Lahnungen dienen außerdem als Schlickfänger. Zwischen ihnen kommt das bei Flut einströmende Seewasser zur Ruhe und setzt den mitgeführten Feinsand und Schlick auf den Wattflächen, v.a. aber in den kleinen, senkrecht zur Deichlinie angelegten Gräben, den *Grüppen,* ab. Wenn die Grüppen im Laufe der Zeit mit Schlick angefüllt sind, werden sie wieder freigegraben (heute oft maschinell), wobei der ausgehobene Schlick auf die Wattflächen zwischen den Grüppen, die *Beete* geworfen wird, die sich dadurch erhöhen und allmählich zu Land werden. Nach Bildung eines *Algenrasens* siedelt sich bei Erreichen einer Höhe von etwa 25 cm unter mittlerem Tidehochwasser (mThw) der bodenfestigende Queller mit Schlickgras und Seegras an. Ab einer Höhe von etwa 30 cm über mThw folgen den *Quellerwiesen* die *Salzwiesen,* die als Schafweide genutzt werden. Mit zunehmender Auflandung und Entsalzung werden Süßgräser und Weißklee eingesät. Wenn etwa 80 cm Höhe über mThw erreicht sind, wird das Gelände eingedeicht. Aus dem bisherigen Vorland ist ein ↑Polder geworden, die *Vorlandgewinnung* wurde zur *Neulandgewinnung.* Vor dem neuen Hauptdeich müssen nun erneut Maßnahmen zur Vorlandgewinnung als Teil des aktiven Küstenschutzes (für den neuen Deich) einsetzen.

An die Stelle dieses klassischen Verfahrens treten heute vielfach *mechanische Verfahren,* v.a. bei der Industrieansiedlung. Mit Deichbauten, auch unter Einbeziehung von Inseln und Halbinseln, werden größere Meeresteile abgeriegelt, um mit eingespültem Material eine schnelle Auflandung herbeizuführen (z.B. die Deltawerke in den Niederlanden). In anderen Fällen (z.B. Zuiderseeprojekt) wird die eingedämmte Fläche wie bei der Trockenlegung von Binnenseen leer gepumpt und in Kultur genommen. An alle Verfahren schließen sich je nach Verwendungszweck und örtlichen Gegebenheiten unterschiedliche Folgearbeiten an, wie Meliorationen, Einsatz von Schöpfwerken, Anlage von Graben- und Schleusensystemen zur Grundwasserregulierung.

Landhalbkugel: das Gegenstück zur ↑Wasserhalbkugel.

Landklima: ↑kontinentales Klima.

ländlicher Raum: Damit soll der Gegensatz zum städtischen Raum verdeutlicht werden. Die Lebensbedingungen und Lebenschancen werden durch Wohnen im städtischen oder l. R. beeinflusst. So sind z.B. die Ausbildungs- und Berufsmöglichkeiten im l. R. nicht selten wesentlich ungünstiger als in der Stadt. Die Infrastruktur ist im l. R. allgemein schlechter ausgeprägt als im städtischen Raum. Insgesamt beeinflusst die Landwirtschaft auch heute noch den l. R. recht stark.

Landregen: Vom L. spricht man bei mäßig starkem, aber lang andauerndem ↑Regen, der über einem größeren Gebiet niedergeht. Diese Form des Regens ist meist an das Vordringen von Warmfronten gebunden.

LANDSAT [ˈlændsæt]: L. ist der Name amerikanischer Erderkundungssatelliten, die zur genauen Kartierung der Erde, zur Kontrolle von Anbauflächen u.a., Auffindung von Fischgründen, Meeresströmungen und für andere ozeanographische und meteorologische Aufgaben sowie zur Lagerstättenerkundung eingesetzt werden.

Landschaft: Der Begriff L. bezeichnet einen bestimmten Teil der Erdoberfläche, der nach seinem äußeren Erscheinungsbild und durch das Zusammenwirken der hier herrschenden Geofaktoren (auch einschließlich der menschlichen Tätigkeit) eine charakteristische Prägung besitzt und sich dadurch vom umgebenden Raum abhebt.

Neben dem einzelnen, einmaligen *Landschaftsindividuum* hat man auch bestimmte *Landschaftstypen* herausgearbeitet, die sich über die Erde hin als *Landschaftsgürtel* oder *-zonen* (v.a. klimatisch und vegetationsgeographisch) verfolgen lassen. Dabei ist zu beachten, dass die ursprüngliche Naturlandschaft heute weithin durch menschliche Einwirkung in Kulturlandschaft umgewandelt worden ist. Die *Landschaftskunde* nimmt eine vermittelnde Stellung zwischen der allgemeinen Geographie und der Länderkunde ein.

Landschaftsökologie: Die L. unternimmt den Versuch, Problemstellungen und Prozessabläufe in der Umwelt ganzheitlich zu erfassen. Ziel ist die Erhaltung des ↑dynamischen Gleichgewichts.

Landschaftspflege: Die L. versucht, die Ziele der ↑Landschaftsökologie mit pflegerischen Maßnahmen zu erreichen. In der Schweiz werden z.B. Landwirte für die Erhaltung der Kulturlandschaft direkt vom Staat bezahlt. Dies ist vor allen Dingen deshalb notwendig, weil landespflegerische Maßnahmen für Landwirte nicht selten betriebswirtschaftlich unrentabel sind (z.B. die Erhaltung der Almen im Hochgebirge).

Landschaftsschutz: Der L. versucht einen Ausgleich zwischen den Lebensbedürfnissen des Menschen und der Belastbarkeit der Natur herzustellen. Der L. kennt nicht die strengen Schutzbestimmungen wie der Naturschutz. Die *Landschaftsschutzgebiete* werden nämlich land- und forstwirtschaftlich genutzt. Veränderungen des Landschaftsbildes, z.B. durch Besiedelung, bedürfen jedoch der Genehmigung. Dadurch soll einer Zerstörung der Landschaft Einhalt geboten werden. Die Landschaftsschutzgebiete erfüllen wichtige Aufgaben für den Menschen. Sie dienen der Gesundheit, der Erholung und der Förderung des Verständnisses für die Natur.

Land- und Seewind: Der Land- und Seewind ist eine in den Küstengebieten auftretende Luftzirkulation, die sich jeweils in den Nachmittags- und Morgenstunden umkehrt. Die Richtung der Luftströmung erklärt sich durch die unterschiedlich schnelle Erwärmung und Abkühlung des Festlandes und der Wassermassen. Während der täglichen Sonneneinstrahlung entwickelt sich über dem Land eine aufwärts gerichtete Luftströmung, die am Boden durch kühlere Luft aus den untersten Schichten der Atmosphäre über dem weiten Wassergebiet gespeist wird: Es weht der *Seewind.* In der Höhe erfolgt eine Abkühlung und die Luftmassen fließen seewärts ab, sodass ein geschlossener Kreislauf entsteht. Während der Abend- und Nachtstunden erfolgt die Bewegung in entgegengesetzter Richtung, da sich die Luft über dem Festland schneller abkühlt als über der Wasserfläche. Jetzt weht der – allerdings schwächere – *Landwind* in das relativ wärmere Meeresgebiet.

Dieses Windsystem ist an ungestörte Hochdruckwetterlagen gebunden und ist in den Tropen deutlicher ausgeprägt als in den mittleren Breiten. An der deutschen Nordseeküste setzt der Seewind nach genügender Erwärmung des Landes gegen 11 Uhr ein und bringt eine angenehme Milderung der mittäglichen Hitze, bis er sich in den Nachmittagsstunden gegen 16 Uhr wieder legt.

Land unter: Dies ist der volkstümliche Ausdruck für die Überflutung des Grünlandes der ↑Halligen, die bei auflandigen Winden durch den dadurch erhöhten Tidehochwasserstand – also bei einer Sturmtide – eintritt. L. u. tritt durchschnittlich 10- bis 12-mal im Jahr ein.

Landwechselwirtschaft: Unter der L. versteht man die in einem bestimmten Zeitraum wechselnde Nutzung eines Stückes Land als Ackerland – Grünland – Waldland, und zwar durch Bewohner von Dauersiedlungen. Die wichtigsten Formen in unseren Breiten sind ↑Feld-Gras-Wirtschaft und Feld-Wald-Wechselwirtschaft. Bei der tropischen L. (land rotation) folgt nach der ↑Brandrodung eine ein- oder mehrjährige Ackernutzung, danach wird der Boden zur Erholung für einen langen Zeitraum sich selbst überlassen, wobei eine unkontrollierte Wiederbewaldung stattfindet, es entsteht der Sekundärwald.

Landwind: Teil des Zirkulationssystems ↑Land- und Seewind.

Landwirtschaftliche Nutzfläche (Abkürzung: LNF oder LN): Die LNF ist die gesamte agrarisch genutzte Fläche eines Betriebes, einer Gemeinde oder sonstigen Einheit. Sie setzt sich aus der ↑Flur und der ↑Allmende zusammen.

Landwirtschaftliche Produktionsgenossenschaft (Abkürzung LPG): Die LPG war eine landwirtschaftliche Arbeits- und Produktionsgemeinschaft in der ehemaligen DDR. Sie wurde im Jahre 1952 nach dem sowjetischen Beispiel der Kolchosen eingeführt. Dabei wurden die Besitzgrenzen beseitigt und die Grundbucheintragungen gelöscht, sodass gemeinsam bewirtschaftete Großbetriebe mit mehreren 100 Hektar Fläche entstanden. Aus selbstständigen Bauern wurden abhängige Landarbeiter. Diesen Prozess bezeichnet man als *Kollektivierung.*

Zunächst erfolgte der Zusammenschluss auf freiwilliger Basis; im Jahre 1960 mussten auch die bis dahin noch selbstständigen Bauern (45 %) einer LPG beitreten (Zwangskollektivierung).

Längengrad: Ein L. bezeichnet die Entfernung zwischen zwei benachbarten Meridianen.

Längenkreis: Unter einem L. versteht man einen ↑Großkreis, der durch beide Pole hindurchgeht. Man unterteilt die Erdkugel durch 360 L.e, die vom Nullmeridian von Greenwich jeweils bis 180° in westlicher bzw. östlicher Richtung gezählt werden.

Langstreifenflur: Die L. ist eine der häufigsten ↑Flurformen.

Lapịlli (Mehrzahlwort): L. sind vulkanische Auswürflinge mit Durchmessern von 2–20 mm; sie bestehen aus Bruchstücken alter Laven und werden im Gegensatz zu vulkanischen Bomben in festem Zustand ausgeworfen.

Lärmschutz: Lärmimmissionen gelten als stark gesundheitsgefährdend. In vielen Bereichen werden daher Maßnahmen zum L. getroffen. Im Straßenverkehr z.B. werden Wohn- und Verkehrsbereiche bei der Planung schon getrennt bzw. es werden Lärmschutzwände errichtet, spezielle Straßenbeläge (Flüsterasphalt) sollen den Lärmpegel senken, auch leisere Motoren sollen ihren Beitrag dazu leisten. Gesetze regeln in Wohnbereichen die Zeit für die Mittagspause, in der z.B. kein Rasen gemäht werden darf.

Lash-Schiff [englisch læʃ...]: Lash ist die Abkürzung für lighter aboard ship = Leichter-an-Bord-Schiff. Bei dieser Beförderungsart im Überseeverkehr werden Leichter auf Spezialschiffen über die Weltmeere gebracht. Im Küstenbereich werden die Leichter zu Wasser gelassen, um mit eigener Kraft die Häfen zu erreichen.

Lateinamerika: Als L. werden die überwiegend spanisch- und portugiesischsprachigen Länder Süd- und Mittelamerikas sowie Mexiko bezeichnet. Spanisch und Portugiesisch sind romanische und damit vom Lateinischen abstammende Sprachen. Da es sich aber kulturell gesehen um die von der Kultur der Iberischen Halbinsel geprägten Länder handelt, ist für L. auch die Bezeichnung *Iberoamerika* gängig. – Der Begriff L. wird als Gegenbegriff zu Angloamerika gebraucht.

Laterịt: Der L. ist ein gelber bis roter Bodentyp in den wechselfeuchten Tropen; er ist ein Rest- und Verwitterungsprodukt silikatischer Gesteine mit hohem Anteil an Aluminium- und Eisenoxiden bei fast völligem Fehlen der Kieselsäure. Bei Austrocknung können sich panzerartige Krusten bilden. L. entsteht hauptsächlich im Schwankungsbereich von Stau- und Grundwasser. Aluminium (↑Bauxit) und Eisen *(L.eisenerze)* können zu abbauwürdigen Lagerstätten angereichert sein.

Latifụndien: L. sind (nach einer aus der Römerzeit überkommenen Bezeichnung) große landwirtschaftliche Besitzeinheiten (Großgrundbesitz) in den südeuropäischen und lateinamerikanischen

Ländern. Es kann eine teilweise Bewirtschaftung durch Kleinpächter stattfinden. Die Latifundien sind v.a. in Lateinamerika ein großes Problem. Die überall gestartete Bodenreform konnte die Latifundienwirtschaft kaum beseitigen.

Latosol: Beim L. handelt es sich um einen gelblichen (Gelberde) bis rötlichen (Roterde) Bodentyp der wechselfeuchten Tropen, der im Gegensatz zum Laterit aus Silikatgestein entstanden ist und Anreicherungen von Eisen- und Aluminiumoxiden enthält.

Laurasia: In der Geologie wird der Urkontinent auf der Nordhalbkugel (Nordamerika, Europa, Nordasien), der seit dem Jura z.T. auseinander driftete, L. genannt. – ↑auch Gondwana.

Lava: L. ist das bei Vulkanausbrüchen aus Schloten oder Spalten mit Temperaturen von 1000–1300°C an die Erdoberfläche austretende Magma. Je nach Ausbreitungsweise entstehen *L.ströme* oder *L.decken.* Erstarrung tritt ab 900–700°C ein. Die Erstarrungsformen sind von Temperatur, Viskosität (saure Schmelzen sind zähflüssiger als basische) und Gasgehalt der Gesteinsschmelze sowie von der Gestalt der unterlagernden Erdoberfläche abhängig. Aus einer dünnflüssigen, weitgehend entgasten basischen Schmelze entsteht die eine glatte Oberfläche zeigende *Fladen-* oder *Pahoehoelava;* durch Zusammenschieben der rascher erstarrenden Oberschicht einer noch fließenden L.masse kann sie seilartig gewunden und gedreht *(Seil-* oder *Stricklava)* oder schollenartig aufgetürmt werden *(Schollenlava).* Aus weniger dünnflüssigen und entgasten Schmelzen bildet sich die zu schlackigen, zackigen bis rundlichen Brocken zerstückelte *Brocken-* oder *Aalava.* Die aus einer zähflüssigen, sehr gasreichen sauren Schmelze hervorgegangene *Blocklava* zeigt rasch eine dicke, raue Erstarrungskruste, die bei der Abkühlung vielfach durch Schwundrisse in eckige Blöcke zerfällt. Bei besonders großer Viskosität können Staukuppen entstehen. Eine Sonderform stellen die untermeerischen Ergüsse dar; diese *Pillow-* oder *Kissenlava* besteht aus rundlichen, kissen- bis sackförmigen Gebilden, die bis 1m Durchmesser erreichen können. Die aus L. entstehenden Gesteine sind Ergussgesteine.

Lawine: Lawinen nennt man die an Gebirgshängen plötzlich abrutschenden großen Schnee- und Eismassen. Lawinen gehen dann ab, wenn die Mächtigkeit der Schneedecke auf geneigtem Untergrund zu groß wird und sie ihren inneren Zusammenhalt verliert oder bei Wasserdurchtränkung des Schnees (v.a. zur Zeit der Schneeschmelze) oder durch menschliche Einflüsse (z.B. Ski fahren).

Eislawine im Südvictorialand, Antarktis. Im Tal formiert sich das Eis zu einem Talgletscher.

Man unterscheidet:

Staublawinen (Trockenschneelawinen) aus trockenem Pulverschnee, die bei Frost und Neuschnee in Form von Pulverschneewolken niedergehen und von starken Luftwirbeln begleitet sind (Zerstörungen erfolgen hierbei durch Luftdruckwirkung); sie werden durch die Temperaturunterschiede zwischen Alt- und Neuschnee ausgelöst.

Grundlawinen (Feuchtschneelawinen) aus nassem Schnee, die v.a. im Spätwinter und Frühjahr (bei Föhn und Tauwetter) meist an rinnenförmigen Lawinenbahnen abgleiten und bis zum Untergrund alles mitreißen; Ursache der z.T. gewaltigen Grundlawinen ist eine bei stärkerer Sonneneinstrahlung einsetzende Unterspülung des Schneehanges.

Schneebrettlawinen aus gespanntem, (wind)gepresstem Schnee, die in Form großer, kompakter Schneestollen *(Schneebretter)* mit lautem Knall abreißen und auf älteren Schneeschichten abgleiten, oft schon bei kleinsten Störungen (am häufigsten ausgelöst durch Anschneiden mit Skiern).

Eislawinen (Gletscherlawinen) aus Firneis oberhalb eines Gletschers oder aus Eis vom Gletscherrand.

Die starke Abholzung des Waldes, der den besten Schutz vor Lawinen darstellt, in den neu entstandenen Skigebieten der Alpen begünstigt die Lawinenbildung, besonders das Ski fahren im Tiefschnee. In den Lawinenbahnen versucht man durch das Errichten künstlicher Hindernisse, die *Lawinenverbauung,* ein Abgleiten der Schneemassen zu verhindern oder deren Abwärtsbewegung aufzuhalten. Verkehrswege werden durch Überbauungen, *Lawinengalerien,* geschützt.

Lebenserwartung: Unter L. versteht man die statistisch zu erwartende, mittlere Lebensdauer eines Menschen.

Lebensqualität (Lebensstandard): Als L. bezeichnet man die Art und Weise der Lebenshaltung der Menschen in einem bestimmten Gebiet. Auf die L. nehmen die wirtschaftlichen Möglichkeiten sowie das kulturelle, soziale und politische Entwicklungsniveau Einfluss. Als sozialwissenschaftlicher Begriff bezeichnet er einen vielschichtigen Wohlfahrtsbegriff, im engeren Sinn die Versorgung privater Haushalte mit Ver- und Gebrauchsgütern sowie mit Dienstleistungen. Außerdem spricht man auch von L. einer bestimmten sozialen Schicht, etwa von Berufsgruppen, aber auch von einzelnen Menschen.

Lee: L. nennt man diejenige Seite eines Schiffes, auch eines Gebirges, Gebäudes oder einer sonstigen Gegebenheit, die der Windrichtung *ab*gewandt ist; diese Seite liegt im Wind- und damit im Regenschatten. Beide Wettererscheinungen, Wind und Niederschläge, werden hier also nur in abgeschwächter Form wirksam. – Der Gegensatz zu L. ist Luv.

Lebenserwartung

Lebenserwartung in Jahren zum Zeitpunkt der Geburt, Stand 1988

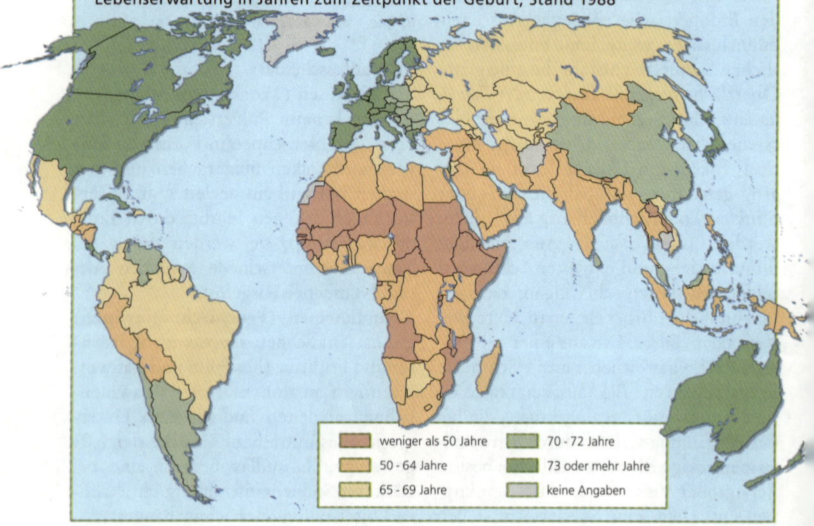

Legende: Die L. ist die Zusammenfassung und Erläuterung aller in einer Karte oder in einem Kartenwerk verwendeten Kartenzeichen, Farben und Schriften. Nur ein genaues Durchsehen der L. ermöglicht ein volles Verständnis der Karte.

Lehm: L. ist ein durch Eisenverbindungen gelb bis bräunlich gefärbtes Gemenge aus verkitteten Tonmineralen und feinen Quarzkörnern (Sand); es entsteht bei der Verwitterung kalkiger Gesteine durch Lösung von Kalk und Neubildung von Tonmineralen. – ↑auch Auelehm, ↑Geschiebemergel, ↑Löss.

Lehmböden: L. sind die ↑Bodenarten, die weniger als 55% Schluff und bis 30% Ton enthalten; der Sandanteil beträgt meist über 30%. Wasserspeichervermögen, Wasserdurchlässigkeit und Durchlüftung sind hier im Allgemeinen gut, ebenso die chemischen Eigenschaften. L. gehören daher zu den wertvollsten Böden.

leichte Brise: Name für die ↑Windstärke 2 auf der Beaufort-Skala.

Leitfossilien: L. sind fossile Tier- und Pflanzenarten (↑Fossilien), die für eine bestimmte stratigraphische Einheit, also eine Schicht oder Schichtenfolge mit gleichem geologischen Alter charakteristisch (»leitend«) sind. Um als L. zu gelten, müssen die Tier- und Pflanzenarten räumlich sehr weit verbreitet gewesen sein, dürfen aber zeitlich gesehen nicht zu lange gelebt haben, also nur während der Ablagerung der betreffenden Schicht. Mithilfe der als L. erkannten Fossilien lassen sich auch isolierte Reste von Gesteinsschichten sicher datieren; dies stellt eine wesentliche Methode der ↑Stratigraphie dar. Wichtige L. stellen z.B. Trilobiten für das Kambrium, Ammoniten für das Mesozoikum, Mollusken für das Tertiär dar; als L. für festländische Ablagerungen werden v.a. pflanzliche Fossilien und Landwirbeltiere verwendet. – Die stratigraphisch wertlosen Arten mit sehr langer Lebensdauer werden als *Durchläufer* bezeichnet.

Lessivierung: L. nennt man die Verlagerung von Ton im Boden unter wechselfeuchten Klimabedingungen v.a. der mittleren Breiten; Ausgangsmaterial ist ein kalkhaltiges Lockersediment; der Ton wird im Oberboden ausgewaschen (A_l-Horizont, unterhalb des Humushorizonts) und im Unterboden, im B_t-Horizont, dem Tonanreicherungshorizont, angereichert, sodass Böden mit A_h-A_l-B_t-C-Profil entstehen. Durch L. entsteht z.B. die Parabraunerde.

Letten: Unverfestigte rote, braune oder grünliche, seltener auch graue oder schwarze Schiefertone, die in Wasser quellen und beim Austrocknen zerfallen, werden L. genannt.

Levittown [engl. 'lɛvɪtaʊn]: L. ist eine in den USA gebräuchliche Bezeichnung für eine eher minderwertige neue Stadt, die schlüsselfertig gebaut und übergeben wird, in der Regel von einem Großunternehmer. Der erste, der dies in großem Umfang verwirklichte, war der Unternehmer A. S. LEVITT. Die erste von ihm so errichtete Vorortsiedlung auf Long Island im Vorortbereich von New York trägt diesen Namen und wurde namengebend für alle folgenden Wohnstädte dieser Art.

Lias (Schwarzer Jura): die älteste Abteilung des Jura, eines Systems des Mesozoikums, ↑Geologie, Zeittafel.

Liberalismus: Allgemein bedeutet L. eine weltanschauliche Richtung, die das Individuum und sein Recht auf Freiheit in den Vordergrund stellt. Der wirtschaftliche L. des 19. Jahrhunderts fordert Gewerbefreiheit und freien Wettbewerb, Staatseingriffe werden abgelehnt. In Anlehnung an diese Vorstellung gebraucht man auch den Terminus freie Marktwirtschaft. Die soziale Marktwirtschaft sieht dagegen ein Eingreifen des Staates aus sozial- und beschäftigungspolitischen Motiven zum Wohle des gesamten Gemeinwesens vor.

Lichtjahr (Einheitszeichen Lj): L. ist eine in der Astronomie verwendete Längeneinheit; sie entspricht der Entfer-

L

nung, die das Licht in einem tropischen Jahr zurücklegt:

1 Lj = 9,4605 · 10^{12} km = 0,30659 Parsec.

Lido: L. ist die aus dem Italienischen stammende Bezeichnung für ↑Nehrung, besonders für eine Nehrungsinsel.

Liegendes: L. nennt man in der Geologie die unter dem ↑Hangenden liegende Gesteinsschicht.

Lignit: Als L. bezeichnet man im englischen Sprachgebrauch die Braunkohle. Früher war es auch eine Bezeichnung für die holzigen Bestandteile der Braunkohle (Xylit).

Liman: An den Küsten des Schwarzen und des Kaspischen Meeres finden sich diese haffähnlichen Buchten. Ein L. ist zwar durch eine Nehrung (hier *Peressyp* genannt) abgetrennt, aber im Unterschied zum Haff aus einer ertrunkenen Flussmündung entstanden. Der L. verläuft daher senkrecht zur Küstenlinie und hat wegen der starken Verdunstung des eindringenden Meerwassers salziges Wasser.

Limneameer: postglaziales Stadium der Ostsee, ↑Quartär.

limnisch: Bezeichnung für die im Süßwasserbereich vorkommenden Pflanzen und Tiere sowie die hier gebildeten Ablagerungen.

limnische Kohle: Limnisch nennt man Kohlen, die in Festlandsenken entstanden sind; sie befinden sich – anders als die paralischen Kohlen – in Wechsellagerung mit anderen limnischen Sedimenten.

Lineament (Erdnaht, Geofraktur, Geosutur): Ein L. ist eine lang gestreckte, z.T. offenbar bis in den Erdmantel reichende Störungszone der Erdkruste, die im Laufe der Erdgeschichte immer wieder durch vertikale und horizontale Bewegungen, vulkanische Tätigkeit, Ausbildung von Faziesgrenzen u.a. geologische Erscheinungen hervorgetreten ist. Man nimmt an, dass an L.en Kontinente in Platten zerteilt werden können. Zu den L.en zählen z.B. die Mittelmeer-Mjösen-Zone (mit dem Oberrheingraben), das Ostafrikanische Grabensystem und der San Andreas Fault. In den Ozeanen entsprechen ihnen v.a. die von Zentralgräben durchzogenen Mittelozeanischen Rücken.

Linienschifffahrt: Als L. wird die Schifffahrt auf festgelegten Routen *(Linien)* nach einem festen Fahrplan, unabhängig vom Landungsangebot bezeichnet; der Gegensatz ist die Trampschifffahrt. Zur Regelung des Wettbewerbs und zur Abstimmung der Fahrpläne schließen sich die die gleiche Route befahrenden Reedereien meist zu sog. Konferenzen zusammen.

Liparit: svw. ↑Rhyolith.

Liptolithe: L. werden Kohlen genannt, die aus schwer verweslichen Pflanzenbestandteilen hervorgegangen sind; ↑Kohle.

Litho..., litho..., Lith..., lith...: Bestimmungswort in Zusammensetzungen mit der Bedeutung Stein..., Gestein..., gesteins... u.Ä.; z.B. Lithosphäre, Phonolith.

Lithosphäre: L. nennt man die bis in 100–300 km Tiefe reichende Gesteinszone der Erde, sie umfasst die Erdkruste und den obersten Bereich des Erdmantels und ist überwiegend aus Verbindungen der »lithophilen« Elemente aufgebaut; zu diesen gehören v.a. Sauerstoff, Silicium, Aluminium, Alkalimetalle, Erdalkalimetalle, Titan.

Litoral: eine Gewässerregion innerhalb des Benthals, die Uferregion eines Gewässers.

Litorinameer: postglaziales Stadium der Ostsee, ↑Quartär.

Llanos [lja:nɔs]: Als Ll. werden die tropischen und subtropischen baumarmen bis baumlosen Ebenen in Lateinamerika, hauptsächlich aber die Ll. des Orinokotieflandes bezeichnet. Typisch für sie ist eine Vegetation aus Savannen und Grasländern, durchsetzt von Galeriewäldern, Dammuferwäldern, lichten Dornbuschwäldern und Krüppelgebüsch.

LNF (LN): Abkürzung für ↑**L**andwirtschaftliche **N**utzfläche.

Logger: L. sind Fischereifahrzeuge von etwa 300 BRT, die in der Hochseefischerei hauptsächlich zum Heringsfang in der Nordsee eingesetzt werden. Sie arbeiten heute mit dem Schleppnetz.

lokale Identität: ↑Regionalbewusstsein.

Löss: L. ist ein aus Trocken- oder Kältewüsten ausgewehtes äolisches Sediment, gelbbraun, locker, mehlfein (Korngröße überwiegend 0,01–0,05 mm), besteht aus durchschnittlich 60–70% Quarz, 10–30% Kalk, 10–20% Tonerdesilikaten (Feldspäte, Glimmer u.a.). Der L. ist meist schichtungslos, von feinen senkrechten Röhrchen, den ehemaligen Wurzeln der den L.staub auffangenden Pflanzen der Tundren und Steppen, durchsetzt und sehr standfest; bei der auch anthropogen bedingten Abtragung (Hohlwege) bilden sich daher oft tief eingeschnittene *Lössschluchten.* Durch Umlagerung, besonders an Hängen, entsteht der geschichtete *Schwemmlöss.*

Der in Europa, Nord- und Südamerika, Südsibirien und der Ukraine verbreitete L. ist während der pleistozänen Kaltzeiten durch Auswehung aus Moränen, Sander- und Schotterflächen, Hochflutablagerungen und periglazialen Frostschuttgebieten entstanden (in den Pampas Südamerikas ist er aber überwiegend interglazial) und umgibt gürtelartig die damals vergletscherten Räume; er reicht in Mitteleuropa, besonders am Nordrand der deutschen Mittelgebirgsschwelle und im Randbereich von Rhein, Donau und Elbe, bis in 400 m, in den Karpaten bis in 600 m Höhe und ist meist unter 10 m mächtig (im Kaiserstuhl bis 30–40 m). Unter den veränderten nacheiszeitlichen Klimaverhältnissen sind die oberen Zonen der L.ablagerungen entkalkt und zu braunem *Lösslehm* verwittert, der Kalk in tieferen Partien in unregelmäßigen Konkretionen, den *Lösskindeln (Lösspuppen),* wieder ausgeschieden worden. Im Gegensatz zu diesen fossilen Lössen geht in Nordafrika, auf Grönland und Island, besonders aber in Ostasien die L.ablagerung noch heute vor sich. Der aus den innerasiatischen Wüsten seit Ende des

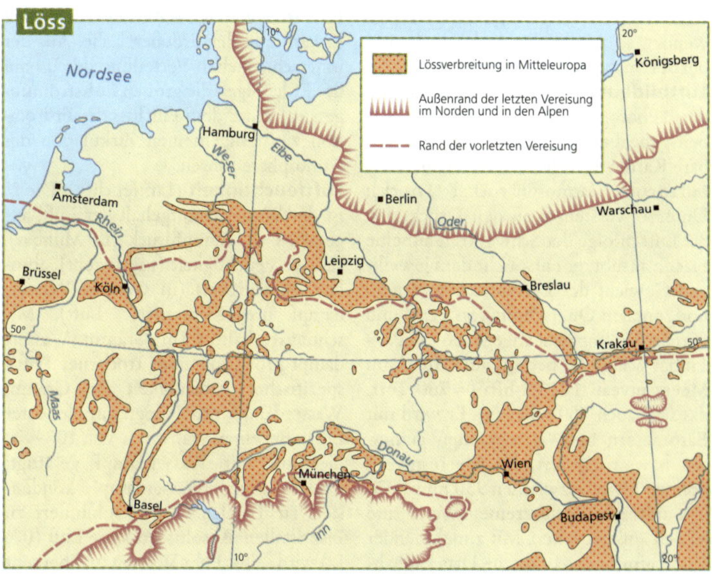

L

Tertiärs nach Nordchina transportierte Staub ist hier durchschnittlich 30–80m, maximal 250–400m mächtig und reicht im Osten bis in 200–300m, im Westen bis in 2000m Höhe.
Die auf L. entstandenen Böden sind je nach den klimatischen und anderen Gegebenheiten unterschiedlich entwickelt; den höchsten ackerbaulichen Wert haben die Steppenschwarzerden. Wegen der hohen Standfestigkeit wurden im L. vielfach Höhlenwohnungen und Vorratsräume angelegt.

Loxodrome: Als L. bezeichnet man die Kurve auf einer Kugeloberfläche, die alle Längenkreise (auf der Erdkugel Meridiane) unter dem gleichen Winkel schneidet.

LPG: Abkürzung für ↑**L**andwirtschaftliche **P**roduktions**g**enossenschaft.

Luftbild: Das L. ist ein von einem Flugkörper aus aufgenommener Teil der Erdoberfläche oder eines anderen Weltkörpers. Man unterscheidet Schrägaufnahmen von Senkrechtaufnahmen. Jedes L., das von der lotrechten Aufnahme abweicht, muss entzerrt werden. Das L. wird in vielen Forschungsbereichen verwendet, so z.B. in der Archäologie und bei der Suche nach Bodenschätzen.

Luftbildauswertung: Die L. ist der der ↑Photogrammmetrie folgende Arbeitsgang, um aus Ersterer allgemein lesbare Karten entwerfen zu können.

Luftdruck (atmosphärischer Druck): Unter L. versteht man den Druck, den die Luft infolge der Schwerkraft auf eine Fläche ausübt; er entspricht dem jeweiligen Gewicht der Luftsäule über einem horizontalen Querschnitt von 1 cm^2 und wird in Hektopascal angegeben (1 hPa = 1 mbar). Der L. beträgt im Mittel im Meeresniveau 1013,2 hPa (= 760 Torr, das sind auch 760 mm Hg). Er wird mit Barometern bzw. Barographen gemessen bzw. registriert. Im Meeresniveau können L.werte zwischen 930 und 1070 hPa auftreten; die extremen Werte sind jedoch äußerst selten. Mit zunehmender Höhe nimmt der L. ab; die Druckabnahme erfolgt um so stärker, je niedriger die Lufttemperatur ist. Aus Gründen der Vergleichbarkeit aller gemessenen L.werte müssen diese auf die Temperatur von 0°C, auf die Höhe des Meeresspiegels und auf die unter 45° geographischer Breite herrschende Normalschwere reduziert werden. – Die räumliche Verteilung des L.s wird meist durch Isobaren, Linien, die auf das Meeresniveau bezogene gleiche L.werte in einer Karte miteinander verbinden, dargestellt. Zwischen Gebieten verschieden hohen L.s treten entsprechend dem L.gefälle Ausgleichsströmungen, die Winde, auf, die in den bodennahen Schichten von Gebieten höheren L.s, den Hochdruckgebieten, zu solchen tieferen L.s, den Tiefdruckgebieten, wehen. Als Druckgradient wird die Abnahme des L.s auf eine bestimmte horizontale Entfernung (111 km) senkrecht zu den Isobaren bezeichnet. Je enger in einer Wetterkarte die Isobaren liegen, um so größer sind die L.gradienten und folglich auch die Windgeschwindigkeiten. – Die ungleichmäßige Verteilung des L.s auf der Erde ist eine Folge der unterschiedlichen Erwärmung der Erdoberfläche. Aus der unterschiedlichen Verteilung des L.s auf der Erde folgen die großen Luftströmungen, die unter dem Einfluss der Erdrotation zur ↑Allgemeinen Zirkulation der Atmosphäre führen.

Luftfeuchtigkeit (Luftfeuchte): Die L. ist der Wasserdampfgehalt der Luft, angegeben als Dampfdruck (in Millibar), relative Feuchtigkeit (in Prozent), absolute Feuchtigkeit (in Gramm Wasserdampf pro Kubikmeter Luft), Mischungsverhältnis (in Gramm Wasserdampf pro Kilogramm trockener Luft), spezifischer Feuchtigkeit (in Gramm Wasserdampf pro Kilogramm feuchter Luft). Bei einer relativen L. von 100% ist die Luft mit Wasserdampf gesättigt; überschüssiger Wasserdampf kondensiert zu Tröpfchen oder sublimiert zu Eiskristallen. Absolut trockene Luft (0% L.) wird selbst über Wüsten und bei sehr tiefen Temperaturen nicht angetroffen. Die maximale Feuchte, die Luft über einer ebenen Wasser- oder unter dem Gefrierpunkt über einer ebenen Eisfläche aufnehmen kann, ist temperaturabhängig und beträgt bei:

−20	−10	0	10	20	30 °C
0,9	2,1	4,9	9,4	17,3	30,4 g/m³

Ist sie erreicht, gilt die Luft als gesättigt. Vielfach wird die L. durch den Grad der Sättigung, die relative L., beschrieben. Beträgt z.B. bei 10°C die Feuchte 4,7 g/m³, so ist die relative L. 50%. Dieses Maß gibt das Feuchteempfinden des Menschen am besten wieder und lässt sich mit einem Haarhygrometer (↑Hygrometer) leicht ermitteln. Im Mittel liegt der Wasserdampfgehalt der Atmosphäre im Polargebiet unter 1 g/m³, in mittleren Breiten bei 7 g/m³ und in den Tropen über 20 g/m³.

Luftkurort: Ein L. ist ein landschaftlich bevorzugter Kurort mit ärztlich anerkannten und durch Erfahrung bewährten heilklimatischen Eigenschaften, der über entsprechende Kureinrichtungen verfügt.

Luftlinie: L. nennt man die direkte Verbindung zwischen zwei Punkten auf der Erdoberfläche.

Luftverschmutzung: L. ist die Anreicherung der Luft mit festen, flüssigen und gasförmigen Substanzen, die die natürliche Zusammensetzung der Luft verändern (Rauch, Ruß, Staub, Gase, Dämpfe). Derartige Stoffe können durch natürliche Vorgänge (biologische Abbauprozesse, Vulkanausbrüche, Staubstürme) oder durch anthropogene Faktoren (insbesondere durch Verbrennungsprozesse in Heizungen, Kraftwerken u.a., durch Kraftfahrzeugabgase, Kernwaffenversuche) in die Luft gelangen, wo sie sich bis zu einem gewissen Grad infolge der natürlichen Konvektion meist rasch verteilen und damit z.B. den biologischen Verarbeitungsprozessen (v.a. durch Bodenbakterien) zugeführt werden.

Luftverunreinigungen sind v.a. Stäube, Schwefeloxide (hier bes. Schwefeldioxid, SO_2), Stickstoffoxide (v.a. Stickstoff(mon)oxid, NO, und Stickstoffdioxid, NO_2), Schwefelwasserstoff, Ammoniak, Kohlenoxide (Kohlenmonoxid, CO, und Kohlendioxid, CO_2), Halogenkohlenwasserstoffe (darunter hochgiftige Stoffe wie Dioxine und Furane), Schwermetalle und Ozon; daneben können Chlorwasserstoff, Fluorverbindungen, Chlor u.a. örtlich auftreten.

Als Folge der Zunahme von Industrie und Verkehr sowie des wachsenden Energieverbrauchs führt die L. v.a. in den Industriestaaten und dort in den städtischen Ballungsgebieten zu erheblichen Problemen. Dämpfe, Gase, Stäube und Aerosole können Klimaveränderungen, Wachstumsbeeinträchtigungen von Pflanzen und gesundheitliche Gefährdungen der Menschen und Tiere bewirken. Die weiträumige Verteilung von Luftschadstoffen über hohe Schornsteine ist auch in industriefernen Gebieten mitverantwortlich für die Bodenbelastung und das Waldsterben. Hauptverursacher der L. sind Motoren und Kraftwerke, die durch die Verbrennung von Erdölprodukten, Erdgas und Kohle in den Ballungsräumen zu großen Belastungen beitragen. In den Dunstglocken über Städten und Industriegebieten werden z.B. Mengen von 500000 Fremdteilchen pro cm³ Luft gemessen; die vergleichbaren Werte über freiem Land und über Meer und Gebirge liegen bei mehreren 1000 bzw. mehreren 100 Teilchen pro cm³ Luft.

Bei der Beurteilung von Luftverunreinigungen wird zwischen globalen, überregionalen, regionalen und lokalen Problemen unterschieden. Beispiele für globale Probleme sind der Anstieg des Kohlendioxidgehalts der Atmosphäre und die damit wahrscheinlich verbundene Erwärmung (»Treibhauseffekt«) sowie die Reduzierung der Ozonschicht durch Fluorchlorkohlenwasserstoffe (FCKW), die zu einem Anstieg der UV-Strahlung auf

L

der Erde führt (»Ozonloch«). Diese Problemfelder erfordern eine Lösung durch internationale Zusammenarbeit.

lunar: den Mond betreffende Erscheinungen.

Luv: Als L. wird diejenige Seite eines Schiffes, auch eines Gebirges, Gebäudes usw. bezeichnet, die der Windrichtung *zu*gewandt ist. Diese Seite ist also die Wetterseite, sie erhält die meisten Niederschläge und ist dem Wind am stärksten ausgesetzt. – Der Gegensatz zu L. ist Lee.

Lysimeter: Vorrichtung zur Messung der Wasserverdunstung des Bodens, der Transpiration der Pflanzen und der Gesamtverdunstung.

M

Mäander (nach dem westanatolischen Fluss M., heute Menderes): Unter M. versteht man mehr oder weniger weit ausschwingende Flussschlingen; der Lauf eines mäandrierenden Flusses gleicht einer unregelmäßigen Schlangenlinie. Wesentlich ist, dass das Gefälle des Flusses sehr gering ist. Daher können Unebenheiten im Flussbett oder die Mündung eines Nebenbaches leicht eine Änderung der Stromstrichrichtung bewirken. Auf diese Weise entstehen *freie Mäander* (auch *Flussmäander* und *Wiesenmäander* genannt), die raschen Veränderungen unterliegen, zumal durch den ständig von einem Ufer zum anderen wechselnden Stromstrich an diesen sehr unterschiedlich starke Seitenerosion erfolgt. So wird das *Prallufer,* das Ufer, an dem der Stromstrich entlangführt, unterschnitten und abgetragen, am gegenüberliegenden *Gleitufer,* wo viel geringere Strömungsgeschwindigkeiten auftreten, lagern sich dagegen Schwebstoffe ab. Bei dieser ständigen Laufveränderung können Altarme und bei tropischen Tieflandsflüssen Dammuferseen und Umlaufseen entstehen.

Schneidet sich ein solcher Fluss nun bei der Hebung des von ihm durchflossenen Gebietes in das entstehende Bergland ein, entstehen *eingesenkte Mäander,* die auch, da das gesamte Tal das Mäandrieren nachzeichnet, *Talmäander* genannt werden. Bei diesen Flüssen (z.B. die Mosel im Rheinischen Schiefergebirge) treten dieselben unterschiedlichen Seitenerosionserscheinungen auf. Da sich Talmäander nicht verlagern können, kann ein Fluss zwei Rücken an Rücken liegende Prallhänge im Laufe der Zeit so abtragen, dass ein Durchbruch erfolgt. Der von dieser Mäanderschlinge umflossene Berg wird abgeschnitten; er wird zu einem *Umlaufberg.*

Im flachen Relief bilden sich geschwungene Flussläufe. Bei extremem Hochwasser werden die **Mäander**bogen oft abgeschnitten. Die Altarme verlanden und bilden Sümpfe.

Maar: Ein M. ist eine durch vulkanische Gasexplosion entstandene, rundliche, trichterförmige Vertiefung in der Erdoberfläche; sie ist oft von einem niedrigen Wall aus Lockermaterial umgeben; dieses besteht hauptsächlich aus Nebengestein, das beim Ausbruch mitgerissen wurde, daneben auch aus Tuffen. M.e sind meist mit Wasser gefüllt. Die Bildung der M.e wird auf das Zusammentreffen von aufdringenden Schmelzen und heißen Gasen mit grundwassererfüllten Bruchzonen zurückgeführt.

Macchie ['makiə]: Die M. ist eine immergrüne Gebüschformation der feuchten, küstennahen Hügel- und Gebirgslagen des Mittelmeerraumes. Sie besteht aus 1–5 m hohen Hartlaubsträuchern, verstrauchten Bäumen und anderen mediterranen Florenelementen, unter denen Steineiche, Kermeseiche, Erdbeerbaum, Baumheide, Lorbeer, Zistrose, Myrte, Mittelmeerginster und Wacholder typisch sind. Mit zunehmender Trockenheit geht die M. in die ↑Garrigue über. Die M. ist durch den Menschen entstanden, der den ursprünglichen Hartlaubwald vernichtet hat.
In Nordamerika ist der entsprechende Vegetationstyp der ↑Chaparral.

Mächtigkeit: M. bezeichnet in der Geologie die Dicke einer Gesteinsschicht oder Gesteinsfolge, eines vulkanischen Gesteinsganges oder einer Lagerstätte.

Magerweide: svw. ↑Hutung.

Magma: M. nennt man die glühend flüssige, überwiegend silikatische Schmelze der Erdtiefe; ihre Erstarrungsprodukte sind die ↑magmatischen Gesteine. Man unterscheidet die sich an oder nahe der Erdoberfläche auswirkenden Erscheinungen des ↑Vulkanismus von den sich in größerer Erdtiefe abspielenden Vorgängen des ↑Plutonismus; zwischen beiden lässt sich jedoch keine scharfe Grenze ziehen. Die ursprüngliche Zusammensetzung des M.s kann man nur aus den Erstarrungsprodukten erschließen. Den Hauptanteil haben die schwer flüchtigen Bestandteile, v.a. die Oxide von Silicium, Aluminium, Eisen, Calcium, Natrium und Kalium; daneben sind in geringerer Menge meist auch Titan-, Mangan- und Phosphoroxide vorhanden. Die schwer flüchtigen Bestandteile bleiben größtenteils in den magmatischen Gesteinen erhalten. Die leicht flüchtigen Bestandteile bestehen v.a. aus Wasserstoff und Wasser, Kohlenmonoxid und -dioxid, Methan, Stickstoff und Ammoniak, Schwefel, Schwefeldioxid und -wasserstoff, Kohlenoxidsulfid, Chlor und Chlorwasserstoff, Fluor und Fluorwasserstoff sowie Argon; sie werden bei vulkanischen Ausbrüchen von den schwer flüchtigen Bestandteilen getrennt: Während diese als ↑Lava ausfließen und erstarren, entweichen die leicht flüchtigen Bestandteile größtenteils als Gase und Dämpfe in die Atmosphäre; im Übrigen werden sie in Gesteinsporen eingeschlossen oder in Minerale eingebaut. Die Temperatur des M.s wurde v.a. beim Ausfließen basischer Laven gemessen: an den Ausflussstellen liegen die Werte um 1200 °C, bei sauren Magmen wohl niedriger. Über die Magmen im Erdmantel lassen sich nur aus experimentellen Ergebnissen Angaben machen; danach bilden sich granitische Schmelzen bei hohem Druck schon unter 700 °C.
Unter den Erstarrungsprodukten herrschen zwei Gesteinsarten vor, bei den Tiefengesteinen die Granite und bei den Ergussgesteinen die Basalte. Da die Granite aus sauren Magmen, die Basalte aus basischen Magmen entstanden sind, ist Plutonismus meist mit sauren Magmen verbunden, der Vulkanismus mit basischen Magmen. Man nimmt an, dass das basaltische M. aus größerer Tiefe, d.h. aus dem Erdmantel, stammt; von hier kann es, da unter hohem Druck stehend, durch tief reichende Spaltenbildung und damit verbundene Druckentlastung aktiviert und zur Erdoberfläche gefördert werden. Das granitische M. dagegen ist überwiegend durch Wiederaufschmelzen (Anatexis) von Sediment- und metamorphen Gesteinen entstanden.

magmatische Gesteine (Magmatite, Erstarrungsgesteine, Eruptivgesteine): M. G. sind die durch Erstarrung von Magma entstandenen Gesteine. Nach der Entstehung unterscheidet man die als Folge des ↑Vulkanismus auftretenden ↑Ergussgesteine, die mit dem ↑Plutonismus verbundenen ↑Tiefengesteine und die zwischen beiden vermittelnde Gruppe der ↑Ganggesteine. – Abb. S. 226

M

Die Einteilung der m.n G. erfolgt aufgrund des Mineralbestandes, des Gefüges und der chemischen Zusammensetzung. Das äußere Erscheinungsbild wird hauptsächlich durch die mineralische Zusammensetzung und das Gefüge bestimmt. Unter den wesentlichen Mineralen überwiegen die Silikate (Quarz, Feldspäte, Pyroxene, Amphibole, Glimmer).
Man kann die magmatischen Gesteine in folgende Gruppen gliedern, und zwar in der Rangfolge von chemisch sauren zu chemisch basischen bis extrem basischen (ultrabasischen) Gesteinen:
1. Granitgruppe: Diese Gesteine bestehen hauptsächlich aus Quarz und Feldspäten. Unter den Tiefengesteinen sind Granit, Granodiorit und Quarzdiorit (Tonalith, Trondhjemit) zu nennen; unter den Ergussgesteinen entsprechen ihnen Rhyolith (einschließlich Quarzporphyr) und Dazit.
2. Syenitgruppe: Wichtigste mineralische Bestandteile sind Alkalifeldspäte und Hornblenden; auch Glimmer oder Augite kommen vor, aber wenig oder kein Quarz. Zu den entsprechenden Tiefengesteinen gehören Syenit, Monzonit und Larvikit, zu den Ergussgesteinen Trachyt, Latit und Keratophyr.
3. Diorit-Gabbro-Gruppe: Diese Gesteine setzen sich überwiegend aus Feldspäten, und zwar besonders Plagioklasen, sowie aus Hornblende zusammen. Unter den Tiefengesteinen sind Diorit, Gabbro, Norit, Anorthosit und Troktolith zu nennen, unter den Ergussgesteinen Andesit (einschließlich Porphyrit), Basalt (einschließlich Melaphyr und Tholeiit) und Diabas.
4. Feldspatvertreter führende Gruppe: Diese Gruppe wird zweigeteilt. Der eine Teil weist auch Feldspäte auf; das sind unter den Tiefengesteinen Foyait, Shonkinit, Essexit und Theralith, unter den Ergussgesteinen Phonolith. Der andere Teil besteht fast ausschließlich aus Feldspatvertretern; das sind unter den Tiefengesteinen Fergusit, Ijolith und Missourit, unter den Ergussgesteinen Nephelinit, Leucitit und Italit; auch subvulkanisch auftretend.
5. Peridotitgruppe: Diese auch ultrabasische Gesteine, Ultrabasite oder Mafitite genannten Gesteine haben v.a. Olivin und Augite als mineralische Bestandteile. Zu den Tiefengesteinen gehören Peridotit, Dunit, Lherzolith, Pyroxenit und Jacupirangit; entsprechende Ergussgesteine sind sehr selten.

Stammbaum der magmatischen Gesteine

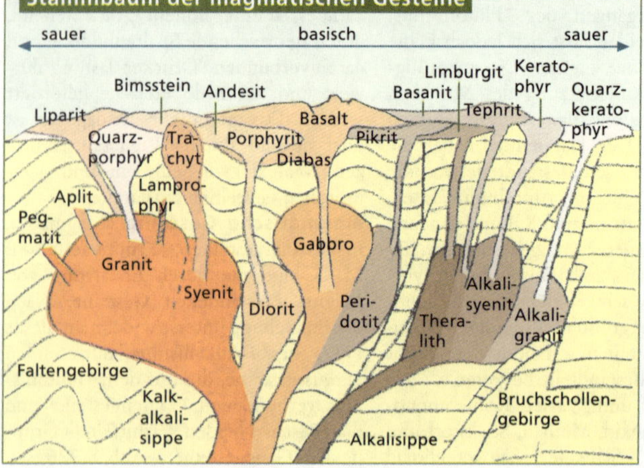

Magnetosphäre: Die M. ist der die Erde umgebende Bereich, in dem v.a. die Wirkung des erdmagnetischen Feldes auf elektrisch geladene Teilchen die Bewegungsvorgänge bestimmt. Die M. beginnt oberhalb der Ionosphäre und reicht bis zur *Magnetopause.* Diese stellt die Grenzschicht zwischen der M. und dem sie umströmenden Plasma des ↑Sonnenwindes dar.

Magnetosphäre

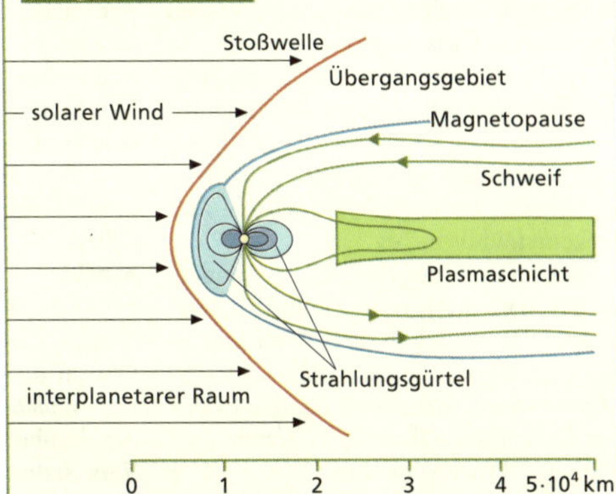

Aufbau der Magnetosphäre; die Erde wird dargestellt durch den kleinen Kreis inmitten der Strahlengürtel, die Sonne steht links

Der Sonnenwind bestimmt wesentlich die Form der Magnetosphäre: Auf der der Sonne zugewandten Seite reicht sie bis zu einem Abstand von etwa dem 10fachen Erdradius (vom Erdmittelpunkt aus), auf der der Sonne abgewandten Seite geht sie in einen stromlinienförmigen Schweif über. Innerhalb der M. liegt in einer Höhe von rund 1 000 km der ↑Van-Allen-Gürtel.

Magnetpol: Die Magnetpole der Erde sind der mehr oder weniger lokalisierbare Bereich, in dem alle Feldlinien des erdmagnetischen Feldes entspringen bzw. münden. Der positive Pol weist nach Norden und heißt daher Nordpol, der negative entsprechend nach Süden. Die Lage der M.e unterliegt der Säkularvariation. ↑Erdmagnetismus.

Magnitudenskala (Richterskala): Die M. ist eine Skala zur Bestimmung der Stärke von ↑Erdbeben.

Mähweide: Auf der M. wechseln sich Schnitt (Mahd) und Beweidung der Grasflächen ab, wobei das gewonnene Heu als Winterfutter dient. Diese intensive Nutzung wird z.T. durch Düngung der Grünflächen ermöglicht.

Maiensäß: Das M. ist eine Zwischenweide, auf der im Rahmen der ↑Almwirtschaft die Tiere für einige Wochen im Frühjahr (während des Almauftriebes) und manchmal auch im Herbst weiden.

Makroklima: Hier handelt es sich um das Klima großer Räume (Länder, Zonen, Erde). Es hängt in seiner globalen Gliederung überwiegend von der ↑Allgemeinen Zirkulation der Atmosphäre ab.

Mallungen: M. ist die seemännische Bezeichnung für unregelmäßige Winde, daher werden in der Schifffahrt sowohl die Kalmenzone (↑Kalmen) als auch die ↑Rossbreiten mit dem Namen M. belegt.

Malm (Weißer Jura): die jüngste Abteilung des Jura, eines Systems des Mesozoikums, ↑Geologie, Zeittafel.

Mandelstein: M. nennt man ein Ergussgestein mit zahlreichen Blasenhohlräumen (Mandeln oder Geoden), die ganz oder teilweise mit mineralischen Stoffen (v.a. Achat, Quarz, Kalkspat, Zeolith, Chlorit) ausgefüllt wurden. M.ausbildung findet sich v.a. bei Melaphyren, Porphyriten, Diabasen und Basalten.

Mangrove: M. ist die von amphibischen Gehölzen gebildete Strauch- oder Waldformation im Gezeitenbereich der flachen, oft sandigen Küstenzonen der Tropen; ihre hohen Stelzwurzeln werden bei Hochwasser überflutet. Diese

M

bilden ein dichtes Geflecht, in dem sich der Schlick bei Ebbe ansammelt. Wegen des sauerstoffarmen Bodens bilden die Pflanzen Atemwurzeln aus. Bei optimalen Bedingungen ergeben sie einen 10 bis 20 m hohen, artenarmen Wald, der an den Verbreitungsgrenzen nur strauchartig ausgebildet ist. Mangroveküsten sind verkehrsfeindlich, da sie wegen der Schlickansammlung schnell verlanden. In Südostasien, Australien und Afrika unterscheiden sie sich in ihrer Artenzusammensetzung von denen in Amerika.

Manufaktur: Bei der M. handelt es sich um die frühkapitalistische, überwiegend manuelle Produktion von Gütern. M.en waren gewerbliche Betriebe, die zwischen Handwerksbetrieb und Industriebetrieb standen; sie produzierten schon in großem Umfang, aber mit geringerem Maschineneinsatz (Blütezeit im 17./18. Jh.).

Marginalsiedlungen: Der Begriff wird einmal verwendet für unbedeutende Siedlungen im Randbereich eines größeren Raumes, zum anderen auch für die untergeordneten und häufig sozialproblematischen Randgebiete einer Stadt.

marin: Das Eigenschaftswort m. bedeutet: zum Meer gehörend, aus dem Meer stammend, im Meer lebend.

maritimes Klima (ozeanisches Klima, Seeklima): Als maritim bezeichnet man ein Klima, das in erster Linie durch die Einflüsse der großen Wassermassen der Ozeane geprägt ist. Diese wirken auf das Klima der benachbarten Landgebiete ausgleichend, weil die während der warmen Jahreszeit zur Erwärmung des Wassers verbrauchte Energie zu einer entsprechend geringeren Erwärmung der unteren Schicht der Atmosphäre führt und andererseits in der kühleren Jahreszeit die in den Wassermassen gespeicherte Wärme wieder an die Atmosphäre abgegeben wird. Kennzeichnend sind deshalb starke Winde, lange und kühle Sommer sowie milde Winter. Außerdem verursacht die ständige Verdunstung über dem Meer auf dem angrenzenden Festland ganzjährig reiche Niederschläge.

In Europa unterliegen besonders Irland, Südwestengland, die Beneluxländer, Westfrankreich und Nordwestspanien dem Einfluss des Meeres, hier des Atlantiks; man spricht deshalb in Bezug auf diese Gebiete auch von atlantischem Klima.

Markt:

◆ M. ist der Platz, an dem Verkäufer und Käufer, Erzeuger und Verbraucher von Gütern sich zu Handelszwecken treffen. Der *M.platz* war in der antiken Stadtkultur darüber hinaus Austragungsort von Veranstaltungen des öffentlichen Lebens. Nach der Völkerwanderung bildeten die Märkte – meist an günstigen Küstenplätzen, Schnittpunkten wichtiger Straßen und Flussübergängen sowie in der Nähe politischer und religiöser Zentren angelegt – Elemente des aufblühenden Städtewesens. Die M.plätze bildeten meist den Mittelpunkt der Stadt, um den neben Patrizierhäusern die wichtigsten Verwaltungs- und Wirtschaftsgebäude errichtet wurden. Größere Städte hatten M.straßen sowie mehrere Märkte für die verschiedenen Güter.

◆ (Marktgemeinde): In Bayern und Österreich gibt es den Titel Markt auch heute noch. Er wird Gemeinden verliehen, deren Bedeutung und Funktionen zwischen denen von Dorf und Stadt liegen.

◆ In der Preistheorie versteht man unter M. die abstrakte Zusammenfassung aller Angebots- und Nachfragebeziehungen bezüglich eines bestimmten Gutes, ohne dass eine örtlich oder zeitlich feststehende M.veranstaltung vorzuliegen braucht.

Marktorientierung: Von M. spricht man, wenn nicht nur für den Eigenbedarf (↑Selbstversorgungswirtschaft), sondern für einen großen Markt produziert wird.

Marktwirtschaft: ↑freie Marktwirtschaft und ↑soziale Marktwirtschaft.

Marmor: M. ist ein grobkörniger kristalliner Kalkstein, der durch Metamorphose aus sedimentärem Kalkstein entstanden ist, und zwar durch Sammelkristallisation der den M. hauptsächlich aufbauenden Calcitkristalle; er ist weiß, durch Metalloxide (braun, gelb, rötlich), Graphit (grau, schwarz) oder Chlorit (grünlich) gefärbt. Im technischen Sinne bezeichnet man als M. jeden polierbaren feinkristallinen bis dichten Kalkstein oder Dolomit.

Marsch (Marschen, Marschland): M. ist die an Flachmeerküsten mit starker Gezeitenwirkung sich bildende Niederung *(Küsten-* oder *Seemarsch),* die an den Trichtermündungen der Flüsse weit ins Land hinein reicht *(Flussmarsch);* sie ist der zwischen Watt und Geest etwa in Höhe des Meeresspiegels gelegene Teil (z.T. auch tiefer) der Küstenebene. Die M.en sind in den letzten 7500 Jahren (Holozän) durch natürliche Verlandung des ↑Watts entstanden, in historischer Zeit z.T. auch künstlich durch Eindeichung. Sie werden aus den von organischem Material durchsetzten sandigen oder tonigen schlammigen Ablagerungen (Schlick) aufgebaut, die durch das Meer an die Küste transportiert oder durch die Flüsse (Flusstrübe) herangeführt und dort durch die Flut abgelagert werden (monatlich bis zu 3 mm). Der erhöhte Boden wird schließlich von Pflanzen besiedelt und wächst durch Sinkstoffzufuhr bei Sturmfluten auch über die Höhe des mittleren Tidenhochwassers hinaus. Zuerst werden die schweren, meist sandigen Schlicke abgelagert; dabei entsteht das *Hochland,* das großenteils für den Ackerbau geeignet ist. Aus dem weiter binnenwärts transportierten feineren, tonigen Material bildet sich das im Allgemeinen 1–2 m tiefer gelegene niedrige *Sietland* (die tiefste Stelle am Geestrand ist oft versumpft oder vermoort), das nur als Grünland genutzt werden kann. Mit der natürlich einsetzenden, v.a. aber durch die künstlichen Landgewinnungsmaßnahmen bewirkten Absenkung des Grundwasserspiegels und der Auswaschung der Salze durch die Niederschläge beginnt die große Fruchtbarkeit der M. wirksam zu werden. Die kalk- (10 bis 35% Calciumcarbonat, meist aus Muschel- und Schneckenschalen), nährstoff- und humusreichen Böden (Marschböden, Kleiböden) verlieren jedoch im Laufe der Zeit durch Entkalkung, Verdichtung und andere Vorgänge an Wert, weshalb man dann zwischen *Jungmarschen* und *Altmarschen* unterscheidet.

Marschhufendorf: Das M. entstand zur Zeit der mittelalterlichen Kolonisation in Marschgebieten. Es handelt sich um eine Reihensiedlung, bei der sich an die einzelnen Gehöfte die geschlossene Ackerflur (z.T. im Hufenmaß) anschließt, die wegen des eng angelegten Entwässerungsnetzes meist lang und schmal ist. – Abb. Siedlungsformen, S. 332.

Massenanziehung: die ↑Gravitation.

Massengestein: M.e ist eine andere Bezeichnung für ↑magmatische Gesteine. Man bezeichnet auch alle kompakten Gesteine von großer Mächtigkeit als M., im Gegensatz zu den gut geschichteten oder stark klüftigen Gesteinen.

Massengüter: M. sind Güter, die in großen Mengen für viele Nachfrager über einen langen Zeitraum hergestellt werden. M. sind zum einen Industrieerzeugnisse (Produktionsgüter), die meist bei hohem Gewicht nur einen relativ geringen Wert darstellen, sodass Transport- und Standortfragen eine große Rolle spielen (z.B. Kies, Kohle, Erze, Getreide). Zum anderen werden als M. (Massenprodukte, Massenbedarfsgüter, Massenwaren) Konsumgüter bezeichnet, die als Gebrauchs- oder Verbrauchsgüter in Massenfertigung hergestellt und für anonyme Märkte in identischer Aufmachung und Ausstattung angeboten werden. – Der Gegensatz ist Stückgut.

Massentierhaltung (Intensivhaltung): Unter M. versteht man Viehwirtschaft mit sehr hohen Tierbeständen. Die menschliche Arbeitskraft ist stark reduziert, häufig nehmen vollautomatische Einrichtungen die Fütterung der Tiere und die Abfallentsorgung vor. Die Be-

M

triebe sind bodenunabhängig, da das Futter nicht von betriebseigenen Flächen stammen muss. Probleme ergeben sich aus Sicht des Tierschutzes, aber auch aus ökologischen Aspekten. So führt die Zunahme des Gülleaufkommens durch das Aufbringen auf die Felder zu Überdüngung, Schwermetallbelastung im Boden und Nitratanreicherung im Grundwasser.

Massentourismus: Der M. ist eine nach dem Zweiten Weltkrieg immer stärker zu beobachtende Erscheinung. Bedingt durch bezahlten Urlaub, steigendes Einkommen und immer größer werdende Mobilität wurden ganze Landstriche dem Tourismus geopfert. Beispiele finden sich v.a. im Süden Europas und hier insbesondere an den Küsten des Mittelmeeres. Da der M. zerstörerisch auf die Landschaft gewirkt hat und immer noch wirkt, das ökologische Gleichgewicht vielerorts gefährdet (z.B. im Alpenbereich), ist er immer mehr in die Kritik geraten. Der Bauboom in typischen Zielgebieten des M. ist aber nur schwer zu bremsen. Ist aber schon ein bestimmter Grad der Landschaftszerstörung erreicht, kann der M. schnell zurückgehen, wie Beispiele aus Gran Canaria oder Mallorca zeigen. In vielen Regionen ist der M. oft die einzige Einnahmequelle, abgesehen von der dort nicht selten rückständigen Landwirtschaft.

Massenverkehr (auch öffentlicher Verkehr): M. wird mit Massenverkehrsmitteln betrieben. Hierzu gehören u.a. Eisenbahnen, U-Bahnen, Omnibusse. Im Gegensatz zum M. steht der Individualverkehr.

Massiv:

- In der *Geomorphologie* ist M. ein ungegliedertes Gebirge mit gedrungenem Umriss, wie z.B. der Harz, oder eine größere, herausgehobene und durch Abtragung freigelegte Gesteinsmasse (z.B. Gotthard-M.).
- In der *Geologie* meint M. eine durch Abtragung freigelegte alte Tiefengesteinsmasse, wie z.B. das Lausitzer Granitmassiv.

Maßstab: Der M. einer Karte gibt das Verhältnis zwischen einer Strecke auf der Karte und der tatsächlichen Länge dieser Strecke in der Natur an. Der M. wird auf Karten durch eine Messstrecke mit Zentimeterstrichteilung wiedergegeben, an der die natürlichen Längen eingetragen sind. Zu merken ist, dass ein großer M. Einzelheiten im Gelände genau zeigt, ein kleiner M. stark verallgemeinert, also keine Details wiedergibt. Es entsprechen bei einem M. von 1:10000 (großer Maßstab) 1 cm auf der Karte 10000 cm (= 100m) in der Natur, bei einem M. von 1:5000000 (kleiner Maßstab) 1 cm auf der Karte 5000000 cm (= 50 km) in der Natur. Eine der gebräuchlichsten deutschen Karten ist das Messtischblatt mit einem M. 1:25000.

Matriarchat – Patriarchat: Diese beiden völkerkundlichen Begriffe kennzeichnen die Tatsache, dass entweder die Frau oder der Mann die beherrschende soziale Rolle in der Familie oder der Gesellschaft spielen. Wird diese Rolle von Frauen übernommen, sprechen wir von *Matriarchat,* wird sie von Männern übernommen, spricht man von *Patriarchat.*

Matten: Die M. sind natürliche, artenreiche Grasfluren oberhalb der Baumgrenze, gebildet aus Stauden, Gräsern und Zwergsträuchern. Sie sind Teil der ↑alpinen Stufe der Hochgebirge (Mattengürtel). Die M. wurden durch Beweidung verändert und auch unter die natürliche Baumgrenze ausgedehnt.

Medina: Als M. wird die ursprünglich von einer Mauer umgebene Altstadt einer islamischen Stadt bezeichnet. Zur M. gehören eine Hauptmoschee, der Basar und oft die Kasba. Ursprünglich herrschte in der M. ein Straßengewirr mit vielen Sackgassen, in neuerer Zeit erfolgte in manchen Städten eine Öffnung der M. durch neu angelegte, breite Straßen.

mediterran: das Mittelmeer betreffend, sowie das Gebiet um dieses Meer.

Mediterrane Roterde: ↑Terra rossa.

M

Meer

Fläche, Inhalt, mittlere und größte Tiefe der Ozeane und ihrer Nebenmeere

Meere	Fläche in Mill. km^2	Inhalt in Mill. km^3	Tiefe in m Mittel	Tiefe in m Maximum
Ozeane, ohne Nebenmeere				
Pazifischer Ozean	166,24	696,19	4 188	10 924 [1)]
Atlantischer Ozean	84,11	322,98	3 844	9 219 [2)]
Indischer Ozean	73,43	284,34	3 872	7 455 [3)]
Summe/Mittelwert	323,78	1 303,51	4 026	–
Mittelmeere, interkontinental				
Arktisches[a)]	12,26	13,70	1 117	5 449
Australasiatisches[b)]	9,08	11,37	1 252	7 440
Amerikanisches	4,36	9,43	2 164	7 680
Europäisches[c)]	3,02	4,38	1 450	5 092
Summe/Mittelwert	28,72	38,88	1 354	–
Mittelmeere, intrakontinental				
Hudson Bay	1,23	0,16	128	218
Rotes Meer	0,45	0,24	538	2 604
Ostsee	0,39	0,02	55	459
Persischer Golf	0,24	0,01	25	170
Summe/Mittelwert	2,31	0,43	184	–
Randmeere				
Beringmeer	2,26	3,37	1 598	4 096
Ochotskisches Meer	1,39	1,35	971	3 372
Ostchinesisches Meer	1,20	0,33	275	2 719
Japanisches Meer	1,01	1,69	1 673	4 225
Golf von Kalifornien	0,16	0,11	720	3 127
Nordsee	0,58	0,05	93	725 [4)]
Sankt-Lorenz-Golf	0,24	0,03	123	549
Irische See	0,10	0,01	60	272
übrige	0,29	0,15	470	–
Summe/Mittelwert	7,23	7,09	979	–
Ozeane mit Nebenmeeren				
Pazifischer Ozean	181,34	714,41	3 940	10 924 [1)]
Atlantischer Ozean	106,57	350,91	3 293	9 219 [2)]
Indischer Ozean	74,12	284,61	3 840	7 455 [3)]
Weltmeer	362,03	1 349,93	3 729	10 924 [1)]

[a)] Nordpolarmeer einschließlich Randmeere + Baffinmeer + Hudsonbay
[b)] einschließlich Andamanensee
[c)] einschließlich Schwarzes Meer

[1)] Witjastiefe im Marianengraben
[2)] Milwaukeetiefe im Puerto-Rico-Graben
[3)] Planettiefe im Sundagraben
[4)] im Skagerrak gelegen

M

mediterranes Klima (Mittelmeerklima, Etesienklima, Winterregenklima): Das mediterrane Klima ist durch trockene, heiße Sommer und regenreiche, milde Winter gekennzeichnet. Die auffallenden jahreszeitlichen Gegensätze im Witterungsablauf erklären sich aus der Verschiebung der verschiedenen Luftdruckbereiche innerhalb der ↑Allgemeinen Zirkulation der Atmosphäre, die ihrerseits vom jeweiligen Sonnenhöchststand abhängig ist. So liegt das europäische Mittelmeergebiet im Sommer unter dem Einfluss der subtropischen Hochdruckzone (mit Monatsmitteln der Temperatur um 22°C), die sich im Herbst dann wieder äquatorwärts verschiebt, sodass das Mittelmeergebiet den Einflüssen der nachrückenden Westwindzone ausgesetzt wird. Nun überwiegen die Auswirkungen der westwärts wandernden Tiefdruckgebiete, die dem Mittelmeerraum im Herbst und Winter die starken Niederschläge bringen. Wegen des maritimen Einflusses im Winter sind Fröste sehr selten.

Wegen der von Mai bis Oktober im östlichen Mittelmeerraum sehr beständig wehenden Nord- bis Nordwestwinde, der Etesien, wird das mediterrane Klima auch Etesienklima genannt.

Das mediterrane Klima gehört nach der Klassifikation in ↑Klimaregionen zu den subtropischen Winterregengebieten auf den Westseiten der Kontinente.

Meer (Weltmeer): M. ist die die Kontinente umgebende zusammenhängende Wassermasse der Erde. Die heutige Wassermenge des Weltmeeres beträgt 1350 Mill. km^3, seine Gesamtoberfläche 362 Mill. km^2, d.h. 70,8% der Erdoberfläche. Seine größte Tiefe, 10924m, liegt im Marianengraben (Witjastiefe I). Das Weltmeer gliedert sich in drei Ozeane: Pazifischer, Atlantischer und Indischer Ozean mit einer Anzahl von Nebenmeeren. M. und Kontinente sind ungleich auf Nord- und Südhalbkugel verteilt. Insgesamt entfallen von der Nordhalbkugel 60,7%, von der Südhalbkugel 80,9% der Gesamtfläche auf das Weltmeer.

Die prozentuale Verteilung von Land und Wasser, berechnet für die einzelnen geographischen Breiten, wird grafisch in der *morphographischen Kurve* dargestellt.

Meerenge: Eine schmale Meeresstraße, wie z.B. der Bosporus, die Dardanellen und die Straße von Gibraltar, wird auch M. genannt. Eine M. verbindet zwei größere Meeresteile miteinander und ist daher von strategischer Bedeutung.

Meereskunde: die Wissenschaft vom Meer, ↑Ozeanographie.

Meeresspiegelschwankungen: M. sind kurzzeitige (periodisch oder sporadisch auftretende), jahreszeitliche und langjährige Änderungen des Wasserstandes des Meeres. Die kurzzeitigen M. entstehen durch Gezeitenwirkung oder kurzfristige, meteorologisch bedingte Veränderungen; die monatlichen Schwankungen werden vor allem durch den Jahresgang von Luftdruck, Windrichtung und -stärke, Dichteschichtun-

Meeresspiegelschwankungen

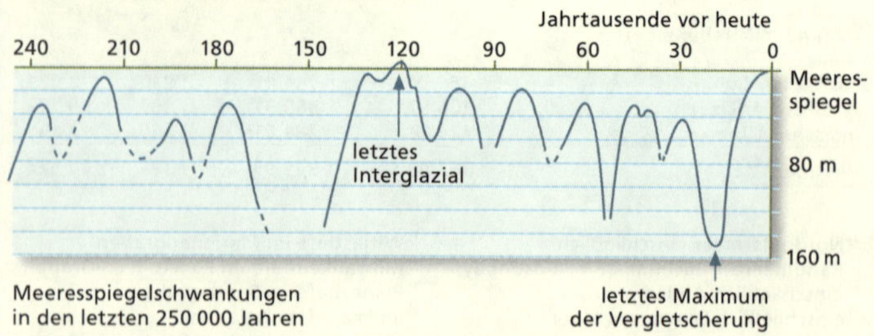

Meeresspiegelschwankungen in den letzten 250 000 Jahren

gen im Meer und Wasserführung der Flüsse verursacht. Langjährige Änderungen sind die Folge von Hebungs- oder Senkungserscheinungen der Küsten (isostatisch bedingte M.) oder von einer Zu- oder Abnahme der Gesamtwassermenge des Meeres (eustatisch bedingte M.) durch den Rückgang der Eismassen. Der seit über 100 Jahren zu beobachtende weltweite Anstieg des Meeresspiegels um durchschnittlich über 1 mm/Jahr ist noch nicht eindeutig geklärt, beruht vielleicht v.a. auf der thermischen Ausdehnung des Meerwassers infolge der Temperaturerhöhung der Atmosphäre. Zur Messung des Wasserstandes dienen Küsten- und Hochseepegel.

Meeresströmungen: M. sind die überwiegend horizontalen Transporte von Wassermassen im Weltmeer. Nach den verursachenden Kräften, der Schubkraft des Windes bzw. den durch Dichteunterschiede im Wasser bedingten inneren Druckkräften, unterscheidet man *Drift-* und *Gradientströme.* Von wesentlichem Einfluss sind außerdem Coriolis-Kraft und Reibungskraft.

Die durch Wind erzeugte *Oberflächenströmung* wird durch Reibung auf tiefere Schichten übertragen und aufgrund der Coriolis-Kraft gleichzeitig abgelenkt, auf der Nordhalbkugel nach rechts, auf der Südhalbkugel nach links. Dieser Massentransport in der Oberflächenschicht ist auf die oberen 100–200m beschränkt. Stark ausgeprägte Oberflächenströmungen können nur dort entstehen, wo kräftige und richtungsbeständige Winde wehen. Dies ist v.a. innerhalb der Passatzonen der Fall, die sich über 31% der Weltmeere erstrecken.

Als Folge des Nordost- bzw. Südostpassates entstehen beiderseits des Äquators nach W gerichtete Strömungen, *Nord-* und *Südäquatorialstrom.* Als Ersatz für das weggeführte warme Wasser und bedingt durch ablandige Winde, steigt vor den Küsten der Kontinente aus der Tiefe kühles Wasser auf. Vor den O-Küsten der Kontinente werden der Nord- und der Südäquatorialstrom polwärts abgelenkt; sie bringen den höheren Breiten relativ warmes Wasser (Kuroschio, Ostaustralstrom, Golfstrom, Brasilstrom, Agulhasstrom); im Bereich der mittleren geographischen Breiten erhalten sie unter dem Einfluss der starken, aber unbeständigen Westwinde und der Coriolis-Kraft eine östliche Richtung (Nordpazifischer, Nordatlantischer Strom, Westwinddrift).

An der O-Seite der Ozeane wird der Kreislauf durch äquatorwärts gerichtete, relativ kalte M. geschlossen (Kalifornischer, Humboldt-, Kanaren-, Benguela-, Westaustralstrom). Die Zirkulation an der Meeresoberfläche in höheren Breiten wird wegen der hier meist unbeständigen Winde weniger durch Drift- als vielmehr durch Gradientströme bestimmt. Dabei folgen die M. auf der Nordhalbkugel den Küsten- und Schelfrändern so, dass die Kontinente zur Rechten liegen, wenn man in Stromrichtung blickt (Alaskastrom, Norwegischer Strom, Westspitzbergen-, Ostgrönland-, Labradorstrom, Ojaschio). An der O-Seite der Ozeane bringen sie relativ warmes Wasser aus niederen in höhere Breiten, an der W-Seite umgekehrt.

Die *Tiefenzirkulation* des Weltmeeres wird von den Gradientströmen beherrscht. Die ihren Antriebskräften, den inneren Druckkräften, zugrunde liegenden Dichteunterschiede beruhen auf horizontalen Unterschieden von Temperatur und Salzgehalt, auf horizontalen, durch windbedingten Aufstau des Wassers vor Küsten erzeugten Druckunterschieden sowie auf äußeren Druckunterschieden infolge von Luftdruckänderungen.

Meereswellen: M. sind periodische Bewegungsvorgänge im Meerwasser, wobei jedes Wasserteilchen regelmäßige Schwingungen an Ort und Stelle ausführt. Diese Schwingungen werden durch äußere Störungen (Druck- und Schubkräfte des Windes, Luftdruckschwankungen, Gezeiten erzeugende Kräfte, Seebeben usw.) hervorgerufen.

M

Meeresströmungen

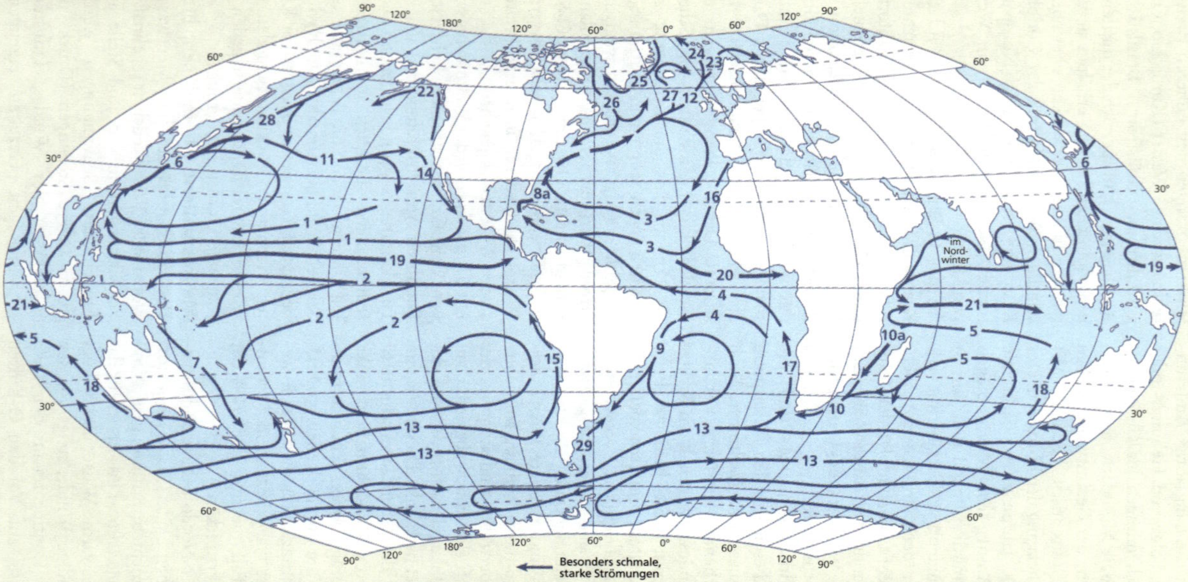

Meeresströmungen: Oberflächenströmungen im Weltmeer; 1-5 Nord- und Südäquatorialströme, 6 Kuroshio, 7 Ostaustralstrom, 8 Golfstrom, 8a Floridastrom, 9 Brasilstrom, 10 Agulhasstrom, 10a Moçambiquestrom, 11 Nordpazifischer Strom, 12 Nordatlantischer Strom, 13 Antarktischer Zirkumpolarstrom, 14 Kalifornischer Strom, 15 Humboldtstrom, 16 Kanarenstrom, 17 Benguelastrom, 18 Westaustralstrom, 19 - 21 äquatoriale Gegenströme, 22 Alaskastrom, 23 Norwegischer Strom, 24 Westspitzbergenstrom, 25 Ostgrönlandstrom, 26 Labradorstrom, 27 Irmingerstrom, 28 Oyashio, 29 Falklandstrom

M. besitzen sehr unterschiedliche Dimensionen: Ihre Höhe reicht von unter 1 mm bis 30 m, ihre Länge von unter 1 mm bis über 1 000 km, ihre Periode von unter 0,1 Sekunden bis über 1 Jahr. Die Einteilung der Wellen geschieht zumeist nach ihrer Periode.

Bei den M. unterscheidet man Kapillarwellen, Ultraschwerewellen, gewöhnliche Schwerewellen, Infraschwerewellen und langperiodische Wellen. *Kapillarwellen* sind durch Oberflächenspannung bedingt und entstehen bei einer Windgeschwindigkeit von 69,5 cm/s. *Ultraschwerewellen* kennzeichnen den Übergang zu den durch die Schwerkraft bestimmten *gewöhnlichen Schwerewellen,* die den Seegang bilden. Die Seegangswellen gehen im Flachwasser in die Brandung über, wenn die Wassertiefe kleiner wird als die halbe Wellenlänge. Die Bahn der Wasserteilchen geht hierbei von der Kreisbahn in eine geradlinige Hin-und-Herbewegung über, die die ganze Wassersäule bis zum Boden erfasst. Dies gilt auch für die *Infraschwerewellen* und alle *langperiodischen Wellen.* Hierzu gehören vor allem die durch Seebeben ausgelösten Tsunamis, die Sturmflutwellen (↑Sturmflut), die ↑Gezeiten- und die Transgezeitenwellen. Eine Besonderheit unter den langperiodischen M. sind die *Seiches,* so bezeichnet man die Eigenschwingungen der Wassermassen in Becken und Buchten. Ihre Periode richtet sich nach den Dimensionen des betreffenden Meeresraumes.

M. treten auch im Inneren der Wassermassen auf, und zwar überall dort, wo die Wasserdichte sich mit der Tiefe ändert. Sie werden als *interne Wellen* bezeichnet und sind an periodischen Hebungen und Senkungen von Wasserschichten gleicher Temperatur und gleichen Salzgehaltes erkennbar. Ihre Periode hängt vom vertikalen Dichtegefälle ab.

Meermühle: Als M. wird eine dem ↑Kolk entsprechende Auskolkung an der Felswand einer Küste bezeichnet.

Megalopolis [engl. mɛgəˈlɔpəlɪs]: M. ist eine andere Bezeichnung für eine städtische Ballung (Megastadt). Im engeren Sinn steht die Bezeichnung für die fast 100 km lange Verstädterungszone an der Nordostküste der USA zwischen Washington und Boston mit über 20% der Bevölkerung der USA auf etwa 3% der Gesamtfläche.

Megastadt: ↑Megalopolis.

Melaphyr: M. ist ein grünlich schwarzer Basalt aus dem Jungpaläozoikum (Perm, Karbon) in Mitteleuropa. M. besteht hauptsächlich aus den Mineralen Plagioklas, Augit und Olivin; er ist besonders blasenreich.

Meereswellen

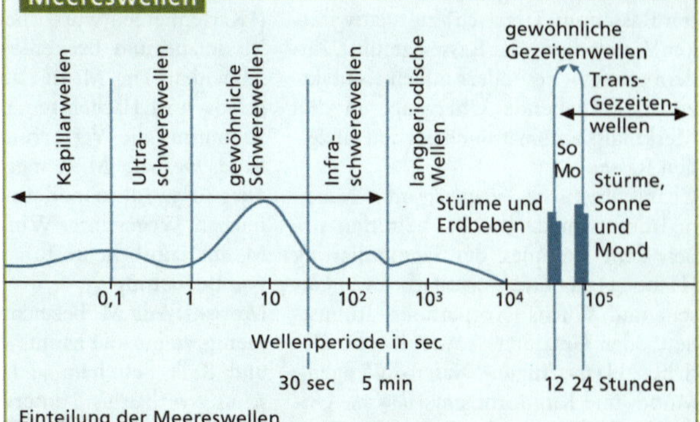

Einteilung der Meereswellen

M

Melioration: Unter M. versteht man kulturtechnische Maßnahmen zur Werterhöhung des Bodens, also zur Steigerung seiner Ertragsfähigkeit, zur Vereinfachung seiner Bewirtschaftung und zum Schutz vor Zerstörung und Schädigung. Solche Maßnahmen sind z.B. die Bewässerung und Entwässerung, die Eindeichung von Überschwemmungsgebieten, die Urbarmachung von Ödland.

Menapeiszeit: pleistozäne Eiszeit in Nordwesteuropa, im Quartär.

Menschenrassen: M. sind die lokalisierbaren Formengruppen der Art Homo sapiens, die sich durch erbbedingte charakteristische Konstitutionsmerkmale mehr oder weniger deutlich voneinander unterscheiden lassen. Der Prozess der M.bildung, die *Rassengenese,* ist eines der Ergebnisse der menschlichen Evolution. Er hängt hauptsächlich von den Faktoren Isolation, Mutation und Selektion (bzw. Anpassung) ab. Da zwischen M. keine biologischen Kreuzungsschranken bestehen, könnten durch *Rassenmischungen* die Grenzen zwischen den Rassen leicht verwischt werden. Einer größeren Nivellierung von Rassenunterschieden stehen jedoch v.a. soziale, kulturelle und ideologische Kreuzungssperren im Wege. Andererseits haben eine hohe Wanderbeweglichkeit und eine weitgehende Unabhängigkeit gegenüber Klima und Ernährungsbasis gerade beim Menschen (im Gegensatz zu den meisten Rassen im Tierreich) zu relativ starker Vermischung der Rassen geführt. Zudem gibt es – besonders in den Kontaktzonen – fließende Übergänge in den Merkmalskombinationen bei den einzelnen Rassen.

Charakteristische *morphologische* Merkmalsunterschiede der M. betreffen neben dem Komplex der Pigmentierung (Haut-, Haar- und Augenfarbe) v.a. Gestalt und Wuchs (Körperhöhe, Robustheit oder Grazilität) sowie Kopf-, Gesichts-, Haar-, Augen-, Nasen-, Wangen-, Mund- und Kinnform, *physiologische* Unterschiede finden sich z.B. bei der Wärmeregulation oder beim Blutserum, soweit Signifikanz festzustellen ist.

Unterteilt werden M. am häufigsten nach ihrer Hautfarbe in eine weiße Rasse, die Europiden, eine gelbe Rasse, die Mongoliden und eine schwarze Rasse, die Negriden; vielfach wird noch eine »vierte« Rasse auf dem amerikanischen Kontinent, die Indianiden, hinzugerechnet. Diese *Groß-* oder *Hauptrassen* lassen sich in Einzelrassen (Varietäten) und auch weiter in Unter- oder Lokalrassen gliedern.

Mental Map [englisch: 'mentl mæp]: Der Begriff bedeutet soviel wie »geistige Landkarte«. Man meint damit (meist falsche) Vorstellungen, die sich Gruppen von Menschen von räumlichen Lagebeziehungen machen. So ist z.B. die etwa gleiche Breitenlage von Neapel und New York den wenigsten Menschen bewusst, die meisten würden Neapel wohl südlicher legen. Vergleichbares gilt für die Tatsache, dass Hannover etwas nördlicher als London liegt. Auch dies ist den wenigsten Menschen auf Anhieb bewusst.

Mercalli-Skala: Die M. ist eine Einteilung zur Bestimmung der Stärke von ↑Erdbeben.

Mercatorprojektion: Die M. ist eine Möglichkeit, die Kugelgestalt der Erde in einer Ebene darzustellen. Hierbei handelt es sich um eine konforme, normalachsige Zylinderabbildung der Erde (↑Kartennetzentwurf), bei der sich die Meridiane und Breitenkreise senkrecht schneiden. Die M. ist daher weder abstands- noch flächentreu; nach den Polen zu nimmt die Verzerrung sogar überhand, weshalb M.en meist nur bis 70° oder 80° nördlicher oder südlicher Breite reichen. Wegen ihrer Winkeltreue ist die M. aber noch heute für die Navigation von Bedeutung.

Mergel: Als M. bezeichnet man Sedimentgesteine, die hauptsächlich aus Ton und Kalk bestehen; je nach dem Mischungsverhältnis unterscheidet man Kalkmergel, Mergel und Tonmergel. Oft enthält M. auch Beimengungen von Sand, Gips, Dolomit u.a. mineralischen Stoffen.

Meridian: Ein M. ist ein halber ↑Längenkreis (von Pol zu Pol reichend) im gedachten Gradnetz der Erde.

Merkantilismus: Es handelt sich beim M. um ein Wirtschaftssystem aus der Zeit des europäischen Absolutismus. Er war gekennzeichnet durch staatliche Lenkung und Förderung von Handel und industrieller Entwicklung zur Bereicherung eines Landes. Besonders wichtig war hierbei die Erhöhung des Besitzes an Edelmetallen, also der Finanzkraft des Landesherren.

Meseta: Im spanischen Sprachbereich ist M. die Bezeichnung für ein Hochland.

Mesosphäre: Schicht in der ↑Atmosphäre.

Mesozoikum: erdgeschichtliche Ära, ↑Geologie, Zeittafel.

Messtischblatt: Das M. ist eine topographische Karte im Maßstab 1:25000, die ursprünglich mithilfe des Messtisches im Gelände aufgenommen wurde; heute ist die photogrammmetrische Aufnahme die Regel. Wegen ihres Maßstabes – 1 km in der Natur entspricht 4 cm auf der Karte – wird sie auch *4-cm-Karte* genannt. Jedes M. ist 6 Breitenminuten hoch und 10 Längenminuten breit.

Mestize: Mestizen werden Mischlinge zwischen Europäern und Indianern in Südamerika genannt.

metamorphe Gesteine (Metamorphite): M. G. sind die durch ↑Metamorphose entstandenen Gesteine. Dabei unterscheidet man nach der Herkunft die aus magmatischen Gesteinen gebildeten *Orthogesteine* von den aus Sedimentgesteinen hervorgegangenen *Paragesteinen.* Der Entstehungsweise nach lassen sich Gesteine der Regional- und der Kontaktmetamorphose unterscheiden. Bei der Kontaktmetamorphose entstehen aus Sandsteinen Quarzite, aus Kalksteinen Marmor, aus tonigen Gesteinen Fleck-, Frucht-, Garben- und Knotenschiefer sowie Feldspathornfelse, aus Dolomit Magnesiasilikatfelse, aus magmatischen Gesteinen hauptsächlich Hornfelse. Außer vom Ausgangsgestein hängt die Mineralzusammensetzung dabei vom Grad der Metamorphose bzw. von der Nähe zum Kontakthof ab. Das gleiche gilt für die bei der Regionalmetamorphose gebildeten Gesteine, die, sofern sie ein schiefriges Gefüge aufweisen, auch als kristalline Schiefer bezeichnet werden. Aus Sandsteinen gehen hier Quarzite hervor, aus tonigen Gesteinen Phyllite, Glimmerschiefer und Gneise, aus Mergel und Kalksandstein Kalkphyllite, Kalkglimmerschiefer, Kalksilikatfels und Kalksilikatschiefer, aus Kalkstein Marmor und Kalkschiefer; Granite und Rhyolithe werden zu Gneisen und Granuliten umgewandelt, Diorite und Dazite zu Hornblendeschiefer und Gneisen, Gabbro und Basalte zu Grünschiefer, Amphiboliten und Eklogiten, schließlich Peridotite und andere ultrabasische Gesteine zu Serpentiniten, Talk- und Chloritschiefern. Die durch Aufschmelzung (Anatexis und ↑Ultrametamorphose) entstandenen Gesteine (Migmatite, Diatexite) nehmen eine Sonderstellung ein. Kohle und Salzablagerungen reagieren bei der Metamorphose besonders empfindlich.

Metamorphose: M. nennt man in der Gesteinskunde die Umwandlung und Umformung eines Gesteins in ein anderes, ein *metamorphes Gestein.* Zurückzuführen ist die M. auf eine Änderung der Druck- und besonders der Temperaturbedingungen, denen das Gestein ausgesetzt ist: dabei finden neben mechanischen und Gefügeveränderungen, z.T. auch chemische Veränderungen, d.h. Änderungen des Mineralbestandes, statt. Werden Sediment- oder magmatische Gesteine durch natürliche Einflüsse hinlänglich stark erwärmt, so bilden sich je nach erreichter Temperatur und Art der eintretenden chemischen Reaktionen neue, d.h. jeweils für einen bestimmten Druck- und Temperaturbereich stabile Mineralgruppierungen.

M

Diese Umwandlung erfolgt im Allgemeinen im Inneren der Erdkruste unter Erhaltung des festen Zustandes, d.h. noch unterhalb des Schmelzpunktes; der Bereich der M. schließt nach oben, d.h. mit steigenden Temperaturen, an den Bereich der niedrig temperierten Gesteinsverfestigung, an die ↑Diagenese der Sedimentgesteine, an und reicht bis an die Grenze der Aufschmelzung (Anatexis, ↑Ultrametamorphose). Die Temperaturerhöhung kann durch Versenkung in größere Krustentiefe, durch Verstärkung des regionalen Wärmeflusses aus dem Erdinnern oder durch lokale Erwärmung bei Kontakt mit schmelzflüssigem Magma erfolgen. Im letzteren Falle, bei der *Kontaktmetamorphose,* klingt die Temperatur je nach Größe des heißen Magmenkörpers innerhalb eines cm- bis km-breiten Saumes, dem *Kontakthof,* relativ rasch ab; es entstehen *Kontaktgesteine* mit neu gebildeten Mineralarten und einem dichten Gefüge (z.B. Hornfels). Bei Versenkung ausgedehnter Krustenareale bzw. Erhöhung des Wärmeflusses erfolgt eine regional verbreitete Gesteinsumwandlung. Diese *Regionalmetamorphose* zeigt ein langsames, ausgeglicheneres Temperaturgefälle. Neben der Temperaturerhöhung sind hier auch mechanische Vorgänge beteiligt, und zwar durch tektonische Bewegungen; dabei werden die Bestandteile der Gesteine plastisch deformiert oder zertrümmert und dadurch Rekristallisation und Umwandlung des Gefüges eingeleitet; so entsteht die weit verbreitete Schiefrigkeit der metamorphen Gesteine (↑Schieferung).

Metamorphose

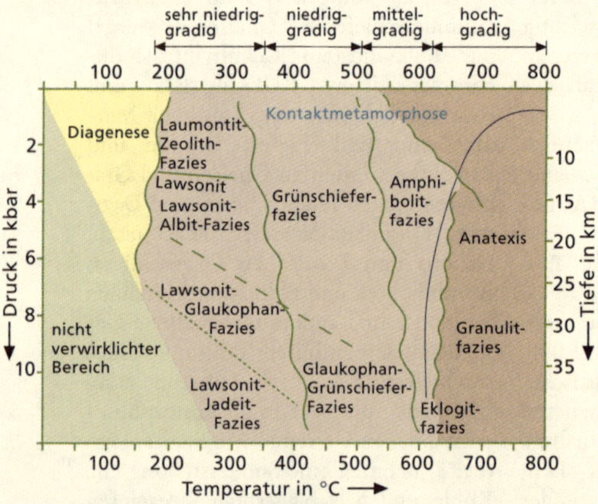

Verteilung der Mineralfazies bei der Metamorphose im Druck-Temperatur-Feld (nach H.G.F. Winkler)

Meteor: Als Meteore bezeichnet man alle kurzzeitigen, plötzlich auftretenden atmosphärischen Leuchterscheinungen in Form von langen, häufig nachleuchtenden Bahnen, die durch das Eindringen außerirdischer Kleinkörper, der ↑Meteoroiden, in die Erdatmosphäre hervorgerufen werden. Der auf die Erde auftreffende Rest wird ↑Meteorit genannt. Das Leuchten kommt folgendermaßen zustande: Die in die irdische Lufthülle eindringenden Meteoroiden verdampfen an ihrer Stirnseite durch den Aufprall der Luftmoleküle. Die Moleküle der sich dadurch um sie herum bildenden, erheblich größeren Dampfwolke (Durchmesser bis zu einigen 100 m und mehr) stoßen ebenfalls mit den Luftmolekülen zusammen, wobei ein Teil dieser Moleküle ionisiert und zum Leuchten angeregt wird. Es entsteht der für Bruchteile von Sekunden sichtbare Einschusskanal, der von einem leuchtenden Plasma ausgefüllt ist. Entlang der Bahn verstärkt sich die Intensität der vorwiegend weißen Leuchterscheinung, wobei Funkenschauer, kurzstreckige Lichtausbrüche sowie Teilungen der Leuchterscheinung nicht selten sind und extrem helle Meteore auf dem letzten, hellsten Teil ihrer Bahn sogar am Tage sichtbar sind (in einigen Fällen wurde sogar die Helligkeit der Sonne erreicht). Am Tage auftretende große Meteore hinterlassen meist einen Rauchschweif (Rauchbahn, Rauchwolke) aus glutflüssig abgestreiftem und feinst zerstäubtem Meteoroidenmaterial, der erst allmählich von den Luftbewegungen verwischt wird.

Je nach Stärke der Leuchterscheinung unterscheidet man: 1. die mit bloßem Auge nicht wahrnehmbaren *teleskopischen Meteore,* die durch Meteoroide mit Massen bis zu 0,001 g (vor dem Eintritt in die Erdatmosphäre) hervorgerufen werden; 2. die in jeder sternklaren Nacht mit bloßem Auge wahrnehmbaren *Sternschnuppen;* sie werden von Meteoroiden mit Massen bis zu 10 g verursacht, die dann bis auf winzige Restkörper verdampfen; 3. die sehr hellen *Feuerkugeln* oder *Bolide,* deren Helligkeit größer als die mittlere Helligkeit des Planeten Venus ist, was ab etwa 70 km über der Erdoberfläche der Fall ist. Die Verursacher, die häufig bis zur Erdoberfläche gelangenden Meteoroiden haben bei *gewöhnlichen Feuerkugeln* (bereits sehr selten) Massen bis zu 1 kg, bei *detonierenden Feuerkugeln* Massen bis zu 1 t. Bei noch größerer Masse erzeugt der Meteoroid neben der Leuchterscheinung ein donnerartiges Geräusch und verursacht beim Aufschlag auf fester Erdoberfläche einen Krater sowie starke Verwüstungen *(verheerende Feuerkugel).*

Das Aufleuchten der Meteore in den hohen Atmosphärenschichten erfolgt in etwa 120 bis 80 km Höhe, wobei teleskopische Meteore und Sternschnuppen bereits in etwa 80 bis 90 km Höhe erlöschen, da die sie verursachenden Meteoroiden dann bereits vollständig verdampft sind. Hellere Meteore erreichen kleinere Endhöhen als lichtschwächere; Feuerkugeln z.B. Endhöhen von 50 km bis unter 10 km. In den Endhöhen sind die verursachenden Meteoroiden entweder vollständig verdampft und die von ihnen erzeugten Dampfwolken so abgekühlt, dass sie nicht mehr leuchten, oder die Geschwindigkeit der Meteoroidenreste reicht nicht mehr aus, eine leuchtende Gaswolke zu erzeugen.

Meteorit: Meteorite sind kleine Festkörper außerirdischen Ursprungs (Meteoroide), die in die Erdatmosphäre eindringen, dort die als ↑Meteore bezeichneten Leuchterscheinungen hervorrufen und bis zur Erdoberfläche gelangen.

Die meisten Meteoroiden sind wahrscheinlich Überreste von Kometen, sehr große Exemplare wohl auch Trümmer zerstörter Planetoiden. Körper, die kleiner als etwa 0,1 mm im Durchmesser sind, werden als *Mikrometeoriten* bezeichnet, wobei Masseteilchen von nur wenigen tausendstel Millimeter Durchmesser den *meteoritischen Staub (kosmischen Staub)* bilden. Letztere ergeben keine merkliche Meteorerscheinung.

Die nicht verdampften Überreste großer Meteoriten erreichen als einzelnes größeres Stück, meist aber infolge Zerplatzen in mehreren (bis zu vielen Tausend) kleineren Zerfallsstücken über weite Gebiete verstreut als *Meteoritenschauer* die Erdoberfläche. Hier werden sie je nach Bodenbeschaffenheit beim Aufschlag zertrümmert oder sie dringen in das Erdreich ein. Die Eindringtiefe ist meist kleiner als 1 m, jedoch hat man auch sehr viel tiefere *Meteoritenkrater,* mit Tiefen von über 100 m und Durchmessern bis zu mehr als 1 km gefunden; zu ihnen gehört der Meteor Crater in Arizona, USA, mit 1200 m Durchmesser und 170 m Tiefe. Diese sind auf den Einschlag von sehr großen Meteoriten zurückzuführen, die beim Aufprall explosionsartig verdampft sind. Derartige *Riesenmeteoriten* (Masse weit über 1000 t) richten auch bei vorhergehendem Zerplatzen in großer Höhe noch großflächige Zerstörungen an. Die Zahl der jährlich auf die gesamte Erdoberfläche niederfallenden Meteoriten wird auf fast 20000 geschätzt, wovon weniger als 10 zur wissenschaftlichen Untersuchung gelangen. Der größte bisher entdeckte Meteorit ist ein bei Grootfontein in Namibia entdeckter Eisenblock von 54 t Gewicht.

Die aufgefundenen Meteoriten, zu denen auch der Hadschar in der Kaaba von Mekka gehört, sind völlig unregelmäßig geformte, von einer schwarzen, meist weniger als 1 mm dicken Schmelzrinde umgebene Gesteins- oder Nickeleisenkörper. Man unterscheidet nach ihrer chemischen Zusammensetzung mehrere Hauptgruppen: *Steinmeteoriten (Meteorsteine)* bestehen überwiegend aus Silikaten; sie enthalten im Mittel 42 % Sauerstoff, 20,6 % Silicium, 15,8 % Magnesium, 15,6 % Eisen. Sind rundliche silikatische Körper *(Chondren)* in die silikatische Grundmasse eingebettet, was bei etwa 90 % der Steinmeteoriten der Fall ist, so bezeichnet man sie als Chondriten. *Eisenmeteoriten (Nickeleisenmeteoriten, Siderite)* bestehen überwiegend aus meteoritischem Eisen, ein nur in Meteoriten vorkommendes Nickeleisen, das 6–12 % Nickel und bis zu 0,5 % Kobalt und Spuren anderer Elemente enthält. *Stein-Eisen-Meteoriten* sind solche, bei denen [tropfenartige] Steine in Eisen eingebettet sind oder umgekehrt. Die Herkunft von *Glasmeteoriten* oder ↑Tektiten ist umstritten.

An den Meteoritenfällen sind Steinmeteoriten mit 94 %, Eisenmeteoriten mit 5 %, Zwischenformen mit 1 % beteiligt, wobei aber Eisenmeteoriten im Durchschnitt erheblich größer (gewichtsmäßiger Anteil 64 %) als Steinmeteoriten (Gewichtsanteil 33 %) sind.

Meteoroid: Bezeichnung für einen kleinen natürlichen Himmelskörper (bis zu einer Größe von etwa 1 km), der sich auf einer Bahn um die Sonne bewegt. Ein M. kann einen ↑Meteor verursachen, wenn er zur Erde stürzt; sein dort auftreffender Rest wird als ↑Meteorit bezeichnet.

Meteorologie (Wetterkunde): Die M. ist ein Teilgebiet der Geophysik, das die Physik der Atmosphäre, die Lehre von den physikalischen (und chemischen) Erscheinungen und Vorgängen in der Lufthülle nebst ihren Wechselwirkungen mit der festen und flüssigen Erdoberfläche [und dem Weltraum] sowie die Lehre vom Wettergeschehen umfasst. In neuerer Zeit beschränkt sich die M. zunehmend auf den als Homosphäre bezeichneten Teilbereich der Atmosphäre, der bis 100 km Höhe reicht, da in der darüber liegenden Heterosphäre wesentlich andere Bedingungen und Gesetzmäßigkeiten herrschen (diese werden heute von der Aeronomie behandelt). Zur Beobachtung des Wetters bzw. der verschiedenen meteorologischen Elemente, deren Änderungen unmittelbar mit dem Wettergeschehen verknüpft sind, dienen

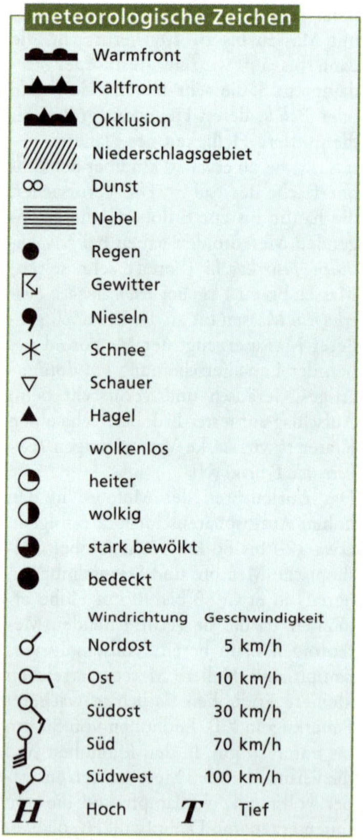

meteorologische Stationen *(Wetterstationen).*
Die moderne M. besteht aus mehreren Teilgebieten, die sich mehr oder weniger scharf gegeneinander abgrenzen lassen, teilweise aber auch eng miteinander verbunden sind: Die *theoretische* oder *dynamische M.* untersucht meteorologische Prozesse und Bewegungsvorgänge physikalisch-mathematisch unter Zugrundelegung der wichtigsten das Wettergeschehen erfassenden Größen: Luftdruck, Lufttemperatur, Wind, Luftfeuchte und Luftdichte. Die *synoptische M.* studiert den Wetterzustand zu einem bestimmten Zeitpunkt über einem mehr oder weniger großen Gebiet anhand von Wetterkarten mit dem Ziel, die weitere Entwicklung des Wettergeschehens zu erkennen und eine Vorhersage aufzustellen.
Die Aufgabe der *angewandten M.,* deren Teilgebiete eine immer größere Bedeutung erlangen, liegt in der Anwendung der von den übrigen Zweigen der M. ausgearbeiteten Erkenntnisse und Unterlagen auf speziellen Gebieten, etwa der Bioklimatologie, Agrarmeteorologie und Flugmeteorologie. Die *maritime M.* ist der Zweig der M., der sich mit Forschungen in der Atmosphäre über See sowie in der Grenzschicht zwischen Lufthülle und Meeresoberfläche beschäftigt; die Ergebnisse kommen in der Hauptsache dem *Seewetterdienst* zugute, dem die meteorologische Sicherung der Seefahrt obliegt.

Metropolisierung: Dieser Begriff der Stadtgeographie steht für die Tatsache, dass sich in vielen Staaten, v.a. in Entwicklungsländern, nur eine einzige Stadt, meist die Hauptstadt, zu einer Großstadt entwickelt und somit zur das ganze Land beherrschenden Metropole wird, während das übrige Land in den traditionellen Lebensformen verharrt. Für die heranwachsende Bevölkerung wird dieses damit uninteressant, denn aller Fortschritt konzentriert sich auf die Metropole, die nun eine ungeheuere Anziehungskraft ausübt. Es ergibt sich eine ständige Binnenwanderung zur Metropole, womit nicht nur die M. weiter vorangetrieben wird, sondern ebenso die Bildung von ↑Slums, da die Metropole die in sie gesetzten wirtschaftlichen Hoffnungen der Zugezogenen meist nicht erfüllen kann.

Metropolitan Area [englisch mɛtrə'pɔlɪtən 'ɛərɪə]: Es handelt sich hierbei um einen in den USA verwendeten Begriff für einen Siedlungskomplex, bestehend aus einer Stadt und ihren Vororten, auch für eine Gruppe benachbarter, wirtschaftlich und sozial zusammenhängender Städte; der Siedlungskomplex schließt auch nicht städtisch bebaute, agrarische Gebiete ein. Die US-Statistik kennt *Metropolitan Statistical Areas* [metrə'pɔlɪtn stə'tɪstɪkl 'eərɪəz], einige sind zu *Consolidated Metropolitan Statistical Areas* [kən'sɔlɪdeɪtɪd...] zusammengefasst, größte ist die von New York mit mehr als 18 Millionen Einwohnern. Als M. A. werden auch städtische Ballungsräume in anderen Ländern bezeichnet.

MEZ: Abkürzung für **m**ittel**e**uropäische **Z**eit, eine Zonenzeit, ↑Zeitzonen.

Migmatite: M. nennt man Gesteine, die ihrer chemischen Zusammensetzung und ihrem Gefüge nach zwischen metamorphen Gesteinen und Magma stehen; sie entstehen durch teilweise Aufschmelzung eines Gesteins.

Migration: Wanderung von Bevölkerungsgruppen, ↑Bevölkerungsbewegung.

Mikroklima (Kleinklima): Das M. ist das Klima der bodennahen Luftschicht bis etwa 2 m Höhe, in der Horizontalen bezogen auf Areale von 1 cm bis 100 m Erstreckung; es entsteht durch die Nähe der Bodenoberfläche. Es herrschen hier schwächere Luftbewegungen, aber größere Temperaturunterschiede.
Die Verschiedenheit des Bodens, des Geländes und des Pflanzenbewuchses kann auf engem Raum große Klimagegensätze entstehen lassen (z.B. in engen Tälern und an Hängen). Das M. ist besonders

für niedrige Pflanzen von entscheidender Bedeutung, da sie ihr klimaempfindlichstes Lebensstadium in der bodennahen Luftschicht durchlaufen.

Mikrosolifluktion: svw. ↑Kryoturbation.

Milchstraßensystem (Galaxis): M. ist die Bezeichnung für unser Sternsystem, dem die Sonne und alle anderen sichtbaren Sterne (etwa 5000) sowie etwa 200 Milliarden weitere Sterne angehören. Den Hauptanteil dieses Systems bildet eine abgeflachte, linsenförmige Scheibe, die sich zum Zentrum hin und zu einem Kern, dem galaktischen Zentrum, verdickt. Das ganze M., das neben den Sternen auch Wolken interstellarer Materie umfasst, rotiert um den zentralen Kern. Es besitzt vermutlich eine Spiralstruktur. Die stark abgeflachte Scheibe mit ihrer Spiralstruktur ist umgeben von einem fast sphärischen System, dem galaktischen Halo.

Millibar (Einheitszeichen mbar, auch noch mb): Ein M. ist der tausendste Teil der Druckeinheit Bar; in M. wurde bisher in der Meteorologie die Stärke des Luftdrucks angegeben, inzwischen durch *Hektopascal* (hPa) ersetzt:

$$1 \text{ mbar} = 10{,}19716 \text{ kp/m}^2 = 1 \text{ hPa}.$$

Milpa-System: Bezeichnung für die mit Brandrodung verbundene Art des ↑Wanderfeldbaus in Mexiko, Zentralamerika und Teilen Südamerikas.

Mindeleiszeit: pleistozäne Eiszeit, ↑Eiszeitalter.

Mindel-Riß-Interglazial: pleistozäne Warmzeit, ↑Eiszeitalter.

Minderheit (Minorität): Von einer M. spricht man bei einer Bevölkerungsgruppe, die sich von der Mehrheit der Bevölkerung eines Staates (oder einer anderen Einheit), dem (bzw. der) sie an sich angehört, durch bestimmte personale Merkmale, etwa Rasse, Sprache, Religion, soziales Verhalten u.a., unterscheidet und deshalb oft, zumeist aufgrund von Vorurteilen, der Diskriminierung durch die Mehrheit unterliegt. Hieraus sich ergebende Feindseligkeiten können bis zur Ausrottung der M. führen (z.B. Juden im nationalsozialistischen Deutschland).

Minerale (Mineralien): Als M. werden alle aus anorganischen oder, selten, organischen Verbindungen sowie aus chemischen Elementen bestehenden Substanzen bezeichnet, die als Bestandteile der Erdkruste, des Erdmantels oder von Meteoriten in der Natur vorkommen. M. sind – mit Ausnahme des Quecksilbers – feste Körper mit nahezu einheitlicher chemischer Zusammensetzung; sie treten meist kristallisiert, seltener amorph auf. M. bilden als Gemenge die Gesteine der Erdkruste und des Erdmantels oder sie wachsen frei auf Hohlräumen, Klüften und Gängen im Gestein oder als Ausblühungen und Abscheidungen an der Erdoberfläche. Von den über 2000 bekannten M.n kommen rund 300 häufiger vor, die 10 häufigsten bauen über 90% der Erdkruste auf. Zahlreiche M. haben Bedeutung als Erze zur Gewinnung von Metallen. Die wichtigsten *gesteinsbildenden Minerale* sind:

1. *Quarz* (SiO_2), das mit 18 Volumprozent an der Erdkruste beteiligt ist.

2. *Feldspäte* (64%, einschließlich der Feldspatvertreter), das sind Natrium-, Kalium- und Calciumalumosilikate. Man unterscheidet zwei chemische Mischungsreihen:

a) *Alkalifeldspäte,* Gemische zwischen den Zusammensetzungen Na $[AlSi_3O_8]$ und K $[AlSi_3O_8]$, in reiner Form *Albit* bzw. *Orthoklas;* wichtig ist auch der *Anorthoklas* (K, Na) $[AlSi_3O_8]$.

b) *Kalknatronfeldspäte* oder *Plagioklase,* Gemische von Ca $[AlSi_2O_8]$ und Na $[AlSi_3O_8]$, in reiner Form *Anorthit* bzw. *Albit.*

3. *Feldspatvertreter* oder *Foide,* das sind Silikate, die SiO_2-ärmer als die Feldspäte sind. Wichtig sind v.a. *Leucit* K $[AlSi_2O_6]$ und *Nephelin* (Na,K) $[AlSiO_4]$.

4. *Glimmer* (4% der Erdkruste), ebenfalls Silikate. Dazu gehören der dunkle Magnesiumeisenglimmer *Biotit* K $(Mg, Fe, Mn)_3$ $[(OH, F)_2\ AlSi_3O_{10}]$ und der helle

Tonerdeglimmer *Muskovit* KAl_2 [(OH, $F)_2|AlSi_3O_{10}]$.
5. *Augite* oder *Pyroxene* (4% der Erdkruste), das sind Silikate von Calcium, Magnesium und Eisen.
6. *Hornblenden* oder *Amphibole* (5% der Erdkruste), das sind Silicium-Magnesium-Silikate mit oder ohne Aluminium und Eisen; sie sind, ebenso wie die Augite, SiO_2-ärmer als Feldspäte, Feldspatvertreter und Glimmer.
7. *Olivin* oder *Peridot* (2% der Erdkruste), $(Mg, Fe)_2 SiO_4$.
Unter den mengenmäßig zurücktretenden gesteinsbildenden Mineralen, den *Nebengemengteilen,* die insgesamt 3% der Erdkruste ausmachen, sind v.a. zu nennen:

Magnetit:	$FeO \cdot Fe$ oder Fe_3O_4
Ilmenit:	$Fe\ TiO_3$
Hämatit:	Fe_2O_3
Pyrit:	FeS_2
Apatit:	$Ca_5\ (F, Cl, OH)\ (PO_4)_3$
Zirkon:	$Zr\ SiO_4$
Titanit:	$CaTi[O|SiO_4]$
Flussspat:	CaF_2

Mineralquellen: M. sind Quellen, deren Wässer je Kilogramm mindestens 1000 mg gelöste Stoffe oder andere pro Kilogramm Wasser genau festgelegte Mengen von Spurenelementen oder Kohlensäure enthalten, soweit sie eine besondere heilende Wirkung ausüben. Im Einzelnen handelt es sich um folgende Quellen. *Alkalische Quellen* enthalten überwiegend Natrium- und Calciumhydrogenkarbonat (z.B. Bad Ems). *Bitterquellen* besitzen erhebliche Mengen an Natrium-, Magnesium-, Calciumsulfaten (z.B. Bad Kissingen, Bad Mergentheim). Bei einer *Kochsalzquelle* sind mindestens 1000 mg Kochsalz in 1 kg Wasser gelöst (*Sole* hat mehr als 1,5% Kochsalz; z.B. Baden-Baden, Bad Homburg v.d. Höhe, Bad Reichenhall). *Säuerlinge (kohlensaure Quellen)* enthalten mindestens 250 mg freies Kohlendioxid je 1 kg Wasser (z.B. Karlsbad, Marienbad, Bad Nauheim). *Eisenquellen* enthalten 10 mg Eisensalz pro kg Wasser (Bad Pyrmont). In *Arsenwässern* sind mindestens 0,7 mg Arsen in 1 kg Wasser gelöst (z.B. Bad Dürkheim). *Schwefelwässer* besitzen mindestens 1 mg titrierbaren Schwefelwasserstoff, *Jodquellen* enthalten 1 mg Jod je kg Wasser. *Radioaktive Quellen* enthalten Radon oder spurenweise gelöste radioaktive Salze mit 10^{-7} mg Radium pro kg Wasser bei einer Radioaktivität von mindestens 80 ME [= Mache-Einheit, entspricht etwa 625 Becquerel] (z.B. Bad Kreuznach, Bad Gastein).

Minette: Die M. ist ein oolithisches Eisenerz, das v.a. in Schichten des unteren Dogger in Lothringen und Luxemburg vorkommt; es enthält bis zu 40% Eisen, v.a. in Form von Brauneisenstein (Limonit) sowie als Eisenphosphat, -silikat und -carbonat.

Minifundium: Das M. ist eine Bezeichnung für einen landwirtschaftlichen Kleinbetrieb im ehemals spanischen Lateinamerika. Es ist oft die einzige Einnahmequelle einer Großfamilie und erreicht meist nur die Fläche eines größeren Gartens. Die Produkte, die auf diesen Minifundien erzeugt werden, dienen v.a. dem Eigenverbrauch und erreichen darüber hinaus bestenfalls den örtlichen Markt. Über die Hälfte aller Landbesitzer in Lateinamerika verfügen nur über solche Minifundien, in Ecuador sind es z.B. über 90%.

Miombowald: Der M. ist ein Trockenwald, der nur im tropisch-wechselfeuchten Afrika der Südhalbkugel vorkommt. Die weit auseinander stehenden Bäume haben sich der 5 bis 7 Monate dauernden Trockenzeit angepasst, sie werfen in dieser Zeit ihr Laub meistens ab. Charakteristisch sind Bäume mit Hülsenfrüchten und breitkronige Schirmbäume, die aber alle nur 8 bis 15 m Höhe erreichen.

Miozän: Abteilung des Tertiärs, ↑Geologie, Zeittafel.

Mir-System: Unter dem M. versteht man das unter Großgrundbesitzverhältnissen in Russland übliche System der periodischen Verteilung der Besitzparzellen je nach der Kopfzahl der männlichen Familienmitglieder. Dies diente der gerechteren Zuteilung des Bodens, da die Dorfgemeinschaft als Ganzes die Steuern an den Grundherren zu entrichten hatte. Das M. wurde 1917 bei der russischen Revolution abgeschafft.

Mischkultur: Dieser landwirtschaftliche Fachausdruck ist eine Bezeichnung für den gleichzeitigen Anbau mehrerer Nutzpflanzenarten gleicher oder verschiedener Produktionsrichtung. Dies kann in der Reihe (z.B. Möhre und Porree), in Zwischenreihen (z.B. Lein und Sojabohnen; Ölbaum und Weinrebe), in Streifen (z.B. Trockenreis und Bataten oder Mais), als Etagen-, bzw. ↑Stockwerkkultur (z.B. Banane und Kaffee oder Tee) oder als Unterkultur (z.B. Grünland oder Gemüse unter Obsthochstämmen), etwa bei der *coltura mista* in Italien, erfolgen.

Mischlinge: Menschen, deren Eltern verschiedenen Rassen angehören, nennt man Mischlinge. Unter diesen haben einige besondere Namen, so ist ein *Mestize* ein M. zwischen Europäern und Indianern; in Mittelamerika werden diese M. *Ladino* genannt. *Mulatten* sind M. zwischen Weißen und Schwarzen, *Zambos* (bzw. *Zambas,* wenn weiblich) zwischen Schwarzen und Indianern.

Die amtliche Bezeichnung für M. in der Republik Südafrika ist *Coloureds* (englisch) bzw. *Kleurlinge* (afrikaans).

Mischwald: Unter einem Mischwald versteht man in der Forstwirtschaft einen ↑Forst, der aus zwei oder mehr Baumarten besteht. Dieser Begriff M. unterscheidet sich von dem umgangssprachlichen, denn hier meint man mit M. einen Wald, der sowohl aus Laub- als auch aus Nadelbäumen besteht.

Missweisung (Deklination): Da die Kompassnadel nicht nach dem geographischen, sondern nach dem magnetischen nördlichen Pol zeigt, liegt zwischen der geographischen und der magnetischen Nordrichtung ein Winkel. Diesen Winkel bezeichnet man als Missweisung. Die M. ist Abweichungen unterworfen, da die Lage des Magnetpoles nicht konstant ist.

Mistral: Der M. ist ein im unteren Rhonetal und der Provence auftretender kalter und trockener Fallwind, der bis zu Sturmstärke erreichen kann. Es handelt sich dabei um eine Luftmassenverlagerung aus einem Hochdruckgebiet über dem Atlantik in einen Bereich tiefen Luftdrucks über dem Golf von Genua. Die Gebirge beiderseits des Flusses, im Westen das Zentralmassiv und im Osten die französischen Voralpen, bieten den Winden einen natürlichen Durchlass, der außerdem wie eine Düse verstärkend auf die Windgeschwindigkeit wirkt. Der M. tritt v.a. im Winter und Frühjahr auf; die kalten Luftmassen fließen dabei meist vom Zentralmassiv herab in dieses Windsystem ein (Sogwirkung).

mitteleuropäische Zeit (Abkürzung MEZ): eine Zonenzeit, ↑Zeitzonen.

Mittelgebirge: Ein M. zeichnet sich durch abgerundetere Formen und Höhenunterschiede von meist weniger als 1000 m aus. Die durchschnittliche Höhe liegt bei 600–1400 m. Die deutschen Mittelgebirge wie z.B. der Harz, das Rheinische Schiefergebirge, der Schwarzwald und der Bayerische Wald sind zum größten Teil bewaldet.

Mittelmeere: Als M. bezeichnet man zwischen zwei Kontinenten oder innerhalb eines Kontinentes gelegene ↑Nebenmeere; Meerengen oder untermeerische Schwellen trennen sie vom offenen Ozean. Die zwischen den Kontinenten gelegenen M. bezeichnet man als *interkontinentale M.,* die innerhalb eines Kontinentes gelegenen als *intrakontinentale M.* Drei der interkontinentalen M. liegen im Bereich des Atlantischen Ozeans: das Arktische, das Amerikanische und das Europäische Mittelmeer. Zu den intrakontinentalen M. zählen u.a. Hudsonbai, Ostsee, Schwarzes Meer und Persischer Golf.

Mittelmeerklima: svw. ↑mediterranes Klima.

Mittelozeanische Rücken (Mittelozeanischer Rücken): Neben den Kontinenten und Ozeanen sind sie die dritte große Baueinheit der Erdkruste. Die M. R. bilden ein weltumspannendes System von untermeerischen Gebirgen, die nicht gefaltet sind und ganz aus magmatischen Gesteinen bestehen. Im Zentrum verläuft in Längsrichtung jeweils ein tiefer Graben. Charakteristisch sind außerdem Querbrüche, sog. Transformstörungen, die die M. R. staffelförmig versetzen. – ↑auch Plattentektonik.

Mittelozeanische Rücken

Profil durch den Mittelatlantischen Rücken bei 57° nördlicher Breite

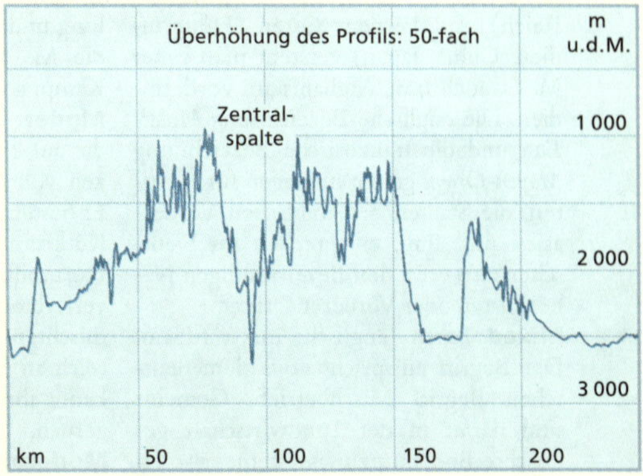

Mittelpunktschule: Die M. wurde in weiten Bereichen der Bundesrepublik Deutschland eingeführt, um zu kleine Schulen zu beseitigen. Zur M. kommen die Kinder mehrerer Gemeinden, sodass für jede Klasse genügend Kinder und Lehrer zur Verfügung stehen. Die M. besteht in der Regel aus Grund- und Hauptschule. Umfassen sie mehr Schularten werden sie als *Schulzentren* bezeichnet. Um den Kindern den durch die Schaffung der M. entstandenen weiten Schulweg zu erleichtern, müssen Schulbusse eingesetzt werden.

Mittelstadt: In der Gemeindestatistik ist eine M. eine Stadt mit 20000 bis 100000 Einwohnern. Kennzeichnend für die M. sind eine stärkere räumliche Trennung von Wohn- und Arbeitsstätten, die Ausbildung eines kleineren zentralen Geschäftsviertels und Ansätze zu Subzentren. Die M. kann mono- oder multifunktional sein, ein ausgebautes Nahverkehrsnetz muss vorhanden sein.

Mittelwasser: M. bezeichnet den Mittelwert zwischen Hoch- und Niedrigwasser im Rahmen der Gezeiten.

Mittelzentrum (Regionalzentrum): Im System der ↑Zentralen Orte ist M. ein Ort von mittlerer Zentralität.

Mitternachtssonne: M. ist die populäre Bezeichnung für den *Polartag,* d.h. für die Zeit, in der die Sonne länger als 24 Stunden über dem Horizont bleibt, also »Tag und Nacht« scheint. Ursache für Polartag und -nacht ist die Neigung der Erdachse gegen die Ekliptik. M. tritt daher nur an Orten zwischen dem nördlichen Polarkreis und dem Nordpol bzw. südlichen Polarkreis und Südpol auf, und zwar um die Zeit der jeweiligen Sommersonnenwende. Die Länge des Polartages, also die Zeit, in der M. beobachtet werden kann, nimmt mit höherer geographischer Breite zu und dauert am Pol selbst ein halbes Jahr, am Polarkreis dagegen nur wenige Tage. Die M. spielt für den Fremdenverkehr in Nordskandinavien eine große Rolle.

An allen Orten mit M. herrscht um die Zeit der Wintersonnenwende die etwas kürzere ↑Polarnacht.

mittlere Breiten: Unter dem allgemeinsprachlichen Ausdruck »in den mittleren Breiten« (Mittelbreiten) versteht man die Erdgegenden, deren Koordinaten bei der Breitenangabe eine Zahl zwischen 30 und 60 aufweisen. Deutschland liegt in den m. Breiten.

M

Mittlerer Osten: Nicht eindeutig festgelegter Begriff für den östlichen Teil der islamischen Welt. Im Unterschied zu Nahem (ehemaliges Osmanisches Reich) und Fernem Osten (Hinterindien, China, Japan) versteht man unter M. O. auch Iran, Afghanistan, Vorderindien. Die englische Bezeichnung *Middle East* und die französische Bezeichnung *Moyen-Orient* gelten hingegen für Ägypten, die Staaten des arabischen Vorderasien und Iran, entsprechen im Deutschen also etwa den Bezeichnungen Naher Osten oder Vorderer Orient.

Mixed Farm [englisch: mikst fɑ:rm]: Der Begriff entspricht etwa dem deutschen Begriff Mischbetrieb. Gemeint sind damit in der Landwirtschaft gemischte Bodennutzungssysteme, also eine Verflechtung von Feldbau, Viehwirtschaft und eventuell Sonderkulturen. Dieses Betriebssystem besitzt den Vorteil, dass z.B. das eigene Futter zum Großteil selbst produziert werden kann, dass andererseits der anfallende Stallmist als Dünger verwendet werden kann. Man nähert sich damit einer Art geschlossenen Systems, in dem weder der Einkauf von Futtermitteln noch der Einkauf von Düngemitteln in großem Umfang notwendig ist. Allerdings ist dieses Betriebssystem sehr arbeitsintensiv, verlangt bei großen Betrieben eine große Zahl unterschiedlicher Maschinen und wurde zumindest in Europa im Vergleich zum spezialisierten Betrieb (entweder Pflanzenbau oder Viehwirtschaft) zunehmend unwirtschaftlicher.

MM-Skala: Abkürzung für **m**odifizierte **M**ercalli-Skala, eine Einteilung zur Bestimmung von Erdbebenstärken, ↑Erdbeben.

Mobilität: In der Geographie ist mit M. die Fähigkeit und Bereitschaft des Menschen zur Veränderung gemeint. Man unterscheidet die horizontale und die vertikale Mobilität. In heutigen Industriegesellschaften ist die M. ein zentraler Begriff, wird es doch durch ständige Neuerungen immer notwendiger, sich räumlich und beruflich zu verändern. Der Staat fördert die M. durch Mobilitätszulagen, um beim Arbeitnehmer die Bereitschaft zur beruflichen Umschulung und zum Umzug zu fördern, denn die M. spielt eine wichtige Rolle im Kampf gegen Arbeitslosigkeit.

Moder: Der M. ist eine Humusform, die auf kalkarmen Böden durch Zersetzen von organischer Substanz entsteht. Er besteht aus relativ widerstandsfähigen Kotkrümeln von Bodenkleintieren (v.a. Hornmilben) und aus Partikeln braun verfärbter Pflanzenreste mit lose untermischten Mineralteilchen. Der M. ist reich an Bakterien und Pilzen. Man erkennt ihn an seinem typischen Modergeruch.

Modernisierungstheorie: eine der ↑Entwicklungstheorien.

Mofette: M. nennt man eine Austrittsstelle (Exhalation) von giftigem Kohlendioxid mit Temperaturen unter 100°C. M.n gehören zu den postvulkanischen Erscheinungen.

Mohorovičić-Diskontinuität (Kurzwort: Moho) [serbokroatisch mɔhɔ'rɔvi:tʃitɕ]: Die M. ist die seismisch nachgewiesene Grenzfläche oder Übergangszone zwischen Erdkruste und Erdmantel, ↑Erdinneres. Die M. wurde 1910 von dem jugoslawischen Seismologen A. MOHOROVIČIĆ entdeckt.

Molasse: M. nennt man eine jungtertiäre, in der nördlichen Randsenke der Alpen seit dem unteren Oligozän bis zum Pliozän abgelagerte Schichtenfolge, die bis mehrere tausend Meter mächtig ist. Hauptsächlich handelt es sich um kalkreiche Konglomerate (Nagelfluh) und Sandsteine. In der bayerischen Süßwassermolasse liegen Erdölvorkommen und Pechkohlenflöze. – Ähnliche Ablagerungen finden sich am Rand anderer alpidisch gefalteter Gebirge, z.B. der Karpaten.

Mond:

◆ Allgemein bezeichnet man als M. einen Trabanten (einen natürlichen Begleiter) eines Planeten.

Mondphasen

Im äußeren Ring sind die Mondphasen so aufgezeichnet, wie sie von der Erde aus zu sehen sind.

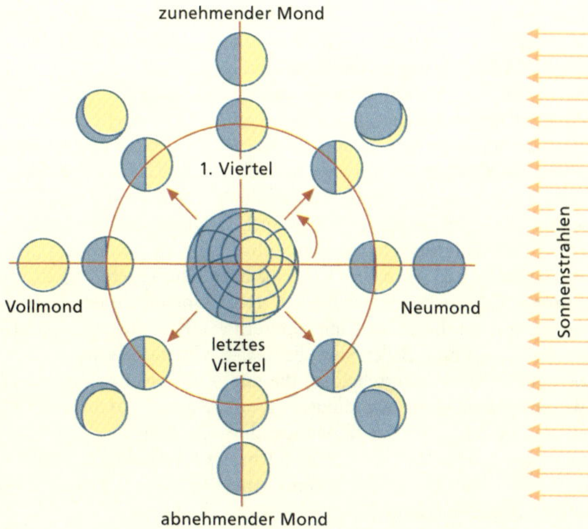

◆ Im engeren Sinn ist M. gleichbedeutend mit Erdmond (Erdtrabant, lateinisch Luna), der natürliche Satellit der Erde. Der M. bewegt sich, von der Erde aus gesehen, auf einer nahezu kreisförmigen Ellipsenbahn um die Erde. Diese Bewegung lässt sich mithilfe der keplerschen Gesetze nur sehr ungenügend beschreiben, da das System Erde–Mond starken Störungen durch die Gravitationswirkung der Sonne unterliegt.

Zu den auffälligsten Erscheinungen, die auf der unterschiedlichen Stellung von Sonne, Erde und M. zueinander beruhen, gehören für den irdischen Beobachter neben den ↑Gezeiten sowie ↑Sonnen- und ↑Mondfinsternis die *Lichtphasen* des M.es, auch *Mondphasen* genannt, mit *Vollmond, Halbmond* und *Neumond.* Da der M. kein selbstleuchtender Himmelskörper ist, sondern lediglich von der Sonne angestrahlt wird, sind die M.phasen von der Stellung dieser beiden Himmelskörper zueinander abhängig. Ihr Ablauf ist aus der Abbildung ersichtlich. Die Trennlinie zwischen beleuchtetem und unbeleuchtetem Teil der M.scheibe, der *Terminator,* ist im ersten und letzten Viertel eine gerade Linie, während der anderen Phasen eine Halbellipse. Aus der Stellung der Sonne zum M. ergibt sich ferner, dass man den zunehmenden M. nur am Abendhimmel, den abnehmenden M. nur am Morgenhimmel sehen kann. – Die bei M.aufgang bzw. -untergang zu beobachtende starke Vergrößerung der M.scheibe ist eine optische Täuschung.

Die *Mondoberfläche* kann, da der M. keine nachweisbare Atmosphäre besitzt, von der Erde aus ungehindert betrachtet werden. Mit Fernrohren sind Details der Bodenformen auf der M.oberfläche bis zur Größe von 100 m und Erhebungen von einigen Metern Höhe zu erkennen. Zu den Großformen zählen die schon mit bloßem Auge auf der M.scheibe wahrnehmbaren dunklen Flecken, die je nach

Größe als *Maria* (Einzahl *Mare* [Meer]; auch *Oceanus*), Meerbusen *(Sinus)*, Sumpf *(Palus)* oder See *(Lacus)* bezeichnet werden, sowie die als *Terrae* (Einzahl Terra) bezeichneten, relativ hellen Hochländer der inselartigen Strukturen, die meist ein deutliches Relief zeigen. Die Maria sind relativ dunkle und tief liegende Areale ohne auffallendes Relief, oft völlig eben erscheinend. – Zu den Kleinstrukturen zählen die *Rillen*, grabenförmige schmale Rinnen mit glatten Rändern, verschiedenen Profilen und geradem oder geknicktem, auch flussartigem Verlauf; ihre Breite beträgt bis 10 km, ihre Länge kann mehrere Kilometer erreichen; sie sind häufig von zahlreichen Kleinstkratern besetzt. Von diesen Rillen sind die *Spalten und Klüfte* zu unterscheiden, die auf Spannungen im Gestein hindeuten. Weiter sind die lunaren *Täler* zu nennen, die breite, lange, gerade, steil begrenzte Rinnen mit flachem Boden darstellen. – Am auffallendsten und am häufigsten jedoch sind ringförmige und polygonale Oberflächenformen, die je nach Größe als *Krater, Ringgebirge* oder *Wallebene* bezeichnet werden; sie reichen von Rundformen mit weniger als 1 km Durchmesser bis zu den Wallebenen von mehreren hundert Kilometern Durchmesser. Es wird angenommen, dass die Maria durch Meteoriteneinschlag in der Frühzeit des M.es und spätere Überströmung durch Lava entstanden sind. Das M.-Gestein besteht aus lunaren Basalten und Anorthositen (Tiefengesteine fast nur aus Plagioklas). Nach heutigem Wissen ist der M. vor etwa 4,7 Mrd. Jahren entstanden; seit etwa 3,2 Mrd. Jahren ist die Oberfläche kalt. Die erste Landung von Menschen auf dem M. erfolgte am 20. Juli 1969 im Rahmen des US-amerikanischen Apollo-Programms.

Entfernung, Bahn und Größe des Mondes

mittlere Entfernung von der Erde	384403 km
größte Entfernung von der Erde	406740 km
kleinste Entfernung von der Erde	356410 km
Neigung der Bahn gegen die Ekliptik	5° 8' 43,4"
Neigung des Mondäquators gegen die Ekliptik	1° 31' 22"
siderische Umlaufzeit	27,32166 mittlere Tage
drakonitische Umlaufzeit (d.h. auf den Knotenpunkt der Mondbahn bezogen)	27,21222 mittlere Tage
synodische Umlaufzeit (d.h. von einem Neumond zum nächsten)	29,53059 mittlere Tage
Umlaufzeit des Knotens	18,6134 tropische Jahre
Umlaufzeit des Perigäums	8,8479 tropische Jahre
Äquatordurchmesser	3476 km
Umfang	10920 km
Oberfläche	3796 Mill. km^2 (= 0,0744 Erdoberfläche)
Volumen	21,99 Mrd. km^3 (= 0,0203 Erdvolumen)
Masse	$73{,}5 \cdot 10^{18}$ (Trillionen) t (= 1/81,53 Erdmasse)
mittlere Dichte	3,341 g/cm^3 (= 0,606 Erddichte)
Schwerebeschleunigung an der Oberfläche	161,93 cm/s^2
Oberflächentemperatur	
Tagseite etwa	+130 °C
Nachtseite etwa	–160 °C

Mondfinsternis: Bei einer M. tritt die Erde zwischen die gerade Verbindungslinie Sonne–Mond; der Mond liegt dann im Schattenkegel der Erdkugel (im Erdschatten); er kann von der Sonne nicht mehr beleuchtet werden, also nicht mehr zurückleuchten. Die Mondbahn ist gegen die Ekliptik um 5° 8' geneigt, eine M. kann deshalb nur eintreten, wenn der Mond in der Nähe des aufsteigenden oder absteigenden Knotens seiner Bahn steht. Da ferner Sonne, Mond und Erde in einer Linie stehen müssen, kann eine M. nur bei Vollmond auftreten. Im Mittel treten je Jahr 1,5 M.e ein; auf das 20. Jh. fallen insgesamt 148 M.e, davon

83 totale. Eine Mondfinsternis kann im Gegensatz zu einer Sonnenfinsternis auf der ganzen, dem Mond zugekehrten Erdhälfte gesehen werden, ist aber weniger spektakulär.

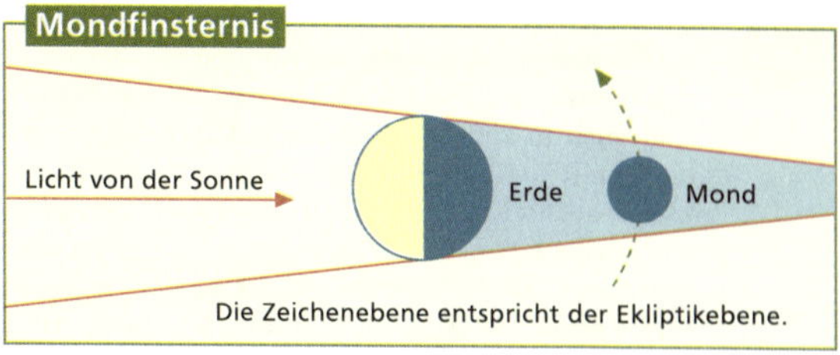

Mondphasen: Kurzbezeichnung für die Lichtphasen des Mondes. – ↑Mond.

Monokultur: Unter M. versteht man eine Nutzungsform, bei der der Boden über Jahre durch dieselbe Kulturpflanzenart genutzt wird; sowohl durch einjährige (z.B. Tabak, Weizen, Reis, Mais) als auch durch Dauerkulturen (Wein, Fichten). Diese Bewirtschaftung führt leicht zur Bodenermüdung, da die Nährstoffe des Bodens einseitig ausgenutzt werden, sowie zu Erosionsschäden. Die Schädlingsvermehrung ist sehr groß, da diese ein optimales Nahrungsangebot erhalten; deshalb sind die Ernten auch oft bedroht. Besonders in Ländern der Dritten Welt führt M. außerdem zu einer völligen Abhängigkeit vom [Welt]markt und damit vom Marktpreis. Betriebe mit Monokulturen sind deshalb besonders krisenanfällig. Als Vorteile werden Rentabilität und Arbeitseinsparung angeführt. Eine typische M.-Wirtschaft ist die tropische Plantagenwirtschaft.

Monostruktur: Man spricht dann von M., wenn die Wirtschaft eines bestimmten Raumes nur von einem Produkt oder einem Wirtschaftszweig beherrscht wird. Dadurch entstehen starke Abhängigkeiten, einmal von der Nachfrage nach dem vorherrschenden Produkt oder auch direkt von den Betrieben selbst, die dieses Produkt herstellen. Beispiele für solche M. sind weltweit die Autostädte, z.B. Detroit oder Wolfsburg. Aber auch Land- und Forstwirtschaft oder Fremdenverkehr führen nicht selten zur Monostruktur.

Monsun: Monsune sind vorwiegend in den Tropen auftretende Winde, die beständig wehen, aber halbjährlich ihre Richtung wechseln. Sie werden hervorgerufen durch die jahreszeitliche Verlagerung der ↑innertropischen Konvergenz (ITC), was seinerseits mit der unterschiedlichen Erwärmung von Meer und Landmasse zusammenhängt. Besonders ausgeprägt tritt der M. im süd- und südostasiatischen Raum (bis nach Ostafrika) auf; hier weht im Nordwinter, wenn die ITC weit im Süden liegt, der Nordostpassat als trockener, kühler *Wintermonsun* (Nordostmonsun), im Nordsommer dagegen, wenn die ITC nach Norden verschoben ist, der zur äquatorialen Westwindzone gehörende *Sommermonsun* (Südwestmonsun). Wenn Letzterer vorher über weite, erwärmte Meeresflächen streicht, ist er feuchtwarm und bringt dem Kontinent starke Niederschläge, die für die Wirtschaft (Reisanbau!) dieser Länder von entscheidender Bedeutung sind. In dem auf der Südhalbkugel südöstlich anschließenden M.gebiet, im Bereich von Indonesien und Nordaustralien, wechselt eine sommerliche (Südsommer) West- bis Nordweströmung mit einer winterlichen Südost- bis Ostströmung ab. In den übrigen Tropen sind die diesem M. entsprechenden Erscheinungen nicht so deutlich zu erkennen; besonders schwach sind sie im tropischen Amerika ausgeprägt.

Monsunwald: Der M. ist ein überwiegend regengrüner, tropischer Wald mit zwei Baumschichten. Das obere Stockwerk, das 25–35 m hoch wird, ist in der Trockenzeit völlig entlaubt, während das untere Stockwerk nur z.T. entlaubt ist. Die immergrüne Strauchschicht ist häufig mit Bambus durchsetzt. Insgesamt ist der Baumbestand artenärmer als der des

M

tropischen Regenwaldes. Die Monsunwälder haben ihre größte Ausdehnung in den asiatischen Tropen. Man findet sie aber auch in anderen regenreichen Gebieten mit nur 3–5 Trockenmonaten. Ein klassisches Beispiel sind die Teakwälder Südostasiens.

montane Stufe: Die m. St. ist eine ↑Höhenstufe der Vegetation in den Gebirgen der mittleren Breiten; sie liegt zwischen kolliner und alpiner Stufe. Sie wird im Allgemeinen von einer charakteristischen Waldformation gebildet. In den Alpen sind es Fichtenwälder, die je nach Lage 1500 m bis 2400 m ü. d. M. hinaufreichen.

Montanindustrie: svw. ↑Schwerindustrie.

Moor (Bruch, Fehn, Venn): Das M. ist ein dauernd durchfeuchtetes Gelände, welches aus unvollständig zersetzten Pflanzenresten (↑Torf) und einer durch Wassertümpel unterbrochenen Pflanzendecke besteht. Als Pflanzen treten hauptsächlich Hartgräser und Moose auf. Man unterscheidet Flachmoore, Hochmoore und als Zwischenstufe Übergangsmoore; alle drei sind auch in ihrem Pflanzenbestand verschieden.

Flachmoore entstehen durch Verlandung von Seen: Absterbende Pflanzen und Tiere lagern sich am Seegrund ab und bilden den Faulschlamm. Zwischen dem Schilfbestand am Ufer sammeln sich die Reste der abgestorbenen Uferpflanzen an. Der See wird ständig flacher und die Uferpflanzen wachsen immer weiter zur Seemitte hin. Sumpfpflanzen verdrängen mit der Zeit die Unterwasserpflanzen. Der See verlandet, es entsteht ein *Flachmoor* (auch Niedermoor, Wiesenmoor oder Ried genannt). Auch Hang- und Quellmoore gehören zu diesem Typ. Das Grundwasser steht sehr hoch, sodass der Boden nass und luftarm ist. Auf dem relativ nährstoffhaltigen Boden siedeln sich hauptsächlich Seggen an, nach Verschwinden der freien Wasserfläche dann Schwarzerlen und Weiden; es entsteht ein Bruchwald. Mit der Zeit lagern sich immer mehr abgestorbene Pflanzen ab, dadurch wird der Boden immer höher und trockener, er wächst über den Grundwasserspiegel hinaus. Nun siedeln sich anspruchsvollere Holzgewächse an, wie Beerensträucher, Kiefern und Birken; es entsteht ein *Übergangsmoor* (auch Zwischenmoor genannt).

Durch erneute Versumpfung aufgrund klimatischer Veränderungen, kann der Prozess der Moorbildung weitergehen. In dem luftfreien Torf können die ansässigen Pflanzen keine Wurzeln mehr schlagen und werden daher durch grundwasserunabhängige Pflanzen wie etwa das Torfmoos (Bleichmoos) verdrängt. Die schnell wuchernden Moose ersticken die anderen noch verbliebenen Pflanzen samt dem Bruchwald, da deren Wurzeln keinen Sauerstoff mehr bekommen. Ihre Nährstoffe erhalten sie nur durch den Sandanflug und die Niederschläge. Das untere Ende der Bleichmoore vertorft allmählich, während die oberen Teile weiterwachsen. Die Abschnitte des Moores zum ehemaligen Seerand hin trocknen stärker aus als die zentralen Gebiete, sodass letztere schneller wachsen. Dadurch kommt es zur uhrglasförmigen Wölbung des somit entstandenen *Hochmoores.* Seine Oberfläche ist gegliedert in wassergefüllte Vertiefungen (Schlenken) und in kissenförmige Erhöhungen (Bulten).

Trocknet das Moor allmählich ab, so siedeln sich erst Sauergräser, dann Süßgräser an; später kommen typische Heidepflanzen hinzu.

Eine besondere Form ist das *Schwingrasenmoor,* bei dem ein hauptsächlich aus Seggen bestehender schwimmender Rasen, der Schwingrasen, zunächst ohne Verbindung zum Grund in das verlandende Gewässer hinauswächst.

Die Moore sind wichtig für den Grundwasserhaushalt; etliche werden durch den Abbau von Torf wirtschaftlich genutzt. Durch Entwässerung und Düngung kann man sie auch in Weide- und

Moor

Entwicklung eines Hochmoores im nordwestdeutschen Flachland (nach Franz Overbeck).

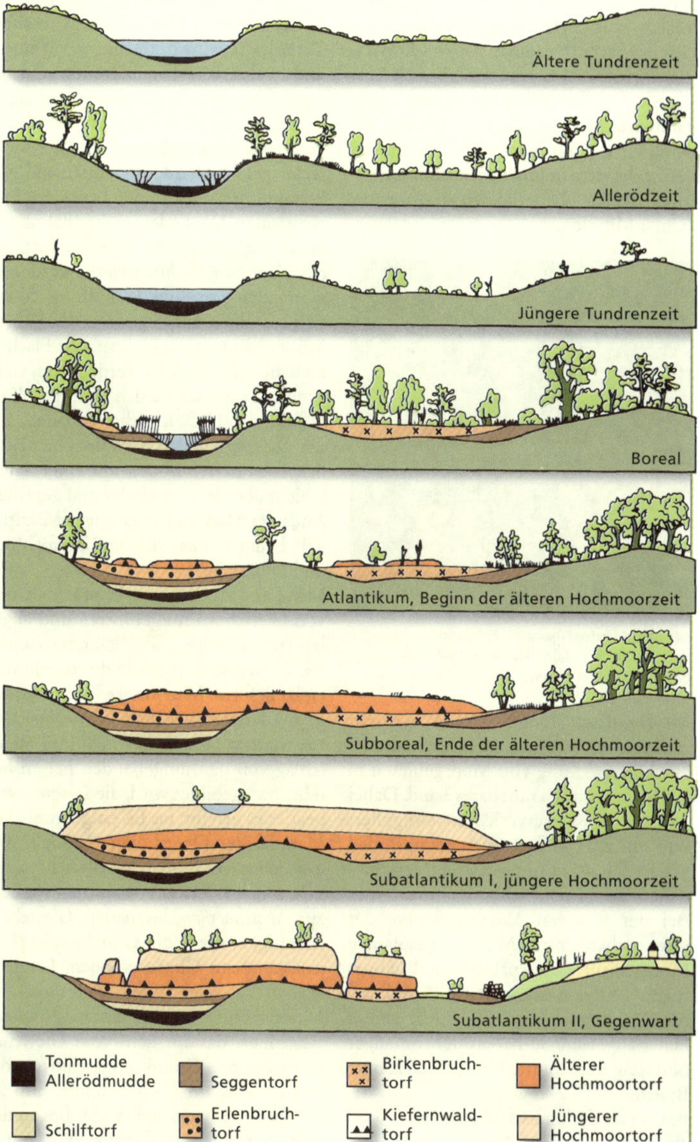

M

Ackerland umgestalten. Moore gehören zu den am stärksten gefährdeten Ökosystemen in Mitteleuropa.

Moorhufendorf: Das M. ist eine planmäßig angelegte Reihensiedlung mit Streifeneinödflur, die meist von Entwässerungskanälen begrenzt ist. Durch Trockenlegen der Moore konnten neue landwirtschaftlich nutzbare Flächen gewonnen werden. Solche Moorhufendörfer findet man in großer Anzahl im Emsland, in den Niederlanden und im östlichen Mitteleuropa.

Moorhufendorf Twist im Emsland. Entlang der schmalen Hufen ziehen sich Entwässerungsgräben.

Moorkultur: Unter der M. versteht man die Gesamtheit der Maßnahmen zur Umwandlung von Moorgebieten in landwirtschaftlich nutzbares Land. Dabei werden die Wasserverhältnisse reguliert und ein zum Anbau geeigneter Boden geschaffen. Man unterscheidet verschiedene Kulturarten.

Bei der früheren *Moorbrandkultur,* der unwirtschaftlichsten M., wird die oberste Moorschicht aufgepflügt und abgebrannt. Auf den nährstoffarmen und sauren Böden wurden nur Buchweizen und Hafer angebaut. Sechs- bis siebenmaliger Nutzung folgten drei bis vier Jahrzehnte Brache.

Bei der niederländischen *Fehnkultur* wird ein Kanal durch das Moor gezogen, der der Entwässerung und als Verkehrsweg dient. Die oberen Torfschichten werden abgetragen und zur Seite gelegt, die darunter liegenden Schichten dienen der Torfgewinnung. Die aufgehobene obere Torfschicht wird mit Dünger vermischt und in den von Torf befreiten und dadurch freigelegten Sandboden eingearbeitet. So entsteht ein sehr fruchtbarer Boden, der für Ackerbau und als Viehweide genutzt wird. In Deutschland sind Fehnkulturen nur in der Nähe der Ems entstanden. Die bedeutendste Fehnkolonie ist Papenburg (1631 gegründet). Bei der *Deutschen Hochmoorkultur* werden in Abständen von 8 bis 15 m 40 bis 60 cm tiefe Gräben angelegt, um die obere Moorschicht zu entwässern. Die Flächen zwischen den Gräben werden dann stark gedüngt. Hier lassen sich Getreide, Kartoffeln und Hülsenfrüchte anbauen. Bei der *Niedermoorkultur* wird der oberflächlich entwässerte Boden mit einer Sandschicht überdeckt, gedüngt und gepflügt. Auch bei Mooren mit geringer Mächtigkeit begnügt man sich mit Tiefpflügen und Düngung.

Moräne: Als M. bezeichnet man den von Gletschern mitgeführten und abgelagerten, kantigen oder kantengerundeten Gesteinsschutt sowie die zugehörige Geländeform. Man unterscheidet die auf dem Gletscher liegende *Obermoräne,* die aus Material, das in Lawinen und Steinschlag von den umgebenden Felsen herabstürzt, gebildet wird, die *Innenmoräne,* bei der es sich um ins Eis eingedrungenes Material der Obermoräne handelt, *Seitenmoränen* am Rande des Gletschers, die sich, wenn Gletscher zusammenfließen, zur *Mittelmoräne* des neuen Gletschers vereinigen, sowie die *Grundmoräne (Untermoräne)* am Gletscherboden. Letztere besteht aus nach unten abgesunkenem Material (aus der Innenmoräne) und aus Geschiebe, das aus dem vom Gletscher überströmten Grund ausgeschürft worden ist. Das am Gletscherende, also an der Stelle des weitesten Vorstoßes an der Gletscherstirn, abgelagerte M.material

M

ergibt die *Endmoräne* (auch *Stirnmoräne*), die durch erneute kräftige Vorstöße des Gletschers vor dessen endgültigem Rückzug zur wallartigen *Stauchmoräne* (auch *Staumoräne*) zusammengestaucht werden kann. Solche Endmoränen umgeben oft wie eine Girlande die vom Gletscher ausgeschürften Zungenbecken.

Die während der quartären Eiszeiten abgelagerten M.n werden nach dem Alter, und dadurch bedingt nach dem Aussehen, in die letzteiszeitlichen Jungmoränen, die eine ↑Jungmoränenlandschaft bestimmen, und die inzwischen überformten Altmoränen der vorletzten Eiszeit (und älterer Eiszeiten), die die ↑Altmoränenlandschaft prägen, unterteilt.

Morgenland: veraltete Bezeichnung für ↑Orient.

Morgenrot: Das M. ist die dem ↑Abendrot entsprechende Erscheinung, die morgens während oder nach dem Sonnenaufgang auftritt.

morphographische Kurve: Verteilung von Land und Wasser auf der Erdoberfläche, ↑Meer.

Mortalität: Dieser Begriff aus der Bevölkerungslehre bedeutet so viel wie Sterblichkeit, meist angegeben in Sterbefällen pro Tausend in einem Jahr in einem bestimmten Raum.

Moshav [hebräisch mɔ'ʃav] (Mehrzahl Moshavim): Ein M. ist eine landwirtschaftliche Gruppensiedlung in Israel. Sie ist durch vier Prinzipien gekennzeichnet: Alle Mitglieder sind zur Eigenarbeit und zur gegenseitigen Hilfeleistung verpflichtet; Einkauf und Vermarktung erfolgen kooperativ, wobei aber jeder seinen Anteil erhält; der Boden ist Staatseigentum. Jeder Siedler lebt und wirtschaftet auf seinem Grundstück (3–5 ha) selbstständig (im Gegensatz zum Kibbuz). 1975 gab es 350 M.im, in denen 4% der Bevölkerung lebten.

Moshav Shitufi [hebräisch mɔ'ʃav ʃitu'fi]: Bei dieser Gruppensiedlung in Israel handelt es sich um eine Mischung aus ↑Moshav und ↑Kibbuz. Die Bewirtschaftung erfolgt kollektiv, die Familie ist wie im Kibbuz arbeitsanteilig am Gewinn beteiligt.

MSAC [emeseısi:] (Abkürzung für **M**ost **s**eriously **a**ffected **c**ountries): Die Bezeichnung bezieht sich auf die am schwersten von Armut betroffenen Länder unter den Entwicklungsländern. Sie wurden von der UNO 1973 in einem Spezialprogramm festgelegt. Kriterien sind ein niedriges Pro-Kopf-Einkommen, scharfer Preisanstieg bei wichtigen Importen, geringe Exporterlöse und hoher Schuldendienst.

Mulatte: Mulatten sind Mischlinge zwischen Weißen und Schwarzen.

Mulde: eine ↑Falte.

Mull: Der M. ist eine schwärzliche, gut krümelnde Form des Humus ohne Pflanzenstruktur. Durch die Tätigkeit von Bodenorganismen (z.B. Regenwürmern) entsteht ein schwer trennbarer Ton-Humus-Komplex, der sehr fruchtbar ist. Man findet ihn in Gebieten mit mildem Bodenklima, Nährstoffreichtum, gutem Wasserhaushalt und guter Durchlüftung. M. bildet die Auflageschicht der hochwertigen Schwarzerde.

Müllkompostierung: Die M. ist ein Verfahren der ↑Abfallbeseitigung, bei dem die in den Abfällen enthaltene aussortierte organische Substanz durch Einwirkung von Mikroorganismen unter Luftzufuhr in feuchtem Milieu umgewandelt und zu einem humusähnlichen Produkt abgebaut wird.

Mündungsbarre: ↑Barre.

Municipio [spanisch muni'sipi̯o] (portugiesisch Município [muni'sipi̯u]): M. ist eine Verwaltungseinheit in Lateinamerika und Portugal von sehr unterschiedlicher Größe und Funktion (Gemeinde, Amtsbezirk, Kreis u.a.). Ein M. umfasst vielfach außer dem eigentlichen Ort oder der eigentlichen Stadt ein größeres rein ländliches Gebiet.

Mure: Nach starken Regenfällen und zur Zeit der Schneeschmelze können im Hochgebirge, meist in Bachbetten, Gesteins- und Schlammströme entstehen,

M

die mit oft verheerender Wirkung talwärts gleiten. Diese Muren sind ein breiiges Gemisch aus Wasser, Erde, Gesteinsbrocken aller Größen und sonstigem mitgerissenen Material, z.B. Sträucher und Baumstämme. Besonders gefährdet sind steile Hänge mit großem Schuttreichtum und fehlender Vegetationsdecke. Die auslaufenden Muren bilden Schwemmkegel, die Flüsse abdämmen (die Folge ist eine Überschwemmung) sowie Verkehrswege, Siedlungs- und Landwirtschaftsflächen verschütten können.

Muschelkalk: mittlere Abteilung der germanischen Trias, ↑Geologie, Zeittafel.

Mutterboden: Unter M. versteht man in der Umgangssprache die durch tierische und pflanzliche Organismen umgewandelte oberste, humusreiche Bodenschicht. Er entspricht im Wesentlichen dem A-Horizont des ↑Bodenprofils.

Muttergestein:

◆ In der *Geologie* bezeichnet man als M. einen Gesteinskomplex, in dem sich Bitumina (z.B. Erdöl) syngenetisch, also gleichzeitig mit dem Gestein, gebildet haben.

◆ In der *Bodenkunde* versteht man unter M. den C-Horizont des ↑Bodenprofils.

Myameer: gegenwärtiges Stadium der Ostsee, ↑Quartär.

N

Nachal (Mehrzahl Nachalim): Der N. ist eine Sonderform des Kibbuz.

Nachfolgekultur: Als N. wird eine Kulturpflanze bezeichnet, die in einem stark marktorientierten Landwirtschaftsbetrieb eine andere Kulturpflanze ablöst und mit dieser vergleichbare Kapital- und Arbeitsintensität aufweist. In der Regel handelt es sich um Weinreben und Hopfen, an deren Stelle Obst und Gemüse als N.en treten.

nachhaltige Entwicklung (englisch Sustainable Development): Kennzeichnend für das Grundkonzept der n. E. ist die Allgemeingültigkeit der Lebensansprüche, d.h. die globale Verbesserung der Lebensbedingungen unter Wahrung der Lebenschancen der künftigen Generationen. Dies beinhaltet neben dem Schutz der natürlichen Lebensgrundlagen auch die Bekämpfung der weltweiten Armut, womit enge Beziehungen zur Grundbedürfnisstrategie (↑Entwicklungsstrategien) bestehen. Eine n. E. setzt auf langfristige, die Erfahrungen und Fehler der Industrieländer berücksichtigende Maßnahmen in Entwicklungsländern.

Nacht: N. ist die Zeit zwischen Sonnenuntergang und -aufgang. Ihre Dauer hängt von der Jahreszeit und der geographischen Breite des Beobachtungsorts ab. Nur am Äquator ist die N. immer 12 Stunden lang, an allen anderen Orten der Erde beträgt ihre Dauer nur zum Zeitpunkt der Äquinoktien genau 12 Stunden, sonst schwankt sie zwischen 24 Stunden während der ↑Polarnacht und 0 Stunden während der *Mittsommernacht,* zur Zeit des Polartages. Diese beiden Extreme treten jedoch nur in den polnahen Gebieten jenseits der Polarkreise auf. In unseren Breiten (um 50°) schwankt die Nachtlänge zwischen rund 7 Stunden 20 Minuten zur Zeit der Sommersonnenwende (bei uns am 21. Juni) und 16 Stunden 10 Minuten zur Zeit der Wintersonnenwende (bei uns um den 22. Dezember).

Nadir (Fußpunkt): Der N. ist der senkrecht unter dem Beobachter befindliche Punkt der Himmelskugel. Der Gegenpunkt ist der ↑Zenit.

Nahbereich: Der Begriff taucht vorwiegend im Bereich der Raumordnung auf, wo er sich im Allgemeinen auf den direkten Einflussbereich einer Siedlung bezieht. Eine andere Bezeichnung für N. kann auch Nahraum sein. Oft wird er auch als Synonym für Heimat gebraucht.

Naherholung: Der Ausdruck N. wird meist im Bereich der Raumordnung verwendet. Ein Naherholungsgebiet kann aufgrund seiner natürlichen Gegeben-

N

heiten, seiner Erschließung, Ausstattung und Entfernung von Großstädten und Ballungsräumen für kurzzeitige Erholungsmöglichkeiten in der Freizeit und an Wochenenden aufgesucht werden. Der Begriff N. ist inhaltlich einzuordnen unter die Ansprüche, die an einen Raum gestellt werden und die durchaus unterschiedlich sein können. Der Oberrheingraben z. B. muss viele Verkehrswege bereitstellen, aufgrund von Klimagunst und guten Böden ist er ein bevorzugtes landwirtschaftliches Gebiet, Ballungsräume mit viel Industrie sind vorhanden von Mainz bis Basel, die Energiewirtschaft ist vertreten mit Kohle- und Kernkraftwerken, gleichzeitig müssen aber auch Naherholungsräume für die dort lebende Bevölkerung vorhanden sein. Konflikte ergeben sich auch mit dem Naturschutz.

Naher Osten (Nahost, englisch Near East): Als politisch-geographische Sammelbezeichnung umfasst der Begriff die [außereuropäischen] Länder am östlichen Mittelmeer. Im Einzelnen schwankt die Abgrenzung (besonders zwischen deutschem und englischem bzw. französischem Sprachgebrauch, ↑auch Mittlerer Osten). Ursprünglich verstand man unter N. O. die Länder des Osmanischen Reiches. Heute zählen in der Regel die arabischen Staaten Vorderasiens und Israel zum N. O.; oft werden auch Ägypten, die Türkei und Iran mit einbezogen.

Nährgebiet: Das N. ist der obere Teil eines ↑Gletschers, in dem der Niederschlag größer ist als die Ablation.

Nahrungsbedarf: Nach Angaben der FAO (Food and Agriculture Organization of the United Nations = Sonderorganisation der UNO für Ernährung, Landwirtschaft, Fischerei und Forsten) benötigt der Mensch im Durchschnitt 2400 Kalorien pro Tag, wobei der genaue Bedarf von den Faktoren Alter und Geschlecht, Körpergewicht und Berufstätigkeit und nicht zuletzt auch vom Klimagebiet bestimmt wird. – ↑auch Hunger.

Nahrungskette: Tiere sind nicht in der Lage, aus anorganischen Stoffen und Sonnenenergie organische Verbindungen (wie Kohlenhydrate) aufzubauen. Das kann nur die grüne Pflanze. Daher bilden die *grünen Pflanzen* das erste Glied der Nahrungskette. Im Wasser wird die pflanzliche Grundlage überwiegend von grünen Algen gebildet, während auf dem Land die höheren Pflanzen vorherrschen. Die folgenden Glieder der N. sind die verschiedenen *tierischen Konsumenten:* die Pflanzenfresser und als nächstes Glied die Fleischfresser. Zwischen den ausgesprochenen Pflanzen- und Fleischfressern stehen die Allesfresser; zu ihnen zählt auch der Mensch.

Den Schluss der N. bilden die *abbauenden Organismen,* die *Reduzenten;* das sind Bakterien, Pilze und viele bodenbewohnen-

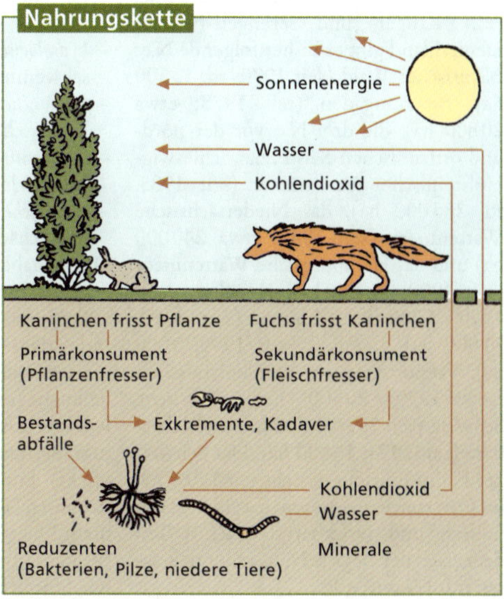

de Tiere, die sich von toter organischer Substanz ernähren, das heißt von dem, was von den oben genannten Gliedern der N. ausgeschieden wird bzw. nach ihrem Tod von ihnen übrig bleibt. Sie leben im Humus und produzieren anorganische Substanz, die die Pflanze wiederum zum Leben benötigt.

Nassgalle: Als N. wird eine durch geringe Mengen austretenden Grundwassers ständig durchfeuchtete Stelle im Gelände bezeichnet.

Nationalitätenstaat (Vielvölkerstaat): Beim N. handelt es sich um einen Staat, der aus unterschiedlichen Teilnationen gebildet wird, Beispiele hierfür sind Russland und das ehemalige Jugoslawien.

Nationalpark: Ein N. ist eine meist großräumige Naturlandschaft, die durch ihre besondere Eigenart oft keine Parallelen auf der Erde mehr hat. Sie unterliegt dem Schutz der obersten Landesbehörde und ist im Allgemeinen nur in beschränktem Umfang für den Fremdenverkehr offen. N.e wurden in den USA seit 1872 (Yellowstone National Park) eingerichtet und ähnlich dann auch in anderen Ländern v.a. in Ost- und Südafrika (z.B. Krüger- und Serengeti-N.). In Deutschland gibt es bisher folgende N.e: Bayerischer Wald (seit 1970; rd. 13300 ha), Berchtesgaden (seit 1978; etwa 20800 ha), die drei N.e vor der nord- und ostfriesischen Küste: das Schleswig-Holsteinische Wattenmeer (seit 1985, rd. 285000 ha), das Niedersächsische Wattenmeer (seit 1986, etwa 240000 ha) und das Hamburgische Wattenmeer (seit 1990, 11700 ha), Hochharz (seit 1990, 5900 ha), Müritz (seit 1990, 31900 ha), Jasmund (seit 1990, 3000 ha), Vorpommersche Boddenlandschaft (seit 1990, 80500 ha), Sächsische Schweiz (seit 1990, 9300 ha) und Oberharz (seit 1994, 15800 ha). Der Schweizer N. im Engadin besteht seit 1909/59; in Österreich existieren die N.e Hohe Tauern und Nockberge. – Zum Teil deckt sich der Begriff N. in anderen Staaten mit ↑Naturpark.

Naturfaktoren: Die N. werden im Gegensatz zu ↑Humanfaktoren verwendet. Es sind Faktoren, die auf eine Landschaft einwirken, die eine Landschaft bestimmen. Dazu zählen Böden, das herrschende Klima mit seinen Auswirkungen auf die Landschaft (z.B. Erosion), der Wasserhaushalt eines bestimmten Gebietes. Die N. befinden sich in einem ↑dynamischen Gleichgewicht.

Naturhafen: Buchten, die ohne künstliche Ausbauten als Anker- und Anlegeplätze für Schiffe benutzt werden können, werden als N. bezeichnet.

Naturhaushalt: oft als Synonym für ↑dynamisches Gleichgewicht verwendet.

Naturkatastrophen: Als N. bezeichnet man alle extremen Naturereignisse, die nicht nur zu großen Schäden in der Natur, sondern v.a. an von Menschen geschaffenen Bauwerken und Infrastrukturen führen und zahlreiche Todesopfer, Verletzte und Obdachlose fordern. Es lassen sich nach ihren Entstehungsursachen folgende Arten von N. unterscheiden:

- *meteorologische N.,* bedingt durch Stürme, Niederschläge, Hitze, Kälte, Blitzschlag
- *hydrologische N.,* bedingt durch Überschwemmungen, Sturzfluten, Muren
- *geologische N.,* bedingt durch Erdbeben, Erdrutsche oder Vulkanausbrüche
- *astronomische N.,* bedingt durch Meteoriten- oder Kometeneinschlag
- *biologische N.,* bedingt durch Seuchen und Schädlingsbefall

Die N. haben in den letzten Jahrzehnten zugenommen, wobei die weltweite Bevölkerungszunahme, die Besiedlung und Industrialisierung naturgefährdeter Räume sowie die Änderungen der Umweltbedingungen als Hauptgründe gesehen werden. Als Folge der vermuteten Klimaänderung (u.a. durch den Treibhauseffekt) können voraussichtlich in bestimmten Regionen der Erde künftig mehr Überschwemmungen, Hagelschläge und Unwetter, tropische Wirbelstürme, Sturmfluten und Bergstürze, Hitze-

Naturkatastrophen haben in den letzten Jahrzehnten zugenommen. Die rasante Bevölkerungsentwicklung, die zur Besiedlung auch gefährdeter Räume geführt hat, und geänderte Umweltbedingungen sind die wichtigsten Ursachen.
Weihnachten 1993 waren viele deutsche Rheinstädte (im Bild unten das Deutsche Eck in Koblenz) von der schwersten Hochwasserkatastrophe seit Jahrzehnten betroffen.
Der Wirbelsturm »Tracy« vernichtete im Dezember 1974 die nordaustralische Hafenstadt Darwin zu 90 % (Abb. links). Oben ein durch ein Erdbeben eingestürztes Krankenhaus auf der japanischen Insel Hokkaido. Vulkanausbrüche zählen zu den spektakulärsten Elementarereignissen. Ganz oben ein 1991 im Lavastrom des Ätna versunkenes (nicht verbranntes!) Haus.

wellen und Dürren auftreten. Besondere Bedeutung kommt daher der Weiterentwicklung der Vorhersage- und Warnmethoden zu. – Vgl. Sonderseite.

Naturlandschaft: Die N. ist eine vom Menschen unberührte Landschaft. Sie steht im Gegensatz zur Kulturlandschaft. Es gibt heute nur noch wenige Landschaften, die vom Menschen nicht beeinflusst sind. Dazu gehören Teile der Hochgebirge, der Wüsten und der Polargebiete.

natürliches Gleichgewicht: ↑dynamisches Gleichgewicht.

Naturpark: Den Status eines N.s erhält in Deutschland ein in sich geschlossener, größerer Landschaftsbereich, der sich durch natürliche Eigenart, Schönheit und Erholungswert auszeichnet und in seinem gegenwärtigen Zustand erhalten werden soll. N.e werden im Allgemeinen nach Grundsätzen der Landschaftspflege behandelt und sind mit Einrichtungen für Erholung und Fremdenverkehr versehen. Ihre Verwaltung obliegt Gebietskörperschaften oder staatlichen bzw. kommunalen Behörden. In Deutschland gab es 1995 68 N.e mit Größen zwischen 38 km² (Harburger Berge) und 2908 km² (Altmühltal) und einer Gesamtfläche von rd. 56000 km².

Naturraum: Der Ausdruck N. wird häufig als Gegensatz zu Kulturraum verwendet. Allerdings kann ein- und derselbe Raum sowohl unter kulturräumlichen als auch unter naturräumlichen Gesichtspunkten betrachtet werden. Kulturräumliche Gesichtspunkte sind z.B. Siedlungsformen, Flurformen, Anlage von Straßen etc. Naturräumliche Gesichtspunkte beziehen sich auf die Ausstattung eines Raumes mit ↑Naturfaktoren.

Naturräume im Sinne von völlig unberührten Landschaften sind in Mitteleuropa kaum noch zu finden.

naturräumliche Gliederung: Darunter versteht man eine nach der Landesnatur, d.h. den physisch-geographischen Verhältnissen (Gesteinsaufbau, Oberflächengestalt, Böden, Klima, Wasserhaushalt, Vegetation u.a.) durchgeführte Gliederung der Erdoberfläche in Einheiten gleicher natürlicher Ausstattung, wobei eine Stufung in Haupt- und Untereinheiten vorgenommen wird. Die kleinsten ökologisch homogenen Grundeinheiten werden *Fliesen, Physiotope* oder *Geotope* genannt.

Naturschutz: Der N. soll die Natur vor dem Eingriff des Menschen schützen. Er erstreckt sich auf den Schutz bestimmter Arten von Pflanzen und Tieren, von einzelnen, z.T. auch flächenhaften Objekten (Naturdenkmälern) und ganzen Arealen (Naturschutzgebieten und Landschaftsschutzgebieten). In Deutschland wird der N. durch das Naturschutzgesetz von 1976 geregelt. Er ist Aufgabe der Länder. Dabei wird z.B. auch bei nicht geschützten Pflanzen das Zerstören ihrer Bestände verboten.

Nach Umfang des Schutzes unterscheidet man: 1. *Vollnaturschutzgebiete:* Eingriffe und Nutzungen sind nur zur Erhaltung des natürlichen Zustandes erlaubt, das Betreten ist verboten (Banngebiete). 2. *Teilnaturschutzgebiete:* Gebiete mit speziellen Schutzzielen und den dazu notwendigen Nutzungsbeschränkungen; hierzu gehören auch Pflanzenschutzgebiete und Tierschutzgebiete (z.B. die Vogelschutzgebiete). 3. *Landschaftsschutzgebiete:* Hierbei handelt es sich um naturnahe Flächen, die zur Erhaltung ihrer ökologischen Vielfalt sowie eines ausgeglichenen Naturhaushaltes und ihres Erholungswertes gegen Veränderungen (also gegen Abholzung, Aufforstung, Überbauung, Industrialisierung) geschützt werden. Zurzeit gibt es in Deutschland rd. 4000 Naturschutzgebiete; dies entspricht rund 1,3% der Gesamtfläche. Wichtige N.gebiete sind z.B. das Federseegebiet, Karwendel und Karwendelgebirge, der Große Arbersee und die Arberseewand, der Naturpark Lüneburger Heide und das Biberschutzgebiet an der mittleren Elbe. Bedeutende N.gebiete im benachbarten Ausland sind der Neusiedler See (Österreich), der

Aletschwald (Schweiz) und die Camargue (Frankreich).

Naturwaldreservate (Naturwaldzellen; in Baden-Württemberg: Bannwälder): N. sind durch ministeriellen Erlass der Länder der Bundesrepublik Deutschland unter unumschränkten Schutz gestellte Waldteile mit charakteristischen Vegetationsgesellschaften. Die N., die eine Größe von mindestens 5 ha haben müssen, dienen v.a. der Ökosystemforschung; ihre Erhaltung gehört zu den Aufgaben der Landespflege.

Nebel: N. ist kondensierter, d.h. in kleinsten Tröpfchen flüssig gewordener, und damit sichtbar schwebender Wasserdampf in der bodennahen Luftschicht. In der Meteorologie wird von N. gesprochen, sobald die Sicht unter 1 km zurückgeht. N. entsteht wie bei einer Wolke durch Kondensation überschüssigen Wasserdampfes an Kondensationskernen und zwar durch: 1) Abkühlung feuchter Luft bis zum Tau- oder Reifpunkt *(Abkühlungsnebel);* 2) Mischung von feuchtwarmer und kalter Luft *(Mischungsnebel);* 3) Zunahme des Wasserdampfgehaltes der Luft infolge Verdunstung *(Dampfnebel).* Unter den Abkühlungsnebeln ist der *Strahlungsnebel* am häufigsten. Er tritt v.a. im Herbst bei windschwachen oder windstillen Hochdruckwetterlagen (Strahlungswetterlagen) auf, wenn sich der Erdboden und die darüber liegenden Luftschichten infolge ungehinderter nächtlicher Ausstrahlung bis unter den Taupunkt abgekühlt haben. Manchmal bildet sich unter einer höher gelegenen Inversion durch Ausstrahlungsabkühlung ein *Hochnebel,* der nach unten wachsen kann und dann als gewöhnlicher N. empfunden wird. Flache *Bodennebel* entstehen meist über feuchten oder noch regennassen Böden, aber kaum über größeren, offenen Wasserflächen, da diese ihre gespeicherte Wärme an die Luft abgeben können und dadurch der Abkühlung infolge Ausstrahlung entgegenwirken. N.-Herde sind v.a. Täler und Mulden *(Talnebel).* Wird die Abkühlung durch Advektion feuchtwarmer Luft über eine kalte Unterlage erreicht, so bilden sich *Advektionsnebel.* Dazu gehören im Spätherbst und Winter N. in Mitteleuropa, die beim Vordringen milder und feuchter Luftmassen gegen das kalte Festland auftreten. Bei der Entstehung von *Meeres- und Küstennebel* wirken meist advektive Abkühlung und Mischung verschieden temperierter Luftmassen zusammen. Solche (advektiven) Mischungsnebel bilden sich auch im Bereich von Kalt- und Warmfronten, wo eine turbulente Durchmischung feuchtwarmer und kälterer Luft stattfindet, die zudem mit adiabatischer Abkühlung verbunden ist *(Front- oder Niederschlagsnebel).*

Im N. beträgt die relative Feuchtigkeit der Luft über 90%. Die N.-Tröpfchen haben einen Durchmesser von 0,01 bis 0,1 mm; sie schweben in der Luft, können sich jedoch auch zu größeren Tropfen vereinigen und v.a. bei Luftbewegung an der Erdoberfläche oder an Gegenständen absetzen oder ausfallen *(Nebelniederschlag, nässender Nebel).* Auch bei Lufttemperaturen unter 0°C besteht N. aus Wassertröpfchen, die sich an festen Oberflächen aber als Eis absetzen *(Nebelfrostablagerungen).*

Nebelwald: Der N. befindet sich in der Nebelregion tropischer und subtropischer Gebirge in Höhen von 2000–3000 m, am Ostrand der Anden bis 4000 m. Die Wachstumszeit wird nicht durch eine Frostperiode unterbrochen; der N. ist also immergrün. Das Wachstum ist aber im Vergleich zu den Regenwäldern des Tieflandes langsamer, da mit ansteigender Höhe die Temperaturen abnehmen. Der N. ist artenärmer als die Tieflandwälder; typisch sind Baumfarne und auf Bäumen lebende Pflanzen (tropische Epiphyten). Die Stämme sind mit Moosen und Flechten bewachsen.

Nebelwüste: Die N. ist ein schmaler Streifen einer durch kaltes Auftriebwasser bedingten Küstenwüste, der für sechs

N

bis acht Monate jährlich fast ständig von Nebel (Advektionsnebel) überzogen ist. Die hohe relative Luftfeuchtigkeit in Bodennähe wird u.a. von Tillandsiengewächsen, die Flüssigkeit durch die Blätter aufnehmen und wurzellos dem staubtrockenen Boden (Gesteinsschutt, Dünen) aufliegen, und von Flechten genutzt. N. treten an der pazifischen Küste Südamerikas (S-Peru, N-Chile), bedingt durch den Humboldtstrom, und an der Atlantikküste des südwestlichen Afrika (Namib), bedingt durch den Benguelastrom, auf. – ↑Sonderartikel Wüste (Abb.).

Nebenerwerbsbetrieb: Der N. ist ein Landwirtschaftsbetrieb, der nebenberuflich bewirtschaftet wird. Der N. bietet keine Lebensgrundlage für eine Familie, der Besitzer geht einem nichtlandwirtschaftlichen Hauptberuf nach.

Nebengeschäftszentrum: Man findet Nebengeschäftszentren in Städten ab Mittelstadtgröße. Sie dienen hauptsächlich der Versorgung der in ihrer Umgebung wohnenden Bevölkerung. Ihre Entstehung verdanken sie der zu großen Entfernung zur City und der oft sehr weitgehenden Spezialisierung der dortigen Geschäfte.

Nebengestein: N. nennt man das an einen Gesteinskörper, z.B. einen Gang, grenzende Gestein. Die Bezeichnung wird besonders bei Lagerstätten verwendet.

Nebenmeer: Ein durch Festlandsflächen und Inselketten mehr oder weniger vom offenen Ozean abgeschnürtes Meeresgebiet bezeichnet man als Nebenmeer. Man unterscheidet Randmeere, die dem Festland randlich angelagert sind (Beispiele: Beringmeer, Ochotskisches Meer, Ostchinesisches Meer, Japanisches Meer, Golf von Kalifornien, Nordsee) und ↑Mittelmeere, die weitgehend von Festlandsgebieten umschlossen sind.

Nehrung: Eine N. ist der schmale, meist aus Sand aufgebaute Strandstreifen, der flache Buchten weitgehend vom Meer trennt. Diese lang gestreckte Landzunge entsteht durch Strandversetzung, wobei sich zunächst an einem Kap ein *Nehrungshaken* bildet, der in die Richtung der Küstenströmung weist. Der Haken wächst weiter, sodass ein *Haff* (Lagune) entsteht. Erreicht die N. am anderen Ende wieder die Küste, entsteht ein *Strandsee.* Wird die Verbindung mit der Küste durchbrochen, spricht man von einer *Nehrungsinsel,* die auch Lido genannt wird.

Neogen: zusammenfassende Bezeichnung für die jüngeren Abteilungen des Tertiärs.

Neokolonialismus (Neoimperialismus): N. ist die kritische, oft polemisch gebrauchte Bezeichnung für die Politik der Industriestaaten W-Europas und Nordamerikas gegenüber den Ländern der Dritten Welt. Der Begriff wurde in der Phase der Entkolonialisierung von marxistischen Theoretikern geprägt, von den kommunistischen Staaten im Ost-West-Konflikt propagandistisch aufgegriffen und von Kritikern der Politik der USA und der früheren Kolonialmächte (v.a. Frankreich, Großbritannien) in Asien, Afrika und Lateinamerika als Vorwurf erhoben.

Der Begriff des N. besagt, dass die früheren Kolonialmächte zwar ihre direkte Herrschaft über die Länder der Dritten Welt aufgegeben, die Industriestaaten W-Europas und Nordamerikas insgesamt jedoch auf verschiedenen Ebenen ein vielfältiges System indirekter Herrschaft aufgebaut haben. Orientierungslinie des N. seien die am Kapitalismus und seiner Wirtschaftsweise orientierten Bedürfnisse dieser Staaten. Das Vorhandensein einer einheimischen Oberschicht, die mit diesen Industriestaaten zusammenarbeitet, erleichtere – gemäß diesen Auffassungen – neokolonialistische Tendenzen.

Neozoikum (Känozoikum): erdgeschichtliche Ära, ↑Geologie, Zeittafel.

Nettoproduktionswert (Bruttowertschöpfung): Der N. ist der um die Vorleistungen verminderte ↑Bruttoproduktionswert.

Nettosozialprodukt (Volkseinkommen): ↑Bruttosozialprodukt.

Neue Stadt: deutsche Übersetzung des stadtgeographischen Begriffs ↑New Town.

Neue Welt: Im 16. Jh. entstandene Bezeichnung für den neu entdeckten Erdteil Amerika, im Gegensatz zur ↑Alten Welt.

Neue Weltwirtschaftsordnung (NWWO): NWWO ist die Bezeichnung für die Konzeption der mehrheitlich in der Gruppe der 77 zusammengeschlossenen Entwicklungsländer (EL) zur Gestaltung der weltwirtschaftlichen Beziehungen. Anlass war die zunehmende Kritik der EL am bestehenden System der internationalen Arbeitsteilung, das einseitig die Industrieländer (IL) begünstige. Die Forderungen der EL wurden auf Welthandelskonferenzen (UNCTAD) diskutiert und mündeten in zwei Erklärungen der UNO-Vollversammlung von 1974 (Erklärung und Aktionsprogramm zur Errichtung einer NWWO, Charta über die wirtschaftlichen Rechte und Pflichten der Staaten).

Wesentliche Elemente einer NWWO sind: 1. wirtschaftliche Souveränität und Anerkennung der EL als gleichberechtigte Partner (Selbstbestimmung, Verfügungsgewalt über die Rohstoffe, Verstaatlichung ausländischen Besitzes); 2. Selbstversorgung mit Nahrungsmitteln (Diversifizierung der Agrarproduktion, Finanzhilfen für ländliche Entwicklung); 3. Vereinbarung von Rohstoffabkommen zur Exporterlösstabilisierung (u.a. durch multilaterale Ankaufs- und Verkaufsverpflichtung), Förderung der Weiterverarbeitung der eigenen Rohstoffe, Billigung von Rohstoffkartellen; 4. Erhöhung des Anteils der EL an der Weltindustrieproduktion auf 25% im Jahr 2000 besonders durch Direktinvestitionen, Kooperationen, Öffnung der Märkte für industrielle Halb- und Fertigwaren aus EL; 5. Erleichterungen im Außenhandel durch Abbau von Zöllen und nichttarifären Handelshemmnissen, Schaffung von Präferenzsystemen für EL, Kontrolle der Tätigkeit multinationaler Unternehmen, Verbesserung der Kooperation der EL untereinander (Süd-Süd-Kooperation); 6. Verbesserung des Technologietransfers durch Entwicklung angepasster Technologien, Ausbau von Forschung und Entwicklung in EL; 7. höhere Beteiligung der EL in den Bereichen Transport, Versicherungswesen und Tourismus; 8. Neuordnung des Weltwährungssystems durch mehr Mitbestimmung der EL beim Internationalen Währungsfonds, besserer Zugang zu den Kapitalmärkten, mehr Finanzmittel für den Zahlungsbilanzausgleich, Maßnahmen zur Bewältigung der Schuldenkrise (Schuldenerlass, Umschuldung); 9. Verbesserung der Entwicklungshilfe durch Erhöhung der Finanzmittel internationaler Entwicklungsorganisationen (z.B. Weltbank, regionale Entwicklungsbanken), effizienterer Einsatz der Finanzmittel. Verglichen mit den Forderungen sind die Erfolge der NWWO für die EL bescheiden geblieben. Fortschritte sind v.a. im Bereich des Außenhandels festzustellen (z.B. GATT, Lomé-Abkommen).

Neulandgewinnung: svw. ↑Landgewinnung.

Neumond: N. ist eine Lichtphase des ↑Mondes (eine Mondphase). Bei N. steht der Mond zwischen Sonne und Erde, seine der Erde zugewandte Seite kann also an keiner Stelle von der Sonne beleuchtet werden; der Mond ist darum nicht sichtbar.

New Town [englisch 'nju: taʊn] (Neue Stadt): Dieser aus Großbritannien stammende stadtgeographische Begriff steht für eine nach modernen funktionalen Gesichtspunkten geplante und neu erbaute Stadt; diese kann sich auch an eine schon bestehende Siedlung anlehnen. Ihre Aufgabe ist hauptsächlich die Entlastung der großen Ballungszentren. Die N. T. besitzt zentralörtliche Einrichtungen, Wohn- und Gewerbeviertel. Typisch ist die Einrichtung sog. Nachbarschaften, die sich um ein Zentrum mit den öffentlichen Einrichtungen und Geschäften gruppieren.

New Town: Östlich von Paris liegt die »ville nouvelle« Marne-La-Vallée

In Großbritannien existieren 31 New Towns; in Israel wurden 30 gegründet, davon 19 ohne alten Siedlungskern. Beispiele in anderen Ländern sind Wolfsburg, Sennestadt, Hochdahl und Eisenhüttenstadt in Deutschland, Lelystadt und Emmeloord in den Niederlanden, die *villes nouvelles,* etwa Cergy-Pontoise oder Marne-la-Vallée, im Pariser Ballungsraum, Brasília in Brasilien, Chandigarh in Indien, Canberra in Australien und zahlreiche Stadtneugründungen in Russland.

niedere Breiten: Unter dem allgemein sprachlichen Ausdruck »in den niederen Breiten« versteht man die Erdgegenden, deren Koordinaten bei der Breitenangabe eine niedrige Zahl, meist unter 30, aufweisen.

Niederschlag: N. nennt man alle aus der Atmosphäre zur Erdoberfläche fallenden oder sich dort erst bildenden Formen des Wassers. Von den fallenden Niederschlägen, wie Regen, Schnee, Graupel, werden die abgesetzten Niederschläge, wie Tau und Reif, die sich unmittelbar an der Erdoberfläche ausbilden, unterschieden.

Es können nach der Art ihrer Entstehung drei Arten des N.s beobachtet werden: die zyklonalen Niederschläge (↑Zyklone), die konvektiven Niederschläge (↑Konvektion) und die orographisch bedingten Niederschläge (↑Steigungsregen).

Die Menge der Niederschläge wird in Millimeter gemessen. Hierbei wird die Höhe angegeben, bis zu der die Erdoberfläche mit Wasser bedeckt wäre, wenn kein Wasser versickern, abfließen oder verdunsten würde. Ein Millimeter N. entspricht einer Niederschlagsmenge von einem Liter auf einer Fläche von einem Quadratmeter.

Niederterrasse: Eine N. markiert ein ehemaliges Flussbett, das der Fluss während der letzten Eiszeit benutzte (also während der Würmeiszeit im Alpenvorland, während der Weichseleiszeit in Norddeutschland). In dieses hat sich dann während des Postglazials der Fluss durch Tiefenerosion eingeschnitten, sodass es nun höher als die heutige Talaue liegt und damit zur Terrasse wurde. Die hochwasserfreie N. war von der Vorzeit bis in die frühe Neuzeit ein bevorzugter Ansatzpunkt für Siedlungen.

Niederwald: N. ist die forstwirtschaftliche Bezeichnung für einen Laubwald, bei dem sich der Baumbestand durch Austrieb aus Stöcken (Stockausschlag) und Wurzeln der alle 10–25 Jahre gefällten Bäume erneuert. Der N.betrieb war früher zur Gewinnung von Brennholz, Gerbrinde, Flechtmaterial, Zaun- und Rebpfählen und im Rahmen der ↑Feld-Wald-Wechselwirtschaft sehr verbreitet. Heute ist er in Deutschland nur noch vereinzelt als Schutzwald (z.B. an Berghängen und in Flusstälern) von örtlicher Bedeutung.

Niedrigwasser:

◆ N. herrscht im Rahmen der ↑Gezeiten am Ende der Ebbe, also auch zu Beginn der Flut (Tiefststand der Gezeitenwelle).

◆ Als N. eines Flusses bezeichnet man einen Wasserstand, der erheblich unter dem mittleren Wasserstand liegt. Extremes N. kann die Einstellung der Schifffahrt erfordern.

Ni-Fe-Kern (Nife): Kurzbezeichnung für die Materie des Erdkerns, von der man annimmt, dass sie im Wesentlichen aus Ni (Nickel) und Fe (Eisen) besteht.

Nimbostratus: N. sind dunkelgraue, meist geschlossene Wolkendecken, hinter denen die Sonne nicht sichtbar ist und aus denen gewöhnlich anhaltend Niederschlag fällt. An ihrer ausgestülpten oder aufgelösten Untergrenze ziehen oft niedrige zerfetzte Wolken. N. setzt sich aus unterkühlten Wassertröpfchen, Schneekristallen und Schneeflocken zusammen.

Nipptide (nur in Bezug auf die Flut wird von Nippflut gesprochen): Da die ↑Gezeiten von der Massenanziehung von Mond und Sonne bewirkt werden, tritt zu der Zeit, wenn die Anziehungskräfte beider Gestirne im Winkel von 90° zueinander wirken, eine besonders niedrige Gezeitenwelle auf, mit dem Nipptidehochwasser. Dies ist bei exaktem Halbmond, sowohl zu- als abnehmendem, der Fall. – Der Gegensatz zur N. ist die Springtide.

nivales Abflussregime: Hierbei handelt es sich um das ↑Abflussregime eines Flusses, der seine geringste Wasserführung im Winter, seine höchste nach der Schneeschmelze hat. Auf der Nordhalbkugel tritt also das Hochwasser dieser Flüsse, wenn es sich um Tieflandflüsse handelt, im April oder Mai, wenn es sich um Flüsse des Berglandes handelt, im Juni auf. Liegen auch Gletscher im Einzugsbereich dieser Flüsse, haben diese ein ↑nivoglaziales Abflussregime.

nivales Klima: Fallen die Niederschläge das ganze Jahr über als Schnee und bilden sich eine geschlossene Schneedecke oder Gletscher aus, herrscht in diesem Bereich nivales Klima. Vollnivales Klima haben die Polargebiete und einige vergletscherte Hochgebirge; bei seminivalem Klima dagegen können die Niederschläge in einer nur kurzen wärmeren Jahreszeit auch als Regen fallen. In noch größerer Polferne finden sich Räume mit *subnivalem Klima,* wie beispielsweise die Tundra, wo sich nur im Winter eine geschlossene Schneedecke hält.

nivale Stufe: Die n. St. ist die oberste ↑Höhenstufe der Vegetation der höheren Gebirge, und zwar die über der klimatischen Schneegrenze. Diese liegt in den Alpen zwischen 2700 m (am Westrand der Westalpen) und 3100 m. Die hier noch wachsenden Moose und Flechten kommen nicht mehr in Gesellschaften, sondern in Gruppen oder nur noch einzeln vor und sind auf schneearme Standorte beschränkt. Wenige Blütenpflanzen (einige Gräser, Gletscherhahnenfuß, Alpenleinkraut) kommen jedoch auch in Höhen über 4000 m vor.

nivoglaziales Abflussregime: N. A. ist die Bezeichnung für ein modifiziertes ↑nivales Abflussregime eines Flusses, in dessen Einzugsbereich auch Gletscher liegen. Die geringste Wasserführung tritt im Winter auf, die größte nach der Schneeschmelze; aber im Sommer, wenn die Gletscher viel Schmelzwasser liefern, tritt ein zweites Maximum auf. Bei diesen Flüssen liegen daher die Abflusswerte des Juli und des August über den Werten des Mai (auf der Nordhalbkugel).

nivopluviales Abflussregime: Hierbei handelt es sich um das ↑Abflussregime eines Flusses, das von Schneeschmelze und Regen in gleichem Maße abhängt. Hohe Wasserstände treten also nach der Schneeschmelze und nach der Zeit der als Regen fallenden Niederschläge auf; dazwischen ist die Wasserführung jeweils geringer. Hat die Schneeschmelze einen geringeren Anteil, liegt die durch sie bewirkte Hochwasserspende also deutlich unter der durch den Regen bewirkten, spricht man auch von einem *pluvionivalen* Abflussregime.

NN: Abkürzung für ↑**N**ormal**n**ull.

N

Nomaden: N. sind die Menschen, die in der Wirtschafts- und Gesellschaftsform des ↑Nomadismus leben.

Nomadismus (Hirtennomadismus): Der N. ist eine mobile, auf Wanderviehwirtschaft basierende Wirtschafts- und Gesellschaftsform von Hirtenvölkern. Im Unterschied zur ↑Transhumanz begleiten die *Nomaden,* die auch Besitzer der Herden sind, das Vieh im geschlossenen Familienverband mitsamt dem Hausrat auf ständiger Wanderung, meist in einem bestimmten jahreszeitlichen Rhythmus, um die jeweiligen Weiden aufzusuchen. Der häufige Wechsel des Wohnplatzes erfordert transportable, schnell auf- und abzubauende Behausungen (meist Zelte). Die Weideplätze sind oft Eigentum der Nomaden und ebenso wie die Wanderwege genau festgelegt. Feldbau wird äußerst selten und nicht regelmäßig betrieben. Pflanzliche Nahrungsmittel werden von der Ackerbau treibenden Bevölkerung eingetauscht oder gekauft. Manche Nomadengruppen haben sich auch auf den Handel spezialisiert. Es werden Entfernungen bis über 1 000 km zurückgelegt. Jüngere völkerkundliche und kulturgeographische Forschungen haben nachgewiesen, dass der Hirten-N. entgegen früheren Ansichten in der Entwicklungsgeschichte menschlicher Kultur keine primitive Vorstufe, sondern einen Seitenzweig des sesshaften Bauerntums darstellt. Zu allen Zeiten waren die Hirtennomaden auf eine Ergänzung ihrer Ernährungsbasis durch sesshafte Landwirtschaft angewiesen. – Als *Halbnomadismus* wird eine Wirtschaftsform bezeichnet, bei der der Ackerbau ständig ausgeübt wird und nur Teile der Familie wandern. Eine Variante des Halb-N. stellt der *Bergnomadismus* dar, mit jahreszeitlich bedingten Wanderungen zwischen Tal/Vorland und Gebirge. Die jahreszeitlich wechselnden Weideplätze der Bergnomaden liegen näher beieinander als die der Vollnomaden. Hauptverbreitungsgebiet des N. ist der altweltliche Trockengürtel: die Halbwüsten, Steppen und Savannen Nordafrikas, Vorder- und Zentralasiens. Die Tiere, die für die nomadische Weidewirtschaft infrage kommen, sind Ziegen und Schafe, daneben Yaks und Pferde bei den Bergnomaden, Kamele und Pferde im arabischen Raum (Beduinen) und in Afrika – im Sahel – auch Rinder. In den polaren Gebieten basiert der N. auf der Haltung von Renherden. Einige Tiere dienen als Reit- und Lasttiere.

In den letzten Jahrzehnten wurde in vielen Ländern aus staatspolitischen Gründen die Sesshaftmachung der Hirtenvölker betrieben und meist gleichzeitig der Viehwirtschaft ein Ende gesetzt. Das Zurückdrängen nomadischer Lebensformen in der heutigen Zeit hat in der Geschichte der alten Nomadenreiche der Hunnen und Mongolen seine historische Parallele. Diese standen bereits weitgehend außerhalb der Gesellschaften, denen sie ihre Herrschaft aufzwangen, und es gelang ihnen wegen ihrer Nichtsesshaftigkeit nicht, einen gefestigten und gut funktionierenden Staatsapparat aufzubauen. Die Reiche der Nomaden gingen daher im Laufe der Zeit unter, und die Nomaden selbst gingen in der sesshaften Bevölkerung auf.

Noor: N. nennt man in Schleswig-Holstein einen verlandenden Strandsee im innersten Winkel einer Förde.

Nor: ältere Stufe der alpinen Oberen ↑Trias.

Nordäquatorialströme: in allen drei Ozeanen vorhandene äquatornahe Gegenströmungen, Karte Meeresströmungen S. 234.

Nordatlantischer Strom: warme Meeresströmung im nördlichen Atlantik, geht aus dem ↑Golfstrom hervor, Karte Meeresströmungen S. 234.

Nordlicht: N. ist die allgemein übliche Bezeichnung für auf der Nordhalbkugel auftretendes ↑Polarlicht.

Nordpazifischer Strom: warme Meeresströmung im nördlichen Pazifik, Karte Meeresströmungen S. 234.

Nordsommer: ↑Jahreszeiten.

Nord-Süd-Dialog: Hiermit sind Gespräche der Industriestaaten mit den Ländern der Dritten Welt über Fragen der Entwicklungshilfe und der Entwicklungspolitik gemeint. Der Ausdruck entstand in Anlehnung an den Ausdruck Ost-West-Gespräche. Die Industriestaaten werden unter Nord, die Entwicklungsländer unter Süd zusammengefasst.

Nord-Süd-Gegensatz: Gemeint ist damit die Konfrontation in den internationalen Beziehungen zwischen Entwicklungsländern und Industrieländern.

Nordwinter: ↑Jahreszeiten.

Normalnull: Unter N., abgekürzt NN, versteht man eine Bezugsfläche für alle amtlichen deutschen Höhenangaben, die sich auf das Niveau des mittleren Wasserstandes des Meeres bezieht. Da der Meeresspiegel schwankt, haben sich die Staaten feste Bezugspunkte (Landmarken) geschaffen, auf die sie sich bei ihren Vermessungen beziehen. Seit 1912 liegt der deutsche Höhenbezugspunkt 38 km östlich von Berlin bei Dahlwitz-Hoppegarten (Landkreis Strausberg). Dieser N.punkt liegt 16 mm über dem Amsterdamer Pegel. Da jedes Land seinen eigenen Höhenausgangspunkt hat, können Höhendifferenzen in den Karten der einzelnen Staaten auftreten.

Northers [englisch 'nɔːðəz]:
- Bezeichnung für föhnige Nordwinde im Tal des Sacramento in *Kalifornien.*
- heftige, winterliche kalte Nordwinde (Polarluftausbrüche), die über die *USA* und den Golf von Mexiko bis *Mittelamerika* vorstoßen, meistens ausgelöst durch ein Hochdruckgebiet über dem Great Basin.
- nördliche trocken-heiße Wüstenwinde an der Südküste *Australiens.*

Norwegischer Strom: warme Meeresströmung im nördlichen Atlantik, Karte Meeresströmungen S. 234.

Nova ['nɔwa]: Eine N. ist ein veränderlicher Stern, der durch einen plötzlich auftretenden Helligkeitsausbruch charakterisiert ist, wobei das Maximum schon in Stunden oder höchstens in Tagen erreicht wird. Die Helligkeit nimmt dabei um das 5000- bis 100000fache des ursprünglichen Wertes zu; danach fällt sie in einem Zeitraum von einigen wenigen bis zu 100 Jahren ab. Ursache eines N.ausbruchs sind vermutlich plötzlich einsetzende Kernreaktionsprozesse im Innern, die eine den ganzen Stern durchlaufende und die Expansion hervorrufende Stoßwelle auslösen. Die Häufigkeit von N.ausbrüchen im Milchstraßensystem wird auf 40 im Jahr geschätzt, von denen etwa 3 beobachtet werden. – Bei 10^8facher Leuchtkraftsteigerung spricht man von einer *Supernova.*

Nullmeridian: Der N. ist der Ortsmeridian von Greenwich, auf den seit 1911 nach internationaler Vereinbarung die ↑geographische Länge bezogen wird.
In der Antike wurde von Ptolemäus der Längenkreis der Kanarischen Insel Ferro (heute Hierro) als Anfangsmeridian bestimmt und 1634 als *N. von Ferro* eingeführt.

Nunatak (Mehrzahl Nunatakkr): Ein N. ist ein Felsen oder ein Berggipfel, der aus den Inlandeismassen herausragt, also allseits von Eis umgeben ist.

Nutation: periodische Schwankungen der ↑Präzession.

Nutzwertanalyse: Die N. ist eine v.a. in Planungsprozessen angewandte Entscheidungstechnik, durch die aus möglichen Handlungsalternativen die subjektiv beste Alternative des Entscheidungsträgers bestimmt werden soll. Im Unterschied zur ↑Kosten-Nutzen-Analyse berücksichtigt die N. keine Kosten der betrachteten Alternativen, und sie erfasst die Nutzen nicht in Geldeinheiten, sondern als dimensionslose Zahl (Nutzwert), die aus den subjektiven Zielvorstellungen des Entscheidungsträgers hergeleitet wird. Die N. erlaubt damit die Berücksichtigung auch solcher Bewertungskriterien, die nicht in Geldgrößen ausgedrückt werden können, und sie ermöglicht die Bewertung hinsichtlich einer Vielzahl von Zielen. Ein Nachteil der N. ist ihr subjektiver Charakter.

O

Oase: Eine O. ist eine in oder am Rande von Wüsten und Wüstensteppen gelegene Wasserstelle mit reichem Pflanzenwuchs. Dieser wird ermöglicht durch Quellwasser, man spricht dann von einer *Quelloase,* oder durch Grundwasser *(Grundwasseroase)* oder durch einen Fremdlingsfluss, es handelt sich dann um eine *Flussoase;* bekannteste O. dieser Art ist die des Nil. Oasen können durch künstliche Bewässerung mittels Brunnen oder ↑Kanate erweitert werden. So werden v.a. durch die Kanatbewässerung *Gebirgsfußoasen,* das sind Grundwasser-O.n, in denen das am Gebirgsfuß austretende Grundwasser genutzt wird, erweitert, oft aber auch erst ermöglicht. In besiedelten O.n befinden sich intensive und differenzierte Nutzpflanzenkulturen, oft auf engstem Raum neben- und übereinander. In dieser Oasenwirtschaft werden Gemüse, Knollenpflanzen, Getreide, Dattelpalmen, Öl- und Obstbäume kultiviert. Für nordafrikanische und vorderasiatische Oasen ist die Dattelpalme die Charakterpflanze.

Typisch ist die äußerst scharfe Grenze zwischen O. und Wüste. Für viele O.n ist daher die Versandung eine stetige Gefahr.

Oberboden: O. ist eine Bezeichnung für den oberen Teil eines Bodens; meist versteht man darunter den A-Horizont eines ↑Bodenprofils.

Oberzentrum (Hauptzentrum): Im System der ↑Zentralen Orte ist ein O. ein Ort von hoher Zentralität.

Ödland: Als Ö. bezeichnet man unbebautes Gelände, das nicht land- oder forstwirtschaftlich genutzt wird, aber kultiviert werden könnte. Dazu gehören z.B. Moor- und Heideflächen sowie Flächen, die als Sand- und Kiesgruben genutzt werden. In der deutschen Statistik werden auch ehemalige Waldflächen als Ö. bezeichnet, wenn sie seit mehr als 10 Jahren unbestockt und ungenutzt sind.

OECD: Abkürzung für **O**rganization for **E**conomic **C**ooperation and **D**evelopment. Es handelt sich hier um eine Gruppe von Industrieländern (18 westeuropäische Staaten, Kanada, USA, Japan, Australien, Neuseeland, Mexiko und die Türkei), die ihre Wirtschaftsbeziehungen untereinander und gemeinsam gegenüber der Dritten Welt besser organisieren wollen.

OEZ: Abkürzung für **o**st**e**uropäische **Z**eit, eine Zonenzeit; ↑Zeitzonen.

Offshore [englisch: ...ʃo:]: Der Begriff bedeutet »weg von der Küste«. Er wird meistens verwendet im Zusammenhang mit der Erdölgewinnung im Schelfbereich vor den Küsten mithilfe von großen Bohr- und Förderplattformen. Die O.-Ölgewinnung ist kostspieliger als die Ölgewinnung an Land und wird nur bei großen Erdöllagern eingesetzt. Die soziale Isolierung auf der künstlichen Insel ist für die dort Arbeitenden erheblich größer als auf dem Festland, weshalb in relativ kurzen Abständen ganze Mannschaften ausgetauscht werden müssen. Das Verlegen von Ölleitungen im Meer ist sehr aufwendig. Wegen der starken Korrosion durch das Salzwasser ist die Herstellung der Rohre für die Ölleitungen komplizierter als bei normalen Pipelines. Wegen der Umweltgefährdung bei Schäden müssen die Leitungen ständig überwacht werden.

Okklusion: Unter diesem meteorologischen Begriff versteht man eine Front, die durch die Vereinigung einer Kaltfront mit einer Warmfront entsteht. Dabei schieben sich im Endstadium einer Zyklone kältere Luftmassen unter die vorgelagerte wärmere Luft, die dann ganz von der Erdoberfläche abgehoben wird. Dieses Stadium ist dann erreicht, wenn die nachlaufende Kaltfront die sich langsamer bewegende Warmfront eingeholt hat. Jetzt treffen, im Vergleich zur verdrängten Warmluft, zwei kältere Luftmassen aufeinander. Da die Gegensätze in der Beschaffenheit beider Luftmassen an der neu entstandenen Front geringer sind, treten die Wettererscheinungen an der O. auch nur in abgeschwächter Form auf. Die Windstärke nimmt ab, und es herrschen Wolkenfelder vor, aus denen kaum Niederschläge fallen. – ↑Tiefdruckgebiet.

Ökofaktoren: Ö. sind alle Faktoren, die auf einen bestimmten Raum einwirken, also ↑Naturfaktoren und ↑Humanfaktoren.

Ökologie: Die Ö. untersucht die Wechselbeziehungen zwischen Lebewesen und ihrer Umwelt. Diese Umwelt besteht nicht nur aus anderen Lebewesen, sondern wird auch durch Klima, Bodenbeschaffenheit und andere Faktoren geprägt. Die Gesamtheit dieser Wechselwirkungen, das ↑Ökosystem, gibt uns Auskünfte über die Belastbarkeit von ↑Biotopen, z.B. Flüssen, Seen, Wäldern. Dabei wird auf Folgen einseitiger Eingriffe durch den Menschen (z.B. chemische Schädlingsbekämpfung, Verschmutzung von Gewässern) hingewiesen. Heute beschränkt sich die Ö. nicht mehr nur auf die Wechselwirkung Pflanze/Umwelt (Pflanzenökologie) oder Tier/Umwelt (Tierökologie), sondern achtet immer stärker darauf, wie der Mensch seine Umwelt beeinflusst. Damit handelt es sich nicht mehr um eine rein biologische Wissenschaft, sondern um eine interdisziplinäre, bei der auch Geographie und Sozialwissenschaften wichtige Aussagen zu machen haben.

ökologische Nische: Der Begriff ö. N. wurde ursprünglich nur als Beschreibung der räumlichen Ansprüche einer Organismenart verwendet. Heute ist damit meist die Rolle oder Stellung bzw. das Wirkungsfeld einer Art im Ökosystem gemeint.

ökologisches Gleichgewicht: ↑dynamisches Gleichgewicht.

Ökosystem: Das Ö. ist ein Wirkungsgefüge, das zwischen Lebewesen verschiedenster Arten und ihrer anorganischen Umwelt besteht. In einem Ö. findet ein stetiger Austausch statt; es werden Stoffe zugeführt, und es treten auch Verluste auf. Deswegen sprechen wir von einem offenen System. Die Zahl der Arten und der Einzellebewesen bleibt innerhalb einer gewissen Schwankungsbreite konstant. Das Ö. hat die Fähigkeit zur Selbstregulation. Diese Regulationsmöglichkeiten sind jedoch nicht unbegrenzt. So kann z.B. das Ö. See durch dauernde Zufuhr von Abwasser aus dem Gleichgewichtszustand geraten und nach einer Übergangszeit wieder in einen stabilen Zustand gelangen, der aber nun einem anderen Ökosystem entspricht.

Für jedes Ö. sind vier Grundkomponenten von Bedeutung, eine abiotische und drei biotische:

die **abiotische Umwelt.** Hierzu gehören klimatische Faktoren, Einflüsse, die lage-

Ökosystem

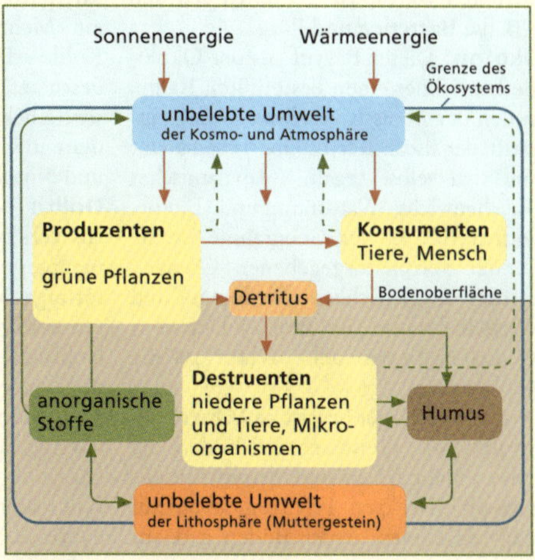

Funktionsschema eines Ökosystems

O

bedingt (orographisch) sind, sowie Einwirkungen, die vom Boden abhängen (edaphisch bedingt sind).
die **Produzenten** (die Erzeuger). Dies sind Organismen, die aus anorganischem Material organisches Material aufbauen, also die grünen Pflanzen.
die **Konsumenten** (die Verbraucher). Dazu gehören die Pflanzen fressenden Tiere und deren Feinde.
die **Reduzenten** oder **Destruenten** (die Zersetzer). Sie bauen die abgestorbenen Organismen zu einfacheren anorganischen Stoffen ab und führen sie den Produzenten wieder zu. Zu ihnen gehören z.B. die Bakterien und Pilze.

Ökotop: Dieser Begriff aus der Ökologie bezeichnet einen bestimmten Raum, in den der Mensch möglichst wenig eingreift, der also sich selbst überlassen bleibt und sich selbst regelt. – ↑dynamisches Gleichgewicht, ↑Naturraum und ↑Biotop.

Ökumene: In der Geographie ist die Ö. der von naturgegebenen Grenzen bestimmte menschliche Siedlungs- und Wirtschaftsraum der Erde. – Der vom Menschen unbesiedelte Raum ist die Anökumene.

Okzident: Gegenbegriff zu ↑Orient.

oligotroph: Gewässer und Böden, die arm an Nährstoffen sind, nennt man oligotroph. Die o.en Pflanzen leben auf mageren, mineralarmen Böden, z.B. auf Dünen. – Der Gegensatz zu o. ist eutroph.

Oligozän: mittlere Abteilung des Tertiärs, ↑Geologie, Zeittafel.

Ölsande: Ö. nennt man Sande und Sandsteine mit hohem Bitumengehalt. Bekannt sind die Athabasca-Ö. in der kanadischen Provinz Alberta; sie stammen aus dem Mesozoikum, sind 40–60m mächtig und enthalten durchschnittlich 12% schwefelhaltiges Öl. Sie werden bei Fort McMurray im Tagebau abgebaut und in einer Aufbereitungsanlage zu Benzin, Wasserstoffgas und Schwefel verarbeitet.

Ölschiefer: Ö. sind dunkle tonige Gesteine mit hohem Bitumengehalt, die aus verfestigtem Faulschlamm entstanden sind; der durchschnittliche Gehalt an Kohlenwasserstoffen beträgt etwa 5 bis 25%. Die Ö. bilden ein riesiges Energie- und Rohstoffreservoir auf der Erde. Das durch Schwelung aus dem Bitumen gewonnene Steinöl kann zu Benzin, Diesel- und Heizöl verarbeitet werden. Wegen der heute noch vorhandenen Erdöl- und Erdgasvorkommen ist seine technische Gewinnung jedoch noch unrentabel, sodass man nur in erdöl- bzw. erdgasarmen Gegenden von ihm Gebrauch macht. Insgesamt wird aber der Energiegehalt der abbaubaren Ö. auf ein Mehrfaches der heute bekannten Kohle-, Erdöl- und Erdgasvorkommen geschätzt. Bekannte Ö. sind der estländische Kuckersit, die Alaunschiefer Schwedens sowie die Posidonienschiefer Süd- und Norddeutschlands.

Oolith [o-o'li:t] (Erbsenstein): O. ist ein aus verkitteten Ooiden gebildetes Sedimentgestein. Ooide sind ei- oder kugelförmige Mineralkörner, bei denen sich um ein Fremdteilchen (Sandkorn, Schalenbruchstückchen) mikroskopisch dünne, konzentrisch aneinander gelagerte, schalenförmige oder auch radialstrahlig faserige Abscheidungen, v.a. von Kalk (Aragonit, der bei der Diagenese im Kalkspat umgewandelt wird) oder Eisenhydroxid, abgeschieden haben. Sie entstehen meist in der Brandungszone des Meeres; ihr Durchmesser beträgt zwischen 1 und 10 mm. Unter den O.en unterscheidet man nach der chemischen Zusammensetzung die aus Kalkspat bestehenden, häufig vorkommenden *Kalkoolithe,* die überwiegend aus Kieselsäuren bestehenden *Kieseloolithe* und die aus Eisenmineralen bestehenden, als Eisenerz wichtigen *Eisenoolithe. Rogenstein* werden Kalkoolithe mit sandigem oder tonigem Bindemittel genannt. Die Bezeichnung Erbsenstein *(Pisolith, Sprudelstein)* wird auch auf kugelförmige Quellsinterabscheidungen von Calciumcarbonat angewandt (z.B. Karlsbader Sprudelstein).

O

OPEC (Abkürzung für **O**rganization of **P**etroleum **E**xporting **C**ountries): Sie wurde 1960 mit dem Ziel gegründet, Fördermenge und Verkauf des Erdöls untereinander abzustimmen. Die 12 Mitglieder sind: Algerien, Gabun, Indonesien, Irak, Iran, Katar, Kuwait, Libyen, Nigeria, Saudi-Arabien, Vereinigte Arabische Emirate und Venezuela.

Ordovizium: System des Paläozoikums, ↑Geologie, Zeittafel.

organogene Gesteine: ↑Biolithe.

Orient: Der Begriff O. wurde für die Gebiete im Osten (d.h. östlich von Europa) geprägt; Europa selbst wurde im Gegensatz dazu als *Okzident* bezeichnet. Die beiden Begriffe gehen auf das Lateinische zurück und bedeuten aufgehend bzw. untergehend; gemeint ist jeweils die Sonne. Die entsprechenden deutschen Begriffe sind *Morgenland* (veraltet) und *Abendland,* ein Ausdruck, der sich bis heute als kultur- und geistesgeschichtlicher Begriff erhalten hat.

Die genaue Bedeutung des Begriffs O. wechselt je nach den kulturell oder politisch im Vordergrund stehenden Regionen. Heute versteht man unter O. die Länder islamischer Kultur in Vorderasien und Nordafrika, im engsten Sinne nur die arabischen Länder Vorderasiens.

Der kulturhistorische Begriff *Alter Orient* umfasst die alten Hochkulturen von Iran bis Ägypten, und zwar bis etwa 330 v. Chr. (Eroberung durch Alexander den Großen).

Orkan: Als O. werden Winde mit Geschwindigkeiten von mehr als 32,7 m/s bezeichnet, also ab ↑Windstärke 12 auf der Beaufort-Skala. O.e sind auf dem Meer im Allgemeinen häufiger als über dem Festland. In hohen Mittelbreiten kommen sie verhältnismäßig selten vor und sind dann an besonders kräftige *Orkantiefs* gebunden.

Orogen: O. nennt man den Bildungsraum eines Faltengebirges wie den der Alpen, der Anden und des Himalajas sowie jede durch ↑Orogenese geschaffene Faltengebirgseinheit.

Orogenese: Bei der O., der Bildung eines geologischen Gebirges, handelt es sich im Gegensatz zur ↑Epirogenese um eine vergleichsweise kurzfristige, aber nachhaltige Verformung begrenzter Bereiche der Erdkruste. Die O. ist mit vertikalen und horizontalen Verlagerungen der Gesteine, mit Faltung, Bruchtektonik, Deckenbau, Vulkanismus, Plutonismus, Gesteinsmetamorphose und seismischer Aktivität (Erdbeben) verbunden; sie ruft im Zusammenhang mit Hebungs- und Senkungsvorgängen Oberflächenformen von hoher Reliefenergie (Kettengebirgsgürtel, Inselbögen und Tiefseerinnen) hervor. Sie wird primär ausgelöst durch Bewegung des Erdmantels, der die relativ dünnere Erdkruste mehr passiv folgt. Zonen der O. sind Bereiche mit verstärkter Wärmeabgabe des Erdinnern; die dadurch bewirkten Prozesse der Umkristallisation und teilweisen Aufschmelzung lassen die Lagerungsverhältnisse in Erdkruste und -mantel instabil werden. Die O. konzentriert sich auf lang gestreckte, meist schmale, vielfach bogenförmig verlaufende Zonen der Erde. Im Laufe der Erdgeschichte wurde die gesamte Erdoberfläche z.T. mehrfach in solche orogenen Vorgänge einbezogen. Heute bestehen noch zwei erdumspannende, orogen aktive Gürtel: ein zirkumpazifischer Gürtel rings um den Pazifik sowie ein zweiter, mediterraner Gürtel, der sich vom Mittelländischen Meer über Vorderasien und den Himalaja bis Indonesien erstreckt. Zur immer mehr diskutierten Theorie der ↑Plattentektonik ergeben sich einige Widersprüche.

Die mit der O. verbundenen Verformungen der Erdkruste, die tektonischen Erscheinungen, lassen sich wie folgt gliedern:

Bruchtektonik: Sie umfasst alle Bauformen der Erdkruste, bei denen der ursprüngliche Gesteinsverband an ↑Verwerfungen zerrissen und versetzt ist. Bei Verwerfungen entstehen Horste, Gräben und Staffelbrüche. Die Störungszonen sind als Aufstiegswege von Schmelzen und Lösungen für die magmatischen Erscheinungen wichtig.

Faltenbau: Das wohl verbreitetste Kennzeichen der O. ist die ↑Faltung, d.h. die Verbiegung ursprünglich ebener Schichten im Gesteinsverband, besonders die Verbiegung der Schichtflächen (↑Falte).

Deckenbau: Eine überraschende Leistung der O. ist der in manchen Gebirgen vorkommende Horizontaltransport mächtiger Gesteinspakete längs einer flach geneigten Überschiebungsbahn über manchmal Hunderte von Kilometern, also die Entstehung von tektonischen ↑Decken. Hierbei wirken Einengung des Untergrundes und Gefälle zum Vortiefentrog vor einer vorrückenden Orogenfront in charakteristischer Weise zusammen: Vergleichbar etwa dem Bewegungsantrieb beim Wellenreiten werden isolierte Gesteinsschollen in tektonisch hoher Position der um Millimeterbeträge pro Jahr vorrückenden Orogenfront vorangetragen. Da vor dieser eine Senkungs-, hinter ihr eine Hebungstendenz herrscht, erneuert sich ständig über geologisch lange Zeiträume das Gefälle in der Transportrichtung der Decken, sodass die Schweregleitung infolge des Eigengewichtes der Deckschollen laufend neuen Impuls erhält, bis die Verlagerung der Orogenfront selbst und damit auch die Deckenbewegung schließlich zum Stillstand kommt.

Salz- und ähnliche Bewegungen: Stabile Lagerungsverhältnisse der Gesteine liegen nur dort vor, wo die Gesteinsdichte mit der Tiefe zunimmt. Werden hingegen spezifisch leichtere Gesteine von spezifisch schwereren überlagert (Dichteinversion), so haben sie die Tendenz emporzusteigen, wobei Aufwölbungen und Sattelstrukturen entstehen. Solche Vorgänge spielen sich besonders deutlich bei den Salzlagern ab; hier entstehen ↑Salzstöcke. Ähnliche Erscheinungsformen, aber in größerem Umfang, werden durch Dichteinversion innerhalb der Orogengürtel infolge tektonischer Einengung, Metamorphose und beginnender Aufschmelzung ausgelöst.

Gefügeprägung: In engem Zusammenhang mit der Faltung erfolgt im Orogen vielfach eine Umformung innerhalb der Gesteine, teilweise bis in den Einzelkornbereich hinein. Da das Gesteinsmaterial bei fortschreitender Verengung der Sattelkerne gezwungen wird, seitlich oder nach oben auszuweichen, entstehen Relativverschiebungen auf tektonisch angelegten, engständigen Parallelflächen; dabei entsteht ↑Schieferung.

Die O. beginnt mit einer nachhaltigen Absenkung eines lang gestreckten, schmalen Sedimentationstroges, der Geosynklinale; diese kann in mehrere Teilbecken und trennende Schwellen gegliedert sein. Schwellen nahe am Beckenrand verhindern die ausreichende sedimentäre Auffüllung des zentralen Beckens (Eugeosynkline), das sich durch einen intensiven, überwiegend basischen, submarinen Vulkanismus auszeichnet, den *initialen Vulkanismus.* Später verlagert sich die Trogachse nach außen: Das Orogen nimmt mehr und mehr die Bogenform an. Während die Einengung am konkaven Innenrand einsetzt, werden am konvexen Außenrand immer neue Teile des Vorlandes in die orogene Absenkung einbezogen (Miogeosynklinale). – Die Anhäufung von Lockersedimenten im Vortiefentrog (*Vor-, Rand-* oder *Saumtiefe* genannt) erzeugt ein Massendefizit und damit eine negative Schwereanomalie, die später in Auftriebstendenz nach dem Isostasieprinzip übergeht. Dadurch werden die zuvor bereits gefalteten Gesteine schließlich als orographische Gebirge emporgehoben und abgetragen, bis wieder Schweregleichgewicht erreicht ist. Störungen der Dichteverteilung im tieferen Untergrund werden durch teilweise Aufschmelzung im Mantel und in der Kruste ausgeglichen; die aufsteigenden Gesteinsschmelzen beliefern den ↑Plutonismus und ↑Vulkanismus.

Orographie: Die O. ist die Beschreibung der Reliefformen eines Raumes.

Orthodrome: Die O. ist die kürzeste Verbindungslinie zweier Punkte auf der Oberfläche einer Kugel, z.B. zweier Punkte der als Kugel idealisierten Erdoberfläche. Sie verläuft auf einem Großkreis, der die zu den Polen hin zusammenstrebenden Meridiane unter einem sich ständig verändernden Winkel schneidet. Von Bedeutung sind die O.n v.a. für See- und Luftfahrt.

Ortstein: Als O. bezeichnet man die durch Eisen- und Humusanreicherung steinhart verfestigten und bräunlich schwarz gefärbten oberen Teile des B-Horizonts von mächtig entwickelten Podsolen; sie weisen zapfenförmige Ausbuchtungen nach unten auf. O. ist v.a. auf Sanden unter Heidevegetation ausgebildet; er beeinträchtigt stark die Vegetation, da der O.horizont fast wasserundurchlässig ist und auch von den Wurzeln kaum durchstoßen werden kann. Bei geringer Verhärtung des O.horizonts spricht man von *Orterde.*

Ortszeit:

◆ In der *Astronomie* versteht man unter O. die auf den Meridian eines bestimmten Ortes bezogene exakte Sonnenzeit. Sie ist für alle Orte auf diesem Meridian gleich, aber auch *nur* für die Orte dieses Meridians gültig. Die O. weicht von der Weltzeit (mittlere Greenwichzeit) je nach der Entfernung vom Nullmeridian ab, und zwar für je 15° der geographischen Länge um 1 Stunde. Deshalb wurde die Erde in etwa so breite Bereiche eingeteilt, in denen dann eine den jeweiligen Ortszeiten angenäherte Zonenzeit die allgemein verbindliche Zeit dieses Raumes ist, der in dieser Hinsicht eine ↑Zeitzone bildet.

◆ Im *Verkehrswesen,* besonders in der Luftfahrt, versteht man unter O. (englisch: lokal time) die an einem Ort zum Zeitpunkt der Landung bzw. des Startes gültige Zonenzeit.

Os (Mehrzahl Oser; schwedisch Ås; englisch Esker): Oser sind lang gestreckte, schmale, wallartige Kiesrücken in Gebieten ehemaliger Vereisung; sie wurden in Schmelzwasserrinnen am Grunde von Inlandeismassen abgelagert. Sie sind daher oft mit Rinnenseen vergesellschaftet. Oser sind wenige hundert bis einige tausend Meter lang.

Ostaustralstrom: warme Meeresströmung im Pazifik, Karte Meeresströmungen S. 234.

Ostgrönlandstrom: kalte Meeresströmung im nördlichen Atlantik, Karte Meeresströmungen S. 234.

Owragi: O. sind steilwandige Erosionsschluchten in Talhängen und kleinen Nebentälern in lößbedeckten ost- und südosteuropäischen Steppengebieten, die nach starken Regenfällen oder bei der Schneeschmelze entstehen. Sie sind eine Form der Bodenerosion.

Oyashio: kalte Meeresströmung im nördlichen Pazifik, Karte Meeresströmungen S. 234.

Ozean: Die einzelnen durch Kontinente voneinander getrennten Teile des Weltmeeres bezeichnet man als O.e; es sind dies der Atlantische, der Indische und der Pazifische Ozean. Auch die gesamte Wassermasse des ↑Meeres wird oft O. genannt.

ozeanisches Klima: svw. ↑maritimes Klima.

Ozeanographie: O. ist die Wissenschaft vom Meer; im weiteren Sinne ist O. gleichzusetzen mit Meereskunde, Meeresforschung, im engeren Sinne ist sie auf die Bereiche der physikalischen und chemischen Meereskunde beschränkt und damit der Meeresbiologie, der Meeresgeologie und der Meeresgeophysik gegenüberzustellen.

O. (im weiteren Sinne) befasst sich mit der Beschreibung und Erforschung des Meerwassers, seiner Eigenschaften und der in ihm gelösten und schwebenden Substanzen, mit der dem Meer zur Verfügung stehenden Energie (Meeresströmungen, Meereswellen, Gezeiten) sowie mit dem Meeresboden, seinen Formen und Ablagerungen, aber auch mit

O

den Lebewesen, die das Meereswasser und den Meeresboden bevölkern. Bei den meisten ozeanographischen Untersuchungen handelt es sich um die Erforschung bestimmter Prozesse, die Stoffhaushalt, Raumänderungen, Energiehaushalt und Lebenszyklen betreffen. Nahezu alle Bereiche der O. sind von praktischer Bedeutung für den Menschen, z.B. Nutzung der mineralischen Rohstoffe des Meeresbodens und des Meerwassers sowie der Fischbestände, Nutzung für den Seeverkehr, für die Energiegewinnung und als Erholungsgebiet.

Ozonloch: Neuere Beobachtungen zeigen, dass in der antarktischen Stratosphäre jedes Jahr am Ende des Südwinters (September/Oktober) bei sehr tiefen Temperaturen ein starker Rückgang des Ozons eintritt. Dieses von Jahr zu Jahr größer werdende O. wird als Beleg für die Auswirkungen der Zersetzungsprodukte von Fluorchlorkohlenwasserstoffen und somit als ein alarmierendes Zeichen dafür angesehen, dass eine weitere Zunahme dieser Spurenstoffe in der Atmosphäre zu einem allmählichen Abbau der Ozonschicht führen kann.

Eine Verminderung der Ozonkonzentration in der Ozonschicht würde in den Strahlungshaushalt der Atmosphäre eingreifen und insbesondere zu einer Verstärkung der für das menschliche Leben schädlichen UV-Strahlung führen.

Ozonschicht: Die O. ist der Bereich der Atmosphäre, in dem Ozon in hoher Konzentration vorhanden ist. Die O. hindert einen Teil der ultravioletten Sonnenstrahlung (UV-Strahlung), v.a. dessen Anteil an Röntgenstrahlung, an einem weiteren Eindringen in die Erdatmosphäre. Da diese Strahlung in größeren Mengen für den lebenden Organismus schädlich ist, hat die O. eine für das Leben auf der Erde sehr wichtige Funktion.

Ozonsmog: Von O. spricht man, wenn es im Sommer bei Inversionswetterlagen zu erhöhten Ozonkonzentrationen in bodennahen Luftschichten, v.a. über Gebieten mit starker Abgasentwicklung, kommt. O. kann zu gesundheitlichen Schädigungen bei Menschen, Tieren und Pflanzen führen.

P

Pacht: Im wirtschaftlichen Bereich bedeutet P. das Überlassen eines Gegenstandes (meistens landwirtschaftliche Nutzfläche oder Betrieb) für ein Entgelt. Die P. spielt besonders in der Landwirtschaft eine große Rolle, weil hier häufig Gelände zur Betriebsfläche dazugepachtet wird. In vielen Ländern des mediterranen Kulturkreises und besonders in der Dritten Welt spielt die P. in der Form des ↑Rentenkapitalismus noch eine große Rolle.

Packeis: Dieses zu Eiswällen aufgetürmte Meereis entsteht durch den auf eine Treibeisdecke einwirkenden seitlichen Druck. Hierbei kommt es zum Aneinanderpressen und Übereinanderschieben der einzelnen Schollen. P. bedeckt v.a. das Nordpolarmeer, wo es zwei bis sechs Jahre alt wird und 2,5 bis 3,5 m dick ist, bevor es nach Süden zwischen Grönland und Spitzbergen in das Europäische Nordmeer hinaustritt.

Paläogen: zusammenfassende Bezeichnung für die älteren Abteilungen des Tertiärs.

Paläomagnetismus (fossiler Magnetismus, remanenter Magnetismus): Unter P. versteht man den vom Erdmagnetfeld in früheren erdgeschichtlichen Epochen verursachten und heute noch vorhandenen (remanenten) Anteil des Gesteinsmagnetismus (↑Erdmagnetismus) in bestimmten Mineralien und Gesteinen. Bei Sedimentgesteinen, besonders bei eisenschüssigen Sandsteinen, wird die remanente Magnetisierung *(Sedimentationsremanenz)* durch die Einstellung magnetischer Partikeln in die Richtung des Erdmagnetfeldes während des Ablagerungsvorgangs hervorgerufen

(die Diagenese fixiert dann die Einregelungen). Bei den Ergussgesteinen ist der Vorgang der Magnetisierung komplizierter.
Die Untersuchung der remanenten Gesteinsmagnetisierungen ermöglicht die Bestimmung des erdmagnetischen Hauptfeldes und seiner Richtung auch für geologisch weit zurückliegende Zeiträume (bis ins Präkambrium), falls die untersuchten Minerale und Gesteine eine geologische Datierung zulassen, seit ihrer Entstehung tektonisch ungestört geblieben sind und außerdem zu Ummagnetisierungen führende chemische und physikalische Vorgänge (z.B. Blitzeinschläge) ausgeschlossen werden können. Es ergaben sich dabei folgende Befunde: 1) Die Richtung des erdmagnetischen Hauptfeldes hat sich in allen Epochen der Erdgeschichte (ausgenommen im Perm) immer wieder umgekehrt (in den letzten 4 Mill. Jahren jeweils etwa nach 1 Mill. Jahren), wobei die dazwischenliegenden (kurzen) magnetfeldfreien Intervalle wegen Fehlens einer magnetischen Abschirmung der Höhenstrahlung für die genetische Mutation in der Pflanzen- und Tierwelt eine Rolle spielen. 2) Langsame Variationen mit Zeitkonstanten von etwa 200 Mill. Jahren deuten darauf hin, dass die magnetischen Pole im Laufe der Erdgeschichte gewandert sind, und zwar (sieht man von den Feldumkehrungen ab) in stetiger Weise auf die heutige Lage zu. Die an jeweils gleichaltrigen Gesteinen in den verschiedenen Kontinenten durchgeführten Richtungsbestimmungen ergaben für die verschiedenen Kontinente (bzw. Teilkontinente) unterschiedliche *Polwanderungskurven,* die aber in Übereinstimmung mit den unterschiedlichen ↑Kontinentalverschiebungen auf der nördlichen und südlichen Erdhalbkugel stehen. – ↑auch Plattentektonik.

Polwanderung

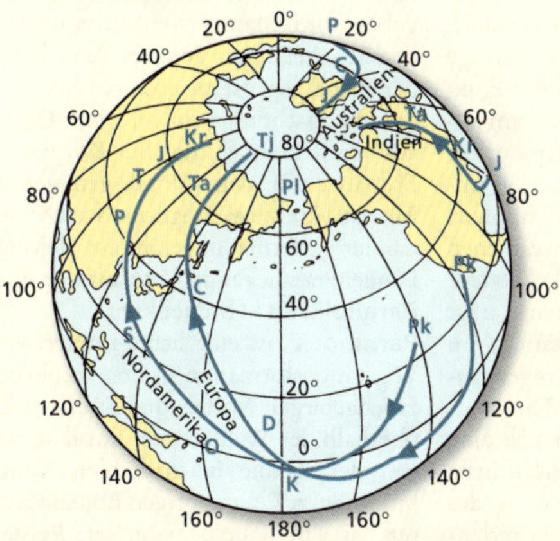

Scheinbare Polwanderungskurven im Verlauf der Erdgeschichte nach paläomagnetischen Messungen für verschiedene Kontinente;
Pk Präkambrium, **K** Kambrium, **O** Ordovizium, **S** Silur, **D** Devon, **C** Karbon, **P** Perm, **T** Trias, **J** Jura, **Kr** Kreide, **Ta** Alttertiär, **Tj** Jungtertiär, **Pl** Pleistozän

Paläontologie: P. nennt man die Wissenschaft, die sich mit den Lebewesen der geologischen Vergangenheit und ihren Überresten, den Fossilien, befasst. Die *allgemeine Paläontologie* untersucht die Entstehung von ↑Fossilien (Fossilisation), die Lebensspuren, die stammesgeschichtliche Entwicklung der Lebewesen und die Entstehung der Arten (Phylogenie), ökologische u.a. allgemeine Fragen. Die *spezielle Paläontologie* hat die Aufgabe, die fossilen Lebewesen zu beschreiben und systematisch einzuordnen. Sie gliedert sich in die *Paläobotanik,* die sich mit der fossilen Pflanzenwelt, und die *Paläozoologie,* die sich mit der fossilen Tierwelt befasst. Eine gewisse Sonderstellung besitzt die *Mikropaläontologie,* die Wissenschaft von den nur

P

mikroskopisch, also nur mit optischen Hilfsmitteln, beobachtbaren Fossilien; sie spielt v.a. bei der Erdölsuche eine Rolle. Als *angewandte Paläontologie* bezeichnet man die Wissenschaft von den ↑Leitfossilien als Hilfswissenschaft der Geologie, d.h. als eine Grundlage der Stratigraphie. Auch die *Paläanthropologie,* die Wissenschaft von den fossilen Menschen und Menschenartigen, wird oft zur P. gerechnet.

Paläozän: älteste Abteilung des Tertiärs, ↑Geologie, Zeittafel.

Paläozoikum: erdgeschichtliche Ära, ↑Geologie, Zeittafel.

Pampas: Die P. sind eine Großlandschaft Argentiniens; sie stellen jedoch keine vegetationsmäßige oder sonstige Einheit dar. Klimatisch liegen die P. im Übergangsgebiet vom humiden zum ariden Klima. Die Böden sind feinkörnig, locker und gut wasserhaltend. Man unterscheidet die östliche Pampa húmeda (feuchte Pampa) von der westlichen Pampa seca (trockene Pampa). Letztere liegt ganz im ariden Klimabereich, trägt regengrüne Dornstrauchvegetation, im Norden schon mit tropischem, regengrünem Trockenwald durchsetzt. Die Pampa húmeda (rund 530000 km^2) ist eine Steppe; sie ist heute der wirtschaftliche Kernraum Argentiniens mit 60% des Viehbestandes und 90% des Ackerlandes. Vorherrschend ist die Rinderzucht, und zwar sowohl als Mast- als auch als Milchwirtschaft; im Süden findet sich Schafzucht.

Parabraunerde: Die P. ist ein durch Lessivierung entstandener Bodentyp. Unter dem humosen A-Horizont folgt ein tonverarmter, heller A_l-Horizont, dann ein mit Ton angereicherter B_t-Horizont und schließlich der C-Horizont. Ausgangsmaterial sind meist pleistozäne kalkhaltige Lockersedimente. Die P. tritt im Übergangsbereich vom Laubwaldgürtel zu den Steppen der hohen Mittelbreiten auf.

Bei sehr starker Tonverlagerung spricht man von *Fahlerde.*

paralische Kohle: Paralisch nennt man Kohlen, die in Küstennähe entstanden sind; bei ihnen wechseln – im Gegensatz zu den limnischen Kohlen – marine Horizonte mit festländischen, Kohle führenden Schichten.

Parallaxe: Die P. ist der Winkel zwischen den Sehstrahlen von zwei Beobachtungsorten aus zum selben Objekt. Parallaxenmessungen werden in der Astronomie zum Zweck der Feststellung der Entfernung eines Gestirns durchgeführt; der Ausdruck P. wird in der Astronomie darum auch für die Entfernung eines Gestirns gebraucht, und zwar v.a. dann, wenn diese im Winkelmaß angegeben wird. Man versteht dann unter P. den Winkel, unter dem die Basis, das ist der halbe gegenseitige Abstand der beiden Beobachtungspunkte, vom Objekt aus erscheinen würde. Bei Körpern in Erdnähe, z.B. dem Mond, genügen als Messpunkte zwei möglichst weit voneinander entfernte, ungefähr auf gleichem Längengrad liegende Orte auf der Erde.

Parallelkreis: ↑Breitenkreis.

Páramo: P. ist eine lichte immergrüne Vegetationsformation in den tropischen Hochgebirgen Mittel- und Südamerikas oberhalb der Waldgrenze. Auf dem wegen des ständig feucht-kühlen Klimas humosen, z.T. anmoorigen Boden wachsen bis 1 m hohe Horstgräser, Polsterpflanzen, stammbildende Espeletien und Rosengewächse.

Parklandschaft: Die P. ist ein oft vom Menschen beeinflusstes Mosaik aus verschiedenen Vegetationseinheiten. Hier wechseln Baumgruppen mit offenem Grasland ab; die Parklandschaft ähnelt also äußerlich der Savanne.

Parsec (Einheitszeichen pc): P. ist eine in der Astronomie verwendete Längeneinheit; sie entspricht der Entfernung, aus der der Radius der Erdbahn unter einem Winkel von 1 Bogensekunde erscheint. 1 pc = 3,26 Lichtjahre = 30,87 Bill. km.

Parzelle: Eine P. ist die kleinste im Grundbuch erfasste Besitzeinheit einer

Gemarkung. Ihre Hauptbestimmungsmerkmale sind Größe und Form sowie ihre Lage zu benachbarten Parzellen. Die Grundformen sind Block und Streifen. Hat eine P. den gleichen Eigentümer wie die benachbarten Parzellen, handelt es sich um einen geschlossenen Besitz (Einödlage); gehören die Nachbarparzellen anderen Eigentümern, handelt es sich um Gemengelage.

Pass:

◆ Als P. wird eine niedrige Stelle bezeichnet, über die ein Gebirge oder Gebirgsabschnitt überschritten werden kann. Die Pässe sind somit für den gebirgsquerenden Verkehr von entscheidender Bedeutung; über viele wurden daher Straßen geführt *(Passstraßen),* oft mit erheblichem baulichem Aufwand an den Gebirgshängen: Tunnel, Viadukte, kehrenreiche Straßenführung. In den Alpen werden für P. lokal auch die Bezeichnungen *Joch* (Stilfser Joch), *Törl* (Fuscher Törl), Sattel oder Scharte verwendet.

◆ Verkehrsgeographisch ist ein P. auch der Übergang von einem Gebiet zu einem anderen durch einen schmalen Durchgang (*Engpass;* z.B. die Thermopylen). Die felsige Einengung eines Tales bildet einen *Talpass* oder eine *Talenge* (z.B. die Veroneser Klause).

Passate: P. sind beständige, trockene Winde, die aus den subtropischen Hochdruckgürteln zum Äquator wehen, wobei sie wegen der Erdrotation abgelenkt werden, sodass sie auf der Nordhalbkugel – als Nordostpassat – aus nordöstlicher und auf der Südhalbkugel – als Südostpassat – aus südöstlicher Richtung wehen. Da eine deutliche Inversion, die *Passatinversion,* Wolken- und damit Niederschlagsbildung verhindert, kommt es nur selten und dann zu unergiebigen Passatschauern. Lediglich an den Gebirgen auf den Ostseiten der Kontinente kommt es zu stärkeren Niederschlägen und zwar als Steigungsregen, wobei die Inversion zerstört wird. Die P. sind Teil der ↑Allgemeinen Zirkulation der Atmosphäre, bilden jedoch keinen geschlossenen Kreislauf.

Passivraum: Beim P. handelt es sich um einen Raum mit geringer wirtschaftlicher Aktivität. Er zeichnet sich dadurch aus, dass das erzielte gesamtwirtschaftliche Ergebnis im Verhältnis zu den in diesem Raum lebenden Menschen unterdurchschnittlich ist. Der Lebensstandard in einem P. ist relativ niedrig. Passivräume werden daher häufig zu Auswanderungsgebieten.

Pechkohle: P. nennt man eine steinkohlenartig aussehende, glänzende Hartbraunkohle; ↑Kohle.

Pediment: Mit P. bezeichnet man den höher gelegenen Teil einer ↑Fußfläche.

Pedologie: Die Lehre vom ↑Boden nennt man P. (Bodenkunde).

Pedosphäre: Die P. umfasst den Bodenbereich der Biosphäre, in dem Bodenbildung stattfindet. Sie umfasst auch die in diesen Bereich eindringenden Teile der Litho-, Hydro- und Atmosphäre.

Pegel: Der P. dient zum Ablesen des Wasserstandes eines Gewässers, v.a. um der [Binnen]schifffahrt die jeweils vorhandenen Wassertiefen angeben zu können. Einfachste Ausführung ist der *Lattenpegel,* eine im Wasser stehende Metall- oder Holzlatte mit gut sichtbarer Maßeinteilung. Eine andere Ausführung ist der *Schwimmpegel,* die *Pegeluhr,* deren Zeiger durch einen Schwimmer bewegt wird. Bei beiden muss der akute Wasserstand bei Bedarf abgelesen werden. Automatische und ständige Aufzeichnungen des Wasserstandes ermöglicht der *Schreibpegel* oder *Limnigraph,* eine Pegeluhr, bei der auf einer Schreibtrommel die jeweiligen Werte auf Diagrammbögen fortlaufend aufgezeichnet werden. – Jeder P. hat seinen eigenen Nullpunkt, jeweils in einer Höhe, die von den tatsächlichen Wasserständen nie unterschritten wird.

Pelagial: Als P. wird die Gewässerregion des freien (also bodenfernen) Wassers bezeichnet.

P

Pendler: P. sind Personen, die, um von ihrem Wohn- zu ihrem Arbeits- bzw. Ausbildungsort zu gelangen, regelmäßig eine größere Entfernung zurücklegen müssen. Dies kann täglich (Tagespendler) oder einmal in der Woche (Wochenpendler) geschehen. Im letztgenannten Fall muss eine Zweitwohnung am Arbeits- bzw. Ausbildungsort vorhanden sein.
Die Pendler sind in Bezug auf ihre Wohngemeinde *Auspendler,* in Bezug auf die Gemeinde ihres Arbeits- bzw. Ausbildungsplatzes *Einpendler.*

Peneplain [englisch 'penɪpleɪn]: ↑Fastebene.

perennierend: Flüsse und Quellen sind p., wenn sie das ganze Jahr hindurch Wasser führen. – Gegensätze zu p. sind periodisch und episodisch.

Peridotit (Olivinfels): P. ist ein dunkles, grünliches, auch bräunliches bis fast schwarzes, ultrabasisches Tiefengestein, das hauptsächlich aus den Mineralen Olivin und Augit oder Hornblende besteht.

periglazial: Das Wort p. bezieht sich auf die räumliche Umgebung des Eises, also auf die Nachbarschaft von Inlandeismassen und Gletschern. Für p.e Gebiete sind u.a. Frostböden und Solifluktion typisch. P. sind alle klimabedingten Bildungen, die in der weiteren Umgebung der pleistozänen Vereisung im subnivalen Klima erfolgten, aber auch die heutigen Erscheinungen im subpolaren Bereich sowie im nivalen und subnivalen der Hochgebirge.

Perihel: ↑Apsiden.

periodisch: Vorgänge, die in regelmäßigen Abständen – also in gewissen Perioden – auftreten, werden als p. bezeichnet. Periodische Flüsse z.B. fließen nur zu bestimmten Jahreszeiten, etwa in und nach der Regenzeit.

Peripherie: P. ist der Gegenbegriff zu »Zentrum« und meint immer eine Randlage. In der Raumordnung kommt der Begriff als periphere Lage vor, z.B. die Lage des Saarlandes in Deutschland. Im Bereich der Entwicklungstheorien ist mit P. das Entwicklungsland gemeint, mit Zentrum das Industrieland.

Perm: jüngstes System des Paläozoikums, ↑Geologie, Zeittafel.

Permafrost: P. ist ein Kurzwort aus **p**ermanent und **F**rost; es bedeutet soviel wie ↑Dauerfrostboden.

Personenverkehr: Der Begriff P. taucht besonders häufig im Bereich von ↑Raumordnung und ↑Landesplanung auf. Dabei geht es insbesondere um die Stellung und den Stellenwert des Individualverkehrs (Pkw) im Rahmen eines Gesamtverkehrskonzeptes. Die Förderung des Individualverkehrs hatte nach dem Zweiten Weltkrieg in der [alten] Bundesrepublik Deutschland in Form des forcierten Straßenbaues absolute Priorität vor der Förderung öffentlicher Verkehrsmittel (z.B. Bahn). Umstritten sind hierbei Ursache und Wirkung. Wurde das Bahnangebot reduziert, weil die Nachfrage fehlte oder fehlte die Nachfrage, weil das Angebot der Bahn immer unattraktiver wurde. Unumstritten ist aber wohl, nicht zuletzt aufgrund der ökologischen Diskussion, dass der P. verstärkt durch öffentliche Verkehrsmittel bewältigt werden muss.

Pestizide: P. sind chemische Substanzen, die zur Schädlingsbekämpfung eingesetzt werden. Sie werden als Lösung versprüht oder in Pulverform zerstäubt. Die wichtigsten sind die *Herbizide,* die zur Bekämpfung von Unkräutern eingesetzt werden, die *Insektizide,* die als Atem-, Fraß- und Kontaktgifte gegen Insekten wirken, wobei sie allerdings auch nützliche Insekten schädigen und die *Fungizide,* die zur Bekämpfung von Schadpilzen, v.a. im Obst- und Weinbau, sowie als Beizmittel für das Saatgut verwendet werden.

Petrographie: Die P. oder beschreibende Gesteinskunde ist die Lehre von der mineralischen und chemischen Zusammensetzung der Gesteine, ihrer Gefüge, ihrer Nomenklatur und Klassifikation. Zur Bestimmung der Mineralgemengteile der Gesteine stehen optische Untersuchungen an Dünnschliffen, Anschliffen und Streupräparaten im normalen und polarisierten Licht im Vordergrund. Qualitative chemische Nachweisreaktionen und die quantitative chemische Analyse ergänzen die mineralogischen Methoden unter dem Polarisationsmikroskop. Die technische Gesteinskunde befasst sich v.a. mit den physikalisch-technischen Eigenschaften der Gesteine, ihrer Dichte, Härte, Druck- und Schlagfestigkeit, Witterungs- und Farbbeständigkeit, Porosität, Kapillarität, Oberflächenbeschaffenheit, Bearbeitbarkeit und anderem.

Petroleum [...e-um]: Die englische Bezeichnung Petroleum für Erdöl wurde früher auch im Deutschen verwendet. Heute ist P. in der deutschen Sprache als ein Destillationsprodukt des Erdöls definiert.

Petrologie: Die P. ist die Wissenschaft von der Bildung und Umwandlung der Gesteine. Im Gegensatz zur Petrographie befasst sich die P. mit den physikalisch-chemischen Bedingungen der Gesteinsentstehung, in neuerer Zeit besonders unter Einsatz der modernen Hochdruck- und Hochtemperaturforschung, die die Bildungsbedingungen der tiefen Schichten der Erdkruste nachzuahmen versucht (experimentelle Petrologie).

Pflanzenformation: Dieser in der Botanik gebrauchte Fachausdruck meint eine höhere Einheit bei Pflanzengesellschaften. Eine Pf. wird durch das Vorherrschen einer bestimmten Wuchs- oder Lebensform gekennzeichnet, deren floristische Zusammensetzung beliebig variieren kann. Solche Pf.en sind z.B. immergrüne Hartlaubgehölze, moosreiche Moore, Heiden.

Pflanzengeographie: Bezeichnung sowohl für die ↑Geobotanik als auch für die ↑Vegetationsgeographie.

Pflanzengesellschaft: Die Pf. ist eine Gemeinschaft verschiedener Pflanzenarten, die an ihre Umwelt ähnliche oder gleiche Ansprüche stellen. Nur Pflanzen, die sich den bestehenden Umweltbedingungen anpassen können, haben eine Wettbewerbschance, die anderen unterliegen der Auslese. Die Pflanzengesellschaften sind also ein wichtiger Anzeiger der Standortbedingungen. Man nennt die jeweils dominierenden Pflanzen deshalb auch Standortanzeiger oder Indikatorpflanzen. Zu den wichtigsten deutschen Pflanzengesellschaften gehören die Getreideunkrautgesellschaften, die Dünengesellschaften, die atlantischen Eichen-Birken-Wälder und die mitteleuropäischen Laubmischwälder.

Pflanzgarten (Kamp): Als Pf. bezeichnet man in der Forstwirtschaft ein eingefriedetes Stück Land, das mit Jungpflanzen von meist wenigen Holzarten bestellt ist. Der Pf. kann stationär *(Dauerkamp)* oder mit wechselnden Standorten *(Wanderkamp)* angelegt sein.

Pflanzstock: Der Pf. ist ein altes landwirtschaftliches Gerät, ein rundum zugespitzter oder einseitig abgeschrägter, bis 2m langer, kräftiger Knüppel, mit dem nach Einstoßen in den nicht umgebrochenen Boden durch Kreisbewegungen ein Pflanzloch zur Aufnahme der Pflanzen gebildet wird. – ↑auch Grabstockbau.

Pflanzung: Die Pf. ist ein landwirtschaftlicher Betrieb in den Tropen und Subtropen, der sich auf den marktorientierten Anbau von mehrjährigen Nutzpflanzen oder Dauerkulturen spezialisiert hat. Eine Pf. wird im Gegensatz zur Plantage vom Eigentümer selbst geleitet und erreicht auch nicht deren Größe und Mechanisierungsstand.

Pflug: Der Pf. ist ein landwirtschaftliches Gerät zum Wenden und Lockern des Ackerbodens sowie zur Vernichtung (»Unterpflügen«) unerwünschter Vegetation. Nach dem Verwendungszweck unterscheidet man *Saatpflüge* (Bearbeitungstiefe 20–35 cm), *Schälpflüge* (bis etwa 15 cm) und *Spezialpflüge* (z.B. zur Melioration, Häufelpflüge für Spezialkulturen u.a.), nach der Werkzeugausbildung Schar-, Scheiben-, Kreisel- und

Spatenpflüge. Die verbreitetste Form ist der *Scharpflug.*

Pflugbau: Der Pf. ist die am höchsten entwickelte und am weitesten verbreitete Form der landwirtschaftlichen Bodenbearbeitung. Das wichtigste Arbeitsgerät ist der Pflug.

Phänologie: Die Ph. versucht einen Zusammenhang zwischen der Witterung und der Entwicklung der Lebewesen herzustellen. Man unterscheidet die Pflanzen- und die Tierphänologie. Die Pflanzenphänologie stellt z.B. die Zeit der Blüte und der Reife der Pflanzen und die der Aussaat und der Ernte unserer Kulturpflanzen in den verschiedenen Gebieten fest. Diese Termine werden unter Berücksichtigung von Meereshöhen, Bodenverhältnissen und anderen Einflüssen in großmaßstäblichen Karten eingetragen. Die Orte mit gleichen Daten werden durch *Isophänen* miteinander verbunden. Bei Beobachtungen über mehrere Jahre geben die Mittelwerte dieser Beobachtungen wichtige Hinweise auf das lokale Klima. Während die Apfelblüte z.B. an der Bergstraße im Durchschnitt schon in der Zeit zwischen dem 10. und 19. April beginnt, beginnt sie im Schwarzwald und in Dänemark erst nach dem 20. Mai. Die Landwirtschaft macht sich diese Erkenntnisse der Ph. zunutze, indem sie die Eignung verschiedener Kulturpflanzen für ein bestimmtes Lokalklima ermittelt.

In der Tierphänologie hält man z.B. Termine des Vogelzugs, die Paarungszeit, den Beginn und das Ende des Winterschlafs auf Karten fest.

Phonolith (Klingstein): Ph. ist ein grünlich graues, auch bräunliches, alkalireiches Ergussgestein; er besteht hauptsächlich aus den Mineralen Sanidin (65–70%), einem Alkalifeldspat, Feldspatvertretern (Leuzit, Nephelin; 15–20%) sowie Augit, Sodalith, Hauyn, Titanit und Apatit. Der Ph. weist oft säulen- oder plattenförmige Absonderung auf; dünne Platten klingen beim Anschlagen.

Photogrammmetrie ([Raum]bildmessung): Die Ph. ist eine Verfahrenstechnik, nach der fotografische Messbilder *(Photogramme)* hergestellt, gegebenenfalls geometrisch umgebildet und grafisch ausgewertet werden.

Je nach der Lage der Aufnahmeorte unterscheidet man zwischen *Erdbildmessung (terrestrischer Photogrammmetrie)* und *Luftbildmessung (Aerophotogrammmetrie).* Die Erdbildmessung wird im geodätischen Bereich heute nur noch in besonderen Fällen eingesetzt, z.B. bei topographischen Aufnahmen im Hochgebirge und bei Ingenieurvermessungen. Die Topographie und die anderen Fachwissenschaften, die sich mit der Erforschung und Beschreibung der Landschaft oder mit ihrer Erschließung und Gestaltung befassen, benutzen heute fast ausschließlich die Luftbildmessung. Im geometrischen Sinne ist jedes hierbei gewonnene Messbild *(Luftbild)* eine zentralperspektivische Abbildung. Die systematische Aufnahme eines Gebietes erfolgt mit einer in einem Flugzeug eingebauten automatischen Messbildkamera *(Luftbildkammer),* besonders mit einer Reihenmesskammer. Aufnahmen mit fast lotrechter Aufnahmerichtung bezeichnet man als *Senkrechtaufnahmen,* bei größeren Abweichungen spricht man von *Schrägaufnahmen.* Hat das kameratragende Flugzeug eine festgelegte Flughöhe erreicht, dann wird während des Geradeausfluges ein Gebietsstreifen so aufgenommen, dass aufeinander folgende Bilder sich im Allgemeinen zu 60% oder mehr überdecken (Längsüberdeckung); ein Überdeckungsregler steuert entsprechend die Belichtungsfolge. Sind mehrere Bildstreifen zur Erfassung eines Gebietes erforderlich, wird meist eine Überdeckung zum Nachbarstreifen von etwa 30% angestrebt (Querüberdeckung).

Der Luftbildaufnahme steht die *Luftbildauswertung* gegenüber; sie umfasst die Zuordnung fotografischer Strukturen, wie Tönungsflächen, Kontrastgebung u.a., zu realen Gestalten, Folgerungen aus dem gestaltmäßig Erkannten hinsichtlich übergeordneter Zusammenhänge, wie Klima, geologischer Aufbau oder Wirtschaftsstruktur, sowie die messtechnische Auswertung. Man unterscheidet zwischen der Einbildmessung und der Zweibild- oder Doppelbildmessung. Die direkt am Luftbild vorgenommene *Einbildmessung* wird erleichtert, wenn das Luftbild zuvor durch Umbilden weitgehend »kartenähnlich« gemacht wurde. Bei der *Doppel-* oder *Zweibildmessung* werden jeweils zwei aufeinander folgende, sich zu 60% überdeckende Luftbilder gleichzeitig nach stereoskopischen Verfahren ausgewertet und verarbeitet *(Stereoluftbildauswertung)*. Ziel der Auswertung ist einerseits das Herstellen von kartographischen Darstellungen einschließlich Höhenliniendarstellungen in den Maßstäben zwischen 1:1000 und 1:100000, andererseits die Bestimmung der Koordinaten ausgewählter, meist vor dem Bildflug besonders gekennzeichneter Punkte.

Photogrammmetrie

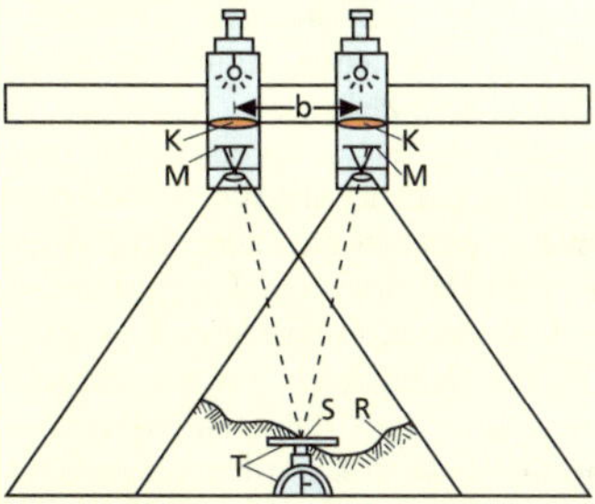

Schema eines Doppelprojektors
M Messbild
K Kondensor
R Raummodell
S Objektpunkt
T Messtischchen

Photooxidantien (Photooxidanzien): Ph. ist eine Sammelbezeichnung für eine Gruppe äußerst reaktionsfähiger Umwandlungsprodukte, die durch photochemische Prozesse unter Einwirkung der Sonnenstrahlung bei gleichzeitiger Anwesenheit von Kohlenwasserstoffen, Stickoxiden und Sauerstoff entstehen.

Zu den Ph., die Folgeprodukte primäremittierter Schadstoffe sind (v.a. durch unvollständige Verbrennungsvorgänge) und besonders im Los-Angeles-Smog (↑Smog) aber auch in sog. Reinluftgebieten vorkommen, gehören u.a. Ozon, Stickoxide und PAN (Peroxyacetylnitrat: chemische Verbindung aus Kohlenwasserstoffen, Stickoxiden und Sauerstoff unter dem Einfluss der Sonnenstrahlung); sie können Pflanzenschäden verursachen und führen beim Menschen zu Schleimhautreizungen.

Photosynthese: Als Ph. bezeichnet man die fundamentale Stoffwechselreaktion der grünen Pflanzen, bei der aus dem Kohlendioxid der Luft und aus Wasser Glucose (Traubenzucker) gebildet wird. Dieser Vorgang vollzieht sich nur im Licht und unter Mitwirkung der Assimilationspigmente. Zu den *Assimilationspigmenten* gehören Chlorophyll a und Chlorophyll b sowie als Begleitstoffe Carotinoide, Phycoerythrine und Phycocyanine, die sich v.a. in den Chloroplasten der Zellen grüner Blätter eingelagert finden. Die Ph. verläuft in zwei Schritten: der Lichtreaktion und der Dunkelreaktion.

Lichtreaktion: Durch Absorption von Licht bestimmter Wellenlänge an die Chlorophylle der Chloroplasten werden energiereiche Elektronen aus dem Chlorophyllmolekül abgegeben. Diese führen über zwei miteinander in Verbindung stehende Elektronenüberträgerketten zur Bildung von zwei Molekülen Adenosintriphosphat (ATP) aus Adenosindiphosphat und anorganischem Phosphat und einem Molekül Nicotinamidadenindinucleotid in seiner reduzierten Form NADPH, zu dessen Bildung zwei Elektronen benötigt werden, die aus dem Chlorophyll stammen.

Um den Elektronenverlust des Chlorophylls zu decken, werden unter Mitwirkung eines noch unbekannten Redoxsystems einem Molekül Wasser (genauer:

P

seinem Hydroxylion) zwei Elektronen entzogen, und zwar unter Bildung eines Wasserstoffions und eines Sauerstoffatoms; der Sauerstoff wird als O_2 gasförmig frei. Dieser Schritt heißt *Photolyse* des Wassers und ist letzten Endes für den kontinuierlichen Ablauf der gesamten Ph.reaktion verantwortlich.

Dunkelreaktion: In der nun folgenden Dunkelreaktion wird dann das Kohlendioxid mit dem in der Pflanze vorhandenen Ribulose-1,5-diphosphat (einer phosphorylierten Pentose) zu zwei Molekülen Phosphoglycerinsäure umgesetzt, die unter Mitwirkung des bei der Lichtreaktion gewonnenen NADPH und ATP weiter in Phosphoglycerinaldehyd und, dem umgekehrten Verlauf der Glykose entsprechend, in Glucose überführt werden.

Die Ph. ist ein Grundvorgang für das pflanzliche und tierische Leben auf der Erde. Die Bildung energiereicher Kohlenhydrate aus dem energiearmen Kohlendioxid und aus Wasser unter Einwirkung des Sonnenlichtes ermöglicht die Speicherung von Strahlungsenergie der Sonne sowohl in der lebenden organischen Substanz als auch in den Resten früherer Organismen (Kohle, Erdöl).

Phrygana: eine der ↑Garrigue ähnliche Gebüschformation in Griechenland.

physikalische Altersbestimmung: Die rein geologischen Methoden der Altersbestimmung von geologischen Ereignissen und Schichten sowie von vorgeschichtlichen Funden mithilfe der ↑Stratigraphie, besonders anhand von ↑Leitfossilien, ergeben nur ein relatives Alter. Außerdem versagen sie bei den vielen Schichten, die keine Fossilien enthalten. Andere Methoden liefern zwar absolute Alterswerte, haben aber nur sehr beschränkten räumlichen oder zeitlichen Aussagewert. Dazu gehörten die ↑Dendrochronologie und die ↑Warwenchronologie; nützliche Hinweise gibt oft auch die ↑Pollenanalyse. Weitere Bestimmungsmöglichkeiten ergeben sich aus dem ↑Paläomagnetismus.

Die seit der Entdeckung der Radioaktivität eingeführten physikalischen Methoden der Altersbestimmung beruhen auf dem Zerfall der radioaktiven Isotope, die in dem zu datierenden Material enthalten sind. Seit Entstehung der Elemente vor etwa 6 Milliarden Jahren nimmt der Gehalt an radioaktiven Mutterisotopen unter Bildung starker Tochterisotope ständig ab. Nach dem Zerfallsgesetz nimmt die Konzentration der Muttersubstanz exponentiell mit der Zeit ab; gleichzeitig wächst die Konzentration des stabilen Tochterisotops an. Die Zeit, in der die Zahl der ursprünglich unzerfallenen Atome auf die Hälfte abgesunken ist, heißt Halbwertszeit. Die gegenwärtige Konzentration des Mutterisotops in der Probe kann durch eine Massenspektrumsanalyse oder durch eine Aktivitätsmessung bestimmt werden; die Anfangskonzentration ergibt sich als Summe der gegenwärtigen Konzentrationen von Tochter- und Muttersubstanzen im untersuchten Gegenstand.

Die in der Tabelle zusammengestellten radioaktiven Zerfälle, die für die ph. A. herangezogen werden, bilden hinsichtlich der Zerfallsgeschwindigkeit zwei Gruppen. In die im Vergleich zum Erdalter (etwa 4,5 Milliarden Jahre) langlebige Gruppe gehört das heute zu 0,0119 % in natürlichem Kalium enthaltene Isotop Kalium 40, das mit einer Halbwertszeit von 1,3 Milliarden Jahren zu 89 % in Calcium 40 und zu 11 % in Argon 40 (radiogenes Argon) zerfällt. Da die meisten Minerale neben Kalium auch »ursprüngliches« Calcium enthalten, dessen häufigstes Isotop gerade ^{40}Ca ist, kann der seit der Mineralbildung erfolgte ^{40}Ca-Zuwachs meist nicht genau bestimmt werden. ^{40}K-^{40}Ca-Altersbestimmungen gelangen nur an sehr alten Kaliumsalzen und präkambrischen Glimmern. Argon hingegen wird bei der Mineralbildung nur in sehr kleinen Konzentrationen eingebaut, sodass die **Kalium-Argon-Methode** zuverlässige Daten für alte und junge Proben liefert. Sehr zuverlässige

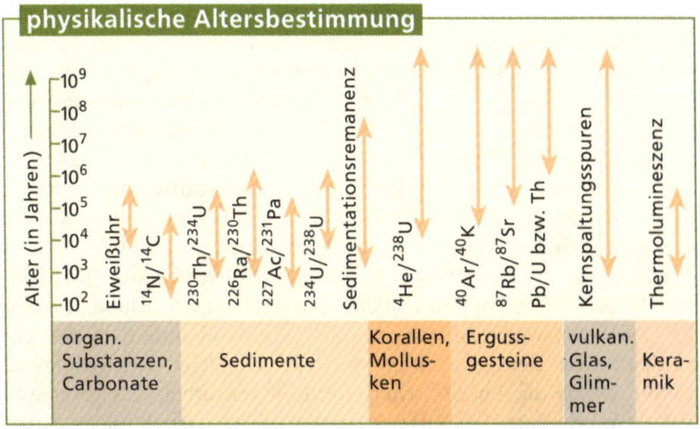

K-Ar-Datierungen wurden an Glimmern und Hornblenden erzielt.

Die zur Datierung rubidiumhaltiger Minerale, z.B. Biotit, herangezogene **Rubidium-Strontium-Methode** (^{87}Rb-^{87}Sr-Methode) ist der K-Ar-Methode sehr ähnlich, das Zerfallsprodukt liegt hier jedoch nicht gasförmig, sondern fest vor. Die ebenfalls in die langlebige Gruppe gehörenden Uranisotope ^{235}U und ^{238}U, auf deren Zerfall die für die Datierung von Zirkonen und Titanit wichtige **Uran-Blei-Methode** beruht, sowie Thorium 232 zerfallen nicht direkt in die stabilen Bleiisotope, sondern über eine Reihe instabiler Zwischenisotope, deren langlebigste, Protactinium 231, Uran 234 und Thorium 230, um mehrere Größenordnungen kleinere Halbwertszeiten als die Muttersubstanzen haben.

Radiocarbonmethode *(C-14-Methode):* Der kurzlebige Radiokohlenstoff ^{14}C wird ständig in der Atmosphäre durch Kernreaktionen von Höhenstrahlneutronen mit Stickstoffkernen gebildet und zu Kohlendioxid oxidiert. Durch CO_2-Austausch zwischen dem atmosphärischen Kohlendioxid und dem im Ozean gelösten Bicarbonat gelangen 96% des ^{14}C in einem ständigen Strom in den Ozean, weitere 2% werden durch Assimilation in pflanzlichen und damit auch in tierischen Organismen eingebaut, sodass nur 2% am Erzeugungsort, der Atmosphäre, verbleiben. Im gesamten ^{14}C-Reservoir herrscht Gleichgewicht, d.h., dass durch Zerfall verloren gegangene ^{14}C wird durch neu produziertes ersetzt. Wird kohlenstoffhaltiges Material aus dem ^{14}C-Reservoir entfernt (Absterben eines Organismus oder Kalkausfällung aus dem Ozean), so fällt der dem Gleichgewichtsfall entsprechende Rezentwert mit 5730 Jahren Halbwertszeit ab. Nach der *C-14-Methode* misst man das Verhältnis der Radioaktivität des zu bestimmenden (fossilen) Kohlenstoffs zu derjenigen von rezentem Kohlenstoff (z.B. in frischem Holz) und errechnet daraus die seit der Entfernung der Probe aus dem ^{14}C-Reservoir verstrichene Zeit. Damit werden Datierungen bis zu 50000 Jahren durchgeführt. Datiert werden Holz, Holzkohle, Muschelschalen, Knochen, Kalkablagerungen u.a. Bei der Probensammlung und -aufbereitung ist darauf zu achten, dass die Probe nicht durch jüngeren Kohlenstoff verunreinigt ist. Die wesentliche Voraussetzung für die Zuverlässigkeit der C-14-Methode ist die Konstanz des Rezentwertes und damit die Konstanz der Intensität der kosmischen Strahlung über Jahrzehntausende hinweg. Anhand von Jahresringen einiger Tausend Jahre alter Bäume konnten schwache, kurzzeitige Änderungen der Höhenstrahlenintensität (bis 4%) nachgewiesen werden, die

P

eine entsprechende Korrektur der ^{14}C-Daten erfordern. Der ^{14}C-Gehalt rezenter Proben hat seit Ende des letzten Jahrhunderts infolge des *Industrieeffekts* ständig abgenommen. Durch die Verbrennung großer Kohlenmengen, die wegen ihres hohen Alters kein ^{14}C enthalten, wurde der CO_2-Gehalt der Atmosphäre erhöht; dies führte zu einer Abnahme des ^{14}C-Gehaltes um 3 %. Man bezieht sich daher bei den Datierungen auf den Rezentwert von 1900. In jüngster Zeit ist das Gleichgewicht im ^{14}C-Reservoir durch die oberirdischen Kernwaffenexperimente, bei denen große ^{14}C-Mengen in die Atmosphäre geschleudert wurden, erheblich gestört worden. Diese einmaligen ^{14}C-»Impfungen« haben jedoch keinen Einfluss auf die Datierungen. An dem gestörten ^{14}C-Gleichgewicht untersucht man vielmehr Transportvorgänge in der Atmosphäre und im Ozean.

Messtechnische Unsicherheiten (mittlerer statistischer Zählfehler, systematische Fehler in der Bestimmung der Isotopenkonzentration), aber auch Unsicherheiten in der Güte der Proben begrenzen die mit jeder Methode zugänglichen Daten auf ein oberes und unteres Alter. Um zuverlässige Daten zu erhalten, darf einerseits das Alter im Vergleich zur Halbwertszeit nicht zu groß sein, weil sonst die Mutterkonzentration zu weit abgefallen ist bzw. die Probenaktivität nicht mehr exakt nachgewiesen werden kann; andererseits darf das Alter auch nicht zu kurz sein, weil dann die Konzentration des Tochterelements zu gering ist bzw. die Probenaktivität sich nicht deutlich genug von der rezenter Proben abhebt.

Bei der **Uran-Helium-Methode** (U-He-Methode) wird statt der Tochterkonzentration die der beim Uranzerfall emittierten α-Teilchen gemessen, die sich in der Probe zu Heliumatomen umwandeln.

Die **Kernspaltungsspuren-Methode** beruht auf der spontanen Kernspaltung von ^{238}U. Die energiereichen Kernbruchstücke erzeugen durch Zerstörung des Kristallgitters mikroskopisch sichtbare Spuren, die ausgezählt werden. Das Verhältnis der Spurendichte (Anzahl/cm^2) zum ^{238}U-Gehalt ist ein Maß für das Alter des vorliegenden Stückes.

Physiognomie: Mit P. bezeichnet man das für ein Lebewesen charakteristische Erscheinungsbild.

physische Geographie: Je nach Forschungsziel und den Kausalbeziehungen gibt es innerhalb der Geographie verschiedene Teildisziplinen, die in ihrer Gesamtheit das geographische Wissenschaftssystem bilden. Lassen sich die Untersuchungsobjekte in den Rahmen von Naturgesetzen einfügen, ist die Geographie eine Naturwissenschaft, die nach naturgesetzlichen Zusammenhängen die Erdoberfläche untersucht. Dieser Teilbereich wird ph. G. genannt und untergliedert sich in die Zweige Geomorphologie, Klimatologie, Hydrogeographie, Bodengeographie, Vegetationsgeographie und Tiergeographie.

Piedmontfläche [englisch 'pi:dmənt...]: Die P. ist eine flachwellige bis ebene, sanft geneigte Rumpffläche an einem Gebirgsfuß, die sich mit einem deutlichen Hangknick gegen das Gebirge absetzt. Haben sich durch mehrere Hebungen verschiedene P.n hintereinander ausgebildet, spricht man von einer *Piedmonttreppe.*

Pilzfelsen: Ein P. ist ein Einzelfelsen, dessen unterer Teil (Sockel) schmaler als der obere Teil ist. Entstehen kann ein P. im ariden Klima durch Sandschliff, im humiden Bereich durch Verwitterung, wenn die unteren den Felsen aufbauenden Gesteinsschichten weniger widerstandsfähig sind als die überlagernden, und schließlich an Küsten durch eine allseitig wirkende Brandung an einem isolierten Felspfeiler. Erdpyramiden haben ähnliche Formen. – Abb. S. 283

Pinge: Eine P. ist eine kleine trichterförmige Bodenvertiefung, die durch bergmännische Schürfarbeit oder durch den Einsturz alter Grubenbaue entstanden ist. Sie ist oft ein Hinweis auf mittelalterlichen Bergbau.

Pingo: P.s sind in Dauerfrostgebieten meist vergesellschaftet auftretende Hügel von bis zu 50m Höhe und bis zu 200m Durchmesser mit mächtigem, unter erheblichem hydrostatischem Druck stehendem, linsenförmigem Eiskern, bei dessen Abschmelzen eine kraterähnliche Hohlform zurückbleibt.

Pionierbaumarten: P. sind Baumarten, die sich durch Genügsamkeit, Schnellwüchsigkeit, intensive Wurzelausbildung (Bodenerschließung) u.a. Eigenschaften zur ersten Aufforstung unkultivierter oder kulturfeindlicher Standorte (z.B. Müllkippen, Abraumhalden, Meeresdünen, Ödland und Straßenränder) eignen. Pionierbaumarten sind z.B. Birke, Robinie, Espe, Weißrüster, Bergkiefer, Erle, Feldahorn, Weißdorn, Weichselkirsche, Traubenkirsche, Pappelarten sowie Weiß- und Roterle.

Pionierpflanzen:

◆ Als P. bezeichnet man einerseits diejenigen Pflanzen, die als erste einen vegetationslosen Boden besiedeln. Dazu gehören z.B. Flechten, die Felsflächen und neu entstandene Erdhänge besiedeln.

◆ P. sind andererseits Kulturpflanzen, die minderwertige Böden für anspruchsvolle Pflanzen bewohnbar machen; z.B. Lupine, Steinklee und Esparsette.

Pingo in der Tundra Kanadas

Pilzfelsen in der Negev, Israel. Der durch Wind- und Wasserwirkung im bodennahen Bereich eines Solitärfelsens herauspräparierte Stiel trägt den weniger angegriffenen »Pilzkopf«.

Pioniersiedlung: Unter P. versteht man eine Siedlung, die als erster Stützpunkt der Landerschließung angelegt wurde. Man findet P.en heute in tropischen und subpolaren Gebieten im Randbereich der Ökumene. – ↑auch Frontier.

Pipeline [englisch 'paɪplaɪn]: Eine P. ist eine über größere Strecken verlegte Rohrleitung zum Transport einer Flüssigkeit (besonders Erdöl oder Erdölprodukte, aber auch Wasser, Salzsole oder Milch), eines Gases (v.a. Erdgas, auch Wasserstoff, Äthylen u.a.) oder feinkörniger Feststoffe (Zement, Kohle, Erze, Schwefel u.a.), die in Wasser als Trägerflüssigkeit suspendiert sind. Die Rohre bestehen aus Beton oder Stahl und weisen einen Durchmesser bis zu 1,60m auf. Je nach den klimatischen und geographischen Verhältnissen werden sie ober- oder unterirdisch verlegt (auch auf dem Meeresboden). In bestimmten Abständen (maximal 250 km) eingebaute Pumpstationen sorgen für den zur Beförderung des Gutes notwendigen Druck.

Planet (Wandelstern): P.en sind nicht aus sich selbst, sondern nur im reflektierten Licht eines Sterns leuchtende Him-

P

melskörper, die das sie beleuchtende Zentralgestirn auf kreis- bzw. ellipsenförmigen Bahnen umlaufen. P.en sind bisher nur in unserem Sonnensystem bekannt, doch muss aus den Schwerpunktsbewegungen einzelner Sterne geschlossen werden, dass auch andere Sterne P.en besitzen. Im Sonnensystem sind neun große P.en bekannt; hiervon sind fünf mit bloßem Auge zu sehen (sie waren schon im Altertum bekannt): Merkur, Venus, Mars, Jupiter und Saturn (nach wachsender Entfernung von der Sonne geordnet). Die gleichfalls zu den großen P.en zählende Erde ist zwischen Venus und Mars einzuordnen. Drei weitere P.en wurden erst nach der Erfindung des Fernrohrs entdeckt; Uranus (unter besonders günstigen Bedingungen auch mit bloßem Auge zu sehen), Neptun und Pluto. Nach einem zehnten, transplutonischen P.en wurde zeitweilig gesucht; er wurde aber bis heute nicht entdeckt. – Die Bewegungen der P.en auf ihren Bahnen um die Sonne werden in guter Näherung (von gegenseitigen Beeinflussungen abgesehen) durch die keplerschen Gesetze beschrieben.

Die P.en erscheinen im Fernrohr je nach ihren Entfernungen und Größen als mehr oder weniger ausgedehnte Scheibchen, im Gegensatz zu den stets punktförmigen Fixsternen; wegen dieser merklichen Winkelausdehnung ist ihre Szintillation (Flackern oder Funkeln) geringer als die der Fixsterne, sie leuchten deshalb in einem »ruhigeren« Licht. Die P.en sind aufgrund ihrer unterschiedlichen Entfernung, Größe und Albedo verschieden hell; ihre Helligkeiten schwanken entsprechend ihren Stellungen zur Sonne und Erde beträchtlich.

Merkur und Venus werden, da ihre Bahnen um die Sonne innerhalb der Erdbahn liegen, als *untere P.en,* Mars bis Pluto als *obere P.en* bezeichnet; eine weitere gebräuchliche Einteilung unterscheidet zwischen *inneren P.en,* das sind Merkur bis einschließlich Mars, getrennt durch die ↑Planetoiden von den *äußeren P.en* Jupiter bis Pluto. Ferner wird aufgrund des Aufbaus der P.en von *terrestrischen* bzw. *erdähnlichen P.en* (Merkur, Venus, Erde, Mars [und Pluto]) und *iovianischen* bzw. *jupiterähnlichen P.en* gesprochen. Die erste Gruppe hat eine etwa doppelt so hohe mittlere Dichte wie die »Riesenplaneten« (Jupiter, Saturn, Uranus und Neptun) und eine feste Oberfläche; die Massen dieser P.en sind relativ gering, verglichen mit den großen P.en der zweiten Gruppe. Pluto stellt in der Reihe der äußeren P.en eine Ausnahme dar; er erweckt durch die große Exzentrizität und Neigung seiner Bahn den Eindruck, als hätte er ursprünglich nicht zum Sonnensystem gehört oder als wäre er früher ein Satellit des P.en Neptun gewesen, dessen Bahn er schneidet.

planetarische Nebel (Ringnebel): Diese Bezeichnung der Astronomie steht für kleine, ring-, kreis- oder scheibenförmige, nebelartige Flecken kosmischer Objekte, in deren Zentrum oft ein schwacher Stern, der Zentralstern, gefunden wird.

Planet

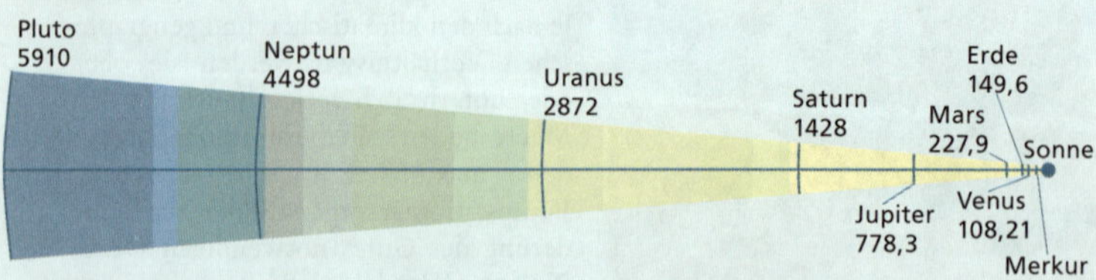

Maßstabsgetreue Darstellung der mittleren Entfernung der Planeten von der Sonne, in Millionen Kilometer

planetarische Zirkulation: ↑Allgemeine Zirkulation der Atmosphäre.

Planetarium: Das P. ist eine Einrichtung zur Veranschaulichung der scheinbaren Bewegungen der Planeten sowie der Sonne, des Mondes und des Fixsternhimmels, wie sie von der Erde aus am Himmel beobachtet werden. Beim modernen *Projektionsplanetarium* werden die Gestirne als Lichtbilder an die Innenwand einer halbkugelförmigen Kuppel projiziert; die Kuppel (ihr Durchmesser schwankt zwischen 16 und 30 m) stellt für den Betrachter im Innern das Himmelsgewölbe dar. Die Bewegung der einzelnen Himmelskörper am »Planetariumshimmel« wird durch mechanische Bewegung der Projektoren mittels Motoren und Getrieben erzielt. Ein derartiges P. ermöglicht die Darstellung des ganzen Sternhimmels, wie er von einem beliebigen Erdort aus zu beliebiger Tages- und Jahreszeit, auch in Vergangenheit und Zukunft zu sehen ist, und lässt die zeitlichen Änderungen im Zeitraffertempo erleben.

Planetoid (Asteroid, kleiner Planet): Ein P. ist ein planetenähnlicher Kleinkörper, der – wie ein [großer] Planet – nur im reflektierten Sonnenlicht leuchtet und wie dieser auf einer elliptischen Bahn die Sonne umläuft. Die P.enbahnen liegen überwiegend zwischen der Mars- und der Jupiterbahn, doch können einzelne P.en wegen ihrer starken Bahnexzentrizität bis in die Nähe der Merkur- oder Saturnbahn vordringen. Einige P.en kommen auch der Erde sehr nahe (z.B. Hermes auf etwa doppelte Mondentfernung). Mit gesicherten Bahnen sind z. Zt. mehr als 2100 P.en nummeriert.

Nur bei den größten vier P.en sind die Durchmesser bekannt, sie liegen zwischen 750 und 200 km. Alle anderen P.endurchmesser sind kleiner. Aus dem beobachteten Lichtwechsel der P.en muss man den Schluss ziehen, dass es sich bei ihnen um teilweise sehr kantige »Brocken« handelt.

Planification [französisch planifika'sjõ]: Dies ist ein Begriff aus der Raumordnungspolitik in Frankreich. Aufgrund der zentralstaatlichen Struktur in Frankreich entscheidet der Staat z.B. über die gewünschte Ansiedlung von Industrien. Da das freie Wirtschaftssystem aber weitgehend keinen staatlichen Weisungen unterliegt, können solche staatlich geplanten Industriegebiete leicht zum Fehlschlag werden. Ein Beispiel hierfür ist Fos (bei Marseille), das in seiner Entwicklung weit hinter den Plänen zurückblieb.

Plankton: Als P. bezeichnet man alle im Wasser schwebenden Kleinstlebewesen, die *Planktonten* oder *Plankter.* Diese haben keine Eigenbewegung, sodass Ortsveränderungen in horizontaler Richtung fast ausschließlich durch die Wasserströmungen erfolgen. Vertikale Bewegungen sind dem P. aufgrund von Lichtintensität, Temperatur und Sauerstoffgehalt jedoch in tages- oder jahreszeitlichem Rhythmus möglich.

Zum P. zählen neben zahllosen (v.a. pflanzlichen) Einzellern besonders viele Hohltiere und Krebse sowie Larvenstadien der verschiedensten Tiergruppen. Pflanzliches P. bezeichnet man als *Phytoplankton,* tierisches als *Zooplankton.* Nach dem Lebensraum unterscheidet man *Meeresplankton (Haliplankton)* und *Süßwasserplankton (Limnoplankton).*

Das P. ist die Nahrungsgrundlage für viele Tierarten, besonders für Fische und Wale. In neuester Zeit versucht auch der Mensch das eiweißreiche P. für seine Ernährung direkt heranzuziehen. Durch die zunehmende Verschmutzung der Weltmeere sind in manchen Gebieten die Planktonbestände gefährdet; viele Fische und Wale verlieren damit ihre Nahrungsgrundlage, was zu einem Rückgang der Bestände führen würde.

Plantage [...ʒə]: Die P. ist ein landwirtschaftlicher Großbetrieb in den Tropen und Subtropen, in dem hochwertige Nutzpflanzen wie Tee, Kaffee, Kakao, Öl, Kautschuk, Bananen, Zucker u.a., für

P

den Weltmarkt angebaut werden. Charakteristisch ist die Spezialisierung auf ein oder wenige Produkte, die auf Wirtschaftlichkeit ausgerichtete Betriebsführung sowie eine industriellen Großbetrieben vergleichbaren Arbeitsorganisation, bei der sich Betriebsführung und Lohnarbeiter gegenüberstehen. Die P. hat ein eigenes innerbetriebliches Verkehrsnetz und Aufbereitungsanlagen für ihre Produkte. Dies erfordert einen hohen Kapitaleinsatz, daher waren P. früher (in der Kolonialzeit) stets im Besitz von Europäern, heute sind sie meist Staatsbetriebe.

Planungsraum (Planungsregion): Diese Begriffe kennzeichnen einen Raum, auf den sich eine bestimmte Planung bezieht. Näheres regelt die Raumordnung.

Planwirtschaft: Bei der P. handelt es sich um eine Wirtschaftsform, die die Deckung des Güterbedarfs nicht dem freien Kräftespiel von Angebot und Nachfrage überlässt, sondern durch planerische staatliche Maßnahmen regelt. Sie war in unterschiedlicher Ausprägung, v.a. in Form der Kollektivwirtschaft, in allen sozialistischen Ländern anzutreffen und gilt heute in den meisten dieser Länder als überholt. – Der Gegensatz ist freie Marktwirtschaft.

Plateau [pla'to:]: P. ist, neben Hochebene, Hochfläche oder Tafelland, eine andere Bezeichnung für eine hoch gelegene, wenig verfaltete, reliefarme Landschaft.

Plattentektonik: Die P. ist eine hauptsächlich auf geophysikalischen Untersuchungen im ozeanischen Bereich (einschließlich Tiefseebohrungen) beruhende neuere geotektonische Theorie zur Erklärung von Aufbau und Entwicklung der Erde. Nach ihr besteht die die Erdkruste und die obersten Partien des Erdmantels umfassende *Lithosphäre* der Erde aus einer Reihe mehr oder weniger starrer, bis zu 100 km dicker Tafeln oder Platten, die auf der fließfähigen Unterlage des oberen Erdmantels, der *Asthenosphäre,* bewegt werden. Neben den sechs großen (Afrikanische, Amerikanische, Antarktische, Eurasiatische, Indisch-Australische und Pazifische Platte) werden mehrere kleinere Platten unterschie-

Plattentektonik

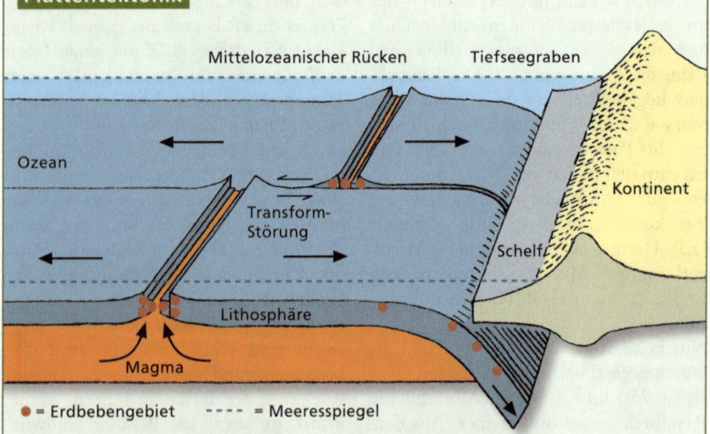

Schematische Darstellung des Meeresbodens mit angrenzendem Kontinent (nach Anderson). Die Erdbebengebiete sind nur im Schnitt eingezeichnet; Erdbeben können in der gesamten Ausdehnung der mittelozeanischen Rücken und der Tiefseegräben auftreten.

den. Die Verschiebung der Platten und die damit im Zusammenhang stehende Entstehung und Veränderung der Ozeane werden v.a. auf Dehnungsvorgänge am ↑Mittelozeanischen Rücken zurückgeführt (↑auch Sea-floor spreading). Dieser ist von einer Zentralspalte durchzogen und randlich von einer Reihe paralleler Senken begleitet (v.a. im Atlantischen Ozean); sie zeichnen sich durch hohe seismische Aktivität, intensiven basaltischen Vulkanismus und besonders starke Wärmestrahlung aus; ferner sind sie von Querbrüchen (Transform-Störungen; »transform faults«) durchsetzt, die Horizontalverschiebungen bis zu mehreren 100 km, aber auch große vertikale Sprunghöhen aufweisen. Durch das infolge der Dehnung an den Mittelozeanischen Rücken aufsteigende basaltische Schmelzflussmaterial der Asthenosphäre wird ständig neue ozeanische Erdkruste gebildet; sie breitet sich symmetrisch nach beiden Seiten aus, wobei die kontinentalen Platten aus granitischer Kruste zusammen mit den auflagernden Sedimenten verfrachtet werden (z.T. unter Rotation), und wird dann in Einengungszonen, den Orogenen, am Rande der Platten durch Abtauchen und Verschluckung (Subduktion) wieder abgebaut. Diesen Gegebenheiten entspricht, dass die auf der basaltischen ozeanischen Kruste der Tiefseeböden liegenden Sedimente im Atlantik von dem zentralen Rücken zu den Rändern hin immer älter werden und überhaupt erst seit dem Jura belegt sind. Außerdem wurden parallel zu den Mittelozeanischen Rücken verlaufende Streifen mit unterschiedlicher Magnetisierungsrichtung (bedingt durch mehrmalige Umpolungen des Magnetfeldes der Erde [↑Paläomagnetismus]) festgestellt, aus denen man die Öffnungsgeschwindigkeit der Ozeane errechnet hat.

Andere Dehnungsstrukturen der Erdkruste sind innerhalb der Kontinente ausgebildet: riesige, lang gestreckte Grabensysteme (↑Rifts) wie das Ostafrikanische Grabensystem. Sie sind mit Aufwölbung und Aufreißen der Erdkruste und explosiv-effusivem Vulkanismus verbunden. Durch Vertiefung des Grabens kann es zur Zerspaltung der Kontinentmasse kommen, und das Meerwasser kann eindringen, wie im Roten Meer. Bei weitergehender Entwicklung kann hier ein Mittelozeanischer Rücken entstehen und sich ein Ozean öffnen.

Als Ursachen aller Bewegungen werden v.a. Konvektionsströmungen (Ausgleichsströmungen) im unterlagernden Erdmantel angenommen, die auf radioaktive Prozesse zurückgehen.

Statt des bisher angenommenen Ablaufs der Gebirgsbildung (↑Orogenese) erscheint diese nach den Vorstellungen der P. als Folge des Zusammenpralls von Platten; dabei taucht eine ozeanische unter eine kontinentale Platte (z.B. an der Westküste Südamerikas und im Bereich der Tiefseegräben und Inselbögen am Westrand des Pazifiks), oder zwei kontinentale Platten werden unter starker Einengung und Faltung miteinander verschweißt (z.B. Himalaja, Alpen u.a. Gebirge des mediterranen Orogens). Man nimmt an, dass im Perm ein einheitliches Weltmeer (*Panthalassa,* Vorläufer des heutigen Pazifiks) und eine einheitliche Landmasse *(Pangäa)* bestanden; die Landmasse teilte sich von einem Mittelmeer, der Tethys, aus in zwei riesige Kontinente (↑Laurasia im Norden, ↑Gondwana im Süden). Innerkontinentale Brüche, also alte Schwächezonen, erweiterten sich seit dem Perm, besonders seit der Wende Trias/Jura, zu ausgedehnten Großgrabenzonen, aus denen sich ozeanische Rücken entwickelten, worauf die Landmassen zerfielen und neue Ozeane entstanden. Den Zerrungsvorgängen entsprachen an anderer Stelle, wie im Gebiet des Mittelländischen Meeres, die Einengungszonen der Orogene. Für die vorpermische Zeit glaubt man aus den in den alten Orogenen (Kaledonisches und Variskisches Gebirge) erhaltenen Resten alter ozeanischer

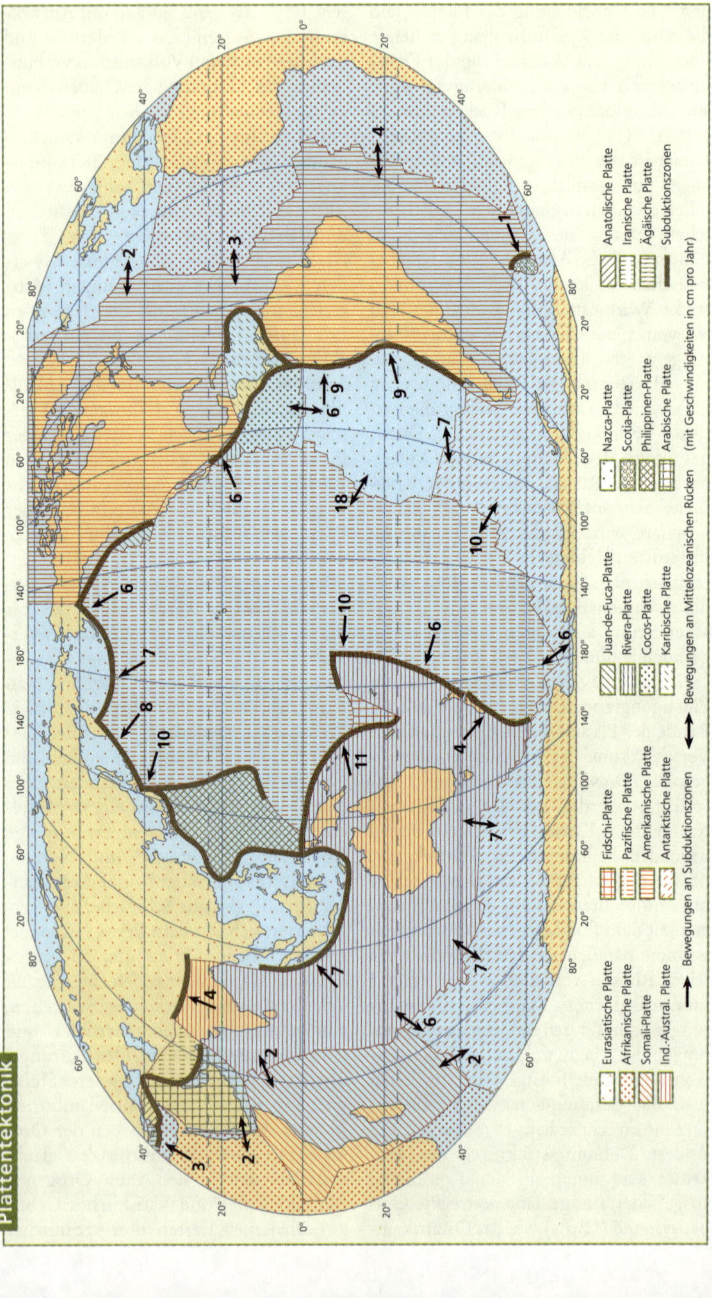
Eurasiatische Platte
Afrikanische Platte
Somali-Platte
Ind.-Austral. Platte
Fidschi-Platte
Pazifische Platte
Amerikanische Platte
Antarktische Platte
Juan-de-Fuca-Platte
Rivera-Platte
Cocos-Platte
Karibische Platte
Nazca-Platte
Scotia-Platte
Philippinen-Platte
Arabische Platte
Anatolische Platte
Iranische Platte
Ägäische Platte
Subduktionszonen
Bewegungen an Subduktionszonen
Bewegungen an Mittelozeanischen Rücken
(mit Geschwindigkeiten in cm pro Jahr)

Kruste ähnliche Bildungsvorgänge erschließen zu können. Es scheint danach, als hätten sich der Atlantik und andere Ozeane im Laufe der Erdgeschichte mehrfach gebildet und wieder geschlossen. Die P. stellt eine Weiterentwicklung der Theorie der ↑Kontinentalverschiebung dar. Aus der Sicht der Geologie der Kontinente sind z.T. erhebliche kritische, aber i.A. nicht grundsätzliche Einwände erhoben worden.

Platzdörfer: P. werden solche Dörfer genannt, deren Grundriss durch einen zentralen, in Gemeindebesitz befindlichen Platz bestimmt ist. Um den Platz reihen sich die Höfe und Gemeinschaftsbauten. P. wurden im Zuge der Kolonisation besonders im mittleren Osteuropa, in Südosteuropa, Afrika und Südamerika angelegt. Regionale Typen sind Angerdorf und Rundling.

Pleistozạ̈n: ältere Abteilung des Quartärs, des jüngsten geologischen Systems, ↑Geologie, Zeittafel.

Pliozạ̈n: jüngste Abteilung des Tertiärs, ↑Geologie, Zeittafel.

Plutọne: P. sind große Tiefengesteinskörper innerhalb der Erdkruste. Von ihnen gehen meist Gänge mit Ganggesteinen aus. – ↑auch Plutonismus.

Plutonịsmus: Als P. bezeichnet man die mit dem ↑Magma im Zusammenhang stehenden Vorgänge im Erdinnern, v.a. die Entstehung, Veränderung, Wanderung und Platznahme natürlicher Gesteinsschmelzen innerhalb der Erdkruste. Das Erdinnere ist bis 2900 km Tiefe normalerweise in festem, d.h. nicht schmelzflüssigem Zustand. Wo örtlich in der Gegenwart und in der erdgeschichtlichen Vergangenheit Gesteinsschmelze nachweisbar ist, wurde diese aus zunächst festen Gesteinen des Mantels und der Unterkruste durch Aufschmelzung neu gebildet. Hierzu sind in Abhängigkeit von der Gesteinszusammensetzung, dem Wassergehalt und der Tiefenlage unterschiedliche Temperaturen erforderlich. Durch tektonische Versenkung von Gesteinen der Oberkruste in größerer Tiefe oder durch Verstärkung des Wärmeflusses aus dem Erdinnern kann örtlich der Schmelzpunkt überschritten werden; dabei wird in der Regel nicht das gesamte Gestein auf einmal aufgeschmolzen, sondern jeweils nur der am leichtesten schmelzbare Anteil der Mineralgemengteile. Leicht schmelzfähige Komponenten sind die an Siliciumdioxid reichen, spezifisch leichten, hellen Gemengteile, wie z.B. Quarz, Kalifeldspat, Plagioklas.

Wasser im Ausgangsgestein setzt den Schmelzpunkt erheblich herab; so reagieren wasserfreie granitische Gesteine selbst bei Temperaturerhöhung auf über 960°C außerordentlich träge, während wassergesättigte bei ausreichendem Druck schon unterhalb 700°C schmelzen. Allerdings steigen die Schmelzkurven bei Wassersättigung mit fallendem Druck stark an; derartige Schmelzen erstarren daher häufig bereits innerhalb der Erdkruste, d.h., sie können die Erdoberfläche nicht erreichen. Wasserarme bzw. -freie Schmelzen werden mit abnehmender Krustentiefe beweglicher. Man kann daher den P. als die magmatische Tätigkeit wasserführender Schmelzen definieren, im Gegensatz zum ↑Vulkanismus, der von wasserarmen bis -freien Schmelzen beliefert wird. Die generelle Anreicherung spezifisch leichter Komponenten in der Schmelze bewirkt in beiden Fällen, dass diese vom Ort ihrer Entstehung an unter Dichteauftrieb stehen; daher rührt ihr Bestreben, in flachere Krustentiefen bzw. an die Erdoberfläche aufzusteigen und dadurch Intrusionen zu bilden.

Der Schmelzaufstieg wird weiter begünstigt durch tektonische Vorgänge wie Druckzunahme in Faltungszonen und Druckentlastung in Dehnungszonen der Erdkruste, u.a. durch Aufreißen von Förderspalten bei der Bruch- und Grabentektonik. In diesen Schmelzkammern erstarrt wasserhaltiges Magma infolge Druckabnahme meist innerhalb der obersten 2 bis 3 km Krustentiefe. Bei

P

langsamer Abkühlung kann die Schmelze in der Regel voll auskristallisieren; daher sind Tiefengesteine meist voll kristallisiert, arm an Porenräumen und frei von Glas. Im Gegensatz zu den Ergussgesteinen, bei denen Basalte mit rund 50% SiO_2-Gehalt vorherrschen, überwiegen bei den Tiefengesteinen die Granite und Granodiorite mit 60 bis 78% SiO_2; sie erstarren aus Schmelzen, die aus der Erdkruste selbst stammen. Die quarzfreien Gesteine mit Feldspatvertretern sind dagegen vergleichsweise selten. Die Dichte nimmt vom Granit zum Peridotit, dem SiO_2-ärmsten Tiefengestein zu; daher sind SiO_2-arme, basische oder ultrabasische Tiefengesteine meist spezifisch schwerer als ihre Umgebung und muldenförmig in diese eingelagert, während die SiO_2-reichen, sauren Tiefengesteine stockförmige Aufwölbungen in der Erdkruste bilden.

Die unterschiedliche Zusammensetzung der Tiefengesteine ist primär bedingt durch die Gesteinsbeschaffenheit sowie die Druck- und Temperaturbedingungen im Herdbereich während der Schmelzenbildung. Veränderungen der Schmelze beim Aufstieg infolge Entmischung, Aufnahme von Fremdmaterial sowie Differentiation (Abtrennung von Frühausscheidungen) und Lagerstättenbildung, kommen hinzu. – Abb. magmatische Gesteine, S. 226.

pluviales Abflussregime: Hierbei handelt es sich um ein einfaches ↑Abflussregime eines Flusses, das ausschließlich von den als Regen fallenden Niederschlägen bestimmt wird; seine Hochwasser folgen also deren jahreszeitlichem Gang, sowohl in Bezug auf Höhe, als auch auf monatliche Verteilung.

Pluvialzeit (Pluvial): P. nennt man einen relativ niederschlagsreichen Zeitabschnitt in den heutigen subtropischen Trockengebieten und im Mittelmeerraum. Die P.en entsprechen den pleistozänen Eiszeiten in den gemäßigten und höheren Breiten (die Gleichzeitigkeit wird heute z.T. angezweifelt). Sie wurden durch die Südwärtsverlagerung der außertropischen Westwinddrift hervorgerufen. Die mit Temperaturabsenkung verbundene Erhöhung der Niederschläge führte zu stärkerer Vergletscherung und Schuttbildung (Solifluktion) sowie zur Entstehung oder Vergrößerung von Seen. Im Vergleich zu diesen *polaren* oder *mediterranen Pluvialzeiten* scheinen die v.a. am Südrand des saharisch-arabischen Trockengürtels nachgewiesenen P.en, die *tropischen Pluvialzeiten,* dagegen durch Ausweitung der innertropischen Regenzone während der Interglaziale verursacht zu sein.

pluvionivales Abflussregime: Hierbei handelt es sich um ein modifiziertes ↑nivopluviales Abflussregime eines Flusses, bei dem die Schneeschmelze eine geringere Rolle spielt. Das heißt, das größte Hochwasser tritt zur Zeit der als Regen fallenden Niederschläge auf.

Podsol (Aschenboden, Bleicherde): Der P. ist ein Bodentyp des kühlgemäßigten, humiden bis stark humiden Klimabereichs; er entsteht überwiegend unter Nadelwäldern mit Zwergsträuchern und aus siliciumdioxidreichen, calcium- und magnesiumarmen, wasserdurchlässigen Gesteinen. Wegen intensiver Verwitterungs-, Auswaschungs- und Verlagerungsvorgänge, der *Podsolierung,* ist er stark sauer und nährstoffarm. Unter einer Rohhumusauflage (O-Horizont) und einem geringmächtigen dunklen, humusreichen A_h-Horizont folgt der gebleichte, aschgraue Eluvialhorizont (A_e), dann der mit organischer Substanz und Eisen- und Aluminiumoxiden angereicherte, braunschwarze bis rotbraune B-Horizont, der zu Ortstein verhärtet sein kann und in das Ausgangsgestein (C-Horizont) übergeht. In Nordwestdeutschland ist der P. z.T. anthropogen bedingt (Heideboden). Er wird v.a. forstwirtschaftlich genutzt.

Pol (Erdpol): Die Durchstoßpunkte der Drehachse der Erde auf der Erdoberfläche bezeichnet man als *geographische Pole* (*Nordpol* und *Südpol*), die Durchstoßpunkte der [verlängert gedachten] Erdachse durch das Himmelsgewölbe als *Himmelspole,* wobei der Nordpol des Himmels dem Nordpol der Erde gegenüberliegt. Die Durchstoßpunkte der geomagnetischen Achse durch die Erdoberfläche sind die *geomagnetischen Pole* (Magnetpole der Erde).

Polarfront: Unter einer P. verstehen wir in der Meteorologie den Grenzbereich zwischen den entgegengesetzt fließenden Luftmassen der polaren Kaltluft und der subtropischen Warmluft. Im Gegensatz zu den wetterwirksamen ↑Fronten der Tiefdruckgebiete, trennt die P. zwei Hauptluftmassen, weshalb sie auch als klimatische Front bezeichnet wird. Sie ist nicht als gleichmäßiger Gürtel ausgebildet, sondern verschiebt sich mit dem großräumig unterschiedlichen Vordringen polarer und warmer Luftmassen nach Süden bzw. Norden. Die P. ist als Verwirbelungszone das Ursprungsgebiet der in den höheren Mittelbreiten das Wettergeschehen stark bestimmenden dynamischen Tiefdruckgebiete.

Polargebiete: Die Gebiete um die beiden Pole der Erde sind die P.; das Nordpolargebiet wird *Arktis,* das Südpolargebiet *Antarktis* genannt. Die Arktis liegt im Bereich des Nordpolarmeeres, das bis auf randliche Gebiete ständig von Eis bedeckt ist; rechtlich gilt sie dessen ungeachtet als hohe See. Die Antarktis umfasst den Erdteil *Antarktika* mit umgebenden Meeresteilen; mehrere Staaten erheben auf Teile von ihm (Sektoren bis zum Südpol) hoheitliche Ansprüche.

Polargrenze: Die P. ist ein von klimatischen Faktoren bestimmter Grenzsaum, in dem polwärts die Verbreitung von bestimmten Pflanzen, Tieren oder Erscheinungen (Besiedlung, Anbau u.a.) endet. Polwärts bedeutet auf der Nordhalbkugel nordwärts, weshalb hier die P. gleichbedeutend mit Nordgrenze ist; auf der Südhalbkugel meint polwärts südwärts, die P. ist hier also identisch mit der Südgrenze. Jede Tier- und Pflanzenart hat, da sie an die Umwelt die unterschiedlichsten Ansprüche stellt, eine andere P., die daher für die einzelnen Tier- und Pflanzenarten kennzeichnend ist. Unter den Bäumen haben auf der Nordhalbkugel die Birken, Weiden und Kiefern die am weitesten nach Norden reichende P., unter den Kulturpflanzen sind es Sommergerste und Kartoffel. Die P. des menschlichen Lebensraumes liegt im Allgemeinen jenseits der Anbaugrenze. Die wirtschaftliche Grundlage des menschlichen Lebens ist hier Jagd, Fischfang, Viehhaltung, Holznutzung oder Bergbau; oft mehreres nebeneinander.

Polarklima (arktisches Klima): Als P. bezeichnet man die klimatischen Verhältnisse an den Polkappen bis etwa zu den Polarkreisen. Die Monatsmittelwerte der Temperatur liegen in allen Monaten unter +10 °C. Zur Winterzeit, während der langen ↑Polarnacht, herrschen sehr tiefe Temperaturen, aber auch zur Zeit des nebelreichen Sommers bleibt es kalt. Die Niederschläge fallen beinahe das ganze Jahr über ausschließlich als Schnee. Auswirkungen zeigt das P. auch in den anschließenden niederen Breiten.

Polarkreise: P. heißen die beiden Parallelkreise der Erde, bis zu denen das Phänomen von ↑Polarnacht und -tag auftritt. Sie sind vom jeweiligen Pol um 23°30' entfernt. Der nördliche Polarkreis liegt also bei 66°30' nördlicher, der südliche bei 66°30' südlicher Breite.

Polarlicht: Das P. ist eine am nächtlichen Himmel zu beobachtende Leuchterscheinung in polaren Gegenden der Nord- *(Nordlicht)* und Südhalbkugel *(Südlicht).* P.er entstehen dadurch, dass die von der Sonne ausgehende Partikelstrahlung (Protonen, freie Elektronen) durch das Magnetfeld der Erde hauptsächlich in zwei ringförmige Zonen (P.zonen) um die beiden magnetischen Pole (im Abstand von 23°) abgelenkt wird und die Atome bzw. Moleküle der Lufthülle in Höhe zwischen 100 und 400 km (v.a. atomarer Sauerstoff und molekularer Stickstoff) zum Leuchten anregt.

Polder: Landgewinnung in Niedersachsen; der Sommerdeich des Elisabethgrodens bei Harlesiel

P.er enthalten alle Spektralfarben und zeichnen sich durch große Farbenpracht und Formenreichtum aus. Intensität, Häufigkeit und geographische Verteilung hängen mit der Sonnenaktivität zusammen. Bei starken solaren Ausbrüchen können P.er noch in den Subtropen beobachtet werden.

Polarnacht: Die P. ist die Zeit, in der die Sonne länger als 24 Stunden unter dem Horizont bleibt, also überhaupt nicht scheint, sodass es »Tag und Nacht« dunkel, zu Beginn und gegen Ende des P. gegen Mittag höchstens mehr oder weniger dämmrig ist. Ursache für Polarnacht und -tag ist die Neigung der Erdachse gegen die Ekliptik. P. tritt daher nur an Orten zwischen den Polarkreisen und den jeweiligen Polen auf, und zwar um die Zeit der jeweiligen Wintersonnenwende. Die Länge der P. nimmt mit höherer geographischer Breite zu und dauert am Pol selbst ein halbes Jahr, am Polarkreis dagegen nur wenige Tage, an denen es mittags nur etwas dämmrig hell wird.
An allen Orten mit P. herrscht um die Zeit der Sommersonnenwende der etwas längere Polartag, wenn die ↑Mitternachtssonne beobachtet werden kann.

Polarregion: Die P. ist eine ↑Klimaregion.

Polarstern ([Stella] Polaris, Nordstern): Der P. ist der hellste Stern im Sternbild Kleiner Bär (Kleiner Wagen); er ist ein visueller und spektroskopischer Doppelstern. Seine Auszeichnung verdankt er der Tatsache, dass er als relativ heller Stern in der Nähe (nicht ganz 1° entfernt) vom nördlichen Himmelspol steht; er gilt deshalb als Richtungsweiser der Himmelsrichtung Nord.

Polartag: P. ist die exakte Bezeichnung für die Zeit, in der die ↑Mitternachtssonne beobachtet werden kann; P. ist das Gegenstück zur ↑Polarnacht.

Polder: Im Zuge der Neulandgewinnung eingedeichtes Marschland an der Nordseeküste wird in West- (Niederlande) und Ostfriesland P. genannt, in Nordfriesland *Koog;* eine allgemeine Bezeichnung ist *Binnengroden.* Der P. wird meist landwirtschaftlich genutzt und muss deshalb über ein gutes Entwässerungssystem verfügen. Der Hauptentwässerungskanal, das *Sieltief (Binnentief)* leitet dabei das Wasser zu einem ↑Siel oder einem Schöpfwerk.

Polje: Das P. ist ein in Karstgebieten auftretendes lang gestrecktes, geschlossenes Becken von wenigen bis zu mehreren hundert Quadratkilometern Größe. Typisch ist der ebene, randlich scharf abgesetzte Poljeboden, der oft mit fruchtbarem Verwitterungsmaterial bedeckt ist. Dieses wurde von Bächen, die aus randlichen Karstquellen ins P. einströmen und durch ebenfalls randliche Ponore wieder versickern, eingeschwemmt. Durch Verschlammung der Ponore können die P.n zeitweise überflutet werden; manche P.n sind ständig von einem See erfüllt. Die meisten P.n sind wohl durch seitlich wirkende ↑Korrosion aus verkarsteten Talböden hervorgegangen, die durch eingeschwemmten Ton abgedichtet wurden.

Pollenanalyse: Bei der P. untersucht man den Blütenstaub, der sich in den verschiedenen Schichten eines Moores oder in älteren erdgeschichtlichen Ablagerungen findet. Daraus ergibt sich ein Bild über die Zusammensetzung vorgeschichtlicher Wälder und daraus wiederum über die jeweiligen klimatischen Verhältnisse. Aus den zu untersuchenden

Ablagerungen gewinnt man das Material an Stichwänden, z.B. in einem Torfstich, oder durch Bohrungen. Aus diesen Proben stellt man Präparate her, sodass man die Pollen unter dem Mikroskop auszählen und bestimmen kann. In der Regel findet man bei einer 300- bis 400fachen Vergrößerung 100 bis 150 Pollen im Gesichtsfeld des Mikroskops. Die Summe der Pollen setzt man als 100 an, berechnet dann den prozentualen Anteil der verschiedenen Pollenarten und zeichnet sie in ein Pollendiagramm ein. Durch die P. mitteleuropäischer Moore konnte man nachweisen, dass unsere Baumarten sich in der Nacheiszeit nicht gleichzeitig angesiedelt haben.

polständige Projektion: Die p. P. ist ein spezieller ↑Kartennetzentwurf, der einen der Pole in den Mittelpunkt der Projektion rückt, sodass die Projektionsachse mit der Erdachse zusammenfällt.

Ponor: In Karstgebieten kann ein Bach oder Fluss ganz oder teilweise verschwinden und danach unterirdisch weiterfließen. Diese Stelle wird als *Flussschwinde, Schluckloch,* mit dem serbokroatischen Namen P. oder mit dem griechischen *Katavothre* bezeichnet.

pontisch: In der Pflanzengeographie bezeichnet man wärmeliebende Pflanzen, deren Hauptverbreitungsgebiet am Schwarzen Meer und in Mittelasien liegt, als pontisch. Im Wärmeoptimum der Nacheiszeit haben sie sich bis nach Mitteleuropa ausgebreitet, wo sie in den mittel- und süddeutschen Steppenheiden auch heute noch mit einigen Vertretern zu finden sind.

Porphyr: P.e nennt man magmatische Gesteine mit porphyrischem Gefüge. In ihnen sind große Kristalle als Einsprenglinge in einer feinkörnigen oder glasigen Grundmasse enthalten. Porphyrisches Gefüge entsteht durch rasche Abkühlung einer Schmelze und ist besonders bei Erguss-, aber auch bei Ganggesteinen ausgebildet.

Porphyrit: Der P. ist ein Ergussgestein des Jungpaläozoikums mit etwa 55% Siliciumdioxidgehalt, mit Einsprenglingen von Plagioklas, Hornblende, Augit und Biotit in einer dichten Grundmasse; wenn auch Quarzeinsprenglinge vorhanden sind, spricht man von Quarzporphyrit. Der P. entspricht etwa dem Andesit der jungen Vulkanite, der Quarzporphyrit dem Dacit.

Postglazial (Nacheiszeit): Als P. bezeichnet man in den ehemals, und zwar während des Pleistozäns, vergletscherten Gebieten die Zeit nach dem Abschmelzen der letzteiszeitlichen Eismassen (also aus der Würm- bzw. der Weichseleiszeit) und dem Ausklingen der glazialen und periglazialen Geschehnisse bis heute. Das P. begann in Mitteleuropa vor rund 10000 Jahren, es entspricht damit dem Holozän. – ↑auch Quartär.

Präboreal: Zeitabschnitt des Postglazials, ↑Quartär.

Präkambrium (Kryptozoikum): älteste erdgeschichtliche Ära, ↑Geologie, Zeittafel.

Prallhang: Der P. ist das steile, an der Außenseite einer Flusskrümmung liegende Ufer, besonders bei mäandrierenden Flüssen. Am P. ist die Fließgeschwindigkeit und damit die zerstörende Wasserkraft am größten, sodass dieser durch den aufprallenden Stromstrich unterschnitten und versteilt wird. Der P. wird in flachem Gelände als *Prallufer* bezeichnet. Dem P. gegenüber liegt der Gleithang; ↑auch Mäander.

Prärie: Die P. ist das natürliche Grasland in Nordamerika, zwischen der Laubwaldzone des Zentralen Tieflandes, den Rocky Mountains und dem borealen Nadelwald. Von Ost nach West nehmen die Niederschläge ab, entsprechend lassen sich drei Zonen unterscheiden: 1. *Hoch-* oder *Langgrasprärie* mit zusammenhängender Narbe mannshoher Gräser und zahlreichen Kräutern; 2. *Übergangsprärie* mit Lang- und Kurzgräsern und Halbsträuchern, bei unter 500 mm Niederschlag im Jahr; 3. *Kurzgrassteppe,* die vielfach nicht mehr zur eigentlichen P. gerechnet wird. Die Grenzen zwischen diesen Zonen sind fließend, da sie von der Niederschlagsmenge abhängen. Hochgras- und Übergangs-P. werden heute überwiegend ackerbaulich genutzt; im Übrigen ist die Vegetation durch Beweidung stark verändert. Charakteristische Tiere der P. sind bzw. waren Bison, Wapiti, P.hund, P.wolf und P.huhn.

Präzession: Unter P. versteht man im engeren Sinne die Drehbewegung der Erdachse, die ihr bzw. der Erde durch die Gravitationskräfte des Mondes und der Sonne *(Lunisolarpräzession)* und in geringerem Maße durch die der Planeten *(Planetenpräzession)* aufgezwungen wird. Diese Kräfte versuchen, die gegen die Ekliptik geneigte Erdachse aufzurichten. Entsprechend dem Verhalten eines Kreisels bewegt sich die Erdachse auf einer Kegelfläche um den Pol der Ekliptik mit (vom Norden aus) im Uhrzeigersinn erfolgender Drehung, wobei diese Kegelfläche in etwa 25800 Jahren einmal umschrieben wird. Diesen Zeitraum nennt man *platonisches Jahr.* Durch Überlagerung der Gravitationskräfte von Mond und Sonne werden dieser Bewegung noch Schwankungen mit einer Periode von 19 Jahren aufgeprägt, diese Schwankungen werden *Nutation* genannt.

Preisindex: Der P. ist eine von der amtlichen Statistik erstellte Indexzahl, die zum Ausdruck bringt, in welchem Ausmaß sich die Preisbewegungen bei den Waren und Dienstleistungen, die von den privaten Haushaltungen für die Lebenshaltung in Anspruch genommen werden, auf die Haushaltungsausgaben ausgewählter Verbrauchergruppen auswirken. Da nicht alle Faktoren, die von Einfluss sind, berücksichtigt werden können, werden nur die *Preisänderungen* erfasst. Zu diesem Zweck arbeitet man mit einem bestimmten Verbrauchsschema, dem sog. Warenkorb, der einzelne Waren nach Art, Qualität und Menge festlegt, sowie die persönlichen Dienstleistungen (Friseur, Reinigung u.a.) und Nutzungen (Miete, Elektrizität, Eisenbahn u.a.) umfasst. Dieses Verbrauchsschema wird über längere Zeit unverändert gehalten. Um die Indexberechnung in einem vertretbaren Rahmen zu halten, werden nur die wichtigsten Waren und Leistungen genannt; z.B. steht die Position »Leberwurst« stellvertretend für alle einfachen Wurstarten. Weitere bedeutende Preisindizes sind die der Erzeugerpreise industrieller und landwirtschaftlicher Produkte, der Einzelhandelspreise, der Großhandelspreise, der Ein- und Ausfuhrpreise (Terms of Trade) sowie der Aktienindex.

Priel: P.e sind flussähnliche Vertiefungen im Watt, die auch bei Niedrigwasser mit natürlichem Gefälle Wasser führen. Sie sammeln das Wasser der bei Ebbe allmählich trocken fallenden Wattrinnen und münden in Baljen. Aufgrund sich ändernder Wasserströmungen verlagert der P. im Laufe der Zeit sein Bett. An P.en, die der Wattschifffahrt dienen, sind randlich *Pricken* (bis 8m hohe abgeschlagene Birken- oder Eichenbäumchen) eingesteckt, damit die Fahrrinne auch bei Hochwasser – wenn der P. überflutet ist – auszumachen ist.

Präzession

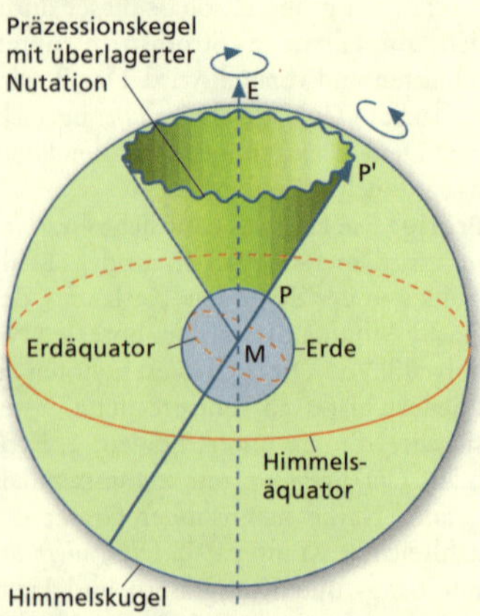

Präzession (mit überlagerter Nutation) der Erdachse **P'** um die Achse **E** der Ekliptik (**M** Mittelpunkt, **P** Pol der Erde)

primärer Sektor: Die Arbeitswelt wird in den primären, den sekundären und den tertiären Sektor eingeteilt. Zum primären Sektor gehören Ackerbau, Viehzucht, Waldnutzung, Fischfang und der Bergbau (ohne Aufbereitung).

Profil (Schnitt): P. nennt man die zeichnerische Wiedergabe eines senkrechten Schnitts durch einen Erdkrustenteil; es dient der Darstellung der Lagerungsverhältnisse der Gesteine *(geologisches Profil)* oder der Aufeinanderfolge der Bodenhorizonte (↑Bodenprofil) sowie der Veranschaulichung der Reliefverhältnisse eines bestimmten Gebiets *(geomorphologisches Profil).* In das geomorphologische P. werden auch zusätzliche Angaben, wie klimatische Gegebenheiten, Vegetation, Landnutzung eingetragen, um ihre ursächlichen Zusammenhänge aufzuzeigen *(synoptisches* oder *Kausalprofil).*

Projektion: in der Bedeutung Kartenprojektion ↑Kartennetzentwürfe.

Pro-Kopf-Einkommen: Das P. errechnet sich durch Addieren aller Einkommen eines Landes geteilt durch die Anzahl aller Bewohner, also auch der nicht arbeitenden Bevölkerung. Das P. dient nicht selten als ein Messinstrument (unter anderen) zur Feststellung des Entwicklungsstandes eines Landes. Dabei ist, wie bei allen statistischen Werten, allerdings Vorsicht geboten. Schon wenige sehr hohe Einkommen können ein insgesamt zu positives Bild ergeben. Daher sollte das P. nicht isoliert betrachtet werden, sondern stets mit anderen Werten wie z.B. Energieverbrauch, Bruttosozialprodukt, Analphabetenrate, Geburten- und Sterberate in Verbindung gebracht werden.

Prospektion: Unter P. versteht man das Ausfindigmachen von abbauwürdigen Lagerstätten durch geologische, chemische, physikalische und bergmännische Methoden.

Protektionismus: Als P. bezeichnet man eine staatliche Außenwirtschaftspolitik. Durch ein *Schutzzollsystem,* also im Wesentlichen hohe Einfuhrzölle, soll die inländische Produktion vor ausländischer Konkurrenz geschützt werden. Eine weitere Maßnahme ist die *Kontigentierung,* d.h. mengenmäßige Beschränkung der Produkte, die eingeführt werden dürfen.

Proterozoikum: jüngstes System des Präkambriums, ↑Geologie, Zeittafel.

Protuberanzen: P. sind die über die Chromosphäre der Sonne hinausragenden glühenden Gasmassen, die man zuerst bei Sonnenfinsternissen am Sonnenrand beobachtete. Die wesentlichen Formen der P. lassen sich wie folgt beschreiben: *Aktive Protuberanzen* zeichnen sich durch lebhafte Materiebewegungen aus, die in Knoten oder Strömen in ein Attraktionszentrum (Magnetfeld) am Sonnenrand fließen. Am eindrucksvollsten sind die aufsteigenden P., die mit großen Geschwindigkeiten (oft zwischen 500 und 700 km/s) in Höhen von 100000 bis 500000 km aufsteigen. Bei *Fleckenprotuberanzen* strömt Gasmaterie aus Reservoiren, die als helle Knoten über einer Fleckengruppe liegen, auf den Sonnenrand zu. Sehr lang lebige P., die bis zu zehn Perioden der Sonnenrotation überdauern können, bezeichnet man als *ruhende Protuberanzen.* Eine weitere Gruppe stellen die *koronalen Protuberanzen* dar, die sich anscheinend im Raum über der Chromosphäre formen und ihre Gasmassen auf die Sonnenoberfläche »niederregnen« lassen.

Pseudogley (Staugley, Staunässegley): Der P. ist ein durch zeitweisen Wasserstau geprägter Bodentyp, der sich unter wechselfeuchten Klimabedingungen auf schwer- oder undurchlässigem Gesteinsuntergrund in überwiegend ebenen Lagen bildet. Infolge Wechsels von Durchnässung (besonders im Frühjahr) und Austrocknung (Sommer, Herbst) treten fleckenförmige Oxidations- und Reduktionserscheinungen in dem zwischen A- und C-Horizont liegenden S-Horizont auf, dieser zeigt im oberen, hellgrauen Teil rostigbraune bis gelbe Flecken und schwarzbraune Eisen-Mangan-Konkre-

P

tionen, im unteren, bräunlichen Teil fahlgraue Flecken und Streifen (Marmorierung).

ptolomäisches System: svw. ↑geozentrisches Weltbild

Pufferstaat: Dieser überwiegend politische Begriff bezeichnet einen Staat, der zwischen zwei anderen, meist verfeindeten, ideologisch und politisch unterschiedlichen Staaten liegt. Der P. verhindert sozusagen die ständige Konfrontation zwischen den verfeindeten Staaten, ist aber seinerseits in ständiger Gefahr, von einem der beiden anderen oder von beiden vereinnahmt zu werden.

Pultscholle: P. nennt man einen schräg gestellten, von Brüchen umgrenzten Erdkrustenkomplex mit stark unterschiedlicher Sprunghöhe der Verwerfungen an zwei gegenüberliegenden Flanken. Ein typisches Beispiel ist der Harz mit einer steilen Nordrandstörung und einer flachen, mehr flexurartigen Abbiegung des Südrandes.

Puna: Die P. ist ein Hochland in den zentralen Anden in etwa 3000 bis 4500 m Höhe. Den klimatischen Gegebenheiten zwischen dem Trockenklima Nordchiles und dem Äquatorialklima des Amazonasbeckens entspricht die Vegetation: Dornsträucher und Sukkulenten im Südwesten, Zwergsträucher (Punaheide), Polsterpflanzen und Horstgräser im südlichen Altiplano, dem abflusslosen Nordteil. Die P. dient überwiegend der Viehhaltung (Lama, Alpaka, Vikunja, Schafe).

Pygmäen: P. nennt man kleinwüchsige Bevölkerungsgruppen in den Regenwäldern Äquatorialafrikas, von Kamerun bis zu den ostafrikanischen Seen. Sie lassen sich in drei auch äußerlich voneinander unterschiedene Gruppen gliedern, unter denen die *Mbuti* im Nordosten von Zaïre (im Gebiet des Ituri) die kleinstwüchsigen heute lebenden Menschen sind (1,30 bis 1,40 m). Heute leben noch etwa 100000 P.; sie sind durch Körperwuchs, Organismus und Psyche an den feuchtwarmen Lebensraum sehr gut angepasst; sie sind Wildbeuter ohne Dauersiedlungen. Die Männer treiben Jagd auf Waldtiere, einzeln mit Pfeil (z.T. vergiftet) und Bogen, z.T. mit Speer; die Frauen sammeln u.a. Knollen, Früchte, Pilze, Schnecken und Honig. Eine Gruppe lebt zusammen in Kuppelhütten aus Ruten und großen Blättern, die in einem Kreis auf Waldlichtungen nahe dem jeweiligen Jagd- und Sammelrevier errichtet werden. Mit den benachbarten Bantu besteht eine gewisse Lebensgemeinschaft (Tausch von Wild gegen Feldfrüchte, Pfeilspitzen, Schälmessern u.a.), heute aber oft eine sklavereiähnliche Abhängigkeit. Die P. sprechen auch nur die Sprache des jeweiligen Nachbarstammes. Da durch den sich ständig ausweitenden Feldbau und durch kommerziellen Holzeinschlag der Lebensraum der P. ständig verkleinert wird, sind die P. gezwungen, in die Savanne, einen für sie physisch wie psychisch völlig ungeeigneten Lebensraum mit hoher Sonneneinstrahlung und trockener Luft auszuweichen, in dem zudem noch unbekannte Jagdmethoden angewandt werden müssen.

Pyroklastika: Sammelbezeichnung für sämtliche vulkanischen Trümmergesteine (Aschen, Bomben usw.). – ↑auch Tephra.

Q

Qanat: ↑Kanat.

Quartär: Das Qu. ist das jüngste System des Känozoikums (↑Geologie, Zeittafel); es wird in die beiden Abteilungen Pleistozän und Holozän untergliedert. Das Pleistozän ist in weiten Teilen der Erde durch eine Abfolge von mehreren Vereisungsperioden (Eis- oder Kaltzeiten, Glaziale) und dazwischen liegenden Interglazialen oder Warmzeiten gekennzeichnet; man spricht daher auch vom ↑Eiszeitalter. Die weltweite Parallelisierung (Korrelierung) dieser Perioden, die von den klassischen Forschungsgebieten

Quartär

	Jahre	Zeitabschnitt	vorherrschende Vegetation	Klimacharakter	Stadien der Ostsee	Nordsee
Postglazial	heute	Subatlantikum II (Jüngere Nachwärmezeit)	(land- und forstwirtschaftl. Nutzung)	kühler und feuchter	Myameer	Dünkirchener Transgression
	600 n.Chr.	Subatlantikum I (Ältere Nachwärmezeit)	Buchenwald und buchenreicher Mischwald		Limneameer	
	800 v.Chr.	Subboreal (Späte Wärmezeit)	Eichenmischwald Auftreten von Buche und Tanne	noch warm, etwas feuchter		Regression bzw. Stillstand
	2500	Atlantikum (Mittlere Wärmezeit)	Eichenmischwald	warm, mäßig feucht (Klimaoptimum)	Litorinameer	Flandrische Transgression
	5500	Boreal (Frühe Wärmezeit)	haselreicher Kiefern- und Eichenmischwald	warm, trocken	Ancylussee	
	6800	Präboreal (Vorwärmezeit)	Birken- und Kiefernwald	Erwärmung kühler	Yoldiameer	
Spätglazial (Spät-Würm)	8150	Jüngere Tundrenzeit (Jüngere Dryaszeit)	Birken- und Kiefernwald, z.T. Tundra	kalt	Baltischer Eisstausee	Eisbedeckung (z.T.)
	8800	Allerödzeit (Mittlere subarkt. Zeit)	Birken- und Kiefernwald	geringe Erwärmung (Interstadial)		
	9800	Ältere Tundrenzeit (Ältere Dryaszeit)	Tundra	kalt		
	10500	Böllingzeit	lichter Birken- und Kiefernwald	geringe Erwärmung (Interstadial)		
	11500	Älteste Tundrenzeit (Älteste Dryaszeit)	Tundra	kalt	Eisbedeckung	

Q

Q

des nördlichen Alpenvorlandes und des norddeutsch-nordeuropäischen Vereisungsraumes ausging, schien bis vor wenigen Jahren noch greifbar nahe, ist mit fortschreitender Forschung in jüngster Zeit aber wieder problematischer geworden. Pollenanalyse, isotopengeologische Altersbestimmungen, sedimentologische und geophysikalische Untersuchungen u.a. ergaben eine Fülle neuer Daten und Erkenntnisse, die noch nicht voll in Übereinstimmung gebracht werden konnten, sodass einer Korrelierung der verschiedenen Vereisungsräume bisher enge Grenzen gesetzt sind. Sogar die Korrelierung des Jung- und Mittelpleistozäns des deutschen Alpenvorlands mit dem Norddeutschlands ist unsicher geworden. Die absoluten Altersangaben basieren auf Datierungen des z.T. kontinentweit auseinander liegenden Untergrundes und können nur als ungefährer Richtwert dienen. Besser bekannt ist die letzte Phase der letzten Eiszeit, das Spätglazial oder Spät-Würm, und die nachfolgende Zeit des Holozäns, das auch Postglazial oder Nacheiszeit genannt wird.

Quarz: Qu. ist die wichtigste Erscheinungsform des Siliciumdioxids (SiO_2). Er kommt als kristallisiertes Mineral vor, das nach den Feldspäten das häufigste gesteinsbildende Mineral der Erdkruste ist. Unter besonderen Druckverhältnissen, z.B. beim Meteoriteneinschlag, entstehende Formen sind Coesit, Keatit und Stishovit. Qu. ist sehr hart und chemisch widerständig, er ist daher auch Hauptbestandteil der Sedimentgesteine (Sandsteine, Tone u.a.). Eine feinkristalline Abart des Quarzes ist der *Chalcedon.* Der aus amorphem Siliciumdioxid bestehende Opal wird als eigenes Mineral betrachtet. – Viele Arten des Quarzes finden als Schmucksteine Verwendung, so z.B. der farblose und häufig wasserklare Bergkristall, ferner gefärbte Abarten wie Amethyst, Aventurin, Milchquarz, Prasem, Rauchquarz und Rosenquarz. Im Übrigen wird Qu. in der Technik benutzt, z.B. Quarzsand als Rohstoff der Glas- und Keramikindustrie, Quarzkristalle wegen ihrer optischen und elektrischen Eigenschaften als Bauelemente in der Optik, Elektronik und Nachrichtentechnik.

Quarzit: Qu. ist ein sehr hartes, meist dichtes, feinkörniges, hauptsächlich aus Quarz bestehendes, metamorphes Gestein; es entstand aus Sandstein durch Wachstum und Verzahnung der Quarzkristalle, meist ohne Bindemittel. Diese Qu.e werden auch *Feldquarzite* genannt; bei ausgeprägtem Parallelgefüge spricht man von *Quarzschiefer.* Die *Süßwasser-* oder *Tertiärquarzite* sind dagegen durch nachträgliche, diagenetische Verkieselung aus lockeren tonigen Sand- oder Kiesablagerungen des Tertiärs gebildet worden; oft handelt es sich um unregelmäßige, ungeschichtete Massen, die teilweise auch nur knollen- oder linsenartig auftreten.

Quarzporphyr: Qu. ist ein jungpaläozoisches Ergussgestein, das seiner mineralogischen Zusammensetzung nach dem Granit entspricht; es weist meist porphyrische Struktur auf, d.h. hat Einsprenglinge von Quarz, Kalifeldspat oder Plagioklas in einer dichten, oft rötlich gefärbten Grundmasse. Qu. tritt häufig im Rotliegend Mitteleuropas auf, z.B. im Hunsrück und Nahebergland. Der Q. entspricht dem Rhyolith (Liparit) der jungen Ergussgesteine.

Quellen: Qu. sind örtlich begrenzte natürliche Austritte von Grundwasser an der Erdoberfläche; sie können auch am Grund von Flüssen, Seen oder Meeren auftreten. Qu. bilden sich meist dort, wo die Grundwasser führende Schicht die Erdoberfläche schneidet oder wo die geologisch-tektonischen Verhältnisse Grundwasser stauen und zum Austritt zwingen. Je nach der Art dieser Wasseraustritte haben die Qu. unterschiedliche Fachbezeichnungen wie Schichtquelle, Überlaufquelle, Verwerfungsquelle usw. Wird die Wasser führende Schicht auf größerer Länge geschnitten, sodass meh-

Quellkuppe

Die Quellkuppe des Drachenfels und die Stoßkuppe der Wolkenburg im Siebengebirge

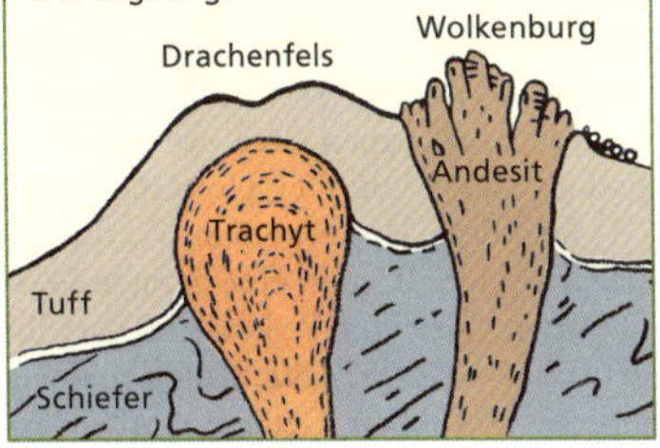

rere Qu. nebeneinander austreten, spricht man von einem *Quellhorizont.* Tritt nur wenig Grundwasser aus, sodass nur eine feuchte Stelle entsteht, spricht man von einer *Nassgalle.*

Je nach der Dauer des Wasseraustritts im Laufe des Jahres unterscheidet man zwischen perennierenden (permanenten) Qu., die ständig, periodischen Qu., die jahreszeitlich, und episodischen Qu., die nur gelegentlich fließen, wie z.B. die Hungerquellen. Außerdem gibt es intermittierende Qu., die zwischen springbrunnenartigen Wasserausstößen kürzere oder längere Ruhepausen ohne Wasserschüttung haben (z.B. die Geysire). Eine besondere Art ist die Karstquelle (↑Karst).

Qu. mit normaler Temperatur bis 20°C bilden die Gruppe der *Pegen;* Qu. mit einer Wassertemperatur von über 20°C nennt man *warme Qu.* oder *Thermen,* solche mit über 50°C *heiße Quellen.* Letzere haben wie die ↑Mineralquellen, in denen bestimmte Mengen von Spurenelementen, Kohlensäure u.a. gelöst sind, oft eine heilkräftige Wirkung, weshalb sie als *Heilquellen* genutzt werden.

Die erodierende Wirkung des austretenden Wassers kann in flachem Gelände zu *Quellmulden,* an Steilhängen zu *Quellnischen* und bei besonderen geologischen Verhältnissen, v.a. im Karst, zu *Quelltrichtern* oder *Quelltöpfen* führen. – Abb. Grundwasser, S. 145.

Quellhorizont: Wenn an einer Grundwasser führenden Schichtfläche mehrere Quellen nebeneinander austreten, so spricht man von einem Quellhorizont.

Quellkuppe: Qu. nennt man eine durch einmalige Eruption entstandene vulkanische Kuppe aus zähflüssiger Lava, die unter einer Tuffbedeckung, die leicht abgetragen werden kann, aufgestaut wurde; z.B. der Drachenfels im Siebengebirge. Beim Herauspressen eines fast schon erstarrten Lavapfropfs spricht man von einer *Stoßkuppe.*

Quelltopf: Bei Karstquellen treten wegen der starken Wasserschüttung oft seenartig erweiterte Quellaustritte, Quelltöpfe, auf (z.B. der Blautopf in Blaubeuren).

Quertal: ↑Durchbruchstal.

R

Racheln (italienisch Calanche): Durch die abspülende Wirkung oberflächlich abfließender, heftiger Regengüsse bilden sich auf geneigten Hängen besonders in entwaldeten Gebieten lang gestreckte Rinnen und Furchen, die als R. bezeichnet werden.

Radioaktivität: Der ohne äußere Beeinflussung erfolgende Zerfall instabiler Atomkerne gewisser Nuklide bzw. Isotope bestimmter chemischer Elemente wird R. genannt. Dabei wandeln sich die Kerne eines radioaktiven Nuklids allmählich in die eines anderen Nuklids um (das dann einem anderen Element angehört), indem sie einen Teil ihrer Kernmasse in Form energiereicher Teilchen emittieren.

Radiocarbonmethode (C-14-Methode): Die R. ist eine Möglichkeit der ↑physikalischen Altersbestimmung.

Radiolarienschlamm: Der R. ist ein rotes, toniges Tiefseesediment, das 2% des Meeresbodens bedeckt. Er stellt eine an Kieselskeletten der Radiolarien (Strahlentierchen), das sind einzellige Wurzelfüßer, reiche Abart des Roten

Tiefseetons dar. Das durch Diagenese verfestigte, aus R. entstandene Gestein nennt man *Radiolarit.*

Ranch [englisch rɛntʃ]: Die R. ist ein landwirtschaftlicher Großbetrieb in den USA, der sich überwiegend auf die Viehzucht spezialisiert hat. Ihr Wirtschaftsziel ist nicht nur die Fleischproduktion, sondern auch die Entwicklung neuer Rinderrassen.

Randgruppe: Ein Begriff aus der Gesellschaftslehre, der soziale Gruppen umfasst, die eher am unteren Ende der Gesellschaftsschichten zu finden sind oder die sich einer Einordnung in das System der Gesellschaftsschichten entziehen. Sinti und Roma, Autonome u.a. sind Beispiele für solche Randgruppen.

Randmeer: Als R. wird ein vom Ozean durch Inselgruppen oder Inselgirlanden abgetrennter Meeresteil bezeichnet. R.e gehören zur Gruppe der ↑Nebenmeere. Beispiele für R.e sind Nordsee, Golf von Kalifornien, Japanisches Meer, Ostchinesisches Meer, Ochotskisches Meer und Beringmeer.

Randstörung (Randtief): Mit diesem meteorologischen Begriff wird eine oft nur schwach ausgeprägte Erniedrigung des Luftdruckes bezeichnet, die durch eine Ausbuchtung der Isobaren am Rande einer meist absterbenden Zyklone (↑Tiefdruckgebiet) erkennbar ist. Die R. zeichnet sich durch markante Wettererscheinungen aus (Drehen und Auffrischen des Windes, Bewölkungsaufzug, Niederschläge) und entwickelt sich oft zu einem kräftigen Tiefdruckgebiet, das dann mit der ursprünglichen Zyklone (Mutterzyklone) verwirbelt.

Randtiefe (Vortiefe, Saumtiefe): In der R. sammeln sich die Lockersedimente während einer ↑Orogenese.

Randtropen: R. nennt man die äußere Tropenzone. Hier herrscht ein Wechsel zwischen einfacher sommerlicher Regenzeit nach dem Zenitstand der Sonne und langer Trockenzeit mit äquatorwärts abfließenden Passatwinden. Der charakteristische jährliche Temperaturverlauf zeigt zwei Höhepunkte: kurz vor und nach der Regenzeit. Die R. bilden den Übergangsraum zum subtropischen Trockengürtel.

Ranker: Der R. ist ein flachgründiger Bodentyp mit A-C-Profil auf festen oder lockeren, kalkarmen oder -freien, silikatischen Gesteinen. Der Humushorizont (A) liegt dem Muttergestein (C) unmittelbar auf; der R. stellt eine geringe Weiterentwicklung des Rohbodens dar; im gemäßigten Klima in Steilhanglage sowie in sehr trockenen Gebieten ist er das Endstadium der Bodenbildung, sonst wird er rasch zu Braunerde oder Podsolen weiterentwickelt.

Raseneisenerz (Sumpferz, Wiesenerz, See-Erz): R. ist ein mit Ton vermengtes Eisenerz, das bei der Mischung von eisenhaltigem Grundwasser mit sauerstoffreichem Wasser in Seen, Bächen oder sumpfigen Wiesen ausgeschieden worden ist. R. wurde früher vielfach zur Eisengewinnung abgebaut.

Rassen: ↑Menschenrassen.

Rassentrennung: R. wurde bis vor kurzem im Rahmen der ↑Apartheid in der Republik Südafrika praktiziert.

Rät (Rhät): jüngste Stufe der alpinen ↑Trias.

Rat für gegenseitige Wirtschaftshilfe (Abkürzung RGW): ↑COMECON.

Raubbau: Dieses stets im negativen Sinne gebrauchte Wort kennzeichnet eine Wirtschaftsführung, die nur auf einen hohen Ertrag zur Deckung des unmittelbaren Bedarfs gerichtet ist und dadurch ohne Rücksicht auf die Zukunft die Grundlagen der Erzeugung schädigt. Im Prinzip ist jeglicher Bergbau R.; von R. spricht man aber v.a. beim Ackerbau, wenn dem Boden keinerlei Regenerationsmöglichkeiten (etwa durch Düngung, Brache u.a.) gegeben werden, bei der Waldnutzung, wenn mehr Holz geschlagen wird als in der gleichen Zeit nachwächst, sowie bei ↑Überweidung und ↑Überfischung. Der Wanderfeldbau ist eine Vorstufe des Raubbaus.

Raueis: Als R. bezeichnet man aus [unterkühltem] Nebel bei Wind entstehende Eisbildungen an Bäumen, Sträuchern und anderem, gewöhnlich in Form faseriger, weißer Zapfen oder »Fahnen«, die dem Winde entgegenwachsen.

Raumordnung (Raumplanung): Unter R. versteht man die zusammenfassende, übergeordnete, ordnende Planung, die über das Gebiet der kleinsten Verwaltungseinheit hinausgeht. Die R. ist überörtliche Planung und koordiniert vielfältige Fachplanungen. Sie vollzieht sich grundsätzlich auf vier Ebenen: im örtlichen Bereich durch die gemeindliche Bauleitplanung, im überörtlichen Bereich durch die Regionalplanung, die Landesplanung und die Bundesplanung. Aufgabe der R. ist es u.a., das Bundesgebiet in seiner allgemeinen räumlichen Struktur einer Entwicklung zuzuführen, die der freien Entfaltung der Persönlichkeit in der Gemeinschaft am besten dient; dabei sind die natürlichen Gegebenheiten sowie die wirtschaftlichen, sozialen und kulturellen Erfordernisse zu beachten. Die Ordnung des Gesamtraumes und die Ordnung der Einzelräume sollen unter Berücksichtigung der gegenseitigen Belange erfolgen. Zu den Grundzügen der R. gehört es, für alle Gebiete, auch für Verdichtungsgebiete und zurückgebliebene Gebiete, eine räumliche Struktur mit gesunden Lebens- und Arbeitsbedingungen sowie ausgewogenen wirtschaftlichen, sozialen und kulturellen Verhältnissen anzustreben.

Raureif (ältere Bezeichnung: Raufrost): R. nennt man diejenige Art des Niederschlags, bei der sich der Wasserdampf der Luft in Form von Eiskristallen an Gegenständen absetzt. Die Reifbildung tritt dann ein, wenn der ↑Taupunkt der Luft unter dem Gefrierpunkt liegt, und der Wasserdampf beim Erreichen dieses Punktes nicht kondensiert, sondern sublimiert, d.h. direkt in den festen Aggregatzustand des Wassers übergeht. Für Reifbildung ist Windstille, zumindest aber eine sehr geringe Windgeschwindigkeit Voraussetzung.

Realteilung: Bei der R. wird der bäuerliche Besitz zu gleichen Teilen an die Kinder vererbt. Dies führt im Laufe der Zeit zu einer starken Besitzzerstückelung. Die schmalen Parzellen sind über die gesamte Dorfflur verteilt und die Betriebsgrößen reichen oft bald nicht mehr aus, um eine bäuerliche Familie zu ernähren. In Gebieten mit R. sind deshalb der Landwirt und die erwachsenen Kinder gezwungen, ihren Lebensunterhalt außerhalb des Hofes, meist im industriellen oder im Dienstleistungsgewerbe in der Stadt, zu verdienen. Dadurch wird die Landwirtschaft zum Nebenerwerb. Man findet die R. vor allem in Südwestdeutschland. – Der R. steht das Anerbenrecht gegenüber.

Recycling [englisch 'ri:'saɪklɪŋ]: Mit R. meint man die Wiederverwendung von Abfällen (↑Abfallbeseitigung), Nebenprodukten oder [verbrauchten] Endprodukten der Konsumgüterindustrie als Rohstoffe für die Herstellung neuer Produkte. Das R. ist auf manchen Gebieten als Methode der Rohstoffbeschaffung, u.a. bei der Wiedergewinnung von Edelmetallen aus Münzlegierungen oder bei der Gewinnung von Faserrohstoffen aus gebrauchten Textilien, sehr alt, gewinnt aber im Zuge der Verknappung von Rohstoffen und unter den Aspekten des Umweltschutzes (schwindende Möglichkeiten für die Ablagerung von Müll, Belastung der Flüsse durch Abfallstoffe, Energieverknappung) auf zahlreichen weiteren Gebieten der chemisch-technischen Produktion und der Energiegewinnung zunehmend an Bedeutung. Wichtige Beispiele für R. bestehen z.B. in der Wiederverwertung von Eisenschrott, in der Aufarbeitung von Altaluminium, in der Wiederaufbereitung von Altöl, in der Verarbeitung von Altgummi und Kunststoffabfällen und in der Regenerierung von Lösungsmitteln.

Reduktion (Indianer-R.): Als R.en wurden die im 16. Jh. in Lateinamerika

R

(v.a. Paraguay) begründeten, meist von jesuitischen Missionaren geleiteten geschlossenen Siedlungen missionierter Indianer bezeichnet. Sie besaßen oft begrenzte Selbstverwaltung und wirtschaftliche Autarkie. Im Zuge der gesetzlichen Gleichstellung der indianischen Bevölkerung im 19. Jh. wurden die R.en endgültig aufgegeben.

Reede (offene Reede): Ein außerhalb des Hafens liegender, vor Seegang und Brandung geschützter Ankerplatz für Schiffe wird R. genannt. Auf R. liegende Schiffe werden mittels Leichtern ent- und beladen, Passagiere werden aus- bzw. eingebootet.

Regelkreis: Ein R. ist ein sich selbst regelndes System von Systemelementen, die alle untereinander negativ rückgekoppelt sind. – ↑auch dynamisches Gleichgewicht.

Regen: R. ist die am häufigsten auftretende Form des flüssigen Niederschlages. Er entsteht, wenn durch Abkühlung der Luft der Taupunkt unterschritten wird und ein Teil des Wasserdampfes zu kleinen Wassertröpfchen kondensiert. Durch das Zusammenfließen dieser Wassertröpfchen, die nun schwerer werden und vom Luftstrom nicht mehr getragen werden können, setzt der R. ein. Nach der Tropfengröße können verschiedene Arten des R.s unterschieden werden. Der gewöhnliche, großtropfige R. besteht aus vielen Tropfen mit einem Durchmesser von mindestens 0,5 mm, die mit einer Geschwindigkeit von mehr als 3 m/s fallen. Er bildet sich v.a. im Grenzgebiet zwischen warmen und kalten Luftmassen und dauert meist einige Stunden, mitunter länger als einen Tag an. Beim *Sprühregen,* auch als *Nieseln* bezeichnet, beträgt der Tropfendurchmesser weniger als 0,5 mm, die Fallgeschwindigkeit der Tropfen weniger als 3 m/s; er fällt meist aus Nebel oder Hochnebel aus. *Regenschauer,* aus großen R.tropfen bestehend, fallen aus hoch reichenden Quellwolken; sie beginnen meist ebenso plötzlich, wie sie wieder aufhören. Beim *Wolkenbruch,* einem meist kurzen, außerordentlich starken Regenschauer, treten Tropfengrößen von über 8 mm auf; die Regenmenge pro m^2 beträgt über 40 Liter nach einer halben Stunde.

Eine andere Unterteilung legt die Stärke des R.s zugrunde. Danach werden mäßige Niederschläge, die sich über ein größeres Gebiet erstrecken, als *Landregen* bezeichnet; sie treten v.a. in Verbindung mit Warmfronten auf.

Ein Landregen von mindestens sechs Stunden Dauer mit einer stündlichen Niederschlagsmenge von wenigstens 0,5 mm wird *Dauerregen* genannt; diese entstehen meist beim Stau von Wolken an Gebirgen. *Starkregen* sind Niederschläge, bei denen in einem bestimmten Zeitabschnitt eine bestimmte Mindestmenge an Niederschlag fallen muss (mindestens 5 l/m^2 innerhalb der ersten 5 Minuten. 10 l/m^2 nach 20 Minuten, 17 l/m^2 nach 1 Stunde). *Strichregen* wird ein nur schmale Landstriche überziehender, jeweilig nur kurz andauernder R. genannt, *Platzregen* ein starker R. von nur einigen Minuten Dauer, wie er häufig in Verbindung mit Gewittern auftritt. Als *Schwefelregen* und *Blutregen* werden durch Staub, Pollen (Blütenstaub) und Kleinlebewesen verfärbte Niederschläge bezeichnet. *Eisregen* ist ein R. aus Eiskörnchen, der sich gelegentlich bildet, wenn Regentropfen aus einer warmen Luftschicht in eine kältere fallen und dabei gefrieren. *Unterkühlter Regen* besteht aus kleinen Wassertröpfchen, die trotz Temperaturen unter dem Gefrierpunkt noch flüssig sind, bei Berührung des Bodens, der Gebäude usw. jedoch gefrieren und zur Bildung von Glatteis führen; man spricht auch hierbei von Eisregen.

Regenbogen: Der R. ist eine atmosphärische Lichterscheinung, ein in Spektralfarben leuchtender Kreisbogen auf den der Sonne gegenüberliegenden Regenwolken oder Regenstreifen. Der Mittelpunkt des zugehörigen Kreises ist der Gegenpunkt der Sonne. R. entstehen durch Brechung des Sonnenlichtes an der Grenzschicht zwischen Luft und Wassertropfen, ein- oder zweimaliger Reflexion an der Innenfläche der Tropfen und Überlagerung der gebrochenen und reflektierten Lichtstrahlen. Zu unterscheiden sind der *Hauptregenbogen* im Abstand von 42° und der seltenere *Nebenregenbogen* in einer Entfernung von 51° vom Sonnengegenpunkt. Bei am Horizont stehender Sonne können beide R. ihre größte Ausdehnung, die Form eines Halbkreises, annehmen. Die Farbenfolge des Hauptregenbogens ist von außen nach innen: Rot, Orange, Gelb, Grün, Blau, Indigo, Violett *(Regenbogenfarben),* beim Nebenregenbogen umgekehrt von Violett (außen) nach Rot (innen); häufig fehlt jedoch eine Spektralfarbe, vielfach Blau. Während das Gebiet zwischen Hauptregenbogen und Nebenregenbogen frei ist, schließen sich oft an den Hauptregenbogen nach innen, an den Nebenregenbogen nach außen *sekundäre Regenbogen (Interferenzregenbogen)* an, deren Farben der Farbfolge des Bogens, an den sie anschließen, entspricht. Bei sehr tief stehender (roter) Sonne fehlen zuweilen die blauen bis gelben Spektralanteile, man spricht dann von einem *roten Regenbogen* oder *Dämmerungsregenbogen.* – Während bei großtropfigem Regen gut ausgeprägte, farbige R. entstehen, beobachtet man bei kleintropfigem Regen weißliche breite R., bei Nebel einen bis zu 10° breiten, *weißen Regenbogen,* den *Nebelregenbogen.* – Regenbogenähnliche Erscheinungen können unter ähnlichen Bedingungen auch z.B. im Sprühwasser von Springbrunnen beobachtet werden.

Regenfeldbau (Trockenfeldbau): Bei dieser Form des Ackerbaus decken die Nutzpflanzen ihren Wasserbedarf unmittelbar aus den Niederschlägen, es findet also keine künstliche Bewässerung statt. Wegen der kalten Winter kommt in Mitteleuorpa der R. nur als Sommerfeldbau vor. In den inneren Tropen ist dagegen Dauerfeldbau möglich. In den Savannengebieten ist der R. ein typischer Regenzeitfeldbau. Die durch den Niederschlag bedingte Grenze der Verbreitung des R.s bezeichnet man als ↑Trockengrenze.

regengrüner Wald: Der regengrüne Wald ist ein nur in der Regenzeit belaubter Wald; er tritt in den wechselfeuchten Tropen auf.

Regenschatten: Die den Regen bringenden Winden abgewandte Seite von Gebirgen liegt im Regenschatten. Auf dieser Seite fallen im Vergleich zur *Wetterseite,* die diesen Winden ausgesetzt ist, weniger Niederschläge. Die Unterschiede in der Niederschlagsmenge nehmen mit der Höhe der Gebirge zu. Deutlich kann diese Wirkung der Gebirge am Harz beobachtet werden, der die atlantischen feuchten Luftmassen staut und zum Aufsteigen zwingt, sodass ein Großteil der Feuchtigkeit als Regen ausfällt. Weite Teile der südlich des Harzes im Lee, also in seinem R., gelegenen Leipziger Tieflandsbucht erhalten daher wesentlich geringere Niederschläge.

Regenwald: Der R. ist die charakteristische Pflanzenformation der ganzjährig feuchten Gebiete der Erde. Die Folge dieser Wachstumsbedingungen ist eine üppige Vegetation, die sich durch Artenvielfalt auszeichnet. Die Bäume sind immergrün und haben häufig derbe Blätter als Schutz vor den starken Niederschlägen. Der Laubwechsel verteilt sich über das ganze Jahr, ebenso die Blüte und die Fruchtreife. Das Holz zeigt keine Jahresringe, da während des ganzen Jahres ein gleichmäßiges Dickenwachstum möglich ist. Je nach geographischer Breite unterscheidet man den tropischen Regenwald, den subtropischen Regenwald und den temperierten Regenwald der frostfreien Außertropen. Entscheidend für die unterschiedliche Ausbildung sind v.a. die Temperaturen des kältesten Monats: ihr Mittelwert liegt in den Tropen bei 15 °C, in den Subtropen bei 7–8 °C und im temperierten Bereich bei 5–6 °C.

Tropischer Tieflandregenwald: Vgl. Sonderseite (S. 305).

Tropischer Gebirgsregenwald: Man findet ihn in Höhen von 1000–2000 m ü. d. M.; wegen abnehmender Temperaturen ist er etwas artenärmer als der Tieflandregenwald. Die Bäume werden bis zu 30 m hoch und bilden nur zwei Stockwerke. Über 50 % der Blütenpflanzen sind Sträucher und Kräuter. Man findet viele Epiphyten, v. a. Orchideen.

Subtropischer Regenwald: Er unterscheidet sich vom tropischen Tieflandregenwald durch das geringere Vorkommen von Lianen und Epiphyten. Die Baumfarne sind dagegen häufiger und es treten auch Nadelhölzer auf, z. B. die Kopalfichte.

Temperierter Regenwald: Nur wenige Arten bilden diesen Wald, häufig ist die Scheinbuche. Die Bäume erreichen mittlere Höhen von 20–30 m und können von Eukalyptusbäumen überragt werden. Baumfarne bilden das Strauchstockwerk. Mit den tropischen Gebirgsregenwäldern haben sie den Reichtum an Moosen, Flechten und Farnen gemeinsam, die auf den Bäumen wachsen. Typisch ist weiterhin eine oft erhebliche Beteiligung von Nadelhölzern. Sie treten v. a. in Südchile, in Victoria (Australien), auf Tasmanien und Neuseeland auf.

Eine lückenlose Abfolge aller Typen des Regenwaldes findet sich an der Ostküste Australiens, nach Süden über Tasmanien bis Neuseeland fortgesetzt. Die geschlossenen und offenen tropischen Regenwälder machen noch fast 40 % der Waldfläche und 11 % der Landoberfläche der Erde aus. Durch großräumige Waldrodungen in den tropischen Regenwäldern, besonders im Amazonasgebiet werden allerdings jährlich insgesamt 168 000 km^2 Wald vernichtet (nach Angaben der FAO).

Die Auswirkungen der Vernichtung tropischer Wälder auf das globale Klima sind noch nicht abzuschätzen.

Regenzeit (Feuchtzeit): Die R. ist die durch [starke] Regenfälle gekennzeichnete Jahreszeit. Die Tropenzone hat zwei R.en, die den Sonnenhöchstständen folgen (↑Zenitalregen, Äquatorialregen). Mit Annäherung an die Wendekreise vereinigen sich die beiden R.en zu einer einzigen. In den Monsungebieten wird die R. vom ↑Monsun bestimmt. Das subtropische ↑mediterrane Klima besitzt eine Winterregenzeit. Gebiete mit Niederschlägen zu allen Jahreszeiten haben keine R., sondern meist nur eine Hauptniederschlagszeit, die in kontinentalen Klimagebieten im Sommer-, in maritimen im Winterhalbjahr liegt.

Region: R. ist ein überwiegend in der ↑Raumordnung und ↑Landesplanung verwendeter Begriff. Gemeint ist ein nach der Wirtschafts- und Sozialstruktur durchaus nicht unbedingt homogenes, jedoch funktional zusammengehöriges Gebiet. Eine großstädtische Verdichtung kann den Kern einer R. bilden. Die Grenzen der R. decken sich oft nicht mit den Verwaltungsgrenzen. In Deutschland und einigen Nachbarländern wird die R. nicht selten als Raumordnungseinheit angestrebt. Beispiel hierfür ist der Raumordnungsverband Rhein/Neckar, der Teile der Länder Rheinland-Pfalz, Baden-Württemberg und Hessen mit dem Zentrum Mannheim-Ludwigshafen umfasst und über ein gutes Verkehrsverbundnetz verfügt. Es ist Aufgabe der Landesplanung und der Regionalplanung in der R., für die Lebensverhältnisse im Hinblick auf die ↑Daseinsgrundfunktionen eine bestmögliche räumliche Ordnung anzustreben.

regional: auf die ↑Region bezogen.

Regionalbewusstsein (lokale Identität): Mit R. bezeichnet man das im kulturhistorischen Zusammenhang erworbene (gelernte) Selbstverständnis eines Einzelnen oder einer Gruppe im Hinblick auf regionale Werte und Gewohnheiten. Das R. beruht auf einer positiven Identifizierung mit der Kultur eines regional (Heimat) definierten Milieus, wobei die Bedeutung der Sprache hervorzuheben ist. Der Wunsch und das Streben nach einem gemeinsamen R. verbinden sich häufig mit der politischen Forde-

R

Direkte Ursachen – Landnutzung
Wanderfeldbau traditioneller Wanderfeldbau mit langen Zyklen Wanderfeldbau mit kurzen Zyklen eindringende Landwirtschaft Weidewirtschaft
permanente Landwirtschaft permanenter Anbau von Hauptprodukten der Landwirtschaft Fischzucht regierungsgeförderte Umsiedlungsprojekte Rinderfarmen holzwirtschaftliche und andere Plantagen mit Exportprodukten
Bergbau
Wasserkraftwerke
Anbau von Drogenpflanzen
Indirekte Ursachen
sozioökonomische Mechanismen Bevölkerungswachstum wirtschaftliche Entwicklung
physikalische Faktoren Verteilung von Waldflächen räumliche Entfernung von Flüssen räumliche Entfernung von Straßen räumliche Entfernung von städtischen Zentren Topographie Bodenfruchtbarkeit
Regierungspolitik Landwirtschaftspolitik Forstpolitik sonstige politische Maßnahmen

Der tropische Regenwald ist mit mehr als 100 Baumarten pro Hektar die artenreichste Vegetationsformation der Erde. Er ist durch 3 (selten 5) Baumstockwerke gekennzeichnet: Das oberste besteht aus 50–60 m hohen Baumriesen, das mittlere aus 30–40 m hohen Bäumen, die ein geschlossenes Kronendach bilden, das untere erreicht 15 m Höhe – dabei handelt es sich z.T. um Jungwuchs.
Manche Bäume erreichen jedoch bis 90 m Höhe und haben riesige Brettwurzeln als Stützen. Dieser Wald ist reich an Lianen, die sich zum Licht hinaufranken und deren Stämme bis zu 20 cm Dicke erreichen können. Baumgräser machen ihn oft undurchdringlich (Abb. unten: Regenwald im Amazonasgebiet: Die Lichtfülle an Flussufern lässt den Wald üppig sprießen).

Im Innern des tropischen Regenwaldes allerdings fehlt wegen des extremen Lichtmangels eine Krautschicht vollständig (Abb. rechts: Die »grüne Hölle« zeigt sich hier erstaunlich durchgängig).
Die Ursachen der Vernichtung besonders der tropischen Wälder sind sehr vielschichtig (Tabelle: Direkte und indirekte Ursachen für die Vernichtung von Wäldern).

R

rung nach dem Selbstbestimmungsrecht etwa von ethnischen Minderheiten.

Regionalismus: Unter R. versteht man Bestrebungen zur Selbstverwaltung und zur begrenzten Unabhängigkeit einzelner Gebietsteile (Regionen) eines Landes. Die Erscheinung des R. ist besonders bei zentral verwalteten Staaten zu beobachten, in denen auf regionale Besonderheiten wenig Rücksicht genommen wird.

Regionalplanung: Teil der ↑Raumordnung.

Regionalzentrum (regionales Zentrum, Mittelzentrum): Im System der ↑Zentralen Orte ist ein R. ein Ort von mittlerer Zentralität.

Regression: Als R. bezeichnet man das Zurückweichen des Meeres aufgrund von Landhebung, d.h. infolge von epirogenetischen Bewegungen, oder Absinken des Meeresspiegels, also infolge eustatischer Meeresspiegelschwankungen. – Den Gegensatz nennt man Transgression.

Regur: ein Bodentyp, ↑Tirs.

Reichweite: In der Sozialgeographie wird der Begriff R. gelegentlich verwendet, um das ↑Einzugsgebiet einer bestimmten Einrichtung, allgemein: einer bestimmten Funktion eines ↑Zentralen Ortes, zu umreißen.

Reif: ↑Raureif.

Reiseverkehr: Es handelt sich hierbei um den Teil des ↑Personenverkehrs, der sich über weitere Strecken bewegt, hauptsächlich der Urlaubsverkehr.

Reizklima: Ein R. ist ein Klima, das starke Reize auf den Organismus, v.a. auf das vegetative Nervensystem, ausübt. Reize werden verursacht durch höhere Windgeschwindigkeit, niedrige Temperaturen, große Tagungsschwankungen der Temperatur und erhöhte UV-Strahlung. Reizklimate werden im Hochgebirge, an Meeresküsten und im Innern großer Kontinente angetroffen. In der Klimatherapie können sie sowohl heilende als auch schädliche Auswirkungen haben.

Rekultivierung: Unter R. versteht man die wirtschaftliche Wiedererschließung und landwirtschaftliche Neugestaltung eines durch menschliche Eingriffe zerstörten oder zeitweise verschlechterten Geländes, etwa von Kiesgruben, Steinbrüchen und Abraumhalden. Die ausgedehntesten zerstörten Gebiete hinterlässt in Deutschland der im Tagebau betriebene Braunkohlenbergbau. An der R. sind v.a. Wasser-, Wohnungs- und Straßenbau, Naturschutz sowie Land- und Forstwirtschaft beteiligt. Die Planung erfolgt in Zusammenarbeit mit der zuständigen Landesbehörde und ist Teil der Raumordnung.

relative Höhe: Die r. H. gibt die Höhe eines Berges über dem Talgrund an. Die *absolute Höhe* dagegen gibt die Höhe über dem Meeresspiegel an.

relative Luftfeuchtigkeit: Das ist der Wasserdampfgehalt der Luft, angegeben in Prozent. Bei einer r. L. von 100% ist die Luft mit Wasserdampf gesättigt. Überschüssiger Wasserdampf kondensiert zu Tröpfchen bzw. sublimiert zu Eiskristallen. Absolut trockene Luft (0%) wird selbst über Wüsten und bei sehr tiefen Temperaturen nicht angetroffen.

Relief:

- In der *Geomorphologie* ist R. eine zusammenfassende Bezeichnung für die Oberflächenformen der Erde.
- In der *Kartographie* wird ein Geländemodell, das eine verkleinerte, plastische Nachbildung eines Erdoberflächenausschnitts darstellt, als R. bezeichnet. Wird die gesamte Erde in dieser Art dreidimensional dargestellt, entsteht ein *Reliefglobus.* Die Nachbildung wird meist überhöht und in Gips, heute auch in Kunststoff, ausgeführt.

Reliefenergie: Die R. gibt die einem bestimmten Ausschnitt der Erdoberfläche aufgrund seiner Höhenunterschiede (zwischen dem höchsten und niedrigsten Punkt) innewohnende potentielle Energie an, die bei der Abtragung wirksam wird. Gemessen wird die R. in Meter pro Quadratkilometer (m/km²).

Reliefkarte: Die R. versucht das Relief mithilfe von Licht und Schatten herauszuarbeiten und so ein plastisches Bild der Erdoberfläche zu geben. Ursprünglich ist die R. aus der fotografischen Aufnahme des Reliefs bei Nordwestbeleuchtung hervorgegangen.

Reliefumkehr: Durch die unterschiedliche Widerstandskraft verschiedener Gesteinsschichten kann es zu der R. genannten geomorphologischen Erscheinung kommen, dass Landschaftsbild und tektonischer Bau nicht übereinstimmen: Geologische Mulden und Gräben bilden Erhebungen, geologische Sättel und Horste liegen dagegen tiefer als ihre Umgebung. R. liegt auch vor, wenn in Täler und Senken eingeflossene Lavaströme im Laufe der Abtragung der Umgebung zu Rücken und Plateaus herauspräpariert wurden.

Reliefumkehr

Ein geologischer Graben wird geomorphologisch zu einem Berg.

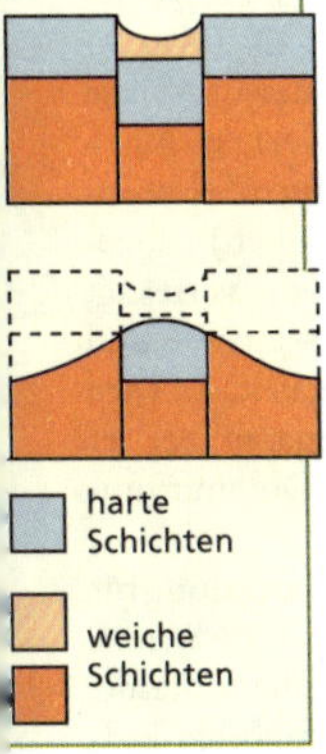

remanenter Magnetismus: svw. ↑Paläomagnetismus.

Rendzina (Fleinserde, Humuscarbonatboden): Die R. ist ein Bodentyp mit flachgründigem, stark humosem, schwarz bis schwarzbraun gefärbtem A-Horizont über hellem C-Horizont; sie bildet sich auf festem Carbonatgestein (Kalk, Dolomit) unter Laubmischwäldern der Mittelgebirge und Hügelländer in den gemäßigten Breiten, meist in Hang-, seltener in ebener Lage; sie wird meist als Grün- oder Waldland genutzt; sie entspricht dem Ranker auf Silikatgestein.

Rentenkapitalismus: Darunter versteht man ein in der Antike, heute auch noch im Orient verbreitetes Wirtschaftssystem, bei dem das kapitalistische Erwerbsstreben der im Wesentlichen städtischen Oberschicht nicht auf die Produktion von Gütern ausgerichtet ist, sondern sich auf das dauernde Abschöpfen von Ertragsanteilen ([Boden]renten, Pachten und Mieten) aus den von ihnen abhängigen Betrieben der meist hoch verschuldeten Bauern und Gewerbetreibenden konzentriert. Investitionen zur Erhaltung oder gar Steigerung der Produktivität werden nicht geleistet.

Reservat (Reservation):

◆ Als R. bezeichnet man einerseits ein bestimmten Bevölkerungsgruppen vorbehaltenes Siedlungsgebiet, besonders in Nordamerika, wo zahlreiche Indianerreservate eingerichtet wurden, und in Australien.

◆ R. nennt man aber auch ein zur Überlebensregion bestimmtes, kleineres oder größeres Gebiet, in dem bestimmte Tier- und/oder Pflanzenarten vor der Ausrottung durch den Menschen geschützt sind. Diesem Zweck können z.B. Naturwaldzellen, voll geschützte Naturschutzgebiete, Vogelschutzgebiete und Nationalparks wie etwa die Serengeti (Lebensraum für zahlreiche Huftiere) dienen.

Residuat (Rückstandsgestein): Das R. ist das wegen seiner geringen Löslichkeit verbleibende Restmaterial der Lösungsverwitterung, z.B. Kaolin oder Bauxit.

Ressourcen [rɛˈsʊrsən]: Mit diesem Fremdwort bezeichnet man die natürlichen Produktionsmittel für die Wirtschaft, also v.a. die Rohstoffe, aber auch die nutzbare Wasserkraft und anderes.

Restberg: R. ist die zusammenfassende Bezeichnung für Erhebungen eines früher weiter verbreiteten Berglands oder für übrig gebliebene Teile einer ehemals höheren Landoberfläche. Ihre Ausbildung kann gesteinsbedingt (Härtling) oder klimabedingt (Inselberg) sein. Zu den R.en gehört auch der ↑Zeugenberg.

rezent: Vorgänge und Lebewesen, die heute [noch] auftreten bzw. leben, und Gegebenheiten, die sich gegenwärtig bilden, werden als r. bezeichnet. – Der Gegensatz ist fossil. – ↑auch subrezent.

Rhyolith (Liparit): R. ist ein junges (tertiäres oder quartäres), saures Ergussgestein von grauer, gelblich grüner oder rötlicher Farbe, mit Einsprenglingen (Sa-

R

nidin, Plagioklas, Quarz und Biotit) in einer dichten, glasigen Grundmasse. R. besteht hauptsächlich aus Alkalifeldspat (etwa 60%), Quarz (30%) und Oligoklas (5%), einem Feldspat. Das entsprechende alte Ergussgestein ist der Quarzporphyr.

Ria: Eine R. ist eine tief in das Land reichende, schlauchförmige Meeresbucht, die durch das Eindringen des Meeres in ein Flusstal entstanden ist. Dieses Flusstal ist aber im Gegensatz zum Fjord nicht glazial überformt. Rias treten besonders an der Nordwestküste Spaniens sowie an den Küsten der Bretagne und Südirlands auf; diese durch sie geprägten Küsten werden daher *Riaküsten* (Riasküsten) genannt.

Richterskala (Magnitudenskala): Die R. ist eine Skala zur Bestimmung der Stärke von ↑Erdbeben.

Ried: Das R. ist ein anmooriges Gebiet mit einer entsprechenden Vegetation nasser Standorte. Hier wachsen hauptsächlich Schilf und Sauergräser, wie z.B. die Segge und das Wollgras. Es geht häufig in ein Flachmoor über. In Süddeutschland werden auch Moore als Ried bezeichnet.

Riedel: R. nennt man einen flachen, meist lang gestreckten und schmalen Geländerücken zwischen zwei Tälern.

Rieselbewässerung: R. ist die gebräuchlichste Art der künstlichen Bewässerung durch die ↑Berieselung der Felder.

Rieselfelder: R. sind Wiesen oder Ackerflächen, die der biologischen Reinigung von verschmutztem Wasser dienen. Man leitet das Wasser durch Gräben den Flächen zu und lässt es dann versickern. Besonders geeignet sind dabei sandige Böden mit einem nicht zu hohen Grundwasserstand. Die im Wasser vorhandenen Abfallstoffe werden durch die Sandschicht ausgefiltert und mithilfe von Bodenbakterien abgebaut. Die Endprodukte, wie z.B. Stickstoff und Kali, können dann wieder von den Pflanzen, meist handelt es sich um Hackfrüchte und Gemüse, genutzt werden. Durch den Einsatz der leistungsfähigeren biologischen Kläranlagen kommt man von dieser Art der Wasserreinigung und Düngung der Felder immer mehr ab. Heute dienen die ehemaligen R. in Deutschland oft der Grundwasseranreicherung oder der Trinkwassergewinnung.

Riff: Ein R. ist eine für die Schifffahrt gefährliche Aufragung von Felsen, die nahe an die Wasseroberfläche reichen. Im tropischen Bereich findet sich häufig das aus Kalkablagerungen von Korallen entstehende ↑Korallenriff.

Riffkalk: R. ist ein Kalk, der durch die Tätigkeit riffbildender Meeresorganismen (v.a. Korallen, aber auch Schwämme, Moostierchen, Kalkalgen) abgeschieden und zu Kalkstein verfestigt wurde; er ist meist ungeschichtet und von beträchtlicher Mächtigkeit, er wird deshalb auch *Massenkalk* genannt; bei der Diagenese wird er z.T. in Dolomit umgewandelt.

Rift: R. ist die englische Bezeichnung für Bruch- und Grabenzone. *Rift-Systeme* sind große Bruch- und Grabensysteme, deren ehemals zusammengehörige Erdkrustenteile getrennt und auseinander gerückt sind. *Rift Valleys* sind tiefe, tektonisch gebildete, festländische oder ozeanische (Zentralspalte des ↑Mittelozeanischen Rückens) Gräben.

Rillenspülung (Rinnenspülung): R. ist ein Abtragungsvorgang in den Trockengebieten der Erde, in denen die starken, aber seltenen Niederschläge nicht in einem regelmäßigen Gewässernetz abfließen, sondern auf geneigten Flächen scharf eingerissene Spülrinnen verursachen; sie sind eine Hauptform der Bodenzerstörung.

Rinnensee: R.n treten in ehemals vergletscherten Gebieten auf; sie erfüllen die ↑Schmelzwasserrinnen.

Rippelmarken (Rippeln): R. nennt man die wellenartige Gliederung einer Sedimentoberfläche (Sand, Gestein), die durch Wind oder strömendes Wasser entstanden ist.

Rißeiszeit: pleistozäne Eiszeit, ↑Eiszeitalter.

Riß-Würm-Interglazial: pleistozäne Warmzeit, ↑Eiszeitalter.

Rodung: Als R. bezeichnet man die Beseitigung von Wald, einschließlich der Baumstümpfe, um landwirtschaftlich nutzbares Land oder Siedlungsfläche zu gewinnen. Solcherart gerodete Flächen, die isoliert liegen, bezeichnet man als *Rodungsinseln,* an Leitlinien wie Flüssen vorangetriebene R.en nennt man *Rodungsgassen.* In Deutschland sind in der Rodezeit des Früh- bis Spätmittelalters Rodungsinseln entstanden. Häufig weist der Ortsname auf diese Entstehungsart der Siedlung hin.

Rohboden: Ein R. ist ein im Anfangsstadium der Entwicklung befindlicher Bodentyp, der unter besonderen physisch-geographischen Bedingungen, wie Steilhanglage, starke Abtragung oder Wüstenklima, auf kompakten Gesteinen (dann *Lithosol* genannt) oder auf frisch sedimentierten Lockergesteinen (dann *Regosol* genannt) entsteht. Der A-Horizont ist unzusammenhängend, dürftig bewachsen und fast humusfrei und liegt dem C-Horizont unmittelbar auf. Der R. der gemäßigten Breiten *(Syrosem)* entwickelt sich auf Silikatgestein im Allgemeinen zum Ranker, auf Carbonatgestein zur Rendzina.

Starkes Gefälle, hohe Niederschlagsdichte und in der Falllinie bestellte Äcker sind ideale Bedingungen für die Bodenerosion, die mit der **Rillenspülung** beginnt und mit tiefer Schluchtbildung enden kann.

Rohstoffe: Als R. werden Naturstoffe bezeichnet, die dem Menschen zur Herstellung von Gebrauchsgegenständen dienen. Dazu gehören sowohl Bodenschätze als auch tierische und pflanzliche Produkte, etwa Baumwolle, Wolle, Kautschuk. Die Bodenschätze werden außerdem in Energieträger (z.B. Kohle, Erdöl) und Nichtenergieträger (z.B. Metalle, Steine und Erden) unterteilt.

Roller: Als R. werden hohe brandende Dünungswellen an den Küsten sturmreicher Meeresgebiete bezeichnet.

Roll-on-roll-off-Schiff [englisch 'roʊl 'ɔn 'roʊl 'ɔf] (Ro-ro-Schiff): Ein R. ist ein Frachtschiff, das von Land aus über eine Heckklappe oder Seitenpforten befahrbar ist. R.e dienen v.a. dem Autotransport und dem Transport von Containern auf Sattelanhängern, den Trailern. Schiffe ausschließlich für letztere werden *Trailerschiffe* genannt.

Rossbreiten: R. werden die subtropischen Hochdruckgürtel zwischen etwa 25° und 35° nördlicher bzw. südlicher Breite genannt. Auf der Nordhalbkugel sind die Druckzellen wegen der hier größeren Landmasse gegenüber der Südhalbkugel um etwa 5 Breitengrade nach Norden verschoben. In den R. der Nordhalbkugel liegt auch das ↑Azorenhoch.

Rotation: R. ist das lateinische Wort für Drehung, es steht u.a.

- in der *Astronomie* für die Drehung eines Himmelskörpers (z.B. die ↑Erde) um seine eigene Achse (Rotationsachse).
- in der *Landwirtschaft* für die Fruchtfolge bei ↑Fruchtwechselwirtschaft.

Roterde: R. ist ein tiefgründiger, durch Eisenoxide und -hydroxide rot gefärbter Bodentyp der wechselfeuchten Tropen mit ABC-Profil. Er entsteht auf Silikatgesteinen unter Auswaschung von Siliciumverbindungen bei hoher Temperatur und Wasserüberschuss und unter Anreicherung von Eisen- und Aluminiumverbindungen, die in der Trockenzeit ver-

R

härten. Im Gegensatz zum Rotlehm weist sie ein stabiles, erdiges und sprödes Gefüge auf und ist nicht plastisch, da sie wenig Ton enthält. R. besitzt meist günstige physikalische, aber schlechte chemische Eigenschaften; sie ist meist sehr sauer und nährstoffarm. R. wird mit dem weniger stark entwickelten Bodentyp der *Gelberde* unter dem Begriff ↑Latosol zusammengefasst.

Roter Tiefseeton: Der R. T. ist ein Tiefseesediment, das nur in Tiefen von mehr als 5000m vorkommt; durch Eisenoxid ist er rotbraun gefärbt, er enthält oft Manganknollen. Da das kohlensäurehaltige, unter hohem Druck stehende Tiefseewasser den Kalk löst, ist der Ton sehr kalkarm. Der R. T. bedeckt rund 30% des gesamten Meeresbodens, im Pazifischen Ozean die Hälfte, im Atlantischen und Indischen Ozean je ein Viertel.

Rotlehm: R. ist ein tiefgründiger, durch Eisenoxid rot gefärbter Bodentyp mit ABC-Profil, der in tropischen und subtropischen Klimaten auf Silikatgesteinen entsteht. Er entwickelt sich unter weniger intensiven Verwitterungsbedingungen als die Roterde; d.h. die Siliciumverbindungen werden nicht völlig ausgespült, sodass Kaolinit gebildet werden kann. Dieser Tonanteil bedingt einen lehmigen und plastischen Charakter dieser Böden; man fasst sie mit den entsprechend weniger stark entwickelten Bodentypen, dem subtropischen *Braunlehm* und dem unter Staunässeeinfluss gebildeten *Grau-* oder *Weißlehm* auch als *Plastosole* zusammen.

Rotliegend (Unterperm): ältere Abteilung des Perm, ↑Geologie, Zeittafel.

Rubịdium-Strọntium-Methọde: Die R. ist eine Möglichkeit der ↑physikalischen Altersbestimmung.

rückschreitende Erosion: ↑Erosion.

Rückstandsgestein: svw. ↑Residuat.

Rückzugsstadien: ↑Stadium.

Rückzugsvölker: Als R. werden Restgruppen von Bevölkerungen bezeichnet, die sich unter dem Druck ihnen überlegener Völker in Randgebiete des Siedlungsraumes *(Rückzugsgebiete)* zurückgezogen und dort an die Umgebung angepasst haben, sodass sie jetzt ein zwar materiell verarmtes, technisch und wirtschaftlich jedoch hoch spezialisiertes Dasein führen. R. sind z.B. die Pygmäen, Buschmänner, Australier, Negritos.

Rumpffläche: Die R. ist eine meist flachwellige Verebnungsfläche, bei der schräg gestellte oder gefaltete Schichten durch Abtragungsvorgänge gekappt und eingerumpft wurden.

Rumpfgebirge: Als R. bezeichnet man einen nach Abschluss der Orogenese mehr oder weniger flächenhaft abgetragenen Gebirgskörper; aus geologischer Sicht stellt er trotz der Einebnung ein Faltengebirge dar. Diese R. wurden nachträglich oft erneut gehoben, wobei der Gebirgskörper meist nicht nur an einer Flexur verbogen, sondern auch an Verwerfungen in einzelne, unterschiedlich gehobene Bruchschollen zerstückelt wurde; in diesem Fall spricht man von *Rumpfschollengebirge.*

Rundhöcker: R. sind durch die Bewegung des Eises abgerundete längliche Felshügel von bis zu 100m Höhe; sie sind daher heute in ehemals vergletscherten Gebieten anzutreffen. R. haben eine glatte, flach ansteigende Seite, die dem ehemaligen Eisstoß zugewandt war, d.h. auf die das Eis aufglitt, und eine schroff verwitterte, steilere Rückseite. Zahlreich auftretende R. bilden eine *Rundhöckerlandschaft,* so besonders in Schweden und Finnland. Wird eine solche flach vom Meer überflutet, sodass nur noch die oberen Teile der R. aus dem Wasser schauen, entsteht eine *Schärenküste.*

Rundling: Beim R. handelt es sich um einen besonderen Typ des Weilers. Er kommt nur im ehemaligen deutsch-slawischen Grenzraum in Mitteleuropa vor, also in Mecklenburg, Ostniedersachsen, in der Altmark, in Thüringen und Sachsen. Um den platzartigen Innenraum (meist mit Anger), in dem die Stichstraße von der Überlandstraße endet, liegen in runder Anlage die Hofstellen, die alle unmittelbaren Anschluss an die Flur (Streifengemengeverband) haben. – Abb. Siedlungsformen, S. 332.

Runse: Die R. ist eine durch fließendes Wasser gebildete Auswaschungsrinne an steilen Berghängen; sie bildet oft gleichzeitig eine Steinschlag- und Lawinenbahn.

Rutschung: R. nennt man eine feuchte Massenbewegung, bei der an Hängen feinkörniges, durchfeuchtetes Material in Bewegung gerät.

S

Saaleeiszeit: pleistozäne Eiszeit in Norddeutschland, ↑Eiszeitalter.

Sahel: Als S. wird die Übergangszone vom eigentlichen Wüstengebiet der Sahara zur Dornstrauchsavanne am Saharasüdrand bezeichnet; er bildet einen breiten Gürtel vom Atlantik bis zum Roten Meer und ist etwa 2 Mill. km² groß. In diesem Lebensraum treten regelmäßig Dürren auf, auf die die Bevölkerung ursprünglich eingestellt war: Die Nomaden kannten und respektierten Weide- und Brunnenrechte; es gab auch Land- und Wasserreserven, die nur in den Dürrezeiten aufgesucht wurden. Es gab also eine durchaus ausreichende Selbstversorgungswirtschaft, wenn auch in einem recht labilen Gleichgewicht. Die natürlichen Gegebenheiten regelten somit nicht nur den Viehbestand, sondern auch die Bevölkerungsdichte. Mit dem Aufkommen der staatlichen Verwaltung, die Geld benötigte (Viehsteuer; Anbau von Devisen bringenden Feldfrüchten), waren die Bewohner gezwungen, die Reserven in ständig zu nutzende Gebiete umzuwandeln; um das zu ermöglichen, wurden zahlreiche Brunnen für die Bewässerung und als Viehtränken erbohrt. Außerdem wuchs damit die Bevölkerungsdichte (verbunden mit einer besseren medizinischen Versorgung). So wurde von mehr Menschen mehr Vieh gehalten, und es wurde mehr Land bestellt, als der Naturraum eigentlich zulässt. Als nun die zu erwartende Dürreperiode ab 1968 einsetzte, stand kein Reserveland zur Verfügung, weder für die Bevölkerung noch für den angewachsenen Viehbestand. Die Katastrophe war unvermeidlich. Die Herden gingen zu 60–80 %, bei einigen Tuaregstämmen sogar zu 90 % ein. Die Ernten erbrachten kaum die Hälfte der Durchschnittsjahre, vielerorts und bei einigen Früchten sogar weniger. Eine Hungersnot nie gekannten Ausmaßes (denn nie lebten so viele Menschen in diesem ungünstigen Lebensraum) war die Folge, die Menschen, z. T. mit Vieh, flohen in günstigere Gebiete im Süden und belasten nun hier das Gleichgewicht zwischen Natur und Mensch. Mit dem Wiederbeginn der Niederschläge 1974 wurde der Notstand nicht beendet, denn während der Dürre wurde die Holz- und Strauchvegetation durch Viehverbiss oder Abholzung vernichtet und die dünne Humusschicht zerstört; die Wüste hat sich ausgedehnt. – ↑auch Desertifikation.

Saisonsiedlung: Es handelt sich hierbei um eine nur während einer bestimmten Zeit im Jahr bewohnte Siedlung. Außerdem unterscheidet man dabei nach der Funktion zwischen Wirtschafts- und Freizeitsiedlungen; zur ersten Gruppe gehören die Sennereien der Almen und die ↑Cannery-Siedlungen, zur zweiten die Skihütten und Feriendörfer.

Salar: Bezeichnung für eine ↑Salztonebene in Südamerika.

Saline: Eine S. ist eine Anlage, in der aus natürlichen wässrigen Salzlösungen (also Meerwasser, Wasser von Salzseen, kochsalzhaltige Quellen) durch Verdunstung des Wassers Kochsalz gewonnen wird. Die einfachsten Anlagen sind ↑Salzgärten. In modernen S.n arbeitet man mit Verdampfersystemen oder mit Sudpfannen und nachgeschalteten Zentrifugen.

Salzböden: Als S. bezeichnet man in ariden, semiariden und semihumiden

S

Salzgärten: Im Norden von Lanzarote wird in »Konzentrationsbecken« Meerwasser zur Verdunstung gebracht. Für die Rotfärbung der Sole sind Bakterien verantwortlich. Je konzentrierter die Lauge, desto härter werden ihre Lebensbedingungen (links). – Im auskristallisierten Salz (runde Gruben) sind sie dann verschwunden und mit ihnen die rote Farbe (rechts).

Klimagebieten anzutreffende Böden, in denen lösliche Salze aufgrund natürlicher Bodenbildungsprozesse oder bei der Bewässerung arider Gebiete oberflächlich oder in bestimmten Bodenhorizonten ausgeschieden sind; man unterscheidet (mit zunehmendem Salzgehalt) *Solod, Solonez* und *Solontschak.* – ↑auch Bodenversalzung.

Salzgärten: Zur Salzgewinnung in Küstengebieten mit warmem Klima wird Meerwasser, in ariden Gebieten auch Wasser aus Salzseen oder kochsalzhaltigen Quellen in ein System flacher Becken, die S. gebracht, in denen man die Sole unter Einwirkung der Luft eintrocknen lässt (das Wasser verdunstet), bis das Salz allein zurückbleibt.

Salzhut: Ein S. ist der oberste Teil eines ausgelaugten ↑Salzstocks; bei Gips spricht man von Gipshut.

Salzpfanne: Eine S. ist eine Sonderform der ↑Salztonebene, eine flache Hohlform in abflusslosen Trockengebieten, auf deren Salzboden Salzausblühungen und Salzkrusten auftreten können. Nach den seltenen, kurzen Niederschlägen verwandelt sie sich in einen Salzsumpf. S.n treten u.a. in Südwestafrika auf, wo sie *Vley* genannt werden.

Salzsee: Ein S. ist ein See mit überdurchschnittlichem Salzgehalt. Im Allgemeinen handelt es sich um Endseen, deren Salzgehalt durch die dauernde Verdunstung ständig steigt. Außer den gewöhnlichen S.n, die Kochsalz, Magnesiumchlorid und Magnesiumsulfat enthalten, gibt es *Natronseen* (mit Natriumsulfat und Soda) und *Boraxseen* (mit $Na_2B_4O_7$). Da S.n als Endseen großen Wasserstandsschwankungen unterliegen, kann es randlich oft zur Austrocknung kommen. Viele S.n werden daher zur Salzgewinnung genutzt. Große S.n sind der Aralsee mit einem Salzgehalt von 1,1–1,4 %, das Kaspische Meer (Salzgehalt im Südosten 1,4 %, im Kara-Bogas-Gol 30 %), der Great Salt Lake in den USA (Salzgehalt 25–27 %) und das Tote Meer (Salzgehalt 29–33 %).

Salzstock (Salzdom, Salzhorst, Diapir): Salzschichten, die von Gesteinen höherer Dichte überlagert werden, geraten leicht in einen Zustand des plastischen Fließens und suchen dann in Richtung des größten Druckgefälles auszuweichen. Diesen Vorgang nennt man *Halokinese.* V.a. in Schwächezonen der Erdkruste, besonders an Verwerfungen, dringt das Salz aufwärts, durchstößt die überlagernden Schichten und bildet eine dom-, stock- oder pilzförmige Masse, den Salzstock. Die Deckschichten werden dabei an den Flanken des S.s mitgeschleppt, aufgewölbt oder überkippt. Diese Schicht-

S

strukturen sind günstig für die Bildung von Erdöllagerstätten. Die obersten Teile des S.s werden oft, sofern sie nahe genug an die Erdoberfläche gelangt sind, durch Sickerwasser ausgelaugt und bilden dann eine Kappe aus wasserhaltigen Anhydritgesteinen, den *Salzhut;* meist besteht er aus Gips; dann spricht man von *Gipshut.*

Salzsumpf: Nach den periodischen oder episodischen Niederschlägen sammelt sich in den innersten Teilen von ↑Salztonebenen und ↑Salzpfannen soviel Wasser an, dass diese zu kurzlebigen Salzsümpfen werden.

Salztektonik (Salinartektonik): Von S. spricht man bei Störungen der Schichtlagerung, die durch Bewegungen von Salzgesteinen hervorgerufen wurde. Diese führen zu besonderen Deformationsformen, wie Salzstöcken, da sich Salz gegenüber Druck plastisch verhält.

Salztonebene: Im Inneren großräumiger abflussloser Becken sind S.n weit verbreitet. Das sehr feine Material dieser Schwemmebenen wird von benachbarten Gebieten durch periodische oder episodische Flüsse eingeschwemmt und bleibt als salzreicher Ton beim Verdunsten des Wassers zurück. Während der Regenzeit sind die S.n von flachen Salzsümpfen erfüllt, die aber sehr schnell wieder austrocknen, wobei sich am Boden die typischen polygonen Trockenrisse bilden. Entsprechend ihrem Vorkommen tragen die S.n unterschiedliche Namen: *Bajir* in Innerasien, *Takyr* in Turan, *Kawir* in Iran, *Playa* in Mexiko, *Salar* in Südamerika, *Schott* im Atlas und *Sebcha* in der Sahara.

Salzwüste: Die S. ist eine durch den Salzreichtum des Bodens charakterisierte Wüste.

Sammelwirtschaft: Bei dieser Wirtschaftsform wird der Lebensunterhalt durch Sammeln von Wildfrüchten, Wurzeln, Knollen, Grassamen und Insekten bestritten. Das wichtigste Arbeitsgerät ist der Wühlstock. S. finden wir u.a. bei den ↑Wildbeutern.

Samum: Der S. ist ein trockener, heißer, meist staub- und sandbeladener Wüstenwind in Nordafrika und auf der Arabischen Halbinsel. Er kann als heftige Luftströmung in lokal entwickelten Hitze-

Salzstock

Ablaugung eines Salzstockes (nach Seidl). Bei der saxonischen Gebirgsbildung wurde das Salzlager zu einem Salzhorst zusammengestaucht und aufgepresst, dann oben durch Auflösung zerstört; über dem Salzspiegel befindet sich der Gipshut [+ + +]; im Salzstock dunkelblau dargestellt: Kalisalzschichten

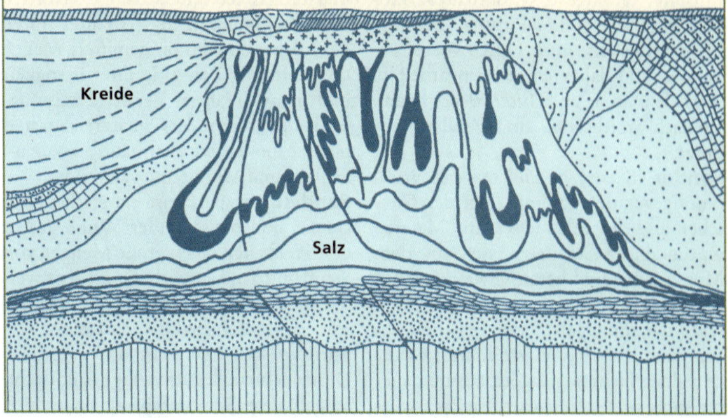

tiefs auftreten, die durch starke Sonneneinstrahlung und damit verbundener Aufheizung der Luft über den weiten Wüstengebieten entstehen, oder aber an der Vorderseite von Tiefdruckgebieten über dem Mittelmeer.

Sand: S. ist ein klastisches Lockergestein, das aus Mineralkörnern von 0,063 bis 2 mm Durchmesser besteht. Man untergliedert nach den Korngrößen in *Feinsand* mit 0,063 bis 0,2 mm, *Mittelsand* mit 0,2 bis 0,63 mm und *Grobsand* mit 0,63 bis 2,0 mm Durchmesser. Am verbreitetsten ist *Quarzsand,* der überwiegend aus gerundeten Quarzkörnern besteht, die durch Beimengungen unterschiedlich gefärbt sein können, z.B. durch Eisenoxide bräunlich, durch Kohlenstaub dunkelbraun bis schwarz oder durch Glaukonit grünlich. Je nach Transportart unterscheidet man zwischen *Fluss-, Schwemm-* und *Seesand* (Wassertransport) und *Flug-, Dünen-* und *Wüstensand* (Windtransport). Als glazifluvial oder fluvioglazial bezeichnet man S.e, die durch abfließende Gletscherschmelzwässer abgesetzt wurden.

Sandbank: Als S. bezeichnet man eine flache Untiefe in einem Gewässer; im Meer spricht man auch von Sandriff.

Sandböden: S. sind ↑Bodenarten mit über 40% (meist bis zu 80%) Sand und bis 15% Ton. Typisch sind gute Wasserführung, geringes Wasserhaltevermögen, intensive Durchlüftung, geringer Nährstoffgehalt, gute Durchwurzelbarkeit; S. sind daher leicht zu bearbeiten, weshalb man sie auch *leichte Böden* nennt. Vielfach werden sie für Waldland genutzt.

Sander (Sandr): S. bildeten sich großräumig vor den Endmoränen der Gletscher und des Inlandeises. Ihr Material wurde durch Schmelzwässer aus dem Moränenmaterial herausgewaschen. Auf diese Weise entstanden schwach geneigte Schwemmkegel. Diese bestehen aus Sand und Kies; das feinste Material wurde jedoch nicht abgelagert; S. sind daher meistens wenig fruchtbar. Vielfach wurden die Sande durch die Winde der trocken-kalten und vegetationsarmen Tundrenzeit zu Dünen umgelagert. S. finden sich am Rande der nordeuropäischen Vereisung, da der lange Transportweg innerhalb und unterhalb des Eises genügend feines Abtragungsmaterial entstehen ließ. Im Alpenvorland sind die ↑Schotterkörper die entsprechende Erscheinung.

Sandriff (Schaar): Ein S. ist eine an Flachküsten parallel zur Uferlinie des Meeres auftretende Sandbank, die in manchen Fällen auch über den Meeresspiegel hochwachsen und somit eine lang gestreckte Sandinsel bilden kann.

Sandschliff: S. ist die häufigste Art des ↑Windschliffs.

Sandstein: S. ist ein Sedimentgestein, das größtenteils aus Quarzkörnern, aber auch Feldspat-, Glimmer-, Glaukonit- u.a. Mineralkörnern besteht, die durch ein Bindemittel verkittet sind. S.e werden meist nach der Art des Bindemittels als Ton-, Kiesel- oder Eisensandstein unterschieden; daneben werden sie auch häufig nach der Farbe, nach dem Vorkommen, nach der geologischen Epoche oder nach den Resten eingebetteter Organismen bezeichnet. S.e sind weit verbreitet und kommen in allen geologischen Zeitabschnitten vor; poröse S.e bilden häufig das Speichergestein für Erdöl und Erdgas. S.e unterscheiden sich nach der Zusammensetzung (Art und Anteil der Körner und des Bindemittels, Menge und Form der Poren) in ihrer Festigkeit und damit in ihren Verwendungsmöglichkeiten; besonders quarzreiche und porenarme S.e werden häufig als Bau-, Schleif- und Mühlsteine verwendet.

Sandsturm: Ein S. ist ein starker, trockener und meist heißer Wind, der in den Trockengebieten große Mengen von Staub und Sand aufwirbelt und über weite Strecken mit sich führt; solche Sandstürme sind Schirokko und Samum.

Sandwüste: Die S. ist der als großes Dünengebiet oder als wellige Sandfläche ausgebildete Wüstentyp; er findet sich

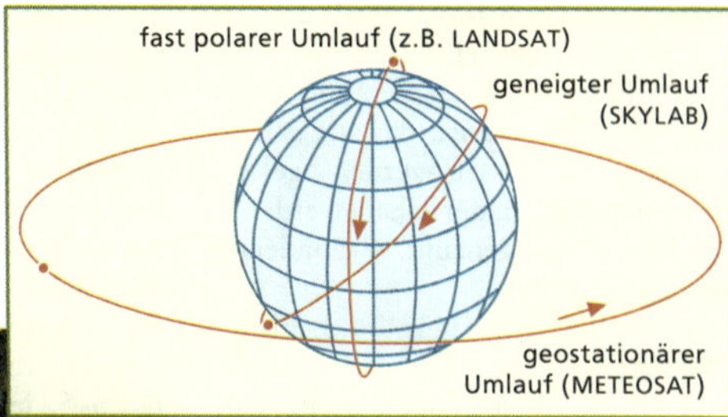

Seit 1972 sind die ersten Satelliten zur Erkundung der Erde gestartet worden. Bei ihren Umlaufbahnen können drei Arten unterschieden werden: polar, geostationär und geneigt. Die polare Umlaufbahn bei den Satelliten LANDSAT, SPOT, NOAA und NIMBUS, die sich in Höhen

zwischen 700 und 1 000 km befinden, verläuft etwa von Pol zu Pol. Die Datenaufzeichnung geschieht bei diesen Satelliten entlang der Flugrichtung in einer bestimmten Streifengröße. Durch die Erddrehung kann die ganze Erde erfasst werden. Nach einer festgelegten Zahl von Tagen werden dieselben Streifen wieder beflogen. Geostationäre Umlaufbahnen nehmen Satelliten wie METEOSAT ein, um ein bestimmtes Gebiet der Erdoberfläche ständig zu beobachten. Dazu sind Höhen von 30 000 bis 40 000 km notwendig. Bemannte Raumschiffe folgen geneigten Umlaufbahnen (Abb. oben Umlaufbahnen). Die Eigenschaften der Aufnahmesysteme auf den Satelliten werden von der radiometrischen und geometrischen Auflösung bestimmt. Radiometrische (spektrale) Auflösung bedeutet, in welchen Wellenlängenbereichen die von der Erde reflektierte Strahlung erfasst werden kann. Die geometrische Auflösung bezeichnet die kleinstmögliche Fläche, für die die Sensoren Strahlung registrieren können (Tabelle).
Die Daten von LANDSAT und SPOT werden vor allem zur Umweltbeobachtung eingesetzt. Ein besonderer Vorteil gegenüber Karten liegt darin, dass relativ schnell und aktuell ein Überblick über ein größeres Gebiet gewonnen werden kann. Dies gelingt allerdings nur bei wolkenfreier Sicht, denn Wolken sind für sichtbare und infrarote Strahlung undurchlässig (Abb. links: Satellitenbild von Heidelberg).

Technische Angaben zu Satelliten

Satellit	Art der Umlaufbahn	Höhe des Umlaufs in km	Repetition	Aufnahmesystem	Kanäle	geometrische Auflösung	Breite des Aufnahmefeldes
LANDSAT 1–3	fast polar	930	18 Tage	MSS RBV	4 3	79 m x 79 m	185 km
LANDSAT 4–5	fast polar	705	16 Tage	MSS TM	4 7	30 m x 30 m	185 km
SPOT	fast polar	830	26 Tage	HRV	3 1	20 m x 20 m 10 m x 10 m	60 km (117 km)
NIMBUS 7	fast polar	955	–	AVHRR	5	825 m	–
NOAA 9	fast polar	850	–	AVHRR TOUS	5	1 km	3 000 km
METEOSAT	geostationär	36 000					Halbkugel zw. 60° nördl. und 60° südl. Breite

S

längs den Küsten und überall dort, wo anstehender Sandstein bei der Verwitterung genügende Mengen Sand abgibt, oder wo Feinmaterial, das aus anderen Gebieten ausgeblasen wurde, abgelagert werden konnte. In der Sahara werden S.n *Erg* oder *Edeien* genannt. – ↑Sonderartikel Wüste (Abb.).

Sapropel: Fachwort für ↑Faulschlamm.

Satellit:

◆ (Trabant). Ein S. ist der Begleiter eines Planeten; z.B. der Mond.

◆ *Künstliche Satelliten* sind Raumflugkörper, die sich in nahezu elliptischer oder kreisförmiger Bahn um eine Zentralmasse (Planet, Mond), meist aber um die Erde *(Erdsatellit)* bewegen. Aufgrund des nicht exakt kugelsymmetrischen Gravitationsfeldes der Erde, durch Gravitationseinflüsse anderer Himmelskörper sowie durch den Einfluss der äußeren Schichten der Erdatmosphäre (bei relativ erdnahen Bahnen) ergeben sich jedoch Abweichungen von den elliptischen bzw. kreisförmigen Raumflugbahnen der Erdsatelliten. Die Bewegung in den äußeren Schichten der Atmosphäre führt infolge der Reibung zu einer ständigen Verlangsamung der Bahngeschwindigkeit und damit zu einer Abnahme der Bahnhöhe, sodass der S. schließlich in den dichteren Schichten der Atmosphäre durch Reibungswärme stark erhitzt wird und – sofern keine besonderen Vorkehrungen getroffen wurden – in der Atmosphäre verglüht.

Mit dem Start des ersten sowjetischen Erdsatelliten »Sputnik 1« 1957 und des ersten amerikanischen Erdsatelliten »Explorer 1« 1958 begann die Erforschung des erdnahen Weltraums mithilfe von S.en, die eine Vielzahl neuer Erkenntnisse brachte. Bereits 1961 konnten die ersten bemannten Raumflugkörper als S.en in eine Erdumlaufbahn gebracht werden. Parallel dazu liefen die Entwicklung und der Start von Forschungssatelliten für geophysikalische, astronomische u.a. Messungen sowie von Nutzsatelliten verschiedenster Art, z.B. Funksatelliten, Fernsehsatelliten und Wettersatelliten. Raumstationen auf Satellitenbahnen ermöglichen auch den längeren Aufenthalt von Menschen im Weltraum.

Satellitenfernerkundung: Vgl. Sonderseite (S. 315).

Satellitenstaaten: Staaten, die sich in großer Abhängigkeit von einem anderen Staat befinden, werden S. genannt. In der Regel wurden die osteuropäischen Staaten als S. der UdSSR bezeichnet.

Satellitenstadt: Dieser Ausdruck wird häufig als Synonym für Trabantenstadt gebraucht. Eine S. im eigentlichen Sinn ist aber eine Stadt, die zur Entlastung einer Großstadt neu angelegt wurde und die (im Gegensatz zur Trabantenstadt) bereits ein wichtiger Gewerbestandort ist. Auch besitzt die S. Versorgungsfunktionen des täglichen Bedarfs.

Sattel: ↑Falte.

Säuerling (kohlensaure Quelle): Ein S. ist eine ↑Mineralquelle, die freies Kohlendioxid enthält.

Saumriff: Das S. ist eine Art des ↑Korallenriffs.

Saumtiefe (Randtiefe, Vortiefe): In der S. sammeln sich die Lockersedimente während einer ↑Orogenese.

saurer Regen: S. R. ist die Bezeichnung für Niederschlag mit pH-Werten unter 5,6. Die Übersäuerung des Niederschlagswassers ist auf den Gehalt an Schwefel- und Salpetersäure zurückzuführen, die sich in der Atmosphäre als Folge der Schwefeldioxid- und Stickstoffoxidbelastung bilden.

In hohen Konzentrationen wirkt sich s. R. schädlich auf das Ökosystem (v.a. auf Seen, Wälder und Böden) aus.

Durch die Versauerung des Bodens kommt es einerseits zur Auswaschung von Nährstoffen, andererseits werden in größeren Mengen schädliche Metallionen, wie etwa Aluminium, freigesetzt, die beispielsweise die Wurzelhaare der Bäume schädigen. Die Folge ist eine verminderte Aufnahme von Nährstoffen und von Wasser. Der Wassermangel bedingt ein frühzeitiges Vergilben von Na-

Parksavanne im Norden Namibias mit lockerem, hainartigem Baumbestand im Übergangsbereich zur Waldsavanne

Termitensavanne im Hochland Namibias mit 1 Meter hoher »Termitenburg« auf Latosol

Dornstrauchsavanne am Westrand der Kalahari (Botswana) mit Dornakazien und Trockenbüschen

Trockensavanne der Küstenebene Tihama, Jemen, mit eingestreuten Akazien und Trockenbüschen

del- und Laubblättern bzw. deren verfrühten Abfall. – ↑auch Waldsterben.

Savanne: Die S. ist eine Vegetationsformation der wechselfeuchten Tropen mit geschlossenem Graswuchs und mit in mehr oder weniger großem Abstand voneinander wachsenden Holzgewächsen. Inmitten der S. entsteht daher der Eindruck von einem in der Ferne beginnenden Wald. Fehlen Holzgewächse, spricht man von tropischem Grasland. Natürliche S. kommt nur bei Jahresniederschlägen unter 600 mm vor; sekundäre Savannen entstehen durch regelmäßige Brände, die oft vom Menschen verursacht werden. Während der Regenzeit herrscht ein üppiges Pflanzenwachstum, in der Trockenzeit wird das Land von der Sonne verdorrt, und es besteht die Gefahr von Bränden. Typische Savannentiere sind die schnellfüßigen Antilopen, Zebras, Giraffen und Büffel, die von Löwen, Leoparden und Geparden gejagt werden. Unter den Kleinsäugern finden sich v.a. bodenbewohnende Nagetiere.

Große Teile der S. sind heute Ackerland; Baumwolle, Erdnüsse und Hirse sind wichtige Anbaupflanzen. In trockeneren Gebieten ist Ackerbau nur mit künstlicher Bewässerung möglich. Hier wird auch Viehzucht betrieben, wobei sehr oft die Gefahr der Überweidung besteht. Aufgrund unterschiedlich hoher Niederschlagsmengen unterscheidet man zwischen ↑Feuchtsavanne, ↑Trockensavanne und ↑Dornstrauchsavanne, die bereits den Übergang zur Halbwüste bildet. Die Übergänge zwischen diesen einzelnen Typen sind fließend. Man findet S.n in den tropischen Bereichen aller Kontinente. Am deutlichsten sind die einzelnen Typen im Sudan Afrikas ausgebildet. Durch besondere Gegebenheiten bedingte Sonderformen sind die ↑Termitensavanne und die ↑Überschwemmungssavanne.

Schaar: svw. ↑Sandriff.

Schachbrettgrundriss: Es handelt sich hier um einen Stadtgrundriss mit rechtwinklig sich kreuzenden Straßen. Im Idealfall ist der Kreuzungsabstand immer gleich, sodass der Stadtgrundriss nur Quadrate zeigt. Man findet diesen Grundriss nur bei geplanten Städten, z.B. Residenzstädten wie Mannheim; besonders deutlich ausgeprägt bei den spanischen Kolonialstädten in Lateinamerika.

Schädlingsbekämpfung: Bei der Sch. sollen die durch Tiere oder Pflanzen verursachten Schäden an den durch den Menschen geschaffenen land- und forstwirtschaftlichen Kulturen in Grenzen gehalten werden.

Man unterscheidet drei Arten der Sch., die chemische, die biologische und die kulturtechnische. Bei der chemischen Bekämpfung werden die Schädlinge mithilfe von Pestiziden vernichtet. Bei der biologischen Sch. beschreitet man verschiedene Wege. So versucht man durch Züchtung und Förderung von natürlichen Feinden der Schädlinge und durch das Fangen mittels Duftstoffen, welche die Schädlinge anlocken, ihren Bestand zu vermindern sowie durch Sterilisation ihre Vermehrung zu verhindern; außerdem vernichtet man die Schädlinge durch Krankheitserreger. Im kulturtechnischen Bereich versucht man durch Pflegemaßnahmen, wie z.B. Düngung und Baumschnitt, die Widerstandsfähigkeit der Pflanzen zu verbessern. Durch Zucht will man schädlingsunempfindliche Sorten erhalten. Der integrierte Pflanzenschutz kombiniert alle drei Methoden.

Schäfchenwolken: svw. ↑Zirrokumulus.

Schafkälte: Die Sch. ist eine ↑Singularität der Witterung. Sie tritt sehr häufig Mitte Juni, zur Zeit der Schafschur, in Mitteleuropa auf: es handelt sich dabei um einen Kaltlufteinbruch aus Nordwesten, der von unbeständigem, regnerischem Wetter begleitet ist.

Schalenverwitterung (Exfoliation): Form der chemischen ↑Verwitterung in ariden Gebieten.

Schärenküste: Die Sch. ist ein Küstentyp in ehemals vom Eis überströmten Gebieten, und zwar handelt es sich um eine Rundhöckerlandschaft, die flach vom Meer überspült wurde, sodass heute die oberen Teile der Rundhöcker als kleine Inseln, *Schären,* der eigentlichen Küstenlinie vorgelagert sind. Die Sch. ist an der mittelschwedischen Ostseeküste sehr typisch ausgebildet.

schar liegend: Dieser an der Küste übliche Ausdruck bedeutet: ohne weiteren Schutz dem Meer zugewandt. Ein *Schardeich* ist also ein ↑Deich ohne ↑Vorland.

Schattenwirtschaft: Unter Sch. versteht man alle Wirtschaftsaktivitäten außerhalb des öffentlich geregelten und erfassten Bereichs. Sie spielt gerade in Entwicklungsländern eine bedeutende Rolle und mindert häufig die Aussagekraft statistischer Daten.

Schelf (Festlandsockel, Kontinentalschelf, Kontinentalsockel): Als Sch. bezeichnet man den unter dem Meeresspiegel liegenden Randbereich der Kontinente, der sich von der Küste bis zum Beginn des Kontinentalabhanges, also bis

Schematischer Querschnitt durch eine **Schelfeisplatte.** **M** ist der Meeresspiegel, **E** ein Eisberg.

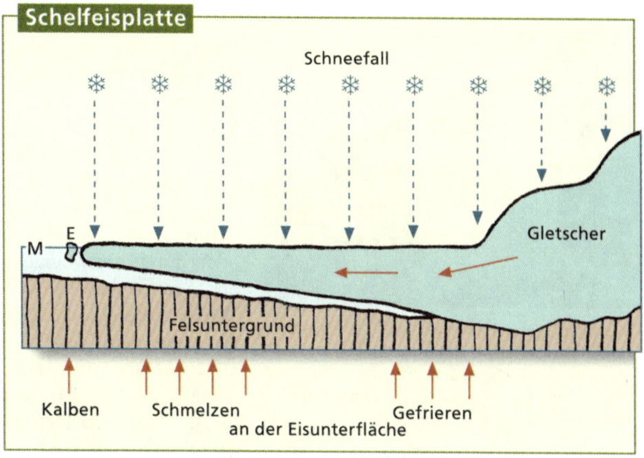

zu etwa 200m Meerestiefe, erstreckt. Die entsprechende Meeresregion wird als *Schelfmeer* (z.B. die Nordsee), darin liegende Inseln als *Schelfinseln* (z.B. die Britischen Inseln) bezeichnet.

Völkerrecht: Eine grundsätzliche Regelung ist in der Genfer Konvention über den Festlandsockel (Continental Shelf Convention) vom 29. April 1958 enthalten, die inzwischen zu entsprechendem Völkergewohnheitsrecht geworden ist. Danach reicht gemäß Artikel 1 der Festlandsockel so weit, wie die Wassertiefe über dem Meeresboden 200m nicht übersteigt, oder so weit eine Ausbeutung der Naturschätze technisch möglich ist. Das weitaus schwierigste Problem der Aufteilung des Festlandsockels unter die verschiedenen Küstenstaaten ist die Seiten- und Endbegrenzung. Sie wird nach Artikel 6 der Konvention bei fehlender vertraglicher Vereinbarung auf der Grundlage der Äquidistanzlinie gelöst.

Schelfeis: Sch. ist auf dem Wasser der Schelfmeere schwimmendes Eis, das v.a. in den Polargebieten vorkommt, wo das Gletschereis oberflächlich nicht mehr abschmelzen kann, weil die Temperaturen zu niedrig sind (an einigen warmen Sommertagen und an der Berührungsfläche des Sch.es mit Wasser allerdings findet Abschmelzen statt). Sch. besteht aus bis zu 100m dicken Eisplatten, die vom nachdrängenden Inlandeis und gleichermaßen durch Schneeanwehungen und -niederschläge genährt werden. Diese Eisplatten brechen am Schelfrand ab und bilden dadurch Eisberge. Sch. kommt besonders in der Antarktis vor, und zwar v.a. im Rossmeer, das von der gewaltigen Eisplatte des Ross-Sch.es bedeckt ist (538000 km^2), welche in der 900 km langen und 30–50m hohen Rossbarriere zum Meer abbricht.

Schelfmeer: Das Sch. umfasst diejenigen Meere und Meeresteile, die über dem ↑Schelf liegen.

Schicht: Sch. wird in der Geologie ein durch Ablagerung entstandener plattiger Gesteinskörper von größerer flächenhafter Ausdehnung genannt. Die eine Sch. begrenzenden Flächen werden *Schichtflächen* genannt, die obere *Dachfläche,* die untere *Sohlfläche;* die Berührungszone, in der zwei Sch.en aneinander stoßen (also zwischen der Sohlfläche der hängenden und der Dachfläche der liegenden Sch.), wird *Schichtfuge* genannt. Mehrere übereinander lagernde Sch.en werden als *Schichtenfolge* oder *Sequenz* bezeichnet.

Schichtgestein: svw. ↑Sedimentgestein.

Schichthaufenwolke: svw. ↑Stratokumulus.

In ariden Gebieten (hier im Grand-Canyon-Gebiet) zeigen sich **Schichtstufen** besonders deutlich. Die härteren Schichtstufen bilden Steilformen, die weniger resistenten Schichten Hangverflachungen.

Schichtrippe: ↑Schichtstufe.

Schichtstufe: Bei einer abwechselnden Lagerung von morphologisch härteren und weicheren Schichten in einem schwach geneigten Schichtpaket halten die widerständigen Gesteinsschichten der Abtragung länger stand, sie werden daher als Stufen herausmodelliert, während die weicheren Schichten abgetragen werden. Auf diese Weise entstehen in der Landschaft Stufen, die als Sch.n bezeichnet werden.

Der Steilabfall der Sch. wird *Stirn,* die Oberkante *Trauf* und die flache Abdachung zum Stufenrückland *Lehne* oder *Landterrasse* genannt. Wurden mehrere Stufen in größerem Abstand herausgearbeitet, spricht man von einer ↑Schichtstufenlandschaft.

Ist das Schichtpaket so stark geneigt, dass bei der Stufenbildung die Lehne nicht viel flacher ist als die Stufe selbst, spricht man von *Schichtkämmen* oder *Schichtrippen.*

Schichtstufenlandschaft: Weite und sanft geneigte Flächen werden in einer Sch. durch Schichtstufen voneinander getrennt. Als Stufenbildner treten hierbei z.B. in der südwestdeutschen Sch. morphologisch harte Sand- und Kalksteinschichten des Buntsandsteins, des Muschelkalks, des Keupers und des Jura auf. Auf den Landterrassen aufsitzende Erhebungen, die Reste der abgetragenen Schichten darstellen, werden *Zeugenberge* (da sie das ehemalige Vorhandensein dieser Schichten an dieser Stelle bezeugen) genannt.

Schichtung: Sch. nennt man in der Geologie die schichtenförmige Ablagerung (Sedimentation) bzw. Lagerung von Gesteinen. Sch. entsteht durch Änderung des Sedimentationsmaterials oder durch zeitweilige Unterbrechung der Sedimentation, wobei vor ihrem Wiedereinsetzen die Ablagerungen verfestigt werden. Neben der häufigen *Parallelschichtung* tritt auch *Kreuz-* oder *Schrägschichtung* auf: U.a. in Dünen, Flussbänken und Deltas ergibt sich oft eine primär geneigte Lagerungsform der Sedimente; durch Änderung der Schüttungsrichtung stoßen die wechselnd einfallenden Horizonte in spitzem Winkel aufeinander. In der Meteorologie meint Sch. die vertikale Anordnung von Luftschichten.

Schiefe der Ekliptik: Als Sch. d. E. wird der Winkel bezeichnet, unter dem die ↑Ekliptik den Himmelsäquator schneidet; er beträgt 23°27'.

Schiefer: Sch. ist ein durch Schieferung entstandenes, in dünnen, ebenen Platten brechendes Gestein; man versteht darunter v.a. Tonschiefer, früher auch die durch schiefriges Gefüge gekennzeichneten und daher fälschlich auch kristalline Sch. genannten metamorphen Gesteine. Im weiteren Sinne wird jedes in dünne, ebene Platten (Schichten) spaltbare Sedimentgestein, z.B. Schieferton, als Sch. bezeichnet.

Schieferton: Sch. ist ein diagenetisch verfestigter, nach parallelen Schichtebenen spaltbarer Ton; er ist hellgrau bis schwarz oder bunt gefärbt.

Schieferung: Als Sch. bezeichnet man ein von der Schichtung unabhängiges, durch Teilbarkeit nach parallelen Flächen, den *Schieferungsflächen,* charakterisiertes Gefüge eines Gesteins bzw. die Bildung dieses Gefüges. Sch. wird durch Vorgänge der Tektonik und Metamorphose hervorgerufen, d.h. durch Mineraleinregelungen (längste Achsen stellen sich senkrecht zum Druck), Umkristallisierungen und Scherbewegungen. Die Schieferungsflächen können parallel (*Isoklinal-* oder *Parallelschieferung*) und quer (*Transversal-* oder *Querschieferung*) zu den Schichtflächen verlaufen.

Schiffshebewerk: Ein Sch. ist eine Vorrichtung zur Überwindung von Höhenunterschieden im Fahrwasser von Binnenwasserstraßen, die im Gegensatz zu Schleusen praktisch ohne Wasserverbrauch arbeitet. Bei der heute ausschließlich angewendeten Nassförderung wird das Schiff schwimmend in einem mit Wasser gefüllten Trog gehoben. Die Lager und Führungen der Tröge sind so ausgebildet, dass der Antrieb im Wesentlichen nur die Bewegungswiderstände zu überwinden und den Trog aus der Ruhe heraus zu beschleunigen hat.
Bei *Hebewerken mit geneigter Ebene* unterscheidet man Heben auf längs geneigter Ebene (der Trog bewegt sich mit seiner Längsachse in Richtung der Falllinie der geneigten Ebene) und Heben auf quer geneigter Ebene (der Trog bewegt sich mit seiner Längsachse quer zur Falllinie).

Schildvulkan: Ein Sch. ist ein flacher, schildförmiger Vulkan, der durch gleichmäßiges und weiträumiges Ausfließen dünnflüssiger Lavamassen entstanden ist; die Hangneigung beträgt im Durchschnitt 3–8°; der Durchmesser an der Basis ist um ein Vielfaches größer als die Höhe. Sch.e kommen v.a. auf Hawaii und Island vor.

Schill: Eine Anhäufung von Muschel- und Schneckenschalen an Küsten oder in der Flachsee, durch Meeresströmung oder Brandung zusammengespült, wird als Sch. bezeichnet. Die Sch.-Lager werden mancherorts abgebaut, um einen besonders reinen Kalk zu gewinnen, der in der Futtermittelherstellung Verwendung findet.

Schirokko (italienisch Scirocco): Der Sch. ist ein sehr heißer, trockener und staubbeladener Wind im Mittelmeerraum, der in den Wüstengebieten Nordafrikas entsteht. Diese Luftmassen fließen v.a. im Frühjahr und Herbst auf der Ostseite von Tiefdruckgebieten oder der Westseite von Hochdruckgebieten nach Norden ab, wo sie über dem Mittelmeer Feuchtigkeit aufnehmen. So wirkt der Sch. in Südeuropa als Regenbringer.

Schlacke (vulkanische Schlacke): Als Sch.n bezeichnet man unregelmäßig geformte, blasig-poröse Lavabrocken; sie sind als vulkanisches Auswurfprodukt *(Wurfschlacken)* oder an der Unter- oder Oberseite eines Lavastroms entstanden.

Schlafstadt: Sch. ist eine umgangssprachliche Bezeichnung für ↑Trabantenstadt.

Schlammbreccie: ↑Fanglomerat.

Schlammstrom: Sch. nennt man durch Vermischung von Wasser mit Sedimenten oder vulkanischer Asche (Lahar) entstandene, schnell hangabwärts fließende Schlammmassen. Sie richten nach Vulkanausbrüchen oft verheerende Schäden an.

Schleppnetz: Das Sch. ist ein dem Fischfang im Meer dienender, von ein oder zwei Trawlern gezogener, großer, trichterförmiger Netzsack, der in einen langen, engmaschigen Fangbeutel, den *Stert* mündet, in dem sich der Fang sammelt. Man unterschei-

Schichtstufe

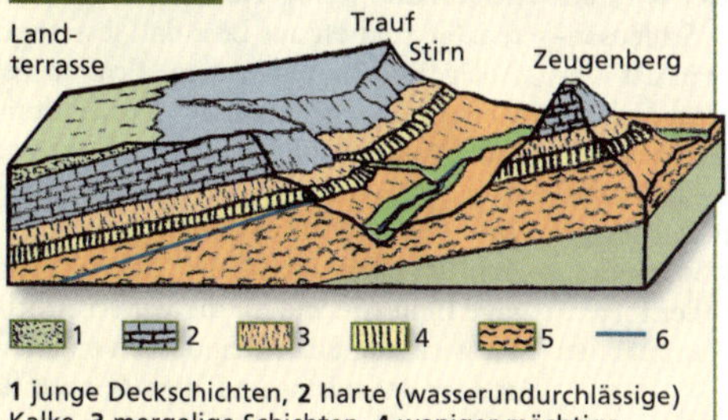

1 junge Deckschichten, **2** harte (wasserundurchlässige) Kalke, **3** mergelige Schichten, **4** weniger mächtige Kalkbank, mit geringerer Stufenbildung, **5** mergelige Schichten, **6** Grundwasserspiegel det Grund- und Schwimmschleppnetze. Das *Grundschleppnetz,* auch *Trawl* genannt, wird (z.T. auf Rollen) über den Meeresgrund gezogen. Das *Schwimmschleppnetz,* auch *Flydetrawl* genannt, wird frei schwimmend an zwei oder vier Kurrleinen gezogen; große Geräte sind bis 55 m lang, ihre Fangöffnung hat einen Durchmesser von 40 m; es wird u.a. zum Heringsfang benutzt.

Schleppschifffahrt: Die Sch. ist der Zweig der Binnenschifffahrt, der gewerbsmäßig das Ziehen von unmotorisierten Lastkähnen sowie Flößen mit Schleppern betreibt.

Schleuse (Schiffsschleuse): Die Sch. ist ein Bauwerk innerhalb einer Wasserstraße, mit dessen Hilfe die Schiffe Höhenunterschiede im Fahrwasser überwinden können. Man unterscheidet *Binnenschifffahrtsschleusen* in Flüssen und Kanälen und *Seeschifffahrtsschleusen* in Seekanälen und Hafeneinfahrten, durch welche gezeitenbedingte Wasserstandsunterschiede ausgeglichen werden.

Der wesentliche Teil einer Sch. ist die an beiden Seiten durch Schleusentore abgeschlossene Schleusenkammer, in der das Schiff auf dem Wasser schwimmend durch Wasserzugabe auf das höhere Wasserstandsniveau hinter dem oberen Schleusentor gehoben bzw. durch Wasserabfluss auf das tiefere Niveau hinter dem unteren Schleusentor gesenkt wird. Zur Füllung bzw. Entleerung der Schleusenkammern gibt es verschiedene Methoden. Bei der *Kammerschleuse* wird bei Abstieg das gesamte in der Schleusenkammer überflüssige Wasser in das Unterwasser abgelassen; entsprechend erfolgt bei Aufstieg ein Auffüllen aus dem nachfließenden Oberwasser. Bei einer *Sparschleuse* dagegen wird ein Teil des abfließenden Wassers in ein Sparbecken gepumpt und aus diesem bei der folgenden Füllung der Schleusenkammer bei Aufstieg wieder verwendet.

Muss auf kurze Entfernung ein sehr großer Höhenunterschied überwunden werden, legt man eine *Schleusentreppe* an. Hierbei ist das untere Schleusentor einer Schleusenkammer gleichzeitig das obere Schleusentor der folgenden Schleusenkammer. Schneller erfolgt der Transport mit einem ↑Schiffshebewerk.

Schlick: Sch. ist ein im Meer, in Seen und Überschwemmungsgebieten abgelagertes, feinkörniges, schlammartiges Sediment. Stark sandhaltiger Sch. wird als *Sch.sand* bezeichnet. Im hemipelagischen Bereich des Meeres (↑Tiefsee) treten auf: der durch Pyrit und organische Substanzen gefärbte *Blauschlick,* der durch eingeschwemmten Laterit gefärbte *Rotschlick* (in tropischen Meeren) und der durch Glaukonit gefärbte *Grünschlick.*

Schliffgrenze: Die Sch. markiert in ehemals vergletscherten Gebirgstälern die Grenzlinie zwischen rauem, stark frostverwittertem Fels und den durch die Eisüberfahrung glatt geschliffenen, tieferen Hangpartien. Sie ist oft als deutlicher Knick, als *Schliffkehle,* ausgebildet. Die Sch. ist typisch für das Trogtal.

Schlot: Sch. nennt man den röhrenförmigen, meist senkrechten Förderkanal in der Erdkruste, durch den die festen, flüssigen oder gasförmigen vulkanischen Förderprodukte an die Erdoberfläche gelangen.

Schluckloch: Sch. ist die deutsche, aber wenig gebräuchliche Bezeichnung für ↑Ponor.

Schluffböden: Als Sch. bezeichnet man ↑Bodenarten, die mehr als 55% Schluff und weniger als 30% Ton enthalten. Sie sind oft aus Löss und lössartigen Ablagerungen entstanden. Sch. neigen vielfach zu gehemmter Durchlüftung und Staunässe, bilden aber nach entsprechenden agrotechnischen Maßnahmen gute Ackerböden.

Schlüsselindustrie: Die Sch. ist diejenige Industrie, die für die wirtschaftliche Entwicklung einer Region von entscheidender Bedeutung ist. Lange Zeit war für Hamburg z.B. die Schiffsbauindustrie die Sch., von der viele weitere Betriebe abhingen. Zunächst die japanische, dann die koreanische Schiffsbauindustrie waren jedoch zu starke Konkurrenten, sodass die Bedeutung der Werften stark abnahm.

Schmelztuff: svw. ↑Ignimbrit.

Schmelzwasserrinne: Die Sch. gehört zum glazialen Formenschatz; sie ist eine lang gestreckte, schmale Hohlform, die von subglazialen Schmelzwässern als Abflussrinne geschaffen wurde. Heute ist sie häufig von *Rinnenseen* erfüllt (z.B. etliche Seen der Mecklenburgischen Seenplatte).

Schmucksteine: Sch. nennt man alle zur Herstellung von Schmuck oder auch kunstgewerblichen Gegenständen verwendeten nichtmetallischen, durch besonders schönes Aussehen hervorstechenden Materialien, die im allgemeinen Sprachgebrauch häufig auch einfach »Steine« genannt werden. Die Sch. sind überwiegend natürlich vorkommende *Minerale,* werden aber heute z.T. auch synthetisch hergestellt. Daneben werden einige *Gesteine,* u.a. einzelne Abarten von Marmor, Diorit, Syenit, Gips (z.B. Alabaster) sowie einzelne Gesteinsgläser (z.B. Obsidian und Moldavit) als Sch. verwendet, ferner einige *Materialien organischen Ursprungs* wie Bernstein, Gagat (Jet), die Skelettsubstanzen der Korallen (besonders der Edelkoralle), Elfenbein, Perlmutter, Perlen, z.T. auch Fossilien einschließlich verkieseltem Holz (sog. Holzstein).

Die als Sch. verwendeten Minerale wurden früher meist in die Gruppen der besonders klaren, harten, z.T. auch sehr seltenen *Edelsteine* und der vielfach undurchsichtigen, nicht so widerstandsfähigen und weniger wertvollen *Halbedelsteine* unterteilt. Da sich diese Gruppen jedoch nicht klar gegeneinander abgrenzen lassen, fasst man sie heute meist unter dem Begriff Sch. zusammen. Als Sch. geeignete Minerale treten wie alle Minerale in bestimmten Kristallformen auf, durch die ihre physikalischen Eigenschaften bestimmt sind; sie zeichnen sich aber durch einige charakteristische Merkmale aus, wobei bei jedem Stein das eine oder andere Merkmal besonders in den Vordergrund tritt.

Die weitaus wichtigste optische Eigenschaft der Sch. ist die *Farbe:* sie ist entweder durch die Zusammensetzung der Minerale selbst bedingt oder wird durch geringe charakteristische Beimengungen, die in das Kristallgitter eingelagert sind, verursacht. Als derartige farbgebende Substanzen treten u.a. Metallverbindungen auf, z.B. von Chrom, Eisen, Kobalt, Kupfer, Mangan, Nickel, Titan und Vanadin; ihre Menge ist aber im Allgemeinen so gering, dass sie in der chemischen Formel des betreffenden Minerals nicht berücksichtigt wird. Außer durch Fremdsubstanzen können Färbungen auch durch Deformation des Kristallgitters verursacht sein (z.B. beim Rauchquarz und beim Zirkon). Selbstverständlich spielt auch die Zusammensetzung des Lichts für die Beurteilung der Farbe von Sch.n eine Rolle: Rubin und Smaragd erscheinen z.B. bei gelblichem Kunstlicht in besonders leuchtenden Farben, beim Saphir wird dagegen die Farbe ungünstig verändert; der bei Tageslicht grüne Alexandrit erscheint bei Kunstlicht sogar rot. Farbänderungen treten bei einigen Sch.n von selbst auf; z.B. können Amethyst und Rosenquarz durch Sonnenlicht ausbleichen. Bei vielen Sch.n lassen sich Farbänderungen auch künstlich hervorrufen.

Neben der Farbe ist v.a. die *Transparenz* ein wichtiges Charakteristikum für Sch.; man unterscheidet allgemein durchsichtige, durchscheinende und undurchsichtige Steine, wobei bei zahlreichen Mineralen Übergänge auftreten.

Weitere wichtige optische Eigenschaften der Sch. sind der auf Reflexion bzw. Totalreflexion des Lichts beruhende *Glanz* sowie das durch Dispersion des Lichts bewirkte *Feuer.* – Bei zahlreichen Sch.n treten streifen- oder sternartige *Lichtfiguren* oder auch flächenhafte *Schillereffekte* auf, die weder durch die Eigenfarbe der Minerale noch durch farbgebende Ver-

S

unreinigungen verursacht werden, sondern auf Reflexion, Interferenz oder Beugung des Lichts an eingelagerten Fasern, Nadeln oder Hohlkanälen beruhen. Unter den mechanischen Eigenschaften spielen für die Verarbeitung von Mineralen zu Sch.n v.a. die Härte und die Spaltbarkeit eine Rolle. Die *Härte* hat für die Wahl der Bearbeitungstechnik und die Gebrauchseigenschaften der Sch. Bedeutung. Die *Spaltbarkeit* der Minerale erleichtert einerseits die Aufteilung großer Steine in kleine Teilstücke, erschwert aber andererseits die Bearbeitung der Minerale, da die Steine z.T. schon durch geringen Schlag oder Druck gespalten werden können.

Schnee

Typische Kristallformen des Schnees:
a Plättchen
b Stern
c Nadel
d Zusammensetzung aus verschiedenen Prismen
e dendritisches Plättchen
f dendritischer Stern

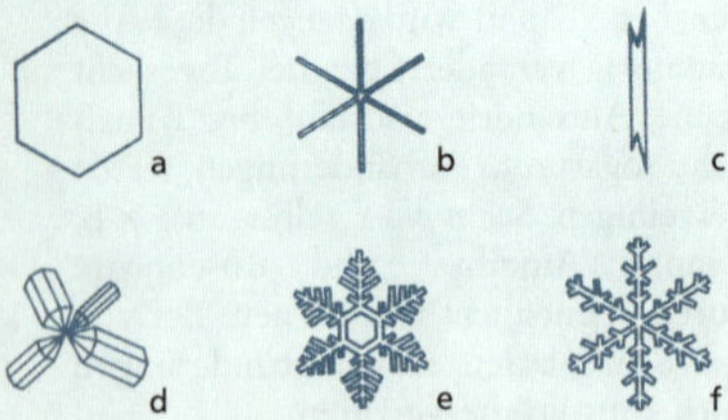

Schnee: Der Sch. ist die häufigste Form des festen Niederschlages. Er besteht aus Eiskristallen, die bei Temperaturen unter –12 °C gebildet werden. Je nach Temperatur- und Feuchtigkeitsverhältnissen entwickeln sich die *Schneekristalle* in verschiedenen Formen. Die einfachsten Bildungen stellen die Eisnadeln dar, die auch als *Polarschnee* bezeichnet werden. Der eigentliche Schneekristall baut sich als ein sechsstrahliger (in der Fachsprache: hexagonaler) Stern auf, in dessen Schnittpunkt eine nur sehr kurze Hauptachse senkrecht steht.

Steigt die Temperatur in Gefrierpunktnähe, lagern sich die Schneekristalle zu *Schneeflocken* zusammen, die beim Pulverschnee trockener und feinkörniger bleiben als beim großflockigen und feuchten Pappschnee.

Der frisch gefallene *Neuschnee* wird unter dem Einfluss von Temperatur, Wind und Druck vielfältig verändert; durch mehrmaliges Schmelzen und Wiedergefrieren backen die oberen Schichten der Sch.decke zusammen, es bildet sich *Harsch.* Aus älterem Sch. wird im Hochgebirge durch Zusammensacken und Verharschen allmählich der *Firn.* Durch Winddruck entstehen an Hängen im Hochgebirge *Schneebretter.* Auf geneigten Flächen kommen unter bestimmten Bedingungen zusammenhängende Teile einer Sch.decke als *Lawinen* zum Abrutschen. Der Wind bildet *Schneewehen,* die beträchtliche Höhen erreichen können (↑Wächte). Das flache Aufwirbeln und Verwehen des Sch.s durch den Wind ohne wesentliche Sichtbehinderung des Beobachters wird als *Schneefegen* bezeichnet. Das starke Hochwirbeln und Verwehen mit merklicher Sichtverschlechterung bezeichnet man dagegen als *Schneetreiben.* Beim *Schneegestöber* ist die Luft von wirbelnden Sch.flocken erfüllt.

Eine geschlossene Sch.decke stellt wegen ihres schlechten Wärmeleitvermögens einen guten Frostschutz für Pflanzen dar; andererseits reflektiert sie die einfallende Sonnenstrahlung sehr stark und strahlt bei Nacht kräftig aus, sodass bei klarem Wetter über einer Sch.decke sehr niedrige Lufttemperaturen auftreten können.

Als *ewigen Schnee* bezeichnet man den oberhalb der Schneegrenze gefallenen und bleibenden Sch. der Hochgebirge oder der Polargebiete.

Die gefallene Sch.menge bzw. die Sch.dichte (in g/cm^3 oder – als Wassergehalt der Sch.decke – in mm Schmelzwasserhöhe pro cm Sch.höhe angegeben) wird mithilfe von Schneemessern bestimmt. 1 m^3 frisch gefallener Sch. wiegt

Schneegrenze

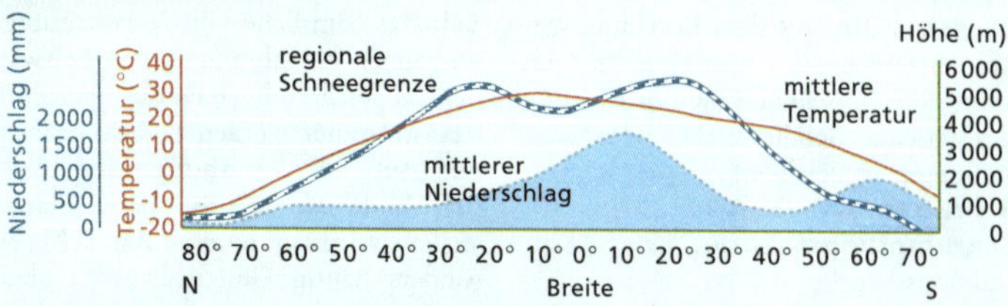

Verlauf der Schneegrenze von Norden nach Süden

zwischen 60 und 200 kg, die entsprechende Niederschlagshöhe, die *Schmelzwasserhöhe,* beträgt etwa 10% der Sch.deckenhöhe.

Schneebrett: Als Sch. bezeichnet man den durch den Winddruck, besonders in Verbindung mit Nebeltröpfchen, an Luvseiten von Bergflanken oberflächlich brettartig verfestigten, oft hohl liegenden Schnee (Pressschnee). Sch.er brechen bei Belastung mit scharfem Rand ab und zerteilen sich beim Abrutschen in feste, eckige Schollen, die *Schneebrettlawinen.*

Schneegrenze: Die Sch. ist die meist nicht scharf ausgebildete Linie, bis zu der herab in Gebirgen die Schneedecke reicht. Da diese Grenze mit sich ändernden Temperaturen jahreszeitlichen Schwankungen unterliegt, nennt man sie auch *temporäre Schneegrenze.* Die höchste Lage der temporären Sch. bildet die *orographische Schneegrenze.* Über dieser wird der Schnee im Jahresdurchschnitt nie restlos aufgezehrt. Die *klimatische Schneegrenze,* die mittlere höchste Lage der temporären Sch., wird theoretisch errechnet. Die Lage der Sch. ist von Geländeform, Stärke und Dauer der Sonneneinstrahlung, der Niederschlagsmenge sowie von der geographischen Breite abhängig. Sie erreicht ihre höchste Lage in den subtropischen Hochgebirgen (Zentraltibet, Anden) mit rund 6100m ü.d.M., sinkt dann aber äquatorwärts bis auf rund 4500m ü.d.M. ab; sie liegt am Westrand der Westalpen bei 2700m ü.d.M.; in Spitzbergen und auf Feuerland erreicht sie wenige Meter über dem Meeresspiegel.

Schneeschliff: Sch. ist eine Art des ↑Windschliffs.

Scholle: In der Geologie nennt man eine Sch. einen an einer Seite oder an mehreren Seiten von tektonischen Störungen (meist Verwerfungen) begrenzten Teil der Erdkruste. Tektonisch gehobene Sch.n bezeichnet man als Hoch-, abgesenkte als Tief-, einseitig verstellte als Kipp- oder Pultschollen.

Schorre: Die Abrasionsplatte vor dem Kliff einer Brandungssteilküste wird auch als Sch. bezeichnet.

Schott (französisch Chott): Sch. ist die in Algerien und Tunesien gebräuchliche Bezeichnung für eine ↑Salztonebene im Atlas, dem nordafrikanischen Faltengebirge, und seinem südlichen Vorland.

Schotterkörper: Die Sch. sind großräumige Ablagerungen vor den Endmoränen der pleistozänen Gletscher der Alpenvereisung; sie entsprechen den Sandern der nordeuropäischen Vereisung. Wegen des nur kurzen Transportweges konnte in diesem Raum nicht genügend feines Abtragungsmaterial anfallen; die Schmelzwässer lagerten daher meist unsortierte Schotter ab, erst in den entfernteren Teilen hat Lösslehm merklichen Anteil.

Bekanntes Beispiel eines solchen Schotterkörpers ist die Iller-Lech-Platte zwischen Iller, Lech und Donau.

Schraffen (Böschungsschraffen, Bergstriche): Die Sch. sind eine Form der

S

Geländedarstellung in topographischen Karten. Hierbei werden Striche, die in Länge und Breite – dem Böschungswinkel entsprechend – variieren, mit bestimmten Zwischenräumen in Richtung des stärksten Gefälles in die Geländedarstellung eingezeichnet.

Schratten: svw. ↑Karren.

Schrumpfungstheorie: svw. ↑Kontraktionstheorie.

Schubschiff (Schubboot): Das Sch. ist ein in der Binnenschifffahrt verwendetes Motorschiff, das aufgrund einer besonderen Bugform (in voller Schiffsbreite quer zur Schiffslängsachse verlaufende Schubfläche) geeignet ist, bei gut ausgebauten Wasserwegen, Leichter mit entsprechender Heckform zu schieben. Neben Sch.en, die selbst mit Laderäumen ausgestattet sind, werden v.a. leistungsstarke *Schubschlepper* eingesetzt, die mehrere zu einem Schubverband (hintereinander, auch nebeneinander) zusammengekoppelte Leichter (vier bis sechs) vor sich her schieben. Der Vorteil der Schubschifffahrt liegt in der Personalersparnis.

Schuldendienst: Als Sch. bezeichnet man die Zins- und Tilgungszahlungen eines Schuldners für seine Verbindlichkeiten (aus aufgenommenen Krediten).

Schummerung: Die Sch. ist ein Mittel der Geländedarstellung in Karten. Durch unterschiedlich kräftige Grautöne – im Licht liegende Hänge (bei einer Beleuchtung von links oben) werden heller, im Schatten liegende Hänge dunkler geschummert – wird der Eindruck einer plastischen Geländedarstellung hervorgerufen.

Schutt: Sämtliche von Verwitterungsvorgängen herrührenden, von Felswänden abgestürzten, unverfestigten Gesteinstrümmer werden als Sch. bezeichnet. Am Fuß der Absturzwand bilden sich *Schutthalden,* die im oberen Bereich steiler sind als am unteren Rand. Wo besonders häufig Gesteinsbrocken abgesprengt werden, entstehen Steinschlagrinnen, an deren Ende durch die Anhäufung von Sch. *Schuttkegel* entstehen.

Schüttung (Quellschüttung): Die einer Quelle entströmende und in Liter pro Sekunde (l/s) gemessene Wassermenge wird Sch. genannt.

Schutzwald (Bannwald): Schutzwälder sind Waldungen mit beschränkter Nutzung, die zur Verhütung von Gefahren, besonders zum Schutze gegen Bodenabschwemmung, Hangrutsch, Austrocknung von Quellgebieten und Versandung, erhalten und gepflegt werden müssen. Schutzwälder sind aber auch solche, deren Erhaltung und Pflege im Interesse der Menschen (Erholungsfunktion) erforderlich ist. Die Holznutzung ist diesen Aufgaben untergeordnet. Der Waldbesitzer ist durch das Bundeswaldgesetz und durch Gesetze oder Verordnungen der Länder zu angemessener Bewirtschaftung verpflichtet.

schwache Brise: Name für die ↑Windstärke 3 auf der Beaufortskala.

Schwarmsiedlung: Eine Sch. besteht aus Gruppen von Einzelhöfen, die sich

Haupttypen der Schuttakkumulation

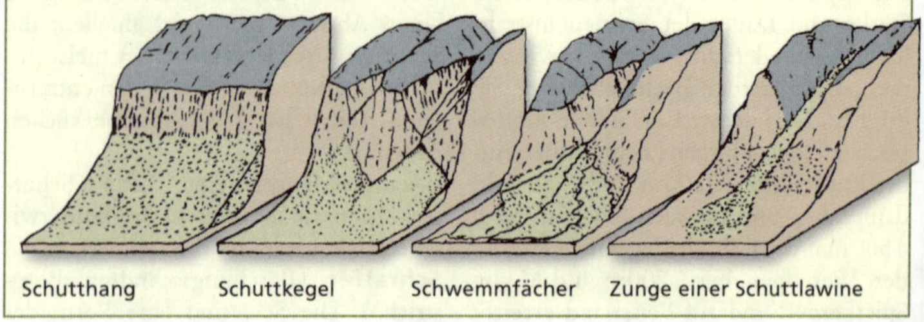

deutlich als Siedlungsgruppe gegen nicht besiedeltes Umland abheben und so als Einheit erscheinen.

Schwarze Raucher: deutsche Bezeichnung für ↑Black Smokers.

Schwarzerde: Als Sch. bezeichnet man im Allgemeinen die ↑Steppenschwarzerde. Völlig anderer Entstehung ist die *tropische Schwarzerde,* der ↑Tirs.

Schwarzer Jura: die älteste Abteilung des Jura, ↑Lias.

Schwarzwasserflüsse: Sch. nennt man die Flüsse des Amazonastieflandes, deren Wasser wegen geringen Schwebstoffgehaltes durchsichtig, aber durch hohe Humusanteile olivgrün, kaffee- oder rotbraun gefärbt sind, z.B. der Rio Negro. Die Sch. kommen aus den nährstoffarmen humosen Podsolböden der ständig oder periodisch überschwemmten Gebiete des westlichen Amazonastieflandes. – Gegensätze zu den Sch.n im Amazonasgebiet sind Klarwasserflüsse und Weißwasserflüsse.

Schwebstoffe (Schweb, Flusstrübe): In der Hydrographie bezeichnet man die feinsten Verunreinigungen eines Flusses, also Gesteinsmaterial, das in aufgeschlämmter Form in fließenden Gewässern schwebt und sich infolge seiner feinen Körnung nur sehr langsam absetzt, als Schwebstoffe. Aber auch organische Partikel gehören zur Flusstrübe.

Schwellen: Sch. sind sanfte Aufwölbungen der Landoberfläche und des Meeresbodens ohne deutlich erkennbare Ränder.

Schwellenland: Den Begriff Sch. verwendet man für Entwicklungsländer mit einem vergleichsweise fortgeschrittenen Entwicklungsstand (take-off-countries oder newly industrializing countries). Bei der Einordnung eines Entwicklungslandes orientiert man sich überwiegend am Pro-Kopf-Einkommen, am Industrieanteil des BIP und dem Anteil von Fertigprodukten am Export. Es gibt jedoch keine international verbindliche Liste von Sch., da die von Weltbank, IWF und anderen Organisationen angelegten Bestimmungskriterien sehr unterschiedlich ausfallen.

Schwemmkegel (Schwemmfächer, Schuttkegel): Sch. sind die Ablagerungen eines Flusses bei seiner Einmündung in einen anderen Fluss, einen See, ins Meer oder in eine Flachrelieflandschaft. Weil das Gefälle plötzlich geringer wird, lässt die Transportkraft des Flusses schnell nach, er muss das mitgeführte Material ablagern. Bei wasserreichen, schuttarmen Flüssen ist der Sch. schwach ausgebildet. Schuttreiche Flüsse können durch ihren Sch. Teile des Hauptflussbettes oder Sees verschütten. Oft verwildert der Fluss wegen der plötzlich verringerten Fließgeschwindigkeit auf seinem Sch., wodurch dieser stets weiter ausgedehnt wird und somit seine fächerförmige Ausdehnung erhält. Die Sch. waren z.T. schon früh bevorzugte Ansatzpunkte für die Besiedlung. In ariden Gebieten bilden aus dem Gebirge austretende Flüsse bei diesem Austritt in die trockene Ebene, in der sie bald versiegen, ebenfalls Sch. aus. Wegen der im Sch. günstigen [Grund]wasserverhältnisse stehen diese Sch. oft unter Kultur (die Siedlungen selbst liegen an ihrem Rande).

Schwemmland: Unter Sch. versteht man Landflächen, die vom Meer und von Flüssen aufgeschüttet wurden und zuweilen auch jetzt noch von ihrem Wasser überschwemmt werden. Neben diesen Aufschüttungstiefländern (z.B. von Po und Amazonas) und Schwemmlandküsten umfasst der Begriff Sch. auch die jungen Deltabildungen und Schwemmkegel, die Sander und Marschen.

Schwerindustrie (Montanindustrie): Der Begriff Sch. umfasst die Betriebe der Eisen erzeugenden und Eisen verarbeitenden Industrie *(Hüttenindustrie)* und des Bergbaus. Die Sch. ist in hohem Maße kapitalintensiv und bei konjunkturellen und saisonalen Schwankungen besonders gefährdet, da sie sich mit ihren Spezialanlagen veränderten Produktions- und Absatzbedingungen nur schwer anpassen kann.

S

Schwingrasen: Der Sch. ist eine sich auf der Oberfläche verlandender Gewässer bildende Vegetationsdecke. Sie ist entweder frei schwimmend oder befindet sich auf wenig verfestigtem Untergrund. Der Name rührt daher, dass beim Betreten Schwingungen entstehen. Aufgebaut ist der Sch. aus Torfmoosen und anderen Torfpflanzen (Wollgräser, Binsen u.a.).

Schwüle: Sch. bezeichnet ein subjektives menschliches Empfinden bei feuchtwarmem Klima bzw. bei entsprechenden Wetterlagen, für die es keine eindeutige, meteorologisch fundierte Definition gibt (Schwülegrenze). Das Empfinden von Sch. ist bedingt durch die Behinderung der Wärmeabgabe (im Wesentlichen über die Verdunstung) bei hoher Luftfeuchte, sodass über Wärmestau und Hyperthermie die Gefahr eines Hitzschlags besteht.

Bevorzugt wird heute für diesen Bereich der Beeinträchtigung menschlichen Wohlbefindens der Ausdruck *Wärmebelastung.*

Sea-floor spreading [englisch 'si:flɔ:r 'spredɪŋ] (Ocean-floor spreading): Dieser Begriff charakterisiert Bewegungen der ↑Plattentektonik entlang der Mittelozeanischen Rücken. Durch das Empordringen gewaltiger Mengen basaltischer Schmelzen aus dem Erdmantel kommt es zu einer Ausweitung des Meeresbodens, die zum Auseinanderdriften der Platten führt. Die Geschwindigkeit der Plattenbewegungen am Mittelatlantischen Rücken wird auf etwa 1 bis 2 Zentimeter pro Jahr geschätzt.

Seamount [englisch 'si:maʊnt] (Tiefseekuppe): Ein S. ist eine untermeerische Erhebung vulkanischen Ursprungs, dessen Gipfel nicht wie bei einem ↑Guyot durch Brandungstätigkeit plateauartig eingeebnet wurde.

Sẹbcha (Sabcha): S. ist die Bezeichnung für eine ↑Salztonebene in der Sahara.

Sedimentatio̱n (Ablagerung, Akkumulation): S. nennt man in der Geologie das Absetzen oder Ausscheiden von festen Stoffen, den sog. *Sedimenten* oder *Ablagerungen.* Nach dem Ablagerungsraum unterscheidet man *Meeres-* oder *marine* sowie *festländische* oder *terrestrische Sedimentation.* Bei der Meeressedimentation unterscheidet man entsprechend den Meeresregionen den *litoralen Bereich* der Brandungszone, den darunter folgenden *neritischen Bereich* (bis 200 m Tiefe), den *bathyalen Bereich* (200–800 m Tiefe), den *pelagischen Bereich* (800–4000 m Tiefe) und den *abyssalen Bereich* (über 4000 m Tiefe). Die terrestrische S. untergliedert man nach dem Transportmedium: *fluviatile Sedimentation* (von Flüssen abgelagert), *limnische Sedimentation* (in Seen abgelagert), *Quellabscheidungen* (v.a. Sinter), *glaziale* bzw. *glaziäre* und *fluvioglaziale Sedimentation* (durch Eis oder Schmelzwässer abgelagert) und *äolische Sedimentation* (durch Windeinwirkung entstanden).

Nach der Art oder Herkunft der Sedimente unterscheidet man drei Hauptgruppen:

Klastische Sedimente bestehen hauptsächlich aus Gesteinsbruchstücken verschiedener Korngröße. Durch diagenetische Verfestigung wird aus Ton Schieferton, aus Sand Sandstein, aus Kies ein Konglomerat.

Chemische Sedimente entstehen durch Ausfällung gelöster Bestandteile aus Lösungen. Typische Beispiele sind Kalk- und Kieselsinterabsätze an Quellen und zahlreiche wichtige Salzlagerstätten. Eine Besonderheit stellt die Konzentration von Buntmetallsulfiden im Kupferschiefer dar. Im Bereich der Brandungszone erfolgt die Abscheidung von Kalk, Brauneisenstein und Eisensilikaten in Form konzentrisch-schaliger Kügelchen (↑Oolithe).

Biogene Sedimente bilden sich unter wesentlicher Beteiligung tierischer und pflanzlicher Organismen. Dabei handelt es sich entweder um eine passive Anhäufung von Schalen, Hartteilen bzw. Skelettresten abgestorbener Protozoen und Metazoen oder um die Anreicherungen von Resten niederer und höherer Pflanzen (v.a. in der Kohle) oder um eine aktiv aufbauende Tätigkeit, wie bei riffbildenden Tieren und Pflanzen (↑Riffkalk).

Sedimentgesteine (Schichtgesteine, Absatzgesteine, Sedimente): S. gehen durch Verfestigung (Diagenese) aus Sedimenten hervor. Sie sind meist schichtförmig ausgebildet.

Sedimentlot: Das S. ist eine Spezialform des ↑Echolots.

Seebeben: S. sind untermeerische ↑Erdbeben.

Seegang: Als S. bezeichnet man die Wellenbewegungen der Meeresoberfläche, die durch den Wind verursacht werden. Auch nach Abflauen des Windes kann der S. als ↑Dünung weiter bestehen. Er kann sich auch auf nicht unmittelbar vom Wind betroffene Meeresgebiete auswirken. – ↑auch Meereswellen.

Seeklima: svw. ↑maritimes Klima.

Seemeile (nautische Meile; Einheitszeichen: sm bzw. NM): Die S. ist die in der Seefahrt und in der Luftfahrt verwendete Längeneinheit. 1 sm = 1,852 km; das entspricht etwa 1 Bogenminute auf einem Erdmeridian.

Seenplatte: S.n sind Landschaftselemente in ehemals von Inlandeismassen überströmten Gebieten. Eine Unzahl von Seen (bei der Finnischen S. annähernd 60000), die meist flach und durch schnellenreiche Flüsse verbunden sind, füllen hier glaziale Wannen oder werden durch Moränen und Oser gestaut.

Seeschifffahrt: Unter S. versteht man die gewerbsmäßige Beförderung von Gütern und Personen über die offene See und über Seewasserstraßen, ohne Küstenschifffahrt und den Seeverkehr der Binnenhäfen (der Gegensatz ist die Binnenschifffahrt). Unterschieden wird zwischen *kleiner Fahrt* in küstennahen Gewässern und *großer Fahrt* über die Weltmeere, ferner nach der Art der Bedienung zwischen *Linienschifffahrt,* das ist regelmäßiger Verkehr zwischen bestimmten Häfen zu bestimmten Zeiten, und *Trampschifffahrt,* die weder an einen Fahrplan noch an eine bestimmte Route gebunden ist. Außerdem kennt man die *Spezialfahrt* mit Tankern, Kühl- und Spezialschiffen und die *kombinierte Fahrt,* bei der Güter und Personen gleichzeitig transportiert werden. Die bei der S. geltenden *Lieferungsbedingungen* regeln besonders die Frage, wer die Transportkosten und das Transportrisiko, d.h. die Gefahr des Verlustes oder der Beschädigung, übernimmt.

Seewind: Teil der ↑Land- und Seewind-(Zirkulation).

Seezeichen: S. sind alle optischen und zum Teil auch akustischen Hilfsmittel für die Navigation in Küstennähe. Überwiegend der Ortsbestimmung dienen Feuerschiffe und die festen S. wie Leuchttürme und Baken. Zur Markierung von Seewasserstraßen werden schwimmende S. (Bojen, Tonnen) verwendet, die an bestimmten Stellen durch besondere geometrische Figuren an der Spitze (*Topzeichen* wie Kegel, Kreuz, Ball u.a.) gekennzeichnet sind und dann u.a. Kursänderungen, Fahrwasserabzweigungen oder -einmündungen anzeigen. Die Begrenzung der Fahrrinne wird (von See kommend) an der Backbordseite (das ist links) durch rote Stumpftonnen, Baken oder Spieren und an der Steuerbordseite (das ist rechts) durch grüne Spitztonnen, Baken oder Spieren markiert, die außerdem durch Zahlen oder Buchstaben gekennzeichnet sind. *Kardinalzeichen,* das sind schwarzgelbe Baken oder Spieren, geben durch die Abfolge ihrer Farben und ihr Topzeichen an, an welcher Seite Untiefen oder Gefahrenpunkte umschifft werden müssen. Außerdem werden Einzelgefahren im Fahrwasser durch schwarzrote Tonnen oder Spieren, die Fahrbahnmitte (wenn nötig) durch rotweiße, senkrecht gestreifte Kugeln, Spieren oder Baken mit Balltopzeichen gekennzeichnet. Nicht der Navigation dienende S. sind gelb; sie markieren hydrographische Messstellen, Militärgebiete, Rohrleitungen, Kabel und anderes. Alle

S

diese S. können nachts befeuert sein, wobei aus der Farbe und der Dauer und der Art der rhythmischen Unterbrechung des Lichtstrahles (Blinken, Funkeln, schnelles Funkeln) ihre Bedeutung zu erkennen ist.

S., die mit besonderen Reflektoren für Radarstrahlen ausgerüstet sind, nennt man *Radarseezeichen.*

Sehnenberg: Ein S. ist eine dem ↑Umlaufberg ähnliche Bodenerhebung.

Seiches [französisch sɛʃ]: Eigenschwingungen der Wassermassen in Becken, Buchten und großen Seen nennt man S.; ↑Meereswellen.

Seifen: Als S. bezeichnet man in der Lagerstättenkunde natürliche abbauwürdige Anreicherungen von spezifisch schweren oder/und schwer verwitternden Mineralen (Gold, Diamanten, Platin, Zinnstein, Monazit, Rutil, Ilmenit, Magnetit, Zirkon u.a.), die sich im Zuge der Abtragung gebildet haben. Wird das diese Minerale primär enthaltende, leichter verwitternde Gestein ausgespült, reichern sich die Minerale zu *eluvialen Seifen* an (durch Ausblasung sind auch *äolische Seifen* möglich); werden die Minerale mit abtransportiert und, da schwerer als die anderen Schwebstoffe, später im Fluss *(fluviatile Seifen),* in einem See *(limnische Seifen)* oder (unter Mithilfe von Gezeiten oder Meeresströmungen) an der Küste *(marine Seifen, Strandseifen)* abgelagert, spricht man von *alluvialen Seifen.*

Seismik: ↑Seismologie.

Seismograph: Der S. ist ein hochempfindliches Messinstrument, das die Erdbebenwellen aufzeichnet; er zeichnet ein *Seismogramm.* – ↑auch Erdbeben.

Seismologie (Erdbebenkunde): S. ist die Wissenschaft von der Entstehung, Ausbreitung und Auswirkung von Erdbeben. Während sich die *Makroseismologie* mit den Erdbeben allgemein, ihren geologischen Ursachen und Wirkungen sowie ihrer geographischen Verbreitung befasst, untersucht die *Mikroseismologie* die physikalischen Probleme der Erdbebenentstehung und -ausbreitung; sie befasst sich außerdem mit der Aufzeichnung der Erdbebenwellen. In der *Seismik* werden durch künstlich (meist durch Sprengungen) hervorgerufene Erdbebenwellen der Verlauf und die Mächtigkeit von Gesteinsschichten unter der Erdoberfläche erforscht *(Sprengseismik),* um Lagerstätten und (als *Ingenieurseismik)* Baugrund zu erkunden.

Sekretion: S. nennt man die teilweise oder gänzliche Ausfüllung von Gesteinshohlräumen von den Wandungen her, also von außen nach innen (im Gegensatz zur Konkretion), durch Ausscheidungen eingedrungener Lösungen. Dabei entstehen rundliche Formen (Drusen, Geoden) oder längliche plattenförmige Gänge.

sekundärer Sektor: Die Arbeitswelt wird in den primären, den sekundären und den tertiären Sektor eingeteilt. Der sekundäre Sektor umfasst alle verarbeitenden Industrien und Gewerbe, also alle Bereiche, die sich mit der Verarbeitung von Rohstoffen und der Weiterverarbeitung von Halbfertigwaren beschäftigen.

Sekundärwald: Der S. ist ein Wald, der nach mehr oder weniger langer landwirtschaftlicher Nutzung einer gerodeten Fläche ohne menschliche Einwirkung auf dieser heranwächst. Er ist artenärmer und niedriger, aber oft dichter als der ursprüngliche Wald. S. ist in Gebieten mit Brandrodung weit verbreitet.

Selbstversorgungswirtschaft (Subsistenzwirtschaft): S. ist eine Wirtschaftsform, bei der nur so viel produziert, meist angebaut, wird, wie zum Lebensunterhalt der S. treibenden Gemeinschaft (oft einer Familie oder Sippe) notwendig ist. Die S. produziert also nicht für einen größeren Markt und steht nicht mit anderen Wirtschaftseinheiten in Verbindung.

semiarid: Als s. werden Gebiete charakterisiert, in denen während höchstens 4 Monaten die Niederschläge größer sind als die Verdunstung; der gesamte jährliche Niederschlag liegt bei nur 400–600 mm. Semiaride Gebiete sind also durch mindestens 8 Trockenmonate gekennzeichnet; sie unterliegen in starkem Maße der Gefahr der Desertifikation, d.h., sie können bei unsachgemäßer landwirtschaftlicher Nutzung schnell zu vollariden Gebieten, also zu Wüsten werden. Zum Teil spricht man auch bei 6 bis 8 Trockenmonaten von semiarid, häufiger wird hierfür das Wort *subhumid* gebraucht.

semihumid: S. werden Gebiete mit einem ausgeprägten Wechsel zwischen feuchter (humider) und trockener (arider) Jahreszeit bezeichnet, und zwar dann, wenn die Verdunstung in höchstens 4 Monaten größer ist als der Niederschlag. Semihumides Klima ist also durch mindestens 8 humide Monate gekennzeichnet.

seminival: Im seminivalen Klima wird die Zeit der Schneefälle nur während einer kurzen sommerlichen Periode durch Regenfälle unterbrochen. Die weiten Tundrengebiete der Küstenbereiche des Nordpolarmeeres entwickeln sich unter seminivalem Klima.

semipermanente Siedlung: Es handelt sich hierbei um eine feste Siedlung, die für ein paar Jahre benutzt wird, dann jedoch, z.B. nach Erschöpfung des Bodens, wieder aufgegeben wird. Mit Wanderfeldbau und Brandrodung z.B. sind stets s. S.en verbunden.

Sennerei: S. nennt man die Wirtschaftsgebäude auf einer ↑Alm, also die Almhütten.

Serir (Kieswüste): Als S. bezeichnet man den Typ einer Wüste, deren Oberfläche aus grobem Gesteinsmaterial, v.a. Kies und Geröll, besteht. S.e entstehen durch Ausblasung des feinen Verwitterungsmaterials, das oft in der Nähe zu Dünen (↑Erg) angeweht wird.

Shanty Town [englisch 'ʃæntɪ 'taʊn]: im englischen Sprachraum verbreitete Bezeichnung für eine Slumsiedlung, ↑Slum.

Shifting Cultivation [englisch 'ʃɪftɪŋ kʌltɪ'veɪʃən]: Der Begriff Sh. C. steht im englischen Sprachbereich für verschiedene Arten der Feld-Wald-Wechselwirtschaft mit Brandrodung; v.a. ↑Wanderfeldbau und ↑Landwechselwirtschaft.

Sial: S. ist ein Kurzwort aus **Si**licium und **Al**uminium; es steht für die obere Zone der Erdkruste, an deren Zusammensetzung v.a. Silicium und Aluminium in Form von Aluminiumsilikaten beteiligt sind. Die durchschnittliche Dichte des S. beträgt 2,7 g/cm³. – ↑auch Erdinneres.

Siedlung: Eine S. ist jede menschliche Niederlassung. Nach der Benutzungsdauer unterscheidet man die ständig bewohnten Dauersiedlungen von den kurzzeitig (etwa bis zu einem halben Jahr bewohnten *temporären Siedlungen,* unter diesen wiederum *saisonale Siedlungen* (Saisonsiedlungen), die während mehrerer Wochen bewohnt sind, z.B. Almsiedlungen, Wochenendsiedlungen, Nomadenlager, und *ephemere Siedlungen (flüchtige Siedlungen),* wie z.B. Windschirme, Zeltlager u.a. S.en der Wildbeuter und Jägervölker. Eine Zwischenstellung nehmen die während einiger Jahre benutzten *semipermanenten Siedlungen* ein, z.B. bei der tropischen ↑Feld-Wald-Wechselwirtschaft. Außer den Behausungen (Wohn- und Wirtschaftsgebäude) umfasst die S. auch die Grundstücke, Verkehrs- (Straßen, Plätze, Häfen) u.a. öffentliche Flächen (Grünanlagen u.a.) sowie Kult- und Schutzanlagen. Nicht in den Begriff der S. eingeschlossen, jedoch eng mit ihr verbunden, sind die land- und forstwirtschaftlichen Nutzflächen. Werden S.en endgültig aufgegeben und geraten in Verfall, bezeichnet man sie als ↑Wüstung. – Abb. S. 332

Siedlungsgeographie: Die S. ist ein Zweig der Kulturgeographie; sie befasst sich mit Lage, Form, Verteilung, Struktur und Funktion der Siedlungen.

Siel: Bei der Entwässerung eines Polders muss im Deich eine Durchlassstelle für das Wasser errichtet werden; dieses Bauwerk wird S. genannt. Durch das geöffnete Sieltor (das einem Schleusentor ähnelt) fließt bei Niedrigwasser das Wasser dem natürlichen Gefälle folgend aus dem

Ländliche Siedlungsformen

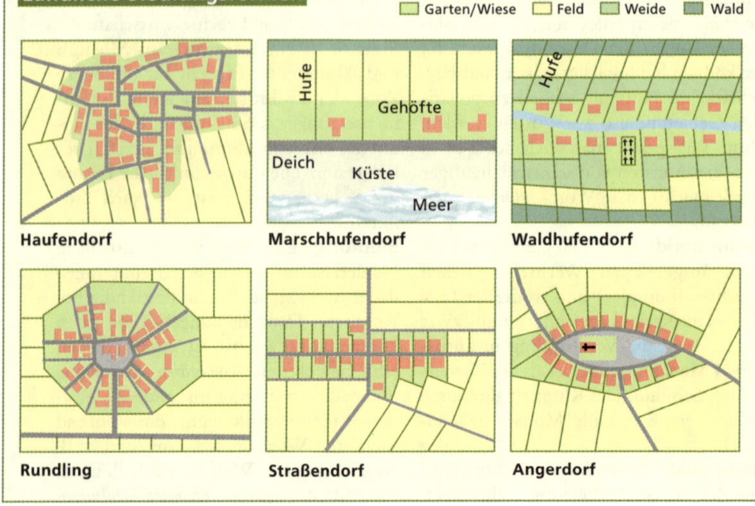

Polder ins Meer. Bei steigendem Wasserstand schließt sich das Sieltor aufgrund des Wasserdrucks (von außen) selbstständig und verhindert so das Eindringen von Meerwasser in den Polder. Während dieser *Sielschlusszeit* sammelt sich das Wasser entweder im *Mahlbusen* (einer teichartigen Erweiterung des Hauptentwässerungsgrabens) vor dem Siel oder in den Entwässerungsgräben selbst. Sobald der Wasserstand im Außenwasser dann niedriger ist als im Mahlbusen, öffnet sich das Sieltor (wiederum selbstständig, diesmal durch den Wasserdruck von innen), und das rückgestaute Wasser kann ins Meer abfließen, es herrscht dann die *Sielzugzeit.*

Silur: System des Paläozoikums, ↑Geologie, Zeittafel.

Sima: S. ist ein Kurzwort aus **Si**licium und **Ma**gnesium; es steht für die untere Zone der Erdkruste, an deren Zusammensetzung hauptsächlich Silicium und Magnesium beteiligt sind. Die durchschnittliche Dichte des Sima beträgt 3 g/cm³. – ↑auch Erdinneres.

Singularität der Witterung: In der Meteorologie bezeichnet man mit diesem Begriff eine mehr oder weniger regelmäßig an bestimmten Kalendertagen auftretende Wetterlage bzw. Witterungserscheinung, z.B. die Kaltlufteinbrüche der ↑Eisheiligen, die ↑Schafkälte und den ↑Altweibersommer.

Sinkstoffe: S. sind im Wasser vorhandene feinste Teilchen fester Stoffe, die sich schon nach kürzerer Zeit am Boden absetzen. Sie sind im Grunde auch Schwebstoffe, weshalb der Begriff S. auch allgemein für Schwebstoffe gebraucht wird.

Sinter: S. nennt man eine mineralische Ausscheidung aus fließendem Wasser; sie entsteht durch Druck- oder Temperaturänderung, durch Entweichen von CO_2 oder durch Mitwirkung von Pflanzen und bildet Überzüge *(Sinterkrusten),* Wälle und Terrassen *(Sinterterrassen);* am häufigsten sind ↑Kalksinter (↑auch Travertin) und ↑Kieselsinter. Die Plitvicer Seen z.B. werden durch Kalksinterdämme aufgestaut.

Skelettböden: Als S. bezeichnet man ↑Bodenarten mit einem Skelettanteil (Steine, d.h. Korngrößen von über 2 mm Durchmesser) von mehr als 75%. S. finden sich meist auf Schutthalden und anderen, auch fluviatilen Aufschüttungen, im Übrigen allgemein auch in Gebieten mit starker physikalischer Verwitterung (Polargebiete, Hochgebirge). S. sind sehr wasserdurchlässig, sehr gut durchlüftet, aber sehr nährstoffarm.

Sklaverei: Man versteht unter S. den Zustand der völligen rechtlichen und wirtschaftlichen Abhängigkeit eines Menschen. Im 15. Jh. begann der Handel mit Sklaven aus Schwarzafrika. Aber schon in der Antike war der Status des Sklaven bekannt.

Skyth: älteste Stufe der alpinen ↑Trias.

Slum [slam, englisch slʌm]: Als S.s werden am Rande von [Groß]städten gelegene Elendsquartiere bezeichnet, in denen unterprivilegierte Bevölkerungsteile, v. a. die untersten Schichten sozialer Minderheiten und benachteiligter Gruppen (z. B. Farbige, Gastarbeiter, Neueinwanderer, aber auch Arme und sozial Schwache), in Notunterkünften mit mangelhaften sanitären Einrichtungen in gesundheitsgefährdenden hygienischen Verhältnissen und meist unerträglicher Enge in sozialer Isolation leben. Kennzeichnend für die Bewohner sind ein Leben am Rande des Existenzminimums, eingeschränkte Bildungsmöglichkeiten, Arbeitslosigkeit oder Beschäftigung mit sozial meist nicht geachteten Arbeiten. Daraus ergibt sich eine durch dieses soziale Milieu verursachte Gleichgültigkeit gegenüber den herrschenden moralischen Anschauungen und die Einstellung, diese ihre Lebensbedingungen ließen sich nicht verändern, was zu einer überdurchschnittlich hohen Kriminalitätsrate und häufigerem Auftreten von Alkoholismus führt.

Man unterscheidet zwischen innerstädtischen Verfallsgebieten, zu denen auch sehr schnell die planmäßig angelegten Auffangsiedlungen für Zuwanderer werden, und wild wachsenden Hüttenslums aus oft über Nacht errichteten Blech-, Kanister-, Matten-, Karton- und/oder Bretterbuden, die in den Großstädten Lateinamerikas, Süd- und Südostasiens sowie auch einiger afrikanischer Länder entstanden. Diese Hüttenslums werden mit verschiedenen Namen belegt, z. B. *Barriadas* (offiziell: pueblos jóvenes) in Peru, *Callampas* in Chile, *Favelas* in Brasilien, *Jacales* in Mexiko, *Ranchos* in Venezuela, *Tugurios* in Kolumbien, *Vecindades* in Puerto Rico, *Villas miseria* in Argentinien, *Basti* in Indien, *Gecekondusiedlungen* in der Türkei, *Bidonvilles* im französischen und *Shanty Towns* oder *Squattersiedlungen* im englischen Sprachbereich.

Smog: Das Wort S. entstammt dem englischen Sprachbereich; es wurde durch Zusammenziehung von smoke = Rauch, Qualm und fog = Nebel neu gebildet, um das in Groß- und Industriestädten auftretende, ungesunde und stark sichtbehindernde Gemisch von natürlichem Nebel mit Industrie- und Kraftfahrzeugabgasen und dem Rauch der Hausheizungen zu kennzeichnen. Besondes häufig anzutreffen ist S. im Zusammenhang mit Inversionswetterlagen. S. kann zu Erkrankungen der Atemwege und Atmungsorgane sowie zu Belastungen von Kreislaufkranken führen. Um den gesundheitsschädigenden Auswirkungen zu begegnen, wurden in Deutschland von zuständigen Landesbehörden S.warndienste eingerichtet, die S.alarm ausrufen können. Dann treten S.verordnungen in Kraft (z. B. Einschränkung oder Verbot des Kraftfahrzeugverkehrs).

Soffione: S. nennt man eine Austrittsstelle (Exhalation), der schwach borsäurehaltiger, heißer Wasserdampf entströmt. S.n sind postvulkanische Erscheinungsformen.

Soil Erosion [englisch ˈsɔɪl ɪˈroʊʒən]: englischer Fachausdruck für ↑Bodenerosion.

solar: zur Sonne gehörend; die Sonne betreffend.

Solarenergie: andere Bezeichnung für ↑Sonnenenergie.

Sole: Im engeren Sinne ist S. die Bezeichnung für eine aus Kochsalzquellen

S

gewonnene Natriumchloridlösung, im weiteren Sinne wird auch das Wasser der Quelle selbst, im weitesten Sinne jede Salzlösung als S. bezeichnet. *Solesalz* nennt man das aus S.n gewonnene Kochsalz.

Solfatare: S. nennt man eine Austrittsstelle (Exhalation) von schwefelwasserstoffhaltigen Wasserdämpfen mit Temperaturen von 100–250°C. Solfataren zählen zu den postvulkanischen Erscheinungen.

Solifluktion (Bodenfließen, Erdfließen): Im polaren und subpolaren Bereich sowie in periglazialen Hochgebirgsregionen kommt es durch das tages- oder jahreszeitliche Auftauen und Wiedergefrieren des Bodens zu einer Umgestaltung der Erdoberfläche: Auf ebenen und kaum geneigten Hängen findet eine Umlagerung des Bodens am Ort statt, es entstehen die Formen der ↑Kryoturbation.

Bei einer Hangneigung von über 2° beginnt der Boden zu fließen *(Makrosolifluktion):* es bilden sich *Streifenböden* (Strukturböden) und andere *Fließerden* (Wanderböden, Wanderschutt), Blockströme, -gletscher, -halden, -meere u.a. Bei vorhandener Vegetationsdecke wird die Wirkung der S. gebremst, unter Zerreißen der Grasnarbe *(Rasenabschälung)* entstehen Girlandenböden, Fließerdeterrassen und -wülste. Bei der durch S. bewirkten Abtragung *(Kryoplanation)* bilden sich u.a. Glatthänge, Abrissnischen, Dellen, asymmetrische Täler.

Soll (Mehrzahl Sölle; Toteisloch): Ein S. ist eine kleine rundliche, wassergefüllte oder vertorfte, flache Hohlform im Boden ehemals vergletscherter Gebiete. Sölle entstanden durch nachträgliches Abschmelzen kleiner, in der Grundmoräne zurückgebliebener Toteisklötze. Sölle sind besonders zahlreich in Mecklenburg, wo man sie bis heute als Viehtränken oder Löschteiche künstlich offen gehalten hat.

Solontschak: ↑Salzböden.

Solstitium: svw. ↑Sonnenwende.

Sommer: Der S. ist eine der vier ↑Jahreszeiten, in die das Jahr in den mittleren und hohen Breiten eingeteilt wird, und zwar die zwischen Sommersonnenwende, d.h. auf der Nordhalbkugel, wenn die Sonne über dem nördlichen Wendekreis steht, und Herbst-Tagundnachtgleiche, wenn die Sonne bei ihrem scheinbaren Weg am Himmel wieder den Äquator überschreitet. Der S. beginnt auf der Nordhalbkugel am 21. Juni und endet um den 23. September, auf der Südhalbkugel dauert er vom 22. Dezember, wenn die Sonne über dem südlichen Wendekreis steht, bis zum 21. März.

Dieser astronomische S. fällt aber nur teilweise mit den Erscheinungen zusammen, die wir als sommerlich empfinden. Wichtigste Elemente hierbei sind hohe Temperaturen (Mittagstemperatur mindestens 20°C) und die Reifezeit von Gras und Getreide. Lange Tage und kurze Nächte sind nur für die erste Hälfte des Sommers typisch, dafür aber auch für die zweite Hälfte des Frühlings; es ist dies in den polnahen Gebieten die Zeit des Polartages, wenn die ↑Mitternachtssonne beobachtet werden kann.

sommerfeuchte äußere Tropen: eine ↑Klimaregion nach der Klimaklassifikation von Weischet.

Sommertage: Diese meteorologische Klassifikation bezeichnet Tage mit einer Höchsttemperatur von mindestens 25°C.

Sommerzeit: Um das Tageslicht besser auszunutzen, wird in vielen Ländern (seit 1980 auch in der Bundesrepublik Deutschland) die für sie geltende Zonenzeit (↑Zeitzonen) während der Monate mit langen Tagen um eine Stunde vorverlegt.

Beispiel: Wäre es an einem Ort nach der Zonenzeit 8 Uhr, so ist es dort bei Sommerzeit bereits 9 Uhr, da die Zeit 8 Uhr um eine Stunde, nämlich auf 7 Uhr, vorverlegt wurde. Die Zeit mit Tageslicht innerhalb des Zeitraumes, in dem die Menschen aktiv sind, also etwa zwischen 5 Uhr und 24 Uhr, wird bei S. um eine

Stunde verlängert. Besonders abends wird Energie gespart.
S. ist nur in mittleren Breiten möglich und sinnvoll, da in den Tropen die Tage sowieso annähernd gleich lang sind, in hohen Breiten dagegen Tageslicht sommers zu jener Zeit fast ständig vorhanden ist (↑Mitternachtssonne).

Sonderkulturen: Unter S. versteht man in der Landwirtschaft ein- oder mehrjährige Dauerkulturen, die besonderer Pflege bedürfen. Bei ihnen ist der Arbeits- und Kapitalaufwand sehr groß; außerdem sind sie stark marktorientiert. Sonderkulturen sind z.B. Wein-, Obst-, Hopfen-, Feingemüse- und Tabakbau sowie Gewürz-, Arzneipflanzen- und Blumenkulturen. S. werden bevorzugt in klimatisch begünstigten Gebieten und meist auf kleinen Flächen betrieben. Bekannte S. sind die Spargelfelder der sandigen Böden in Südhessen und Nordbaden, die Hopfenkulturen in der Hallertau und um Spalt und die Obstkulturen am Bodensee. Mit ihren Blumenkulturen sind die Niederlande weltbekannt geworden.

Sondermüll: Hierbei handelt es sich in der Regel um besonders gefährlichen und umweltfeindlichen Müll, der auf den üblichen Deponien nicht abgelagert werden kann und auch sonst schwer zu beseitigen ist. Er wird in der Regel auf Sondermülldeponien gelagert und durch besondere Maßnahmen von der Umwelt abgeschirmt. Zu diesen Maßnahmen gehören u.a. das Auftragen undurchlässiger Bodenschichten unter dem Boden des S.platzes und das Lagern des S.s in Stahlfässern. S. wird v.a. von der chemischen und der metallurgischen Industrie erzeugt. – ↑auch Abfallbeseitigung.

Sonne: Die S. ist der Fixstern, zu dessen System die Erde, die übrigen acht großen Planeten, die interplanetaren Kleinkörper (Planetoiden, Kometen, Meteoroiden, interplanetarer Staub) und die übrige interplanetare Materie gehören. Die S. ist also der Zentralkörper des *Sonnensystems.* Sie ist der einzige Stern, dessen Oberfläche von der Erde aus, von der sie einen mittleren Abstand von 149,6 Mill. km hat, in ihren Einzelheiten studiert werden kann.
Bewegung der Sonne: Infolge der Rotation der Erde um ihre Achse in Richtung von West nach Ost geht die S. morgens am östlichen Himmel auf und abends am westlichen unter. Auf- und Untergang erfolgen aber nicht immer an der gleichen Stelle des Horizonts. Auf- und Untergangspunkte verschieben sich von Tag zu Tag innerhalb feststehender Grenzen, die vom irdischen Beobachtungsort abhängig sind. Der Abstand des Auf- und des Untergangspunkts vom Ost- bzw. Westpunkt, die Morgen- bzw. Abendweite, ist für ein und denselben Tag nicht für alle Orte gleich, sondern ändert sich mit der geographischen Breite. Je höher die geographische Breite eines Ortes ist, umso größer sind Morgen- und Abendweite; entsprechend ändert sich mit der geographischen Breite auch die Dauer von Tag und Nacht. Die S. verändert infolge der Bewegung der Erde um die S. täglich ihren Stand unter den Sternen. Sie durchläuft im Laufe eines Jahres ihre scheinbare Bahn an der Himmelssphäre, die Ekliptik.
Die S. liegt etwa 50 Lichtjahre nördlich der Ebene des Milchstraßensystems und etwa 32600 Lichtjahre vom Zentrum dieses Sternsystems entfernt. Zusammen mit den Sternen ihrer Umgebung bewegt sie sich mit 200–260 km/s auf einer fast kreisförmigen Bahn um das Zentrum des Milchstraßensystems; ein Umlauf dauert etwa 200 Mill. Jahre. Außerdem bewegt sie sich gegenüber den Sternen ihrer Umgebung mit 20 km/s auf einen Zielpunkt, den *Sonnenapex,* im Sternbild Herkules, zu.
Die S. rotiert um eine durch ihre Pole gehende Achse; sie ist kein scharf begrenzter Himmelskörper, sondern eine Gaskugel, in der die Dichte, der Druck und die Temperatur stetig von innen nach außen abnehmen. Man unterscheidet astrophysikalisch fünf Bereiche: Im stabil ge-

schichteten, aus Wasserstoff und Helium bestehenden *Sonneninneren* (Radius 556000 km) wird durch Kernfusion Energie erzeugt, die als Strahlungsenergie allmählich nach außen abgegeben wird. Die *Konvektionszone* ist eine etwa 140000 km dicke, instabil geschichtete Kugelschale um das Sonneninnere, in der der Energietransport nach außen durch starke Konvektionsströme in der Sonnenmaterie (ionisierter Wasserstoff) erfolgt: Heiße Materie steigt auf, kühlere sinkt nach unten. Über der Konvektionszone liegt unmittelbar an der *Sonnenoberfläche* die etwa 400 km dicke *Photosphäre,* aus deren Bereich der wesentliche Teil der sichtbaren Strahlung kommt. Über der Photosphäre liegt die bei Sonnenfinsternissen rötlich leuchtende, bis etwa 10000 km dicke Chromosphäre, in der die Temperatur von 4500 bis 5000 K in einer etwa 4000 km hohen unteren Schicht bis auf 300000 K in etwa 8000 km Höhe ansteigt. An diese schließt die sich strahlenförmig weit in den interplanetaren Raum hinein erstreckende *Korona* an, die erst sichtbar wird, wenn der Mond bei einer totalen Sonnenfinsternis die helle Sonnenscheibe abdeckt. An der unteren Grenze der Korona (zur Chromosphäre) beträgt ihre Temperatur etwa 300000 K; sie steigt in der eigentlichen Korona aber auf 1 Mill. K an.

Zustandsgrößen der Sonne

Radius	696000 km (= 109 Erdradien)
Oberfläche	6087 Mrd. km^2 (= 11930 Erdoberflächen)
Volumen	1,412 Trillionen ($=10^{18}$) km^3 (= 1304000 Erdvolumen)
Masse	$1{,}98 \cdot 10^{33}$ g (= 333000 Erdmassen)
mittlere Dichte	1,41 g/cm^3 (= 0,26 Erddichte)
effektive Temperatur	5780 K
Energieabstrahlung an der Oberfläche	6300 W/cm^2
absolute Helligkeit	4,71 Mag
Neigung des Sonnenäquators gegen die Ekliptik	7°15'00"
siderische Rotationsdauer	25,380 Tage
synodische Rotationsdauer	27,275 Tage

Sonnenenergie (Solarenergie): Dies ist die mithilfe von Sonnenkollektoren, Solarzellen und Sonnenkraftwerken technisch genutzte bzw. nutzbare Strahlungsenergie der Sonnenstrahlung. Eine

Sonnenenergie

Globalstrahlung: durchschnittliche solare Strahlungsleistung auf der Erdoberfläche in Watt pro Quadratmeter

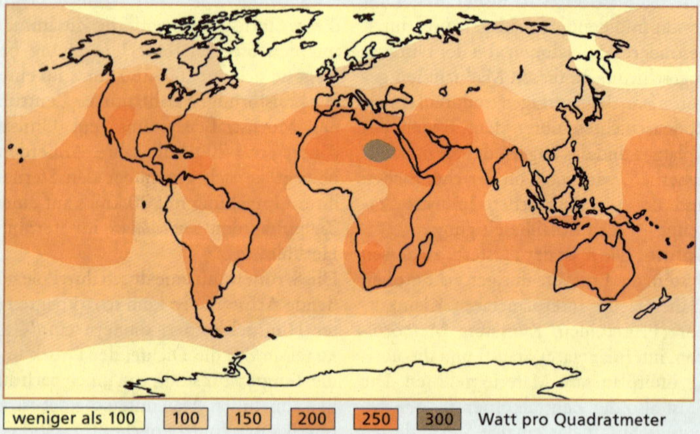

Sonnenfinsternis

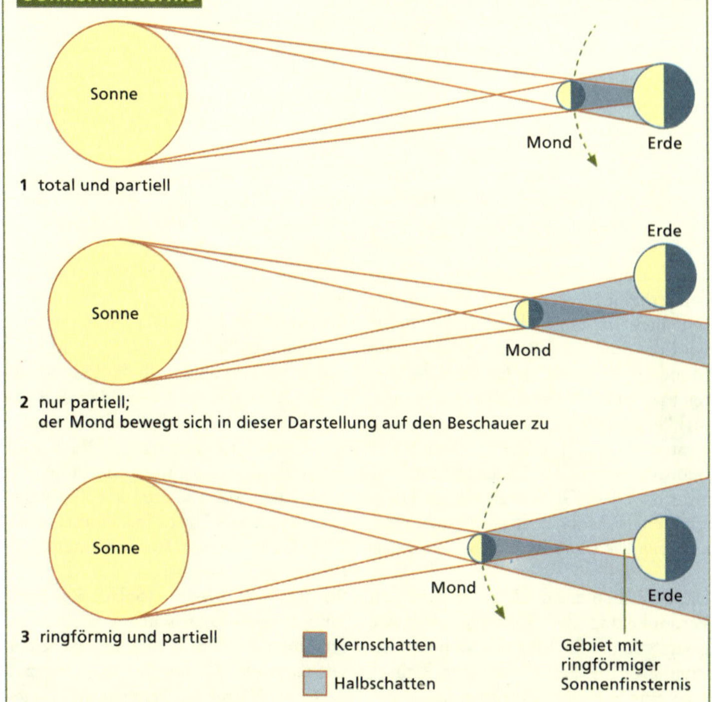

1 total und partiell

2 nur partiell; der Mond bewegt sich in dieser Darstellung auf den Beschauer zu

3 ringförmig und partiell

In Abbildung 1 und 3 entspricht die Zeichenebene der Ekliptikebene

wirtschaftliche Nutzung hängt von der geographischen Breite bzw. der Sonnenhöhe, von der Bewölkung, atmosphärischen Trübung und anderen Faktoren ab. In unseren Breiten ist nur eine begrenzte Nutzung möglich, und zwar für Raumheizung und/oder Brauchwasseraufbereitung mittels Wärmetauschern (für Wohnhäuser, Schwimmbäder, Treibhäuser; auch zum Antrieb von Kraftfahrzeugen). Eine großtechnische Nutzung der S. in Sonnenkraftwerken ist in Deutschland unrentabel, da die mittlere jährliche Sonnenscheindauer bei uns nur 1300–1900 Stunden beträgt (von insgesamt 8760 Stunden), d.h., die S. wäre im langjährigen Mittel nur in 15 bis 22% aller Stunden eines Tages nutzbar.

Sonnenfinsternis: Die S. ist ein rein geometrisch-optisches Phänomen: Stehen für einen Beobachtungsort Mond und Sonne in einer Visierlinie, so tritt für diesen Ort eine S. ein. Die Mondbahn ist gegen die Ekliptik um 5° 8' geneigt, eine S. kann deshalb nur eintreten, wenn der Mond in der Nähe des aufsteigenden oder absteigenden Knotens seiner Bahn steht. Da ferner Sonne, Mond und Erde in einer Linie stehen müssen, kann eine S. nur auftreten, wenn der Mond zwischen Sonne und Erde steht, also nur bei Neumond.
Entgegen dem Anschein sind Sonnenfinsternisse häufiger als Mondfinsternisse. Sonnenfinsternisse sind aber im Gegensatz zu Mondfinsternissen nur in der

etwa 100 km breiten und meist einige tausend Kilometer langen Finsterniszone sichtbar, die im Kernschatten des Mondes liegt. In ihr herrscht dann eine *totale Sonnenfinsternis.*
Wegen der Mondbewegung und der Erdrotation läuft der Kernschatten im Mittel mit einer Geschwindigkeit von 35 km/min über die Erde. Daher kann eine totale S. im Zentrum der Totalitätszone höchstens 7,5 Minuten dauern. In den randlich an die Kernzone anschließenden erheblich größeren Gebieten (sie sind mehrere tausend Kilometer breit) wird die Sonne nur noch teilweise vom Mond verdeckt, sodass ein Teil des oberen bzw. unteren (je nach Beobachtungsort) Sonnenrandes sichtbar bleibt, und zwar ein um so größerer, je weiter der Beobachter von der Totalitätszone entfernt ist. Diese Gebiete liegen im Halbschatten des Mondes, für sie besteht dann eine *partielle* (= teilweise) *Sonnenfinsternis.*
Da die Zonen der totalen und partiellen Verdunkelung der Sonnenscheibe wie gesagt von der Stellung des Mondes zwischen Erde und Sonne abhängen, kann es auch eine S. geben, die nirgends auf der Erde total ist. Der Mond schneidet dann die Verbindungslinie Sonne–Erde nur mit seinem Rand.
Eine besondere Art der S. ergibt sich, wenn der Mond so weit von der Erde entfernt ist, dass sein Kernschatten die Erde nicht mehr trifft. Im Kerngebiet erscheint dann für den Beobachter eine kleine Mondscheibe vor der größeren Sonnenscheibe; es herrscht dann eine *ringförmige Sonnenfinsternis.* Aufgrund der Mondbewegung kann eine ringförmige S. in eine totale übergehen und auch umgekehrt.

Sonnenflecken: S. werden durch starke Magnetfelder verursacht, die in kleinen Bereichen unterhalb der Photosphäre die Konvektion unterbinden und damit den nach außen fließenden Energiestrom erheblich verringern. Die S. sind daher dunkler als ihre Umgebung. Im Kern haben sie eine effektive Temperatur von etwa 4500K (gegenüber etwa 5800K für die ungestörte Sonnenoberfläche, die Photosphäre).

Sonnenkraftwerk (Solarkraftwerk): Ein S. erzeugt elektrische Energie aus der Strahlung der Sonne. Man unterscheidet *solarthermische S.*, die die Strahlung zunächst in Wärme umwandeln, und *photovoltaische S.*, die unmittelbar elektrische

Sonnenkraftwerk: Das Solarturmkraftwerk »Solar One« in Barstow, Kalifornien, mit einer Leistung von 10 MW

Energie erzeugen. Als Kollektoren dienen Spiegelflächen oder geschwärzte Absorberflächen. Gebaut werden Rinnenkollektoranlagen, Parabolspiegelanlagen, Solarturmkraftwerke und Aufwindkraftwerke.

Sonnensystem: ↑Sonne.

Sonnenwende (Solistitium): S. ist der Zeitpunkt, an dem die Sonne während ihres scheinbaren jährlichen Laufs ihren höchsten oder tiefsten Stand erreicht. Wenn die Sonne am 21./22. Juni, zur Zeit der *Sommersonnenwende,* über dem nördlichen Wendekreis steht, hat die Nordhalbkugel der Erde ihren längsten Tag, es ist der Anfang des Sommers. Wenn sie über dem südlichen Wendekreis steht, zur Zeit der dortigen Sommer-, aber unserer *Wintersonnenwende* (am 21./22. Dezember), ist dies für die südliche Erdhemisphäre der Fall; wir auf der Nordhalbkugel haben dann den kürzesten Tag des Jahres; es beginnt der Winter.

Sonnenwind (Solarwind): Als S. bezeichnet man den ständig von der Sonne ausgehenden Partikelstrom aus Protonen (Wasserstoffionen), Alphateilchen (Heliumionen), kleinen Mengen weiterer Ionenarten und Elektronen, der in Erdnähe eine Geschwindigkeit von etwa 400 km/s hat. Die Feldlinien des solaren Magnetfeldes bilden die Bahnen, auf denen sich der S. bewegt. Veränderungen des solaren Magnetfeldes haben deshalb auch Änderungen der Richtung und der Intensität des S.es zur Folge. In der obersten Erdatmosphäre rufen die von der Sonne kommenden Partikelströme vielfältige Erscheinungen hervor, z.B. das ↑Polarlicht.

Sowchose [russisch sof'ço:zə]: Eine S. ist ein großes Staatsgut in der ehemaligen UdSSR. Typisch sind die großflächige Bearbeitung, der hohe Mechanisierungsgrad, weitgehende Spezialisierung und ein geringer Arbeitskräftebesatz. Die zur S. gehörende Hauptsiedlung befindet sich meist an zentraler Stelle mit Wirtschafts- und Wohngebäuden um einen Platz. Die Planung sah als zentrale Siedlung ↑Agrostädte vor, die jedoch nur in wenigen Fällen verwirklicht worden sind.

Sozialbrache: Mit diesem nicht ganz korrekten Ausdruck – denn Brache ist eine im Rahmen des Anbaus notwendige und damit planmäßig eingehaltene Phase der Bodenregeneration – bezeichnet man landwirtschaftlich nutzbare Flächen, die aber aus wirtschaftlichen Gründen nicht genutzt werden. Häufiger Grund ist die Tatsache, dass der Besitzer anderweitig – meist in Industrie, Gewerbe, Verwaltung – mehr verdienen kann als durch Bestellung dieses Landes. Dabei spielt die Ertragsfähigkeit des Bodens natürlich auch eine Rolle.

soziale Marktwirtschaft: Hierbei handelt es sich grundsätzlich um die freie Marktwirtschaft mit besonderer Betonung der sozialen Komponenten. Die s. M. ist bemüht, eventuelle Auswüchse der freien Marktwirtschaft zu verhindern, so z.B. die unternehmerische Willkür oder ruinöse Konkurrenz. Stattdessen werden unternehmerische Verantwortung und soziale Partnerschaft beschworen. Außerdem sorgen Gewerkschaften in freien Verhandlungen (ohne staatlichen Druck) für ständige soziale Verbesserungen der Arbeitnehmer.

sozialer Wandel: Von s. W. spricht man, wenn die traditionelle ↑Sozialstruktur sich ändert. Dies geschieht im Laufe der Geschichte ständig, ist jedoch in bestimmten Gebieten besonders schnell geschehen, so z.B. in ausgesprochenen Feriengebieten mit dem rapiden Ansteigen des Massentourismus; Wert- und Normvorstellungen ändern sich, die Berufs- und die Einkommensstruktur unterliegen einem schnellen Wandel.

Sozialgeographie: Die S. ist ein Teil der Anthropogeographie; sie hat enge Beziehungen zur Wirtschaftsgeographie und zur Soziologie. Ihr Forschungsgebiet sind die Zusammenhänge zwischen der menschlichen Gesellschaft und dem Raum, in dem diese Gesellschaft lebt, besonders die räumlichen Organisationsformen und Raum bildenden Prozesse der ↑Daseinsgrundfunktionen. Mit der Erarbeitung von Planungsgrundlagen leistet die S. auch einen Beitrag zur angewandten Geographie.

Sozialprodukt: Unter S. versteht man die in Geldwert gemessene Leistung einer Volkswirtschaft in einem bestimmten Zeitraum, meistens in einem Jahr. Vor Abzug der Abschreibungen erhält man das ↑Bruttosozialprodukt, nach Abzug der Abschreibungen das ↑Nettosozialprodukt. Sind indirekte Steuern und Subventionen nicht berücksichtigt, spricht man vom *Sozialprodukt zu Marktpreisen;* nach Abzug der indirekten Steuern und Ergänzung um die Subventionen spricht man vom *Sozialprodukt zu Faktorkosten.* Vom S. zu unterscheiden ist das Inlandsprodukt, zu dessen Ermittlung das S. um die Erwerbs- und Vermögenseinkommen von Inländern im Ausland verringert und von Ausländern im Inland ergänzt wird.

Sozialstruktur (Gesellschaftsstruktur): Als S. bezeichnet man das relativ dauerhafte innere Gefüge einer Gesellschaft, das sich aus der Gesamtheit der sozialen Elemente zusammensetzt und durch gewisse Normen, Handlungsmuster und Wertvorstellungen gekennzeichnet ist. S. meint gleichzeitig die Funktionsbedingungen eines Gesellschaftssystems und das geordnete Zusammenwirken aller seiner Teile. Zur Ermittlung der S. gliedert man die Bevölkerung in bestimmten Gruppen, z.B. nach Berufen, nach Einkommenshöhe, nach Schulabschluss und vielen anderen Merkmalen, die in einem bestimmten Zusammenhang für wichtig erachtet werden.

Spalte: Eine Sp. ist eine klaffende Fuge im Gestein.

Spaltenfrost: Der Sp. ist eine besondere Form der physikalischen Verwitterung. Beim Gefrieren von Wasser in Spalten oder feinen Rissen in den Gesteinen kommt es beim Übergang von Wasser in Eis zu einer Volumenzunahme um 9%. Diese Ausdehnung führt zu einem Sprengen der Gesteine. Besonders wirksam ist der Sp. in den Hochgebirgen, da hier oft ein Wechsel zwischen Auftauen am Tage und nächtlichem Gefrieren stattfindet.

Speichergestein: Sp. nennt man in der angewandten Geologie eine durchlässige grobporige oder kluftreiche, oben, im Hangenden, von undurchlässigen Schichten bedeckte Gesteinsschicht, die das aus dem Muttergestein entweichende Erdöl, Erdgas oder auch Grundwasser aufnehmen und speichern kann (z.B. Sandstein, Kalk, Dolomit).

Speläologie (Höhlenkunde): Sp. ist die Wissenschaft, die sich mit allen Fragen befasst, die Höhlen betreffen. Auf die Erkundung und Vermessung von Höhlen, deren Ergebnisse im *Höhlenkataster* festgehalten wird, folgt die wissenschaftliche Untersuchung über Entstehung, Entwicklung, Alter, Klimabedingungen, Höhlensedimente und Fossilien, Analyse der im Höhleneis eingeschlossenen Pollen, Bestimmung der Stein- und Knochenwerkzeuge, Tonscherben, Feuerstellen und Kunst der prähistorischen, in Höhlen hausenden Menschen und der rezenten Flora und Fauna.

Sporn: Der zwischen zwei zusammenlaufenden Tälern liegende Bergvorsprung wird Sp. genannt. Wegen ihrer strategischen Lagegunst wurde diese oft steilwandige und nur von einer Seite zugängliche Geländeform zum Standort mittelalterlicher Burg- und Stadtanlagen (Spornlage).

Sprachgrenze: Da die Sprache oft auch gleichzeitig ein einheitlich kulturell geprägtes Gebiet kennzeichnet, sind Sprachgrenzen häufig auch Grenzen in Kultur, Bauweise etc. In Deutschland bezieht sich der Ausdruck S. auf heutige Dialekte, die auf frühere unterschiedliche Stämme (↑Stamm) hinweisen, so z.B. Bajuwaren, Alemannen u.a.

Springtide (nur in Bezug auf die Flut wird von Springflut gesprochen): Da die ↑Gezeiten von der Massenanziehung von Mond und Sonne bewirkt werden, tritt zu der Zeit, wenn die Anziehungskräfte beider Gestirne in der selben Richtung wirken, mit dem Springtidehochwasser eine besonders hohe Gezeitenwelle auf. Dies ist der Fall, wenn Mond und Sonne in der selben Richtung stehen, also zur Zeit von Voll- und Neumond. – Der Gegensatz zur Sp. ist die Nipptide.

Sprunghöhe: Das vertikale Ausmaß einer ↑Verwerfung wird als Sp. bezeichnet.

Squatter-Siedlungen [englisch 'skwɔtə...]: S. sind spontane Ansiedlungen von Arbeit suchender Bevölkerung auf fremdem Grund und Boden. Vielerorts erfolgten diese Ansiedlungen auf derzeit ungenutztem Farmland, um dieses zu bestellen und so einen Lebensunterhalt zu haben. In neuerer Zeit entstanden S. in Afrika v.a. in Bergbauorten und Industriestädten in der Nähe der Gruben bzw. der Industriebetriebe. Charakteristisch für diese S. ist daher, dass weit über die Hälfte ihrer Bewohner arbeitsfähige Männer sind. Die S. werden in der Hoffnung bezogen, in dem benachbarten Werk einen Arbeitsplatz zu bekommen; man spricht daher auch von »Slums of Hope« (englisch; = Slums der Hoffnung). Die Squatters hoffen, den Anschluss an die Wirtschaft und einen städtischen Lebensstil zu erreichen; die Bewohner der »Slums of Dispair« (englisch; = Slums der Verzweiflung) dagegen haben meist alle Hoffnung auf Besserung ihrer Lage aufgegeben. – ↑Slum.

Staatengruppierungen: Dies ist im engeren Sinne kein geographischer Fachausdruck, er findet sich jedoch gelegentlich in der Fachliteratur. Gemeint sind Staaten, die auf einem bestimmten Gebiet gemeinsame Interessen haben. Dazu zählen z.B. die ↑OECD oder die OPEC, die die Interessen der Ölförderländer vertritt. Auch die ↑Europäische Union kann man zu solchen St. rechnen.

Stadium (Mehrzahl Stadien, Stadial): Als St. bezeichnet man eine während einigen Jahrtausenden innerhalb einer Eiszeit stationäre Eisrandlage und ihren zugehörigen glazialen Formenschatz, hauptsächlich die Endmoränen; z.B. das Brandenburger St. der Weichseleiszeit in Norddeutschland. Diese Eisrandlagen werden in der Regel als *Rückzugsstadien* bezeichnet, obgleich in Wirklichkeit alle dabei zur Ablagerung gekommenen Endmoränen kurzen Wiedervorstößen entsprechen.

Stadt: Der Begriff St. wird in der Regel im Gegensatz zum Wort Dorf gebraucht. Eine Stadt zeichnet sich besonders durch eine mehr oder weniger stark entwickelte Gliederung in Stadtviertel aus (Industrie-, Wohn-, Geschäfts- u.a. Viertel), durch ein über den Eigenbedarf hinausgehendes Dienstleistungsangebot, durch eine überwiegend nicht in der Landwirtschaft tätige Bevölkerung. Es gibt keine einheitliche Definition des Stadtbegriffes; in der Gemeindestatistik wird nach Einwohnerzahlen klassifiziert, wobei in den einzelnen Staaten unterschiedliche Mindestzahlen gelten. In Deutschland wurden seit dem Mittelalter *Stadtrechte* verliehen. In Deutschland wird der Titel Stadt vom Innenminister des zuständigen Bundeslandes verliehen.

Stadtdorf: St. nennt man eine größere Siedlung von mehreren tausend Einwohnern, deren Bevölkerung überwiegend in der Landwirtschaft tätig ist. Typisch ist ein kleiner, stadtähnlicher Kern, dessen Einrichtungen hauptsächlich der Versorgung der Dorfbevölkerung dienen. Beispiele für diesen Siedlungstyp findet man u.a. in Italien (↑Agrostadt), in Ungarn und bei den Yoruba in Nigeria.

Städtebänder: ↑Bandstädte.

städtische Agglomeration (Ballungsgebiet, Ballungsraum, Verdichtungsraum): Es handelt sich hierbei um ein Gebiet mit einer Verdichtung von Wohngebäuden, Arbeitsstätten und Wirtschaftsleistungen auf engem Raum. Diese Verdichtung wurde in der Regel von der Industrie hervorgerufen. Die st. A. reicht über Verwaltungsgrenzen hinaus. Man unterscheidet monozentrale st. A.en (Einkernballungen) und polyzentrale st. A.en (Mehrkernballungen). Die *monozentrale städtische Agglomeration,* eine Großstadt mit angrenzenden gewachsenen Wohnorten und Satellitenstädten (z.B. London, Paris, Moskau, Hamburg, München) bezeichnet man auch als *Conurbation.* Die *polyzentrale städtische Agglomeration* liegt meistens in rohstoff- oder kraftstofforientierten Industriezonen und setzt sich aus mehreren Großstädten und ihrer Umgebung zusammen; eine historische Führungsstadt gibt es nicht. Beispiele hierfür sind das Ruhrgebiet, die Region Nord in Frankreich, die Randstad Holland.

Stadtklima: Ein St. entwickelt sich über großflächig bebauten Stadt- und Industrielandschaften. Die Vielzahl der Stein- und Asphaltflächen, die fehlende Vegetation und die starke Wärme- und Abgaserzeugung von Haushalten, Industrie und Verkehr bedingen im Vergleich zur umgebenden Landschaft spürbare klimatische Unterschiede. Die wichtigsten hiervon sind die geringen Temperaturgegensätze im Laufe des Jahres, die reichlicheren Niederschläge und die häufige Nebel- und Dunstbildung. Wegen der starken Anreicherung der Luft mit Aerosolen ist das St. ungesund. Mit einer aufgelockerten Bebauung, der Erhaltung und Neuanlage von Grüngürteln und der Schaffung verkehrsfreier Zonen in den innerstädtischen Bereichen sowie der Verlegung der umweltbelastenden Industriebetriebe in Außenbezirke versucht man, die genannten Einflüsse soweit wie möglich herabzusetzen.

Stadtplanung: Die St. hat die Aufgabe, das Gebiet der Stadt unter Berücksichtigung regionaler Raumordnungspläne in bestimmte Funktionsgebiete aufzuteilen (Wohnen, Industrie, Gewerbe, Verkehr, Naherholung) und nach Erstellung eines Flächennutzungsplanes (vorbereitend) für einzelne Stadtgebiete verbindliche Bebauungspläne aufzustellen.

Stadtsanierung: Eine S. wird notwendig in den Bereichen, die den Anforderungen an zeitgemäße Wohn- und Arbeitsverhältnisse nicht mehr genügen. Man unterscheidet hauptsächlich zwischen Flächensanierung (Abriss und Neuaufbau mehrerer Häuser) und Objektsanierung (Verbesserungen am Einzelhaus). Bei der Blocksanierung will man historisch gewachsene Straßenzüge nicht verändern und schafft deshalb im Innern eines überbauten Baublocks durch Abrisse Freiflächen.

Stadt-Umland-Beziehungen: Diese Beziehungen ergeben sich zwangsläufig aus dem Bedeutungsüberschuss der Stadt. Weiterführende Schulen, Krankenhäuser, Arbeitsplätze u.a. werden auch von Bewohnern des Stadtumlandes genutzt, während das Umland immer häufiger die Wohnfunktion wahrnimmt. Durch den Einzugsbereich der zentralen Funktionen der Stadt entstehen Pendlerströme, Verkehrsanbindungen müssen geschaffen werden.

Auswirkungen haben die St.-U.-B. hauptsächlich auf den ländlichen Raum, wo unter dem Einfluss der Verstädterung die Siedlungsstruktur einem starken Wandel unterliegt. Auch die Sozialstruktur des ländlichen Raumes ändert sich durch das ständige Zurückdrängen der Bedeutung der Landwirtschaft.

Staffelbruch: Als St. bezeichnet man ein Verwerfungssystem, bei dem die einzelnen Gesteinsschollen treppenartig abgestuft sind. – Abb. Bruchformen, S. 50.

Stalagmiten: Die vom Höhlenboden emporwachsenden ↑Tropfsteine werden St. genannt.

Stalagnaten: St. sind aus Stalaktiten und Stalagmiten zusammengewachsene Tropfsteinsäulen.

Stalaktiten: St. sind von der Höhlendecke herabwachsende ↑Tropfsteine.

Stamm: In der Geographie wird St. als ethnologische (↑Völkerkunde) Einheit betrachtet, insbesondere bei Naturvölkern. Kennzeichnend sind gleiche Sprache, Kultur und Siedlungsgebiet. Die Größe und das Zusammengehörigkeitsgefühl der einzelnen Stämme können sehr unterschiedlich sein.

Standortfaktoren: Dieser Begriff gehört zur Industriegeographie und umfasst die Bedingungen, die eine Industrieansiedlung an einem bestimmten Ort begünstigen. Dazu zählen die natürlichen Standortfaktoren, wie Topographie, Geologie und andere physisch-geographische Faktoren, v.a. aber die Anbindung an ein leistungsfähiges Verkehrsnetz, das Vorhandensein von Rohstoffen und Arbeitskräften, die Nähe des Absatzmarktes und anderes.

starker Wind: Name für die ↑Windstärke 6 auf der Beaufort-Skala.

Staukuppe: St. nennt man eine Erstarrungsform sehr zähflüssiger Lava über einem Vulkanschlot; sie wächst durch nachdrängende Lavamassen, sodass zuletzt ein Komplex rissiger Kuppen entsteht. Ein kurz vor der Erstarrung durch vulkanische Gase hoch gepresster Lavapfropf wird *Stoßkuppe* oder *Lavanadel* genannt. – Abb. Quellkuppe, S. 299.

Stausee: Ein S. ist ein meist durch eine Stauanlage, seltener durch natürlichen Flussstau (z.B. durch Endmoränen) entstandener See. S. werden angelegt zur Speicherung von Trinkwasser oder Gewinnung von Elektrizität; sie dienen häufig auch der Bewässerung, dem Hochwasserschutz und der Wasserstandsregulierung für die Schifffahrt. S. werden oft als Erholungslandschaft in die Regionalplanung einbezogen. Gelegentlich spricht man auch bei einem natürlich aufgestauten See, etwa durch einen Lavastrom bei einem Vulkanausbruch, von einem Stausee.

Die künstlich geschaffenen Wasserflächen der Erde haben inzwischen eine Größe von insgesamt 400000 km^2 überschritten. Über 50 S. haben eine Fläche von mehr als 1000 km^2. 10% des gesamten Oberflächenabflusses auf der Erde werden bereits durch künstliche Seen kontrolliert. Die sich daraus ergebenden vielfältigen Folgeerscheinungen und Probleme sind z.T. noch nicht hinreichend erforscht, so z.B. die Auswirkungen auf das Klima, auf die Stabilität der Erdkruste (Auslösung von Erdbeben) u.a. Auch ist die Besiedlung der S. durch Wasser- und Ufervegetation, besonders in tropischen und randtropischen Klimaten, schwer zu steuern; sie hat in manchen Fällen (Kariba-, Voltasee) zur Verbreitung von Krankheiten (z. B. Schistosomiasis) beigetragen. In jedem Fall wird durch die Einschaltung von S. in das Abflussgeschehen der natürliche Erosions- und Sedimentationsvorgang verändert; der starken Sedimentation im Stauraum (Lebensdauer der meisten S. daher nicht über 100 Jahre) stehen die verstärkte Erosion unterhalb desselben (Abtragung der Uferbereiche), die Veränderung des Grundwasserspiegels, z.T. auch die Gefährdung der Schifffahrt gegenüber. In ariden Gebieten versucht man neuerdings, die sehr hohe Verdunstung, die den Wasserzufluss übertreffen kann, durch einen Oberflächenüberzug mit einer monomolekularen Schicht z.B. von Fettalkohol zu reduzieren.

Staustufe: Eine in Flüssen senkrecht zur Strömung errichtete Mauer nennt man Staustufe. Sie ragt mehrere Meter über die Wasseroberfläche empor, sodass sich hinter ihr das Wasser aufstaut. St.n werden gebaut, um im Fluss die Einhaltung einer gleichmäßigen Wassertiefe zu erreichen. Das nützt v.a. der Binnenschifffahrt, welche die St. mithilfe von eingebauten Schleusen überwindet. Eine St. unterbindet gleichzeitig weitgehend das Absinken des Grundwasserspiegels. Oft führt über die Krone der St. eine Straße, die zur Verkehrserschließung beiträgt. Schließlich kann man durch eingebaute Laufkraftwerke Energie gewinnen.

steifer Wind: Name für die ↑Windstärke 7 auf der Beaufort-Skala.

Steigungsregen: Niederschläge, die im ↑Luv von Gebirgen infolge des erzwungenen Aufstiegs und der damit verbundenen Abkühlung der Luftmassen niedergehen, bezeichnet man als Stei-

S

gungsregen. Es handelt sich also um orographisch bedingte Niederschläge.

Steinkern: St.e sind eine besondere Art von ↑Fossilien.

Steinkohle: Als St. bezeichnet man schwarze, harte, pechartig oder fettig glänzende ↑Kohle von hohem Inkohlungsgrad.

Steinschlag: Als St. bezeichnet man von Felswänden herabstürzende Gesteinstrümmer, die durch Verwitterung gelockert wurden. Er bildet *St.-Rinnen,* an die sich Schutthalden anschließen. Kommen größere Felspartien in Bewegung, entstehen *St.-Lawinen* und schließlich Felsstürze.

Steppe: Die St. ist im Gegensatz zur Savanne eine außertropische, baumlose Pflanzenformation, die sich aus trockenheitsliebenden Gräsern und Kräutern zusammensetzt. Kennzeichnend sind auch hochwüchsige Stauden und Zwiebelgewächse (z.B. Tulpe). In Eurasien zieht sich ein Steppengürtel von Bessarabien bis zum Fuße des Altai. In der Neuen Welt sind die Prärien Nordamerikas und die Pampas Argentiniens solche Grasfluren. Die St. war früher reich an Huftieren, z.B. Bisons in der Prärie.

Von der St. streng zu unterscheiden sind das tropische Grasland, die ↑Savanne, in der stets auch Holzgewächse, also meist Bäume, auftreten, und die ↑Wiese, die einen dichteren Graswuchs mit geringem Anteil von Kräutern hat. Ebenfalls keine St. ist die ↑Waldsteppe, sie bildet den mosaikartigen Übergang von der St. zum geschlossenen Wald. – ↑auch Kultursteppe und ↑Versteppung.

Steppenheide: St. nennt man die strauch- und baumarme Fels- und Trockenrasengesellschaft meist flachgründiger, kalkreicher Standorte in warmtrockenen Binnenlandschaften Mitteleuropas (Böhmen, Thüringen, Oberrheinisches Tiefland, Teile der Schwäbischen Alb, inneralpine Täler). Es handelt sich um eine artenreiche Vegetationsformation mit zahlreichen Steppenpflanzen (z.B. Federgras, Beifuß) und wärmeliebenden mediterranen Arten (u.a. Ragwurz, Graslilie).

Während der Nacheiszeit sind aus den Steppengebieten Südosteuropas Steppenpflanzen nach Mitteleuropa eingewandert. Eine erneute Klimaänderung führte dann zu ihrer Verdrängung durch den Wald.

Steppenschwarzerde (Tschernosem): Die St. ist der wichtigste Bodentyp der Steppengebiete; sie besitzt ein A_hC-Profil. Der mächtige, gut gekrümelte, lockere A_h-Horizont erklärt sich durch das Zusammenwirken von Klima, Vegetation und Bodenfauna, wobei u.a. infolge des feuchten Frühjahrs und Frühsommers, des trockenen Hochsommers und kalten Winters die Erhaltung und Umsetzung, d.h. die Humifizierung der pflanzlichen Substanz, die Verwesung, überwiegt, also eine starke Anhäufung von Humus erfolgt. Bevorzugter Untergrund (C-Horizont) sind feine, kalkhaltige Lockergesteine, wie Löss. St.n sind v.a. in Osteuropa, Asien und Nordamerika weit verbreitet; in Mitteleuropa sind sie fossile, v.a. im frühen Postglazial entstandene, Vorkommen und mehr oder weniger stark degradiert. Die St. ist der Boden der höchsten potentiellen Fruchtbarkeit.

Sterberate: Das Verhältnis der in einem bestimmten Zeitraum Gestorbenen zu 1000 Einwohnern nennt man St.; es handelt sich also um eine Promillezahl.

Stern: Im allgemeinen Sprachgebrauch wird jedes leuchtende Objekt an der Himmelssphäre St. genannt (mit Ausnahme des Mondes und der Sonne). In der Astronomie werden im strengen Sprachgebrauch nur die ↑Fixsterne als Sterne bezeichnet, also auch die Sonne.

Sternkunde: ↑Astronomie.

Sternschnuppe: Eine St. ist ein ↑Meteor mittlerer Größe.

Stickstoffkreislauf: Der Hauptteil des St.s, der Umsetzung des Stickstoffs und seiner Verbindungen (v.a. Aminosäuren und Proteine) läuft zwischen den Organismen im Boden ab. Die höheren Pflanzen nehmen die im Bodenwasser gelösten Nitrate (bzw. Ammoniumverbindungen) auf und legen den Stickstoff im Verlauf der assimilatorischen Nitratreduktion und der anschließenden reduktiven Aminierung in den Aminogruppen der Proteine und in andere Verbindungen fest. Deren Abbauprodukte gelangen direkt oder über die Nahrungskette als Aminosäuren, Harnstoff u.a. in den Boden zurück. Dort werden diese Stoffe z.T. vorübergehend im Humus festgelegt, oder ihr Stickstoff wird bei der Verwesung durch desaminierende Bakterien zu Ammoniak mineralisiert *(Ammonifikation).* Dieses Ammoniak wird durch aerobe nitrifizierende Bakterien über Nitrit wieder in Nitrat zurückverwandelt. Über Nitrat und Ammoniak ist dieser Teil des St.s an die Atmosphäre, die Hydrosphäre und die Lithosphäre angeschlossen.

Die jährliche Stickstofffestlegung durch pflanzliche Assimilation wird auf 175 Mill. t geschätzt.

Stockwerkkultur (italienisch coltura mista): Die St. ist eine v.a. im Mittelmeerraum verbreitete intensive Form der Bodennutzung, oft mit künstlicher Bewässerung verbunden. Bei St. werden mehrere Kulturarten unterschiedlicher Wuchshöhe nebeneinander angebaut: Das unterste Stockwerk besteht meist aus Gemüse oder Getreide, das Zwischenstockwerk bilden an Drähten gehaltene Rebkulturen, das oberste Stockwerk nehmen die alles überragenden Fruchtbäume ein.

Störung (Dislokation): Mit St. bezeichnet man jede Veränderung der normalen Lagerung eines Gesteins und jegliche Unterbrechung seines ursprünglichen Zusammenhanges, bedingt durch Faltung, Überschiebung oder Verwerfung. Der tektonische Vorgang, der zu einer St. führt, wird oft auch als St. bezeichnet.

Strahlstrom: ↑Jetstream.

Strahlung: Dies ist der Energiefluss in Form elektromagnetischer Wellen (Wellen-St.) oder der Fluss schneller Teilchen (Teilchen- oder Korpuskular-St.). Die verschiedenen Arten von St.en unterscheiden sich durch ihre Wellenlänge bzw. durch ihre Frequenz.

Strahlungsbilanz: Synonyme Ausdrücke sind Strahlungshaushalt, Wärmebilanz, Wärmehaushalt. Gemeint ist die Differenz zwischen der von oben und der von unten auf eine Fläche einfallenden Strahlung, insbesondere die St. des Systems Erde–Atmosphäre. Für dieses System ergibt sich im globalen jährlichen Mittel folgendes Bild: Auf dem Weg durch die Lufthülle werden 30% der Sonnenstrahlung infolge Reflexion und Streuung in der Atmosphäre und am Erdboden wieder in den Weltraum zurückgestrahlt (Erdalbedo; ↑auch Albedo). 19% werden von der Atmosphäre absorbiert. Die Erdoberfläche empfängt insgesamt 51% der extraterrestrischen Sonnenstrahlung, davon 28% als direkte Sonnenstrahlung und 23% als (diffuse) Himmelsstrahlung, die sie absorbiert und in Wärme umwandelt. Durch die langwellige (infrarote) Ausstrahlung der Erdoberfläche tritt sofort wieder ein Wärmeverlust ein, dessen Betrag 98% des einfallenden mittleren Strahlungsenergieflusses der Sonne entspricht; jedoch wird diese terrestrische Strahlung fast vollständig von Wasserdampf, Kohlendioxid und anderen Spurengasen in der Atmosphäre absorbiert (92%) und als atmosphärische Gegenstrahlung zur Erdoberfläche wieder zurückgestrahlt (77%). Die effektive Ausstrahlung der Erdoberfläche beträgt daher nur 21%, sodass ihr ein effektiver Energiegewinn von 30% verbleibt (positive St.).

Die Atmosphäre gewinnt im kurzwelligen Bereich 19% und verliert im langwelligen Bereich durch eigene Ausstrahlung nach oben und unten 49%; sie weist daher eine negative St. (> 30%) auf.

Der Ausgleich des effektiven Energiegewinns der Erdoberfläche und des effektiven Energieverlustes der Atmosphäre wird durch die turbulenten Flüsse fühlbarer Wärme (Konvektion) und latenter

S

Wärme (Verdunstung) herbeigeführt, durch die 7 bzw. 23% (zusammen 30%) vom Erdboden in die Atmosphäre transportiert werden. Auf diese Weise herrscht für das System Erde–Atmosphäre im globalen Jahresmittel ein Strahlungsgleichgewicht.

Strand: Der St. ist der aus Lockermaterial (Sand, Geröll) aufgebaute flache Ufer- bzw. Küstenstreifen an Flüssen, Seen und Meeren.

Strandflate: An der mittel- und nordnorwegischen Küste tritt eine St. genannte Verebnungsfläche auf, die ungefähr in Meeresniveau liegt und zum Binnenland durch einen steilen Anstieg begrenzt wird. Zahllose Inseln und Buchten bieten sehr gute Siedlungsmöglichkeiten. Die Entstehung der St. ist noch nicht eindeutig geklärt.

Strandlinie: Die St. ist die untere Begrenzung des nassen Strandes; sie liegt bei 2 m ü. d. M., der Linie, bis zu der ungefähr der Wasserstand bei mittlerem Springtideniedrigwasser reicht. Bis zur St. reicht im Allgemeinen die Wirkung von Wellen und Brandung; an Marschküsten heißt sie *Wattlinie.*

Strandsee: Wächst durch Strandversetzung oder sonstige Sandansammlung an einer Ausgleichsküste die Nehrungsspitze mit der ihr gegenüber liegenden Küste zusammen, wird das Haff vom Meer getrennt und damit zum Strandsee.

Strandterrasse (Abrasionsterrasse): Die St. ist die durch die Brandungstätigkeit des Meeres entstandene Verebnungsfläche vor Steilküsten, eine großflächige Abrasionsplatte. Ältere, über dem Meeresspiegel liegende St.n können sowohl eine Hebung des Landes als auch eine Senkung des Meeresspiegels anzeigen.

Strandversetzung (Küstenversetzung, Strandvertriftung): Wenn an der Küste die vorherrschenden Winde schräg zum Strand wehen, werfen die Brandungswellen den Sand schräg auf den Strand, führen ihn jedoch beim Zurückfluten senkrecht zum Strand ab. So

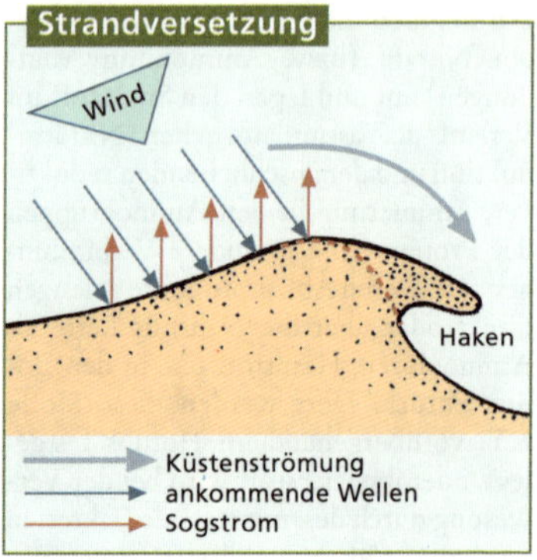

erfolgt ein andauernder Materialtransport längs der Küste, der St. genannt wird. Kommt es nun hinter Landvorsprüngen oder an Buchteingängen zum Nachlassen der Strömung, erschöpft sich die Transportkraft, und es wird hier Sand abgelagert. So baut sich an dieser Stelle eine kleine Sandzunge auf, die über einen *Haken* zu einer ↑Nehrung wachsen kann und bald die Bucht vom offenen Meer trennt. Das Ergebnis der St. ist ein Ausgleich des Küstenverlaufs, es entsteht eine *Ausgleichsküste.*

Strandwall: Durch die Brandungstätigkeit wird im äußersten Auslaufbereich der hohen Dünungswellen, der Roller, ein meist nur wenige Dezimeter hoher St. aus Sand oder Kies aufgebaut, dessen Lage sich entsprechend der Brandungstätigkeit land- oder meerwärts verschieben kann.

Straßendorf: Ein St. ist eine meist geradlinige, doppelzeilige Dorfanlage entlang einer Straße, wobei die Häuser bzw. Gehöfte relativ dicht nebeneinander angeordnet sind. Das St. findet sich ebenso als gewachsene Form wie als planmäßige Anlage, z. B. in den Gebieten der mittelalterlichen Ostsiedlung seit dem 12./13. Jahrhundert. – Abb. Siedlungsformen, S. 332.

Stratigraphie: Die St. ist ein Teilgebiet der Geologie; sie untersucht die räumliche und zeitliche Aufeinanderfolge von

Gesteinsschichten und geologischen Systemen sowie ihren Gesteins- und Fossilinhalt.

Stratokumulus (Schichthaufenwolke, Stratocumulus): Als St. bezeichnet man die tiefen, grauen bis weißlichen Wolken mit sichtbarer vertikaler Ausdehnung, die schollenförmig in Bänken oder in weiten flachen Feldern auftreten. Ihre Form weist auf die Entstehung aus dem Zusammentreffen vertikal und horizontal gerichteter Luftströmungen hin. Diese Wolkenform erscheint bei der Auflösung von Schichtwolken oder als Übergangsform bei der Neubildung von weitgestreckten Wolkenfeldern.

St.wolken bestehen aus feinen Wassertröpfchen und enthalten auch Regentropfen oder Reifgraupeln, zuweilen auch Schneekristalle.

Stratosphäre: Die St. ist die Schicht der Atmosphäre zwischen 8 bzw. 17 km und 50 km Höhe. In ihr finden keine vertikalen Luftbewegungen mehr statt, da die Temperaturen zwischen 11 und 20 km Höhe annähernd gleich bleiben, nämlich –50 °C am Pol und –80 °C am Äquator. In größeren Höhen steigt die Temperatur dann wieder bis etwa 0 °C an. Die Obergrenze der St. bildet die *Stratopause,* nach unten wird sie durch die Tropopause begrenzt. In der St. liegt die ↑Ozonschicht.

Stratovulkan (Schichtvulkan): Als St. bezeichnet man einen kegelförmigen Vulkanbau, der aus einer Wechsellagerung von Lavadecken und vulkanischen Lockermassen aufgebaut ist.

Stratus (Schichtwolke): St. nennt man die einförmigen, grauen, nebelähnlichen Wolkenschichten. Die vertikale Mächtigkeit von Stratuswolken ist meist so gering, dass die Umrisse von Sonne und Mond klar zu erkennen bleiben. St. entwickelt sich mit dem Vorrücken von Warmfronten, wenn wärmere auf kältere Luftmassen aufgleiten. Aber auch bei Inversionswetterlagen kommt es, besonders während winterlicher Hochdrucklagen, zur Ausbildung lange anhaltender Schichtbewölkung. Aus St. fällt Niederschlag in Form von Sprühregen oder auch von Eis- und Schneeteilchen.

Streichen und Fallen: Zur Kennzeichnung der geologischen Lagerung, und zwar nicht nur von Schichten, sondern auch von Verwerfungen, Klüften, Erzlagern u.a., werden die Begriffe St. u. F. verwendet. Streichen (Streichwinkel) wird die als Abweichung von der Nordrichtung angegebene Richtung der Schnittfläche einer geneigten geologischen Schichtfläche mit der Horizontalen genannt. Unter Fallen (Einfallen, Fallwinkel) wird der Neigungswinkel der Schichtfläche gegen die Horizontale verstanden. St. u. F. stehen also senkrecht aufeinander. Bei Faltenstrukturen (Mulden, Sättel) mit geneigter Faltenachse ergibt sich ein *umlaufendes* oder *periklinales Streichen.*

Im übertragenen Sinne spricht man von Streichen auch bei der Längsrichtung von Gebirgszügen.

Streichen und Fallen

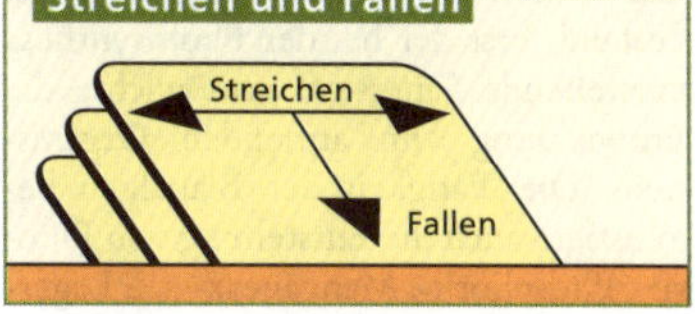

Streifenanbau: Der St. ist eine Maßnahme gegen die ↑Bodenzerstörung.

Streifenflur: Verschiedene ↑Flurformen werden als St. zusammengefasst.

Streusiedlung: Ursprünglich handelt es sich bei der St. um eine räumliche Konzentration von Einzelhöfen. Der Ausdruck wird heute dagegen weitgehend für sehr lockere Gruppensiedlungen mit regelloser Lage der Wohnstätten gebraucht.

Streuwiese: St.n werden nicht zur Futtergewinnung genutzt, sie liefern nur Einstreumaterial für die Viehställe. Eine St. wird nicht gedüngt und nur einmal im Herbst geschnitten. Sie zeichnet sich durch eine besondere Pflanzenvielfalt

S

aus. Oft ist sie mit Obstbäumen bestanden. Einige St.n sind heute als Naturdenkmäler geschützt.

Stromatolithen (Algenkalke): S. sind knollige, kugelige, dom-, säulen- oder brotlaibförmige, riffartige Kalkablagerungen, die aus feinen lamellenförmigen Schichten aufgebaut sind. Der Kalk ist oft in Dolomit umgewandelt, später z.T. auch durch Kieselsäure ersetzt worden (Hornstein). S. entstehen im Zusammenhang mit Blaualgenrasen (Cyanobakterien), deren schleimige Substanz das Einfangen und Einbinden von Sedimentpartikeln bewirkt. Sie bilden sich v.a. im Gezeitenbereich tropischer Meeresküsten, aber auch in größerer Meerestiefe sowie in Salz- und Süßwasserseen. Sie sind seit dem älteren Präkambrium (Archaikum), seit etwa 3,5 Mrd. Jahren, bekannt (u.a. in Simbabwe, Kanada, Australien) und sind der älteste Beleg für ↑Photosynthese. Die S.-Organismen spielten eine wichtige Rolle bei der Entwicklung der Atmosphäre, die ursprünglich v.a. aus Kohlendioxid und Stickstoff bestand. Erst der bei der Photosynthese entstehende Sauerstoff ermöglichte die Entwicklung von atmenden Organismen. Die Tätigkeit der Blaualgen begünstigte auch die Entstehung von Fluorit-, Phosphorit-, Manganerz- u.a. Lagerstätten.

strömen: in der Gewässerkunde Bezeichnung für eine ↑Fließgeschwindigkeit.

Stromschnelle (Katarakt): Die St. ist eine Flussstrecke, in der wegen Verengung des Flussbettes oder plötzlichen Gefälles das Wasser schneller fließt, oft reißend. Das plötzliche Gefälle wird meist durch einen Querriegel aus härterem Gestein im Flussbett oder durch eine Verwerfung verursacht.

Stromstrich: St. nennt man diejenige Linie in einem Fluss, welche die Stellen der höchsten Fließgeschwindigkeit verbindet. Der St. liegt immer etwas unterhalb der Oberfläche des Wassers, aber nicht immer in der Mitte des Flusses. Sein Pendeln z.B. ist Ursache für die Ausbildung der Prall- und Gleithänge der ↑Mäander.

Strudelloch: svw. ↑Kolk.

Strukturböden: ↑Frostmusterböden.

Strukturdaten: Unter S. versteht man unterschiedlich umfangreiche Datenangaben zur Bevölkerung und Wirtschaft eines Landes oder einer Region.

strukturschwacher Raum: Dieser Ausdruck bezieht sich zunächst auf die schwach ausgeprägte ↑Infrastruktur eines Raumes. Gründe sind oft eine Randlage, die eine industrielle Entwicklung wegen mangelnder ↑Standortfaktoren nicht entstehen lässt. Kennzeichnend für einen solchen Raum ist z.B. eine relativ hohe Arbeitslosigkeit.

Strukturwandel (Strukturänderung): Als St. bezeichnet man im Gegensatz zu Saison- und Konjunkturbewegungen langfristige und grundsätzliche Änderungen, denen die Struktur der Wirtschaft und der darin eingebettete aktuelle Wirtschaftsprozess unterliegen. Der St. hängt von außerökonomischen und ökonomischen Faktoren ab, auf die der jeweilige Wirtschaftsprozess keinen kurzfristigen oder unmittelbaren Einfluss besitzt.

Stückgut: Im Gegensatz zu ↑Massengütern handelt es sich bei S. um einzel abgepackte Güter, die in Kisten, Säcken oder Fässern transportiert werden.

Sturm: Name für die ↑Windstärke 9 auf der Beaufort-Skala; Windstärke 10 wird als *schwerer Sturm* bezeichnet.

Sturmflut: Ein ungewöhnlich hohes Ansteigen des Wassers an Meeresküsten und Tidenflüssen, das durch ungünstiges Zusammentreffen mehrerer Faktoren bedingt ist: Flut, Wirkung von Luftdruckgradient und starkem Windschub auf die Wasseroberflächen, brandender Seegang sowie bei Randmeeren gelegentlich die Eigenschwingungen der Wassermassen, nennt man Sturmflut.
Besonders große Fluthöchstwasserstände werden bei Springtiden erreicht. An Küsten von Meeren mit großer Erdbeben-

häufigkeit kommen als Flutursachen sehr lange Wellen hinzu, die durch untermeerische Beben erzeugt werden, z.B. im Pazifik. Sie überfluten schnell Strand- und Hafengebiete.
St.en hängen oft mit typischen *Sturmflutwetterlagen* zusammen, in deren Ablauf die Wassermassen optimal gegen die Küste getrieben werden, wobei der Küstenverlauf eine ausschlaggebende Rolle spielt. Für die Deutsche Bucht sind Winde aus W bis NW besonders stauwirksam, für die englische O-Küste Winde aus N bis NO. Dementsprechend unterscheiden sich die St.wetterlagen. Schwere St.en an der deutschen Nordseeküste hängen meist mit Sturmtiefs zusammen, die entweder von Island nach S-Skandinavien oder auf einer südlicher gelegenen Zugbahn vom Ostatlantik über die südliche Nordsee nach Dänemark ziehen. Die schwersten St.en im Nordseeküstenraum waren die Marcellusfluten 1219, 1267 und v.a. 1362 (Untergang des nordfriesischen Hafenortes Rungholt), die große St. vom 19. Oktober 1634, die die Insel Strand (Nordstrand) zerstörte, die Februarflut 1825 und die Neujahrsflut 1855 (Untergang von Alt-Wangerooge). Fast hundert Jahre später, Anfang Februar 1953, kam es v.a. an der niederländischen Küste durch Zusammentreffen einer Springflut mit einem starken Nordwind zu zahlreichen Deichbrüchen mit verheerenden Überflutungen. Am 16./17. Februar 1962 richtete die »Hamburg-St.« an den Küsten der Deutschen Bucht erhebliche Schäden an.

stürzen: in der Gewässerkunde Bezeichnung für eine ↑Fließgeschwindigkeit.

subalpine Stufe: Die s. St. ist eine Übergangszone innerhalb der ↑Höhenstufen der Vegetation in den Gebirgen der mittleren Breiten, die von der montanen Stufe zur alpinen Stufe überleitet, vorherrschend ist in ihr Krummholzvegetation.

subarktisch: auf der Nordhalbkugel gleichbedeutend mit ↑subpolar.

Subatlantikum: Zeitabschnitt des Postglazials, ↑Quartär.

Subboreal: Zeitabschnitt des Postglazials, ↑Quartär.

Subduktion: S. ist ein Begriff der ↑Plattentektonik. *Subduktionszonen* sind Gebiete, in denen eine Lithosphärenplatte unter eine andere absinkt, z.B. eine ozeanische Platte unter eine Kontinentalplatte. Bei diesen Vorgängen wird Magma der Erdkruste in den Erdmantelbereich eingeschmolzen.

subglazial: Als s. bezeichnet man Vorgänge oder Erscheinungen, die unter dem Gletscher- oder Inlandeis stattfinden. S. sind also z.B. Gletschertöpfe, Oser, Grundmoränen und Schmelzwasserrinnen.

Subkontinent: Ein randlicher Teil eines Kontinents, der aufgrund seiner besonderen Größe und Gestalt, etwa in Form einer Halbinsel, als quasiselbstständige Einheit betrachtet werden kann, wird mitunter als S. bezeichnet. Im Allgemeinen wird aber nur Vorderindien als S. bezeichnet.

Submersion: Als S. bezeichnet man das Untertauchen eines Festlandes unter den Meeresspiegel infolge Senkung der Küste oder Ansteigen des Meeresspiegels. Das damit verbundene Vordringen des Meeres nennt man Transgression. – Den Gegensatz zur S. bildet die Emersion.

subnival: Von s.em Klima spricht man in Gebieten, in denen die Temperatur in bestimmten Zeiten des Jahres regelmäßig täglich zwischen Werten über und unter den Gefrierpunkt wechselt, man spricht daher auch von Frostwechselklima. Dies ist der Fall in subpolaren Gebieten und Hochgebirgsregionen unterhalb der Schneegrenze.

Subökumene: Gebiete, die nur zu einer bestimmten Jahreszeit von Hirten aufgesucht und wirtschaftlich genutzt werden können, werden zur S. gerechnet. Hierzu gehören weite Steppengebiete und Halbwüsten (als Lebensraum der Nomaden), aber auch die Mattenregion der Hochgebirge.

S

Suburbanisierung: Das Einkaufszentrum »Röhersdorf-Center« an der A4 und der B95 vor den Toren von Chemnitz ist die größte Einrichtung dieser Art in Sachsen und die zweitgrößte in den neuen Bundesländern. Mittelständische Unternehmen in der City beklagen rückläufige Kundenzahlen im innerstädtischen Bereich.

subpolar: S. ist eine Bezeichnung für die klimatischen Verhältnisse in den Übergangsgebieten bzw. Randbereichen der Polargebiete zum Klima der hohen Mittelbreiten. Nach strenger Winterkälte herrschen hier aber schon Mitteltemperaturen des wärmsten Monats zwischen 6 und 10 °C, kennzeichnend sind weiterhin ganzjährig geringe Niederschläge und vorherrschende Ostwinde. Die Vegetation dieser Gebiete, die auf der Nordhalbkugel bedeutend stärker ausgebildet sind *(subarktische Zone),* ist die Tundra.

subrezent: S. nennt man geologische und geomorphologische Vorgänge und Erscheinungen, die sich unmittelbar vor der Gegenwart ereignet haben bzw. entstanden sind, also im Übergang von ↑fossil zu ↑rezent.

Subsistenzwirtschaft: Fachausdruck für ↑Selbstversorgungswirtschaft.

Subtropen: Die S. sind die Übergangszone von den hohen Mittelbreiten zu den Tropen. Im jahreszeitlichen Wechsel bestimmen tropische, trockene und heiße Luftmassen im Sommer und milde und meist feuchte Luftmassen im Winter das Wettergeschehen. Die polwärtige Begrenzung der S. bildet die winterliche Lage der Polarfront, ihre sommerliche Position ist die Grenze zum tropischen Raum. Auf der Nordhalbkugel ist die Zone der S. breiter ausgebildet als auf der südlichen. Zu den S. gehören vier ↑Klimaregionen: *subtropisches Kontinentalklima, subtropische Sommerregengebiete, subtropische Winterregengebiete, subtropisch-randtropische Trockengebiete* (nach Weischet).

Suburbanisierung: Richten sich Zuwanderungen aus dem ländlichen Raum stärker auf stadtnahe Gemeinden als auf die Großstädte selbst, spricht man von Suburbanisierung. Neben einer bevölkerungs- und siedlungsmäßigen Auffüllung der suburbanen Zone kommt es auch zu einer Verlagerung von Gewerbe- und Industriebetrieben sowie von Einrichtungen des tertiären Sektors.

Subvulkan (Kryptovulkan): S.e sind in den äußeren Teilen der Erdkruste erstarrte vulkanische Massen; beim Erstarren in größerer Tiefe spricht man von Plutonen.

Südäquatorialströme: Die S. sind nach Westen gerichtete äquatoriale Gegenströme in allen Ozeanen.

Südsommer: ↑Jahreszeiten.

Südwinter: ↑Jahreszeiten.

Suk (französisch Souk): in den nordafrikanischen Ländern svw. ↑Basar.

Sukkulenten: Die S. gehören zu den Xerophyten, den Trockenpflanzen. An die Trockenheit ihrer Standorte sind sie durch einen entsprechenden Bau ihres Vegetationskörpers angepasst. Diese Anpassungen bewahren die Pflanzen vor größeren Wasserverlusten durch Transpiration. S. haben Wasser speichernde Gewebe in Blättern, Wurzeln oder Sprossachsen angelegt. Während der

Feuchtigkeitsperioden werden diese Gewebe mit Wasser aufgefüllt.

Sukzession: Mit S. bezeichnet man die zeitliche Abfolge (Aufeinanderfolge) der an einem Standort einander ablösenden Pflanzen- oder/und Tiergesellschaften als Reaktion auf eine Folge einseitig gerichteter (irreversibler) Vorgänge (Umweltveränderungen), die auch durch den Menschen bedingt sein können. Man unterscheidet u.a. zwischen der *primären S.* als erstmaliger Besiedlung von neu entstandenen Gebieten (z.B. Vulkaninsel) und der *sekundären S.* als Wiederherstellung des Urzustandes nach stärkeren Eingriffen von außen (z.B. Kahlschlag, Brand, Beweidung).

Langfristige S.en sind in der Vegetationsgeographie die Aufeinanderfolge von Initialphase mit Pionierpflanzen (als Erstbesiedler), Folgephasen mit entsprechenden Pflanzengesellschaften und als Endstadium die Schlussgesellschaft (Klimaxgesellschaft).

Sumpf: Als S. bezeichnet man ein ständig von Wasser durchtränktes Gelände. Es kann dabei zeitweilig oder ständig unter Wasser stehen. Ein S. besitzt eine angepasste Pflanzengesellschaft. Abgefallene Pflanzenteile werden abgebaut, sodass der Nährstoffhaushalt konstant bleibt. Es herrschen also stabile Lebensbedingungen.

Süßwasserkalk: ↑Kalksinter.

Sustainable Development [səˈsteɪnəbl dɪˈveləpmənt]: ↑nachhaltige Entwicklung.

Syenit: S. ist ein Tiefengestein, das v.a. aus den Mineralen Kalifeldspat (bis zu 80%), natronreichem Plagioklas (10%) und Glimmer sowie bis zu 5% Quarz besteht; der Quarz kann auch durch Feldspatvertreter (Leuzit, Nephelin u.a.) ersetzt sein.

Synklinale (Synkline): ↑Falte.

System: In der Geologie bedeutet S. eine Gesteinsschichtenfolge, die sich in einem größeren erdgeschichtlichen Zeitraum gebildet hat. Zeitlich bedeutet S. den Zeitraum, in dem sich eine bestimmte Gesteinsschichtenfolge mit einem charakteristischen Fossilinhalt abgelagert hat. S. ersetzt in dieser Bedeutung den alten Begriff Formation. – ↑Geologie.

T

Tafelberg: Besteht der höchste Teil eines Berges nicht aus einem Gipfel, sondern aus einer größeren horizontalen Fläche, spricht man von einem Tafelberg. Diese ebene Fläche wird entweder von einer besonders widerständigen Schicht des anstehenden Sedimentgesteins oder von einer Lavadecke gebildet. Der bekannteste T. ist der von Kapstadt im äußersten Süden Afrikas.

Tafelland: Als T. wird eine flache Landschaft bezeichnet, die aus horizontal gelagerten Gesteinsschichten aufgebaut ist.

Tag: Für T. gibt es zwei verschiedene Bestimmungen:

- T. ist ein durch die Rotation der Erde um ihre Achse gegebener natürlicher Zeitabschnitt: der Zeitraum zwischen zwei aufeinander folgenden unteren Kulminationen der Sonne (*Sonnentag* bzw. zwei aufeinanderfolgenden oberen Kulminationen des Frühlingspunktes *Sterntag*). Der mittlere Sonnentag, der die Grundlage der bürgerlichen Zeitrechnung bildet (1 Tag = 24 Stunden), ist um 3 Minuten und 56,6 Sekunden länger als der Sterntag.
- Als T. wird die Zeit zwischen Sonnenaufgang und Sonnenuntergang angesehen. Die T.eslänge hängt von der Jahreszeit und der geographischen Breite des Beobachtungsortes ab. Nur am Äquator ist der T. immer 12 Stunden lang, an allen anderen Orten der Erde beträgt seine Dauer nur zum Zeitpunkt der Äquinoktien genau 12 Stunden, sonst schwankt sie zwischen 24 Stunden während der Zeit des Polartages, wenn die Sonne auch um Mitternacht über dem Horizont steht (↑Mitternachtssonne), und 0 Stunden während der Zeit der ↑Polarnacht. In unseren Breiten (um 50°) schwankt die

T

Tageslänge zwischen rund 7 Stunden 50 Minuten zur Zeit der Wintersonnenwende (bei uns um den 22. Dezember) und 16 Stunden 40 Minuten zur Zeit der Sommersonnenwende (bei uns am 21. Juni).

Tagebau: Im T. erfolgt die Gewinnung von nutzbaren Mineralen und Gesteinen von der Erdoberfläche aus. Diese Art des Bergbaus kann nur in oberflächennahen Lagerstätten angewandt werden, bei denen sich die Deckschichten leicht und unter vertretbaren Kosten abtragen lassen. Neben Steinen und Erden werden v. a. Eisen- und Kupfererze sowie Braunkohlen im T. gewonnen. 98% der gesamten Braunkohlenförderung und etwa 80% der Erzförderung der Erde stammen aus T.en. Ein eindrucksvolles Beispiel ist der Kupfererz-T. von Bingham Canyon, Utah, USA, der eine Tiefe von 700 m überschritten hat.

Die Entwicklung führt zu immer tieferen T.en mit steigenden Fördermengen, wobei gewaltige Schaufelrad-, Schürfkübel- oder Löffelbagger eingesetzt werden. Der Abbau und die Beseitigung des Abraums erfolgt auf breiten Etagen, die serpentinenartig bis zum tiefsten Punkt der T.s führen.

Tagelöhner: T. sind Arbeiter, die sich täglich (soweit sie Arbeit suchen) zur Übernahme von Arbeit bereithalten (oft an bestimmten Plätzen) und nur für diesen Tag (oder einige folgende) Arbeit angeboten bekommen. Der T. hat lediglich das Recht und die Pflicht, die ihm übertragene Arbeit in der vereinbarten Zeit zum vereinbarten Lohn auszuführen. Für den Arbeitgeber bestehen außer der Einhaltung dieser Vereinbarungen seinerseits keine weiteren Verpflichtungen gegenüber dem Tagelöhner. Die T. werden somit sofort nach getaner Arbeit entlohnt und damit entlassen. Früher waren viele Menschen T., auch heute ist diese Art der Arbeitsausführung in Lateinamerika und im Orient durchaus noch üblich.

Tageszeitenklima: Von T. sprechen wir, wenn die täglichen Temperaturunterschiede größer sind als die Unterschiede im jährlichen Temperaturverlauf; das ist in den Tropen der Fall. Im Gegensatz zum Jahreszeitenklima sind beim T. keine temperaturbedingten Jahreszeiten zu unterscheiden. Man gliedert hier das Jahr vielmehr nach dem regelmäßigen Wechsel der Niederschlagstätigkeit in Regenzeiten und Trockenzeiten.

Tagundnachtgleiche: deutsche Bezeichnung für ↑Äquinoktium.

Taifun: Der T. ist ein tropischer Wirbelsturm, der sich über den erwärmten Meeresgebieten des westlichen Pazifischen Ozeans beiderseits des Äquators in den Spätsommertagen der jeweiligen Halbkugel entwickelt. Seine Ursprungsgebiete sind ↑Zyklone im Bereich feuchter und labiler Luftmassen. Während im Kern dieses Tiefdruckgebietes von 60 bis 200 km Durchmesser Windstille herrscht (das Auge des Wirbelsturms von 15–30 km Durchmesser), steigt der Luftdruck nach außen sehr schnell an, was Windgeschwindigkeiten bis zu 200 km/h hervorrufen kann. Die Taifune selbst bewegen sich mit einer durchschnittlichen Geschwindigkeit von etwa 20 km in der Stunde. T.e können nur über dem Meer längere Zeit bestehen, auf dem Festland schwächen sie sich rasch ab, können dabei aber große Verheerungen anrichten. Im karibischen Raum entspricht dem T. der Hurrikan.

Taiga: Die T. ist ein Teil des ↑borealen Nadelwaldes. Sie erstreckt sich nahezu ohne Unterbrechung über 4800 km südlich der Tundra in einem 950 km breiten Gürtel quer durch Russland. Sie ist das größte zusammenhängende Waldgebiet der Erde. Das kaltgemäßigte, kontinentale Klima ermöglicht nur eine Wachstumszeit von 3–4 Monaten. Die verhältnismäßig kleinen Bäume erreichen selten einen Umfang von mehr als einem Meter; sie wachsen dicht nebeneinander. Die Walddecke wird von Sümpfen unterbrochen. Durch die Versumpfung vermodern ganze Waldgebiete. In der europäischen T. wachsen auf feuchten, tonigen Böden Fichten und Tannen, auf sandigen Böden Kiefern. Im Ural findet man im Norden Bestände aus Fichten und Lärchen, zu denen im Süden Kiefern und Birken hinzukommen. In Westsibirien wächst im Bereich des Dauerfrostbodens die flachwurzelnde Fichte. Im trockeneren Ostsibirien kommen mehr Lärchenwälder vor. Die Tierwelt ist nur gering entwickelt. Man trifft Bären, Füchse, Wölfe und viele kleine Pelztiere an. Die Jagd auf wertvolle Pelztiere wie Silberfuchs, Hermelin und Zobel haben deren Bestände stark verringert. Im Sommer sind Fliegen, Mücken und Moskitos eine Plage für Mensch und Tier, da sie sich in den sumpfigen Gebieten stark vermehren können. Die T. ist siedlungsarm.

Tal: Als Täler bezeichnet man lang gestreckte Hohlformen in der Erdoberfläche, die von fließenden Gewässern (teilweise später von Gletschern überformt) durch die linienhaft einschneidende Kraft der Erosion gebildet werden, meist verbunden mit denudativer Hangabtragung. Vom Talrand, der obersten Eintiefungsgrenze, führen die Talhänge oft über Talterrassen (alten Talböden) zur Talsohle. Die Talformen hängen von der Kraft und Richtung der Erosion, der Wassermenge, der Fließgeschwindigkeit, dem Schutttransport, der Beschaffenheit der Gesteine, der Hangabtragung und dem Klima ab. Durch unterschiedliche Ursachen können sich asymmetrische Täler ausbilden.

Das Erosionstal ist ausschließlich Ergebnis der einschneidenden Kraft des fließenden Wassers, das tektonisch angelegte T. folgt dagegen einer Schwächelinie (etwa einem Bruch) der Erdoberfläche (z.B. die Oberrheinische Tiefebene).

Man unterscheidet folgende Taltypen:

1. Nach dem Querschnitt (in der Reihenfolge der abnehmenden Tiefenerosion und zunehmenden Hangdenudation): *Klamm* (senkrechte bis überhängende T.wände, kein T.boden), *Schlucht* (senkrechte bis abgeschrägte T.wände;

Talformen

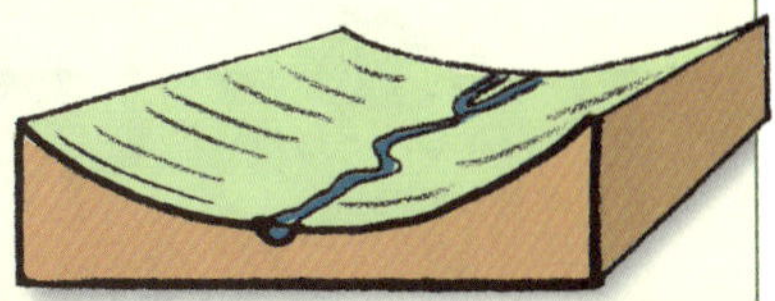

Muldental

Sohlen- oder Kastental

Kerb- oder V-Tal

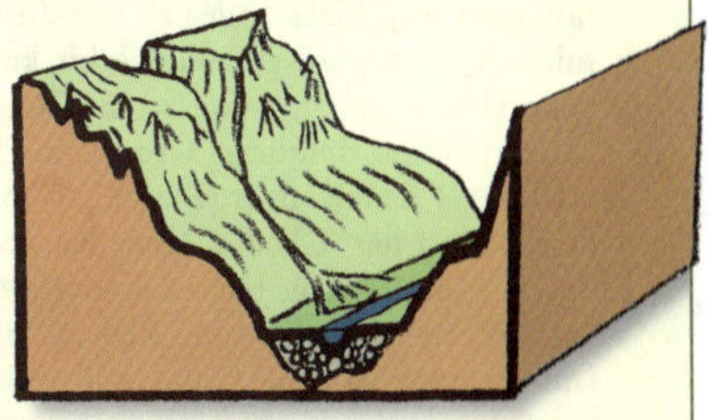

Trog- oder U-Tal (mit Hängetal, links oben)

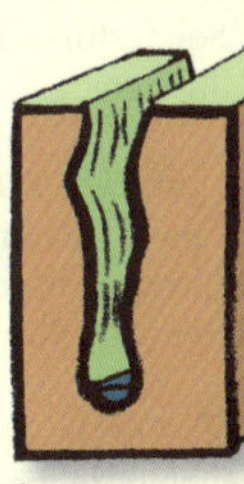

Klamm

Cañon

Talformen: Die Wietze, ein Flachlandfluss, benutzt ein Tal, das früher von einem größeren Fluss durchflossen wurde, u. a. der Weser

Trogtal bei Chamonix; im Neuschnee um 2 000 m die Trogschulter. Der Ort liegt im U-Talboden um 1 000 m ü. M.

Canyon des Ebro in Spanien

Enge Schlucht in den MacDonnell Ranges, Australien

bei horizontaler Gesteinslagerung Cañon genannt), *Kerbtal* oder *V-Tal* (V-förmiger Querschnitt, geradlinige bis konvexe Hänge, enger T.boden), *Muldental* (breiter, ohne deutliche Grenze in die flachen T.hänge übergehender T.boden). Wird der T.boden eines Kerbtals durch Aufschüttung oder Seitenerosion verbreitert, entsteht ein *Kerbsohlental* (nur schmale T.sohle) und schließlich ein *Sohlen-* oder *Kastental* mit sehr breitem T.boden und scharfem Knick am Fuß der T.hänge. Eine Sonderform ist das glazial überformte ↑Trogtal, auch U-Tal genannt.

2. Nach dem Grundriss: *gestreckte Täler* mit geradlinigem Verlauf im Gegensatz zu *gewundenen Tälern.* Zu diesen gehören die Täler der mäandrierenden Flüsse (↑Mäander).

3. Nach dem Längsprofil: Dieses entwickelt sich sehr differenziert je nach der Widerständigkeit des Gesteinsuntergrundes, nach tektonischer Beeinflussung oder infolge flussdynamischer Besonderheiten. Man unterscheidet *gestreckte Täler* mit gleichmäßigem Gefälle und *getreppte* oder *gestufte Täler,* deren Lauf von Wasserfällen oder Stromschnellen unterbrochen wird. Sonderformen sind ↑Tobel und ↑Klinge.

4. Nach der Beziehung zwischen T.verlauf und geologisch-tektonischer Struktur der Umgebung: *Längstäler,* die den Achsen geologischer Mulden *(Synklinaltäler)* oder Sättel *(Antiklinaltäler)* folgen, und *Quertäler,* die diese queren. Bei Letzteren handelt es sich meist um ein ↑Durchbruchstal. Neben regelmäßig Wasser führenden Tälern gibt es auch Trockentäler, ↑Trockental.

Die Bildung von Tälern ist in den gesamten Außertropen sowie in den tropischen und subtropischen Gebirgen die vorherrschende Form der Gestaltung der Erdoberfläche. Da die Täler vom geologisch-tektonischen Untergrund und vom Klima abhängig sind, geben sie auch Aufschluss über den erdgeschichtlichen Wandel.

Talasymmetrie: Häufig ist die Erscheinung anzutreffen, dass die beiden Hänge eines Tales verschieden starke Böschungen aufweisen und der Talquerschnitt somit ungleichseitig ist. Für diese T. gibt es eine ganze Reihe möglicher Ursachen: Durch die Erdrotation verbunden mit der Coriolis-Kraft entstehen ↑Bergufer und Wiesenufer. Beim Mäandrieren eines Flusses (↑Mäander) entstehen Prall- und Gleitufer bzw. Prall- und Gleithang. Weitere Gründe können die unterschiedliche Sonneneinstrahlung sowie der geologische Unterbau (schräg gestellte Schichten) und tektonische Vorgänge sein.

Talfahrt: In der Flussschifffahrt wird eine Fahrt stromabwärts als T. bezeichnet. Da diese mit dem Strom erfolgt, ist für sie bedeutend weniger Motorkraft erforderlich als bei einer Fahrt gegen den Strom.

Talsperre: Eine T. ist ein Bauwerk (eine Mauer oder ein Damm) quer durch ein meist tief eingeschnittenes Flusstal, errichtet um den Fluss zu einem See zu stauen; ↑Stausee.

Talwasserscheide: eine durch eine Talung verlaufende ↑Wasserscheide.

Talweg: Als T. bezeichnet man die Verbindungslinie der tiefsten Punkte in einem Flussbett; er liegt im Allgemeinen unter dem ↑Stromstrich. Bildet ein Fluss die Grenze zwischen zwei Staaten, wird der exakte Grenzverlauf meistens als im T. verlaufend festgesetzt.

Talwind: Der T. ist eine talaufwärts gerichtete Luftströmung, die sich bei ungestörtem Strahlungswetter tagsüber im Bergland ausbildet. Der T. entsteht als Ausgleichsströmung zu dem durch kräftige Einstrahlung verursachten, aufwärts gerichteten Luftstrom über den Bergen. Er setzt vormittags etwa zwischen 9 und 10 Uhr ein und hält bis in den Nachmittag an. Das Gegenstück zum T. ist der Bergwind.

Tau: T. ist an kalten Oberflächen zu Wassertröpfchen kondensierter Wasserdampf. Taubildung setzt bei der Abkühlung erdnaher Luftschichten unter den ↑Taupunkt ein.
Im Wasserhaushalt der Trockenklimate kommt dem T. große Bedeutung zu. Hier werden durch ihn bis zu 3 mm Niederschlag pro Nacht erreicht, was für das Wachstum entsprechend ausgebildeter Pflanzen ausreicht.
Der Anteil des T.s am gesamten Niederschlag in unserem Klima liegt bei schätzungsweise 2–5%.

taubes Gestein (Gangart): Minerale, mit denen im ↑Erz die abbauwürdigen Metallverbindungen verwachsen sind, werden als t. G.e bezeichnet.

Taupunkt: Wenn Luft einer bestimmten Temperatur den für sie maximalen Wert einer Luftfeuchtigkeit, also 100% relative Luftfeuchtigkeit, erreicht, diese Luft also mit Wasserdampf gesättigt ist, hat sie ihren T. erreicht. Kühlt die Luft nun weiter ab, kondensiert der Wasserdampf zu Wasser und fällt aus, d.h. es kommt zu Regen oder zu Taubildung.

Tauschhandel: Anders als im normalen Handel wird beim T. nicht Ware gegen Geld sondern Ware gegen Ware getauscht. Diese Handelsform ist als eine Vorform des normalen Handels zu betrachten und häufig bei Naturvölkern zu beobachten.

Technologiepark: Ein T. ist eine Form eines kleinflächigen Industriegebietes. In Forschung und Entwicklung tätige Unternehmen siedeln sich in der Nähe von forschungsintensiven Hochschulen oder sonstigen wissenschaftlichen Einrichtungen wegen spezieller Standortvorteile an. T.s unterstützen eine schnellere Umsetzung von Erfindungen in ihre wirtschaftlichen Anwendungen. Ein bekanntes Beispiel ist das Silicon Valley (Mikroelektronik) in Kalifornien.

Tegelenwarmzeit: ältestpleistozäne Warmzeit, im Quartär.

Teich: Unter T. versteht man ein durch Ausnutzung vorhandener Muldenfor-

T

men der Erdoberfläche oder durch Aushub künstlich angelegtes, kleines und flaches (bis höchstens 15m tiefes), stehendes, meist ablassbares Süßgewässer. Man unterscheidet nach der Nutzungsart u.a. Fischteiche (↑Teichwirtschaft), Abwasserteiche, Mühlenteiche und Feuerlöschteiche.

Verlandungs- und Versumpfungsgefahr verlangen eine ständige Wartung der T.e zur Erhaltung der gewünschten Funktion.

Teichwirtschaft: Die T. befasst sich mit der Zucht und Produktion von Speisefischen in künstlich angelegten Teichen. *Karpfenteiche* benötigen nur einen geringen Zufluss und sind, außer den zur Überwinterung tieferen *Winterteichen,* flach und warm (Sommertemperaturen über 20°C). *Forellenteiche* werden meist als kleine, 1,5 bis 2m tief ausgehobene Längsteiche mit senkrechten Wänden oder als Rundbecken angelegt.

Die *Teichpflege* umfasst die Instandhaltung der baulichen Anlagen, die Beseitigung von anorganischen und organischen Sedimenten und von Wasserpflanzen, die Überwachung des Sauerstoffgehalts und des pH-Werts (optimal pH 6,8–8), die Vorsorge gegen Fischkrankheiten durch Desinfektion und bei Karpfenteichen auch die *Teichdüngung.* Hierzu gehört (nach Ablassen des Wassers) der Anbau von Getreide und Leguminosen, die später überstaut werden; die pflanzlichen Abbauprodukte dienen als Nährstoffe für die Zwischenkonsumenten (Plankton, Wasserflöhe, Zuckmückenlarven u.a.). Das Abfischen der marktreifen Speisefische findet meist im Herbst statt.

Teilpacht: Dies ist ein Synonym für Teilbau. Gemeint ist damit ein Pachtsystem, bei dem der Gutsbesitzer außer dem Boden auch oft noch Gebäude, Dünger und Saatgut zur Verfügung stellt. Der Pächter stellt seine Arbeitskraft und meist auch das Inventar zur Verfügung. Der Rohertrag wird dann im vereinbarten Verhältnis geteilt. Die T. ist bis heute in Italien und Frankreich anzutreffen.

Tektite: T. sind meist rundliche oder birnenförmige Gebilde aus schwer schmelzbarer, glasartiger Masse (60 bis 80% SiO_2) mit Durchmessern bis zu einigen Zentimetern, mit genarbter oder gerillter Oberfläche und meist grünlicher, bräunlicher oder schwärzlicher Färbung. T. wurden bislang nur in einigen mehr oder weniger eng begrenzten Gebieten gefunden, z.B. in Böhmen (diese T. werden »Moldavite« genannt), auf der indonesischen Insel Billiton (»Billitonit«). – Die Entstehung der auch als Glasmeteorite bezeichneten T. wird heute meist auf den Einschlag von Meteoriten zurückgeführt, wobei Gesteinsmaterial der Erde weiträumig ausgeschleudert und verändert wurde.

Tektonik: T. nennt man den Teilbereich der Geologie, der sich mit dem Bau der Erdkruste, den Lagerungsverhältnissen der Gesteine, ihren Veränderungen im Laufe der Erdgeschichte sowie den Ursachen befasst, die diese Lagerungsveränderungen auslösen. Forschungsgegenstand der T. sind u.a. die Bruch- und Faltentektonik und die Probleme einer Gesamtkonzeption der zugrunde liegenden Kräfte, wie sie z.B. die ↑Plattentektonik darstellt.

Temperatur: Die T. ist die Angabe über den Wärmezustand eines Körpers. In der Klimatologie ist hauptsächlich die Lufttemperatur von Interesse. Ihre Messungen werden in Instrumentenhütten vorgenommen, die 2m über dem Erdboden stehen. Dadurch werden die Ergebnisse weder von der direkten Sonneneinstrahlung noch von den Besonderheiten der erdbodennahen Luftschichten beeinflusst. Die Messung selbst erfolgt mittels des ↑Thermometers.

Temperaturgradient: Der T. ist der Wert, um den die Lufttemperatur abnimmt, wenn die Luft um 100m ansteigt. Dieser Wert ist jedoch von der Luftfeuchtigkeit abhängig. Diese Eigenschaft der Luft wird ↑adiabatisch genannt. Steigt jedoch die Temperatur mit zunehmender Höhe an, sprechen wir von einer ↑Inversion; bleibt sie innerhalb einer bestimmten Schicht konstant, sprechen wir von Isothermie.

Tephra (Pyroklastika): Mit T. bezeichnet man lockere, vulkanische Auswurfprodukte beliebiger Korngröße und Zusammensetzung.

Termitensavanne: T. nennt man Grasland der wechselfeuchten Tropen mit inselartig eingestreuten Baumgruppen auf verlassenen Termitenbauten, die wegen ihrer aufgelockerten Struktur günstige Bedingungen für den Baumwuchs bieten und aufgrund ihrer erhöhten Lage vor Überschwemmungen während der Regenzeit sicher sind. – ↑Savanne (Abb.).

Terms of Trade [englisch 'tə:mz əv 'treɪd] (Austauschrelation): T. o. T. ist das Verhältnis des Preisindexes für Einfuhrgüter zum Preisindex für Ausfuhrgüter. Man erkennt daran, ob ein Land aus dem Außenhandel Vorteile zieht und wie groß diese Vorteile sind.
Bei den Entwicklungsländern zeigen sich zunehmend ungünstige Austauschverhältnisse, da die Exporterlöse ihrer Rohstoffe meist sinken, während die Preise für benötigte Importe (Energie, Fertigprodukte, Nahrungsmittel) ständig steigen.

Terra fusca (Kalksteinbraunlehm): Als T.f. bezeichnet man einen braunroten Bodentyp mit ABC-Profil, der auf weichem Kalkstein, Dolomit oder Mergel entstanden ist. Er weist einen höheren Tongehalt und einen geringeren Gehalt an Fe_2O_3 auf als die Terra rossa.

Terra rossa (Mediterrane Roterde): Die T. r. ist ein leuchtend roter Bodentyp auf hartem Kalkgestein mit ABC-Profil; sie entsteht unter wechselfeuchten subtropischen Klimabedingungen durch Auflösen der Carbonate und Freisetzen der eisenhaltigen Bestandteile; sie weist einen hohen Tongehalt auf und ist sehr plastisch. In Europa kommt sie v.a. im Mittelmeergebiet vor, ist hier aber meist ein Überrest aus dem Tertiär oder wärmeren Interglazialen des Pleistozäns. In der Regel entsteht hier heute Rendzina oder Terra fusca (Kalksteinbraunlehm) mit einem höheren Tongehalt.

Terrasse: Die das Gefälle eines Hanges unterbrechende, mehr oder weniger ebene Fläche wird als T. bezeichnet. Nach ihrer Entstehung lassen sich verschiedene Arten von T.n unterscheiden:
Fluss- oder Talterrassen bildeten sich durch erneutes Einschneiden des Flusses in einen alten Talboden. Ist die T. in einen Felsen eingearbeitet, spricht man von einer *Felsterrasse.* Entstand die T. durch Einschneiden eines Flusses in einen Schotterkörper, handelt es sich um eine *Schotter- oder Aufschüttungsterrasse.*
Strandterrassen sind über dem Meeresspiegel liegende Abrasionsplatten.
Seeterrassen bestehen aus randlichen Ablagerungen in einem See, wobei der Seespiegel später abgesunken ist.
Denudationsterrassen sind aufgrund von Gesteinsunterschieden durch die Denudation herausgearbeitete Verflachungen eines Hanges.
Außerdem gibt es die künstlich angelegten **Ackerterrassen.**

Terrassenkultur: Die T. ist eine Art der landwirtschaftlichen Bodennutzung, bei der geneigte Hänge in ebene Parzellen, sog. *Ackerterrassen,* umgestaltet werden. Die Anlage solcher Terrassen hat meist den Zweck, die Abspülung der Bodenkrume zu verhindern oder aber an Steilhängen einen Anbau überhaupt erst möglich zu machen. Besonders auffällige Anlagen von solchermaßen terrassierten Steilhängen sind aus dem Libanon und dem Jemen bekannt. In Mitteleuropa sind v.a. die Weinberge Beispiele einer Terrassenkultur.

terrestrisch: Ablagerungen, die auf dem Festland gebildet wurden, werden als t. bezeichnet.

Territorialgewässer: T. sind die Teile der Weltmeere, die nicht als internationales Gemeinschaftsgebiet angesehen werden, sondern für die die Anrainerstaaten Hoheitsansprüche erheben. Viele Staaten beanspruchen eine Dreimeilen-

T

zone für sich (frühere Reichweite eines Kanonenschusses), andere die Zwölfmeilen- oder wie Peru sogar eine Zweihundertmeilenzone (aus Fischfanggründen). Die Nordsee ist heute in Einflusszonen aufgeteilt, in denen die jeweiligen Länder eine wirtschaftliche Nutzung vornehmen können (Erdöl, Erdgas). Deutschland hält hier einen relativ kleinen Teil.

Tertiär: älteres System des Känozoikums, ↑Geologie, Zeittafel.

tertiärer Sektor: Die Arbeitswelt wird in den primären, den sekundären und den tertiären Sektor eingeteilt. Der tertiäre Sektor umfasst alle Berufsgruppen, die ↑Dienstleistungen irgendeiner Art erbringen.

Teufelskreis der Armut: Durch das unheilvolle Ineinandergreifen verschiedener Faktoren schließt sich ein Kreislauf, der die Armut festschreibt:
Armut – geringe Nahrungsmittelproduktion – Hunger – erhöhte Krankheitsgefahr – geringe Arbeitskraft – niedriges Einkommen – Armut.

Texturböden (Würgeböden, Brodelböden): T. sind ein Ergebnis der ↑Kryoturbation.

thematische Karten: Bei den th.n K. handelt es sich um eine Kartengruppe, die spezielle Themen verschiedener Fachbereiche behandelt. Die darzustellenden Themen werden in Karten eingetragen, die die Küstenlinie, das Gewässernetz und wenige topographische Orientierungspunkte zeigen. Es gibt heute th. K. in fast allen Wissensbereichen. Stellvertretend seien einige Themenbereiche genannt: hydrographische, tiergeographische, klimatische, meteorologische und ozeanographische Karten, Bevölkerungs-, Besiedlungs-, Wirtschafts-, Verkehrs-, Geschichts- und Seuchenkarten.

Thermen (warme Quellen): Th. sind Quellen, deren Wassertemperatur zwischen 20 und 50 °C liegt. Bei über 50 °C spricht man von heißen Quellen.

Thermometer: Das Th. ist ein Gerät zum Messen der Temperatur. Hierzu können verschiedene Stoffe verwandt werden, deren Eigenschaften die Temperaturveränderungen anzeigen. Das wichtigste und gebräuchlichste Th. für die Messung der Lufttemperatur ist das Quecksilberthermometer. Es besteht aus einem quecksilbergefüllten Glaskörper, an den eine enge Glasröhre angeschmolzen ist. Je nach der Außentemperatur erwärmt sich auch das Quecksilber und dehnt sich dabei aus oder – bei Abkühlung – verringert sein Volumen. Das Maß der Erwärmung bzw. Abkühlung kann an einer geeichten Skala an der Glasröhre abgelesen werden. Am gebräuchlichsten ist die Angabe der Temperaturen in Grad Celsius (°C); in Großbritannien und den USA erfolgt die Messung in Grad Fahrenheit (°F). Auf der Fahrenheit-Skala ist der Abstand zwischen Gefrierpunkt des Wassers (0 °C) und Siedepunkt des Wassers (100 °C) in 180 Grade unterteilt; außerdem wurde der Gefrierpunkt bei 32 °F liegend festgesetzt, der Siedepunkt somit also bei 212 °F. Bei der Umrechnung von °F in °C gilt folgende Formel:

$$C = \frac{5}{9}(F - 32).$$

Mit dem Quecksilberthermometer können Messungen von +600 °C bis –35 °C vorgenommen werden. Tiefere Temperaturen können mit dem Alkoholthermometer gemessen werden.

Thünensche Ringe: Die Th.n R. sind die bildliche Verdeutlichung des Thünenschen Intensitätsgesetzes. Als Th. R. bezeichnet man dabei die Abfolge landwirtschaftlicher Nutzungszonen, die sich aus der Entfernung vom Markt (dem Konsumzentrum) ergeben und die sich daher – im Idealfall ringförmig – um dieses Zentrum anordnen. Im innersten Ring werden die arbeitsintensiven, aber auch die leicht verderblichen Produkte (die keine großen Transportwege vertragen) angebaut (z. B. Gemüse), den äußersten Ring bilden extensiv genutzte Räume (z. B. Holzgewinnung im Wald), dazwischen ordnen sich je nach Arbeitsintensität und Transportkosten die Ringe des Ackerbaus (etwa Getreideanbau) und der Viehzucht (in verschiedenen Wirtschaftsformen) an. Die Th.n R. lassen sich nicht nur bei ländlichen Siedlungen – wie oben geschildert – nachweisen, sondern auch im Kleinen um einzelne landwirtschaftliche Betriebe und großräumlich um Verdichtungsräume.

Tide: Die T. ist der Zeitraum von einem Niedrigwasser über Flut und Ebbe bis zum nächsten Niedrigwasser; eine T. dauert durchschnittlich 12 Stunden und 25 Minuten.

Tidehafen: Wenn Gezeitenbewegungen (Ebbe und Flut) und Meeresströmungen in den Hafenbereich eindringen können, spricht man von einem T.; der Gegensatz ist ein ↑Dockhafen.

Tidenhub: Der T. bezeichnet den Höhenunterschied im Wasserstand zwischen Hoch- und Niedrigwasser. – ↑Gezeiten.

Tiefbau: ↑Untertagebau.

Tiefdruckgebiet (Tief, Depression, Zyklone): Ein T. ist ein Gebiet mit niedrigem Luftdruck im Vergleich mit benachbarten anders beschaffenen Luftmassen. Die Luftströmung innerhalb eines T.es ist nach oben gerichtet; in den unteren Schichten fließt daher Luft in das T. ein, und zwar auf der Nordhalbkugel in dem Uhrzeigersinn entgegengesetzter Richtung. Als Folge dieser *Konvergenz,* also dieses Zusammenströmens der Luft in den Kern des T.s, steigen die Luftmassen auf, wobei sich Wolken bilden, was zu trübem Wetter, oft verbunden mit Niederschlägen, führt.

Die meisten T.e der gemäßigten Breiten entstehen als dynamische T.e aus einer wellenförmigen Deformation der Polarfront, wobei sich vor der nach Norden vorstoßenden Warmluft eine Warmfront, westlich davon vor der nach Süden vordringenden Kaltluft eine Kaltfront ausbildet. Gleichzeitig erniedrigt sich der Luftdruck weiter, bis die Zyklone den Höhepunkt ihrer Entwicklung mit ausgeprägtem Warmluftsektor erreicht hat und der Alterungsprozess beginnt: Da sich die Kaltfront schneller bewegt als die Warmfront, wird in der Folge der zwischen beiden liegende Warmluftsektor

Tiefdruckgebiet

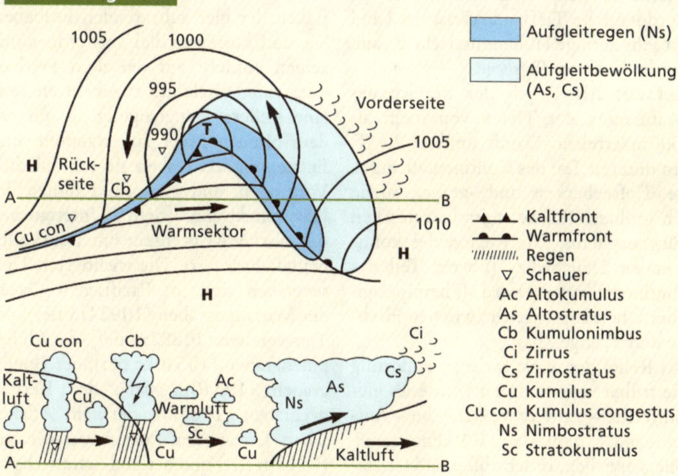

Aufbau eines jungen Tiefdruckgebiets (oben) und dazugehörende Wettererscheinungen in der Schnittlinie AB

T

immer mehr eingeengt und die Warmluft schließlich vom Boden abgehoben; aus Kalt- und Warmfront ist eine Okklusion entstanden. Dieser hier dargelegte Lebenslauf einer [Ideal-]Zyklone beschreibt die klassische Polarfronttheorie. – Die T.e bevorzugen bei ihrer meist von Westen nach Osten gerichteten Wanderung bestimmte *Zugstraßen,* von denen fünf über Europa hinweg verlaufen.

Tiefdruckrinne: Die T. ist eine Zone mit überwiegend tiefem Luftdruck. Man findet sie einmal innerhalb der ↑innertropischen Konvergenz nahe dem Äquator und an der polwärtigen Seite der Westwindzone im Grenzbereich zu polaren Luftmassen.

Tiefengesteine (Plutonite): T. nennt man die ↑magmatischen Gesteine, die durch Erstarren von Magma in der Erdkruste entstanden sind. Die mit ihrer Bildung verbundenen Vorgänge bezeichnet man als ↑Plutonismus.

Tiefenstufe: ↑geothermische Tiefenstufe.

Tiefland: Das in geringerer Höhe als 200m über dem Meeresspiegel liegende ↑Flachland wird T. genannt; z.B. das Norddeutsche Tiefland. Weist das Land nur sehr geringe Höhenunterschiede auf, spricht man von *Tiefebene.*

Tiefsee: Als T. gilt der Bereich des Weltmeeres, der Tiefen von mehr als 1000m erreicht. Damit umfasst die T. den unteren Teil des Kontinentalhanges, die Tiefseebecken und -gräben sowie den größten Teil des mittelozeanischen Rückensystems. Die Region des kontinentalen Steilabfalles (oberer Teil des Kontinentalhanges) wird als hemipelagischer Übergangsbereich zwischen Flachsee und T. angesehen.

Das Relief der T. ist nicht so einförmig wie früher angenommen wurde. Es gibt zahlreiche – zumeist vulkanische – Aufragungen, zentrale Rückensysteme, Querschwellen, Bruchstufen und Gesenke. Lediglich die ausgedehnten Tiefseeebenen besitzen ein monotones Relief. Sie sind von überwiegend organischen Ablagerungen (Lockersedimenten), nämlich Globigerinen- und Diatomeenschlamm bzw. von Rotem Tiefseeton bedeckt.

Tiefseebohrungen: T. erforschen den Untergrund des Meeres durch Bohrungen von einem Bohrschiff aus. In verschiedenen Projekten (seit 1968) gelangte man zu wissenschaftlichen Erkenntnissen (besonders im Rahmen der ↑Plattentektonik) über das Alter der Ozeanböden und ihre Veränderungen sowie zu neuen Vorstellungen zur Rohstoffsuche. Die technische Leistung besteht in der Stabilisierung der Schiffe und der Wiedereinführung des Gestänges in das Bohrloch am Meeresboden nach jedem Meißelwechsel.

Tiefseegraben: Tiefseegräben sind lang gestreckte, rinnenförmige Einsenkungen im Meeresboden der Tiefsee mit Tiefen von über 6000m; sie sind 300 bis 4000 km lang und besitzen steile Flanken (Neigungen >1:40). Es gibt 24 Tiefseegräben, von denen 20 im Pazifischen, drei im Atlantischen und einer im Indischen Ozean liegen. Typisch ist ihre Randlage in den Ozeanen und die Häufigkeit der hier auftretenden Erdbeben. Sie sind küstenparallel angeordnet und zeigen zumeist auf der dem Festland oder einer Inselkette zugekehrten Seite eine steilere Hangneigung als auf der dem offenen Meer zugewandten. Ihre Entstehung verdanken sie tektonischen Vorgängen, und zwar im Rahmen der ↑Plattentektonik, dem Untertauchen ozeanischer Krustenteile unter die kontinentale Erdkruste. Die wichtigsten Tiefseegräben sind im Pazifischen Ozean der Marianengraben (10924m tief), der Tongagraben (10882m tief), der Philippinengraben (10540m tief), der Boningraben (10340m tief), der Kermadecgraben (10047m tief), im Atlantischen Ozean der Puerto-Rico-Graben (9219m tief) und der Süd-Sandwichgraben (8264m tief) sowie im Indischen Ozean der Sundagraben (7455m tief) südlich von Sumatra und Java.

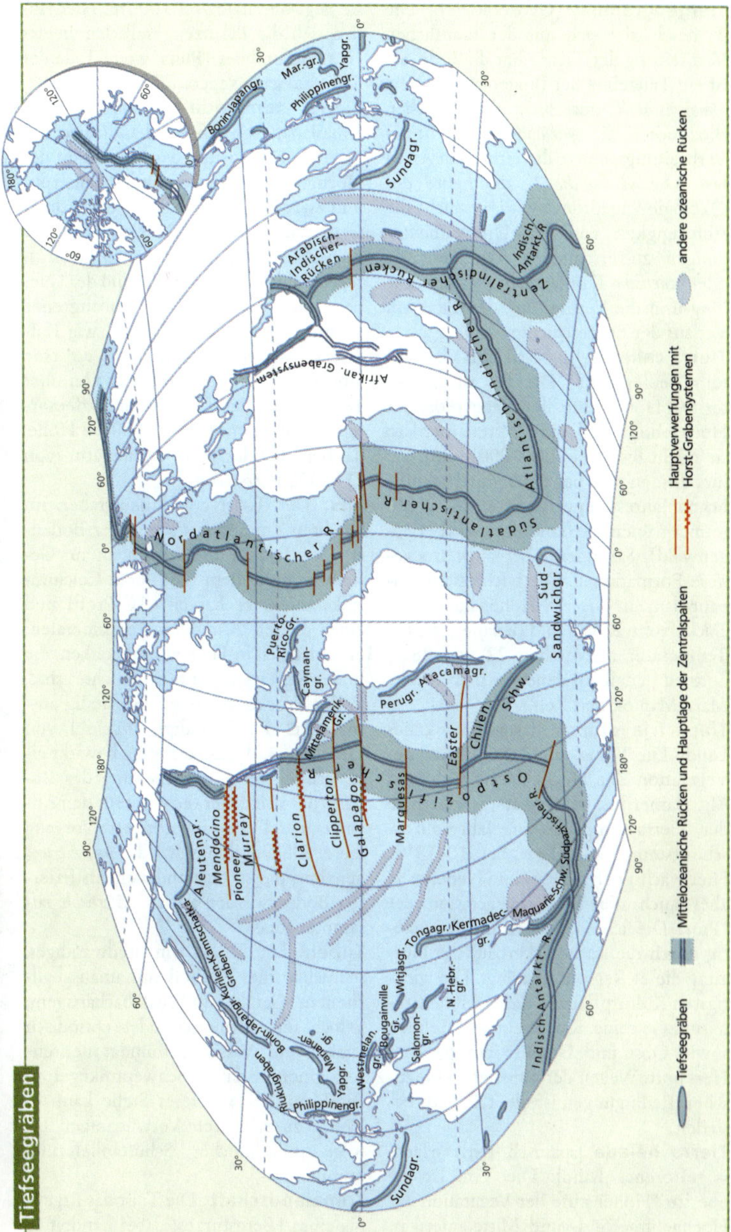
Tiefseegräben
Mittelozeanische Rücken und Hauptlage der Zentralspalten
Hauptverwerfungen mit Horst-Grabensystemen
andere ozeanische Rücken
Nordatlantischer R.
Südatlantischer R.
Atlantisch-Indischer R.
Zentralindischer Rücken
Arabisch-Indischer-Rücken
Indisch-Antarkt. R.
Afrikan. Grabensystem
Ostpazifischer R.
Südpazifischer R.
Indisch-Antarkt. R.
Chilen. Schw.
Süd-Sandwichgr.
Puerto-Rico-Gr.
Cayman-gr.
Mittelamerik. Gr.
Perugr. Atacamagr.
Easter
Marquesas
Galapagos
Clipperton
Clarion
Murray
Pioneer
Mendocino
Aleutengr.
Kurilen-Kamtschatka-Graben
Bonin-Japangr.
Bonin-Japangr.
Rjukiugraben
Marianen-gr.
Mar.-gr.
Yapgr.
Philippinengr.
Sundagr.
Westmelan. gr.
Bougainville Gr.
Salomon-gr.
Witjasgr.
N. Hebr.-gr.
Tongagr./Kermadec-gr.
Maquarie-Schw.

T

Tiergeographie (Geozoologie): Die T. beschäftigt sich mit der räumlichen Verbreitung der Tiere über die Erde. Sie ist ein Teilgebiet der Biogeographie. Die *soziologische T.* untersucht die tierischen Biozönosen, die *systematische T.* stellt die Verbreitungsgebiete der einzelnen Arten fest. Die *ökologische T.,* die heute der Ökologie zugeordnet wird, versucht die Abhängigkeit von den Umweltbedingungen zu erschließen. Die *historische* oder *genetische T.* untersucht die Entwicklung und die Verbreitung der Tiere im Verlauf der Erdgeschichte.

Tierra caliente [spanisch 'ti̯ɛrra ka'li̯ente; = heißes Land]: Die T.c. ist die unterste ↑Höhenstufe der Vegetation der Hochgebirge Süd- und Mittelamerikas; sie reicht bis etwa 700–1000 m ü.d. M.; hier finden wir bei einer durchschnittlichen Jahrestemperatur von 24 °C den immergrünen Tieflandregenwald (↑Regenwald), Savannen, aber auch trockenere Formationen. Die wichtigsten Anbaupflanzen dieser Höhenstufe sind Zuckerrohr, Kakao und Bananen, die bei Temperaturen zwischen 22 und 28 °C optimal gedeihen, daneben Baumwolle, Mais, Maniok und Reis.

Tierra fría [spanisch 'ti̯ɛrra 'fria; = kaltes Land]: Die T.f. ist eine ↑Höhenstufe der Vegetation der Hochgebirge Süd- und Mittelamerikas, und zwar die oberhalb der Tierra templada. Die Jahresdurchschnittstemperatur liegt bei 10–18 °C. Hier wächst der Höhen- und Nebelwald, aber auch die Trockenvegetation der ↑Puna. Die lichten Wälder sind aber häufig durch die starke ackerbauliche Nutzung dieser Region verdrängt. Die wichtigsten Kulturpflanzen dieser Höhenstufe sind Getreide, Kartoffeln und Bohnen sowie Obst und Gemüse europäischer Herkunft. Wegen der günstigen klimatischen Bedingungen ist die T.f. dicht besiedelt.

Tierra helada [spanisch 'ti̯ɛrra e'laða; = gefrorenes Land]: Die T.h. ist die oberste ↑Höhenstufe der Vegetation der Hochgebirge Süd- und Mittelamerikas; sie liegt oberhalb von 4000 m. Hier finden sich die Pflanzengesellschaften des ↑Páramo und der ↑Puna, weite Teile der T.h. sind ganz vegetationslos.

Tierra templada [spanisch 'ti̯ɛrra tɛm'plaða; = gemäßigtes Land]: Die T.t. ist eine ↑Höhenstufe der Vegetation der Hochgebirge in Mittel- und Südamerika, und zwar die oberhalb der Tierra caliente, sie reicht bis 2000–2500 m ü. d. M.; es ist die Zone des immergrünen Gebirgsregenwaldes (↑Regenwald) und des ↑Nebelwaldes. Hier liegt die Anbaugrenze wichtiger tropischer Pflanzen, wie Kaffee, Tabak, Mais und Maniok, die eine Jahresdurchschnittstemperatur von über 18 °C benötigen. Die besten Kaffeesorten gedeihen in 1000 bis 1200 m Höhe, da hier ständig eine Temperatur von 17–20 °C herrscht.

Tirs: Der T. ist ein dunkelgrauer, im feuchten Zustand fast schwarzer Bodentyp der Tropen und Subtropen auf Gesteinen mit hohem Kalk- oder Calciumsilikatanteil; er hat ein AC-Profil und einen hohen Anteil an Tonmineralen; er bildet sich in Ebenen und Senken, die in der Regenzeit gut durchfeuchtet sind, in der Trockenzeit aber vollständig austrocknen. Der ständige Wechsel von Quellung und Austrocknung bewirkt eine gründliche Durcharbeitung des Bodens, der sich daher recht gut für den Anbau eignet. Der weit verbreitete Vorgang dieser Bodenbildung wird *Tirsifizierung* genannt, die so entstandenen tirsifizierten Böden werden auch als *Vertisole* zusammengefasst.

Tobel: Ein T. ist ein steilwandiges, schluchtartiges Kerbtal mit unausgeglichenem Gefälle und wildbachartigem, jedoch nur periodisch oder episodisch fließendem Wasser. Es mündet meistens mit einem breiten Schwemmkegel in das Haupttal. An dieser Stelle kann es häufig zu schweren Verwüstungen infolge murähnlicher Schuttanlieferung kommen.

Tomalandschaft: Die T. ist das Ergebnis eines ↑Bergsturzes; dabei handelt es sich um das Gebiet, in dem sich das abgestürzte Material abgelagert hat.

Tomillares [tomɪlˈja:res]: eine der ↑Garrigue ähnliche Gebüschformation in Spanien.

Tonböden: Als T. bezeichnet man ↑Bodenarten, die mehr als 30% Ton enthalten. T. zeigen ungünstige physikalische Eigenschaften, sind aber meist nährstoffreich. Zwar vermögen sie das Wasser gut zu halten, doch sind Wasserdurchlässigkeit und Durchlüftung sehr gering entwickelt. Da sie schwer zu bearbeiten sind, nennt man sie auch *schwere Böden.*

Tone (Tongesteine): T. sind feinkörnige, klastische, meist gelbliche bis graue Lockergesteine mit Korngrößen von weniger als 0,002 mm Durchmesser. T. bestehen hauptsächlich aus den bei der Verwitterung neu gebildeten Tonmineralen, ferner aus erhalten gebliebenen staubförmigen Mineraltrümmern (von Quarz, Feldspäten, Glimmern, Tonmineralen, Schwermineralen u.a.), nach der Sedimentation neu entstandenen Mineralen (u.a. Glaukonit, Pyrit, Dolomit, Calcit) und biogenen Resten (Kalk- und Kieselschalen, Humus). Sehr feinkörnige, quarzarme T. (also mit hohem Gehalt an Tonmineralen) werden als *fette T.,* stark mit Staubsand vermengte T. als *magere T.,* quarzsandreiche T. als Lehme, kalkreiche T. als Mergel, stark steinsalz- und gipshaltige T. als *Salztone* bezeichnet. Durch diagenetische Verfestigung der T. entsteht Schieferton, durch Schieferung infolge stärkeren Drucks Tonschiefer. Etwa 70% aller Sedimentgesteine sind Tone.

Durch Aufnahme von Wasser erfahren die T. eine Volumenvergrößerung, quellen also, und werden wasserundurchlässig (Grundwasserstauer) und plastisch verformbar.

Tonschiefer: Der T. ist ein meist bläulich graues, dünnschiefriges, in ebenen Platten spaltendes Tongestein, das durch die diagenetische Verfestigung und die dadurch verursachte Schieferung aus Schieferton hervorgegangen ist; er besteht hauptsächlich aus feinen Quarzkörnchen, Glimmer, Chlorit, oft auch aus Graphit, Rutil, Pyrit und kohliger Substanz; er wird für Dachplatten (Dachschiefer), zur Herstellung von Griffeln, Schleifmitteln u.a. verwendet.

Topographie: Die T. ist ein Teilgebiet der Geodäsie. Ihre Aufgabe ist es, die Abweichungen der physischen Erdoberfläche vom Geoid zu ermitteln und in geeigneter Form darzustellen. Darüber hinaus hat die T. auch Gelände und Geländebedeckung nach charakteristischen Merkmalen zu erfassen und in geeigneter Form darzustellen. Bei praktischen topographischen Arbeiten, topographischen Landesaufnahmen und Arbeiten, um diese topographischen Kartenwerke auf dem neuesten Stand zu halten, benutzt man entweder die klassischen Messverfahren oder die Photogrammmetrie.

Torf: T. ist ein unter Luftabschluss hauptsächlich in ↑Mooren gebildetes Zersetzungsprodukt überwiegend pflanzlicher Substanzen; er stellt die erste Stufe der ↑Inkohlung dar. T. enthält im Unterschied zu Braunkohle noch freie Zellulose. Als Hauptbestandteil liegen bis zu 50% Huminsäuren vor, daneben treten Wachse und Harze sowie anorganische Sedimente auf. T. enthält in frisch gewonnenem Zustand bis zu 90% Wasser, lufttrocken noch 25–30%. Die Gewinnung erfolgt nach Entwässerung der Moore in *Torfstichen* mit Hand oder maschinell. Besonders ältere Moostorfe und gut zersetzte Niederungsmoortorfe werden als *Presstorf (Torfbriketts)* nach Trocknung zum Heizen verwendet. Der Heizwert liegt zwischen 9300 und 16400 kJ/kg. Durch Schwelen werden *Torfteer, Torfgas* und *Torfkoks* gewonnen. – Nach den ursprünglichen Ausgangspflanzen unterscheidet man eine Vielzahl von Torfarten, unter den nährstoffreichen *Flachmoortorfen* z.B. *Schilftorf, Seggentorf, Bruchwaldtorf,* unter den nährstoffarmen *Hochmoortorfen* z.B. *Wollgrastorf und Moostorf.* Besonders jüngerer Moostorf kommt zu Ballen gepresst als Fasertorf oder (durch Trocknen und Zerkleinern gewonnener) *Torfmull* in den Handel. Er wird u.a. zu Bodenbedeckungs-, Verpackungs- und Dämmzwecken sowie als Einstreu verwendet und dient unter Zumischung von Mineraldünger und Jauche oder Klärschlamm zur Herstellung von *Torfkompost.* Flachmoortorfe sind inhomogen, mit schwach saurer oder neutraler Reaktion und werden u.a. zur Herstellung von Erdgemischen für die Pflanzenanzucht und zur Verbesserung leichter Böden benutzt.

Toteisformen im Tasmangletscher am Mount Cook, Neuseeland

Tornado: Ein T. ist ein den Großtromben (↑Trombe) zugeordneter verheerender Wirbelsturm in Nordamerika, der v.a. in der warmen Jahreshälfte und in Verbindung mit Gewittern in den Staaten des Mittleren Westens der USA häufig auftritt. Ein T. besitzt einen Wirbeldurchmesser von einigen hundert Metern und bewegt sich gewöhnlich nur über Entfernungen von 20 bis 30 Kilometern. Durch örtlich starke Aufwinde in einem engen Schlauch gerät die aufsteigende Luft in eine Kreisbewegung mit nach innen zunehmender Windgeschwindigkeit, die mehrere hundert Kilometer pro Stunde erreichen kann.

Torrente: T. nennt man im Mittelmeerraum einen nur nach heftigen Niederschlägen als Sturzbach aus dem Gebirge auftretenden Wasserlauf. Er besitzt ein breites, oft tief eingeschnittenes und von Geröll erfülltes Bett. T. treten auch in den semihumiden und semiariden Subtropen auf, aber auch im subpolaren und subnivalen Bereich.

Toteis: Als T. bezeichnet man Resteismassen eines Gletschers, die in Moränen eingelagert und von der Hauptmasse des Gletschers abgeschnürt sind. Beim Abschmelzen dieser bewegungslos gewordenen Toteisklötze entstanden häufig geschlossene Hohlformen, in denen sich oft Wasser sammelte; ↑Soll.

Totem: Bei Naturvölkern ist das T. ein Wesen oder Ding (Tier, Pflanze, Naturerscheinung), das als Ahne oder Verwandter eines Menschen, eines Klans oder einer sozialen Gruppe gilt, und daher als Helfer verehrt wird und nicht getötet oder verletzt werden darf. Oft, jedoch nicht immer, trägt die Gruppe den Namen des Totemtieres.

Totempfahl: Der bei den Indianern des nordwestlichen Nordamerika früher anzutreffende T. ist ein hoher geschnitzter und bemalter Pfahl mit Darstellungen des Totemtiers und einer menschlichen Ahnenreihe. Der T., der die Zugehörigkeit zu einer bestimmten Totemgruppe kundtat, zeigte einem Dorffremden sofort an, welches Haus einem Mitglied seiner totemistischen Gruppe gehörte. Dort konnte er jederzeit Schutz finden und erhielt Unterkunft und Nahrung. Für die Dauer seines Aufenthaltes galt er als Verwandter.

Tourismus: ↑Fremdenverkehr.

Township [englisch 'taʊnʃɪp]: Bei der T. handelt es sich um eine Verwaltungseinheit in den USA. Eine je nach Bevölkerungsdichte unterschiedlich große Anzahl von T.s wird zu einer County zusammengefasst. Die T. hat in den einzelnen Staaten unterschiedliche Funktionen und Organisationen.

Trabantenstadt: Bei der T. handelt es sich um eine Stadt, die im unmittelbaren Einzugsbereich einer Großstadt liegt. Die T. ist weitgehend abhängig von den zentralörtlichen Funktionen dieser Stadt, da sie nur wenige eigene Funktionen hat. Manchmal wird der Ausdruck T. auch als Synonym für ↑Satellitenstadt verwendet.

Trachiotis: eine der ↑Garrigue ähnliche Gebüschformation auf Zypern.

Trachyt: T. ist ein graues oder rötliches junges Ergussgestein; es besteht hauptsächlich aus Kalifeldspat, Augit und Magnetit mit Einsprenglingen von Sanidin und Oligoklas. T. trat z.B. im tertiären rheinischen Vulkanismus auf (Eifel, Siebengebirge).

Tragfähigkeit der Erde: Dieser Begriff kommt aus der Bevölkerungslehre. Es handelt sich hier um die angenommene oder berechnete maximale Zahl von Menschen, die von der Agrarproduktion der Erde ernährt werden und somit auf der Erde leben kann.

Trailerschiff [englisch 'tre:lər...]: Ein T. ist eine Spezialform des ↑Roll-on-roll-off-Schiffes.

Trampschifffahrt [englisch træmp...]: Die T., ein Teil der Hochseeschifffahrt, befährt im Gegensatz zur Linienschifffahrt keine bestimmten Routen, sondern verkehrt zwischen beliebig festzusetzenden Häfen, je nach den Bestimmungsorten der Fracht. Auch die Abfahrtstermine richten sich nach der Nachfrage, also dem Angebot an Fracht. T. ist eine Art des Charterverkehrs.

Transformstörungen (transform faults): T.-S. sind die Querbrüche, die die Mittelozeanischen Rücken durchziehen. – ↑auch Plattentektonik.

Transgression: Als T. bezeichnet man das Vordringen eines Meeres über größere Gebiete eines Festlandes. Sie wird verursacht durch epirogenetische Bewegungen, d.h. durch Senkung des Landes, oder durch Ansteigen des Meeresspiegels. Den Gegensatz nennt man Regression. Die heutigen Küstenformen Deutschlands gehen weitgehend auf die *Litorina-T.* der Ostsee sowie auf die *Flandrische T.* und *Dünkirchner T.* der Nordsee zurück. – Tabelle Quartär, S. 297.

Transhumanz: Die T. ist eine Form der Fernweidewirtschaft. Dabei wandern Herden, besonders Schafe und Ziegen, über große Entfernungen zwischen zwei, manchmal auch mehr als zwei, nur zu bestimmten Jahreszeiten abweidbaren Weiden hin und her. Die Sommerweiden liegen dabei häufig im Gebirge, die Winterweiden in Ebenen am Meer oder in Flussniederungen. Im Gegensatz zur Almwirtschaft gibt es kaum eine winterliche Einstallung des Viehs. Die Weideflächen werden zum größeren Teil gepachtet. Ackerbau und Viehhaltung sind nicht als Betriebssystem aufeinander abgestimmt. Anders als beim Nomadismus wandern die Besitzer der Herden nicht mit, sondern es werden Hirten gedungen. Die Transhumanz ist v.a. in den Mittelmeerländern und in Nordamerika verbreitet. In Deutschland bildet die *Wanderschäferei* mit Herdenwanderungen zwischen der Schwäbischen Alb, dem Schwarzwald und der Oberrheinischen Tiefebene eine Form der Transhumanz.

Transitverkehr: Unter T. versteht man den Verkehr von einem Land in ein anderes oder einen abgelegenen Teil desselben (etwa eine Exklave), der durch ein fremdes Land führt. Da Transitwaren nicht den Zoll- und sonstigen [Handels]bestimmungen der Transitländer unterliegen, werden sie verplombt durch diese befördert, damit ein Handel mit ihnen im Transitland mit Sicherheit ausgeschlossen werden kann. Wichtiger T. besteht z.B. von Spanien durch Frankreich nach Deutschland.

Trappdecken: T. sind eine Form der ↑vulkanischen Decken.

Trass: T. ist ein aus vulkanischen Ascheströmen oder aus Glutwolken abgesetzter, stark glashaltiger Bimstuff. Der u.a. im Nette- und Brohltal nördlich des Laa-

T

cher Sees vorkommende T. wird zur Herstellung von Zement verwendet.

Trauf: Als T. bezeichnet man die Oberkante der Stirn einer ↑Schichtstufe.

Travertin: Der T. ist ein Kalksinter, dessen Poren nachträglich mit Kalk ausgefüllt wurden; er ist daher dicht und fest.

Trawler [englisch 'tro:lər]: Der T. ist ein Fahrzeug der Hochseefischerei; er arbeitet stets mit einem Schleppnetz (entweder einem Grundschleppnetz oder einem Schwimmschleppnetz).

Treibeis (Drifteis, Trifteis): T. ist das auf Flüssen, Seen und Meeren treibende Eis. Es kann die Schifffahrt und auf Seen und Meeren auch die Fischerei erheblich behindern. Daher ist auf den Ozeanen die jeweilige Lage der T.-Grenzen von großer Bedeutung. Hier gelangen mit den kalten Meeresströmungen die treibenden Eisschollen und Eisberge aus polaren Gebieten bis in mittlere Breiten. Im Nordatlantik tragen der kalte Ostgrönlandstrom und der Labradorstrom die Eismassen sogar bis 36° nördlicher Breite südwärts, wodurch die Schifffahrt besonders gefährdet wird. Dies tritt v.a. in den Monaten April bis August ein. Auf der Südhalbkugel reicht das von der Antarktis nordwärts treibende Eis bis etwa 38° südlicher Breite.

Treibhauseffekt (Glashauseffekt): Beim T. handelt es sich um einen Erwärmungseffekt in der Atmosphäre, der der Wirkung eines Gewächshauses ähnelt. Er kommt dadurch zustande, dass die Atmosphäre die kurzwellige Sonnenstrahlung fast ungehindert bis zum Erdboden durchdringen lässt, jedoch die von der erwärmten Erdoberfläche ausgesandte langwellige Strahlung absorbiert und in Wärmeenergie umsetzt, wobei der atmosphärische Wasserdampf und das Kohlendioxid die Hauptabsorber sind. Im Gegensatz zu einem Treibhaus ist die Atmosphäre allerdings nach oben offen und gibt deshalb einen Teil der umgewandelten Strahlungsenergie als langwellige Strahlung an den Weltraum ab. Die beschriebene Rolle des Kohlendioxids lässt den Schluss zu, dass die ständige Zunahme des Kohlendioxids (Automobile, Industrie u.a.) in der Atmosphäre zu einer allmählichen Erwärmung des Weltklimas führen könnte, mit all den dann auftretenden Begleiterscheinungen (Anstieg des Meeresspiegels, Versteppung ganzer Landstriche usw.).

Treibhausgase: Neben dem Kohlendioxid als Hauptverursacher des Treibhauseffekts spielen auch andere Gase eine Rolle. Dazu gehören u.a. Methan aus Reisanbau und Viehhaltung, das als Treibgas verwendete Distickstoffoxid und die als Treib- und Kühlmittel eingesetzten Fluorchlorkohlenwasserstoffe. In der Summe ist der Treibhauseffekt aller anderen Gase dem des Kohlendioxids etwa gleichzusetzen.

Treibnetz: Das T. ist ein früher in der Hochseefischerei verwendetes Fangnetz, an der Oberkante mit Schwimmern versehen und mit Gewichten an der Unterkante beschwert. Die dadurch senkrecht im freien Wasser hängende Netzwand trieb mit dem Fangfahrzeug in der Strömung. Das T. wurde zum Fang von Makrelen, Lachsen und besonders von Heringen verwendet. Diese Fischfangmethode führte zur Überfischung in einigen Meeresgebieten; außerdem verfingen sich andere Meerestiere im Netz.

Treibsand: Der in der Meeresströmung leicht bewegliche Feinsand an Flachküsten heißt Treibsand.

Triangulation (Dreiecksmessung): Die T. ist eine Vermessungstechnik, die im Wesentlichen auf Winkelmessungen beruht, um genau eingemessene Punkte, sog. trigonometrische Punkte, auf der Erdoberfläche zu erhalten. Ausgangspunkt jeder T. ist eine genau gemessene Basislinie, auf der Dreiecke eingemessen werden.

Trias: ältestes System des Mesozoikums, ↑Geologie, Zeittafel.

Tribalismus: Als T. bezeichnet man in den afrikanischen Staaten gesellschaftliche und politische Verhaltensweisen, die nur auf die Interessen eines Stammes und nicht auf den gesamten Staat bezogen sind. Die von den europäischen Kolonialmächten ohne Rücksicht auf ethnische Einheiten gezogenen Grenzen und die in unterschiedlichem Maße »modernisierte« Geisteshaltung innerhalb der einzelnen Völker und Stämme sind die Hauptursachen des T., der die Bildung einheitlicher Staatsnationen erschwert.

Trichtermündung (Ästuar): An gezeitenstarken Flachküsten können die Tidenströme weit flusswärts vordringen und die Flussmündung trichterförmig erweitern, sodass Mündungstrichter entstehen. Bekannte Beispiele sind die Elbe- und die Themsemündung.

Trift: Begriff aus der Ozeanographie, ↑Drift.

trigonometrischer Punkt: Ein t. P. ist ein durch Triangulation eingemessener Punkt der Erdoberfläche; er ist immer ein Eckpunkt einer Dreiecksmessung. Er wird durch standsichere, im Boden besonders verankerte Steinsäulen gekennzeichnet und kann wiederum als Ausgangspunkt für neue Vermessungen verwendet werden.

Trockenfeldbau: T. ist eine vielfach verwendete, aber irreführende Bezeichnung für einen Feldbau, der ohne künstliche Bewässerung auskommt, T. meint also so viel wie ↑Regenfeldbau. Allerdings wird von T. nur in Regionen gesprochen, in denen ebenso künstliche Bewässerung üblich und notwendig ist. In einem engeren Sinne wird T. auch als deutsche Bezeichnung für ↑Dry Farming benutzt.

Trockengrenze (Ariditätsgrenze): Die T. bildet die Grenze zwischen Gebieten semiariden und semihumiden Klimas, d.h. hier liegen Niederschlag und Verdunstung im Gleichgewicht. Eine genaue Bestimmung der T. ist jedoch kaum möglich, da einerseits die Feststellung der möglichen Verdunstungshöhe schwierig ist, zum anderen gerade in diesem Raum die Niederschläge in den einzelnen Jahren außerordentlich unterschiedlich stark sein können. Die T. ist daher eher ein mehr oder weniger breiter Grenzraum, in dem Weidewirtschaft und spezifische Formen des Anbaus, z.B. ↑Dry Farming, miteinander abwechseln. Etwas genauer bestimmbar ist die T. des Anbaus, d.h. der Grenzsaum, bis zu dem Anbau ohne künstliche Bewässerung, also Regenfeldbau, möglich ist.

Trockenklima: T. herrscht in Gebieten, in denen im Jahresdurchschnitt die mögliche Verdunstung (aufgrund der hohen Temperaturen) die Menge der tatsächlichen Niederschläge übersteigt. Je nach der Größe dieses Verhältnisses entwickelt sich eine entsprechende Pflanzenwelt. T. besitzen weite Gebiete innerhalb der subtropischen Hochdruckzonen von der Savanne bis zur Wüste.

Trockensavanne: Die T. ist ein Vegetationstyp der ↑Savanne in Gebieten mit fünf bis sieben ariden Monaten. Die geschlossene Grasdecke erreicht 1–2 m Höhe, die Bäume sind regengrün, teilweise Wasser speichernd, typisch ist der Afrikanische Affenbrotbaum; Galeriewälder treten zurück. Die T. schließt sich als breiter Gürtel polwärts an die ↑Feuchtsavanne an und geht in die ↑Dornstrauchsavanne über. – ↑Savanne (Abb.).

Trockental: Ein T. ist ein Tal, das nur zeitweise (periodisch oder episodisch) oder überhaupt nicht mehr Wasser führt. Trockentäler sind einerseits in Trockengebieten verbreitet (↑Wadi, ↑Torrente), entstehen aber auch in anderen Klimagebieten, u.a. durch Verkarstung, Anzapfung, Klimaänderung sowie bei der Entstehung eines Umlaufberges.

Trockenwald: Der T. ist ein regengrüner, lichter Wald der wechselfeuchten Tropen und Subtropen in Gebieten mit fünf bis sieben ariden Monaten. Die 8 bis 20 m hohen, meist Laub abwerfenden, regengrünen Bäume (oft mit Schirmkrone) weisen geringen Wuchs und xeromorphe Merkmale, wie dicke Borke, Dornenbildung, teilweise immergrüne Blätter mit Wachsschicht und Behaarung, auf. In den niederschlagsärmsten

Gebieten dominieren oft sukkulentenstämmige Flaschenbäume und Dornbäume sowie hochstämmige blattlose Sukkulenten. Den Unterwuchs bilden Dorn- und Rutensträucher sowie Büschelgräser. Zur Formation des T.es werden u.a. der Miombowald und Mopanewald im südlichen Afrika, die Caatinga und die Campos cerrados (↑Campos) in Südamerika und die Eukalyptuswälder Australiens gerechnet.

Trockenzeit: Die T. ist eine Jahreszeit in den Tropen mit nur geringen oder ganz fehlenden Niederschlägen. Den Gegensatz dazu bildet als andere Jahreszeit die ↑Regenzeit. Das Verhältnis zwischen T. und Regenzeit verschiebt sich mit zunehmender Entfernung vom Äquator zugunsten der T., was von entscheidendem Einfluss auf die Wirtschaft in diesen Räumen ist. Bleiben in den Bereichen langer T.en mit nur sehr geringen jährlichen Niederschlägen diese ganz aus, führt dies zu verheerender Dürre und damit zu Hungerkatastrophen, wie dies in den 1970er-Jahren im afrikanischen Sahel geschehen ist.

Trogtal (U-Tal): Ein T. ist ein von Gletschern überformtes Tal, wobei das ursprüngliche Tal verbreitert und übertieft wurde. Das T. besitzt einen U-förmigen Querschnitt mit muldenförmigem Talboden, der *Trogsohle.* Die steilen Talwände (Trogwände) enden oben an der *Trogkante,* an die sich die ziemlich flach verlaufende *Trogschulter* anschließt, die bis zur ↑Schliffgrenze reicht. Oberhalb von dieser Linie weisen scharfkantige Hangformen auf Frostsprengung hin; es handelt sich hier also um die vom Eis nicht berührten Talhänge. Im Längsprofil des T.es fallen die wannenartigen, durch Steilstufen gegeneinander abgesetzten Talabschnitte auf. Nebentäler münden als *Hängetäler* mit einer Stufe ins Haupttal; die Flüsse dieser Täler stürzen in Wasserfällen ins Haupttal. Das T. schließt oft mit einem Trogschluss an seinem oberen Ende gegen höhere Bergpartien ab.

Trọmbe: Als T. bezeichnen wir einen räumlich eng begrenzten Wirbelwind. Bei uns kennen wir nur die Sand- und Staubhosen (Kleintromben), die an Sommertagen über stark erhitztem Boden bei labiler Schichtung der bodennahen Luftschichten auftreten. Große T.n, die Wind- und Wasserhosen, sind v.a. in den vegetationsarmen Trockengebieten, aber auch über Wasserflächen der wärmeren Zonen zu beobachten. Im Unterschied zu den Klein-T.n setzt die Wirbelbildung bei den großen T.n nicht zuerst an der Erdoberfläche ein; sie »wachsen« als trichter- oder schlauchförmige Gebilde aus einer Wolke heraus, erreichen schließlich den Erdboden, wirbeln große Mengen Sand, Staub *(Windhose)* oder Wasser *(Wasserhose)* auf und können erhebliche Sachschäden verursachen. Der Durchmesser dieser T.n beträgt meist 100–200m; in ihrem Bereich treten Windgeschwindigkeiten von 50 bis 100m pro Sekunde auf; während ihrer Lebensdauer von 10–30 Minuten legen die T.n nur einige Kilometer Weg zurück. – Eine besonders große T. ist der in den USA auftretende ↑Tornado.

Trọpen: Bei der Gliederung der Erde nach mathematischen, also auf die Son-

Trogtal

Querschnitt durch ein Trogtal.

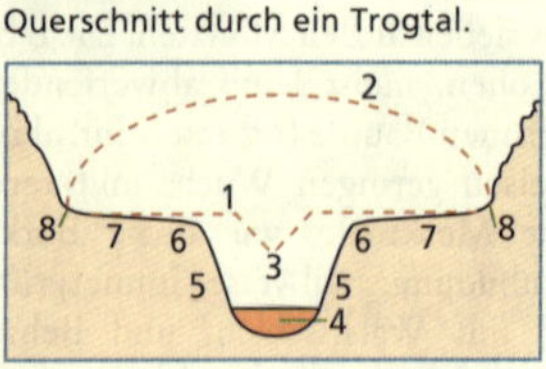

1 voreiszeitlicher Talboden
2 eiszeitliche Gletscheroberfläche
3 Trog
4 Schotter
5 Trogwand
6 Trogkante
7 Trogschulter
8 Schliffgrenze

nenumlaufbahn bezogenen, Gesichtspunkten sind die T. das Gebiet, über dem die Sonne zweimal jährlich im Zenit steht. Dies ist das Gebiet zwischen den Wendekreisen, welche damit die Grenze dieser *solaren Tropen* darstellen. Über den Wendekreisen selbst steht die Sonne nur einmal im Jahr senkrecht, nämlich zur Zeit der eben deswegen so genannten Sonnenwende. Folge dieses ganzjährig von der Senkrechten nur wenig abweichenden Sonnenstandes ist eine ganzjährig hohe Einstrahlung mit entsprechend hohen Temperaturen (außer in Gebirgen). Da die Tageshitze aber im Wesentlichen von der direkten Sonneneinstrahlung herrührt, kühlt es nachts merklich ab. Die Temperaturunterschiede zwischen Tag und Nacht sind relativ groß, besonders wenn man sie mit den sehr geringen Unterschieden der im Laufe eines Jahres auftretenden Tagesdurchschnittstemperaturen vergleicht. Diesen Ablauf des Klimas nennt man daher Tageszeitenklima, es ist für die T. ein Charakteristikum.

Bei der Abgrenzung der Gebiete mit tropischem Klima, die nicht genau mit den mathematischen T. übereinzustimmen brauchen, setzte man für Tiefländer eine Jahresdurchschnittstemperatur von 20 °C (manchmal auch von 18 °C) als begrenzenden Wert fest. Diesen *warmen Tropen* steht aber der Bereich der *kalten Tropen* in den Gebirgen gegenüber. Auch hier herrscht das ganze Jahr über relativ gleichmäßige Temperatur, aber je nach Höhenlage natürlich bei einem anderen (mit der Höhe abnehmenden) absoluten Wert. Daraus ergeben sich die Höhenstufen der tropischen Gebirge, die v.a. aus Süd- und Mittelamerika beschrieben wurden und dort mit den Namen ↑Tierra caliente, ↑Tierra templada, ↑Tierra fría, ↑Tierra helada belegt wurden.

Ein weiteres Merkmal der T. sind die dem Höchststand der Sonne folgenden ↑Zenitalregen, die sich aus den aufsteigenden Luftmassen innerhalb der wandernden ↑innertropischen Konvergenz ergeben. Somit folgt aus dem Zeitpunkt dieser Niederschläge eine Gliederung der T. in die äquatornahen *inneren Tropen,* wo die Trockenzeit nur kurz und schwach ausgeprägt sind, und die *wechselfeuchten Tropen* mit ausgeprägten Regen- und Trockenzeiten. Bei der Gliederung in ↑Klimaregionen sind dies die Region der *immerfeuchten inneren Tropen* und die Region der *sommerfeuchten äußeren Tropen.*

Tropenkrankheiten: Unter dem Begriff T. fasst man Krankheiten zusammen, die endemisch in tropischen oder subtropischen Gebieten auftreten, teils weil ihre Erreger oder deren Überträger nur in warmen Klimazonen überleben können, teils bedingt durch hygienische Mängel. Weit verbreitet in allen tropischen Gebieten zwischen 40° nördlicher und 60° südlicher Breite ist die *Malaria.* Die Zahl der jährlich an Malaria Erkrankten wird heute noch auf rund 100 Millionen Menschen geschätzt. Die *Pocken,* früher Volksseuche in Afrika, Südamerika sowie in den Ländern des indischen Subkontinents und des Malaiischen Archipels, gelten als ausgerottet. Die durch Nagetierflöhe übertragene *Pest* ist u.a. in einigen innerasiatischen Steppengebieten heimisch. Die derzeitige Verbreitung des *Gelbfiebers* erstreckt sich auf die zwischen den beiden Wendekreisen gelegenen Gebiete von Afrika, einschließlich der arabischen Gegenküste am Roten Meer, und von Mittel- und Südamerika. Die *Lepra* kommt heute noch, wenn auch selten, in den meisten tropischen Gebieten vor. – Eine große Rolle im Rahmen der T. spielen die infektiösen Darmerkrankungen. Die gefährlichste ist die *Cholera,* die endemisch in Vorderasien, Ostafrika und im Malaiischen Archipel auftritt. Weitere infektiöse Darmerkrankungen wie *Typhus, Paratyphus, Ruhr, Amöbenruhr* und *Salmonellosen* kommen in allen tropischen und subtropischen Ländern vor. Die weite Verbreitung dieser Erkrankungen ist hauptsächlich durch schlechte sanitäre Verhältnisse bedingt. Auch Wurmerkrankungen sind in den

Tropfstein

Schematische Darstellung der Entstehung von Stalaktiten (oben) und Stalagmiten (unten).

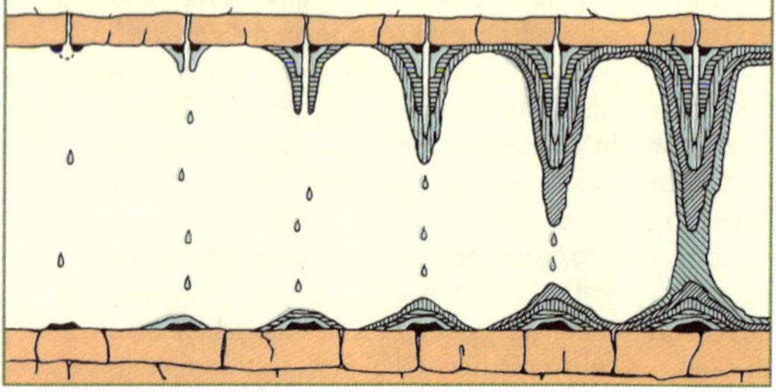

Tropen häufig. Durch die Haut eindringende Wurmarten sind die im Wasser lebenden Schistosomata, die *Bilharziose* verursachen, und die auf feuchtem Erdboden vorkommenden Hakenwürmer. Eine weitere große Gruppe von T., hervorgerufen durch Filarien und andere Fadenwürmer (darunter die Verursacher der *Onchozerkose*) sowie Trypanosama (sie verursachen die *Schlafkrankheit*) und Leishmaniaarten und andere Einzeller, findet sich in den tropischen Gebieten Afrikas und Südamerikas. Die Übertragung erfolgt über Blut saugende Insekten. Eine großräumige Vorbeugung gegen mögliche Infektion besteht in der Bekämpfung der Überträger durch Insektizide und biologische Maßnahmen. Erkrankungen wie Mangelzustände, Vergiftungen, bestimmte Tumoren oder Bluterkrankungen werden heute ebenfalls zu den T. gerechnet, so weit sie überwiegend in diesen Breiten auftreten.

Tropentag: In der Meteorologie steht dieser veraltete Ausdruck (heute heißer Tag) für einen Tag, an dem der Höchstwert der Lufttemperatur mindestens 30 °C beträgt.

Tröpfchenbewässerung: Die T. ist ein Wasser sparendes Bewässerungsverfahren, das v.a. in ariden Gebieten sowie Gewächshäusern angewandt wird. Die zu bewässernden Pflanzen erhalten eine genau dosierte Wassermenge über auf dem Boden verlegte Rohr- oder Schlauchleitungen, aus denen das Wasser unmittelbar bei der Pflanze tropfenweise austritt. In extremariden Gebieten werden zur Bewässerung von Baumkulturen die Rohrleitungen auch in der Erde verlegt. Die Wurzeln wachsen hierbei den Wasseraustrittsstellen entgegen. – Abb. Bewässerung, S. 37.

Tropfsteine: T. sind meist zapfenförmige Gebilde in Karsthöhlen. Kalkhaltiges Sickerwasser scheidet am Höhlendach einen Teil des gelösten Calciumcarbonates ab, wodurch sich im Laufe der Zeit von der Decke herabhängende spitze Tropfsteine bilden, die *Stalaktiten* genannt werden. Die am Höhlenboden aufprallenden Tropfen lagern hier infolge weiterer Verdunstung ebenfalls Calciumcarbonat ab, dadurch wachsen den Stalaktiten von unten stumpfe *Stalagmiten* entgegen. Vereinigen sich beide, spricht man von Tropfsteinsäulen, den *Stalagnaten.*

tropischer Regenwald: Der t. R., die artenreichste Vegetationsformation der Erde, ist die bekannteste und am weitesten verbreitete Art des ↑Regenwaldes (Sonderartikel).

tropische Wirbelstürme: Diese heftigen orkanartigen Wirbelstürme der Tropenzone sind rotierende Luftsäulen von 60–500 km Durchmesser, innerhalb deren Windgeschwindigkeiten von 200 km/h und mehr erreicht werden; im Innern besteht dabei häufig eine ruhige, wolkenlose Zone von 10–30 km Durchmesser (das Auge des Wirbelsturmes). T. W. treten weder regelmäßig noch zu jeder Jahreszeit auf; sie entstehen nur über warmen Meeresgebieten mit einer Wassertemperatur von 26–27 °C, also auf der Nordhalbkugel vorwiegend im Sommer und frühen Herbst. Sie treten bevorzugt über bestimmten Gebieten auf, in denen sie verschiedene Namen führen: *Hurrikan* im Bereich des Karibischen Meeres und des Golfs von Mexiko; *Taifun* in den Gewässern Chinas und Japans; *Zyklon* im Golf von Bengalen, *Willy-Willy* in Australien. Nur über dem Meer können die t.n W. längere Zeit existieren; beim [relativ seltenen] Übertritt auf das Festland »sterben« sie schnell ab, richten jedoch vorher noch große Verwüstungen an.

Tropopause: T. nennt man die Grenzschicht zwischen Troposphäre und Stratosphäre, die durch eine sprunghafte Änderung des vertikalen Temperaturgradienten gezeichnet ist; sie liegt über den Polen in etwa 8 km Höhe, über den mittleren Breiten in etwa 11 km Höhe und über dem Äquator in etwa 17 km Höhe.

Troposphäre: Die T. bildet das unterste Stockwerk der Atmosphäre. In ihr finden infolge der unterschiedlichen Einstrahlung der Sonne auf die Erdoberfläche starke Luftbewegungen statt. Außerdem ist der Wasserdampfgehalt der Atmosphäre beinahe ausschließlich auf die T. beschränkt. Daher spielt sich auch allein in ihr das Wettergeschehen ab. Mit zunehmender Höhe nimmt die Temperatur in der T. um durchschnittlich 0,5 bis 0,6 Celsiusgrade ab. Die Obergrenze der T. bildet die ↑Tropopause.

trüb: Der meteorologische Ausdruck t. kennzeichnet Tage, an denen der Himmel im Mittel zu $^4/_5$ von Wolken bedeckt ist. In Küstennähe und im Luv von Gebirgen nimmt die Anzahl der trüben Tage wegen der erhöhten Luftfeuchtigkeit ebenso zu wie über Städten und Industriegebieten, da hier die hohe Konzentration von Luftverunreinigungen die Kondensation von Wasserdampf, also die Wolkenbildung, fördert.

Trümmergesteine: ↑klastische Gesteine.

Tschernosem [...nɔzˈjɔm]: aus dem Russischen stammende Bezeichnung für ↑Steppenschwarzerde.

Tsunamis: T. nennt man die durch ↑Seebeben ausgelösten hohen ↑Meereswellen.

Tuff: Als T. bezeichnet man geschichtete oder ungeschichtete, nachträglich verfestigte vulkanische Aschen. T.e bilden Decken oder Aufschüttungskegel und stehen mit den entsprechenden Laven bzw. Ergussgesteinen in Verbindung (bei Stratovulkanen in Wechsellagerung). Wegen ihrer Ablagerung durch Luft oder Wasser werden die T.e zu den Sedimenten gerechnet.

T. ist auch eine andere Bezeichnung für ↑Sinter (Kalksinter, Kieselsinter).

Tuffit: T. nennt man mit nichtvulkanischen klastischen Sedimenten wechsellagernde, geschichtete Ablagerungen aus vulkanischen Lockermassen, die im Wasser abgesetzt wurden.

Tundra: Die T. ist ein artenarmer Vegetationstyp jenseits der polaren Baumgrenze. Bei einer Vegetationsperiode von nur 2 bis 3 Monaten Dauer und nur kurzzeitig oberflächlich auftauenden Böden ist hier kein Baumwuchs möglich. Je nach dem Vorherrschen bestimmter Pflanzen spricht man von *Flechten-*, *Moos-* oder *Zwergstrauchtundra.*

Mit dem leicht irreführenden Wort *Waldtundra* wird das Übergangsgebiet belegt, in dem Tundrenflächen und Waldinseln mosaikartig, aber stets scharf

tropische Wirbelstürme

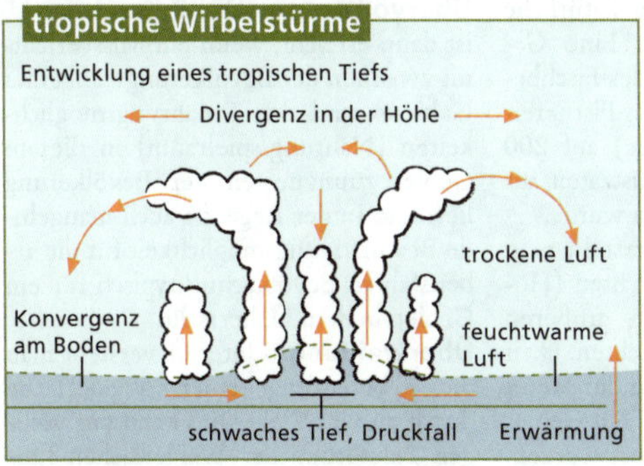

begrenzt einander durchdringen. Der Tundra Eurasiens entsprechen in Nordamerika die *Barren Grounds* Kanadas.

Turmkarst (Kegelkarst): T. ist das für die Tropen und feuchten Subtropen typische Ergebnis der Karstverwitterung, ↑Karst.

U

Überalterung: Von Ü. einer Bevölkerung spricht man, wenn innerhalb einer Gesellschaft, meist eines Staates, aber auch von Gemeinden u.Ä., die Zahl der alten, nicht mehr aktiv am Wirtschaftsprozess teilnehmenden Menschen im Verhältnis zu den aktiven, besonders aber im Verhältnis zu den nachwachsenden jüngeren Jahrgängen zu hoch ist. Ein solches unvorteilhaftes Verhältnis ist anhand einer ↑Alterspyramide schnell und klar zu erkennen. Diese nimmt dann die Form einer Zwiebel an.

Überdüngung: Oft wird Ü. als Synonym für ↑Eutrophierung gebraucht.
In der Landwirtschaft meint Ü. aber mehr das tatsächliche Zuviel an Dünger auf einer gewissen Ackerfläche. Dabei können insbesondere Nitrate in das Grundwasser gelangen.

Überfischung: Ein Gewässer, meist ein Meeresteil, ist überfischt, wenn durch die Fischerei, meist handelt es sich um die Tätigkeit mit Fabrikschiffen, mehr Fische gefangen werden, als in der entsprechenden Zeit durch die natürliche Vermehrung heranwachsen. Eine Gegenmaßnahme zum Schutz des Fischbestandes ist die Ausweitung der Fischereischutzzone (↑Fischereigrenze) auf 200 sm, die von etlichen Küstenstaaten für ihre Gewässer vorgenommen wurde.

Überhöhung: Unter Ü. versteht man eine Darstellung der Senkrechten (Höhen und Tiefen) in einem größeren Maßstab als dem der Waagrechten. Ü.en werden v.a. dann angewandt, wenn Querschnitte (Profile) durch ein Gebiet mit schwachem Relief geführt werden.

Überschiebung: Die Ü. ist eine besondere Form der ↑Verwerfung, eine Lagerungsstörung, bei der ein Gesteinspaket auf oder über ein anderes geschoben wird, sodass ältere Schichten über jüngeren liegen.

Überschuldung: Von Ü. spricht man bei Ländern der Dritten Welt dann, wenn die Länder so hoch verschuldet sind, dass sie nicht mehr rückzahlungsfähig sind bzw. auch das Geld für die Zinsen nicht mehr aufbringen können.

Überschwemmungssavanne: Als Ü. bezeichnet man ein periodisch überschwemmtes Grasland, das an manchen Stellen mit Bäumen durchsetzt ist. Auf höheren und daher trockenen inselartig herausragenden Standorten tritt Baumwuchs auf, oft in Verbindung mit Dammuferwald oder als ↑Termitensavanne.

Übertiefung (glaziale Übertiefung): Die Ü. ist ein Ergebnis der ↑Glazialerosion.

Übervölkerung: Der Zustand der Ü. ist dann erreicht, wenn ein Missverhältnis zwischen der Bevölkerungszahl eines Gebietes und den Ernährungsmöglichkeiten (Nahrungsspielraum) in diesem Gebiet zuungunsten der Bevölkerung herrscht. In der Regel ist auch mangelnde Beschäftigungsmöglichkeit für die arbeitsfähige Bevölkerung typisch für ein Gebiet, in dem Ü. herrscht.

Überweidung: Unter Ü. versteht man die Überlastung einer Weidefläche durch zu viel Vieh. Dies kann zur völligen Zerstörung der Weideflächen füh-

Überschiebung

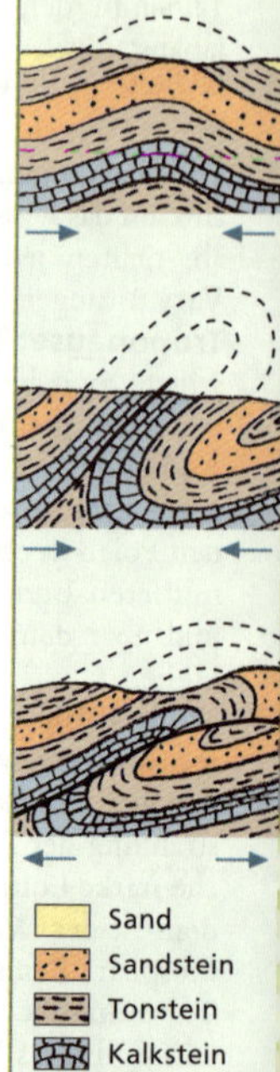

Entwicklung einer Überschiebung aus einer stehenden über eine liegende Falte

Überweidung

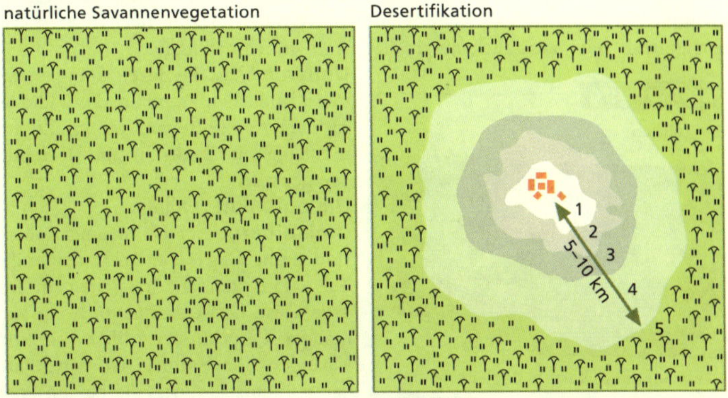

1 Farm als Desertifikationskern
2 Unkrautzone; wenig Gras
3 Gras mit Unkraut
4 gute Weidevegetation
5 quasinatürliche Savanne

ren. Die Gefahr der Ü. ist besonders in Gebieten mit längeren Trockenperioden sehr groß, da die oft spärliche Grasdecke keine Zeit zur Erholung erhält. Als Gegenmaßnahme muss eine Verminderung des Viehbestandes erfolgen. Im Sahel Afrikas führte die Ü. zu Hungerkatastrophen unter der Bevölkerung und einer Ausdehnung der Wüste.

Ufer: Das U. stellt die Berührungslinie zwischen Binnenland und einem fließenden oder stehenden Binnengewässer dar. Den Berührungsbereich von Festland und Meer dagegen nennt man Küste.

Uferdamm: Den von einem Fluss selbst aufgeschütteten Damm nennt man U., einen solchen Fluss daher ↑Dammfluss.

Uferlinie: Die U. ist die landwärtige Begrenzung des ↑Watts, die seewärtige Begrenzung des ↑Vorlandes.

ụltrabasische Gesteine (Ultrabasite): U. G. sind ↑magmatische Gesteine mit einem SiO_2-Gehalt von weniger als 45%. Hierzu gehören v. a. Tiefengesteine wie Peridotit und Pyroxenit.

Ụltrametamorphọse: U. nennt man den extremsten Fall der Gesteinsmetamorphose (↑Metamorphose). Bei der U. werden die Gesteine durch starke Erhöhung von Druck und Temperatur teilweise oder gänzlich aufgeschmolzen. Durch Umkristallisierung, teilweise auch infolge Zufuhr von Nebengesteinsmaterial, entstehen neue Minerale. Zu den neu gebildeten Gesteinen gehören u. a. die ↑Migmatite. Die vollständige Aufschmelzung führt zur Neubildung von Magma; in diesem Fall spricht man von Palingenese.

Ụltrastrahlung: ↑Höhenstrahlung.

Ultraviolẹtt: Strahlungsbereich des Lichtes jenseits des sichtbaren Violett, ↑UV-Strahlen.

Umkippen von Flüssen: Die tierischen und pflanzlichen Lebewesen im Fluss benötigen zum Leben Sauerstoff. Ist zu wenig Sauerstoff vorhanden, dann sterben die Lebewesen, der Fluss kippt um. Es gibt verschiedene Ursachen für die Zerstörung des biologischen Gleichgewichts im Wasser: Bei Zufuhr großer Mengen organischer Schmutzstoffe (z. B. Abwässer, Düngemittel) vermehren sich die sie abbauenden Mikroorganismen (Bakterien) überaus stark und verbrauchen dabei sehr viel Sauerstoff. Dies führt zu einem Sauerstoffmangel, den die Lebewesen nicht überstehen, sichtbare Folge ist das Fischsterben. Durch Erwärmung der Flüsse in den heißen Sommermonaten oder zusätzlich durch die Abwärme von Kernkraftwerken wird die Gefahr des Umkippens noch erhöht, da wärmeres Wasser nicht so viel Sauerstoff aufnehmen kann.

Umlaufberg

Entstehung:

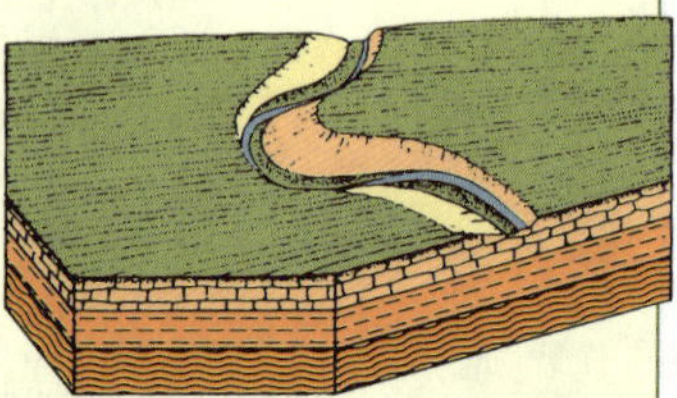

1 Talmäander in hartem Gestein

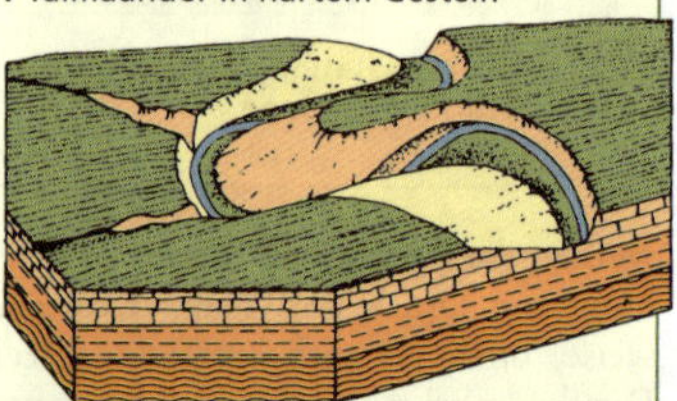

2 An der Außenseite des Bogens frisst sich der Fluss immer tiefer in den Talhang, die Krümmung nimmt zu.

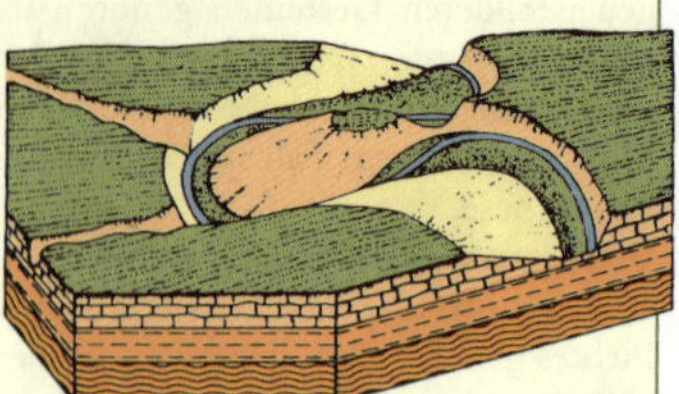

3 Der vorspringende Sporn wird an seinem Hals immer stärker eingeengt.

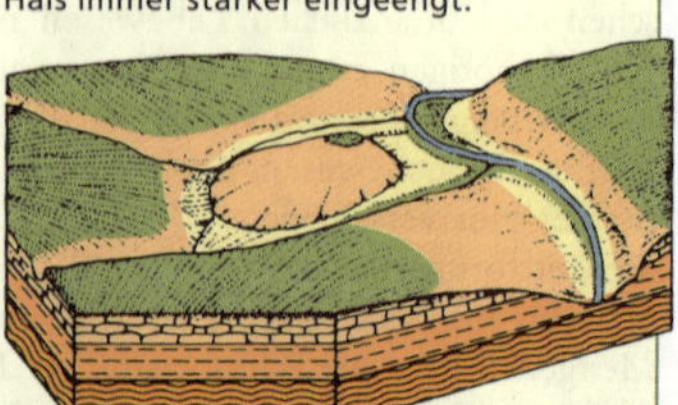

4 An der schmalsten Stelle bricht der Fluss durch, bildet zunächst einen Wasserfall, später Stromschnellen, die mit der Zeit durch weitere Abtragung verschwinden.

Umland: U. ist die Bezeichnung für den meist ländlichen Raum um die Städte herum. Der Begriff wird oft im Zusammenhang mit ↑Stadt-Umland-Beziehungen gebraucht.

Umlaufbahn: ↑Ekliptik.

Umlaufberg: Ein U. ist eine isolierte Bodenerhebung mit einem umlaufenden Tal, das meistens auf drei Seiten ein Trockental ist. Der U. ist nämlich ein ehemaliger Talsporn, der früher von einer Mäanderschlinge umflossen wurde und dadurch entstand, dass die beiden Prallhänge sich durch fortschreitende Seitenerosion immer näher kamen, bis der sie trennende Hals (also der schmale Landstreifen) vom Fluss durchbrochen wurde, wobei der Fluss seinen Lauf verkürzte. Geschieht eine solche Abschnürung durch einen Nebenfluss, spricht man von einem *Durchbruchsberg.*

Umlaufsee: Durchbricht ein mäandrierender, sedimentreicher Tieflandfluss bei seiner Laufveränderung einen Mäanderhals und schneidet dadurch eine Mäanderschlinge ab, läuft diese von Wasser leer. Wenn das von ihr bisher umflossene Areal aber tiefer liegt, was bei ↑Dammflüssen in der Regel der Fall ist, sammelt sich in ihm Grundwasser. So entsteht ein meist runder bis ovaler Umlaufsee; dieser muss jedoch von einem ↑Dammufersee unterschieden werden.

Umlegung: Unter U. versteht man die Zusammenfassung und Neuverteilung von landwirtschaftlichem Grundbesitz im Rahmen der Flurbereinigung. Werden im Rahmen eines Flächennutzungsplanes einer Gemeinde land- oder forstwirtschaftlich genutzte Flächen in Bauland umgewandelt, so erfolgt auch hier eine Umlegung, man spricht dann von einer *Baulandumlegung.*

Umtriebsweide (Koppelweide): Die U. ist das Weidesystem einer intensiv genutzten Rinderweide in witterungsgüns-

Umlaufsee

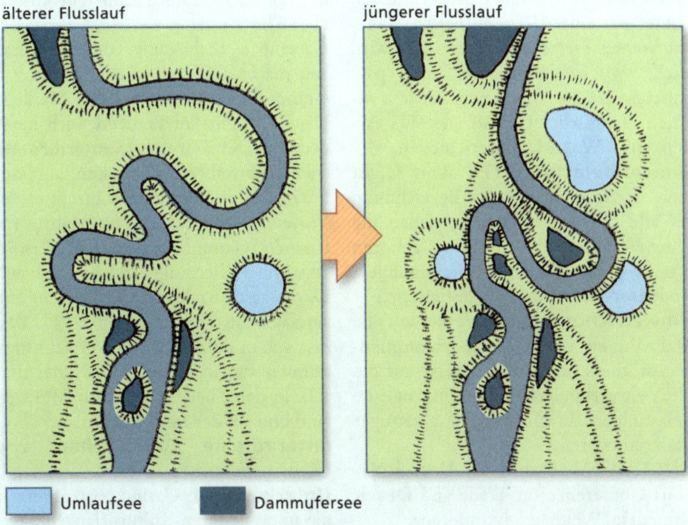

Entstehung von Umlauf- und Dammuferseen

tigen Lagen. Die Weidefläche ist in kleine *Koppeln* (3–4 Ar je ↑Großvieheinheit) unterteilt, die während der Weideperiode fünf- bis siebenmal jeweils für drei bis vier Tage genutzt werden; dazwischen liegen Ruhezeiten (jeweils 20–40 Tage). Eine volle Rotation der Nutzung wird als *Umtrieb* bezeichnet. – Bei teilweiser Mähnutzung (etwa 40–50%) wird die U. zur ↑Mähweide.

Umtriebszeit (Umtrieb): In der *Forstwirtschaft* versteht man unter U. die Zeitspanne von der Pflanzung bis zur Ernte eines Bestandes bzw. bis zum Abholzen des Unterholzes im Mittelwald. Die U. richtet sich nach dem Standort und dem natürlich erreichbaren Lebensalter der jeweiligen Baumart *(physiologische Umtriebszeit)* und beträgt z.B. bei der Pappel 40–60, bei Fichte und Tanne 80–100, bei Buche, Ahorn, Lärche und Kiefer 120–140, bei der Esche 160–180, bei der Eiche 180–220, bei der Furniereiche 260–300 Jahre. In der Regel werden zur Bestimmung der praktizierten U. wirtschaftliche Gesichtspunkte (z.B. höchster jährlicher Reinertrag, höchste Bodenrente oder größte Masse bestimmter Holzsorten) mit berücksichtigt. Die U. beträgt im Hochwald 40–300 Jahre, im Niederwald dagegen nur 10–30 Jahre.
In der *Landwirtschaft* ist die U. die Nutzungsdauer von Pflanzen- oder Viehbeständen. Sie beträgt z.B. für Rebanlagen 30–50, für Erdbeeranlagen 2, für Tiere einer Milchviehherde 5–6, für Mutterschafe 3–5 Jahre.

Umwelt: Im biologischen Sinne (physiologische U.) bezeichnet U. die spezifische, lebenswichtige Umgebung einer Tierart, die als Merkwelt (Gesamtheit ihrer Merkmale) wahrgenommen wird und als Wirkwelt (Gesamtheit ihrer Wirkungen) das Verhalten der Artvertreter bestimmt. Im weiteren, kulturell-zivilisatorischen Sinn (Zivilisations-U., Kultur-U.) versteht man unter U. auch den vom Menschen existenziell an seine Lebensbedürfnisse angepassten und v.a. durch Technik künstlich veränderten Lebensraum, wodurch eine Art künstliches Ökosystem geschaffen wurde (mit den heute zu einer Krisensituation angewachsenen Gefahren). Weiterhin wird auch zwischen physischer und psychischer U. des Menschen sowie zwischen technischer und sozialer U., Arbeits- und Wohn-U. unterschieden.

Umweltbelastung: Das Wort U. ist eine zusammenfassende Bezeichnung für alle Beeinträchtigungen, denen die Umwelt ausgesetzt ist. Dazu gehören u.a. Abgase, Wasserverunreinigungen, Bodenzerstörung, Lärmbelästigungen.

Umweltschutz: Unter U. werden alle Maßnahmen und Gesetze zusammengefasst, die schädliche Einflüsse auf die Umwelt verhindern und unumgängliche Belastungen auf ein möglichst geringes Maß reduzieren.

UNCTAD (Abkürzung für **U**nited **N**ations **C**onference on **T**rade and **D**evelopment): ↑Welthandelskonferenz.

Unterboden: U. ist eine andere Bezeichnung für den B-Horizont des ↑Bodenprofils.

unterentwickelte Länder: Früher wurden die ↑Entwicklungsländer als u. L. bezeichnet. Um kein Gefühl der Diskriminierung hervorzurufen, wurde diese Bezeichnung durch die Bezeichnung Entwicklungsländer ersetzt.

Unterentwicklungstheorien: ↑Entwicklungstheorien.

Unterflurbewässerung: Die U. ist ein Wasser sparendes Bewässerungsverfahren im Pflanzenbau, bei dem die Wasserzufuhr unterhalb der Bodenoberfläche, und zwar mit perforierten, im Wurzelbereich verlegten Rohrleitungen, erfolgt. Es treten also keine Wasserverluste durch Verdunstung auf, was besonders in warmen Ländern von Bedeutung ist, da mit der Verdunstung stets eine Salzanreicherung verbunden ist.

Unterglaskulturen: Pflanzen, die in Gewächshäusern herangezogen werden, bezeichnet man als U.; sie werden v.a. in Klimagebieten angelegt, in denen im Winter ein Wachstumsstillstand herrscht, wie z.B. in den gemäßigten Breiten. In den Gewächshäusern kann ein künstliches Klima erzeugt werden, welches den Gartenbau unabhängig von der Jahreszeit macht. Dadurch ist es möglich, z.B. Gemüse und Blumen auf den Markt zu bringen, wenn im Freiland noch nichts gedeiht. Der Gärtner kann seinen Betrieb auch während der kalten Jahreszeit nutzen. Dem Verbraucher bringt es den Vorteil, während des ganzen Jahres mit frischen Gartenbauprodukten versorgt zu werden; allerdings erreichen nicht alle U. die geschmackliche Qualität der entsprechenden Freilandprodukte. U. werden v.a. in der Nähe von Verdichtungsräumen angelegt; große U. findet man z.B. in den Niederlanden, im Münsterland und auf der Insel Reichenau.

unterirdische Gasspeicher: svw. ↑Kavernenspeicher.

Unterkulturen: U. sind Nutzpflanzen, die unter anderen Kulturpflanzen angebaut werden. So wird häufig unter Obstbäumen zur besseren Bodenausnutzung Gemüse angebaut. U. werden in Mitteleuropa aus klimatischen und pflanzenphysiologischen Gründen ungern angelegt; in Südeuropa sind sie dagegen weit verbreitet, ↑Stockwerkkultur.

Unterströmungstheorie: Die U. ist eine geotektonische Hypothese, nach der Unterströmungen (Konvektionsströmungen) in den zähplastischen Zonen des Erdmantels Bewegungen der Erdkruste verursachen. Die Unterströmungen sollen durch Wärmeaustausch entstehen (als Energiequelle wird meist radioaktiver Zerfall angenommen), ihre Geschwindigkeiten sollen wenige Millimeter bis Zentimeter pro Jahr betragen.

Untertagebau (Tiefbau): Im Bergbaubereich ist U. der Gegensatz zu ↑Tagebau.

Unterzentrum (Kleinzentrum): Im System der ↑Zentralen Orte ist ein U. ein Ort mit geringer Zentralität.

Uran-Blei-Methode: Die U. ist eine Möglichkeit der ↑physikalischen Altersbestimmung.

Urbanisation: Dieser Begriff hat unterschiedliche Bedeutungen:
- Es handelt sich um die städtebauliche Erschließung eines Raumes.
- Es kann sich um eine durch städtebauliche Erschließung entstandene moderne Siedlung handeln (Industrie, Tourismus).
- Im weiteren Sinn ist die Verstädterung eines Raumes an sich gemeint, z.B. der gesamte Verdichtungsraum Rhein–Main.

Urbanisierung: Den Prozess zunehmender Bevölkerungsverdichtung in städtischen Gebieten bei entsprechendem Rückgang der Bevölkerungszahl in ländlichen Bereichen nennt man U.; er ist eine Folge der Industrialisierung. Die Konzentration von industriellen Produktionsstätten, von Handel und Gewerbe in den Städten begünstigt sowohl den Zuzug aus dem ländlichen Umland als auch eine Ausdehnung städtischer Kultur und Lebensformen (Urbanität) auf diejenigen Bevölkerungsgruppen, welche zwar weiterhin auf dem Land wohnen, aber in der Stadt arbeiten, die Pendler. Dadurch führt der U.sprozess zu einer starken Polarisierung zwischen privatem und öffentlichem Leben der Bürger, zu Anonymität und einem rationalen Lebenszuschnitt. Typische Begleiterscheinungen städtischen Lebens, wie bestimmte Formen der Asozialität und Kriminalität sowie Subkulturbildung, werden im Zuge der U. einer ganzen Gesellschaft zu allgemeinen gesellschaftlichen Problemen.

Urgebirge: veraltete Bezeichnung für den Begriff ↑Grundgebirge.

Urknall (Big bang): U.-Theorien sind Theorien über die Entwicklung des Weltalls, die darauf basieren, dass das Weltall vor einer bestimmten Zeit aus einem Zustand extremer Dichte (Singularität) hervorging und anschließend expandierte. Da der Ursprung der Welt zunächst explosionsartig angenommen wurde, bezeichnete man die »Geburtsphase« als Urknall.

Urstromtal: Ein U. ist eine große Talung, die während einer Stillstandslage des pleistozänen Inlandeises entstand, und zwar dadurch, dass die Schmelzwasserströme parallel zu den Eisrändern abfließen mussten, weil das in Fließrichtung des Eises ansteigende Gelände einen anderen Abfluss verhinderte. Urstromtäler werden teilweise heute noch von Flüssen benutzt (v.a. im Norddeutschen Tiefland) und haben somit die Gestaltung des Gewässernetzes maßgeblich beeinflusst. Die sandig-kiesigen Ablagerungen in den Urstromtälern sind wichtig für die Grundwassererschließung, v.a. zur Trinkwasserversorgung.

Urwald: Der U. ist ein vom Menschen unberührter Wald; man findet diesen Typ des Waldes jedoch kaum noch, allenfalls im Tieflandsregenwald des Amazonastieflandes und in Südchile. Bei den umgangssprachlich, aber fälschlich als U. bezeichneten Wäldern handelt es sich vielmehr um tropischen ↑Regenwald. Eine Rückführung der Wälder in einen Urzustand wird in streng geschützten *Urwald-* oder *Naturwaldzellen* versucht.

U-Tal: Ein ↑Trogtal wird wegen seines U-förmigen Querschnitts auch U-Tal genannt.

Uvala (Schüsseldoline): Als U. bezeichnet man eine wahrscheinlich durch Zusammenwachsen mehrerer ↑Dolinen entstandene schüsselförmige Hohlform in Karstgebieten.

UV-Strahlen (Kurzform für Ultraviolett-Strahlen): U. sind unsichtbare elektromagnetische Strahlen, die sich an das im Spektrum violette Ende des Lichtes anschließen. Ihre Wellenlänge liegt zwischen 0,001 µm und 0,40 µm; Wellen mit noch kürzerer Wellenlänge sind Röntgenstrahlen.

U. röten bzw. bräunen die Haut. Von Glas und Luft werden sie in starkem Maße absorbiert (d.h. verschluckt), das ultraviolette Licht der Sonne gelangt nur geschwächt bis zur Erde. Das für die Biosphäre lebensgefährliche kurzwellige EUV und UVC wird aufgrund der Absorption durch Ozon bzw. Sauerstoff in Höhen über 20 km herausgefiltert, kann also den Erdboden nicht erreichen.

V

vadoses Wasser: V. W. ist das Wasser, das ständig den Wasserkreislauf durchläuft, also der bei weitem größte Teil des auf der Erde vorhandenen Wassers. – Der Gegensatz ist ↑juveniles Wasser.

Vega: Bewässerungsland im Talboden eines Canyons, Ostspanien.

Van-Allen-Gürtel [englisch væn 'ælın...]: Damit bezeichnet man zwei innerhalb der ↑Magnetosphäre liegende röhrenförmige Strahlungsgürtel um die Erde, in denen sich elektrisch geladene Teilchen hoher Energie befinden; benannt nach dem amerikanischen Physiker J. A. VAN ALLEN, der sie aus Messungen des US-Satelliten Explorer (1958) fand.
In den Gürteln sind elektrisch geladene Teilchen, die aus der kosmischen Strahlung und dem Sonnenwind stammen, von den Magnetfeldlinien der Erde eingefangen; sie pendeln auf ihnen zwischen dem magnetischen Nord- und Südpol mit hoher Geschwindigkeit hin und her.
Der innere Gürtel hat über dem Äquator eine Höhe von 1000 bis 6000 km, der äußere eine Höhe von 15000 bis 25000 km. Nach den Polen zu nähern sie sich entsprechend der Form der magnetischen Kraftlinien der Erde.

VEB: Abkürzung für ↑**V**olks**e**igener **B**etrieb.

Vega: Als V. wurden auf der Iberischen Halbinsel (besonders im Süden) ursprünglich alle potenziell bewässerbaren Gebiete bezeichnet. Da heute aber die gesamte V. das Gebiet des intensiv genutzten Bewässerungslandes darstellt, ist V. mit ↑Huerta gleichzusetzen.

Vegetation: Unter V. versteht man die Gesamtheit aller Pflanzengesellschaften eines Gebietes, so wie sie heute tatsächlich angetroffen wird.
Die Pflanzengesellschaft, die sich an einem Standort unter den herrschenden Klimabedingungen ohne äußere Einflüsse – weder durch Menschen noch durch Naturkatastrophen – einstellt, bezeichnet man als dessen *natürliche Vegetation.* Da der Mensch aber an fast allen Orten der Erde auf die V. Einfluss genommen hat, ist natürliche V. fast nirgends mehr anzutreffen. Die V. nun, die unter den jetzigen Klimabedingungen entstehen würde, wenn der Mensch keinerlei Einfluss mehr ausübte, bezeichnet man als *potenzielle natürliche Vegetation.*
Unter *ursprünglicher Vegetation* dagegen versteht man die V., die vor dem Eintreffen des Menschen an diesem Ort vorhanden war; in vielen Fällen dürfte es sich hierbei um die natürliche V. dieses Gebietes gehandelt haben.

Vegetationsgeographie: Die V. ist ein Teilgebiet der Geographie. Ihr Forschungsobjekt ist das Pflanzenkleid der Erde, das sie beschreibt und dessen Entstehung sie aufgrund von klimatischen, bodenabhängigen und auch äußeren Einflüssen, sowohl natürlichen (etwa Vulkanausbrüche, Tierschäden) als auch menschlichen, erklärt. Ihr Ziel ist die Gliederung der Erde in klein- und großräumige Vegetationsformationen oder

Vegetationszonen, wobei sowohl die natürliche als auch die tatsächliche Vegetation als Grundlage dient. Während die V. stets großräumige Zusammenhänge, besonders mit dem Klima, herauszuarbeiten sucht, stehen für die ↑Geobotanik, die der V. viele Grunddaten liefert, die einzelnen Pflanzen und die von diesen gebildeten standortbedingten Pflanzengesellschaften im Vordergrund.

Vegetationsperiode (Wachstumsperiode): Die V. ist die Zeit, in der die Pflanzen wachsen, blühen und reifen (ihr Gegensatz ist die Vegetationsruhe). Die V. ist in erster Linie von der Dauer der Sonneneinstrahlung und den zu dieser Zeit fallenden Niederschlägen abhängig. Da dies in den inneren Tropen das ganze Jahr über der Fall ist, kann sich auch die V. auf das ganze Jahr ausdehnen. In den wechselfeuchten Tropen fällt die V. mit der Regenzeit zusammen, da ohne Niederschlag kein Wachstum möglich ist.

In unseren Breiten dauert die V. vom Vorfrühling (Schneeglöckchen) bis zum Spätherbst (Herbstzeitlose). Im Winter tritt also eine Vegetationsruhe ein, während der die Pflanzen nicht wachsen. Eine sichtbare Auswirkung dieser im Jahreslauf unterschiedlichen Wachstumsbedingungen sind die Jahresringe der Bäume.

Besonders kurz ist die V. in den hohen Breiten; in der Tundra z.B. beträgt sie nur 2–3 Monate. Diese kurze Zeit reicht Bäumen zum Wachsen und Reifen nicht mehr aus – die Tundra ist daher baumlos. Von besonderer Bedeutung ist die V. für den Ackerbau.

Vegetationsstufen: ↑Höhenstufen der Vegetation.

Vegetationszonen: Die V. sind den Klimazonen der Erde zugeordnete, mehr oder weniger breitenkreisparallel verlaufende Gürtel, die von bestimmten, für die jeweiligen klimatischen Bedingungen (v.a. Temperatur und Niederschlag) typischen Pflanzenformationen besiedelt werden. Innerhalb dieser großklimatisch bestimmten Zonen können aufgrund besonderer Standortfaktoren (z.B. thermische Höhenstufen der Gebirge) azonale Formationen auftreten. Vom Pol zum Äquator werden folgende V. unterschieden: Tundrengürtel, borealer Nadelwaldgürtel, Mischwaldgürtel, Steppengürtel, Gürtel der subtropischen Halbwüsten und Wüsten, der Savannen und des tropischen Regenwaldes. – Karte S. 380

Verbundnetz: Ein V. dient dem auch länderübergreifenden Austausch großer elektrischer Energiemengen zwischen den Versorgungsgebieten mehrerer Kraftwerke. Im Verkehrswesen spricht man von einem V. oder einem Verkehrsverbund und meint damit koordinierte öffentliche Verkehrssysteme mit abgestimmten Fahrplänen

Verdichtungsraum: Das deutsche Raumordnungsgesetz versteht unter einem Verdichtungsraum eine größere überörtliche Fläche mit einer Vielzahl von Wohn- und Arbeitsstätten. Ähnlich werden die Bezeichnungen *Agglomeration, Ballungsgebiet* und *Ballungszone* gebraucht, ohne dass die Begriffe genauer gefasst sind. Wegen des Schlagwortcharakters all dieser Ausdrücke sollte man vorsichtig mit ihnen umgehen.

Veredelungswirtschaft: In der Landwirtschaft versteht man unter V. die Erzeugung von tierischen Produkten (Fleisch, Milch, Eier), wobei die Futtermittel sozusagen zu Fleisch »veredelt« werden.

Vereinödung: V. ist ein Vorgang im Rahmen der Flurbereinigung: Man versteht darunter die Zusammenlegung von über die Gemarkung zerstreuten Parzellen zu einer geschlossenen Flur, einer sog. Einödflur, innerhalb deren dann meist ein Aussiedlerhof errichtet wird.

Verfichtung: Unter V. versteht man in der Forstwirtschaft die in früheren Jahren betriebene einseitige Aufforstung der Waldbestände mit Fichten mit allen Nachteilen einer ↑Monokultur. Die V. wird bis zu einem gewissen Grad auch

V

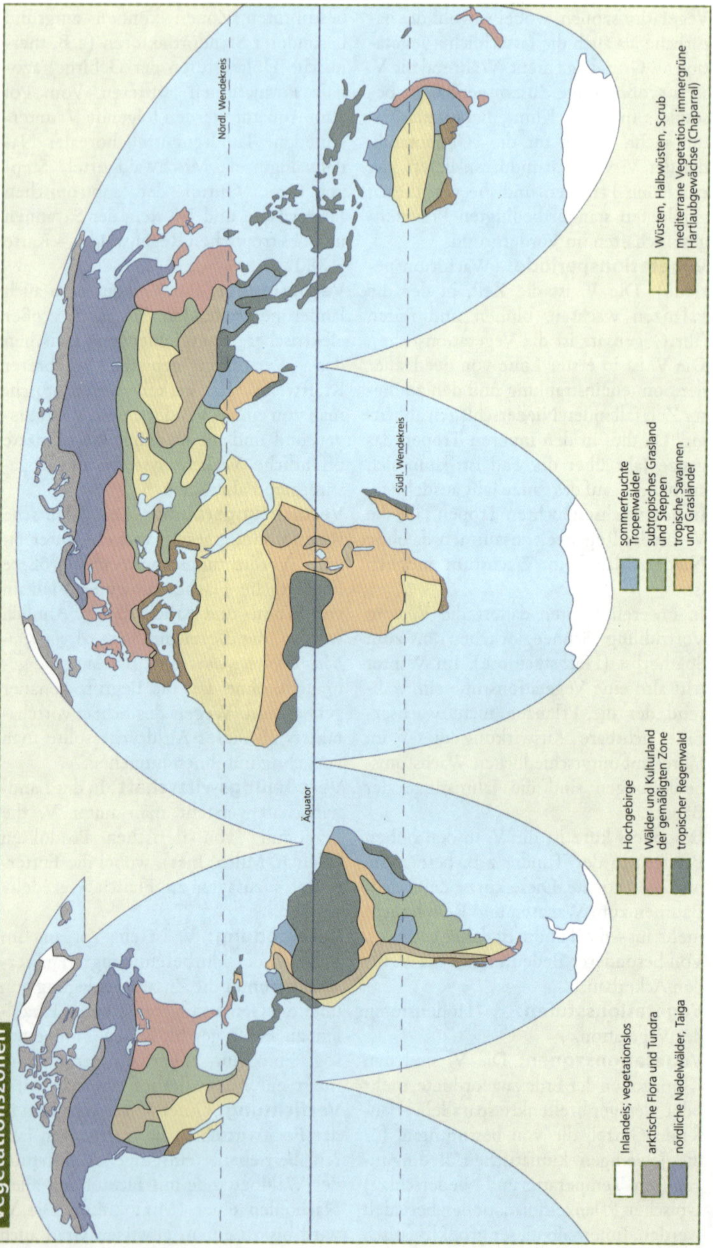
Vegetationszonen
Nördl. Wendekreis
Äquator
Südl. Wendekreis
Inlandeis; vegetationslos
arktische Flora und Tundra
nördliche Nadelwälder, Taiga
Hochgebirge
Wälder und Kulturland der gemäßigten Zone
tropischer Regenwald
sommerfeuchte Tropenwälder
subtropisches Grasland und Steppen
tropische Savannen und Grasländer
Wüsten, Halbwüsten, Scrub
mediterrane Vegetation, immergrüne Hartlaubgewächse (Chaparral)

für das ↑Waldsterben verantwortlich gemacht.

Verkarstung: ↑Karst.

Verkehrsberuhigung: Durch V. versuchen viele Gemeinden, die Wohn- und Lebensqualität für die Anwohner zu erhöhen, indem der Straßenverkehr entweder ganz aus den Innenstädten und/oder einzelnen Stadtteilen verbannt wird oder die Autofahrer durch verschiedene Hindernisse (Blumenkübel u.a.) zu einer langsamen Fahrweise gezwungen werden. Auch die Forderung nach einer allgemeinen Höchstgeschwindigkeit von 30 km/h in Ortschaften ist in diesem Zusammenhang zu sehen.

Verkehrsgeographie: Die V. ist ein Zweig der Geographie, der im Zusammenhang mit der Siedlungsgeographie und der Handelsgeographie Verkehrswege und -räume in ihren Funktionen und Strukturen herausarbeitet und die Leistungen der Verkehrswege darstellt, etwa in Karten oder Diagrammen.

Verkehrsknotenpunkt: Von einem V. spricht man, wenn sich an einem Ort unterschiedliche Verkehrswege (Straßen, Bahnlinien, Fluglinien, Wasserwege) kreuzen.

Verkehrsleitlinie: Als V. werden lang gestreckte topographische Gegebenheiten bezeichnet, die sich bei der verkehrsmäßigen Erschließung eines Gebietes geradezu zur Anlage von Straßen und Bahnlinien anbieten. In der Regel handelt es sich hierbei um Flüsse und Grabenbrüche. Eine bedeutende V. ist z.B. der Oberrheingraben und das anschließende Tal des Mittelrheins durch das Rheinische Schiefergebirge.

Verklappung: Darunter versteht man das Einbringen meist flüssiger (z.B. Dünnsäuren) Industrieabfälle in das Wasser auf hoher See. Durch die Vermischung mit dem Meereswasser soll eine unschädliche Verdünnung erreicht werden. Besonders in der Nordsee wurden und werden V.en seit Jahren vorgenommen, jedoch haben sich die Anrainerstaaten zu einer Beendigung dieser Art der Entsorgung in absehbarer Zeit vertraglich verpflichtet. Denn gerade das empfindliche Ökosystem Nordsee verträgt immer weniger Belastungen dieser Art. Die V. gilt heute als veraltete Methode der Entsorgung.

Verlandung: Als V. bezeichnet man das allmähliche Austrocknen von Gewässern oder Gewässerteilen durch die Ablagerung von Pflanzenresten und anorganischem Material (meist an der Küste) sowie durch Ansiedlung von Pflanzen. Die Flachmoore sind z.B. durch solche Verlandungsvorgänge entstanden.

Vermessungskunde: ↑Geodäsie.

Vernetzung: Dieser Begriff wird u.a. im Bereich der Ökologie verwendet. Es soll damit verdeutlicht werden, dass in einem ↑Ökosystem sehr viele wechselseitige Abhängigkeiten bestehen. Wird z.B. eine vom Menschen als Schädling angesehene Tierart ausgerottet, so wird damit u. U. einer anderen, als nützlich betrachteten Art die Nahrungsgrundlage entzogen, was auch das Ende der nützlichen Art bedeutet.

Versalzung: vereinfachender Ausdruck für ↑Bodenversalzung.

Verschuldung: Wenn im Finanzhaushalt z.B. eines Staates mehr Ausgaben als Einnahmen vorgesehen sind, so muss Geld aufgenommen werden. Gerechtfertigt erscheint so etwas im Allgemeinen bei Zukunftsinvestitionen, wie z.B. der Ausbau des Verkehrsnetzes oder andere Infrastrukturmaßnahmen. Um sich dies leisten zu können, muss der Staat Kredite aufnehmen, es kommt zur Verschuldung. Bei Staaten mit großer Wirtschaftskraft erscheint dies in gewissem Umfang unbedenklich, ja sogar normal. Bei Ländern der Dritten Welt mit geringer Wirtschaftskraft kann dies allerdings leicht zur ↑Überschuldung führen.

Versiegelung: ↑Bodenversiegelung.

Verstädterung: Unter V. versteht man das Anwachsen der Stadtbevölkerung gegenüber der Landbevölkerung. Dieser weltweit zu beobachtende Prozess der ↑Urbanisierung, der mit Landflucht ein-

V

hergeht, bewirkt erhebliche Umwälzungen, unter denen die ↑Metropolisierung ein Extrem, die Bildung von ↑Slums aber eine fast überall zu beobachtende Folge ist.

Versteinerungen: Echte V. sind eine besondere Art von ↑Fossilien.

Versteppung:

◆ V. ist eine durch Klimaveränderung und der damit verbundenen Senkung des Grundwasserspiegels bedingte natürliche Umwandlung eines Waldgebietes an seiner Trockengrenze in Steppe.

◆ Unter V. versteht man auch die durch Entwaldung hervorgerufene Austrocknung des Bodens und die damit verbundene Veränderung der Vegetation, hervorgerufen durch intensive Bodennutzung, direkte Bodenzerstörung oder Eingriffe in den Wasserhaushalt. Dieser Vorgang ist v.a. in Räumen mit intensivem Ackerbau und dichter Besiedlung zu beobachten; die entstandene Kulturlandschaft wird auch als *Kultursteppe* bezeichnet.

Verstromung: Die Umwandlung eines beliebigen Primärenergieträgers (Kohle, Erdöl) in Strom in entsprechenden Kraftwerken wird V. genannt.

vertikale Mobilität: Die Fähigkeit und Bereitschaft des Menschen, sich aus seiner bisherigen Berufsgruppe zu lösen und eine anders geartete Tätigkeit auszuüben, etwa nach vorangegangener Umschulung, wird als v. M. bezeichnet. Besonders in Zeiten von Arbeitsmangel ist die v. M. neben der ↑horizontalen Mobilität besonders wichtig. Die v. M. kann sowohl einen sozialen Aufstieg als auch einen Abstieg zur Folge haben.

Verursacherprinzip: Im Bereich des Umweltschutzes setzt sich das V. immer mehr durch. Es besagt, dass derjenige, der die Umwelt verschmutzt, auch für die Wiederherstellung des alten Zustandes zu sorgen und dafür die Kosten zu tragen hat. Dieses zunächst logisch erscheinende Prinzip ist nicht immer leicht in die Tat umzusetzen, denn der Nachweis auf den Verursacher kann rein technisch sehr schwierig sein. Andererseits ist bei Kohlekraftwerken ziemlich einsichtig, dass die Verschmutzung sozusagen im »Auftrag« des Stromkunden geschieht. Denn der ist ja auf die Dienstleistung »Strom« angewiesen. Der eigentliche Verursacher ist also der Stromkunde, nicht das Kraftwerk selbst. Und somit werden die Kosten für Filteranlagen zur Luftreinhaltung über den Strompreis direkt an den Verbraucher weitergegeben. Dies Prinzip gilt auch für viele andere Bereiche der Wirtschaft.

Verwerfung (Bruch, Sprung, Störung): V. nennt man die tektonische Störung einer ursprünglich intakten Gesteinslagerung. Dabei wird der Gesteinskomplex an einer Bewegungsfläche, der *Verwerfungs-* oder *Bruchfläche,* in zwei Schollen zerbrochen und diese werden an ihr gegeneinander verschoben. Erfolgt die Bewegung in senkrechter Richtung, spricht man von *Vertikalverschiebung,* bei waagrechter Richtung von *Horizontal-* oder *Blattverschiebung.* Die dabei entstehende Differenz der vertikal gegeneinander verschobenen Gesteinsschichten wird *Sprunghöhe* genannt; die Schnittlinie der Verwerfungsfläche mit der Erdoberfläche heißt *Verwerfungslinie.* Nach der Art der relativen Bewegung der Gesteinsschollen unterscheidet man Abschiebung und Aufschiebung. Bei der *Abschiebung* ist die eine Scholle gegenüber der anderen abgesunken und die Verwerfungsfläche in Richtung der Bewegung geneigt. Bei der *Aufschiebung* ist die eine Scholle relativ zur anderen aufwärts bewegt worden, und die Verwerfungsfläche weist inverses Einfallen von mehr als 45° auf. Wenn an einer schwach geneigten Störungsfläche (Einfallwinkel unter 45°) ein Gesteinskomplex auf einen anderen aufgeschoben worden ist, sodass ältere Gesteine über jüngere zu liegen gekommen sind, spricht man von *Überschiebung;* durch großräumige Überschiebung entstehen ↑Decken. Meist ist an diesem Teil der Erde nicht eine einzelne Bewegungsfläche, sondern ein ganzes System von

Verwerfungen

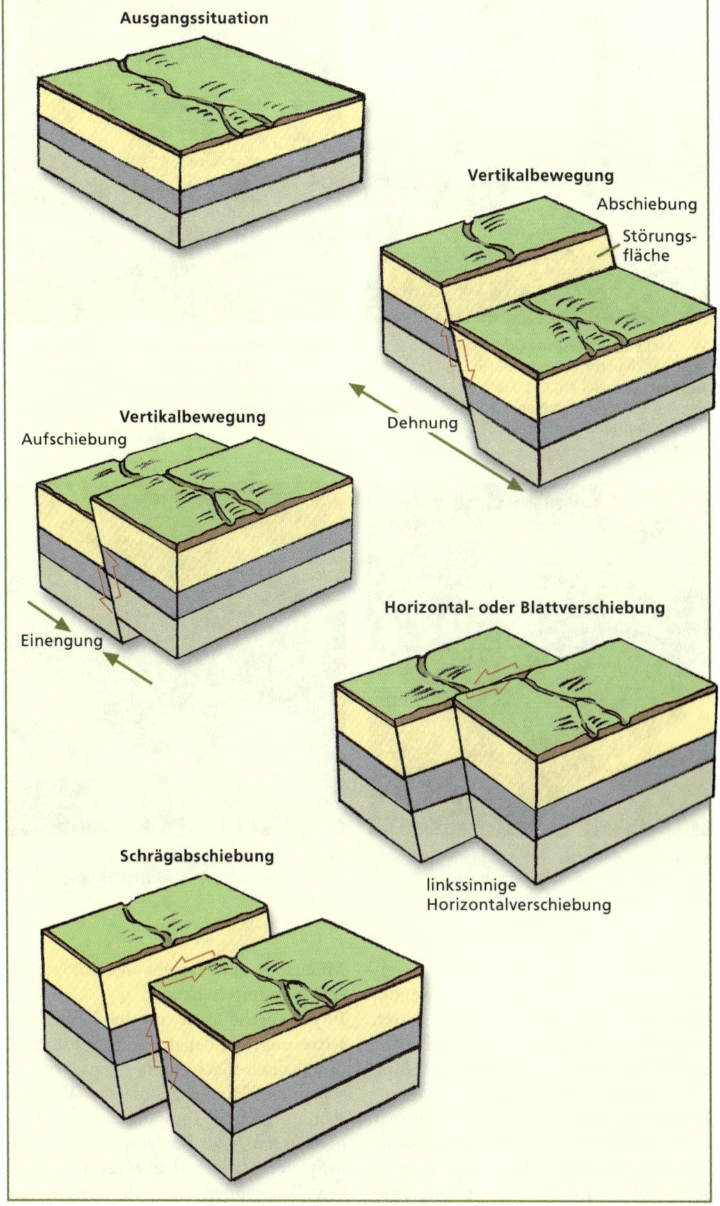

Wollsack**verwitterung** (Odenwald): Wo sich rechtwinklig schneidende Klüfte granitisches Gestein durchziehen, hat das Wasser und damit die Verwitterung an den Ecken der Gesteinswürfel leichte Arbeit bei deren »Rundung«

Waben**verwitterung** im Buntsandstein an der Burgruine Lindelbrunn im Pfälzerwald, vermutlich durch chemische Lösung im Gestein ausgelöst

Verwitterung: Schalenbildung und Absprengung an einem Gestein durch Abschuppung

Verwitterung: Salzausblühungen (überwiegend Gips) im Südvictorialand, Antarktis

Flächen entwickelt, wobei die Größenordnung und Richtung der Bewegung nicht immer dieselben sein müssen. Durch V. entstandene besondere Bauformen der Erdkruste sind ↑Graben, ↑Horst, ↑Pultscholle, ↑Staffelbruch.

Verwitterung: Unter V. versteht man den durch die Einwirkung physikalischer, chemischer und biogener Einflüsse bewirkten Zerfall von Gesteinen und Mineralen an oder nahe der Erdoberfläche. Man unterscheidet:

Physikalische oder mechanische Verwitterung, bei der der Zerfall aufgrund physikalisch-mechanischer Aktivitäten stattfindet. Hierzu gehört die Wirkung ständig großer Temperaturdifferenzen *(Temperatur-* oder *Insolationsverwitterung),* in Spalten gefrierenden Wassers und auskristallisierender Salze, die wegen der

Volumenvergrößerung zur *Frostsprengung* bzw. *Salzsprengung* führen. Eine ähnliche Wirkung hat die ↑Hydratation.
Chemische Verwitterung, die hauptsächlich auf der Lösungsfähigkeit des Wassers beruht und zu ↑Korrosion führt. Chemische V. findet in geringerem Maße auch durch atmosphärische Gase statt, hierher gehört die Rauchverwitterung, die Rauchschäden hinterlässt.
Die **biogene Verwitterung** wird durch Pflanzen und Tiere verursacht, sie ist teilweise physikalisch bedingt, z.B. bei der Wurzelsprengung und bei der grabenden Tätigkeit vieler Organismen, teilweise chemisch, z.B. durch die ätzende Wirkung von Wurzelsäften und v.a. der Huminsäuren, teilweise auch mechanisch-chemisch, etwa durch die Tätigkeit mariner Bohrmuscheln.
Art und Intensität der V. sind von Gestein und Klima abhängig; dabei herrscht in ariden und kalten Klimaten die physikalische, in humiden, besonders in warm-humiden Klimaten die chemische V. vor. Allerdings wirken meist beide Arten zusammen. Dasselbe Gestein wird in verschiedenen Klimaten unterschiedlich stark verwittert.
Die V. ist die Voraussetzung für die Abtragung und die Neubildung von Sedimentgesteinen und damit für die Gestaltung der Erdoberfläche und nicht zuletzt auch für die Bodenbildung.

Vielvölkerstaat: svw. ↑Nationalitätenstaat.

Viertel:
◆ (Stadtviertel): Während ein Dorf eine relativ einheitliche Siedlungsform darstellt, lässt sich eine Stadt in unterschiedlich geprägte Stadtviertel gliedern. Je differenzierter eine solche Gliederung möglich ist, umso städtischer ist die betreffende Siedlung. Die *Viertelsbildung* wird deshalb auch als Kriterium der Entwicklung zur Stadt angesehen. In allen Städten vorhandene Viertel sind Geschäftsviertel (Innenstadt), Industrieviertel, Wohnviertel. Bei höherer Zentralität und/oder speziellen Funktionen lassen sich weitere Viertel ausgliedern: z.B. Hafenviertel, Universitätsviertel (Campus), Gewerbeviertel, Bahnhofsviertel, Bankenviertel, Regierungsviertel und eine Reihe unterschiedlicher Wohnviertel (etwa Altstadt, Vorstadt, Neubauviertel, Künstlerviertel, Villenviertel).
◆ Ottokar II. führte 1254 bei der verwaltungsmäßigen Unterteilung von Nieder- und Oberösterreich die Bezeichnung V. ein; sie wurde auch bei der Reform unter Maximilian I. beibehalten und besteht als Landschaftsname heute noch (in Niederösterreich wird dabei das V. amtlich als Kreis bezeichnet [z.B. Innviertel, amtlich Innkreis]). Die ehemaligen Verwaltungssitze der V. werden als *Viertelshauptstädte* bezeichnet.

Vierte Welt: Unter diesem in Weiterführung des Begriffs Dritte Welt geprägten Schlagwort versteht man jene Gruppe von Ländern unter den Entwicklungsländern, die über keine Rohstoffe verfügen und infolgedessen von den allgemeinen Preissteigerungen besonders hart betroffen sind, sodass sie die Gruppe der ärmsten Länder der Erde bilden.

Vley: V. ist die Bezeichnung für eine ↑Salzpfanne in Südwestafrika.

Völkerkunde (Ethnologie): Die V. ist die Wissenschaft, die die Kulturen der schriftlosen Völker außerhalb der Hochkulturen erforscht. Jedoch ist die Abgrenzung der V. heute kaum noch exakt möglich, da es nur noch wenige schriftlose Völker gibt, sodass die V., die sich auf außereuropäische Völker konzentrierte, heute in weiten Teilen die gleichen Forschungsziele verfolgt wie die Anthropologie, die Geographie, die Geschichte, die Linguistik, die Psychologie, die Ökonomie und die Soziologie. Die angewandte V. bedient sich moderner soziologischer Feldforschungstechniken.

Volkseigener Betrieb (Abkürzung VEB): Mit diesem Begriff wurde in der ehemaligen DDR die Sachherrschaft des Volkes in den Bereichen Industrie, Handel und Landwirtschaft dokumentiert. Der Ausdruck sollte die öffentlich-rechtliche Grundlage dieser Betriebe unterstreichen.

Volkseinkommen: ↑Bruttosozialprodukt.

Volkskommune: Als V. wird die 1958 in der Volksrepublik China eingeführte, später reorganisierte Verwaltungseinheit bezeichnet. Es gab landwirtschaftliche V.n auf Amts- und Landkreisebene sowie städtische V.n auf der Grundlage eines Wohnbezirkes oder einer Fabrik. Die V. übernahm fast den gesamten beweglichen Besitz ihrer Mitglieder.

Volkskunde: Die V. untersucht die Lebensformen und -äußerungen der Völker, besonders Volksglaube, -brauch, -dichtung, -musik, -handwerk, wobei sich die V. auf europäische Völker beschränkte. Mit der fortschreitenden Erforschung der außereuropäischen Völker, traditionell Gegenstand der Völkerkunde, sind jedoch die Grenzen zwischen V. und Völkerkunde fließend geworden, da beide im Wesentlichen die gleichen Forschungsobjekte untersuchen.

Volkszählung: ↑Zensus.

Voll-Arbeitskraft (Abkürzung AK): V. ist eine Bezeichnung aus der Landwirtschaft; sie dient als Maß für die Arbeitsleistung eines in der Landwirtschaft beschäftigten Menschen. Ein Mann oder eine Frau im Alter von 16–65 Jahren entsprechen einer Voll-Arbeitskraft. 1 AK entspricht weiterhin 2 Jugendlichen im Alter von 14–16 Jahren oder 3 Arbeitskräften über 65 Jahre.

Vollerwerbsbetrieb: Ein V. ist ein landwirtschaftlicher Betrieb, den ein Landwirt hauptberuflich bewirtschaftet und damit sein Einkommen erzielt.

Vorfluter: Alle stehenden und fließenden Gewässer, die das bei der Entwässerung anfallende Wasser aufnehmen, werden wasserwirtschaftlich als V. bezeichnet. Als *Vorflut* kann außerdem noch das Gelände dienen, welches fähig ist, das zufließende Wasser unschädlich abzuleiten.

Vorhafen: Ein V. ist ein Hafen, der – von See kommend – vor dem eigentlichen Hafen liegt. Vorhäfen werden angelegt, wenn der alte Hafen zu klein geworden ist, speziell aber, wenn er von neu entwickelten größeren Schiffen nicht mehr angelaufen werden kann. Im Laufe der Zeit kann der V. die eigentliche und volle Hafenfunktion übernehmen. Der alte Hafen wird dann zu einem Stadthafen, der nur noch lokalen Bedürfnissen dient (Personenschifffahrt, Fischerei u.Ä.) oder gänzlich aufgegeben wird.

Vorland: Das an Marschküsten auftretende V. ist das seewärts vor dem Deich liegende Land; es reicht von der landwärtigen Grenze des Watts (der Uferlinie) bis zur Küstenlinie, der Wasserstandshöhe bei leichter Sturmflut (Windflut). Der größere Teil des V.es ist der landwärts gelegene *Außengroden (Heller),* der als Grünland genutzt wird. – An Dünenküsten entspricht dem V. der *trockene Strand.*

Vorort: Der V. ist ein ehemals selbstständiger Ort, der heute Teil einer größeren Stadt ist. Der V. kann noch eine isolierte bauliche Einheit bilden, aber auch schon mit der Stadt zusammengewachsen sein. Bis auf Einzelhandelsgeschäfte und Schulen ist der V. auf die zentralörtlichen Einrichtungen der Stadt ausgerichtet, er ist in der Regel Pendlerwohnort. Bei größeren Städten können V.e aber auch eigene Subzentren entwickeln.

Selbstständige Orte, die ansonsten V.en weitgehend gleichen, sollten genauer als *Gemeinden im Vorortbereich* bezeichnet werden.

Vorstadt: Die V. ist ein Teil der inneren Stadt. Sie entstand aus den Ansiedlungen der Bevölkerung außerhalb der Stadtmauern und jenseits des freizuhaltenden Schussfeldes (Glacis). Nach der Schleifung der Stadtmauern erfolgte das Zusammenwachsen mit der Altstadt.

Vortiefe (Randtiefe, Saumtiefe): In der V. sammeln sich die Lockersedimente während einer ↑Orogenese.

V-Tal: Ein Kerbtal wird wegen seines V-förmigen Querschnitts auch V-Tal genannt, ↑Tal.

Vulkan: V.e nennt man die durch vulkanische Tätigkeit entstandenen geologischen Bauformen der Erdkruste, ↑Vulkanismus.

vulkanische Decken: V. D. sind weit ausgedehnte, mehr oder weniger mächtige Gesteinsfolgen, die auf vulkanische Tätigkeit zurückgehen. Durch den Ausfluss dünnflüssiger basaltischer Laven (Plateau- oder Flutbasalte, Trapp) aus langen Spalten entstanden deckenartige Ergussformen, die *Trappdecken;* besonders großes Ausmaß haben sie v.a. im Dekhan Indiens, in Südbrasilien und auf Island. Manchmal wurden die in mehreren Ausbruchsperioden gebildeten Ergussdecken infolge der Abtragung in treppenartigen Absätzen herauspräpariert. Auch die durch nachhaltige Aschenausbrüche entstandenen Tuffe können deckenartige Schichtfolgen bilden *(Tuffdecken).*

Vulkanismus: Unter V. versteht man alle geologischen Vorgänge, die mit dem Austritt fester, flüssiger oder gasförmiger Stoffe aus dem Erdinnern an die Erdoberfläche in Zusammenhang stehen. Die Förderung dieser Stoffe geht von schmelzflüssigen Magmaansammlungen, den *Vulkanherden,* aus, die in unterschiedlicher Tiefe gelegen sein können. Durch Druckentlastung, Abkühlung u.a. Vorgänge kommt es hier zur Entbindung der unter dem hohen Druck im Magma gelösten Gase. Solche Druckentlastung tritt vor allem in tektonischen Schwächezonen, d.h. an Verwerfungen und anderen Störungen der Erdkruste, ein. Die Gase können hier zur Erdoberfläche vordringen und dabei das Magma mitreißen. Die Austrittsstellen sind als röhrenförmige Schlote oder als lange Spalten ausgebildet. Man spricht daher von *Schlot-* oder *Zentral-* und von *Spalten-* oder *Lineareruptionen* bzw. den entsprechenden Vulkanen. Die Schlote sind an der Öffnung oft zu einem oder mehreren Kratern erweitert.

Die vulkanischen Förderprodukte bestehen aus Laven, Lockermassen und Gasen. Während die vulkanischen Lockermassen und Gase oft weit herausgeschleudert werden, mit zum Teil explosionsartigen *Eruptionen (Ejektionen),* breitet sich die herausfließende ↑Lava je nach ihrer chemischen Zusammensetzung, Temperatur und ihrem Gasgehalt mehr oder weniger weit aus *(Effusion* oder *Extrusion)* und bildet unterschiedliche Erstarrungsformen (durch besonders zähflüssige Lava bilden sich Stoß- und Staukuppen); dabei entstehen die ↑Ergussgesteine.

Das in festem oder flüssigem Zustand herausgeschleuderte Material und die daraus hervorgegangenen Gesteine bezeichnet man zusammenfassend als *Pyroklastika.* Unter den Auswurfsprodukten, die man auch *Tephra* nennt, unterscheidet man ↑Aschen, ↑Bomben, ↑Bimssteine, ↑Lapilli und ↑Schlacken. Die daraus entstehenden Gesteine (↑Tuff und ↑Tuffit) zählen zu den Sedimenten, da sie ja aus der Luft abgelagert werden. Eine Sonderstellung nimmt der ↑Ignimbrit ein, der durch Glutwolken gebildet wird.

Die Zusammensetzung der Gase ist schwer zu ermitteln, da bei den Ausbrüchen nicht oder nur unter Lebensgefahr Proben genommen werden können. Vorherrschende Bestandteile sind Wasser, Kohlensäure, Schwefeldioxid, Wasserstoff, Kohlenmonoxid, Chlorwasserstoff und Fluorwasserstoff; dazu kommen einige nur bei hohen Temperaturen gasförmige Verbindungen.

Chemisch gesehen bestehen die vulkanischen Gesteine hauptsächlich aus Silika-

Vulkantypen

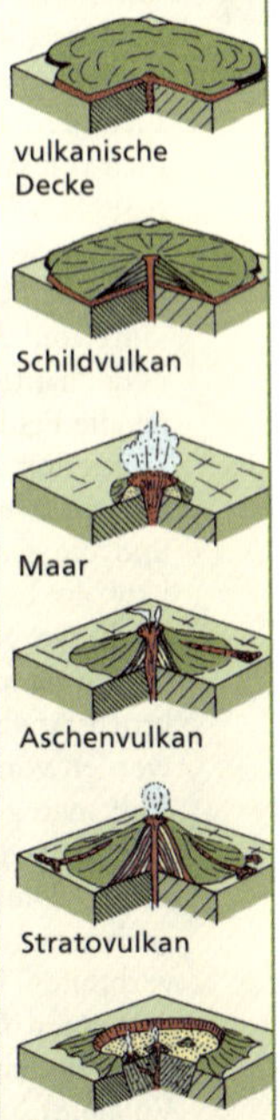

Schematische Darstellungen verschiedener Vulkantypen (nach Hans Cloos)

V

ten von Aluminium, Eisen, Magnesium, Calcium, Natrium und Kalium. Die Kieselsäure (SiO_2) herrscht immer vor; ihr Anteil schwankt zwischen 33 und 72%. Liegt der SiO_2-Gehalt über 66%, spricht man von sauren, bei unter 52% SiO_2 von basischen Magmen bzw. Gesteinen. Der zweitwichtigste Bestandteil ist Aluminiumoxid; durch Verbindung mit Kieselsäure und Alkalien oder Calcium bildet es die häufigsten Minerale dieser Gesteine, die Feldspäte.

Unter den vulkanischen Gesteinen überwiegen zwei Arten, die basischen Basalte und die sauren Dazite. Diese Gesteine bzw. die Laven und Magmen, aus denen sie hervorgegangen sind, unterscheiden sich auch nach der vulkanischen Ausbruchstätigkeit. Die basischen Magmen werden von überwiegend effusiv tätigen Vulkanen gefördert, die sauren Magmen von überwiegend explosiv tätigen Vulkanen. Diese beiden Vulkantypen sind auch weitgehend getrennt auf der Erde verbreitet. Die explosiven Vulkane bilden einen Gürtel rings um den Pazifik (hier finden sich ²/₃ aller heute tätigen Vulkane), und zwar teils auf dem Festland (besonders in Amerika), teils auf Inselbögen; weiterhin gehören dazu die Vulkanreihen Indonesiens und der Kleinen Antillen. Die überwiegend effusiven Vulkane treten auf den Mittelozeanischen Rücken und den zentralen ozeanischen Inseln (z.B. Island, Hawaii, Samoa) sowie im Innern der Kontinente auf, hier besonders gehäuft im Bereich des Ostafrikanischen Grabensystems. Geologisch-tektonisch gesehen bedeutet diese Verteilung: Die explosiven Vulkane sind an die ↑Orogenese gebunden, also die Bereiche, wo heute Faltengebirge entstehen oder mindestens bis ins Quartär entstanden sind. Die effusiven Vulkane dagegen sind v.a. mit den großen Verwerfungszonen der Erde verknüpft (↑Plattentektonik).

Übergangsbildungen zwischen den sauren und basischen Magmen sind sehr selten. Aus diesen und anderen Gründen glaubt man, dass die sauren und basischen Magmen verschiedenen Zonen des ↑Erdinnern entstammen. Die relativ heißen, dünnflüssigen basischen Magmen kommen aus dem oberen Erdmantel (Sima). Die sich durch niedrigere Temperaturen auszeichnenden, zähflüssigen sauren Magmen bilden sich durch Einschmelzung des tieferen Teils der Kontinentalkruste (Sial), und zwar dort, wo diese in Orogenen in die Tiefe gepresst wird und dadurch in den Bereich höherer Temperatur gerät; die zähflüssigen Magmen halten die Gase länger fest, bis schließlich der Druck so hoch wird, dass es zu explosionsartigen Ausbrüchen kommt.

Die durch vulkanische Tätigkeit entstandenen geologischen Bauformen nennt man *Vulkane.* Ihre Gestalt hängt von der Art und Dauer der Eruption bzw. Effusion, vom geförderten Material, von den Oberflächenformen der Ausbruchsstelle u.a. Gegebenheiten ab. Man unterscheidet fünf Haupttypen:

Vulkanismus: Krater des Kilauea auf Hawaii

Lavavulkane sind überwiegend aus Lava aufgebaut, und zwar meist aus mehreren, jeweils bei einer Ausbruchsperiode entstandenen Ergussdecken. Die einzelnen Decken sind im Allgemeinen 5–15m, selten bis 100m mächtig. Durch zahlreiche, kräftige und lang anhaltende Erup-

Vulkanismus: Lavastrom der Hellesheidi auf der Halbinsel Reykjanes auf Island

tionen können aber bis 3 000 m mächtige Folgen von Decken gebildet werden. Zu den Lavavulkanen gehören die kaum gewölbten Schildvulkane (bei fehlender Neigung auch Tafelvulkane genannt); sie sind typische Zentralvulkane und gehen aus dünnflüssigen Laven hervor, die sich weit ausbreiten können; Flankenausbrüche aus Spalten tragen ebenfalls zu ihrer Entstehung bei. Man unterscheidet den kleineren *isländischen Typ* des Schildvulkans vom größeren *Hawaii-Typ.* Bei Letzterem enthält der in das fast ebene Gipfelplateau eingelassene Einbruchskrater einen glutflüssigen Lavasee (z.B. der Halemaumau des Kilauea). Durch lang anhaltenden Austritt von dünnflüssigen Laven aus vielen, benachbarten langen Spalten entstehen die Plateaubasalte oder Trappdecken.

Gemischte Vulkane bestehen aus einer Wechselfolge von Lavaergüssen und Lockermaterial. Wegen dieses schichtartigen Aufbaus nennt man sie *Schicht-* oder *Stratovulkane.* Ihre Form wechselt entsprechend den Ausbrüchen, ist aber im Allgemeinen kegelartig; die Spitze ist durch den zentralen Krater gekappt. Durch Einsturz von Hohlräumen über dem Vulkanherd entsteht eine kesselförmige Vertiefung im Kegel, die *Caldera.* Auf ihrem Boden kann durch erneute Ausbrüche ein neuer, meist kleinerer Vulkankegel aufgebaut werden; die Schlotachse wird dabei manchmal verlagert. Man spricht hier vom *Vesuv-* oder *Monte-Somma-Typ.*

Lockervulkane entstehen, wenn nur Lockermaterial und keine Lava gefördert wird. Sie sind deckenförmig, als Ringwall um den Ausbruchstrichter oder als Aschenkegel (Aschenvulkan, Tuffvulkan) ausgebildet.

Gasvulkane sind die Folge von reinen Gas- oder von Wasserdampfausbrüchen. Dazu gehören die ↑Maare, die nur von einem niedrigen Wall aus ausgeworfenem Material umgeben sind, und die *Durchschlagsröhren* (Pipe, Diatrem), röhrenartige, fast senkrechte Gebilde in der Erdkruste, die mit Nebengesteinsbrocken und vulkanischen Gesteinsmassen angefüllt sind (hier findet sich der Kimberlit, Muttergestein der unter hohem Druck auskristallisierten Diamanten).

Vulkanotektonische Horste entstehen durch Aufwölbung von Deckschollen durch das hochgepresste vulkanische Magma.

Nicht immer vermag die vulkanische Schmelze bis an die Erdoberfläche aufzusteigen; ist ihre Herdtemperatur zu

Vulkanismus

Blockbild des Somma-Vesuv

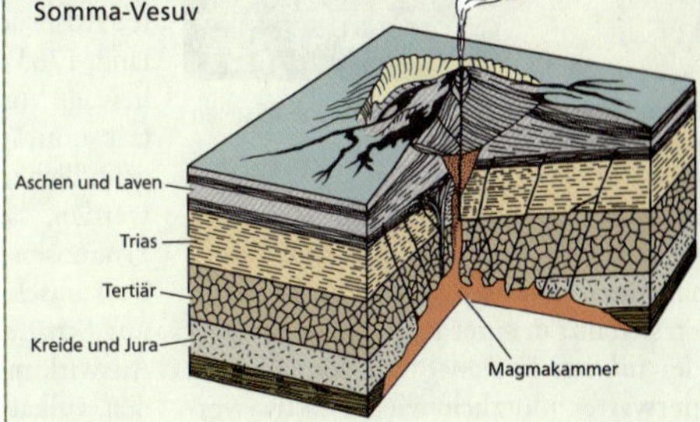

V

gering, ihre Abkühlung während des Aufsteigens zu rasch oder ihre Wasseraufnahme aus dem Nebengestein zu groß, so erstarrt sie oft in Gestalt ausgedehnter *subvulkanischer* oder *kryptovulkanischer Gesteinskörper.* Dazu gehören z.B. die ↑Quellkuppen. Durch Einpressen des Magmas in die Schichtfugen des Nebengesteins entstehen pilzförmige, an den Enden sich verzweigende *Lakkolithe.* Andere subvulkanische Gesteinskörper sind gangförmig ausgebildet. Im Schlot stecken gebliebene Magmamassen werden durch die Abtragung manchmal als zylindrische, steile Bergkuppen herauspräpariert; man spricht von Necks oder *Vulkanstotzen.*

Wenn die eigentliche vulkanische Tätigkeit nachlässt oder aufhört, treten noch *postvulkanische Erscheinungen* auf. Sie äußern sich durch Ausströmen von heißen Gasen und Austreten von heißen Quellen. Dazu gehören die ↑Fumarolen, ↑Solfataren, ↑Soffionen, ↑Mofetten und ↑Geysire.

Vulkanismus: Lavaströme am Ätna auf Sizilien im Mai 1971

Die *tätigen* oder *aktiven Vulkane* von den *erloschenen Vulkanen* zu unterscheiden ist manchmal sehr schwierig. Viele befinden sich nur in einer Ruhephase *(untätige* oder *ruhende Vulkane)* und können ganz unerwartet plötzlich wieder aktiv werden. Zu den tätigen Vulkanen rechnet man im Allgemeinen alle diejenigen, von denen Ausbrüche oder zumindest Solfatarentätigkeit in historischer Zeit bekannt sind. Gegenwärtig gibt es auf der Erde über 550 bis 600 Vulkane mit Ausbruchstätigkeit. Einschließlich derjenigen mit Solfatarentätigkeit und Ausbrüchen in historischer Zeit beläuft sich die Zahl auf über 700. Die stärkste vulkanische Tätigkeit findet sich auf Island, in Zentralamerika, Neuseeland, auf Hawaii, Java, den Aleuten und in Italien.

Den größten Umfang überhaupt hat der untermeerische V., der aber selten direkt beobachtet wird. Auf dem Meeresboden gibt es schätzungsweise 20000 vulkanische Ausbruchsstellen. Die oft über 1000m hohen Seamounts sind die häufigsten Vulkane der Erde (über 30000 im Pazifik).

Die durch vulkanische Tätigkeit verursachten oder ausgelösten Schäden können katastrophales Ausmaß erreichen, sind aber zeitlich und räumlich sehr begrenzt. In den letzten 250 Jahren kamen infolge vulkanischer Erscheinungen über 200000 Menschen ums Leben. Gefährlicher als die eigentlichen Ausbrüche – besonders Glutwolken (z.B. Montagne Pelée auf Martinique, 1902, 40000 Tote) und Aschenregen – sind meist die ausgelösten Folgeerscheinungen, wie Schlammströme, Überschwemmungen, Flutwellen (z.B. Krakatau, 1883, 36000 Tote; Nevado de Ruiz, Kolumbien, 1985, 23000 Tote) oder die dadurch verursachten Seuchen und Hungersnöte (z.B. Tambora auf Sumbawa, 1815, 12000 Tote; Ausbrüche aus der Lakispalte auf Island, 1783/1784, 10000 Tote). Die Vorhersage von Ausbrüchen ist noch immer fast unmöglich. Nur für Vulkane, die gründlich und über lange Zeit untersucht werden, lassen sich unter Umständen Prognosen machen.

Vulkanische Tätigkeit verursacht nicht nur Schäden, sondern hat auch positive Auswirkungen. Dazu gehören die auf den vulkanischen Gesteinen entwickelten mineralreichen, daher fruchtbaren,

Vulkanismus: Die Feuerschlucht (Eldgjá), ein 40 km langer vulkanischer Graben im Zentralen Hochland Islands

Böden. Vulkanische Erscheinungen sind auch mit Erzlagerstätten verbunden (Vorkommen von Quecksilber-, Silber-, Gold-, Uran-, Blei-, Eisen-, Kupfer-, Nickel- und Titanerzen). Früher war die Gewinnung von Schwefel aus Fumarolen wichtig. Die Erzeugung von Energie aus Fumarolen u.a. Dampfquellen ist bisher auf wenige Orte beschränkt (Larderello in Italien, Island, Neuseeland, Kalifornien).

Vulkanite: svw. ↑Ergussgesteine.

W

Waal-Warmzeit: altpleistozäne Warmzeit in Nordwesteuropa, ↑Eiszeitalter.

Wachstumsperiode: svw. ↑Vegetationsperiode.

Wachstumsrate: Im Bereich der Wirtschaftstheorie bezeichnet die W. die Vergrößerung des realen Sozialprodukts in einer Abrechnungsperiode gegenüber der Vorperiode, meist in Prozent ausgedrückt.

Im Bereich der Bevölkerungsentwicklung gibt die W. die Bevölkerungszunahme bzw. -abnahme in Prozent an.

Wackenwarmzeit: pleistozäne Warmzeit in Norddeutschland, im Quartär.

Wadi: Ein nur nach den periodischen oder episodischen Regenfällen Wasser führendes Trockental in den Wüstengebieten Nordafrikas und Vorderasiens wird W. genannt.

Wahrnehmungsgeographie: Gemeint sind die Bereiche der Geographie, die ihre Erkenntnisse hauptsächlich aus der Beobachtung beziehen. Das kann sich z.B. auf Geländeformen beziehen, auf klimatische Eindrücke oder auf die Beschreibung der Stadtformen in verschiedenen Kulturkreisen. – ↑auch Mental Map.

Währungsunion: Eine W. ist dann gegeben, wenn zwei oder mehrere selbstständige Staaten sich auf ein und dieselbe Währung einigen. Der deutschen Vereinigung ging eine Wirtschafts- und Währungsunion voraus. Für den Bereich der ↑Europäischen Union ist eine W. ebenfalls eines der Ziele. Da dann aber die Staaten einen wichtigen Bereich ihrer Eigenständigkeit aufgeben müssten, sind auf dem Weg zur W. noch einige Schwierigkeiten zu erwarten. Denn eine Voraussetzung für eine funktionierende W. sollte eine vergleichbare wirtschaftliche Leistungsfähigkeit der Mitgliedstaaten sein.

Waldgrenze: Die W. ist die Grenze des geschlossenen Baumbestandes; da die Bäume an ihrer polaren und montanen Verbreitungsgrenze jedoch meist waldbildend auftreten, fallen W. und Baumgrenze oft in einer nicht sehr breiten Zone zusammen.

Waldhufendorf: Das W. ist eine planmäßig angelegte Siedlung des Mittelalters. Entlang von Wegen erhielten Neusiedler streifenförmige Stücke Landes in der Größe einer ↑Hufe, die sie rodeten. Am Weg wurden die Höfe errichtet, auf der dahinter liegenden Fläche wurde Ackerbau betrieben. Am Ende der Hufe blieben häufig noch Waldreste erhalten. Waldhufendörfer ziehen sich z.B. im sächsischen Gebirgsvorland bis zu 25 km die Täler entlang. Der Kern eines W.es ist auch noch bei Dörfern in anderen deutschen Mittelgebirgen, z.B. im Odenwald, zu erkennen. – Abb. Siedlungsformen, S. 332.

Waldschutzstreifen: W. sind als Windschutz angelegte schmale Waldstreifen. Sie werden v.a. in Gebieten angelegt, die ständigem Wind ausgesetzt sind und in denen daher eine erhöhte Gefahr der Bodenerosion besteht. Dies gilt besonders für Ackerbaugebiete, da dort eine schützende Pflanzendecke fehlt. In Russland, der Ukraine und angrenzenden Staaten hat man z.B. in den heute ackerbaulich genutzten Steppengebieten W. von vielen Hundert Kilometern Länge angelegt.

Waldsteppe: Als W. wird das Übergangsgebiet von der Steppe zum geschlossenen Wald bezeichnet. Hier greifen Grasland (also Steppe) und Wald mosaikartig, jedoch stets scharf getrennt ineinander. Die W. ist also keine Steppe und auch kein Wald, sondern der Name für die Übergangszone, in der diese beiden grundverschiedenen Vegetationsgesellschaften miteinander verschachtelt sind. Als *Waldtundra* wird das ebenso abgegrenzte Übergangsgebiet zwischen Wald und Tundra bezeichnet.

Waldsterben: Der Begriff W. meint das seit Mitte der 1970er-Jahre verstärkt auftretende Absterben von Nadel- und Laubbäumen in weiten Bereichen Europas und Nordamerikas. Für dieses Phänomen werden verschiedene Ursachen angenommen. Einmal der ↑saure Regen, andererseits Fehler in der Forstwirtschaft (↑Verfichtung). Leistungsfähige Großfeuerungsanlagen und die Zunahme des Kraftfahrzeugverkehrs sind ebenso wahrscheinliche Ursachen.

Wanderarbeiter: W. sind Menschen, die jeweils an den Orten Arbeit aufnehmen, an denen diese – meist saisonbedingt – gerade anfällt. Die W. müssen dabei größere Entfernungen vom Heimatort (der keine ausreichende Arbeitsmöglichkeit bietet) zu den Arbeitsorten zurücklegen; oft wandern sie auch von einem Arbeitsplatz zum anderen und kehren erst nach geraumer Zeit in den Heimatort zurück. W. sind zum großen Teil Erntearbeiter.

Das Wanderarbeitertum war früher weit verbreitet, heute tritt es in abgewandelten Formen auf, u.a. in den USA, wo jährlich rund 7,5 Mill. Erntearbeiter (bei nur 650000 fest angestellten Landarbeitern) beschäftigt werden. Neben vielen Städtern, die sich als *Saisonarbeiter* verdingen, spielen hierbei Mexikaner (in den USA Chicanos genannt) als W. eine wichtige Rolle. Viele kommen illegal über die Grenze.

Auch viele Mekkapilger, die Reisegeld und Lebensunterhalt auf einer oft sehr langen Pilgerreise unterwegs verdienen, sind als W. zu bezeichnen.

Ähnliche Erscheinungsformen treten auch im Gastgewerbe auf, nämlich dann, wenn Köche und Bedienungspersonal als *Saisonarbeiter* regelmäßig von Arbeitsplätzen in Wintersportgebieten (im Winter) zu Arbeitsplätzen an der See oder in Sommerfrischen (im Sommer) wechseln.

Wanderfeldbau: Der W. ist eine Form des Ackerbaus in den Tropen und Subtropen, bei dem sowohl die Wirtschaftsflächen als auch die Siedlung in einem gewissen zeitlichen Rhythmus verlegt werden; die jeweils neuen Anbauflächen werden dabei durch ↑Brandrodung gewonnen. Im englischen Sprachbereich werden der W. und seine Übergangsformen als *Shifting Cultivation* bezeichnet.

Wanderschäferei: Die W. ist eine Art der ↑Transhumanz.

Wanderung: svw. ↑Migration.

Warft: svw. ↑Wurt.

Wärmebelastung: Unter W. versteht man die Belastung der Gewässer mit der Abwärme aus den Kühlsystemen von (Kern)kraftwerken. Dies kann in extremen Fällen, z.B. in sehr heißen Sommern, zu Sauerstoffmangel führen, man spricht dann vom ↑Umkippen der Flüsse.

Waldsterben

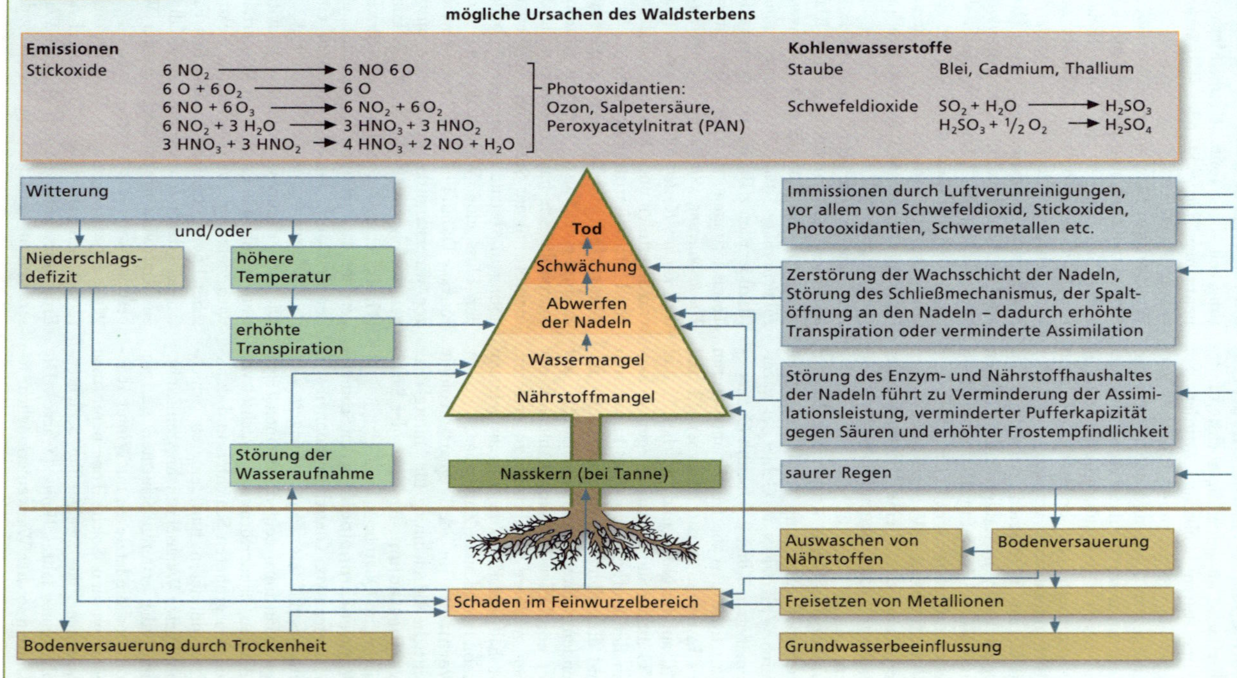

W

Wärmepole: W. sind die Orte der Erdoberfläche, an denen die höchsten Lufttemperaturen beobachtet wurden: Sie liegen infolge der unregelmäßigen Verteilung von Land und Meer nicht am Äquator, sondern auf der Nordhalbkugel im Bereich des subtropischen Hochdruckgürtels. Die höchsten absoluten Lufttemperaturen wurden mit über 50 °C im nördlichen Äthiopien, im Death Valley in Kalifornien, in Libyen und in der Wüste Lut, Iran, festgestellt.

warme Quelle: svw. ↑Therme.

Warmfront: Als W. bezeichnet man in der Meteorologie eine ↑Front, bei der wärmere Luftmassen auf kältere aufgleiten.

warmgemäßigte Zone: W. Z. wird nach der Einteilung in ↑Klimazonen durch W. Köppen das Gebiet der warmgemäßigten Klimate genannt. Charakteristisch ist, dass die Mitteltemperaturen des kältesten Monats zwischen 13 und 2 °C auf der Nord- und zwischen 13 und 6 °C auf der Südhalbkugel liegen, weiterhin der Einfluss tropischer Luftmassen und die milden Winter. Die tiefer liegenden winterlichen Monatsmittel auf der nördlichen Halbkugel sind mit der hier größeren Landmasse zu erklären, weshalb das Klima in einigen Gebieten schon kontinentale Züge trägt.

Warmzeit: In der Quartärgeologie deutsche Bezeichnung für ↑Interglazial.

Warthestadium: Abschnitt der Saale-Eiszeit, im Quartär.

Warwenchronologie: In den Schmelzwasserseen von Gletschern können sehr fein geschichtete Tone abgelagert werden. Manchmal zeigen sie einen regelmäßigen, bänderförmigen Wechsel von helleren gröberen Schichten und dunkleren dünneren und feineren Schichten. Dieser Wechsel ist jahreszeitlich bedingt; die ersteren Schichten sind im Sommer, die letzteren im Winter abgelagert worden. Solche Tone nennt man *Bändertone,* die zweigeteilte Schichtenfolge eines Jahres *Warwe* (Warve). Die Zählung solcher Warwen ermöglicht somit eine absolute Datierung der Ablagerungszeit der Tone. Diese Methode nennt man *Bänderton-* oder *Warwenchronologie.*

Wasserbau: Man unterteilt den W. in eine aktive und eine passive Seite. Die aktive Seite umfasst die *Trink-, Brauch- und Nutzwasserversorgung* (z.B. der Bau von Brunnen oder Filteranlagen), die *Bewässerung und Neulandgewinnung* (Bau von Gräben, Poldern oder Pumpwerken), die *Binnen- und Seeschifffahrtsanlagen* (z.B. Kanalbau und der Bau von Hafenmolen) und die *Wasserkraftnutzung* (hier ist überwiegend der Bau von Talsperren gemeint).

Zur passiven Seite gehören die *Abwasserbeseitigung* (Bau von Leitungen und Kläranlagen), die Komplexe *Entwässerung, Erosionsschutz und Kulturlanderhaltung* (dazu werden z.B. Gräben angelegt oder Terrassierungen durchgeführt) sowie *Flussregulierung, Wildbachverbauung, Hochwasserschutz, Küsten- und Inselschutz* (Bau von Staustufen und Dämmen, Schaffung von Hochwasserrückhaltebecken).

Wasserfall: Ein W. ist der senkrechte Absturz eines Flusses über eine Stufe aus morphologisch hartem Gestein; liegen mehrere solcher Stufen im Flussbett in geringem Abstand hintereinander, bildet der Fluss eine Wasserfalltreppe, eine *Kaskade.* Da am Fuß des W.s meist weniger widerstandsfähige Gesteine anstehen, erfolgt hier durch Auskolkung (↑Kolk) eine Unterspülung der überlagernden harten Stufe, die dann im Laufe der Zeit auch abbricht, wodurch eine Rückwärtsverlegung des W.s erfolgt.

Die auf der Erdbeschleunigung (Gravitation) beruhende Energie der Wasserfälle wird vielerorts zur Gewinnung elektrischer Energie genutzt. In manchen Fällen wird dabei der gesamte Wasserfall in ein Kraftwerk umgeleitet, d.h., der W. besteht dann nicht mehr.

Wasserhalbkugel: Als W. wird die – rechnerisch ermittelte – Halbkugel der Erde bezeichnet, die den größten Wasseranteil aufweist. Das Gegenstück ist die

Wasserhalbkugel

Landhalbkugel (53% Wasser)

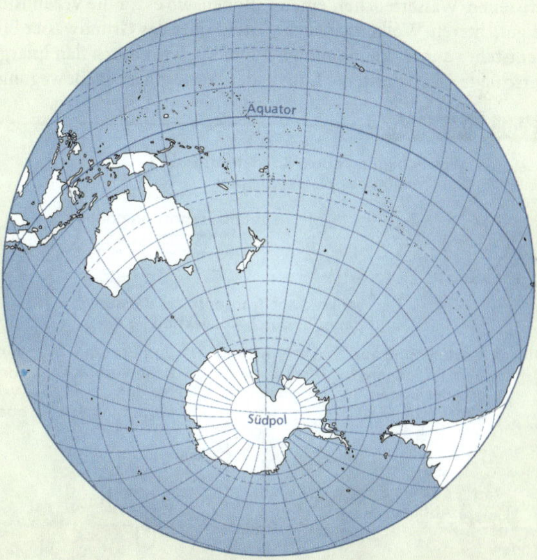

Wasserhalbkugel (89% Wasser)

W

Landhalbkugel, die Erdhalbkugel mit dem geringsten Wasseranteil.

Wasserhaushalt: Während der ↑Wasserkreislauf die globale Bewegung des Wassers beschreibt, ist der W. eine Wasserbilanz für einen fest umschriebenen Raum, z.B. eine Region oder einen Staat. Während sich an den globalen Gesamtbewegungen des Wassers kaum etwas ändert, können sich für ein bestimmtes Gebiet durchaus gravierende Änderungen, z.B. durch menschliche Eingriffe, ergeben. Ein Beispiel hierfür ist das allmähliche Verschwinden des Aralsees. Auch durch Fluss- und Bachbegradigungen kann es durch den schnellen Abtransport des Niederschlagwassers – unterstützt durch eine zunehmende Bodenversiegelung – zu einer Absenkung des Grundwasserspiegels kommen.

Wasserhose: Die W. ist ein über Wasserflächen zu beobachtender Luftwirbel, in dessen Luftströmung die Gischt der aufgewühlten Wasseroberfläche mit einbezogen ist. Die Luft bildet dabei mit den mitgerissenen Wasserteilchen einen nach oben gerichteten Wolkenschlauch. Die W. entsteht durch kleinräumige Druckunterschiede in tiefsten Luftschichten der Atmosphäre und ist eine nur kurzlebige Erscheinung, sie ist also eine ↑Trombe.

Wasserkreislauf: W. nennt man die natürliche, auch mit Änderungen des Aggregatzustandes verbundene Bewegung des Wassers auf der Erde zwischen Ozeanen, Atmosphäre und Festland, wobei der Hauptumsatz über den Meeren erfolgt.

Erwärmte Luft nimmt bis zu einem gewissen Grad Wasserdampf auf, der durch Verdunstung an der Erdoberfläche (v.a. an Meeresoberflächen) entsteht, aufsteigt (Konvektion) und z.T. horizontal verfrachtet wird. Bei Abkühlung kondensiert der atmosphärische Wasserdampf unter Wolkenbildung. Der ausfallende Niederschlag erreicht, sofern er nicht vorher verdunstet (z.B. bei Interzeption), die Erdoberfläche. Vom Festland fließt das Wasser ober- bzw. unterirdisch zu den Ozeanen ab, wobei durch Rückhaltung an der Oberfläche ein Teil verdunsten kann, oder es versickert im Boden, wo es für die Verdunstung bereitsteht oder das Grundwasser bildet.

Der W. wird durch den Energiehaushalt der Atmosphäre in Bewegung gehalten.

natürlicher Wasserkreislauf

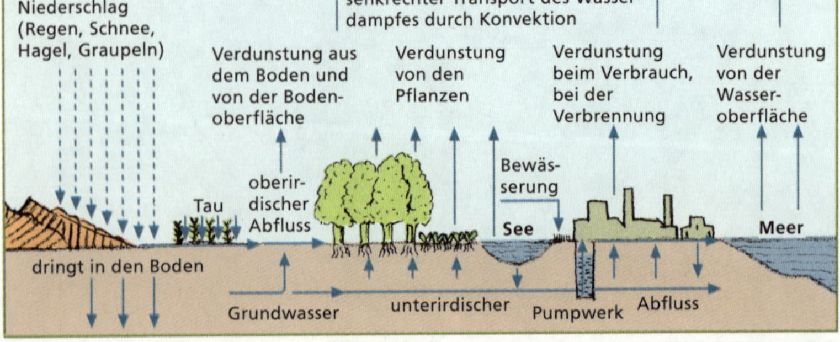

Wasserscheide: Die Trennungslinie zwischen den Einzugsgebieten von zwei Flusssystemen heißt W.; sie verläuft meist als *Kammwasserscheide* über die Höhen der Gebirge. Infolge junger Flussnetzveränderungen (Anzapfung, Flussverlagerung) kann die W. aber auch durch eine Talung verlaufen, sie wird dann als *Talwasserscheide* bezeichnet, z.B. im Pustertal, Südtirol.

Wasserschutzgebiet: W.e werden in der Nähe von Wasserwerken eingerichtet. Durch besondere Vorkehrungen soll einer Verunreinigung des Grundwassers vorgebeugt und dadurch die Trinkwasserversorgung sichergestellt werden. Im W. dürfen u.a. keine Öltanklager, Müllplätze, Stallungen und bestimmte Gewerbebetriebe errichtet werden. Es soll eine geschlossene Pflanzendecke vorhanden sein, die als natürlicher Filter wirkt. Der Einsatz von Kunstdünger und Schädlingsbekämpfungsmitteln ist hier verboten.

Wasserstraßen: Als W. bezeichnet man alle Gewässer, die von der Schifffahrt benutzt werden können. Man unterscheidet *natürliche Wasserstraßen* (Flüsse, Seen) von *künstlichen Wasserstraßen* (Kanäle, Stauseen) sowie andererseits *Binnenwasserstraßen* (Seen, Stauseen, Flüsse, Kanäle) von *Seewasserstraßen* (Meere, Buchten).

Wasserwirtschaft: Unter W. versteht man die Gesamtheit der Maßnahmen zur Versorgung mit Wasser und zur Regulierung des ↑Wasserhaushalts.

Watt: Das W. ist das Übergangsgebiet vom festen Land zum Meer an einer flachen Gezeitenküste; es wird bei Flut vom Meer überspült und fällt bei Ebbe trocken. Die obere Grenze, die *Uferlinie,* wird durch die Linie des mittleren Tidenhochwassers bestimmt, die untere, die *Wattlinie,* liegt bei –2 m NN, das entspricht etwa der Linie des mittleren Springtidenniedrigwassers.

Das W. besteht aus Schlick und Sand, deren jeweilige Anteile örtlich unterschiedlich sind: vom reinen Schlickwatt bis zum reinen Sandwatt (aus verfestigen Sanden). Das das W. täglich zweimal überspülende Wasser hat in ihm ein verzweigtes Rinnensystem (Baljen, Priele, Wattrinnen) geschaffen, das einem Flusssystem ähnlich und bei Niedrigwasser als solches zu erkennen ist. Das Meer im Bereich des W.s wird *Wattenmeer* genannt.

Das Wattengebiet an der deutschen Nordseeküste ist bis zu 20 km breit. 1985 bis 1990 wurden in Niedersachsen, Schleswig-Holstein und Hamburg insgesamt 5367 km² Wattengebiet als Nationalpark Wattenmeer ausgewiesen.

Durch die Verlandung des W.s entsteht die ↑Marsch. Die Übergangszone zwischen den Salzwiesen des Marschlandes und dem W. bilden die Quellerwiesen. Die wichtigsten Pflanzen der W.flächen sind Seegras und Algen, besonders Kieselalgen, im tropischen Klima Mangroven. Zur reichen Tierwelt gehören Würmer (z.B. Köderwurm), Muscheln (Mies-, Klaff-, Pfeffermuscheln u.a.), Schnecken (Strand-, Wattschnecken u.a.), Garnelen u.a. Krebse, Vögel (z.B. Strandläufer, Möwen), Seehunde.

Wattlinie: An Marschküsten wird die ↑Strandlinie meist W. genannt.

wechselfeuchtes Klima: Wenn im jährlichen Witterungsablauf ein ausgeprägter Wechsel zwischen Trocken- und Regenzeit gegeben ist, sprechen wir von wechselfeuchtem Klima. Dieser Witterungsablauf bestimmt die äußeren Tropen, da hier durch die an den Sonnenhöchststand gebundenen Zenitalregen diese Unterschiede in der jährlichen Niederschlagsverteilung am deutlichsten auftreten. Diese Gebiete werden daher auch wechselfeuchte Tropen genannt.

Wechte: Als W.n bezeichnet man im Mittel- und Hochgebirge am Rand von Plateauabstürzen, an den Kanten von Kämmen, Graten u.a. durch den Wind abgelagerte, auf der Leeseite dachartig über den Steilabfall überhängende Schneemassen, die sich allmählich durch ihre zunehmende Schwere senken und unter Lawinenbildung abstürzen können.

Wehrsiedlung: Die W. dient durch besondere Schutzeinrichtungen dem Schutz der in ihr und ihrer nahen Umgebung wohnenden Bevölkerung. Heute gibt es solche W.en u.a. in Israel (z.B. der Nachal).

weiche Kredite: So werden Kredite [an Entwicklungsländer] bezeichnet, die einerseits für den Kreditnehmer sehr günstige Rückzahlungsbedingungen haben, mit deren Rückzahlung aber andererseits nicht unbedingt zu rechnen ist.

Weichseleiszeit: pleistozäne Eiszeit in Norddeutschland, ↑Eiszeitalter.

Weide: W. ist Grünland, das durch Beweidung genutzt wird. Je nach Nutzung unterscheidet man zwischen Dauerweide, Wechselweide im Rahmen der ↑Feld-Gras-Wirtschaft und *Mähweide.* Letztere wird nur zeitweise beweidet, in der dazwischenliegenden Zeit aber wird das Gras gemäht. Eine besondere Art der Weide bilden die alpinen Matten im Rahmen der ↑Almwirtschaft.

Weidewirtschaft: Die W. ist eine Form der landwirtschaftlichen Bodennutzung, bei der Grünland von Vieh beweidet wird. Neben der geläufigen hofnahen W. im Rahmen einer gemischten Landwirtschaft sind die ↑Almwirtschaft, die ↑Transhumanz sowie der ↑Nomadismus am Rande der Ökumene zu nennen.

Weiler: Der W. ist eine kleine ländliche Gruppensiedlung mit etwa 3 bis 15 Wohnstätten und einer entsprechend kleinen Flur. Ein W. besitzt nicht einmal die einfachsten Dienstleistungseinrichtungen wie Einzelhandelsgeschäft und Schule. Diese Siedlungsform ist weltweit verbreitet. In Mitteleuropa entstand der W. v.a. während der frühmittelalterlichen Rodungskolonisation.

Weißer Jura: jüngste Abteilung des Jura, ↑Malm.

Weißwasserflüsse: Als W. bezeichnet man Flüsse im Amazonastiefland mit lehmgelb-trübem Wasser, z.B. der Amazonas selbst, Rio Madeira, Rio Purus, Rio Juruá. Die W. kommen aus den Anden und ihren Vorbergen, wo sie ständig frisches Verwitterungsmaterial abtragen. Sie sedimentieren daher bei ihren alljährlichen Überschwemmungen große Mengen von nährstoffreichen Mineralien in den Überschwemmungsauen der Amazonasniederung, der Várzea. Sie bauen auch die charakteristischen Dammufer auf. – Gegensätze zu W. sind Schwarzwasserflüsse und Klarwasserflüsse.

Wellen: ↑Meereswellen.

Weltall (Kosmos, Universum): W. meint die Welt als Ganzes und somit den gesamten mit Materie und Strahlung erfüllten Raum, in dem sich alles uns fassbare Räumliche und Zeitliche abspielt.

Weltbank: Der offizielle Name ist »Internationale Bank für Wiederaufbau und Entwicklung«. Es handelt sich hier um eine Sonderorganisation der Vereinten Nationen. Gegründet wurde sie auf einer Wirtschaftskonferenz 1944 in Bretton Woods, 1946 nahm sie ihre Geschäftstätigkeit auf, im Jahre 1996 hatte sie 177 Mitglieder. Ihr Ziel ist die Förderung der wirtschaftlichen Entwicklung der Mitgliedsländer und des Lebensstandards der Völker. Es werden von der W. Anleihen und Kreditaufnahmen ermöglicht, die Staaten sind Anteilseigner. Die Bundesrepublik Deutschland trat der W. 1952 bei.

Welthandel: Unter W. versteht man die Gesamtheit des internationalen Güteraustauschs, welche statistisch in der Summe der Ex- und Importe erfasst wird. Die internationale Arbeitsteilung bildet die Grundlage der Handelsbeziehungen. Die naturräumlichen Voraussetzungen sind hierbei neben dem wirtschaftenden Menschen und dem jeweiligen Entwicklungsstand ausschlaggebend. Mit Gründung des internationalen Währungsfonds, der Weltbank und des WTO (vorher GATT) wurden institutionelle Voraussetzungen für eine Liberalisierung des W. geschaffen.

Welthandelskonferenz (Weltwirtschaftskonferenz): Es handelt sich hierbei um eine internationale Konferenz über Probleme der Weltwirtschaft, insbesondere zur Förderung und Liberalisierung des Welthandels. Sie findet alle drei Jahre statt. Beginn war 1927 in Havanna, seit 1964 erstmals im Rahmen einer UN-Vollversammlung. Die Beschlüsse der W. sind nicht verbindlich.

Welthandelsorganisation (englisch World Trade Organization [wɔ:ld treɪd ɔ:gənaɪ'zeɪʃn]; WTO): Die seit 1986 laufende Uruguay-Runde (↑GATT) führte 1994 zur Gründung der WTO. Mit ihrer Gründung wurde neben dem Internationalen Währungsfonds und der Weltbank der dritte Pfeiler einer Weltwirtschaftsordnung geschaffen. Die (noch nicht eingesetzten) Organe sind: Rat für Warenhandel, Rat für Dienstleistungen, Rat für handelsbezogene Aspekte und Schutzrechte für geistiges Eigentum; daneben soll es mehrere Ausschüsse geben.

Weltmeer: exakte Bezeichnung für das ↑Meer in seiner Gesamtheit.

Weltstadt: Eine W. ist eine Stadt, die weitgehend übernationale Funktionen in den Bereichen Wirtschaft, Kultur und Kunst hat. W.e sind meist Millionenstädte bedeutender Staaten. Typische Gegenwartsbeispiele sind New York, Paris und London.

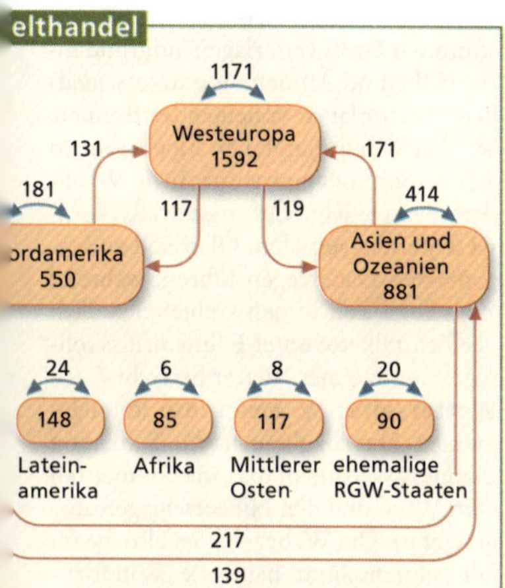

teilung des Welthandels auf verschiedene
tschaftsregionen sowie wichtige Welthandels-
ıme innerhalb der jeweiligen Region (blaue
ıle) und zwischen den Regionen (rote Pfeile);
gaben in Milliarden US-Dollar

Weltzeit: Als W. gilt die mittlere Sonnenzeit des durch Greenwich (London) verlaufenden Nullmeridians, daher im internationalen Verkehr auch mit Greenwich Mean Time (GMT) bezeichnet. Sie stimmt aufgrund ihrer Definition mit der westeuropäischen Zeit (WEZ) überein. Die 1971 aus der Atomzeitskala abgeleitete koordinierte W. (UTC = Universal Time Coordinated), die mit der astronomischen Weltzeit übereinstimmt, ist seit 1978 in der Bundesrepublik Deutschland die Basis für die mitteleuropäische Zeit (MEZ).

Weltzeituhr: Eine W. ist eine Uhr, auf deren besonders gestaltetem Zifferblatt verschiedene Zonenzeiten (↑Zeitzonen) gleichzeitig abgelesen werden können. Gebräuchlich sind sich drehende Scheiben oder Räder als Zifferblatt, umgeben von einem feststehenden Rahmen, auf dem ring- bzw. kreisförmig die Zeitzonen aufgetragen sind. Man kann dann unter der jeweiligen Zeitzone (meist sind Städte in dieser angegeben) die gerade gültige Tageszeit ablesen.

Wendekreise: W. nennt man die beiden Breitenkreise der Erdkugel, über denen die Sonne bei ihrem scheinbaren jährlichen Lauf am Himmel vom Äquator kommend quasi stehen bleibt (das Fachwort für diesen Zeitpunkt lautet daher auch Solstitium = Sonnenstillstand), um sich anschließend wieder dem Äquator zu nähern, also »wendet«. Die beiden W. sind der *Wendekreis des Krebses* auf der Nordhalbkugel bei 23°27' nördlicher Breite, den die Sonne am 21. Juni erreicht, ein Zeitpunkt, der deshalb für die Nordhalbkugel Sommersonnenwende genannt wird, und der *Wendekreis des Steinbocks* auf der Südhalbkugel bei 23°27' südlicher Breite, den die Sonne am 22. Dezember erreicht und der deshalb auf der Nordhalbkugel Wintersonnenwende genannt wird (für die Südhalbkugel ist es der Zeitpunkt der Sommersonnenwende).

Wertsteigerung: Im Bereich Raumordnung ist damit der Wertzuwachs des Bodens z. B. durch eine Nutzungsänderung gemeint. Wenn aus Ackerland aufgrund eines Flächennutzungsplanes Bauland wird, so steigt der Bodenpreis meistens um ein Mehrfaches.

Westaustralstrom: kalte Meeresströmung im Indischen Ozean, Karte Meeresströmungen S. 234.

westeuropäische Zeit (Abkürzung WEZ): Eine Zonenzeit, die englisch Greenwich Mean Time (Abkürzung GMT) heißt und der Weltzeit entspricht. – ↑Zeitzonen.

Westspitzbergenstrom: warme Meeresströmung im Nordatlantik, Karte Meeresströmungen S. 234.

Westwinddrift: Die W. ist eine rund um den Südpol in etwa 40° bis 60° südlicher Breite verlaufende, das ganze Jahr über veränderliche, aber überwiegend östlich gerichtete Meeresströmung; sie wird von den in diesen Breiten vorherrschenden Westwinden hervorgerufen. Auch die ↑außertropische Westwindzone wird als W. bezeichnet.

Westwindzone: svw. ↑außertropische Westwindzone.

Wetter: Unter dem Begriff W. versteht man den augenblicklichen Zustand der Atmosphäre über einem bestimmten Ort zu einem bestimmten Zeitpunkt. Dieser wird gekennzeichnet durch Temperatur, Art und Stärke der Bewölkung, Windrichtung und Windstärke. Der Vorgang spielt sich in der Troposphäre ab.

Wetterkarte: Meteorologische Zentralstellen, z. B. der Deutsche Wetterdienst in Offenbach am Main, veröffentlichen täglich eine W., in der die klimatischen Fakten eines ausgewählten Zeitpunktes durch meteorologische Zeichen (↑Meteorologie) eingetragen sind, nämlich Temperatur, Luftdruck, Luftbewegung, Niederschlag und Bewölkung. Jeder W. sollte ein Wetterbericht und eine Wettervorhersage beigegeben sein.

Wetterleuchten: Das W. ist die kurzzeitige Aufhellung der Atmosphäre durch Blitze eines ↑Gewitters, das sich in so großer Entfernung entlädt oder dessen Schall in solcher Weise gebrochen wird, dass der zugehörige Donner nicht zu hören ist.

Wettersatellit: Ein W. ist ein künstlicher Erdsatellit, der von seiner Umlaufbahn aus Bilder von der Wolkenobergrenze zur Erde sendet. Entlang der Längenkreise wird dabei das Gesamtbild der Wolken abgetastet. In der Bodenstation wird dann für einen bestimmten Raum aus mehreren Einzelbildern ein Satellitenfoto zusammengefügt. Je nach Umlaufbahn und Umlaufzeit des W.en lassen sich Veränderungen und Vorgänge an der Wolkenobergrenze feststellen bzw. nachvollziehen. Diese Daten bilden heute eine wesentliche Grundlage für die Wettervorhersage. Das Satellitenfoto selbst stellt eine Ergänzung der Wetterkarte dar, kann diese aber nicht ersetzen.

Wetterscheide: Gebirge, die bei bestimmten Großwetterlagen aufgrund ihrer Höhe und Ausdehnung unterschiedliche Wetterlagen voneinander trennen, werden W.n genannt. Die Alpen können z. B. im Sommer eine ausgeprägte W. bilden, wenn feuchte Luftmassen aus Nordwesten im bayerischen Oberland zu ausgeprägten Dauerregen führen, während zur selben Zeit in den Gebieten südlich der Zentralkette unter Föhneinfluss sonniges und warmes Wetter herrscht.

Wetterseite: W. nennt man im allgemeinen Sprachgebrauch die Seite von Bäumen, Gebäuden u. a., die am meisten dem Wind und den Niederschlägen ausgesetzt ist. Die W. bezeichnet also die im Jahresdurchschnitt häufigste Windrichtung. In Mitteleuropa ist die W. somit die Westseite; sie ist an Bäumen oft durch einen Flechtenbewuchs erkennbar. Gebäude werden an der W. verschiedentlich besonders geschützt, etwa

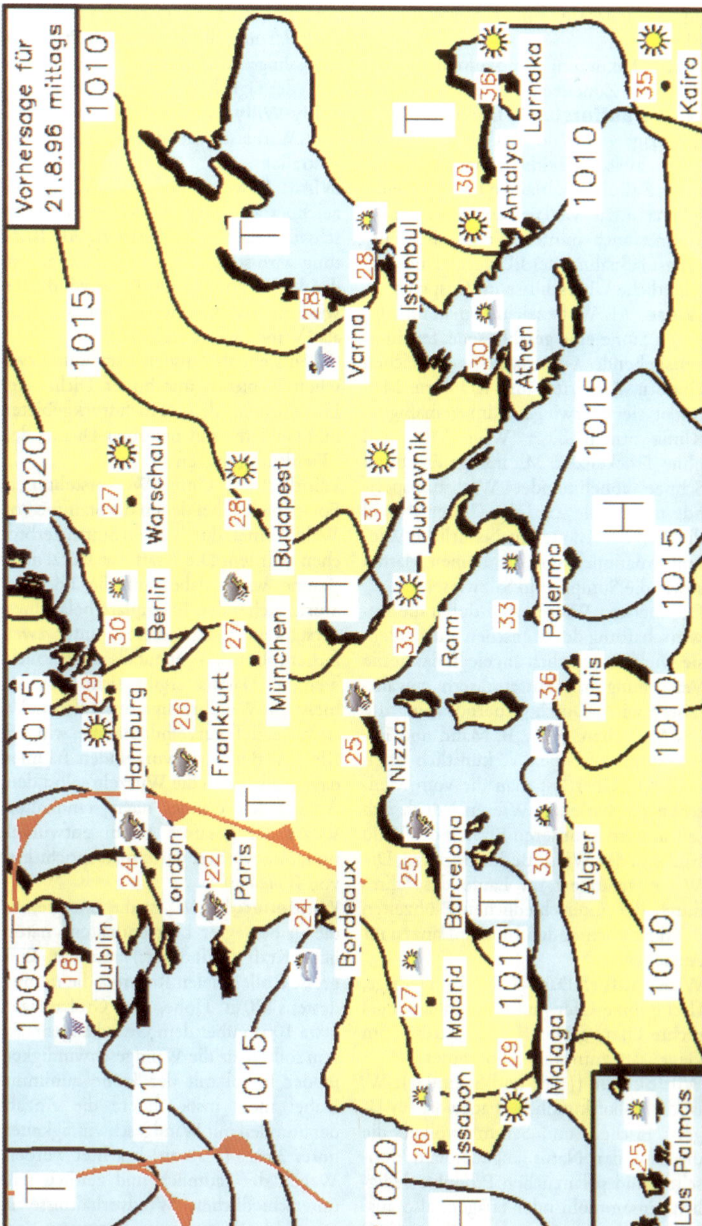
Vorhersage für
21.8.96 mittags
Dublin
18
London
24
Paris
22
Bordeaux
24
Hamburg
29
Frankfurt
26
Berlin
30
München
27
Warschau
27
Budapest
28
Varna
28
Istanbul
28
Dubrovnik
31
Rom
33
Nizza
25
Barcelona
25
Madrid
27
Lissabon
26
Malaga
29
Algier
30
Tunis
36
Palermo
33
Athen
30
Antalya
30
Larnaka
36
Kairo
35
Las Palmas
25
1005
1010
1015
1020
T
H

W

durch Benageln mit Schindeln oder Blech.

WEZ: Abkürzung für **w**est**e**uropäische **Z**eit, eine Zonenzeit, ↑Zeitzonen.

Wiederaufforstung: Dies ist die Wiederanlage von Wald auf Gelände, das vor einer zwischenzeitlich anderen Nutzung, z.B. als Ackerland oder Viehweide, schon einmal Wald gewesen war. Die W. kommt auch immer wieder als Steuerungsmaßnahme der EU gegen landwirtschaftliche Überschüsse ins Gespräch.

Wiese: Als W. bezeichnet man im weitesten Sinne eine geschlossene, feuchtigkeitsliebende Grünfläche aus weichen Gräsern, Kleearten und Kräutern. Man findet sie überwiegend im gemäßigten Klima mit mäßiger Winterkälte und ohne Trockenzeit. Mit infolge Frost und Schnee abnehmender Wachstumsperiode nimmt die Zahl der Gräser ab und die Zahl der Kräuter zu. Natürliche Wiesenformationen sind die alpinen Matten sowie die Sumpf- und Salzwiesen.

Die meisten Wiesen sind durch die Bewirtschaftung des Menschen entstanden; sie wurden künstlich angelegt, damit die Versorgung mit Futtergräsern gewährleistet wird. Durch dauernde Eingriffe des Menschen, wie z.B. Mahd und Beweidung, wird die W. künstlich offen gehalten. Überlässt man die vom Menschen geschaffenen Wiesen jedoch sich selbst, wird in unseren Breiten der Wald bald von der Wiese Besitz ergreifen. Die Wiese verändert im Laufe des Jahres durch die unterschiedlichen Blühzeiten der dort wachsenden Blütenpflanzen ihr Aussehen.

Wiesenufer: Das W. ist das niedrige, flache linke Ufer (auf der Südhalbkugel rechte Ufer) großer Tieflandströme, im Gegensatz zum steilen ↑Bergufer.

Wildbeuter (Jäger und Sammler): W. ist das völkerkundliche Fachwort für Jäger-, Fischer- und Sammlervölker, die die von der Natur angebotenen tierischen und pflanzlichen Produkte lediglich einsammeln oder erjagen, also ausbeuten, ohne zu ihrer Vermehrung beizutragen. Als Sonderform der W. gelten die *Feldbeuter,* die gelegentlich Pflanzenschösslinge (meist Bananen) zur Sicherung des täglichen Bedarfs setzen.

Willy-Willy: Willy-Willys sind ↑tropische Wirbelstürme an der Küste Nordaustraliens.

Wind: Bewegte Luft wird als W. bezeichnet; er ist durch Richtung und Geschwindigkeit charakterisiert. Als Richtung wird stets diejenige angegeben, aus der der W. kommt. Die Geschwindigkeit wird mit ↑Anemometern gemessen und als ↑Windstärke bezeichnet.

W. entsteht als Ausgleichsströmung zwischen Gebieten mit hoher Dichte der Luftteilchen, den ↑Hochdruckgebieten und Gebieten mit niedriger Dichte, den ↑Tiefdruckgebieten.

Windbruch: Unter W. versteht man Forstschäden, bei denen die Stämme von Waldbäumen durch einen Sturm zerbrochen wurden. Die Kraft der stürzenden Bäume wirkt dabei auf die noch im Sturm stehenden Exemplare belastungsverstärkend, sodass diese – unter zweifachem Druck – ebenfalls umgeknickt werden. Daraus ergibt sich, dass W. meist in Windbruchgassen auftritt. W. trifft v.a. tief wurzelnde Bäume, wie z.B. Kiefern. Bei flach wurzelnden Bäumen dagegen können die Wurzeln selbst dem Angriff des Windes nicht standhalten, sodass der gesamte Baum entwurzelt und umgeworfen wird; man spricht hier von *Windwurf.*

Windenergie: W. ist die Energie, die die in bewegter Luft enthaltene natürliche Kraft (Windkraft) ausnutzt. Eine große Rolle spielen Rotoren, die in mindestens 20 m Höhe, bei Großanlagen etwa 100 m über dem Grund angebracht sein sollten, da die Windgeschwindigkeit in der Regel mit der Höhe zunimmt. Dabei muss insbesondere die Anzahl der Stunden mit Windgeschwindigkeiten unter 3 m/s (Flauten) beachtet werden. Wegen der räumlich und zeitlich sehr unterschiedlichen Windverhältnisse in Deutschland ist nur eine begrenzte Nut-

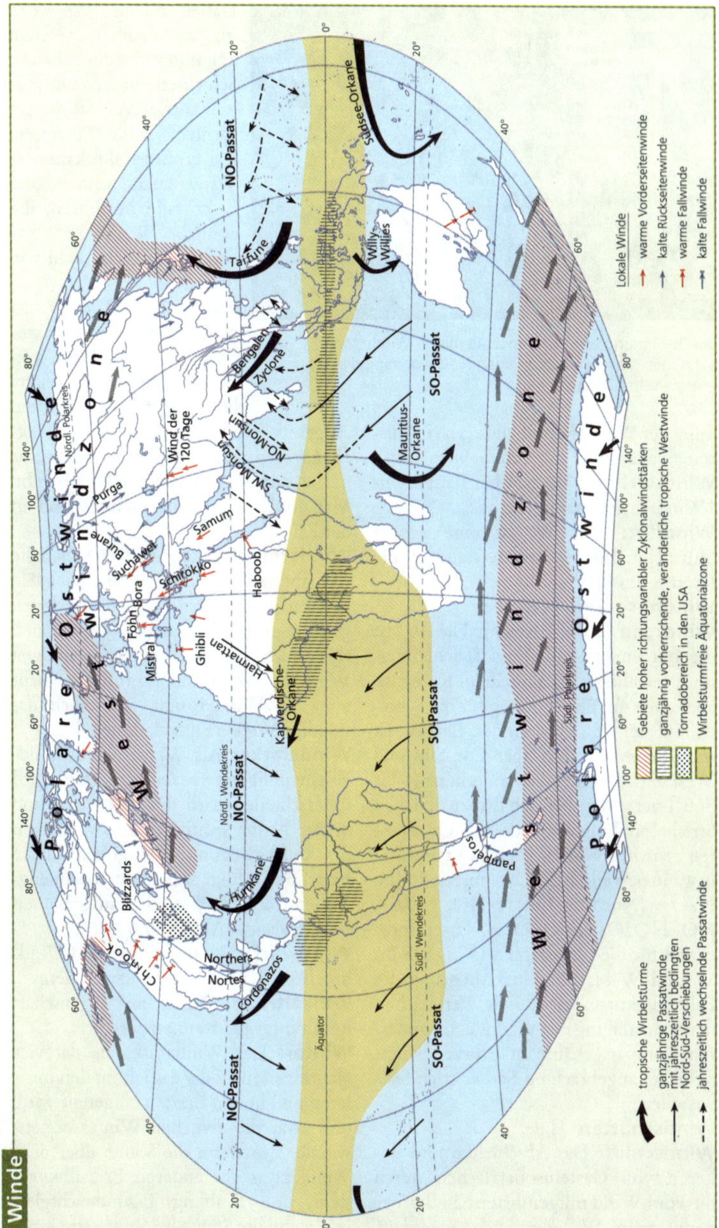
NO-Passat
SO-Passat
Äquator
Nördl. Wendekreis
Südl. Wendekreis
Nördl. Polarkreis
Südl. Polarkreis
Polare Ostwinde
Westwindzone
Taifune
Südsee-Orkane
Willy-Willies
Bengalen-Zyclone
NO-Monsun
SW-Monsun
Mauritius-Orkane
Wind der 120 Tage
Purga
Burane
Suchawei
Samum
Schirokko
Haboob
Föhn
Bora
Mistral
Ghibli
Harmattan
Kapverdische-Orkane
Hurrikane
Blizzards
Chinook
Northers
Nortes
Cordonazos
Pamperos
tropische Wirbelstürme
ganzjährige Passatwinde mit jahreszeitlich bedingten Nord-Süd-Verschiebungen
jahreszeitlich wechselnde Passatwinde
Gebiete hoher richtungsvariabler Zyklonalwindstärken
ganzjährig vorherrschende, veränderliche tropische Westwinde
Tornadobereich in den USA
Wirbelsturmfreie Äquatorialzone
Lokale Winde
warme Vorderseitenwinde
kalte Rückseitenwinde
warme Fallwinde
kalte Fallwinde

Winde

W

Die Gewinnung von **Windenergie** mittels Windrotoren auf hohen Masten ist gegenüber der Gewinnung der Sonnenenergie sehr begrenzt

zung der Windkraft möglich (v.a. in Küstengebieten und höheren Gebirgslagen).

Windflüchter: W. werden Bäume mit ↑Windschur genannt.

Windflut: Die W. ist eine leichte Sturmflut. Ihr Hochwasserstand ist die Grenze des ↑Vorlandes.

Windhose: svw. ↑Trombe.

Windrose (Kompassrose): Die W. ist die mit einer Grad- [und Strich]einteilung versehene Skala in einem Kompass, aber auch die Bezeichnung für die Scheibe, auf der sie sich befindet. Die W. ist mit einer von Nord über Ost, Süd und West verlaufenden Gradeinteilung (0 bis 360°) versehen; bei der früher üblichen Stricheinteilung waren die vier Quadranten zwischen Nord und Ost, Ost und Süd usw. in jeweils 8 Striche unterteilt (N, NzO = [Nord zu Ost], NNO, NOzN, NO, NOzO, ONO, OzN, O; entsprechend für die Quadranten O bis S, S bis W und W bis N). Eine Änderung des Fahrzeugkurses ist durch Vergleichen der Strichteilung der W. mit dem am festen Kompassgehäuse in Fahrzeuglängsrichtung angebrachten Steuerstrich festzustellen.

Windschatten: ↑Lee.

Windschliff: Das Abschleifen und Polieren von Gesteinsoberflächen durch die vom Wind mitgeführten Sandkörner nennt man W. oder auch *Sandschliff.* Dabei bilden sich z.B. im anstehenden Gestein bei unterschiedlich harten Schichten Furchen und Rillen sowie Verwitterungsformen wie die ↑Pilzfelsen. Bei großer Kälte kann der Wind auch Schnee und Eiskristalle mitführen, die ähnliche Wirkungen haben, man spricht dann von *Schneeschliff.*

Windschur: Die W. ist eine oft bizarre charakteristische Wuchsform von Bäumen, die einem relativ beständigen kräftigen Wind ausgesetzt sind. Die Äste dieser *Windflüchter* genannten Bäume wachsen nur in die Richtung, in die der Wind weht. Man findet sie v.a. im Gebirge und an der Küste.

Windschutzhecke: Die W.n haben die Aufgabe, als Windbrecher zu dienen. Sie werden in Gebieten angelegt, in denen größere freie Flächen (z.B. Ackerland, aber auch Weiden) einem ständigen Wind ausgesetzt sind. Dadurch versucht man die Winderosion, aber auch das ständige Wehen einzudämmen.

Windstärke: Als W. wird die Windgeschwindigkeit bezeichnet. Sie wird unterschieden nach den spürbaren und in der Natur sichtbaren Auswirkungen der Luftbewegung. Die gebräuchliche Einteilung erfolgt nach der von dem englischen Admiral BEAUFORT aufgestellten *Beaufortskala.* – Abb. S. 406

Windwurf: W. ist eine dem ↑Windbruch ähnliche Art von Forstschaden.

Winkeltreue: W. ist eine Eigenschaft bestimmter ↑Kartennetzentwürfe.

Winter: Der Winter ist eine der vier ↑Jahreszeiten, in die das Jahr in den mittleren und hohen Breiten eingeteilt wird, und zwar die zwischen Wintersonnenwende, also wenn die Sonne über dem Wendekreis der anderen Erdhalbkugel steht, und Frühlings-Tagundnachtgleiche, wenn die Sonne bei ihrem scheinbaren Weg am Himmel – von der anderen Erdhälfte kommend – den Äquator überschreitet. Der W. ist die kälteste Jahreszeit; er dauert auf der Nordhalbkugel vom 21. Dezember bis zum 21. März, auf der Südhalbkugel vom 21. Juni bis zum 23. September.

Als typisch winterliche Erscheinungen gelten tiefe Temperaturen, meist unter dem Gefrierpunkt, und Niederschläge, die als Schnee fallen und eine geschlossene Schneedecke bilden. Phänologisch ist der W. die Zeit, in der das Wachstum der Pflanzen ruht und viele Tiere ihren Winterschlaf halten.

Kurze Tage und lange Nächte sind nur für die erste Hälfte des W.s typisch, dafür aber auch für die zweite Hälfte des Herbstes; es ist dies die Zeit der ↑Polarnacht in den polnahen Gebieten.

Winterregenklima: W. ist die ortsneutrale Bezeichnung für das ↑mediterrane Klima.

Wirbelsturm: ↑tropische Wirbelstürme .

Wirtschaftsform: Unter W. versteht man Art, Ziel und Intensität des Wirtschaftens, durch die die betreffenden Menschen ihre Existenz sichern. W.en sind z. B. die Selbstversorgungswirtschaft, die Sammelwirtschaft, die markt- oder weltmarktorientierte Wirtschaft, die Kollektivwirtschaft und anderes mehr. Besonders in der Landwirtschaft spricht man von bestimmten W.en, etwa von Weidewirtschaft, Plantagenwirtschaft usw.

Wirtschaftsgemeinschaften: W. sind Zusammenschlüsse mehrerer Länder zur Schaffung eines gemeinsamen Agrar- und Industriemarktes, einer abgestimmten Wirtschaftspolitik und freien Verkehrs innerhalb der Gemeinschaft. Bekanntes Beispiel ist die Europäische W. (EWG), Vorläufer und einer der Grundpfeiler der EU. – Abb. S. 407

Windrose

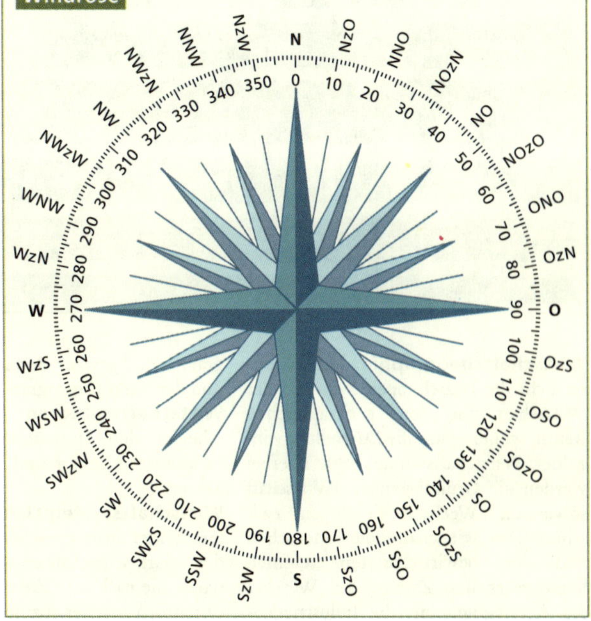

W

Windstärkeskala nach Beaufort

Windstärke	Bezeichnung der Windstärke	Auswirkungen des Windes im Binnenland	untere und obere Grenzen der Geschwindigkeit in m/s
0	still	Windstille, Rauch steigt senkrecht empor	0 ...0,2
1	leiser Zug	Windrichtung angezeigt nur durch Zug des Rauches, aber nicht durch Windfahne	0,3 ... 1,5
2	leichte Brise	Wind am Gesicht fühlbar, Blättersäuseln, Windfahne bewegt sich	1,6 ... 3,3
3	schwache Brise	Blätter und dünne Zweige bewegen sich, Wind streckt Wimpel	3,4 ... 5,4
4	mäßige Brise	Wind hebt Staub und loses Papier, bewegt Zweige und dünnere Äste	5,5 ... 7,9
5	frische Brise	kleine Laubbäume beginnen zu schwanken, Schaumköpfe bilden sich auf Seen	8,0 ... 10,7
6	starker Wind	starke Äste in Bewegung, Pfeifen in Telegrafenleitungen, Regenschirme schwierig zu benutzen	10,8 ... 13,8
7	steifer Wind	ganze Bäume in Bewegung, fühlbare Hemmungen beim Gehen gegen den Wind	13,9 ... 17,1
8	stürmischer Wind	Wind bricht Zweige von den Bäumen, erschwert erheblich das Gehen im Freien	17,2 ... 20,7
9	Sturm	kleinere Schäden an Häusern (Rauchhauben und Dachziegel werden abgeworfen)	20,8 ... 24,4
10	schwerer Sturm	Bäume werden entwurzelt, bedeutende Schäden an Häusern	24,5 ... 28,4
11	orkanartiger Sturm	verbreitete Sturmschäden (sehr selten im Binnenland)	28,5 ... 32,6
12	Orkan	schwerste Verwüstungen	> 32,6

Wirtschaftsgeographie: Die W. untersucht die Beziehungen zwischen der Wirtschaft und dem geographischen Raum, wobei es um die Darstellung einzelner Wirtschaftsräume geht. Hierbei werden die Grundlagen der Wirtschaft sowie die Wechselbeziehungen zwischen dem wirtschaftenden Menschen und den bewirtschafteten Räumen herausgearbeitet. Zweige der W. sind die Agrargeographie, die Industriegeographie und gewisse Bereiche der Sozial- und der Verkehrsgeographie.

Wirtschaftssektoren: Man unterscheidet den ↑primären Sektor, den ↑sekundären Sektor und den ↑tertiären Sektor.

Wirtschaftssystem: Grundsätzlich unterscheidet man zwischen zwei W.en: der ↑Marktwirtschaft und der ↑Planwirtschaft, die nach dem Zusammenbruch in Osteuropa seltener anzutreffen ist.

Weltwirtschaft

Wirtschaftsgemeinschaften

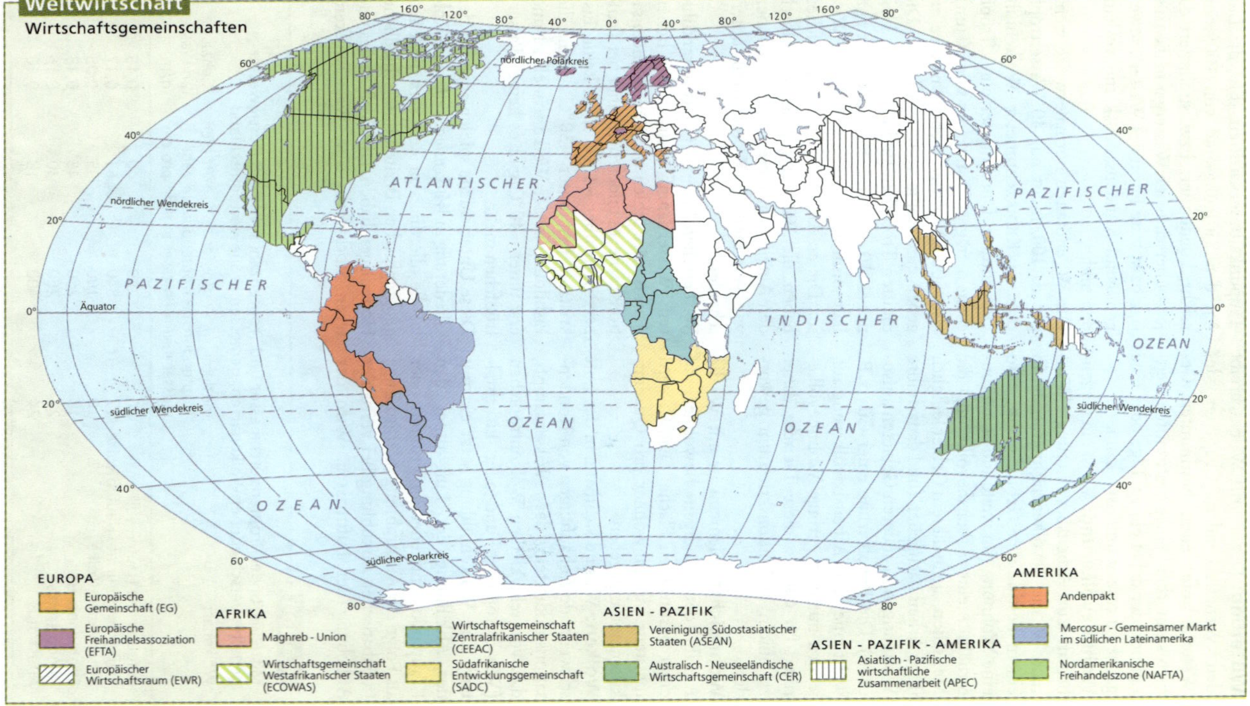

W

W

Witterung: Der Begriff W. beschreibt den vorherrschenden Charakter des Wetterablaufes eines bestimmten Gebietes innerhalb eines bestimmten Zeitraumes, der dabei einige Tage oder eine ganze Jahreszeit umfassen kann.

Wohnbevölkerung: W. ist ein Gegenbegriff zur Arbeitsbevölkerung: Während W. die Bevölkerung meint, die in einem bestimmten Gebiet wohnt, also eine Wohnung (im weitesten Sinne) unterhält, meint Arbeitsbevölkerung die Menschen, die in diesem Gebiet lediglich ihrer Arbeit nachgehen (und danach ihre Wohnungen in anderen Gebieten aufsuchen). Die Bevölkerung einer City z.B. weist eine hohe Arbeitsbevölkerung auf, jedoch nur eine geringe Wohnbevölkerung; für City ist diese Tatsache daher zu einem Definitionskriterium geworden.

Wohndichte: Gemeint ist mit W. die Anzahl der ständigen Bewohner auf einer bestimmten Fläche. Die W. wird meistens mit Einwohner pro Quadratkilometer angegeben.

Wolken: W. sind sichtbare, in der Luft schwebende Anhäufungen von Kondensationsprodukten des Wasserdampfs, d.h. von sehr kleinen Wolkentröpfchen (Wassertröpfchen und/oder Eiskristallen). Die Wolkenbildung setzt ein mit der Abkühlung der Luft unter den ↑Taupunkt, entweder an Fronten oder als Folge der Ausstrahlung oder im Zuge ↑adiabatischer Abkühlung bei vertikaler Anhebung der Luftmassen. Wird der Taupunkt unterschritten, d.h., die Luft hat den Sättigungsgrad von 100% erreicht, kondensiert bzw. sublimiert das jetzt überschüssige Wassergas in die flüssige bzw. feste Form des Wassers, soweit genügend Kondensationskerne vorhanden sind.

Die W. enthalten normalerweise weniger als 100, meist nur 40 Wassertröpfchen je Kubikzentimeter Wolkenluft. Der mittlere Durchmesser eines Tröpfchens beträgt 0,02 mm (das sind 20 µm), also 500 Tröpfchen nebeneinander ergeben eine Reihe von 1 cm Länge. Die meisten Tröpfchen sind aber sogar kleiner als 10 µm. Ein Liter Wolkenluft enthält somit normalerweise nur 0,2 g Wasser. Diesen Anteil an feinsten Tröpfchen haben alle Wolken gemein, erst durch den Anteil an größeren Tropfen können wir verschiedene Wolkenarten unterscheiden.

W. bestehen bis −10°C aus unterkühltem Wasserdampf, denn in der hohen Atmosphäre fehlen wirksame Kondensationskerne; es bilden sich daher bei Temperaturen über −10°C noch keine Eiskristalle. Erst unter −30°C nimmt die Eisbildung in der Wolke schnell zu und erst unter −40°C gibt es keine Wassertröpfchen mehr.

Diese Unterschiede spielen auch bei der Gliederung in *Wolkenstockwerke* eine Rolle, die allerdings in den verschiedenen geographischen Breiten unterschiedliche Höhenlagen haben. Die Wolken des unteren Stockwerks sind Wasserwolken,

Wolken

Mittelwerte der Tropfendurchmesser und Tropfenzahl sowie des Flüssigwassergehaltes verschiedener Wolkenarten, gemessen in Südwestdeutschland

Wolkenart	mittlerer Tropfendurchmesser in µm	größter Tropfendurchmesser in µm	Tropfenzahl pro cm^3	Gehalt an Wasser g/m^3
aufgetürmte Haufenwolke	20	250	40	0,15
mäßig aufgetürmte Haufenwolke	17	540	63	0,17
Schönwetterwolke	10	100	95	0,05
Stratokumulus	18	200	46	0,13
Nimbostratus	22	260	30	0,16
Altostratus	24	400	18	0,10

W

Wolkenarten

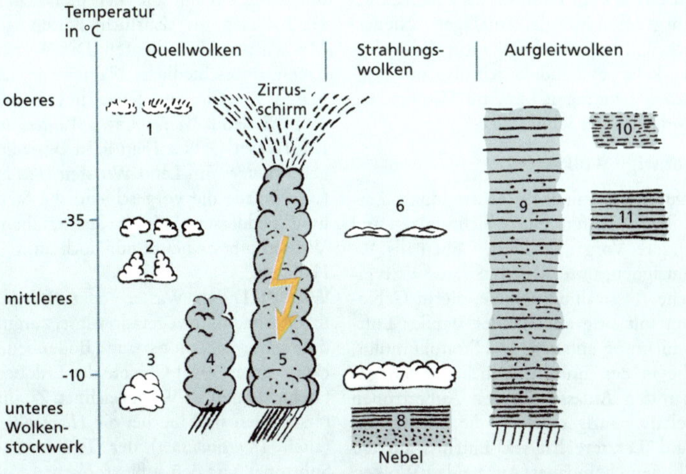

1 Zirrokumulus
2 Altokumulus
3 niedriger Kumulus
4 aufgetürmter Kumulus
5 Kumulonimbus
6 leichter Altokumulus
7 Stratokumulus
8 Stratus
9 Nimbostratus
10 Zirrostratus
11 Altostratus

die des mittleren, die mit der Vorsilbe »Alto-« gekennzeichnet werden, sind unterkühlte Mischwolken, im oberen Wolkenstockwerk liegen dann die Eiswolken, Zirren genannt (fachsprachlich Cirren).

Das untere Wolkenstockwerk reicht überall auf der Erde bis in etwa 2000 m Höhe, das mittlere liegt in den Tropen in 2000 bis 8000 m, in den mittleren Breiten in 2000 bis 7000 m und in den Polargebieten in 2000 bis 4000 m Höhe. Das obere Wolkenstockwerk liegt in den Tropen in 6000 bis 18000 m, in den mittleren Breiten in 5000 bis 13000 m und in den Polargebieten in 3000 bis 8000 m Höhe. Die Eigenschaften der Wolken hängen jedoch entscheidend von ihrer Entstehung ab, daher ergeben sich folgende Wolkentypen:

Kumulus

Durch Konvektion entstandene Wolken sind seitlich begrenzt, können aber eine große senkrechte Erstreckung haben, beides dadurch bedingt, dass sie an aufsteigende Luftströmungen in Thermikschläuchen gebunden sind. Diese Wolken werden als *Haufen-* oder *Quellwolken* bezeichnet, der wissenschaftliche Name ist *Cumulus.* Die mächtigste Art dieses Types ist Kumulonimbus, in dem ↑Gewitter und ↑Hagel auftreten.

Zirrokumulus besteht dagegen ausschließlich aus Eiskristallen.

Stratus

Die andere Art der Wolkenbildung ist die durch Aufgleitvorgänge in stabil geschichteter Atmosphäre. Diese W. werden deshalb *Aufgleit-* oder *Schichtwolken* genannt, wissenschaftlich *Stratus.* Sie entstehen an ↑Fronten und bilden daher ausgedehnte Wolkenareale von mehreren Tausend Quadratkilometern. Der äußere Rand dieser W. besteht aus *Eiswolken* (Zirren), da die Aufgleitfläche in großer Höhe liegt.

W

Charakteristisch für Stratusbewölkung ist ein sowohl räumlich als auch zeitlich ausgedehnter, gleichmäßiger Niederschlag, der allerdings nicht besonders stark ist; es handelt sich also um typischen Landregen bzw. im Winter lang andauernden Schneefall.

sonstige Wolken

Durch Turbulenzen, Ausstrahlung, Zerfall von Haufen- und Schichtwolken und andere Vorgänge können ebenfalls W. entstehen, unter denen Stratus als typische Ausstrahlungswolke, die in Gebieten mit lang anhaltender stabiler Luftschichtung entsteht, und Stratokumulus, die in den unterschiedlichen oben genannten Anlässen in den Außertropen relativ häufig entsteht, die wichtigsten sind. Letztere hat v.a. Einfluss auf die Sonnenscheindauer. Aus beiden Wolken kann Niesel oder feiner Schnee fallen.

Wolkenbruch: W. nennt man einen außerordentlich starken, lokal begrenzten ↑Regen von meist kurzer Dauer. Oft mit Gewitter und Hagel verbunden, verursacht er starke Schäden durch Überflutung und Bodenerosion.

Wollsackverwitterung: Diese Form der Verwitterung tritt an ungeschichteten, grobkörnigen Massengesteinen, besonders bei Granit, auf: Durch die von außen nach innen fortschreitende Verwitterung entstehen längs einem weitmaschigen Kluftsystem schwach abgerundete, kissenartige Blöcke (Wollsäcke). Diese können sich örtlich zu *Blockmeeren* oder *Felsenburgen* ansammeln, wie z.B. die Luisenburg bei Wunsiedel. – Abb. Verwitterung S. 384.

Würgeböden (Texturböden, Brodelböden): W. sind Ergebnisse der ↑Kryoturbation.

Würmeiszeit: pleistozäne Eiszeit im Alpenraum, ↑Eiszeitalter.

Wurt (Warft): Die W. ist ein künstlich aufgeschütteter Erdhügel im hochwassergefährdeten Küstengebiet. Auf ihm wurden in der Zeit, als das Land noch unbedeicht war, Wohnplätze in relativ geschützter Lage errichtet. Es gab auch unbebaute W.en, die bei plötzlichem Hochwasser als Zufluchtsstätten für Mensch und Vieh dienten. Die Wurten haben unterschiedliche Namen; sie heißen in Westfriesland *Terpen,* in Ost- und Nordfriesland *Warfen* bzw. *Warften,* im Jade-Weser-Gebiet *Wurten,* in Butjadingen *Wührden,* im Land Wursten *Wierden* (hier wurde die vorgeschichtliche Siedlung Feddersen Wierde ausgegraben). Wurten gibt es heute nur noch auf den Halligen.

Wüste: Durch Wasser- oder Wärmemangel bedingte vegetationslose, zumindest sehr vegetationsarme (Bodenbedeckung unter 50%) Gebiete der Erdoberfläche werden als W. bezeichnet. Zu unterscheiden sind hierbei die *Hitzewüsten* (auch *Trockenwüsten*) der Tropen und Subtropen von den außertropischen *Kältewüsten* im Hochgebirge und den polnahen Bereichen der Erde; *Eiswüsten* sind völlig von Eis und Schnee bedeckt. Daneben gibt es auch edaphisch bedingte Wüsten (z.B. auf stark wasserdurchlässigem Untergrund) und anthropogen entstandene (z.B. die »Wüste« Thar). – Vgl. Sonderseite

Wüstenklima: W. ist die volkstümliche Bezeichnung für das Klima der Hitzewüsten; dies ist bei der Einteilung in ↑Klimaregionen das Klima der subtropisch-randtropischen Trockengebiete. Bei der Einteilung in ↑Klimazonen entspricht W. der Zone Trockenklimate.

Wüstenlack: Als W. bezeichnet man einen in Trockengebieten auf Steinen und an Felsen ausgebildeten braunschwarzen Überzug aus Eisenoxid (manchmal auch Manganoxid). W. kann nur in ariden Gebieten entstehen, in denen den größten Teil des Jahres hindurch durch Sonnenstrahlung das im Gestein vorhandene Wasser an dessen Oberfläche gezogen wird (sog. Kapillarbewegung des Wassers), wo es dann verdunstet. Da aber nur das Wasser selbst verdunsten kann, bleiben die im Wasser gelösten mineralischen Stoffe (hier meist

Hitzewüsten sind gekennzeichnet durch geringe Bewölkung, starke Einstrahlung und eine Verdunstung, die größer als die Höhe der Niederschläge ist. Nach Gesteinsuntergrund und Deckschichten unterscheidet man **Sandwüsten** (Die Abb. links zeigt eine Sandwüste in der arabischen Rub al-Chali.

Die intensive Rotfärbung der Sterndüne zeigt ihr hohes Alter an.), **Kies- und Felswüsten** (Blockwerk und Felsschutt der groß abgebildeten Felswüste im NO Jordaniens überziehen Tausende von Quadratkilometern). Frost und Sonneneinstrahlung haben in der **Gebirgswüste** im zentralen Sinai die granitischen Intrusivkörper herauspräpariert. In der Namib ziehen regelmäßig Küstennebel ins Landesinnere und führen beim Typ der **Nebelwüste** (Abb. rechts) zu starker chemischer Verwitterung.

W

Eisenoxid) an der Oberfläche zurück und bilden allmählich eine Kruste aus Mineralstoffen, den Wüstenlack.

Wüstensteppe: Die W. ist eine Halbwüste mit karger Vegetation. Die hier vorkommenden Zwergsträucher, wie Dornakazien und Tamarisken, sind in ihrem Bau der langen Trockenperiode von 10–11 Monaten angepasst. In der kurzen Regenzeit überzieht sich der Boden mit einem dichten Teppich blütenreicher Kräuter und Gräser und wird dann als Weide genutzt. Wüstensteppen findet man z.B. im nordwestlichen Teil der Arabischen Halbinsel und in Innerasien. Die Gobi ist zu einem großen Teil eine Wüstensteppe.

Wüstung: Unter W. versteht man eine aufgegebene Siedlung oder Wirtschaftsfläche (Flur). Man unterscheidet also zwischen *Ortswüstung* und *Flurwüstung.* W.en entstanden zu allen Zeiten und in allen Gebieten der Erde. In Europa waren Wüstungsvorgänge besonders häufig im späten Mittelalter und in der frühen Neuzeit (14. bis 17. Jh.).

X

xeromorph: X. nennt man Pflanzen, die durch gestaltliche Anpassung auf trockenen Standorten überleben können. Sie haben Einrichtungen zur dauernden oder vorübergehenden Hemmung der Wasserabgabe. Meist sind zusätzlich noch sehr lange Wurzeln vorhanden, die eine ausreichende Wasseraufnahme aus dem Boden gestatten. Ein Teil der die Verdunstung herabsetzenden Einrichtungen dient auch zum Schutz gegen zu starke Wärmestrahlung.

Xerophyten (Trockenpflanzen): X. sind Pflanzen, die trockene Standorte besiedeln. Zur Einschränkung der Verdunstung ist die äußerste Blattschicht häufig verdickt und von einer Wachs-, Harz- oder Kalkschicht überzogen. Manche Arten bilden die Blätter nur in der feuchteren Jahreszeit aus. Bedeutende Vertreter sind die ↑Hartlaubgewächse. Viele X. schränken nicht nur die Verdunstung ein, sondern speichern außerdem während der kurzen Regenzeiten Wasser für die Trockenzeiten. Nach der Lage der Wasser speichernden Organe spricht man von Stamm-, Blatt- oder Wurzel*sukkulenten.* Blattsukkulente Arten sind z.B. die Agaven. Durch den Wegfall der Blätter haben sich die Stammsukkulenten an extrem trockene Standorte wie Wüsten und Halbwüsten angepasst. Die wegen der geringen Verdunstungsfläche ideale Kugelform ist bei verschiedenen Kakteen- und Wolfsmilcharten verwirklicht. Zu den Wurzelsukkulenten gehören die Rübenpflanzen.

Y

Yoldiameer: postglaziales Stadium der Ostsee, ↑Quartär.

Z

Zambo: Zambos sind männliche, Zambas weibliche Nachkommen eines negriden und eines indianischen Elternteiles.

Zeche: Als Z. wird heute im allgemeinen Sprachgebrauch die Gesamtheit einer Bergwerksanlage bezeichnet; oft spricht man auch von *Grube* im gleichen Sinne.

Zechstein (Oberperm): jüngere Abteilung des Perm, des jüngsten Systems des Paläozoikums, ↑Geologie, Zeittafel.

Zehrgebiet: Das Z. ist der untere Teil eines ↑Gletschers, in dem die Ablation größer ist als der Niederschlag.

Zeilendorf: Ein Z. ist durch die lineare Anordnung seiner Gehöfte gekennzeichnet, die nur eine Zeile – etwa entlang einem Weg oder einem Flüsschen – bilden. Eine Sonderform ist die der *Doppelzeile,* wobei zwischen den beiden, etwas voneinander entfernten Dorfzeilen eine Einsenkung, etwa ein Wiesenbach, liegt; in

Österreich wird hierfür der Ausdruck *Grabendorf* gebraucht.

Zeitzonen: Da durch die Drehung der Erde um ihre Achse für jeden Meridian zu jedem Zeitpunkt eine andere exakte Sonnenzeit gilt, musste, um eine geregelte zeitliche Abstimmung im täglichen Leben zu ermöglichen, eine für einen bestimmten Raum verbindliche Einheitszeit festgelegt werden, die den exakten Ortszeiten der einzelnen in ihr liegenden Orte in etwa entspricht. Die Erde musste also in Zeitzonen aufgeteilt werden. Um eine einfache Umrechnung zu ermöglichen, wurden die einzelnen Zonenzeiten so gewählt, dass sie mit je einer Stunde Unterschied aufeinander folgen. Dieser Zeiteinteilung entspricht eine Zoneneinteilung von der Breite von 15° geographischer Länge. Da die Gebiete mit einheitlicher Zeit aber auch in politischen Einheiten, also Staaten oder Staatenbünden, gleich sein sollten, kann es sich ergeben, dass einzelne Z. erheblich breiter sind, andere als notwendiger Ausgleich daher schmaler. Bei breiten Z. ist der Unterschied zwischen Einheitszeit (Zonenzeit) und tatsächlicher Ortszeit dadurch erheblich, sodass z.B. von zwei Orten auf dem gleichen Breitengrad der eine um 18.00 Uhr Zonenzeit bereits Dämmerung hat, während am anderen die Sonne noch merklich über dem Horizont steht. Beispiel für eine solche breite Zeitzone ist die Mitteleuropäische Zeit, die von Makedonien (Ostgrenze etwa bei 23° östlicher Länge) bis zum spanischen Galicien (Westgrenze etwa bei 9° westlicher Länge) reicht, sich also über 32 Längengrade erstreckt.

Bei Staaten mit sehr großer Ost-West-Erstreckung, also Russland, Kanada und den USA, ist eine einheitliche Zonenzeit unmöglich, die USA sind daher in sieben, Russland ist in zehn Z. aufgeteilt.

Einige Staaten wie China haben sich nicht diesem Schema der Z. angepasst. – Abb. S. 414

Zelge (Ösch): Die Z. ist ein Felderkomplex mehrerer Parzellen in Gemengelage, der, da die einzelnen Parzellen keinen Weganschluss haben, unter Flurzwang steht. Das bedeutet, sie wird von allen Nutzungsberechtigten zur gleichen Zeit und mit den gleichen Anbaufrüchten bewirtschaftet. Z.n waren früher häufig in Gebieten mit Dreifelderwirtschaft, die hier dann eine *Dreizelgenwirtschaft* war.

Zenit: Als Z. wird der senkrecht über dem Beobachtungsort liegende Punkt des Himmelsgewölbes bezeichnet. Der Gegenpunkt wird Nadir genannt.

Zenitalregen: Z. sind zur Zeit des Sonnenhöchststandes fallende Niederschläge innerhalb der Tropen. Sie entstehen in der aufsteigenden Luft innerhalb der ↑innertropischen Konvergenz durch Konvektion. Aus dem scheinbaren Weg der Sonne am Himmel und der damit verbundenen Verlagerung der innertropischen Konvergenz ergeben sich in geringer Entfernung vom Äquator zwei Zeiträume, in denen Z. fallen; sie werden, da sie kurz nach der Tagundnachtgleiche (im April und November) auftreten, auch *Äquinoktialregen* genannt. Mit zunehmender Entfernung vom Äquator wird die Zeit zwischen den Sonnenhöchstständen immer kürzer, sodass die Zeit der Z. zu einer – allerdings nun längeren – Regenzeit zusammenfällt. Da diese Niederschläge zur Zeit des Solstitiums (der Zeitpunkt, an dem die Sonne über dem Wendekreis steht) fallen, und zwar einen Monat davor bis zwei Monate danach, werden diese Z. auch *Solstitialregen* genannt.

Gebiete mit Äquinoktialregen haben also zwei Regenzeiten, Gebiete mit Solstitialregen nur eine Regenzeit, die in den Randtropen dann recht kurz und auch unergiebig wird.

Zensus (Volkszählung): Der Begriff Z. meint in diesem Zusammenhang die Erhebung von Daten über die Bevölkerung. Dabei kann es sich um eine Gesamtzählung handeln oder um eine Stichprobenerhebung *(Mikrozensus)*.

Zentrale Orte: Dies sind Orte, die mehr Dienstleistungen und Waren an-

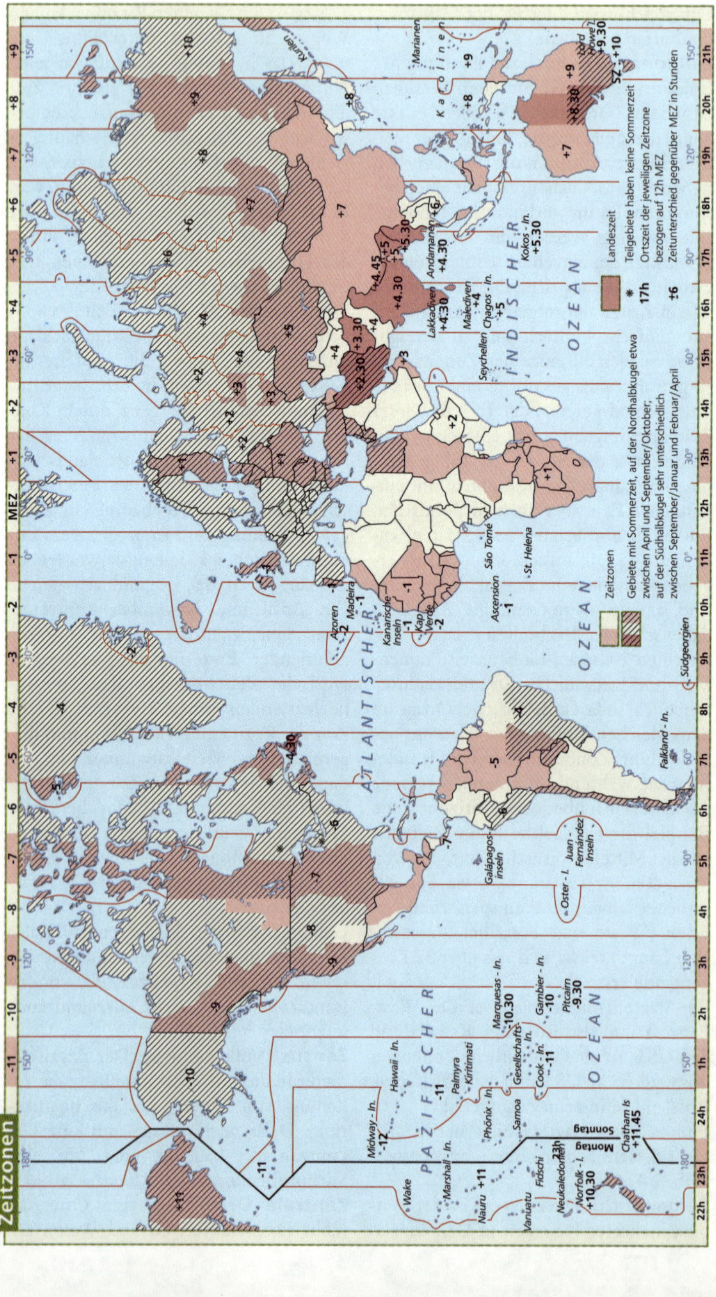

Zeitzonen
PAZIFISCHER OZEAN
ATLANTISCHER OZEAN
INDISCHER OZEAN
Sonntag
Montag
Midway - In. -12
Hawaii - In. -11
Wake
Marshall - In.
Nauru +11
Phönix - In.
Palmyra
Kiritimati
Samoa
Vanuatu
Fidschi
Neukaledonien
Norfolk - I. +10.30
Chatham Is +11.45
Cook - In. -11
Gesellschafts - In.
Marquesas - In. -10.30
Gambier - In. -10
Pitcairn -9.30
Oster - I.
Juan - Fernández - Inseln
Galápagos-inseln
Falkland - In.
Südgeorgien
Azoren -2
Madeira -1
Kanarische Inseln -1
Kap Verde -2
Ascension -1
São Tomé
St. Helena
Seychellen
Chagos - In. +5
Malediven +4
Lakkadiven +4.30
Andamanen +4.30
Kokos - In. +5.30
Kurilen
Marianen
Karolinen
Lord Howe I. +9.30
SZ +10
MEZ
Zeitzonen
Gebiete mit Sommerzeit, auf der Nordhalbkugel etwa zwischen April und September/Oktober; auf der Südhalbkugel sehr unterschiedlich zwischen September/Januar und Februar/April
Landeszeit
* Teilgebiete haben keine Sommerzeit
17h Ortszeit der jeweiligen Zeitzone bezogen auf 12h MEZ
±6 Zeitunterschied gegenüber MEZ in Stunden

Zentrale Orte

geometrische Ableitung des Systems Zentraler Orte nach W. Christaller

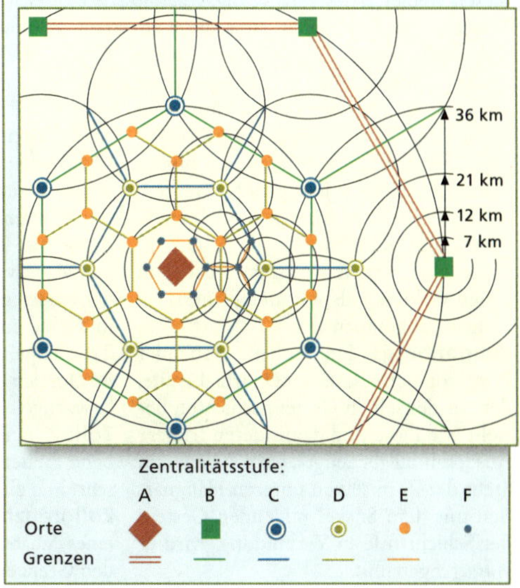

bieten, als die Einwohner benötigen, sie können damit also ein Umland versorgen. Die Z.n O. haben zentrale Funktionen, z.B. für die medizinische Versorgung, für die Ausbildung, für den Einkauf von Waren des nichttäglichen Bedarfs. Nach Art und Bedeutung dieser Funktionen und damit nach der Größe des Einzugsbereichs entsteht eine Hierarchie der Z.n Orte: Z. O. der unteren Stufe *(Unter-* oder *Kleinzentren),* Z. O. der mittleren Stufe (*Mittel-* oder *Regionalzentren* mit Fachgeschäften, Fachärzten, Krankenhaus) und Z. O. der höheren Stufen (*Ober-* oder *Hauptzentren* mit Warenhäusern, Fachkrankenhäusern, Hochschulen, Theatern, höheren Dienststellen). Die Theorie der Z. O. basiert auf einem von W. Christaller 1933 publizierten Modell *(Christallersches Modell)* zur Erklärung der Verteilung städtischer Siedlungen im Raum.

Zentralismus: Unter Z. versteht man eine Art der Machtausübung in Verwaltung, Politik und Wirtschaft, bei der alle Entscheidungen für einen größeren Bereich zentral getroffen werden. In der Politik bedeutet Z. die direkte Verwaltung eines Landes von der Hauptstadt aus; das Gegenteil ist der Föderalismus, bei dem größere politische Selbstständigkeit einzelner Regionen eine Selbstverständlichkeit ist.

Zentralität: Mit Z. bezeichnet man die Anziehungskraft einer Stadt auf ihr Umland. Kennzeichen der Z. ist der Bedeutungsüberschuss der Stadt, der sich in einer Nutzung der Angebote durch Umlandbewohner zeigt. Siedlungen dieser Art nennt man ↑Zentrale Orte.

Zentrum-Peripherie-Modell: Mit dieser Darstellungsweise versucht man das Abhängigkeitsverhältnis der Entwicklungsländer (Peripherie-Nationen) von den Industrieländern (Zentral-Nationen) zu erfassen. Entsprechende Abhängigkeiten finden sich aber auch innerhalb der Länder der Dritten Welt selbst, wo sich periphere Regionen (in Form von Elendsvierteln und Hinterland) und zentrale Regionen (Ballungsgebiete, Industriegebiete) ausbilden. Die Ausbeutung der peripheren Regionen durch die Zentren nennt man auch *inneren Kolonialismus.*

Zerrung: Eine Z. ist die durch Zug oder Druck bewirkte Dehnung eines Gesteins oder Erdkrustenteils. Z. führt zur Bildung von Klüften, Verwerfungen, Spalten oder Gräben.

Zersiedelung: Dieser stets im negativen Sinn gebrauchte Ausdruck meint das »in die Landschaft Hineinbauen« von

Z

Einzelhäusern außerhalb geschlossener Ortschaften, wodurch das Landschaftsbild zerstört wird. Außerdem stellen in diesen Gebieten die Versorgung, v.a. mit Wasser und Elektrizität, und die Entsorgung die zuständigen Gemeinden vor große Probleme. In Urlaubsgebieten wird die Z. ganz wesentlich durch die Anlage von Zweitwohnsitzen gefördert, die von ihren Eigentümern dann nur an wenigen Tagen im Jahr genutzt werden, wodurch der zuständigen Gemeinde aber kaum Kaufkraft zufließt. Der Z. entgegenzuwirken wird heute daher in vielen Gebieten als wichtige planerische Aufgabe angesehen.

Zeugenberg: Ein isoliert stehender Berg vor dem Rand einer Schichtstufe, der aus denselben Gesteinsschichten besteht wie diese und damit deren frühere Ausdehnung »bezeugt«, wird Z. genannt. Steht der Z. in seinen unteren Hangpartien mit dem Sockel bildenden Gestein der Schichtstufe in Verbindung, wird er *Auslieger* genannt.

Blick vom Backofenfels am Trauf der Schwäbischen Alb auf den Hohenzollern, einen der markantesten **Zeugenberge** dieser Schichtstufenlandschaft

Zirrokumulus: Z. sind Felder von flockenartigen Wolken, die nur aus Eiskristallen bestehen. Aus dem durchscheinenden Z. fällt kein Niederschlag aus.

Zirruswolken (Cirruswolken; Zirren, Cirren): Z. sind faserig aussehende Aufgleitwolken in über 6000 m Höhe, die im Zusammenhang mit Warmfronten entstehen; sie bestehen aus Eiskristallen. Die meist lang gestreckten Formen dieser Eiswolken resultieren aus hohen Windgeschwindigkeiten in diesen Höhen. Z. sind Anzeichen einer bevorstehenden Wetterverschlechterung. Z. können als *Zirrostratus* (Cirrostratus) den ganzen Himmel bedecken, wobei sie aber wegen der feinen Verteilung der Eiskristalle nur als zarter, milchiger Schleier sichtbar sind, der die Sonne durchscheinen lässt.

Zisterne: Die Z. ist ein Wasserbehälter aus Mauerwerk oder Beton, in dem Regenwasser gesammelt wird. Z.n werden in Gebieten angelegt, die eine längere Trockenperiode haben und in denen keine Quellen und Brunnen vorhanden sind bzw. angelegt werden können.

Zoll: Z. nennt man die vom Staat erhobene Steuer auf eine Ware beim Überschreiten einer Grenze.

Zollgrenzbezirk: Der Z. ist innerhalb eines Staates ein Streifen Land entlang den Grenzen zu Nachbarstaaten, in dem besondere Einfuhrbestimmungen gelten. Bewohner des Z.es dürfen in der Regel weniger einführen als Bewohner des übrigen Staatsgebietes.

Zollschranken: Von Z. spricht man, wenn der Warenaustausch durch Zölle bewusst gehemmt oder verhindert wird. Hauptgrund für Z. ist der Schutz des Inlandhandels und der Inlanderzeugnisse gegen Konkurrenz und niedrige Preise.

Zollunion: Bei einer Z. handelt es sich um die Vereinigung mehrerer selbstständiger Staaten zu einem einheitlichen Zollgebiet. So besteht z.B. zwischen Belgien, den Niederlanden und Luxemburg die Z. Benelux.

Zonenrandgebiet: Diese Bezeichnung umfasste die Kreise der alten Bundesländer der Bundesrepublik Deutschland, die an die ehemalige DDR angrenzten. Die für dieses Gebiet geltenden Zonenrandförderung wurde inzwischen eingestellt.

Zuckerhutberg: svw. ↑Glockenberg.

Zuerwerbsbetrieb: Ein landwirtschaftlicher Betrieb, aus dem die besitzende Familie höchstens die Hälfte des gesamten Familieneinkommens erzielen kann, gilt als Zuerwerbsbetrieb. Die andere Hälfte (oder mehr) des Einkommens wird aus einer Tätigkeit im nichtlandwirtschaftlichen Bereich bezogen.

Zungenbecken: Unter einem Z. versteht man eine Eintiefung des Gletschergrundes im Bereich der Gletscherzungen; sie entstand durch Erosionstätigkeit des Eises während des Eisvorstoßes. Dem Z. vorgelagert ist die Endmoräne, wodurch die Beckenform betont wird. Einem Stammbecken können, von diesem radial ausgehend, kleinere Zweigbecken angegliedert sein, die auf Aufspaltung der Gletscherzunge zurückgehen. Die Z. sind heute häufig von Seen erfüllt; so sind die Seen im bayerischen Alpenvorland typische Zungenbeckenseen.

Zwergstrauchformation (Zwergstrauchheide): Z.en sind baumlose Pflanzengesellschaften aus kniehohen, an die Trockenheit angepassten Holzgewächsen. Man findet sie in der subpolaren und alpinen Zone, in den Trockengebieten und in der durch den Menschen entstandenen atlantischen Heide.

Zwillingsstädte: Bei Z.n handelt es sich um zwei unmittelbar benachbarte Städte, deren Einzugsgebiete sich durch unterschiedliche Funktionen überschneiden können. Meist sind Z. territorial bedingt; zwischen ihnen verläuft (oder verlief) eine Grenze. Wenn diese Grenze an Bedeutung abnimmt, entwickelt sich meist eine Stadt schneller.

Zwischeneiszeit: deutsche Bezeichnung für ↑Interglazial.

Zwölfmeilenzone: Die Z. ist die nach Artikel 3 der UNO-Seerechtskonvention von 1982 größtmögliche Ausdehnung der ↑Küstengewässer. Die Z. hat in den meisten Staaten die früher übliche Dreimeilenzone abgelöst.

Zyklon: Z. ist der Name für einen ↑tropischen Wirbelsturm im Golf von Bengalen.

zyklonales Westwindklima: ein Klima bei der Klassifikation in ↑Klimaregionen.

Zyklone: svw. ↑Tiefdruckgebiet.

Zylinderprojektion: Die Z. bietet eine Möglichkeit der Abbildung der Erde in eine Ebene, ↑Kartennetzentwurf.

Afrika

vor Christi Geburt

1482 Königin Hatschepsut sendet vom Bab Al Mandab eine Expedition zum Lande Punt (Somaliküste).
um 600 Phöniker umsegeln Afrika von Osten über Süden nach Westen.
um 500 Der Karthager Hanno stößt an der Westküste bis zum Kamerunberg vor.
um 450 Herodot reist in Ägypten und Nordafrika (bis Karthago).
im 4. Jh. Euthymenes aus Massalia (Marseille) segelt an der Nordwestküste nach Süden, wahrscheinlich bis zum Senegal.
23–22 C. Petronius gelangt bis Napata, der Hauptstadt des Reiches Kusch.
19 L. Cornelius Balbus erobert Fessan und erreicht Ghudamis.

nach Christi Geburt

37 St. Paulinus überquert den Hohen Atlas, gelangt nach Mauretanien.
42 Römische Soldaten im Atlas.
zwischen 54 und 68 Nero schickt zwei Zenturionen nilaufwärts, an den Nilsümpfen müssen sie umkehren.
um 100 Julius Maternus dringt bis zum Tschadseegebiet vor. Hippalos entdeckt an der Ostküste die Gesetze des Monsuns.
um 120 Eudoxus von Kyzikos versucht die Umschiffung Afrikas von West nach Ost.
350 Frumentius und Aedesius in Äthiopien.
um 525 Kosmas Indizopleustes zieht von Ägypten aus nilaufwärts bis an die äthiopische und ostafrikanische Küste.
947 Al Masudi reist in Ägypten, Nord- und Ostafrika; ist bis Sansibar und wahrscheinlich Madagaskar gekommen.
1150 Idrisi in Marokko und im nördlichen Sudan.
um 1270 (1312) Genuesen entdecken die östlichen Kanarischen Inseln wieder.
1325 Ibn Battuta in Ägypten und an der Ostküste.
um 1345 Italiener entdecken Madeira wieder.
1352 Ibn Battuta zieht durch die westliche Sahara bis zum Senegal und nach Timbuktu.
1402 J. de Bethencourt erreicht die Kanarischen Inseln.
1416 Heinrich der Seefahrer sendet von Sagres aus alljährlich Expeditionen an der westafrikanischen Küste südwärts.
1419 Portugiesen entdecken Madeira.
1431 Cabral entdeckt die Azoren wieder.
1433 Gil Eannes erreicht Kap Bojador (26°06' n. Br.).
1436 Baldaya gelangt über die Bucht von Río de Oro hinaus.
1441 Nuño Tristão und Antão Gonçalvez erreichen Kap Blanc (20°44' n. Br.).
1443 Nuño Tristão im Arguingolf.
1444 Dinis Dias erreicht Kap Vert.
1445 Lançarote entdeckt die Senegalmündung.
1447 Juan Fernandez im Hinterland von Río de Oro. Nuño Tristão gelangt bis in die Gegend der Gambiamündung.
1455–56 Alvise Ca'da Mosto befährt den Gambia.
1456 Ca'da Mosto erreicht die östlichen Kapverdischen Inseln.
1461 Pedro de Cintra gelangt bis Sierra Leone und zur Pfefferküste.
1469 Fernão do Póo entdeckt die Insel Fernando Póo.

1471 Kap Lopez (0°36' s. Br.) erreicht.

1482–83 Diogo Cão entdeckt auf seiner 1. Reise die Kongomündung und gelangt bis Kap Santa Maria (13°25' s. Br.).

1485 Dioga Cão erreicht auf seiner 2. Reise (1484–84) Kap Cross (21°49' s. Br.).

1488 Bartolomeu Diaz umsegelt während eines Sturms die afrikanische Südspitze.

1493 Pedro de Covilhão erreicht von Ägypten aus Äthiopien, darf das Land jedoch nicht mehr verlassen.

1497 Vasco da Gama umsegelt am 22. November das Kap der Guten Hoffnung und landet am 25. Dezember an der Küste von Natal.

1498 Vasco da Gama am 10. Januar in der Delagoabucht, startet am 24. April von Malindi nach Indien (trifft am 20. Mai in Calicut ein).

1499 Vasco da Gama am 7. Januar wieder in Malindi, am 20. Februar wieder am Kap der Guten Hoffnung.

1500 Dioga Dias sichtet Madagaskar.

1506 Fernão Soarez und João Gomez d'Abreu landen auf Madagaskar. B. Springer landet in der Mossel Bay, 1. deutsche Beschreibung der Hottentotten.

um 1515 Leo Africanus in Marokko, im Nigergebiet (Timbuktu) und im Sudan.

1520–26 Missionar F. Alvarez reist von Massaua zum Däbrä Libanos.

1535 Bareto und Homen erforschen das untere Sambesigebiet.

1586–97 João dos Santos an der Südostküste zwischen dem Äquator und der Delagoabucht.

1589–1607 A. Battel im Mündungsgebiet des Kongo, bis zum Kwango aufwärts.

1604–34 Pater Antonio Fernandez in Äthiopien; gelangt bis in die Galläländer, zum oberen Omo und zum Sewaisee.

1611–20 Samuel Brauns drei Reisen (1611–13, 1614–16, 1617–20) an der Guineaküste.

1613 Pedro Paëz entdeckt den Tanasee.

1616 G. Bocarro zieht von Tete (am unteren Sambesi) über das Südufer des Njassasees zum unteren Rovuma.

1619–20 R. Jobson und G. Thompson ziehen den Gambia aufwärts, bringen Kunde von Timbuktu.

1625–32 J. Lobo zieht von Beylul (Eritrea) durch das Danakiltiefland nach Adua und zum Tanasee.

1627 Franzosen lassen sich am Senegal nieder.

1652 Der Niederländer Jan van Riebeeck landet am 6. April in der Tafelbucht.

1655 J. Wintervogel zieht von Kapstadt nach Norden; erstes Zusammentreffen mit Buschmännern.

1661 P. van Meerhoff dringt als erster Europäer zu den Nama vor.

1669–77 Johann Schreyer im Kapland, Forschungen über die Hottentotten.

1685–86 S. van der Stel zieht von Kapstadt ins Kleine Namaland, kommt bis Okiep.

1697–1700 André Brue in Senegambien.

1698–99 Ch. Poncet zieht von Ägypten über Gondar nach Massaua.

1705–13 Peter Kolb im Kapland, Forschungen über die Hottentotten.

1714–17 zweite Reise Brues in Senegambien und am oberen Senegal.

1719 der Oranje wird zum ersten Mal überschritten.

1731 Harrison entdeckt die Gambiaquelle.

1732–33 J. E. Hebenstreit und Ch. G. Ludwig sind im Auftrag Augusts des Starken in Algerien und Tunesien.

1749–54 Adanson in Senegambien.

1769–72 James Bruce zieht von Massaua über Gondar zum Tanasee, den er wieder entdeckt, von dort nach Assuan.

1772–76 A. Sparrmann und K. P. von Thunberg im Kapland und in Südwestafrika.

1777–79 W. Patterson dringt über den Oranje ins Buschmannland vor.

1780–85 F. Levaillant in Südafrika, gelangt im Norden bis in die Kaffernländer.

1788 Gründung der „British African Association" in London (19. Juni), Leitung Joseph Banks; Ziele: Entschleierung Innerafrikas, Schaffung neuer Handelsmärkte, Bekämpfung des Sklavenhandels.

1791–92 Eduard W. van Reenen zieht von Kapstadt bis in die Gegend von Windhuk, Nachrichten über Herero und Bergdama.

1793–96 W. G. Browne als erster Europäer in Darfur.

1795–97 Mungo Parks erste Reise von Gambia zum Niger, den er am 20. Juli 1796 bei Ségou erreicht, und wieder zum Gambia zurück; er erbringt damit den Beweis, dass Niger und Gambia in keinem Zusammenhang stehen.

1796–98 John Barrow im Kapland, kommt bis zum Oranje.

1797–99 Friedrich K. Hornemann zieht von Kairo über die Oasen Siwa und Audschila nach Mursuk, von dort Abstecher nach Tripolis.

1800–01 Hornemann zieht von Mursuk nach Bornu, gelangt über Katsina und Sokoto zum mittleren Niger; stirbt in Bokani.

1802–06 Heinrich K. Lichtenstein im Kapland, erkennt die Zusammengehörigkeit der Bantustämme.

1805–06 Mungo Parks zweite Reise, von der Île de Gorée (bei Dakar) durch Senegambien nach Bamako am Niger, befährt den Niger von Sansanding ab, ertrinkt 1806, wahrscheinlich bei Bussa.

1810 Henry Salt dringt im Inneren Äthiopiens bis zum Täkkäse vor.

1812 John Campbell entdeckt die Limpopoquellen.

1812–14 J. L. Burckhardt gelangt von Kairo aus als erster Europäer nach Nubien.

1818 Mollien entdeckt die Quellgebiete von Senegal und Gambia.

1821 Chr. G. Ehrenberg und Wilh. Fr. Hemprich gelangen nilaufwärts bis zum Atbara, ziehen durch die Küstengebirge des Roten Meeres nach Massaua.

1821–22 F. Cailliaud und Letorzec gelangen zum Zusammenfluss des Blauen und Weißen Nil.

1822–23 Alexander Gordon Laing im Senegal- und Gambiagebiet.

1822–25 Hugh Clapperton, Dixon Denham und W. Oudney ziehen von Tripolis über Mursuk und Bornu nach Kuka am Tschadsee (am 4. November 1822 dort); Denham und Oudney forschen im Tschadseegebiet und in Bornu und entdecken den Schari, Clapperton gelangt über Sokoto zum Niger und nach Kuka zurück; Clapperton und Denham ziehen von Kuka aus durch die Sahara nach Tripolis.

1824 Eduard Rüppell als erster Europäer in Kordofan.

1825–26 Laing gelangt von Tripolis über Ghudamis und In-Salah nach Timbuktu, wo er am 18. Aug. 1826 eintrifft.

1825–27 Clapperton und Richard Lander ziehen von Lagos durch das Land der Yoruba zum Niger und gelangen bis Sokoto.

1827 Linant de Bellefonds zieht den Weißen Nil aufwärts bis 13°30' nördl. Breite.

1827–28 René Caillié gelangt von der Halbinsel Sierra Leone über das Bergland von Fouta Djalon nach Timbuktu und weiter durch die westliche Sahara nach Tanger.

1830–31 R. und John Lander befahren den unteren Niger bis zur Mündung, entdecken die Benuemündung.

1831–33 Rüppell im Innern Äthiopiens, zieht von Gondar zum Tanasee und zum oberen Blauen Nil.

1833–36 Arnaud d'Abbadie in Algerien.

1836–37 James E. Alexander überquert den unteren Oranje, durchzieht das Namaland und gelangt zur Walfischbucht.

1836–38 Th. Kotschy und J. Russegger in Kordofan.

1836–39 Antoine d'Abbadie in Äthiopien.

1837 Joh. Ludwig Krapf als Missionar in Äthiopien.

1840–43 Charles T. Beke in Schoa und Goddscham (Äthiopien).

1841 Werne und d'Arnaud ziehen den Weißen Nil aufwärts bis 4°42' nördlicher Breite.

1841–53 Hugo Hahn als Missionar in Südafrika.

1842–48 Antoine und Arnaud d'Abbadie in Äthiopien.

1843 Krapf, Rebmann und Erhardt im Innern Ostafrikas.

1848 Krapf und Rebmann entdecken am 11. Mai den Kilimandscharo.

1849 Krapf erblickt aus der Ferne den Mount Kenya, erreicht ihn aber nicht.
David Livingstones 1. Reise ins Innere, entdeckt am 1. August den Ngamisee.

1850–51 Heinrich Barth reist mit A. Overweg und J. Richardson von Tripolis über Mursuk – Agadès – Katsina – Kano nach Kuka.

1850–52 F. Galton und K. J. Andersson ziehen von der Walfischbucht zur Etoschapfanne und ins Ovamboland.

1850–53 P. B. du Chaillu in Gabun und am Ogowe.

1851 Livingstone am oberen Sambesi (bei Sesheke).
Overweg erforscht von Kuka aus das Tschadseegebiet.
Barth zieht von Kuka nach Adamaua, entdeckt am 18. Juni den Benue, über Yola gelangt er nach Kuka zurück, reist dann mit Overweg im Lande Kanem.

1851–52 Barth weilt mit einem Bornuheer südlich des Tschadsees.

1851–54 Eduard Vogel zieht von Tripolis nach Kuka, nimmt an einem Beutezug des Sultans von Bornu teil.

1852 Theodor von Heuglin gelangt von Khartum über Al Kasarif nach Gondar.
Barth zieht von Kuka nach Bagirimi und zurück.

1852–54 Silva Porto zieht von Benguela zum Rovuma; erste West-Ost-Durchquerung Südafrikas.
Livingstone gelangt vom oberen Sambesi über die Sambesiquelle zum Kasai und am 31. Januar 1854 nach Luanda.

1853 von Heuglin am Weißen Nil und in Kordofan.
Barth zieht über Kano – Katsina – Sokoto zum Niger und durch den Nigerbogen nach Timbuktu.

1854 W. Munzinger zieht von Ägypten nach Massaua.
R. F. Burton gelangt von Zeila nach Harar (Äthiopien).
Barth verlässt am 8. April Timbuktu und zieht über Kano nach Kuka; am 1. Dezember trifft er mit Vogel zusammen.
W. B. Baikie fährt mit einem Dampfer den Benue aufwärts bis in die Nähe von Yola.

1854–56 Livingstone zieht von Luanda nach Quelimane an der Ostküste; er entdeckt im November 1855 die Victoriafälle des Sambesi.

1855 Munzinger in Keren (Eritrea).
Barth zieht von Kuka durch die Sahara nach Tripolis.

1856 Vogel zieht von Kuka nach Wadai, wird dort ermordet.

1856–57 von Heuglin in der Bajudasteppe (Nubien) und an der Somaliküste.

1856–65 du Chaillu am Ogowe und in Gabun; bringt Nachrichten über Menschenaffen und Pygmäen.

1857 Burton und Speke ziehen von Sansibar über Bagamoyo ins Innere.

1858 Burton und Speke in Ujiji am Tanganjikasee, Speke zieht allein nach Norden, entdeckt am 3. August den Victoriasee (bei Mwanza). Livingstone befährt mit einem Dampfer den Mittellauf des Sambesi.

1859 Burton und Speke erreichen am 2. Februar wieder die Ostküste.
Livingstone entdeckt am 18. April den Lake Chilwa, am 16. September den Njassasee.
Lambert und E. Mage im Bergland Fouta Djalon.

1860 K. von der Decken zieht von Kilwa ins Innere Ostafrikas.

1860–61 Moritz von Beurmann zieht nilaufwärts, durch die Nubische Wüste über Berbera nach Sawakin, von dort nach Kassala, Khartum und nach Äthiopien.

1860–63 Speke und Grant ziehen von Bagamoyo zum Victoriasee, umwandern den See im Süden und Westen, erblicken die Virungavulkane (1861); Speke findet den Victorianil, folgt diesem und trifft zusammen mit Grant in Gondokoro am oberen Nil ein.

1860–64 Livingstone zieht den Sambesi aufwärts zum Rovuma und in das Gebiet südlich und westlich des Njassasees.

1861 Gerhard Rohlfs in Marokko, Oberarzt der marokkanischen Armee.
Munzinger zieht von Massaua zum Atbara und nach Khartum.
K. von der Decken am Kilimandscharo, gelangt bei einem Besteigungsversuch bis 2500 m Höhe; erforscht den Oberlauf des Pangani.
R. F. Burton und G. Mann besteigen als Erste den Kamerunberg.

1861–62 von Heuglin zieht von Massaua über Gondar und den Blauen Nil nach Khartum.

1861–63 Samuel White Baker zieht den Atbara aufwärts über Äthiopien nach Karthum, den Weißen Nil aufwärts bis Gondokoro, trifft dort mit Speke und Grant zusammen.

1862 Rohlfs zieht von Marokko zur Oase Tafilalet.
Munzinger in Kordofan.
K. von der Decken gelangt am Kilimandscharo bis 4280 m Höhe.
M. von Beurmann zieht von Bengasi über Mursuk nach Kuka und zum Tschadsee, muss umkehren.

1862–63 Chr. Hornberger im Hinterland von Togo bis Atakpamé.
Alexandrine Tinné reist mit von Heuglin und Steudner im Bahr-Al-Ghasal-Gebiet.

1863 Speke: „The Nile is settled" (Telegramm aus Gondokoro), die „Quelle" des Nil war damit endlich gefunden (im Victoriasee).
Von Beurmann zieht von Kuka nach Osten, wird in Mao ermordet.

1863–64 Rohlfs zieht von Marokko über Tafilalet, die Touatoasen, die er als erster Europäer erreicht, und Ghudamis nach Tripolis.

1836–66 G. Th. Fritsch arbeitet völkerkundlich in Südafrika. Mage und Quintin am oberen Senegal und im westlichen Sudan.

1864 Baker entdeckte am 14. März den Albertsee, erforscht dessen Nordufer bis zur Mündung des Victorianil, zieht diesen aufwärts und entdeckt die Murchisonfälle.

1864–66 Georg Schweinfurth in Ägypten und im östlichen Sudan.

1864–80 A. Anderson im östlichen Betschuanaland (Botswana) und in der Kalahari.

1865 K. von der Decken fährt mit zwei kleinen Dampfern den Juba aufwärts, scheitert oberhalb von Bardera.

1865–67 Rohlfs zieht von Tripolis über Ghudamis und Kauar nach Kuka und zum Tschadsee, von dort zum Bautschiplateau und zum Benue, befährt diesen bis zur Mündung und den Niger aufwärts bis Rabba; über Ilorin und Ibadan gelangt er nach Lagos; erste Afrikadurchquerung vom Mittelmeer zum Golf von Guinea.

1865–70 Alfred Grandidier in Madagaskar.

1865–72 Karl Mauch in Transvaal und Rhodesien, entdeckt die Goldfelder im Mashona- und Matabeleland.

1866 K. H. Hahn dringt von Süden zum Cunene vor.
Livingstone zieht von Sansibar über den Rovuma zum Südufer des Njassasees, überschreitet den Chambezi.

1866–69 A. Tinné zieht von Algier in die Sahara.

1867 Livingstone am Südufer des Tanganjikasees, am Mwerusee und am Luapula.

1868 Livingstone entdeckt am 18. Juli den Bangweolosee.

1868–69 Rohlfs in den Oasen Audschila und Siwa.

1869 Gustav Nachtigal zieht von Tripolis nach Mursuk, von dort Vorstoß nach Tibesti (als erster Europäer dort). Livingstone am 14. März in Ujiji.

1869–71 Schweinfurth zieht von Khartum über Kodok in das Bahr-Al-Ghasal-Gebiet, untersucht die dort ansässige Bevölkerung (Mangbetu, Nuer, Pygmäen), entdeckt den Uelle (19. März 1870).

Livingstone westlich des Tanganjikasees, entdeckt im März 1871 den Lualaba.

1870 Nachtigal zieht von Mursuk nach Kuka.

1871 Nachtigal gelangt von Kuka nach Kanem und Bornu.
Mauch entdeckt die Ruinen von Simbabwe.
Livingstone am 23. Oktober wieder in Ujiji, trifft dort am 28. Oktober mit Stanley zusammen, der ihn gesucht hatte; am 20. November ziehen Livingstone und Stanley gemeinsam zum Nordufer des Tanganjikasees.

1872 Nachtigal zieht von Kuka nach Bagirmi.
Livingstone und Stanley in Unjanjembe, Stanley zieht allein weiter zur Ostküste; Livingstone bricht zum Bangweolosee auf.

1872–73 Reade im Aschantireich.

1873 Livingstone am Tanganjikasee; am 1. Mai am Bangweolosee gestorben.
V. L. Cameron zieht auf der Suche nach Livingstone von Bagamoyo ins Innere Ostafrikas, trifft am 4. August in Unjanjembe mit den Dienern Livingstones zusammen, die ihren toten Herrn zur Küste tragen.
Adolf Bastian an der Loangoküste.

1873–74 Rohlfs in den ägyptischen Oasen Dachla, Farafra und Siwa.
Nachtigal zieht von Kuka durch Wadai, Darfur und Kordofan nach Khartum, erreicht somit den Nil erstmals vom Sudan aus.

1874 Ch. Chaillé-Long erforscht den Victorianil, entdeckt den Kiogasee.
Henri Duveyrier erforscht die südtunesischen Schotts.
W. Junker in Tunesien und Ägypten.
Stanley zieht von Bagamoyo ins Innere.

1874–75 Cameron in Ujiji, befährt den südlichen Teil des Tanganjikasees und entdeckt den Lukuga als Ausfluss des Sees; erreicht den Kongo bei Nyangwe, zieht von dort durch das südliche Kongobecken nach Benguela; erste Ost-West-Durchquerung Äquatorialafrikas.

1874–76 Deutsche Loangoexpedition mit Bastian, Pechuël-Loesche u.a.

1874–77 Oskar Lenz in Gabun.

1875 Emil Holub am oberen Sambesi.
Stanley am Victoriasee, umfährt ihn auf einem Schiff in 57 Tagen, entdeckt im Westen den Ruwenzori und den Eduardsee.

1875–76 Paul Pogge im Lundareich.

1875–78 Pierre de Brazza im Ogowegebiet, erkennt dessen Unabhängigkeit vom Kongosystem.

1876 R. Gessi entdeckt den Ausfluss des Albertnil aus dem Albertsee.
Stanley befährt in 51 Tagen den ganzen Tanganjikasee, zieht dann nach Westen bis Nyangwe, von dort mit 18 Flussbooten den Lualaba/Kongo abwärts.

1876–81 A. Cecchi in Südäthiopien, besonders in Kafa.

1877 Stanley erreicht am 8. August die Mündung des Kongo.

1877–79 Serpa Pinto zieht von Benguela über das Hochland von Bié nach Lealui am Sambesi, von dort über die Victoriafälle, das östliche Betschuanaland (Botswana) und Pretoria zur Ostküste.

1878 Emin Pascha (Eduard Schnitzer) wird Gouverneur der Äquatorialprovinz im ägyptischen Sudan.

1879 Rohlfs als erster Europäer in den Kufraoasen.

Moustier und Zweifel entdecken die Nigerquellflüsse.

1879–80 Lenz zieht von Tanger durch den westlichen Atlas über Tindouf und Taoudenni nach Timbuktu, von dort nach Westen zum Senegal.

Brazza von Franceville zum Stanley Pool des Kongo, gründet Brazzaville.

1879–84 Stanley im Auftrag Leopolds II. von Belgien im Kongogebiet, entdeckt den Leopold-II.-See (heute Lac Mayi Ndombe).

1880 J. Thompson entdeckt den Lake Rukwa.

1880–82 Paul Pogge und Hermann von Wißmann ziehen von Luanda über Malanje zum Kasai, erreichen Nyangwe am Lualaba (Oberlauf des Kongo).

1880–85 Brazza im Innern von Gabun.

Kaiser, Böhm und Reichard ziehen von Osten ins Kongobecken, entdecken die Kupferlager in Shaba und den Upembasee.

1880–86 Junker im Bahr-Al-Ghasal-Gebiet, unternimmt mehrere Züge von Ndoruma aus, entdeckt den Nepoko (Quellfluss des Aruwimi), trifft mit Emin Pascha zusammen.

1881–82 Flegel verfolgt den Benue bis zur Quelle.

1882 Defournoux zieht durch Ostmarokko nach Figuig, von dort über das Hochland der Schotts nach Kairuan.

H. von Wißmann zieht von Nyangwe über den Tanganjikasee und Tabora zur ostafrikanischen Küste bei Saadani; erste West-Ost-Durchquerung Äquatorialafrikas.

1882–84 Pogge zieht von Nyangwe über Malanje zur Westküste zurück und erreicht am 28. Februar 1884 Luanda.

1883–84 Foucauld in Südmarokko und der algerischen Sahara.

1883–87 Holub dringt zum mittleren Sambesi vor, weilt im östlichen Barotseland und im Land der Maschukulumbe.

1883–97 Fernand Foureau unternimmt mehrere Reisen in die mittlere Sahara.

1884–85 Pechuël-Loesche im Hererogebiet in Südwestafrika. H. de Brito Capello und R. Ivens ziehen von Moçâmedes (Angola) zum Sambesi, dann weiter zum Bangweolosee und zur Ostküste.

1884–86 H. von Wißmann, K. von François, L. Wolf u. a. ziehen von Angola zum Kasai und Lulua, gründen Luluabourg (Kananga), fahren den Kasai und Kongo abwärts bis zum Stanley Pool.

1885 Paulitschke im Inneren des Somalilandes.

Johnston besteigt als Erster den Kamerunberg zur Regenzeit.

1885–87 Oskar Lenz in Äquatorialafrika; er zieht von den Stanleyfällen den Lualaba aufwärts bis Kasongo, von dort über den Tanganjika- und Njassasee zum unteren Sambesi.

1886 Wilhelm Junker zieht von Lado (am oberen Nil) über Unyoro, Victoriasee und Tabora nach Bagamoyo.

1886–87 Hans Meyer gelangt von Kapstadt über Kimberley, Transvaal, Moçambique und Sansibar nach Ostafrika; erreicht am Kilimandscharo 5 500 m Höhe.

Von Wißmann und Wolf ziehen von Banana den Kasai aufwärts bis Kananga, von dort mit Le Marinel zum Sankuru und Lomami, weiter nach Nyangwe, über den Tanganjikasee und Njassasee zum Shire und Sambesi, erreichen Quelimane.

1887 Traversi und Ragazzi ziehen von Harar nach Schoa.

1887–88 Kund, Tappenbeck, Weißenborn und Braun in Südkamerun.

Stanley zieht im März mit 620 Mann von der Kongomündung stromaufwärts, den Aruwimi aufwärts und trifft am 29. April 1888 am Albertsee mit Emin Pascha zusammen.

Graf Teleki und von Höhnel entdecken den Turkana- und den Stefaniesee; gelangen am Kilimandscharo bis 5300 m Höhe, am Mount Kenya bis 4700 m.

1887–89 L. G. Binger zieht von Bamako nach Ouagadougou, dann den Comoé abwärts nach Grand-Bassam.

1888 Stanley zieht vom Albertsee zur Aruwimimündung und zurück.

Hans Meyer und Oskar Baumann in den Usambara Mountains, von Arabern gefangen.

K. von François gelangt von Nordwesttogo bis Quagadougou.

1888–89 Wolf und Bugslag in Nordosttogo und Borgu.

1888–90 Zintgraff gelangt von Kamerun zum oberen Benue.

1889 A. von Gèle am Ubangi und Uelle.

Hans Meyer und L. Purtscheller am Kilimandscharo, am 6. Oktober erreichen sie den Gipfel des Kibo.

Serpa Pinto am Shire.

Stanley trifft erneut mit Emin Pascha am Albertsee zusammen und stellt fest, dass Albert- und Eduardsee verschiedene Seen sind, zieht mit Emin Pascha nach Bagamoyo.

1889–90 Zintgraff zieht von Barombi zum Grasland von Kamerun und über Ibi nach Yola am Benue und dann wieder zur Küste zurück.

1890 Foureau gelangt nach In-Salah.

1890–91 Emin Pascha zieht mit Stuhlmann von Bagamoyo zum Victoria- und Albertsee.

1890–92 P. L. Monteil zieht von Senegambien über Ouagadougou und Kano zum Tschadsee, erforscht einen seiner Zuflüsse, den Komadugu, von Bornu gelangt er nach Tripolis.

1890–93 Louis A. Mizon zieht von der Nigermündung nach Adamaua, von dort über Ngaoundéré zum Kongo.

1891–1901 Ch. De Ségonzac im Rifatlas, im Mittleren und Hohen Atlas.

1892–93 Vittorio Bòttego zieht von Berbera ins nördliche Somaliland, erforscht die Quellflüsse des Juba.

Baumann zieht von Tanga durch das Massailand zum Ostafrikanischen Graben, erforscht den Kagera bis zur Quelle, stößt nach Rwanda vor, über das Nordufer des Tanganjikasees, Tabora und das Gebiet der Massai erreicht er Pangani an der Ostküste.

De Maistre zieht vom Ubangi zum oberen Schari und nach Bagirmi, von dort westwärts zum Benue und Niger.

1892–94 E. Gautier im Norden und Westen von Madagaskar.

1893 Foureau im Gebiet der Tuareg.

1893–94 Siegfried Passarge und von Üchtritz im Benuegebiet und in Adamaua.

Graf von Götzen gelangt zu den Virungavulkanen, entdeckt den Kiwusee, erforscht Rwanda und zieht zum Kongo.

1893–1907 G. Hartmann im Nama- und Ovamboland, am Okawango und Cunene und im Kaokoveld.

1894–95 Donaldson Smith zieht von Berbera den Webbe Shibeli aufwärts zum Stefanie- und Turkanasee.

Die Deutsche Togohinterlandexpedition gelangt bis zum Niger.

1984–97 Edouard Foà zieht von der Sambesimündung bis zum Njassa- und Tanganjikasee und weiter zur Kongomündung.

1895 Foureau im Großen Östlichen Erg.

1895–97 Bòttego zieht vom Juba nach Südäthiopien, entdeckt den Abajasee und gelangt zum Omo, dem er bis zum Turkanasee folgt, zieht dann weiter nach Norden zum oberen Sobat.

1896 J. K. Trotter findet in Guinea die Quelle des wichtigsten Nigerquellflusses, des Tembi.

Hourst befährt als erster den Niger von Bamako zur Mündung.

1896–97 Passarge im Ngamigebiet (Botswana).

1896–98 J.-B. Marchand zieht von der Loangoküste den Kongo und Ubangi aufwärts ins Bahr-Al-Gahsal-Gebiet, hisst in Kodok (Faschoda) die französische Flagge, gelangt durch Äthiopien nach Dschibuti.

1897 Pierre Prins in Dar Runga (Quellgebiet der Schari- und Ubangizuflüsse).

Darragon zieht von Berbera ins Land der Galla.

Leclerc im Bergland von Fouta Djalon.

1898 Hans Meyer mit Ernst Platz am Kilimandscharo, umkreist das Massiv, entdeckt neue Gletscher.

von Carnap-Quernheimb zieht über Joko (Kamerun) nach Carnot am Sanga, diesen abwärts zur Kongomündung.

1898–99 Houdeille erforscht das Gebiet zwischen den Flüssen Comoé und Bandama an der Elfenbeinküste.

1898–1900 Foureau und Lamy ziehen von Biskra über Ouargla zum Aïr und weiter zum Tschadsee (Lamy gestorben); Foureau fährt den Schari aufwärts, den Ubangi und Kongo abwärts zur Küste.

1899 Mackinder ersteigt am 12. September den Hauptgipfel des Mount Kenya.

1899–1900 M. L. Wellby zieht von Addis Abeba zum Omo und Turkanasee und weiter zum Sobat und nach Khartum.

1899–1902 Jean Tilho in der französischen Kolonie Niger.

1900 Harry Johnston im westlichen Uganda und am Ituri (nördliches Kongobecken).

1900–01 R. H. Austin zieht von Khartum über den Sobat zum Westufer des Turkanasees, weiter zum Lake Baringo und Lake Nakuru und zur Küste bei Mombasa.

1900–04 Charles Pierre am Mittel- und Oberlauf des Ubangi und am oberen Nil, erforscht das Bahr-Al-Ghasal-Gebiet.

1901 Ch. Löfler erforscht die Sümpfe am mittleren Logone.
1901–03 A. Chevalier am Tschadsee, in Bagirmi und im Grenzgebiet Wadai/Darfur, erforscht den Bahr Salamat.
1901–04 Destenave führt die ersten genaueren Aufnahmen des Tschadsees durch, erforscht die Inseln im Osten und Südosten.
1903 A. Hübner im Waldland von Liberia.
1903–05 L. Schultze im Namaland und in der Kalahari.
1903–12 Seiner in der nördlichen Kalahari.
1904–06 K. Uhlig und F. Jaeger im Innern Ostafrikas.
Mangin gelangt als erster Europäer nach Ennedi.
1904–07 Alexander-Gosling-Expedition vom unteren Niger und Benue zum Tschadsee, erforscht die Flüsse zwischen Niger und Nil, gelangt über den Ubangi und Uelle ins Bahr-Al-Ghasal-Gebiet und weiter nach Port Sudan.
1905 Lancrenon im Quellgebiet von Sanga und Logone (westliches Adamaua).
F. J. Bieber zieht von Addis Abeba nach Kafa.
1905–06 C. Harding entdeckt die Sambesiquellen
1905–16 Foucauld im Ahaggar (Tamanrasset).
1906 Laperrine und Niéger ziehen von Touat nach Taoudenni.
Ludwig Amadeus Herzog der Abruzzen forscht im Ruwenzori, besteigt die Hauptgipfel.
1906–07 Hanns Vischer zieht von Tripolis über Mursuk, Tibesti und den Tschadsee nach Nigeria.
W. Volz im Inneren Liberias.
Seiner zieht von den Victoriafällen zum Okawango und nach Südwestafrika.
1906–08 Lenfant erkennt den Ouham als Hauptquellfluss des Schari.
1907–08 Forschungsreise unter Adolf Friedrich Herzog zu Mecklenburg von Mombasa über Bukoba, den Kiwu-, Eduard- und Albertsee und den Ruwenzori zum Kongo und Ubangi. K. Hassert und F. Thorbecke in Nordwestkamerun.
1907–09 Desplagnes zieht vom oberen Schwarzen Volta an der Nordgrenze von Ghana und Togo entlang.
1908 B. Wallis als erster Europäer im Grenzgebiet zwischen Liberia, Sierra Leone und Guinea.
Tilho führt Neuaufnahmen des Tschadsees durch, erforscht das Bodélé.
1908–09 K. Kumm zieht vom Niger nach Sarh, durch wenig bekannte Gebiete (Dar Banda, Dar Runga, südliches Darfur) weiter, den Bahr Al Arab abwärts zum oberen Nil.
1908–10 F. Thonner im zentralafrikanischen Regenwald zwischen Aruwimi und mittlerem Kongo.
1909 F. J. Bieber zieht von Addis Abeba durch das Gebiet der Galla zum Didessa (Nebenfluss des Blauen Nil), dann den Sobat und Weißen Nil abwärts nach Khartum.
1910–11 Zweite Afrikaexpedition von Adolf Friedrich Herzog zu Mecklenburg über den Kongo, Ubangi und Schari zum Tschadsee und weiter über Garoua und den Benue und Niger abwärts.
1911 H. Meyer im Zentralafrikanischen Graben, besteigt den Karisimbi und Nyiragongo.

1911–12 Erik von Rosen erforscht die Twa, eine Pygmäengruppe, am Bangweolosee.

1911–13 Thorbecke in Zentralkamerun.

1912 E. D. Pearson nimmt den Sobat und Pibor kartographisch auf.

E. Öhler und F. Klute ersteigen den Mawensi (zweithöchster Gipfel des Kilimandscharo).

1912–13 Thorbecke im Land der Wute (Kamerun).

1912–17 Tilho in Borkou, Tibesti, Erdi, Ennedi-Wadai und Darfur.

1914 H. D. Pearson nimmt den Blauen Nil kartographisch auf.

1914–19 Jaeger, Waibel und Kaiser in Südwestafrika.

1974 Internationale Kongo-Expedition; 140 Personen aus 10 Ländern befahren den Kongo, und zwar erstmals vom Quellgebiet des Lualaba aus.

Amerika

Angloamerika

um 875 Der Norweger Gunnbjörn erblickt die Ostküste Grönlands.

982 Erich der Rote landet an der Westküste Grönlands.

um 1000 Leif Eriksson entdeckt von Grönland aus die Nordostküste Nordamerikas, segelt von Labrador bis in den Golf von Maine.

vor 1497 Bristoler Seeleute erreichen die Küste Nordamerikas.

1497–98 Giovanni Caboto gelangt nach Labrador und segelt an der Ostküste bis Florida (?).

1500–03 Gaspar und Miguel Cortereal gelangen auf drei Nordamerikafahrten nach Labrador und Neufundland.

1509 Sebastiano Caboto gelangt (wahrscheinlich) durch die Hudsonstraße in die Hudsonbai.

1513 Juan Ponce de León erkundet die Bahamainseln und entdeckt Florida, befährt seine Küsten.

1519 Alonso de Pineda befährt die gesamte Nord- und Westküste des Golfes von Mexiko.

1520–24 Verrazano erreicht den Pamlico Sound, segelt zunächst nach Süden, dann nach Norden bis Neuschottland.

1528–29 Pánfilo de Narváez landet an der Westküste Floridas, erreicht über Land das Mississippidelta, wo er aber umkommt.

1528–36 Alvar Núñez Cabeza de Vaca setzt die Erkundungen mit drei weiteren Überlebenden fort, durchquert Louisiana und Texas, gelangt als Erster zu den Puebloindianern, erreicht durch das nordwestliche Mexiko endlich Sonora.

1534 Jacques Cartier segelt durch die Strait of Belle Isle und den Sankt-Lorenz-Golf bis Anticosti Island, nimmt auf Gaspé Peninsula von diesem Gebiet für Frankreich Besitz.

1535 Cartier entdeckt den Sankt-Lorenz-Strom.

1539–42 Hernando de Soto stößt von der Westküste Floridas ins Innere vor, quert die Appalachen und dringt bis zum Arkansas River vor.

1540–42 Francisco Vásquez de Coronado dringt von Süden bis in das Gebiet des Colorado und des Missouri vor.

1541 Cartier fährt den Sankt-Lorenz-Strom aufwärts bis zu den Stromschnellen von Lachine.

1581 Rodríguez am oberen Rio Grande.
1582 Espejo am oberen Rio Grande und am oberen Pecos River.
1603–06 Samuel de Champlain erkundet die Küstengebiete zwischen Cape Breton Island und der Insel Martha's Vineyard, entdeckt (1603) die Bay of Fundy.
1610 Henry Hudson entdeckt die Hudsonbai; befährt ihre Ostküste bis in die James Bay.
1615 S. de Champlain und E. Brûlé fahren mit Kanus den Ottawa River aufwärts, erreichen den Lake Nipissing und die Georgian Bay des Huronsees, den Lake Simcoe und den Ontariosee.
1659–60 Radisson und Chouart dringen vom Lake Nipigon zur James Bay vor.
1669 La Salle erforscht den oberen Ohio bis zu den Stromschnellen bei Louisville.
1673 Louis Jolliet und Jacques Marquette dringen vom Nordufer des Michigansees ins Landesinnere nach Südwesten vor, entdecken den Mittellauf des Mississippi, fahren diesen stromab, entdecken die Missourimündung.
1681–82 La Salle befährt den Mississippi von der Mündung des Illinois River bis zur Mündung in den Golf von Mexiko; Nordamerika war damit erstmals von Norden nach Süden durchquert.
1690–91 Kelsey erreicht von der Hudsonbai aus, dem Nelson River folgend, den Saskatchewan River.
1719 La Harpe fährt den unteren Red River aufwärts, überquert die Ouachita Mountains und erreicht den Arkansas River.
1731–43 La Vérendrye erkundet mit seinen Söhnen die Gebiete um den Winnipegsee, den Lake of the Woods, den Manitobasee und am Saskatchewan River; erreicht dabei den Oberlauf des Missouri (1738).
1769–70 Portolá durchquert die Halbinsel Niederkalifornien und die Coast Range bis zur Monterey Bay.
1770–72 Samuel Hearne dringt von der Westküse der Hudsonbai weit in die Barren Grounds vor, erreicht 1771 die Mündung des Coppermine River; Rückkehr über den Großen Sklavensee. Der nordamerikanische Kontinent erwies sich als viel ausgedehnter als bisher angenommen.
1776 Domínguez und Escalante durchqueren das Colorado Plateau, das südöstliche Great Basin und Teile der südlichen Rocky Mountains.
1778 Cook kartiert auf seiner dritten Reise Teile der Nordwestküste Amerikas.
1786 Graf von La Pérouse kartiert die Westküste Nordamerikas von Alaska bis Kalifornien, entdeckt dabei den Alexander Archipelago, die Prince of Wales Islands und die Queen Charlotte Islands.
1789 Alexander Mackenzie entdeckt den Mackenzie River und befährt ihn bis zu seiner Mündung.
1789–94 Alessandro Malaspina erforscht die amerikanische Westküste von Patagonien bis Alaska zu Wasser und zu Land; die Ergebnisse bleiben jedoch lange Zeit in spanischen Archiven.
1790–91 Der russische Pelzhändler A. Baranow erreicht von Ochotsk aus Kodiak Island,

erforscht von hier aus den Alexanderarchipel und Alaska und gründet russische Stützpunkte.

1792–93 Mackenzie reist den Peace River aufwärts, quert die Rocky Mountains, erreicht den Mittellauf des Fraser River, überquert die Coast Mountains und erreicht die Küste des Pazifischen Ozeans (28. Juli 1793); somit gelang ihm die erste Durchquerung des nördlichen Nordamerika.

1792–94 George Vancouver erkundet die nordamerikanische Westküste von Kodiak Island bis Mexiko; entdeckt die Juan de Fuca Strait.

1794–97 Morgan fährt den Mississippi und den Missouri aufwärts bis nahe der Mündung des Knife River.

1797–98 David Thompson erforscht das Quellgebiet des Mississippi.

1804 Baranow gründet in Alaska Nowo Archangelsk, das heutige Sitka, auf Baranof Island im Alexanderarchipel und macht es zur Hauptstadt Alaskas.

1804–06 Meriwether Lewis und William Clark erkunden im Regierungsauftrag den Landweg vom Missouri zur Küste des Pazifik, über Clearwater River, Snake River und Columbia River.

1806–08 Simon Fraser erkundet den Lauf des Fraser River.

1807–11 Thompson überschreitet vom South Saskatchewan River aus die Rocky Mountains und erreicht den Columbia River, dem er bis zur Quelle und dann bis zur Mündung folgt. Thompson legte durch seine Vermessungen die Grundlage für die kartographische Erfassung Westkanadas.

1812–13 Johann Jakob Astor erkundet die Rocky Mountains im Bereich des Green River und den Yellowstone River.

1819–20 Cluston erkundet das Innere Labradors von der Ostküste der Hudsonbai über den Lake Kaniapiskau und den Lake Mistassin zum Nottaway River.

1819–22 John Franklin gelangt in Begleitung von J. Richardson, G. Back und R. Hood bei der ersten nordamerikanischen Küstenexpedition von der Hudsonbai über den Athabasca- und den Großen Sklavensee zur Mündung des Coppermine River, von wo aus sie die Küste ostwärts bis zum Kap Turnagain erkunden.

1825–26 Franklin gelangt mit J. Richardson und G. Back den Mackenzie River abwärts bis zur Beaufortsee, Franklin und Back erforschen die Küste westwärts bis Beechey Point; Richardson folgt (1826) der Küste ostwärts zur Mündung des Coppermine River, stößt dann zum Großen Bärensee vor, den er erkundet.

1831–34 Erlandsson erkundet Ostlabrador, dringt zu den Seen Michikamau Lake, Lobstick Lake und Petitsikapau Lake vor, erreicht die Ungava Bay.

1838–51 Campbell quert die nördlichen Rocky Mountains, folgt dem Liard River aufwärts und dann dem Pelly River und dem Yukon abwärts.

1842 Sasgoskin dringt auf dem Kuskokwim River und auf dem Yukon und seinem Nebenfluss Koyukuk River weit in das Innere Alaskas vor.

1842–53 John Charles Frémont leitet fünf umfangreiche Expeditionen in den Westen der USA (Rocky Mountains): Wind River Range, Snake River, Columbia River, Great Sandy Desert, Sacramento River, San Joaquin River, Sierra Nevada, Great Salt Lake, Humboldt River, Columbia Plateau; Rio Grande, Land der Apachen; Kalifornien.

1857 Der Geologe R. Bell erforscht das Gebiet zwischen den Kanadischen Seen und der Hudsonbai.

1869 J. W. Powell durchfährt mit einem Boot den Colorado Canyon.

1873–1900 G. M. Dawson betreibt Erkundungen in den kanadischen Rocky Mountains und entdeckt Gold am Klondike River.

Lateinamerika

1492 Christoph Kolumbus landet am 12. Oktober auf Guanahani (San Salvador), entdeckt am 28. Oktober Kuba, am 6. Dezember Hispaniola.

1493 Kolumbus entdeckt die Inseln Dominica, Marie-Galante, Guadeloupe, Antigua und Puerto Rico.

1494 Kolumbus entdeckt am 4. Mai Jamaika.

1498 Kolumbus vor der südamerikanischen Küste (Orinokomündung), entdeckt Trinidad.

1498–99 Alonso de Ojeda zusammen mit A. Vespucci an der Nordküste Südamerikas (Französisch-Guayana bis Venezuela), entdeckt den Maracaibosee.

1499 Amerigo Vespucci entdeckt den Amazonas und erkundet die nordbrasilianische Küste.

1500 Vicente Yáñez Pinzón erreicht als Erster die Ostspitze Brasiliens.
Pedro Álvares Cabral landet, von der Meeresströmung abgetrieben, an der brasilianischen Küste (Bahía), die er als Tierra de Santa Cruz für Portugal in Besitz nimmt.

1501–02 Vespucci befährt die ostbrasilianischen Küsten (etwa bis 25° s. Br.).

1502–03 Kolumbus in Zentralamerika (Honduras, Nicaragua, Costa Rica).

1508 Pinzón im Golf von Honduras, beweist die Inselnatur Kubas.

1509 Pinzón an der Ostküste Südamerikas (bis etwa zum Río de la Plata).

1513 Vasco Núñez de Balboa erreicht über den Isthmus von Darién (Panama) den Pazifischen Ozean, den er „mar del sur“ (Südsee) nennt.

1513 Juan Ponce de León erkundet die Bahamainseln.

1516 Juan Díaz de Solis am Río de la Plata.

1517 Hernández de Córdoba segelt an der Küste von Yucatán und des Golfes von Campeche.

1518 Grijalva an der Nordküste von Yucatán.

1519 Alonso de Pineda befährt die gesamte Nord- und Westküste des Golfes von Mexiko.

1519 Hernán Cortés erobert Tenochtitlán.

1519 Fernão de Magalhães erreicht die Baía de Guanabara.

1520 Magalhães erreicht am 10. Januar den Río de la Plata und durchfährt vom 18. Oktober bis 8. November die nach ihm benannte Magalhãesstraße.

1524–27 Francisco Pizarro befährt die Küste von Ecuador und Peru.

1526 Sebastiano Caboto zieht den Paraná und Paraguay aufwärts bis zum heutigen Asunción.

1530–31 Nikolaus Federmann zieht von Coro ins Innere von Venezuela bis zu den Llanos am Río Portugueza.

1531 Ambrosius Dalfinger zieht von Coro zum Río Magdalena und Río Cauca.

1532–33 F. Pizarro erobert das Inkareich.

1535–37 Diego de Almagro zieht durch die Hochländer von Bolivien und Jujuy und durch die Atacama zum heutigen Copiapó, von dort entlang der Küste bis zum heutigen Coquimbo, Chile.

1535–38 Georg Hohermuth zieht zusammen mit Philipp von Hutten von Coro aus über die Cordillera de Mérida und entlang der Ostkordillere bis zum Oberlauf des Río Guaviare.

1536–37 Gonzalo Jiménez de Quesada zieht von Santa Marta den Río Magdalena aufwärts zum Hochland von Bogotá, unterwirft die Chibcha.

1536–39 Federmann zieht von Coro über die Cordillera de Mérida zum Hochland von Bogotá, trifft dort Quesada und Benalcázar und folgt dem Río Magdalena bis zur Mündung.

1537 Domingo M. de la Irala befährt den Río Pilcomayo und gründet Asunción.

1539 S. de Benalcázar zieht von Peru nach Bogotá.

1541 Alvar Núñez Cabeza de Vaca zieht von der Ilha Santa Catarina nach Asunción.

1541–42 Francisco de Orellana befährt als Erster den Amazonas von Peru bis zur Mündung; erste Durchquerung Südamerikas. Gonzalo Pizarro zieht von Quito aus über die Anden ins Amazonastiefland.

1541–46 Philipp von Hutten zieht von Coro aus nach Süden, um das Goldland Dorado zu suchen; er gelangt bis Zentralkolumbien.

1547 Irala befährt den Paraguay bis etwa 17° s. Br. und zieht westwärts bis zu den Anden.

1551 Pedro de Valdivia gelangt bis 42° südlicher Breite.

1558 Juan Ladrilleros befährt die Westküste Südamerikas und als Erster die Magalhãesstraße von Westen nach Osten.

1595 Walter Raleigh fährt den Orinoko aufwärts.

1616 Jacques Le Maire und Cornelisz Schouten entdecken auf ihrer Weltumsegelung (1615–1617) die Staateninsel und Kap Hoorn (29. Januar 1616).

1744 Charles Marie de La Condamine fährt den Amazonas abwärts und entwirft die erste exakte Karte des Stromes, deutet die Flutwelle des Amazonas richtig.

1769 Portolá durchquert die Halbinsel Niederkalifornien.

1781–1801 Felix d'Azara erforscht die La-Plata-Länder; erste ethnologische Untersuchungen in diesem Gebiet.

1786 Graf von La Pérouse umsegelt Kap Hoorn, kartiert die Westküste Südamerikas bis Concepción.

1789–94 Alessandro Malaspina erforscht die amerikanische Westküste von Patagonien bis Alaska zu Wasser und zu Land; die Ergebnisse dieser Reise bleiben jedoch lange Zeit in spanischen Archiven.

1799–1804 Alexander von Humboldt und A. Bonpland unternehmen die wissenschaftlich außerordentlich ergebnisreiche

„Reise in die Äquinoktialgegenden des Neuen Kontinents“: Llanos del Orinoco bis zum Río Casiquiare; Kuba; Río Magdalena, durch die Anden (Besteigung des Chimborasso, 1802) bis Ciudad del Rey (Lima), Mexiko.

1817–20 Joh. Baptist Spix und Carl F. Ph. Martius bereisen das Brasilianische Bergland (u. a. Ouro Prêto, Diamantina, Rio São Francisco, Serra do Paraná, ab 1819 auf dem Amazonas, Rio Negro und Rio Japurá).

1822–32 Eduard Pöppig forscht in Südamerika (Kuba, Anden des zentralen und südlichen Chile, befährt den Río Huallaga abwärts und anschließend den Río Marañón/Amazonas bis zur Mündung).

1843–47 Francis von Castelnau leitet die französische Regierungsexpedition in das äquatoriale Südamerika, er durchquert (1844–45) Zentralbrasilien, erreicht den oberen Paraguay, überquert die Anden und erreicht Lima; Rückkehr auf dem Río Ucayali und dem Amazonas; Castelnau hat den Kontinent somit in beiden Richtungen gequert.

1848–52 Alfred Russel Wallace erforscht mit Henry W. Bates die Ufergebiete des Amazonas; Bates reist bis 1859 weiter, befährt den Rio Tapajós.

1857–59 Johann Jakob Tschudi forscht in Minas Gerais, Brasilien; durchquert die Anden von Catamarca bis Cobija, Forschungen über die Kulturen der Indianer, besonders in Peru.

1869–70 George Chaworth Musters bereist Patagonien von Punta Arenas bis zum Río Negro.

1895–97 Otto Nordenskjöld bereist Patagonien und Feuerland.

Asien

vor Christi Geburt

Ende 6. Jh. Skylax von Karyanda befährt den Indus und von dessen Mündung bis zum Persischen Golf die Küste des Indischen Ozeans.

5. Jh. Herodot bereist und beschreibt Kleinasien, Mesopotamien und das westliche Persien; erkennt den Binnenmeercharakter des Kaspischen Meeres.

um 400 Ktesias aus Knidos verfasst die erste ausführliche Beschreibung Indiens.

329–324 Alexander der Große trägt durch seine Eroberungszüge bis zum Oxus (Amudarja) und Jaxartes (Syrdarja) sowie bis zum Indus wesentlich zur Erweiterung des Weltbildes bei; erste Nennung der Insel Taprobane (Ceylon).

um 100 Hippalus beschreibt die Gesetzmäßigkeit der Monsunwinde; Beginn griechischer Handelsfahrten nach Indien. Etwa gleichzeitig erreichen die ersten chinesischen Schiffe die indische Ostküste.

nach Christi Geburt

um 100 Der griechische Kaufmann Alexander erreicht den chinesischen Hafen Kattigara (wahrscheinlich im Delta des Roten Flusses).

etwa 160–180 Ptolemäus fasst das antike Wissen über Asien zusammen: im Norden Kenntnisse bis Nordchina; in Südostasien sind große Teile des Malaiischen Archipels, Hinterindien und Südchina bekannt.

1245–47 Giovanni dal Piano dei Carpini gelangt von Kiew aus bis zum Karakorum.

1252–55 Wilhelm v. Rubruk erreicht, auf der Halbinsel Krim an Land gehend, ebenfalls über den Syrdarja den Karakorum, Rückreise über das Westufer des Kaspischen Meeres, Aserbaidschan, das Hochland von Armenien und den Tuzgölü.

1260–69 Handelsreise von Niccolò und Maffeo Polo nach China.

1271–95 Marco Polo bereist Zentralasien, China und Südostasien. Sein heute umstrittener Bericht bildet bis ins 16. Jh. die Grundlage aller abendländischen Kenntnisse über Asien. Bis zum Ende der Mongolenherrschaft in China (1368) gelangen zahlreiche europäische Reisende dorthin.

1292–1330 G. de Montecorvino erster Erzbischof von China mit Sitz in Peking; seine Briefe trugen zum europäischen Chinabild bei.

1318–30 Der italienische Franziskanermönch Oderic de Pordenone reist in Vorderasien, fährt zu Schiff nach China und gelangt auf dem Landweg über Lhasa und den Hindukusch zurück.

1419–44 Niccolò dei Conti reist in Indien (Dekhan, Koromandelküste, auf dem Ganges und Irawadi), Ceylon, Sumatra, Borneo und Java; erreicht Bangkok und dringt weit ins Landesinnere vor.

1466–72 Afanassi Nikitin gelangt von Twar über Baku und Maskat nach Indien, bis Bidar auf dem Hochland von Dekhan.

1487–89 Pedro de Covilhão kommt über Sues und Aden nach Indien (u.a. Goa und Calicut).

1498 Vasco da Gama erreicht auf dem Seeweg um das Kap der Guten Hoffnung Indien (Calicut).

1503 Ludovico di Varthema gelangt als Mitglied einer Mamelukentruppe von Damaskus nach Medina und Mekka; später im Jemen und in Indien (1505).

1509 D. Lopes de Sequeira auf der Halbinsel Malakka.

1511 D. Fernandes gelangt nach Thailand.

1512 A. de Abreu findet die Gewürzinseln, die Molukken; F. Peres de Andrade entdeckt die Malediven; erkundet Sumatra.

1517 Andrade entdeckt die Riukiuinseln, landet in Kanton.

1520 Die erste portugiesische Gesandtschaft am Kaiserhof in Peking.

1521 Fernão de Magalhães erreicht, nachdem er Südamerika umsegelt hat, die Philippinen.

1542 Fernão Mendez Pinto erreicht als erster bekannter Europäer Japan.

1549–50 Der baskische Jesuit F. Xavier missioniert, von Malakka kommend, auf Kiuschu.

1564 Miguel Lopez de Legaspi segelt vom Passat getrieben von Acapulco (Mexiko) zu den Philippinen, erobert einen Teil von Luzon und gründet Manila.

1565 Andrés de Urdaneta gelingt die Rückkehr dadurch, dass er zunächst bis 45° n. Br. nach Norden segelt, dann die Westdrift benutzt und von Nordamerika die Westküste entlang wieder Acapulco erreicht. Durch diese Erkenntnis und Ausnutzung dieser Windverhältnisse wurde der regelmäßige Verkehr Acapulco – Manila – Acapulco möglich.

1635–39 Adam Olearius bereist Persien.

1643 M. G. de Vries entdeckt auf einer Fahrt entlang der japanischen Ostküste die Insel Hokkaido, die südwestlichen Kurilen und Südsachalin.

1668 Schiffbrüchige Holländer entdecken Korea.

1684 William Dampier segelt von Kalifornien zu den Philippinen.

1690–92 Engelbert Kämpfer in Japan; sein Bericht bildet die Grundlage der europäischen Japankenntnisse bis zur Mitte des 19. Jahrhunderts.

1761–67 Carsten Niebuhr bereist mit einer dänischen Expedition den Sinai und Jemen, gelangt bis Indien (Bombay); Rückreise über Persepolis; erstellte erstmals auf Landreisen astronomische Ortsbestimmungen.

1785–88 Erkundungsreise des Grafen von La Pérouse an den Küsten des Pazifischen Ozeans, kartiert die Nordwestküste Asiens von Korea bis Kamtschatka, dringt von Süden her weit in den Tatarengolf ein und entdeckt die La-Pérouse-Straße (1787).

1803–06 Adam Johann von Krusenstern und Juri Lisjanski entdecken bei ihrer Weltumsegelung die Orlowinseln und erforschen japanische Inseln und die Kurilen.

1808 Mountstuart Elphinstone bereist von Indien aus Afghanistan bis Kabul.

1813 W. Moorcroft erreicht den Sutlej.

1814–15 Johann Ludwig Burckhardt gelingt es, Mekka und Medina zu besuchen.

1822 W. Moorcroft in Kaschmir.

1826–27 John Crawfurd bereist Birma.

1829 Alexander von Humboldt, G. Rose und C. G. Ehrenberg auf Expedition im asiatischen Russland: Ural, Altai, Dsungarei, Kaspisches Meer.

1833 Alexander Burnes erreicht von Indien aus über den Hindukusch Buchara.

1837 W. C. MacLeod am oberen Mekong.

1839–48 und 1855–65 Franz Wilhelm Junghuhn bereist Java und Teile Sumatras.

1843–45 Alexander von Middendorff auf der Halbinsel Taimyr und im Gebiet von Amur und Schilka.

1844–46 E. R. Huc und Gabet dringen von Peking über den Koko Nor nach Lhasa vor.

1849 J. D. Hooker erschließt Sikkim.

1853 R. F. Burton reist als „Afghane" von Kairo aus nach Medina und Mekka.

1845–56 Die Brüder Adolf, Hermann und Robert Schlagintweit erforschen Indien zwischen Bombay, Madras, Pandschab und Brahmaputra. H. und R. Schlagintweit überqueren 1856 den Hauptkamm des Himalaja und den Karakorum, durchqueren Tibet, übersteigen den Kunlun und dringen ins Tarimbecken vor.

1856–57 Pjotr Petrowitsch Semjonow-Tjan-Schanski erreicht von Norden her den Tienschan; dringt bis zu den Gletschern des Tengri Tagh vor.

1861–63 Adolf Bastian durchquert Hinterindien von Mandale bis Saigon.

1864–65 Bastian in der Malaiischen Inselwelt, in Japan und der Mandschurei.

1870–88 Nikolai M. Prschewalski durchforscht die Mongolei, Nordtibet, die Wüste Gobi und das Tarimbecken; entdeckt den Lop Nor.

1876–78 Charles M. Doughty bereist das Innere der Arabischen Halbinsel (im Nordwesten).

1886–87 Francis Edward Younghusband reist in der Mandschurei, ihm gelingt die Durchquerung Innerasiens von Peking durch die Gobi und Turfan nach Kaschgar.

1890–91 Sven Hedin bereist Chorasan und Russisch-Turkestan.

1894–97 Sven Hedin durchquert den Pamir, die Wüste Takla Makan, das Tarimbecken, überquert den Kunlun und erreicht über Nordtibet Peking.

1899–1902 Sven Hedin untersucht die Veränderungen des Lop Nor, entdeckt die Ruinenstadt Loulan, reist über Tibet, Leh (Kaschmir) und den Karakorumpass nach Kaschgar zurück.

1903–05 W. Filchner reist mit A. Tafel ins östliche Tibet.

1905–08 Hedin reist durch die Dascht e Kawir, Indien und Kaschmir nach Tibet, entdeckt den Transhimalaja (Hedingebirge), den er achtmal überschreitet, findet die Quellflüsse von Brahmaputra, Indus und Sutlej.

1917–18 Harry Philby quert die Arabische Halbinsel von Al Ukair am Golf von Bahrain über Ar Rijad nach Dschidda; bereist das südliche Nadschd.

1926–28 Filchner zu erdmagnetischen Messungen in Zentralasien (Ilibecken, Sinkiang, Tibet).

1927–35 Hedin führt ausgedehnte Forschungsreisen mit internationaler Beteiligung durch die Mongolei, die Gobi und Chinesisch-Turkestan durch.

1928–31 Thomas erkundet den Südosten der Arabischen Halbinsel; quert die Rub Al Khali.

1934–38 Filchner führt erdmagnetische Messungen im Hochland von Tibet (Xining – Qaidambecken – Leh) durch.

1936 Philby quert den Südwesten der Arabischen Halbinsel von Dschidda durch die Rub Al Khali nach Al Mukalla.

1953 Edmund Hillary besteigt zusammen mit dem Sherpa Tenzing Norgay als Erster den Mount Everest (29. Mai).

Australien, Ozeanien
Weltumsegelungen

1519–21 Fernão de Magalhães sucht die Molukken von Spanien aus auf dem Westweg zu erreichen; umsegelt Südamerika durch die nach ihm benannte Magalhãesstraße in das „mar pacífico", erreicht die Marianen und die Philippinen, wo er bei Cebu getötet wird.

1521–22 Sebastián de Elcano setzt die Reise über Nordborneo zu den Molukken fort; Rückfahrt durch den südlichen Indischen Ozean um das Kap der Guten Hoffnung.
Diese erste Weltumsegelung erwies die Kugelgestalt der Erde, ihre wahre Ausdehnung und die große Entfernung zwischen Amerika und Ostasien.

1525 García Jofre de Loaysa segelt durch die Magalhãesstraße und über die Marianen zu den Molukken.

1528 Alvaro de Saavedra segelt von Mexiko über die östlichen Karolinen und die Marshallinseln zu den Molukken; entdeckt dabei die Admiralitätsinseln.

1555 Gaetano entdeckt die Hawaii-Inseln.

1567 Alvaro de Neyral Mendaña segelt von Peru westwärts, entdeckt die Salomoninseln.

1577–80 Erste englische Weltumsegelung durch Francis Drake.

1595 Mendaña entdeckt die Marquesasinseln.

1598 Erste holländische Weltumsegelung durch Oliver van Noort.

1601 Godinho de Eredia landet beim Kap van Diemen an der Nordküste Australiens.

1605–06 Luis Vaez de Torres segelt – zunächst mit Pedro de Quiros – von Callao (Peru) durch die Tuamotuinseln, um die Salomoninseln wieder zu finden, erreicht die Molukken und die Philippinen; entdeckt den Louisiade-Archipel und die Torresstraße (wodurch Neuguinea als Insel erkannt wird; diese Erkenntnis bleibt jedoch geheim).

1606 Willem Janszon segelt in den Carpentariagolf, Nordaustralien; landet an der Kap-York-Halbinsel.

1616 Jacques Le Maire und Cornelisz Schouten sichten in der Südsee die Inseln Niue, Ninuafu und Futuna und segeln die gesamte Nordküste Neuguineas entlang.

1616 Dirk Hartog entdeckt die Shark Bay an der australischen Westküste.

1622 Die „Leeuwin“ umfährt Kap Leeuwin, die Südwestspitze Australiens.

1623 Die „Arnhem“ landet an der Westküste des Carpentariagolfes (Halbinsel Arnhemland).

1627 Pieter Nuyts befährt einen Teil der Südküste Australiens.

1642–44 Abel Tasman von Batavia (heute Jakarta) aus auf der Suche nach dem Südland, erreicht die Südspitze Tasmaniens, die Westküste der Südinsel von Neuseeland (segelt die Küste nordwärts, auch an der Nordinsel), entdeckt die südlichen Tongainseln (1643), die Fidschiinseln und Neubritannien.

1644 A. Tasmans zweite Fahrt zur Erkundung Australiens, kartiert die Nordküste bis zum Carpentariagolf und entdeckt Tamanland an der Nordwestküste.

1688 William Dampier landet an der Nordwestküste Australiens.

1698 Dampier in der Shark Bay, entdeckt den Dampierarchipel.

1721–23 Jacob Roggeveen umsegelt die Erde um Kap Hoorn und die Juan-Fernández-Inseln, entdeckt die Osterinsel (1722) sowie die Inseln Tutuila und Upolu der Samoainseln.

1764–65 John Byron umsegelt die Erde auf der Suche nach den Salomoninseln, entdeckt einige der Tokelau- und Gilbertinseln.

1766–68 Samuel Wallis auf der Suche nach den Salomoninseln, entdeckt Tahiti sowie verschiedene Inseln der Samoa- und Marshallinseln.

1766–69 Philipp Carteret umsegelt die Erde auf der Suche nach den Salomoninseln, entdeckt die Insel Pitcairn (1767), die Santa-Cruz-Inseln und die südlichen der Salomoninseln, die er aber nicht als diese erkennt, entdeckt die Carteretstraße zwischen Neubritannien und Neuirland.

1766–69 Weltumsegelung durch Louis Antoine de Bougainville; findet die Salomoninseln wieder: 1768 landet er auf La

Louisiade, heute Bougainville.

1768–71 James Cook umsegelt die Erde; erforscht die Gesellschaftsinseln, entdeckt die Ostküste der Nordinsel von Neuseeland, umsegelt Neuseeland (1770) und entdeckt dabei die Cookstraße, womit Neuseeland als Doppelinsel erkannt ist; findet die Ostküste von Australien (1770) und landet in der Botany Bay; entdeckt die Torresstraße, deren Existenz von 1605 bis 1762 von den Spaniern geheim gehalten werden konnte.

1769–70 Surville segelt von Indien über die Salomoninseln und Neuseeland nach Peru.

1770 Francisco Gonzalez auf der Osterinsel.

1772 und 1774–75 Domingo de Boenechea auf Tahiti.

1772–75 Cooks zweite Erdumsegelung in Begleitung von J. Reinhold und G. Forster, und zwar erstmals von Westen nach Osten; überquert zweimal den südlichen Polarkreis und gelangt 1774 bis 70° 10' s. Br.; sichtet Südgeorgien und entdeckt die Süd-Sandwich-Inseln (1775) sowie die Tongainseln neu.

1776–79 Cooks dritte Reise im Pazifischen Ozean, entdeckt 1778 endgültig die Hawaii-Inseln, auf denen er aber beim zweiten Besuch (Anfang 1779) getötet wird.

1785–88 Erkundungsreise des Grafen von La Pérouse an den Küsten des Pazifischen Ozeans; auf der Osterinsel, Hawaii und Samoa; seine Schiffe stranden vor Vanikolo Island, einer der Santa-Cruz-Inseln.

1788–89 Der von der meuternden Mannschaft der „Bounty“ mit seinen Getreuen ausgesetzte Admiral W. Bligh erreicht mit jenem Boot von den Tongainseln Timor und Batavia, entdeckt dabei die nördlichen Inseln der Neuen Hebriden.

1791 George Vancouver kartiert die Südwestküste Australiens.

1792–93 Raymond D'Entrecasteaux kreuzt auf der Suche nach La Pérouse in der Südsee, erweiterte dadurch die Kenntnisse über die Tonga-, Salomon-, Admiralitätsinseln, über Neukaledonien, Neubritannien (entdeckte dabei neu die vorgelagerten Wituinseln) und Neuguinea.

1796–98 Missionsreise Wilsons nach Tahiti und auf die Tongainseln.

1798–99 George Bass und Matthew Flinders entdecken die Bass-Straße und stellen damit fest, dass Tasmanien eine Insel ist.

1801–03 Matthew Flinders und Robert Brown erkunden die Südküste Australiens von der Bass-Straße bis Kap Leeuwin; entdecken den Spencergolf und den Saint-Vincent-Golf, erforschen das Große Barriereriff und die Torresstraße.

1803–06 Adam Johann von Krusenstern und Juri Lisjanski umsegeln in Begleitung von F. v. Bellingshausen und O. v. Kotzebue die Erde.

1815–18 Erdumsegelung Otto von Kotzebues in Begleitung von A. v. Chamisso (der die Reise ausgezeichnet beschrieb) und Eschscholtz; erkundet die Marshall-, die Krusenstern- und die Hawaii-Inseln.

1818–19 Louis de Freycinet auf Erkundungsreise im Pazifischen Ozean, v.a. auf Neuguinea, den Marquesas- und Hawaii-Inseln.

1819 F. von Bellingshausen kartiert die Tuamotuinseln.

1823–24 Französische Südsee-Expedition unter Duperry, Teilnehmer ist auch Dumont d'Urville.

1823–26 Dritte Reise Kotzebues in die Südsee; Erkundung von Samoa.

1826–29 Dumont d'Urville segelt in der Südsee; erforscht die Küsten Neuseelands, Neuguineas, der Neuen Hebriden, der Fidschiinseln und erschließt die Inselwelt Mikronesiens.

1826–29 Russische Weltumsegelung unter Graf Litke.

1833–35 Robert Fitzroy segelt von den Galapagosinseln über Tahiti nach Neuseeland; Charles Darwin begleitet ihn.

1837–40 Dumont d'Urville erneut in der Südsee, besonders auf Neuguinea, den Fidschi-, Salomon-, Marquesas- und Tuamotuinseln.

1838–42 Marineexpedition unter Charles Wilkes zur Erforschung der Wale im südlichen Pazifik, dabei Entdeckung und Erkundung vieler Inselgruppen.

1839 Edward John Eyre befährt den Spencergolf bis zum Nordende, geht an Land, entdeckt den Lake Torrens und die Flinders Range, dringt nach Südosten bis zum Murray vor und folgt ihm bis zur Mündung.

1840/41 Eyre versucht von Adelaide aus einen Landweg zur Westküste zu finden, entdeckt den Eyresee; muss umkehren und folgt der Südküste von der Streaky Bay bis Albany.

1845 Francis Blackwood mit der „Fly" vor Neuguinea; entdeckt die Mündung des Fly River.

1857–60 Österreichische Novaraexpedition in der Südsee, u.a. wird Neuseeland durch F. von Hochstetter erforscht.

1874 John und Alexander Forrest ziehen von der australischen Westküste den Murchison River aufwärts und durchqueren das Innere Westaustraliens.

1884–85 Otto Finsch erforscht die Nordostküste von Neuguinea (Kaiser-Wilhelm-Land).

Polarforschung

Antarktis

1739 Jean François Bouvet de Lozier entdeckt die Bouvetinsel.

1772 Yves Joseph de Kerguelen-Tremarec entdeckt die Kerguelen.

1772 Marion-Dufresne entdeckt die Prince Edward Islands und die Crozetinseln.

1774–75 James Cook umsegelt die Erde in hohen südlichen Breiten, gelangt bis 70° 10' s. Br., sichtet Südgeorgien und entdeckt die Süd-Sandwich-Inseln (1775).

1810 Frederick Hasselberg entdeckt Macquarie Island.

1820 William Smith kartiert die Süd-Sandwich-Inseln, sichtet die Nordwestküste der Antarktischen Halbinsel.

1820 N. Palmer entdeckt den Palmerarchipel und sichtet die Antarktische Halbinsel.

1819–21 F. von Bellingshausen unternimmt mit M. P. Lasarew die Wiederholung der Antarktisumsegelung Cooks, erreicht mit 69° 21' 28" fast den Rand des Schelfeises (1820) und entdeckt (1821) die Peter-I.-Insel, die Bellingshausensee und die Alexander-I.-Insel, die er als mutmaßlichen Teil des antarktischen Kontinents Alexander-I.-Land nennt.

1821 George Powell entdeckt die Süd-Orkney-Inseln.

1823 Der Walfänger James Weddell erkundet die Süd-Orkney-Inseln, dringt dank günstiger Naturbedingungen im östlichen Weddellmeer bis 74° 15' s. Br. vor.

1830–32 John Briscoe, begleitet von W. Smith, sichtet und kartiert die Küsten von Enderbyland (1831), entdeckt Adelaide Island und die Briscoe Islands, betritt die Westküste der Antarktischen Halbinsel (1832), die er Grahamland nennt.

1834 Kemp entdeckt die Kempküste der Antarktis.

1839 J. Balleny entdeckt die Balleny Islands und die Sabrinaküste.

1839–43 James Clarke Ross erforscht mit der „Erebus", begleitet von der „Terror" unter Crozier das Rossmeer, entdeckt die Küstengebirge des Victorialandes (1841) und die Vulkankegel Mount Erebus und Mount Terror; kam dem südlichen Magnetpol so nahe, dass er seine Lage beschreiben konnte; erreichte in der Bay of Whales bei 78° 10' s. Br. die Eisbarriere des Ross-Schelfeises.

1840 Charles Wilkes fährt 2000 km an einer Küste – Wilkesland – entlang, damit ist die Existenz des antarktischen Kontinents endgültig bewiesen.

1840 Dumont d'Urville entdeckt auf der Suche nach dem südlichen Magnetpol die Adélie- und die Clarieküste des antarktischen Festlandes (südlich des D'Urvillemeeres).

1873–74 E. Dallmann entdeckt die Bismarckstraße zwischen Palmerarchipel und Antarktischer Halbinsel.

1874 v. Reibnitz auf den Kerguelen und auf Heard Island.

1893–94 Morten Pedersen entdeckt die Wasserstraßen zwischen den Biscoe Islands und der Antarktischen Halbinsel.

1895 Erste Landung an der Küste von Victorialand durch Henrik Bull.

1897–99 Südpolarexpedition mit der „Belgica" unter Adrien de Gerlache, ozeanographische Arbeiten südlich von Kap Hoorn; erste Überwinterung auf einem Schiff in der Antarktis.

1899 Carsten Eggeberg Borchgrevink forscht im Norden von Victorialand und erreicht auf dem Ross-Schelfeis 78° 50' südlicher Breite.

1901–03 Südpolarexpedition unter Erich von Drygalski auf der „Gauß", Entdeckung von Kaiser-Wilhelm-II.-Land, Forschungen am Gaußberg.

1901–03 Schwedische Südpolarexpedition unter Otto Nordenskiöld mit der „Antarctic"; auf der Antarktischen Halbinsel.

1901–04 Südpolarexpedition unter Robert Scott mit der „Discovery", verfolgt die Ross-Eisbarriere, entdeckt die Edward VII. Peninsula (Edward-VII.-Land), dringt im Innern von Victorialand bis 77° 58' s. Br. vor.

1908–09 Ernest Shackletons Südpolarexpedition mit der „Nimrod"; Douglas Mawson findet den südlichen Magnetpol (1909); auf dem Weg zum Südpol kommt er aber nur bis 88° 23' südlicher Breite.

1908–10 Südpolarexpedition von Jean-Baptiste Charcot, befährt die Westküste der Antarktischen

Halbinsel, entdeckt die Marguerite Bay und Charcot Island (1910).

1911–12 Wilhelm Filchner leitet die zweite deutsche Südpolarexpedition, entdeckt 1912 die Prinzregent-Luitpold-Küste und das Filchnerschelfeis, die Südküste des Weddellmeeres.

1911–12 Roald Amundsen und seine vier Begleiter erreichen am 14. Dezember per Hundeschlitten als erste den Südpol; entdecken auf dem Hinweg den Axel-Heiberg-Gletscher und auf dem Rückweg die Königin-Maud-Kette.

1912 Robert Scott erreicht am 18. Januar den Südpol; auf dem Rückmarsch kommen er und seine Begleiter kurz vor dem Ziel ums Leben.

1911–14 Australische Südpolarexpedition unter Douglas Mawson auf der „Aurora", Erforschung der George-V.-Küste, Entdeckung der Queen-Mary-Küste und Erforschung; seit 1913 Funkverbindung über Macquarie Island nach Australien.

1915–16 Shackletons zweite Antarktisexpedition.

1928 und 1929 Hubert Wilkins unternimmt die ersten Forschungsflüge über der Antarktischen Halbinsel, Inselnatur von Charcot Island entdeckt.

1928–30 Richard Byrd entdeckt auf Antarktika die Rockefellerberge, das Marie-Byrd-Land und die Edsel-Ford-Ketten (1929). Fliegt am 28./29. Dezember 1929 zum Südpol.

1929–30 Haakon Mosby entdeckt die Prinz-Olav-Küste, die Prinzessin-Martha-Küste und ein Jahr später die Prinzessin-Ragnhild-Küste.

1935 Lincoln Ellsworth und Hollick-Kenyon überfliegen die Antarktis von Dundee Island im Weddellmeer nach Little America auf dem Ross-Schelfeis, entdecken das Ellsworthhochland.

1946–47 Operation Highjump, bisher größte Antarktisexpedition, allerdings unter militärischem Aspekt unter Leitung von R. E. Byrd. Erstmals werden U-Boote eingesetzt.

1956–58 Im Rahmen des Internationalen Geophysikalischen Jahres werden in der Antarktis von verschiedenen Nationen zahlreiche permanente Forschungsstationen errichtet, u.a. Little America V und Mirny.

1957–58 Vivian Ernest Fuchs quert erstmals den antarktischen Kontinent, und zwar mit Raupenschleppern vom Filchnerschelfeis über den Südpol (20. Januar 1958) zum McMurdo Sound des Rossmeeres, von wo aus Edmund Hillary ihn durch Anlegen von Depots unterstützt hatte.

1958 Jewgeni Tolstikow erreicht den Pol der Unzugänglichkeit.

1981 Errichtung der Georg-von-Neumayer-Station.

1990 Reinhold Messner durchquert gemeinsam mit Arved Fuchs zu Fuß die Antarktis.

1996–97 Börge Ousland durchquert alleine auf Skiern die Antarktis.

Arktis

1596 Heemskerk, Rijp und Barents entdecken die Bäreninsel und Spitzbergen.

1607 Henry Hudson entdeckt Jan Mayen.

1778 Auf der Suche nach der Nordwestpassage dringt James Cook durch die Beringstraße bis 70°44' n. Br. vor und segelt an der asiatischen Küste bis zum Kap Irkaipij.

1806 Der Walfänger Scoresby d. Ä. erreicht vor der Ostküste Grönlands 81°30' nördlicher Breite.

1817 Otto von Kotzebue sucht die Nordwestpassage in der Nähe der Beringstraße, entdeckt den Kotzebue Sound.

1818 John Ross dringt in den Lancaster Sound ein, dreht aber um, da er ihn für eine Bucht hält.

1819 William E. Parry durchfährt den Lancaster Sound, entdeckt Prince Regent Inlet, die Barrow Strait und den Wellington Channel; überwintert vor Melville Island.

1821–23 Ferdinand von Wrangel und Pjotr F. Anschu erforschen auf Schlitten die Küste Sibiriens zwischen Indigirkamündung und Wrangelinsel.

1821–24 Fjodor Petrowitsch Litke untersucht auf vier Fahrten Nowaja Semlja, das er als Doppelinsel erkennt.

1822 Der Walfänger Scoresby d. J. erforscht die Ostküste Grönlands zwischen 69 und 74° nördlicher Breite.

1822–24 Parry entdeckt die Fury and Hecla Strait, kann sie wegen des Eises aber nicht befahren.

1827 Keilhan auf der Bäreninsel und Spitzbergen.

1829–33 John Ross befährt mit der „Victory", dem ersten Dampfschiff im Dienste der Polarforschung, den Lancaster Sound und Prince Regent Inlet, entdeckt Boothia Peninsula und kartiert ihre Küste, entdeckt dabei King Wilhelm Island; stellt die damalige Lage des nördlichen Magnetpols fest.

1838–40 Die französische Korvette „La Recherche" kreuzt vor Spitzbergen, das durch ihre Besatzung wissenschaftlich erforscht wird.

1843 Alexander Theodor von Middendorff auf der Halbinsel Taimyr.

1845 John Franklin und Crozier beginnen eine Expedition in der Barrow Strait auf der Suche nach der Nordwestpassage.

1847–54 Mehrere Suchexpeditionen nach dem verschollenen Franklin und seinen Begleitern, wodurch der Kanadisch-Arktische Archipel weitgehend bekannt wird und

1851–53 durch McClure auch die Nordwestpassage gefunden wurde, und zwar drang er von Westen her bis in die McClure Strait vor und anschließend mit Schlitten bis in den Viscount Melville Sound, in den Parry 1819 bereits von Osten her gelangt war. Die Nordwestpassage erwies sich damit als für Schiffe nicht brauchbar.

1858 und 1861–62 Adolf Erik Nordenskiöld und Torell auf Spitzbergen.

1859 F. L. McClintock findet auf King William Island Überreste der Franklin-Expedition.

1860–61 Isaac Hayer untersucht per Schlitten die Küsten von Ellesmere Island, dringt bis 81°35' n. Br. vor.

1864 A. E. Nordenskiölds erste eigene Spitzbergenexpedition.

1868 Erste Deutsche Nordpolar-Expedition unter Karl Koldewey nach Spitzbergen.

1868 A. E. Nordenskiölds zweite Spitzbergenexpedition.

1869–70 Zweite Deutsche Nordpolarfahrt unter Koldewey nach Ostgrönland; J. Ritter von Payer kartiert per Schlitten die Küste zwischen 74° und 72°2' nördlicher Breite.

1870 A. E. Nordenskiöld auf Grönland.

1870 Johannesen umsegelt Nowaja Semlja.

1870 Theodor von Heuglin und Graf Waldburg-Zeil im östlichen Spitzbergen.

1871 Charles Francis Hall im Smith Sound und Robeson Channel (Nares Strait).

1871 Karl Weyprecht und von Payer auf Spitzbergen und Nowaja Semlja.

1872 A. E. Nordenskiölds dritte Spitzbergenexpedition.

1872 Weyprecht und von Payer entdecken Kaiser-Franz-Joseph-Land; gelangen per Schlitten bis 83° n. Br.; 1874 wieder auf Nowaja Semlja.

1874 Ein Handelsdampfer unter Kapitän J. Wiggins erreicht die Obmündung.

1875 A. E. Nordenskiöld fährt mit dem Robbenfänger Pröven von Tromsø durch die Karastraße bis zur Mündung des Jenissei.

1875–76 Nares im Smith Sound und per Schlitten an der Nordküste von Grönland und Grantland (Ellesmere Island); die Annahme vom offenen Polarmeer erweist sich als falsch.

1876–78 Norwegische Nordmeerexpedition mit der „Böringen" unter Kapitän Wille.

1878–79 A. E. Nordenskiöld gelingt mit der „Vega" die Nordöstliche Durchfahrt, wobei er auf der Tschuktschenhalbinsel überwintern muss. Während dieser Zeit betreibt er ethnologische Forschungen bei den Tschuktschen.

1879–81 George Washington De Long auf der Jeanette-Expedition in der Beringstraße, dringt zu den Neusibirischen Inseln vor, wo er die De-Long-Inseln entdeckt, sein Schiff sinkt aber dann bei 77°15' nördlicher Breite.

1881–82 Die Gebrüder Krause forschen in der Beringstraße und in Alaska.

1882 Lockwood erforscht per Schlitten die Nordküste Grönlands bis 83°24' nördlicher Breite.

1882 werden 14 Polarstationen zu Messungen meteorologischer und magnetischer Daten unter internationaler Beteiligung errichtet und mit Beobachtern besetzt.

1883 A. E. Nordenskiöld im Innern Westgrönlands.

1886 Bunde und von Toll auf den Neusibirischen Inseln.

1887–89 Nossilow forscht auf Nowaja Semlja.

1888 Ost-West-Durchquerung von Grönland durch Fridtjof Nansen und Otto Sverdrup mit vier Begleitern per Schlitten und Skiern.

1892 Robert E. Peary durchquert das Inlandeis Grönlands vom Inglefieldfjord zum Independencefjord und gelangt auf gleiche Weise zurück.

1892–93 Erich von Drygalski zu glaziologischen Forschungen auf Grönland.

1893–96 Nansen driftet mit der eingefrorenen „Fram" von den Neusibirischen Inseln ins Nordpolarmeer und erreicht anschließend mit Johansen per Schlitten 86°4' n. Br. Die „Fram" driftete unter Sverdrup inzwischen bis 85°57' nördlicher Breite.

1894–97 Jackson erforscht Franz-Joseph-Land.

1895 Der schwedische Botaniker Ekstan durchquert Nowaja Semlja von der Karmalikbai zur Ostküste.

1895–96 Dänische Ingolfexpedition unter Wandel zu ozeanographischen Untersuchungen zwischen Grönland und Island.

1897 Conway durchquert Spitzbergen vom Eisfjord zur Ostküste.

1897 Der Versuch des schwedischen Ingenieurs Salomon August Andrée, den Pol mit einem Ballon zu überfliegen, scheitert.

1898 Steenstrup im Innern der Insel Disko (vor Westgrönland).

1898 Otto Nordenskiöld forscht in Alaska.

1898–99 und 1900 Amdrup stellt den Verlauf der grönländischen Ostküste bis zum Scoresbysund fest.

1898–1902 Russisch-schwedische Gradmessungsexpedition auf Spitzbergen.

1898–1902 Sverdrup mit der „Fram“ im Jones Sound, erforscht die Westküste von Grinnell-Land und entdeckt mehrere Inseln.

1899 Nathorst erforscht in Grönland den Kaiser-Franz-Joseph-Fjord und entdeckt den König-Oskar-Fjord.

1899–1900 Cagni erreicht per Schlitten 86°38' nördlicher Breite.

1900 Robert E. Peary erreicht die Nordspitze Grönlands.

1902–04 Erichsen erforscht die Kultur der Eskimo an der Westküste Grönlands.

1903–06 Roald Amundsen mit der „Gjöa“ im Kanadisch-Arktischen Archipel; erreicht die Südostküste von King William Island; hier erdmagnetische, astronomische und meteorologische Beobachtungen während zweier Überwinterungen; stellt fest, dass der Magnetpol wandert und findet 1904 seine derzeitige Lage (an der Westküste von Boothia Peninsula), erreichte 1905 die Beaufortsee und 1906 die Beringstraße. Damit war die Durchquerung der Nordwestpassage mit einem Schiff geglückt, und zwar auf anderen Wasserstraßen als den von McClure festgestellten.

1908 Frederick Cook gibt an, am 21. April den Nordpol von Axel Heiberg Island aus erreicht zu haben, was aber angezweifelt wird.

1909 Peary erreicht von Ellesmere Island aus am 6. April mit 89°57' n. Br. unmittelbare Polnähe.

1912–13 Alfred Wegener glückt zusammen mit I.-P. Koch die Querung des grönländischen Inlandeises an der breitesten Stelle, und zwar von der Dovebucht an der Ostküste nach Upernivik.

1920 Amundsen versucht mit der „Maud“ von Alaska aus ins Nordpolarmeer zu driften.

1922–24 Zweiter Driftversuch der „Maud“.

1925 Amundsen und Ellsworth versuchen mit Wasserflugzeugen den Nordpol zu überfliegen, müssen aber bei 87°44' notlanden und umkehren.

1926 Richard Byrd gelingt am 9. Mai mit seinem Piloten Bennet von Spitzbergen aus der erste Flug zum Nordpol.

1926 Nobile und Amundsen überfliegen im Luftschiff „Norge“

das Nordpolargebiet von Spitzbergen bis Alaska; sie überfliegen dabei am 13. Mai den Nordpol.

1928 Umberto Nobile erreicht am 24. Mai mit seinem Luftschiff von Spitzbergen aus den Nordpol.

1930 A. Wegener legt auf dem grönländischen Inlandeis die Forschungsstation „Eismitte" an; beim Rückmarsch zur Küste kommt er ums Leben.

1937 v. Tschkalow überfliegt auf dem Transkontinentalflug Moskau–USA am 19. Juni den Nordpol.

1940–42 H. Larsen gelingt mit der „St. Roch" die Durchquerung der Nordwestpassage in West-Ost-Richtung.

1954 Das kanadische Marineschiff „Labrador" durchfährt erstmals die Nordwestpassage auf der Route Lancaster Sound – Barrow Strait – Viscount Melville Sound – Prince of Wales Strait – Amundsengolf.

1958 Tauchfahrt der „Nautilus" unter W. R. Anderson unter dem Nordpolareis von der Beringstraße über den Nordpol nach Island.

1959 Das amerikanische U-Boot „Skate" taucht zum Nordpol, und durchbricht dort das Packeis um aufzutauchen.

1977 Am 25. Juni erster Touristenflug zum Nordpol; mit einer Boing 707 von Frankfurt am Main aus, 150 Teilnehmer.

1977 Dem durch Atomkraft angetriebenen sowjetischen Eisbrecher „Arktika" gelingt es als erstem Schiff, über Wasser den Nordpol zu erreichen, und zwar am 17. August.

1978 Der Japaner Naomi Uemura erreicht den Nordpol erstmals im Alleingang mittels Hundeschlitten (von Ellesmere Island aus, am Nordpol am 29. April).

Meeresforschung

1857 Pullen erkundet mit der „Cyclops" den Nordatlantik, was die Verlegung des ersten transatlantischen Kabels ermöglicht.

1872–75 Weltreise der „Challenger" unter der wissenschaftlichen Leitung von Wyville Thomson zur Erforschung des Atlantischen und Pazifischen Ozeans. Damals größte Tiefsee-Expedition; die Ergebnisse wurden in 47 Bänden veröffentlicht.

1872–82 Forschungsschiffe „Bache" und „Blake" erforschen den Golfstrom und die Karibik.

1873–78 Das amerikanische Forschungsschiff „Tuscarora" unternimmt auf drei Reisen Tiefseeforschungen im Pazifischen Ozean nördlich des Äquators.

1874–76 Erdumsegelung des deutschen Forschungsschiffes „Gazelle"; Erforschung der Tiefsee in allen drei Ozeanen, besonders im Indischen und Pazifischen Ozean zwischen Bismarckarchipel und Samoa.

1876–78 Drei Sommerfahrten der „Vöringen" unter der Leitung von Prof. Mohn in den norwegischen Teil des Europäischen Nordmeeres.

1879 Mit der „Ingolf" unter Mourier ozeanographische Forschungen zwischen Island und Grönland.

1883 Die „Talisman" forscht im Nordatlantik.

1883–86 Forschungsschiff „Albatross" in den Gewässern Westindiens.

1885–86 Durch die „Enterprise“ Tiefseeforschungen in der Magalhãesstraße und im südlichen Pazifik.

1886–89 Erdumsegelung der „Witjas“ unter S. O. Makarow mit zahlreichen ozeanographischen Beobachtungen.

1886–90 Forschungsschiff „Albatross“ im Südatlantik und vor der Westküste Amerikas.

1889 Deutsche Plankton-Expedition unter Victor Hensen mit der „National“ im Atlantik.

1890 Ozeanographische Forschungen mit der „Tschernomorez“ im Schwarzen Meer.

1890–97 Das österreichische Forschungsschiff „Pola“ im östlichen Mittelmeer und im Roten Meer.

1893–96 Nordpolarexpeditionen der „Fram“ unter Nansen.

1895–96 Dänische Ingolfexpedition unter Wandel zu ozeanographischen Untersuchungen südlich und östlich von Island.

1898–99 Deutsche Tiefsee-Expedition unter Carl Chun mit dem Forschungsschiff „Valdivia“ im südlichen Atlantischen und Indischen Ozean.

1899–1900 Das niederländische Forschungsschiff „Siboga“ unter M. Weber im Australasiatischen Mittelmeer.

1899–1900 Forschungsschiff „Albatross“ im Pazifischen und Indischen Ozean.

1901–04 Ozeanographische Forschungen im südlichen Pazifik mit der „Discovery“ unter R. Scott.

1906 Die „Planet“ arbeitet im Atlantischen und Indischen Ozean; entdeckt die Planettiefe (7455 m) im Sundagraben.

1912 Die „Planet“ lotet im Philippinengraben mit 9787 m u. d. M. die tiefste damals bekannte Stelle der Erdoberfläche.

1925–27 Deutsche Atlantische Expedition mit der „Meteor“ im südlichen Atlantik. Zum ersten Mal Verwendung eines anzeigenden Echolotes auf einem Forschungsschiff.

1928–29 Das amerikanische Forschungsschiff „Carnegie“ untersucht den Atlantischen und Pazifischen Ozean.

1929–30 Niederländische Forschungsexpedition mit der „Willebrord Snellius“ in den indonesischen Teil des Australasiatischen Mittelmeeres.

1930–39 Das britische Forschungsschiff „Discovery II“ führt Expeditionen in die Antarktis, in den Indischen Ozean und Pazifischen Ozean durch.

1931–39 Die amerikanische „Atlantik“ untersucht den Nordatlantik.

1937–40 Japanische Expeditionen mit der „Ryofu Maru“ in den Pazifischen Ozean.

1938 Internationale Golfstromexpedition mit der „Altair“ und der „Armauer Hansen“.

1939 Die amerikanische „Milwaukee“ entdeckt die größte Tiefe des Atlantischen Ozeans im Puerto-Rico-Graben, die Milwaukeetiefe: 9219 m.

1947–48 Schwedische Expedition mit der „Albatross“ in den Atlantischen, Indischen und Pazifischen Ozean.

1950–52 Dänische Tiefsee-Expedition mit der „Galathea“ zur Untersuchung der Biologie der drei großen Ozeane.

seit 1953 Das amerikanische Forschungsschiff „Vema“ erforscht in zahlreichen Expeditionen den Untergrund der Ozeane.

1955 Im Nordpazifik findet das internationale NORPAC-Unternehmen statt (19 Forschungsschiffe von 3 Nationen).

1955–56 Das deutsche Fischereiforschungsschiff „Anton Dohrn" erforscht die grönländischen und isländischen Gewässer.

1957 Das russische Forschungsschiff „Witjas" entdeckt im Marianengraben die größte Tiefe des Weltmeeres, die Witjastiefe I mit 11022 m (später auf 10924 m korrigiert). Die Witjastiefen II und III wurden 1957 und 1958 im Tonga- bzw. im Kermadecgraben entdeckt.

1958 Polarfrontunternehmen im Rahmen des Internationalen Geophysikalischen Jahres, 18 europäische Forschungsschiffe im Nordatlantik, darunter die „Gauß" und die „Anton Dohrn".

1959–65 Internationale Indischer-Ozean-Expedition zur Erforschung der Meeresströmungen als Folge der Monsunströmungen; es beteiligen sich mehr als 40 Schiffe aus 20 Nationen.

1960 Untersuchungen der Überströmungsvorgänge arktischen Bodenwassers über den Island-Färöer-Rücken durch neun Forschungsschiffe.

1964 Das deutsche Forschungsschiff „Meteor" wird in Dienst gestellt und nimmt ebenfalls an den Untersuchungen im Indischen Ozean teil.

1965 Atlantische Expedition der „Meteor" im Rahmen des Internationalen Jahres der ruhigen Sonne (IQSY-Expedition); sie ankert am Schnittpunkt des geographischen und des erdmagnetischen Äquators.

1967 „Meteor" erforscht im Rahmen der Atlantischen Kuppenfahrten das Seegebiet zwischen Azoren, Kanaren und dem westafrikanischen Schelfrand, besonders die Struktur der Großen Meteorbank.

1969 Internationales Atlantisches Passat-Experiment (APEX) mit „Meteor" und „Planet".

1969 Internationale Expedition „Norwegische See" mit Teilnahme der „Planet" und der „Anton Dohrn".

1970 Die „Meteor" führt die Rossbreitenexpedition im Rahmen eines Internationalen Programmes zur Untersuchung des Stoffhaushaltes im Auftriebswasser vor Westafrika durch.

1971 Das deutsche Rohstoff-Forschungsschiff „Valdivia" beginnt seine Tätigkeit mit der Explorationsfahrt „Erzschlämme I" im Roten Meer.

1972–73 Erste Explorationsfahrt der „Valdivia" in den Pazifischen Ozean („Manganknollen-Programm").

1973 Internationale Overflow-Expedition im Seegebiet zwischen Island und den Färöern zur Untersuchung des Wasseraustausches zwischen Europäischem Nordmeer und Nordatlantik. Beteiligung von „Meteor", „Walther Herwig" und „Meerkatze II".

1974 Teilnahme von „Meteor", „Planet" und „Anton Dohrn" an der Internationalen Expedition GATE (Atlantic Tropical Experiment im Rahmen des Global Atmospheric Research Programme).

1978 Internationales „Joint Air-See Interaction Projekt" (JASIN) zur Untersuchung der physikalischen Prozesse in der Grenzschicht zwischen Ozean und Atmosphäre im östlichen Nordatlantik. Teilnahme der deutschen Forschungsschiffe „Meteor“, „Planet“ und „Poseidon“.

1978 Die „Glomar Challenger“ bringt im Marianengraben in 7044 m Tiefe eine 16 m tiefe Bohrung nieder; es ist die Bohrung in bisher größter Wassertiefe.

1980 ff. Die „Gauß“ betreibt überwiegend in der Nord- und Ostsee Forschungen für Umweltschutz und Fischereiförderung; weitere Forschungsschiffe „Atair II“ und „Alkor II“.

1982 ff. Einsatz des Forschungsschiffs „Polarstern“ in den Polarmeeren.

1986 ff. Das deutsche Forschungsschiff „Meteor“ beteiligt sich an zahlreichen internationalen Forschungsprojekten.

Allgemeines

Beck, H.: Große Geographen. Pioniere, Außenseiter, Gelehrte. Berlin 1982

Boesch, M.: Engagierte Geographie. Zur Rekonstruktion der Raumwissenschaft als politik-orientierte Geographie. Stuttgart 1989

Geowissenschaften und Umwelt. Herausgegeben von J. Matschullat und German Müller. Berlin u. a. 1994

Goudie, A.: Physische Geographie. Eine Einführung. Heidelberg u. a. 1995

Haggett, P.: Geographie. Eine moderne Synthese. Stuttgart [2]1991.

Hambloch, H.: Allgemeine Anthropogeographie. Eine Einführung. Stuttgart [5]1982

Hard, G.: Die Geographie. Eine wissenschaftstheoretische Einführung. Berlin u. a. 1973

Klug, H./Lang, R.: Einführung in die Geosystemlehre. Darmstadt 1983

Rohr, H.-G. von: Angewandte Geographie. Braunschweig [2]1994

Schumann, W.: Das Buch der Erde. Neuausgabe München 1992

Westermann-Lexikon der Geographie. Herausgegeben von W. Tietze u. a., 5 Bde. Braunschweig [1-3]1972–1975

Wirth, E.: Theoretische Geographie. Grundzüge einer theoretischen Kulturgeographie. Stuttgart 1979

Wörterbuch Geowissenschaften. Dt.-engl., Engl.-dt. Herausgegeben von A. Watznauer, 2 Bde. Thun u. a. [3]1988–1989

Zur Entwicklung der Geographie vom Mittelalter bis zu Carl Ritter. Herausgegeben von M. Büttner. Paderborn u. a. 1982

Geologie und Petrographie

Abriß der historischen Geologie. Herausgegeben von K.-A. Tröger, 2. Bde. Berlin (Ost) 1984

Angewandte Geowissenschaften. Herausgegeben von F. Bender, 4 Bde. Stuttgart 1981–1986

Bögl, H.: Geologie in Stichworten. Unterägeri u. a. [4]1986

Brinkmann, R.: Brinkmanns Abriß der Geologie. Band 1: Allgemeine Geologie. Neubearbeitung von W. Zeil. Stuttgart [14]1990. Band 2: Historische Geologie. Neubearbeitet von F. Strauch, Stuttgart [14]1991

Die Entwicklungsgeschichte der Erde. Nachschlagewerk Geologie. Herausgegeben von R. Hohl. Hanau [6]1985

Erdbeben und Erdbebengefährdung. Herausgegeben von E. Hurtig und H. Stiller. Berlin (Ost) 1984

Evans, A. M.: Erzlagerstättenkunde. Stuttgart 1992

Geipel, R.: Naturrisiken. Katastrophenbewältigung im sozialen Umfeld. Darmstadt 1992

Gwinner, M. P.: Einführung in die Geologie. Darmstadt 1979

Henningsen, D./Katzung, G.: Einführung in die Geologie Deutschlands. Stuttgart [4]1992.

Hesemann, J.: Geologie. Eine Einführung in erdgeschichtliche Vorgänge und Erscheinungen. Paderborn u. a. 1978.

Matthes, S.: Mineralogie. Eine Einführung in die spezielle Mineralogie, Petrologie und Lagerstättenkunde. Berlin u. a. [4]1993

Miller, H.: Abriß der Plattentektonik. Stuttgart 1992.

Möbus, G.: Tektonik. Eine methodische Einführung für Studium und Praxis. Leipzig 1989

Murawski, H.: Geologisches Wörterbuch. Stuttgart u. a. [9]1992

Pfeiffer, L./Kurze, M./Mathé, G.: Einführung in die Petrologie. Berlin (Ost) [2]1985

Pohl, W.: W. & W. E. Petraschek's Lagerstättenlehre. Eine Einführung in die Wissenschaft von den mineralischen Bodenschätzen. Stuttgart [4]1992

Press, F./Siever, R.: Allgemeine Geologie. Eine Einführung. Heidelberg u.a. 1995
Rast, H.: Vulkane und Vulkanismus. Stuttgart ^{3}1987
Richter, D.: Allgemeine Geologie. Berlin u.a. ^{4}1992
Rittmann, A.: Vulkane und ihre Tätigkeit. Stuttgart ^{3}1981
Rösler, H.-G.: Lehrbuch der Mineralogie. Leipzig ^{5}1991
Rothe, P.: Gesteine. Entstehung – Zerstörung – Umbildung. Darmstadt 1994
Schmincke, H.-U.: Vulkanismus. Darmstadt 1986
Schneider, G.: Erdbebengefährdung. Darmstadt 1992
Schönenberg, R.: Geographie der Lagerstätten. Darmstadt 1979
Seibold, E.: Das Gedächtnis des Meeres. Boden, Wasser, Leben, Klima. München u.a. 1991
Seibold, E.: Entfesselte Erde. Vom Umgang mit Naturkatastrophen. Stuttgart 1995
Stanley, S. M.: Historische Geologie. Eine Einführung in die Geschichte der Erde und des Lebens. Heidelberg u.a. 1984
Stirrup, M./Heierli, H.: Grundwissen in Geologie. Ein Lehr- und Lernbuch auf elementarer Basis. Thun ^{3}1993
Strobach, K.: Unser Planet Erde. Ursprung und Dynamik. Berlin u.a. 1991
Walter, R.: Geologie von Mitteleuropa. Begründet von P. Dorn. Mit Beiträgen von P. Giese u.a. Stuttgart ^{6}1995
Wimmenauer, W.: Petrographie der magmatischen und metamorphen Gesteine. Stuttgart 1985

Geomorphologie

Ahnert, F.: Einführung in die Geomorphologie. Stuttgart 1995
Besler, Helga: Geomorphologie der ariden Gebiete. Darmstadt 1992
Blume, H.: Das Relief der Erde. Ein Bildatlas. Stuttgart ^{2}1994
Bögli, A.: Karsthydrograhie und physische Speläologie. Berlin u.a. 1978
Bremer, H.: Allgemeine Geomorphologie. Methodik, Grundvorstellungen, Ausblick auf den Landschaftshaushalt. Berlin u.a. 1989
Büdel, J.: Klima-Geomorphologie. Berlin u.a. ^{2}1981
Dongus, H.: Die geomorphologischen Grundstrukturen der Erde. Stuttgart 1980
Ehlers, J.: Allgemeine und historische Quartärgeologie. Stuttgart 1994
Die Erde. Sphären, Zonen und Regionen, Territorien. Beiträge von J. F. Gellert u.a. Gütersloh 1983
Kahlke, H. D.: Die Eiszeit. Leipzig u.a. ^{3}1994
Kelletat, D.: Deltaforschung. Verbreitung, Morphologie, Entstehung und Ökologie von Deltas. Darmstadt 1984
Lehrbuch der physischen Geographie. Herausgegeben von M. Hendl und H. Bramer. Thun u.a. ^{2}1987
Lenz, L./Wiedersich, B.: Grundlagen der Geologie und Landschaftsformen. Leipzig u.a. 1993
Leser, H.: Geomorphologie. Braunschweig ^{7}1995
Louis, H./Fischer, K.: Allgemeine Geomorphologie, 2 Bde. Berlin u.a. ^{4}1979
Mensching, H. G.: Desertifikation. Ein weltweites Problem der ökologischen Verwüstung in den Trockengebieten der Erde. Darmstadt 1990
Pfeffer, K.-H.: Karstmorphologie. Darmstadt ^{2}1990
Rathjens, C.: Die Formung der Erdoberfläche unter dem Einfluß des Menschen. Grundzüge der anthropogenetischen Geomorphologie. Stuttgart 1979
Semmel, A.: Periglazialmorphologie. Darmstadt ^{2}1994
Schreiner, A.: Einführung in die Quartärgeologie. Stuttgart 1992

Schulz, Dietrich: Kurswissen: Formung und Formen der Erdoberfläche. Eine Einführung in die Geomorphologie. Stuttgart u.a. ^{2}1994
Weise, O. R.: Das Periglazial. Geomorphologie in gletscherfreien, kalten Regionen. Berlin u.a. 1983
Wilhelmy, H.: Klimamorphologie der Massengesteine. Wiesbaden ^{2}1981
Wilhelmy, H. u.a.: Geomorphologie in Stichworten. 4 Bde. Kiel u.a. $^{1-5}$1974–94
Wirthmann, A.: Geomorphologie der Tropen. Darmstadt ^{2}1994

Bodenkunde

Bodenkunde. Bearbeitet von H. Kuntze u.a. Stuttgart ^{5}1994
Breburda, J.: Bodenerosion – Bodenerhaltung. Frankfurt am Main 1983
Ganssen, R.: Bodengeographie mit besonderer Berücksichtigung der Böden Mitteleuropas. Stuttgart ^{2}1972
Herkendell, J./Koch, E.: Bodenzerstörung in den Tropen. München 1991
Mückenhausen, E.: Die Bodenkunde und ihre geologischen, geomorphologischen, mineralogischen und petrologischen Grundlagen. Frankfurt am Main ^{4}1993
Scheffer, F./Schachtschabel, P.: Lehrbuch der Bodenkunde. Stuttgart ^{13}1992
Schlichting, E.: Einführung in die Bodenkunde. Hamburg u.a. ^{3}1993
Schroeder, D., u.a.: Bodenkunde in Stichworten. Berlin u.a. ^{5}1992
Semmel, A.: Grundzüge der Bodengeographie. Stuttgart ^{3}1993
Grundlagen der physischen Geographie, Bd. 1: Semmel, A.: Relief, Gestein, Boden. Darmstadt 1991

Klimatologie

Blüthgen, J.: Allgemeine Klimageographie. Bearbeitet von W. Weischet. Berlin u.a. ^{3}1980
Borchert, G.: Klimageographie in Stichworten. Berlin u.a. ^{2}1993
Burroughs, W. J.: Die Weltwettermaschine. Satellitentechnik, Wettervorhersage und Klimaveränderungen. Basel u.a. 1993
Fabian, P.: Atmosphäre und Umwelt. Chemische Prozesse, menschliche Eingriffe. Berlin u.a. ^{4}1992
Heyer, E.: Witterung und Klima. Eine allgemeine Klimatologie. Stuttgart u.a. ^{9}1993
Joussaume, Sylvie: Klima – gestern, heute, morgen. Berlin u.a. 1996
Klimageographie. Herausgegeben von W. Eriksen. Darmstadt 1985
Krüger, L.: Wetter und Klima. Beobachten und verstehen. Berlin u.a. 1994
Lauer, W.: Klimatologie. Braunschweig ^{2}1995
Malbert, H.: Meteorologie und Klimatologie. Eine Einführung. Berlin ^{2}1994
Schönwiese, C.-D.: Klima. Grundlagen, Änderungen, menschliche Eingriffe. Mannheim u.a. 1994
Schönwiese, C.-D.: Klimaänderungen. Daten, Analysen, Prognosen. Berlin u.a. 1995
Schönwiese, C.-D.: Klimatologie. Stuttgart 1994
Weischet, W.: Einführung in die allgemeine Klimatologie. Stuttgart ^{6}1995

Hydrologie

Brehm, J./M. P. D. Meijering: Fließgewässerkunde. Einführung in die Ökologie der Quellen, Bäche und Flüsse. Heidelberg u.a. ^{3}1996
Flüsse und Seen der Erde. Erscheinungsformen, Stoffhaushalt, Lebensraum und Nutzung der Binnengewässer. Herausgegeben von H. Klapper. Leipzig 1980
Hölting, B.: Hydrogeologie. Einführung in die allgemeine und angewandte Hydrogeologie. Stuttgart ^{5}1995

Jung, G.: Seen werden, Seen vergehen. Entstehung, Geologie, Geomorphologie, Altersfrage, Limnologie und Ökologie. Thun 1990

Keller, R.: Hydrologie. Darmstadt 1980

Lampert, W./Sommer, U.: Limnoökologie. Stuttgart 1993

Marcinek, J.: Gletscher der Erde. Thun u.a. 1985

Richter, W./Lillich, W.: Abriß der Hydrogeologie. Stuttgart 1975

Röthlisberger, F.: 10000 Jahre Gletschergeschichte der Erde. Mit einem Beitrag von M. E. Geyh. Aarau u.a. 1986

Schwoerbel, J.: Einführung in die Limnologie. Stuttgart u.a. [7]1993

Das Wasser der Erde. Lehrbuch der geographischen Meeres- und Gewässerkunde. Beiträge von J. Marcinek u.a. Thun 1989

Wilhelm, F.: Hydrogeographie. Grundlagen der allgemeinen Hydrogeographie. Braunschweig [2]1993

Wilhelm, F.: Schnee- und Gletscherkunde. Berlin u.a. 1975

Meereskunde

Allgemeine Meereskunde. Beiträge v. G. Dietrich u.a. Berlin u.a. [3]1975

Gierloff-Emden, H.-G.: Geographie des Meeres. Ozeane und Küsten. 2 Bde. Berlin u.a. 1980

Grundlagen der Ozeanologie. Herausgegeben von U. Scharnow. Berlin (Ost) 1978

Kelletat, D.: Physische Geographie der Meere und Küsten. Eine Einführung. Stuttgart 1989

Nicolas, A.: Die ozeanischen Rücken. Gebirge unter dem Meer. Berlin u.a. 1995

Ott, J.: Meereskunde. Einführung in die Geographie und Biologie der Ozeane. Stuttgart [2]1996

The Times atlas and encyclopaedia of the sea. Herausgegeben von A. Couper. London 1989. Nachdruck 1990

Turekian, K. K.: Die Ozeane. Stuttgart 1985

Das Weltmeer. Herausgegeben von H.-J. Brosin. Mit 100 Farbgrafiken von H.-J. Ehricht. Thun u.a. 1985

Biographie

Klink, H.-J.: Vegetationsgeographie. Mit einem Beitrag von R. Glawion. Braunschweig [2]1996

Knauer, N.: Vegetationskunde und Landschaftsökologie. Heidelberg 1981

Kreeb, K. H.: Vegetationskunde. Methoden und Vegetationsformen unter Berücksichtigung ökosystemischer Aspekte. Stuttgart 1983

Müller, Paul: Biogeographie. Stuttgart 1980

Otto, H.-J.: Waldökologie. Stuttgart 1994

Schäfer, A.: Biogeographie der Binnengewässer. Stuttgart u.a. 1996

Urania-Pflanzenreich: Vegetation. Bearbeitet von F. Fukarek u.a. Leipzig 1995

Vareschi, V.: Vegetationsökologie der Tropen. Stuttgart 1980

Walter, H.: Vegetation und Klimazonen. Grundriß der globalen Ökologie. Stuttgart [6]1990

Bevölkerungs- und Sozialgeographie

Bähr, J.: Bevölkerungsgeographie. Verteilung und Dynamik der Bevölkerung in globaler, nationaler und regionaler Sicht. Stuttgart [2]1992

Dicken, P./Lloyd, P. E.: Die moderne westliche Gesellschaft. Arbeit, Wohnung und Lebensqualität aus geographischer Sicht. New York 1984

Fliedner, D.: Sozialgeographie. Berlin u.a. 1993

Haggett, P.: Einführung in die kultur- und sozialgeographische Regionalanalyse. Berlin u.a. 1973

Kuls, W.: Bevölkerungsgeographie. Eine Einführung. Unter Mitwirkung von F.-J. Kemper. Stuttgart ²1993
Kultur-, Sozialgeographie. Beiträge zu ihrer wissenschaftstheoretischen Grundlegung. Herausgegeben von P. Sedlacek. Paderborn u.a. 1982
Leib, J./Mertins, G.: Bevölkerungsgeographie. Braunschweig 1983
Sozialgeographie. Beiträge von Jörg Maier u.a. Braunschweig 1977

Siedlungsgeographie

Born, M.: Die Entwicklung der deutschen Agrarlandschaft. Darmstadt ²1989
Born, M.: Geographie der ländlichen Siedlungen, Bd. 1: Die Genese der Siedlungsformen in Mitteleuropa. Stuttgart 1977
Born, M.: Siedlungsgenese und Kulturlandschaftsentwicklung in Mitteleuropa. Wiesbaden 1980
Carter, H.: Einführung in die Stadtgeographie. Berlin 1980
Gaebe, W.: Verdichtungsräume. Strukturen und Prozesse in weltweiten Vergleichen. Stuttgart 1987
Grundriß allgemeine Geographie. Herausgegeben von P. Busch u.a., Teil 10: Heineberg, H.: Stadtgeographie. Paderborn ²1989. Nachdruck 1993
Heinritz, G.: Zentralität und zentrale Orte. Eine Einführung. Stuttgart 1979
Henkel, G.: Der ländliche Raum. Gegenwart und Wandlungsprozesse seit dem 19. Jahrhundert in Deutschland. Stuttgart ²1995
Hofmeister, B.: Stadtgeographie. Braunschweig ⁶1994
Hofmeister, B.: Die Stadtstruktur. Ihre Ausprägung in den verschiedenen Kulturräumen der Erde. Darmstadt ³1996
Lichtenberger, E.: Stadtgeographie, Bd. 1: Begriffe, Konzepte, Modelle, Prozesse. Stuttgart ²1991
Lienau, C.: Die Siedlungen des ländlichen Raumes. Braunschweig ²1995
Niemeier, G.: Siedlungsgeographie. Braunschweig ⁴1977
Schwarz, G.: Allgemeine Siedlungsgeographie, 2 Teile. Berlin u.a. 1988
Stewig, R.: Die Stadt in Industrie- und Entwicklungsländern. Paderborn u.a. 1983

Wirtschafts- und Verkehrsgeographie

Andreae, B.: Allgemeine Agrargeographie. Berlin u.a.1985
Arnold, A.: Agrargeographie. Paderborn u.a. 1985
Arnold, K.: Wirtschaftsgeographie in Stichworten. Berlin u.a. 1992
Boesch, H.: Weltwirtschaftsgeographie. Braunschweig ⁴1977
Brücher, W.: Industriegeographie. Braunschweig 1982
Ehlers, E.: Die agraren Siedlungsgrenzen der Erde. Gedanken zu ihrer Genese und Typologie am Beispiel des kanadischen Waldlandes. Wiesbaden 1984
Ehlers, E.: Bevölkerungswachstum – Nahrungsmittelspielraum – Siedlungsgrenzen der Erde. Frankfurt am Main u.a. 1984
Haas, H.-D./Fleischmann, R.: Geographie des Bergbaus. Darmstadt 1991
Industriegeographie. Herausgegeben von K. Hottes. Darmstadt 1976
Kulinat, K./Steinecke, A.: Geographie des Freizeit- und Fremdenverkehrs. Darmstadt 1984
Maier, Jörg/Atzkern, H.-D.: Verkehrsgeographie. Verkehrsstrukturen, Verkehrspolitik, Verkehrsplanung. Stuttgart 1992
Mikus, W.: Industriegeographie. Themen der allgemeinen Industrieraumlehre. Darmstadt 1978
Mikus, W.: Wirtschaftsgeographie der Entwicklungsländer. Stuttgart u.a. 1994
Ritter, W.: Allgemeine Wirtschaftsgeographie. Eine systemtheoretisch

orientierte Einführung. München u. a. ^{2}1993
Ritter, W.: Welthandel. Geographische Strukturen und Umbrüche im internationalen Warenaustausch. Darmstadt 1994
Schätzl, L.: Wirtschaftsgeographie, 3 Bde. Paderborn u. a. $^{2-5}$1993–94
Sedlacek, P.: Wirtschaftsgeograhie. Eine Einführung. Darmstadt ^{2}1994
Sick, W.-D.: Agrargeographie. Braunschweig ^{2}1993
Sozial- und Wirtschaftsgeographie. Bearbeitet von J. Hagel u. a., 3 Bde. München $^{1-2}$1982–1987
Verkehrsgeographie. Herausgegeben von G. Jacob. Gotha ^{2}1986
Voppel, G.: Die Industrialisierung der Erde. Stuttgart 1990
Voppel, G.: Verkehrsgeographie. Darmstadt 1980
Vorlaufer, K.: Tourismus in Entwicklungsländern. Möglichkeiten und Grenzen einer nachhaltigen Entwicklung durch Fremdenverkehr. Darmstadt 1996
Wagner, H.-G.: Wirtschaftsgeographie. Braunschweig ^{2}1994
Die Weltseewirtschaft. Herausgegeben von A. Stöhr. Gotha 1984
Windhorst, H.-W.: Geographie der Wald- und Forstwirtschaft. Stuttgart 1978
Wirtschafts- und Sozialgeographie. Herausgegeben von D. Bartels. Köln u. a. 1970
Wolf, K./Jurczek, P.: Geographie der Freizeit und des Tourismus. Stuttgart 1986

Politische Geographie

Ante, U.: Politische Geographie. Braunschweig 1981
Béhar, P.: Zentraleuropa im Brennpunkt. Analysen und Perspektiven einer kontinentalen Geopolitik. Graz u. a. 1994
Boesler, K.-A.: Politische Geographie. Stuttgart 1983

Landesplanung und Raumforschung

Aust, H./Becker-Platen, J. D.: Angewandte Geowissenschaften in Raumplanung und Umweltschutz. Stuttgart 1985
Boesler, K.-A.: Raumordnung. Darmstadt 1982
Handwörterbuch der Raumforschung und Raumordnung. Herausgegeben von der Akademie für Raumforschung und Landesplanung, 3 Bde. Hannover ^{2}1970
Maier, Jörg/Atzkern, H.-D.: Raumordnung, Landes- und Regionalplanung. Strategien, Konzepte und Methoden. Stuttgart 1994
Regionalprognosen. Methoden und ihre Anwendung. Herausgegeben von der Akademie für Raumforschung und Landesplanung. Hannover 1988
Schliebe, K.: Raumordnung und Landesplanung in Stichworten. Unterägeri 1985
Seifert, V.: Regionalplanung. Braunschweig 1993
Vogt, J.: Kurswissen. Raumstruktur und Raumplanung Stuttgart u. a. 1994

Landschaftskunde und Ökologie

Eichler, H.: Ökosystem Erde. Der Störfall Mensch. Eine Schadens- und Vernetzungsanalyse. Mannheim u. a. 1993
Finke, L.: Landschaftsökologie. Braunschweig ^{2}1994
Goudie, A.: Mensch und Umwelt. Eine Einführung. Heidelberg u. a. 1994
Hofmeister, B.: Die gemäßigten Breiten. Braunschweig 1993
Hubrich, H.: Kurswissen. Landschaftsökologie. Eine Einführung in die Grundbegriffe, Probleme und Methoden. Stuttgart u. a. ^{2}1993
Jäger, H.: Einführung in die Umweltgeschichte. Darmstadt 1994

Kirchberg, G./Walter, K.: Geozonen und Landschaftsökologie. (DUDEN-Abiturhilfen). Mannheim u.a. 1994

Klug, H./Lang, R.: Einführung in die Geosystemlehre. Darmstadt 1983

Manshard, W./Mäckel, R.: Umwelt und Entwicklung in den Tropen. Naturpotential und Landnutzung. Darmstadt 1995

Küster, H.: Geschichte der Landschaft in Mitteleuropa. Von der Eiszeit bis zur Gegenwart. München 1995

Müller-Hohenstein, K.: Die Landschaftsgürtel der Erde. Stuttgart [2]1981

Neumeister, H. u.a.: Geoökologie. Geowissenschaftliche Aspekte der Ökologie. Jena 1988

Odum, E. P.: Prinzipien der Ökologie. Lebensräume, Stoffkreisläufe, Wachstumsgrenzen. Heidelberg 1991

Rathjens, C.: Geographie des Hochgebirges, Bd. 1: Der Naturraum. Stuttgart 1982

Rother, K.: Die mediterranen Subtropen. Mittelmeerraum, Kalifornien, Mittelchile, Kapland, Südwest- und Südaustralien. Braunschweig 1984

Schultz, Jürgen: Die Ökozonen der Erde. Die ökologische Gliederung der Geosphäre. Stuttgart [2]1995

Tatort ›Erde‹. Menschliche Eingriffe in Naturraum und Klima. Heidelberg u.a. [2]1992

Tischler, W.: Einführung in die Ökologie. Stuttgart u.a. [4]1993

Tischler, W.: Ökologie der Lebensräume. Meer, Binnengewässer, Naturlandschaft, Kulturlandschaft. Stuttgart 1990

Treter, U.: Die borealen Waldländer. Braunschweig 1993

Westermann-Lexikon der Ökologie & Umwelt. Herausgegeben von H. Leser. Braunschweig 1994

Entwicklungsländerforschung

Borsdorf, A.: Kurswissen. Dritte Welt und Weltwirtschaft. Stuttgart u.a. [4]1995

Elsenhans, H.. Nord-Süd-Beziehungen. Geschichte – Politik – Wirtschaft. Stuttgart u.a. [2]1987

Handbuch der Dritten Welt. Herausgegeben von D. Nohlen und F. Nuscheler, 8 Bde. Bonn [3]1993–95

Kirchberg, G.: Entwicklungsländer. (DUDEN-Abiturhilfen). Mannheim u.a. 1990

Nuscheler, F.: Lern- und Arbeitsbuch Entwicklungspolitik. Bonn [4]1995. Nachdruck 1996

Wagner, N./Kaiser, M.: Ökonomie der Entwicklungsländer. Eine Einführung. Stuttgart u.a. [3]1995

Zur Geographie der Dritten Welt. Beiträge von J. P. Dickenson u.a. Bielefeld 1985

Kartographie und Fernerkundung

Abc Kartenkunde. Herausgegeben von R. Ogrissek. Thun u.a. 1983

Albertz, J.: Grundlagen der Interpretation von Luft- und Satellitenbildern. Darmstadt 1991

Albertz, J./Kreiling, W.: Photogrammmetrisches Taschenbuch. Karlsruhe [4]1989

Arnberger, E.: Thematische Kartographie. Mit einer Kurzeinführung über EDV-unterstützte Kartographie und Quellen der Fernerkundung. Braunschweig [3]1993

Bagrow, L./Skelton, R. A.: Meister der Kartographie. Berlin [6]1994

Fernerkundung. Physikalische und methodische Grundlagen für die Datenauswertung. Bearbeitet von P. Hartl u.a. Weinheim u.a. 1987

Fezer, F.: Karteninterpretation. Braunschweig [2]1976

Grosjean, G.: Geschichte der Kartographie. Bern 1980

Hake, G./Grünreich, D.: Kartographie. Berlin u.a. [7]1994

Hüttermann, A.: Karteninterpretation in Stichworten, 2 Teile. Kiel [1-3]1979–93

Imhof, E.: Gelände und Karte. Erlenbach-Zürich u.a. [3]1968

Imhof, E.: Kartographische Geländedarstellung. Berlin u.a. 1972
Imhof, E.: Thematische Kartographie. Berlin u.a. 1972
Kappas, M.: Fernerkundung nah gebracht. Leitfaden für Geowissenschaftler. Bonn 1994
Kartographie im Umbruch – neue Herausforderungen, neue Technologien. Beiträge zum Kartographiekongreß Interlaken 96. Herausgegeben von der Schweizerischen Gesellschaft für Kartographie. Zürich u.a. 1996
Kraus, K./Schneider, W.: Fernerkundung, 2 Bde. Bonn 1988–1990
Kronberg, P.: Fernerkundung der Erde. Stuttgart 1985
Kronberg, P.: Photogeologie. Eine Einführung in die Grundlagen und Methoden der geologischen Auswertung von Luftbildern. Stuttgart 1984
Kronberg, P.: Tektonische Strukturen in Luftbildern und Satellitenaufnahmen. Ein Bildatlas. Stuttgart 1995
Kupčík, I.: Alte Landkarten. Von der Antike bis zum Ende des 19. Jahrhunderts. Hanau [7]1992.
Löffler, E.: Geographie und Fernerkundung. Eine Einführung in die geographische Interpretation von Luftbildern und modernen Fernerkundungsdaten. Stuttgart [2]1994
Probleme der geographischen Kartenauswertung. Herausgegeben von A. Hüttermann. Darmstadt 1981
Stets, J.: Geologie und Luftbild. Eine Einführung in die geologische Luftbildinterpretation. Köln [3]1992
Taschenbuch zur Fernerkundung. Herausgegeben von F.-W. Strathmann. Ausgabe 2, 1993/94. Karlsruhe 1993
Wilhelmy, H.: Kartographie in Stichworten. Überarbeitet von A. Hüttermann u. P. Schröder. Unterägeri [5]1990
Witt, W.: Lexikon der Kartographie. Wien 1979

Entdeckungsgeschichte

Beck, H.: Große Reisende. München 1971
Bitterli, U.: Alte Welt, neue Welt. Formen des europäischen überseeischen Kulturkontakts vom 15. bis zum 18. Jahrhundert. München 1986
Bitterli, U.: Die Entdeckung Amerikas. Von Kolumbus bis Alexander von Humboldt. München 1991
Bitterli, U.: Die »Wilden« und die »Zivilisierten«. München. Neuauflage 1991
Cary, M./Warmington, E. H.: Die Entdeckung der Antike. Zürich 1966
Cumming, W. P., u.a.: Die Entdeckung Nordamerikas. München 1972
Dokumente zur Geschichte der europäischen Expansion. Auf 8 Bände berechnet. Herausgegeben von Eberhard Schmitt. München 1984 ff.
Emersleben, O.: Länder des Goldes. Der Ausklang des großen Entdeckungszeitalters. Leipzig 1980
Die Entdeckung der Erde. Herausgegeben von O. Dreyer-Eimbcke. Frankfurt am Main 1988
Die Entdeckung und Erforschung der Erde. Bearbeitet von W. Krämer. Leipzig [8]1979
Die Entdeckung und Eroberung der Welt. 2 Bde. Herausgegeben von U. Bitterli. München 1980–1981
Die großen Entdeckungen. Herausgegeben von M. Meyn u.a. München 1984
Forscher, Krieger, Abenteurer. Geschichte der Entdeckungen. 10 Bde. Herausgegeben von A. Bombard. Salzburg 1983–1985
Henze, D.: Enzyklopädie der Entdecker und Erforscher der Erde. Auf 4 Bände berechnet. Graz 1978 ff.
Krämer, W.: Geheimnis der Ferne. Die frühesten Entdeckungen unserer Erde. Leipzig 1971
Krämer, W.: Wunder der Welt. Die frühen Entdeckungen unserer Erde. Leipzig 1971

Krämer, W.: Neue Horizonte. Das Zeitalter der großen Entdeckungen. Leipzig 1972
Mauro, F.: Die europäische Expansion. Stuttgart 1984
Parry, J. H.: Das Zeitalter der Entdeckungen. Zürich 1963
Parry, J. H.: Europäische Kolonialreiche. Welthandel und Weltherrschaft im 18. Jahrhundert. München 1978
Reinhard, W.: Geschichte der europäischen Expansion. 4 Bde. Stuttgart 1983–1990
Reinhard, W.: Kleine Geschichte des Kolonialismus. Stuttgart 1996
Schmitt, Eberhard: Die Anfänge der europäischen Expansion. Idstein 1991
Zur geschichtlichen Bedeutung der frühen Seefahrt. Herausgegeben von H. Müller-Karpe. München 1982

Bundeseinrichtungen

Bundesforschungsanstalt für Landeskunde und Raumordnung
Am Michaelshof 8
53177 Bonn

Bundesanstalt für Geowissenschaften und Rohstoffe
Stilleweg 2
30655 Hannover

Bundesamt für Naturschutz
Konstantinstr. 110
53179 Bonn

Bundesamt für Seeschiffahrt und Hydrographie (BSH)
Bernhard-Nocht-Str. 78
20359 Hamburg

Bundesanstalt für Gewässerkunde
Kaiserin-Augusta-Anlagen 15–17
56068 Koblenz

Statistisches Bundesamt
Gustav-Stresemann-Ring 11
65189 Wiesbaden

Dachverbände

Zentralverband der deutschen Geographen e.V.
Anschrift: Geographisches Institut der Technischen Universität München
Arcisstr. 21
80290 München

Verband der Geographen an Deutschen Hochschulen
Anschrift: Geographisches Institut der Technischen Universität München
Arcisstr. 21
80290 München

Hochschulverband für Geographie und ihre Didaktik e.V. (HGD)
Anschrift: Erziehungswissenschaftliche Fakultät der Universität Erlangen-Nürnberg
Regensburger Str. 160
90478 Nürnberg

Verband Deutscher Schulgeographen e.V.
Anschrift: Dr. Dieter Richter
Breslauer Str. 26
30938 Burgwedel

Deutscher Verband für Angewandte Geographie e.V. (DVAG)
Hauptstr. 70
50996 Köln

Comittee for IGU (International Geographic Union) of the Federal Republic of Germany
Anschrift: Prof. Dr. Heinz Heineberg, Institut für Geographie der Westfälischen Wilhelms-Universität Münster
Robert-Koch-Str. 26
48149 Münster

Landeskundliche Verbände

Zentralausschuss für deutsche Landeskunde e.V.
Senckenberganlage 36
60325 Frankfurt am Main

Dokumentationszentrum für deutsche Landeskunde (Emil-Meynen-Bibliothek der deutschen Landeskunde, Generalkatalog der deutschen Landeskunde, Neues Schrifttum zur deutschen Landeskunde)
Universität Trier
54286 Trier

Institut für Länderkunde
Beethovenstr. 4
04107 Leipzig

Akademie für Raumforschung und Landesplanung
Hohenzollernstr. 11
30161 Hannover

Ständiger Ausschuss für geographische Namen. Geschäftsstelle im Institut für Angewandte Geodäsie
Richard-Strauss-Allee 11
60598 Frankfurt am Main

Sonstiges

Deutsche Gesellschaft für Kartographie
Geschäftsstelle: Ruhr-Universität Bochum
Geographisches Institut
Universitätsstr. 150
44801 Bochum

Deutsche Gesellschaft für Photogrammetrie und Fernerkundung e.V.
Geschäftsstelle: Institut für Geologie, Geophysik und Geoinformatik
Freie Universität Berlin
Malteserstr. 74–100
12249 Berlin

Institut für Angewandte Geodäsie (IFAG)
Richard-Strauss-Allee 11
60598 Frankfurt am Main

Deutscher Verein für Vermessungswesen e.V. (DVW)
Rathausmarkt 3
41747 Viersen

Deutscher Wetterdienst
Frankfurter Str. 135
63067 Offenbach

Bund für Umwelt und Naturschutz Deutschland e.V. (BUND)
Im Rheingarten 7
53225 Bonn

Deutscher Naturschutzring, Bundesverband für Umweltschutz e.V. (DNR)
Am Michaelshof 8–10
53177 Bonn

Alfred-Wegener-Institut für Polar- und Meeresforschung (AWI)
Columbusstr.
27568 Bremerhaven

Institut für Klimafolgenforschung e.V.
Telegrafenberg
14473 Potsdam

Verband der deutschen Höhlen- und Karstforscher e.V.
Hehner Str. 100
41069 Mönchengladbach

Deutsche Geologische Gesellschaft e.V.
Stilleweg 2
30655 Hannover

Deutsche Gesellschaft für Völkerkunde e.V.
Geschäftsstelle: Museum für Völkerkunde
Schaumannkai 29
60594 Frankfurt am Main

Deutsche Stiftung für internationale Entwicklung (DSE)
Rauchstr. 25
10787 Berlin

Abkürzungen und Bildquellen

Neben den üblichen Abkürzungen wie usw., z.B., u.a. oder v.a. werden in diesem Buch folgende Abkürzungen verwendet:

Abb.	Abbildung
Abk.	Abkürzung
allg.	allgemeine
Bd., Bde.	Band, Bände
dgl.	dergleichen
dt.	deutsche, deutscher
ebd.	ebenda
engl.	englische, englischer
frz.	französische, französischer
Jh.	Jahrhundert
sog.	so genannte
span.	spanische, spanischer
svw.	soviel wie
z.T.	zum Teil

Prof. Dr. E. Bauer, Ostfildern: *416.* – Bibliographisches Institut & F. A. Brockhaus, Mannheim: *388.* – Bundesanstalt für Geowissenschaften und Rohstoffe, Hannover: *40.* – CESA-DIAARCHIV, Cölbe: *262.* – Deutscher Wetterdienst, Offenbach am Main: *401.* – dpa Bildarchiv, Frankfurt am Main und Stuttgart: *257, 350.* – Dr. H. Eichler, Heidelberg: *30, 37, 107, 180, 206, 257, 283, 305, 309, 312, 317, 384, 411.* – Werner Franke, Lingen: *252.* – Dr. M. Geiger, Landau in der Pfalz: *384.* – Dr. G. Gerster, Zumikon, Schweiz: *20.* – Bildarchiv H. Huber, Garmisch-Partenkirchen: *41.* – P. Koch, Zollikon, Schweiz: *283.* – Helga Lade Fotoagentur, Frankfurt am Main: *150.* – F. K. Freiherr von Linden, Waldsee: *389, 391.* – Dr. M. Lohmann, Prien am Chiemsee: *59.* – Prof. Dr. F.-D. Miotke, Garbsen: *35, 96, 109, 132, 137, 159, 177, 179, 180, 186, 204, 217, 224, 257, 292, 320, 354, 364, 378, 384, 404.* – Gerold Olbrich, Nußloch: *315.* – Stadtverwaltung Alsfeld: *17.* – Xeniel-Dia, Neuhausen auf den Fildern und Stuttgart: *151.*
Weitere Abbildungen, grafische Darstellungen, Karten und Zeichnungen Bibliographisches Institut & F. A. Brockhaus, Mannheim.

Angaben zur Betonung und Aussprache

Fremdwörtliche und fremdsprachliche Stichwörter weisen als Betonungshilfe einen Punkt (Kürze) oder einen Strich (Länge) auf.
In den Fällen, in denen die Aussprache nicht oder nur unvollkommen aus dem Stichwort erschlossen werden kann, wird in eckigen Klammern die Aussprache mit den folgenden Zeichen wiedergegeben:

a	helles bis mittelhelles a	hạt [hat], Rạd [ra:t]
ã	nasales a	blanc *frz.* [blã]
ɑ	dunkles a	fạther *engl.* ['fɑ:ðə]
æ	sehr offenes ä	catch *engl.* [kætʃ]
ʌ	abgeschwächtes dunkles a	butler *engl.* ['bʌtlə]
aɪ	ei-Diphthong	re̲i̲t! [raɪt]
aʊ	au-Diphthong	Ha̲u̲t [haʊt]
β	Reibelaut b	Habanera *span.* [haβa'nera]
ç	Ich-Laut	ich [ɪç]
ð	stimmhafter englischer th-Laut	fạther *engl.* ['fɑ:ðə]
dʒ	dsch-Laut (»weich«)	Gịn [dʒɪn]
e	geschlossenes e	lẹbt [le:pt]
ɛ	offenes e	hạ̈tte ['hɛtə]
ɛ̃	nasales [ɛ]	Teint [tɛ̃']
ə	Murmellaut	hạlte ['haltə]
g	g-Laut	Gạns [gans]
ɣ	geriebenes g	Tarragona *span.* [tara'ɣona]
i	geschlossenes i	Elịsa [e'li:za]
i̯	unsilbisches [i]	Ma̲rio *italien.* ['ma:ri̯o]
ɪ	offenes i	bịst [bɪst]
ɨ	zwischen [i] und [u] ohne Lippenrundung	Gromỵko *russ.* [gra'mɨ kɐ]
ʎ	lj-Laut	Sevịlla *span.* [se'βiʎa]
ŋ	ng-Laut	lạng [laŋ]
ɲ	nj-Laut	Champạgne *frz.* [ʃã'paɲ]
o	geschlossenes o	Lọt [lo:t]
õ	nasales o	bon [bõ:]
ɔ	offenes o	Pọst [pɔst]
ø	geschlossenes ö	Hö̲hle [hø:lə]
œ	nasales ö	Parfum [par'fœ:]
ɔɪ	eu-Laut	he̲u̲te ['hɔʏtə]
θ	stimmloser englischer th-Laut	Cọmmonwealth *engl.* ['kɔmənwɛlθ]
ts	z-Laut	Zẹlt [tsɛlt]
tʃ	tsch-Laut	Mạtsch [matʃ]
u	geschlossenes u	Ku̲r [ku:r]
u̯	unsilbisches [u]	Ca̲pua *italien.* ['ka:pu̯a]
ʊ	offenes u	Pụlt [pʊlt]
v	w-Laut	Wạrt [vart]
w	halbvokalisches w	Wịnston *engl.* ['wɪnstən]
x	Ach-Laut	Bạch [bax]
y	ü-Laut	Tü̲te [ty:tə]
ʏ	offenes ü	rụ̈sten ['rʏstən]
ɥ	konsonantisches ü	Suisse *frz.* [sɥis]
z	s-Laut (»weich«)	Ha̲se ['ha:zə]
ʒ	sch-Laut (»weich«)	Geni̲e̲ [ʒe'ni:]
:	Längezeichen, bezeichnet Länge des unmittelbar davor stehenden Vokals	ba̲den ['ba:dən]
'	Hauptbetonung, steht unmittelbar vor der betonten Silbe; wird nicht gesetzt bei einsilbigen Wörtern und nicht, wenn in einem mehrsilbigen Wort nur ein silbischer Vokal steht	Ạcker ['akər], Apothe̲ke [apo'te:kə]; Ha̲u̲s [haʊs]; Jọhnson *engl.* [dʒɔnsn]

Mit den **DUDEN-Schülerhilfen** lassen sich auch die kniffligsten Aufgaben lösen.

Die DUDEN-Schülerhilfen sind praktische Lernhilfen für Schüler vom 2. bis 10. Schuljahr. Jeder Band ist eng am Schulunterricht orientiert. Viele lebendige Beispiele und amüsante Illustrationen machen das Lernen spielend leicht.

Für den Deutschunterricht
Grundstufe:

Rechtschreibung 1
2. und 3. Schuljahr

Rechtschreibung 2
3. und 4. Schuljahr

Rechtschreibung 3
4. und 5. Schuljahr

Grundwortschatz
3. und 4. Schuljahr

Schön schreiben und gestalten
Für die Grundschule

Lesespiele
Ab 3. Schuljahr

Schreibspiele
Ab 3. Schuljahr

Aufsatz 1
2. und 3. Schuljahr

Aufsatz 2
3. und 4. Schuljahr

Grammatik
4. und 5. Schuljahr

Für den Rechenunterricht
Grundstufe:

Grundrechenarten 1
Ab 2. Schuljahr

Grundrechenarten 2
Ab 3. Schuljahr

Rechenspiele
Ab 5. Schuljahr

Größen und Maße
Ab 5. Schuljahr

Teiler und Vielfache
6. Schuljahr

Für den Deutschunterricht
Sekundarstufe:

Rechtschreibung 4
5. und 6. Schuljahr

Rechtschreibung 5
7. und 8. Schuljahr

Aufsatz/Beschreibung
7. bis 10. Schuljahr

Aufsatz/Inhaltsangabe
7. bis 9. Schuljahr:

Aufsatz/Bericht
8. bis 10. Schuljahr:

Aufsatz/Erörterung
8. bis 10. Schuljahr:

Für den Mathematikunterricht
Sekundarstufe:

Lösen von Sachaufgaben
5./6. Schuljahr

Gleichungen und Ungleichungen 1
5./6. Schuljahr

Gleichungen und Ungleichungen 2
7./8. Schuljahr

Flächen und ihre Berechnung I
5. bis 8. Schuljahr

Flächen und ihre Berechnung II
9./10. Schuljahr

Körper und ihre Berechnung I
5. bis 8. Schuljahr

Körper und ihre Berechnung II
9. und 10. Schuljahr

Rechenbäume – Terme – Texte
5./6. Schuljahr

Dezimalbrüche
6. Schuljahr

Brüche
6./7. Schuljahr

Dreieckskonstruktionen
7./8. Schuljahr

Dreisatz und Prozente
6. bis 8. Schuljahr

Aufbau des Zahlensystems, vollständige Induktion
Ab 7. Schuljahr

Bruchgleichungen und Bruchungleichungen
8. Schuljahr

Textgleichungen 1
8. Schuljahr

Textgleichungen 2
9. Schuljahr

Gleichungen mit zwei Unbekannten
8. und 9. Schuljahr

Quadratische Gleichungen und Ungleichungen
9. Schuljahr

Wurzeln und Potenzen
9./10. Schuljahr

Trigonometrie
10. Schuljahr

Für den Chemieunterricht
Sekundarstufe:

Grundlagen der Chemie
8. bis 10. Schuljahr

DUDENVERLAG
Mannheim · Leipzig · Wien · Zürich

Fit in allen Prüfungsthemen:
die **DUDEN-Abiturhilfen**

Mit den DUDEN-Abiturhilfen können sich Schüler gezielt auf das Abitur vorbereiten. Von erfahrenen Fachpädagogen erarbeitet, übersichtlich strukturiert und mit wertvollen Tipps, welche Fehler am häufigsten auftreten und wie man sie vermeiden kann.

Der deutsche Aufsatz
12./13. Schuljahr

Analysis I
Folgen und Funktionen
11. Schuljahr

Analysis II
Ableitung und Kurvendiskussion
11./12. Schuljahr

Analysis III
Integralrechnung
Ab 12. Schuljahr

Stochastik I
Leistungskurs
12./13. Schuljahr

Stochastik II
Leistungskurs
12./13. Schuljahr

Lineare Algebra und analytische Geometrie
Grundkurs
12./13. Schuljahr

Lineare Algebra und analytische Geometrie I
Leistungskurs
12./13. Schuljahr

Lineare Algebra und analytische Geometrie II
Leistungskurs
12./13. Schuljahr

Elektrizitätslehre I Felder
12./13. Schuljahr

Basiswissen Mathematik zur Physik
11. bis 13. Schuljahr

Mechanik I
Bewegungslehre
11. bis 13. Schuljahr

Mechanik II
Erhaltungssätze
11. bis 13. Schuljahr

Grundlagen der organischen Chemie
12./13. Schuljahr

Grundlagen der allgemeinen Chemie
12./13. Schuljahr

Kunststoffe, Farbstoffe, Waschmittel
12./13. Schuljahr

Geschichte I
12./13. Schuljahr

Geschichte II
12./13. Schuljahr

Nervensystem und Sinnesorgane
12./13. Schuljahr

Genetik
12./13. Schuljahr

Stoffwechsel und Energieumsatz
12./13. Schuljahr

Zellbiologie
12./13. Schuljahr

Entwicklungsländer
12./13. Schuljahr

USA – UdSSR
12./13. Schuljahr

Geozonen und Landschaftsökologie
12./13. Schuljahr

Kunstgeschichte I
Von den Anfängen bis zum 18. Jahrhundert
12./13. Schuljahr

Kunstgeschichte II
19. und 20. Jahrhundert
12./13. Schuljahr

Die künstlerische Praxis
12./13. Schuljahr

DUDENVERLAG
Mannheim · Leipzig · Wien · Zürich